三浦周行著

法制史の研究（上）

岩波書店刊行

自序

唐制を母法となし、且つ漢文を以て記されたる我中古の律令を見、更に多く歐洲の法制を參酌せる現行法を見たらんには、我古今の法制が初めは支那法系に、後には羅馬法系に屬すといふを否定すべからざるに似たり。然りと雖ども審さにこれを察すれば畢竟皮相の觀察たるを免れず。

凡そ法は國民的發達的のものにして、其基礎を各民族の文化思想に置かざるべからず。故に初めより風俗性情を異にせる外國法を摸倣し採用するに當りても、深く思をこゝに致さゞるに於ては、啻に圓滑なる實施を望むべからざるのみならず、左支右吾、終に徒法空文に歸するを免れざらん。中古の律令は法としての形式内容並びに備はらざるにあらず、只其唐制に則ること餘りに多く、立法者は彼我舊慣の異同に注目せざるにあらざりしも、取捨其宜しきを得ずして、立法の精神往々我國風民俗に適應せざるものあり、且つ當時に於ける文化の程度も未だ此くの如く浩瀚にして難解なる法文を咀嚼し理解するに堪へず、其施行の困難なりしこと想察するに餘りあり。夫れ法が不文より成文に向つて發達するは各國法制の揆を一にするところなり。然るに律令制定の後に於ては、却て各種の有力なる慣習法を生じ、事實に於て法文を修正變更したりしもの少からざるの奇觀を呈せるを見る。特に鎌倉幕府以後の武家時代に於ては法制の基礎は寧ろ此種の慣習法に置かれ、所謂司法の立法たりし場合も多く、何れも皆時代の要求に伴へるものにして、何等外國法の羈絆を受けしにあらず。輓近我法典の整備に就けるは外政上の原因に基くこと多きも、今に於て政府民間共に修正の議を聞くもの、決して偶然にあらざるなり。

且つ古來の成文法を見るも、律令以外、時代の須要を充たさんとして制定せられしものに、中古には格式あり制符あり、武家時代には又外國摸倣の公家法に反對せる御成敗式目を始め諸般の追加法あり、是等の規定の內容を見るに支那法の影響を受けしと認むべきもの殆どこれなし。故に我古代法に於ては成文法のみにつきて視るも、支那法系と目すべきは其一部に過ぎざるなり。我法制史を研究せんとするものは、須らく此くの如き豫斷に出づるを避け、我國民間に於ける文化の反影、民族思想の表現として、各般法制の連續的系統發達を觀察せざるべからず。

余は此見地に立ちて、我古來の法制を研鑽することこゝに年あり。本書は其他年單行せんとするものを除き、既往の著書論文中特に主要なるもの四十編を撰べるものにして、就中『古代親族法』『親子關係を中心としての家族制度』『戰國時代法制の發達』及び『中古の親族法と唐制との比較』の如きは皆未だ世に公けにせざるものなるも、自餘の諸編は嘗て諸雜誌に於て世に問ひ、辭書、講演集若しくは叢書の中に加へて刊行せしことあるものとす。是等の論著は前後凡そ二十有五年間の業績に係るを以て、往々論旨の彼此重複するもあれば、時には見解の前後同一ならざるもの亦これなきにあらず。此くの如きは此種の論文集として避くべからざるところなるが故に、間〻重出の甚だしきものを、彼れに削りて此に存せるの外、概ね其舊に仍り、別に成稿年表を附して、研究の過程を見るに便したり。

只『古代親族法』中の戶の等第に關する部分は『三等九等戶考』として、同色婚に關する部分は『古代賤民制』として、又其養子に關する部分は『養子考』として、各修正增補を加へ、獨立の論文となして發表せしことあり、これを舊稿に比すれば、自《オ》ら引證の重複、論旨の精細を免れずと雖ども、後出の研究に係るを以て仍ほ舊を捨てて新を取れり。其他雜誌に連掲中、後出の論文を見てこれに論及せること、『德政の研究』の如きあり、又同一體系の研究にして、時を異にし、題を改めて起稿發表せるを、今次併せて一論文となせること、『賣買の擔保』を『德政の研究』に併せ、『大名領地の裁判制度』を『江戸幕府の裁判制度』に併せて『江戸時代の裁判制度』となし、『鎌倉幕府の財政』を『鎌倉時代の法制』に併せて『鎌倉時代の法制と財政』となしたるが如きあり。これ亦豫め讀者の留意を乞はざるべからず。

本書に收むる諸論著の編次、及び校正につきては學友文學士川上多助氏に負ふところ頗る多く、各編標目の記入は全く學士の手に成れるものなり。こゝに特記して深厚なる謝意を表す。

大正八年一月上浣

京都法科大學法制史研究室に於て

三　浦　周　行

法制史の研究（上）

目次

第一編　總論

第二編　親族法

第八　中古の親族法と唐制との比較

下巻目次

成稿年表（執筆の年月を明らかにせざるものは年に係け、又發表の月に係く、稿を重ねしものは最後の定稿に據る、「親子關係を中心としての家族制度」の如きも、初稿の成れるは明治二十九年にあり）

古代親族法明治二十六年――二十七年……二八三

養子考明治二十八年二月　古代賤民制明治三十一年八月――十月　三等九等戸考明治三十二年十月

五人組制度の起源明治三十一年十二月……六九七

爲替手形の起源明治三十二年四月……九一二

失火の責任に關する規定明治三十二年七月……九三二

署名及び捺印の制同……一〇八五

手附明治三十二年八月……九二九

鎌倉時代の質屋に關する規定明治三十二年九月……九〇九

敷金の起源明治三十二年十二月……九二四

本物返の性質及び沿革明治三十三年四月……八三六

喧嘩兩成敗法明治三十三年十一月――三十四年五月……九四七

鎌倉時代の訴訟に於ける懸物押書の性質明治三十四年九月……一〇八四

歴代法制の公布と其公布式明治三十四年十二月――三十五年七月……六三

中古の親族法と唐制との比較明治三十六年……四八六

僧尼に關する法制の起源明治三十七年三月——五月……一一三
親子關係を中心としての家族制度明治三十八年……五四四
戰國時代法制の發達同……一五八
古代戶籍の研究明治三十八年三月……七五一
江戶時代の裁判制度……一〇四一
江戶幕府の裁判制度明治三十八年五月　大名領地の裁判制度大正六年五月
高麗尺と唐尺とに就きて明治三十八年六月……一一四二
法制史總論明治四十一年四月——六月……一
鎌倉時代の法制と財政……一九八
鎌倉幕府の財政明治四十一年八月　鎌倉時代の法制同年十月
社會を中心とせる江戶幕府の法制明治四十三年五月——十一月……二四四
校訂令集解の刊行に就きて明治四十五年六月……一一四八
小島知足と唐律疏義の校訂大正二年十二月……一一五四
織田豐臣二氏の法制と財政大正四年一月……二二六
德政の研究大正四年五月——七月（德政の起源大正六年一月——八月）……七六七
中世に於ける賣買の擔保大正六年一月

家族制度の維持と崩壞大正四年五月……六八四
隱居制度論大正四年七月——九月……六四五
大禮の法制大正四年十月……一一〇五
追放刑論大正五年四月——六月……九八八
古文書の裁判鑑定大正五年七月……一〇九二
座の研究（其一）大正五年八月——六年五月……八七二
座の起源と其語原大正六年六月……八四三
日本人に法治國民の素質ありや大正六年七月……一一五九
座の意義に就きて大正七年一月……八六一
座の研究（其二）大正七年三月……八九八
再び座の意義に就きて大正七年四月……八六五
緣坐法論同……一〇二六
賴母子の起源と其語原大正七年十月……九三六
えた非人の法制史上の地位大正七年十一月……一一三二

成稿年表終

法制史の研究

文學博士　三浦周行著

第一編　總論

第一　法制史總論

一　日本法制の系統

支那法制の影響　日本法制の系統といへば、或は我中古以來の法制が支那法系に屬するを說くと速了するものあらん。我中古の律令格式が隋唐のそれより學ぶところの多かりしは、今更ら事新らしく言ふ迄もなし。而してそが日本法制の權輿となれるを思はゞ、此點よりして支那法系に屬すと謂ふも、敢て不可なきが如し。然れども若し律令格式以來の法制が悉くこれと同一の法理を繼承することを意味すとせば、そは大なる誤解なり。日本法制の系統に關する硏究は、決して然く單純なる一方面に局限せらるゝものにはあらざるなり。歷史は繰返すといふが如く、幾多の歷史的事實は原因結果の相關聯する事、宛然連鎖の如きものあり。假令時代を異にし邦國を異にするも、共通の軌道に沿うて進歩發達するものあり。一見偶然の一出來事の如く見ゆるものにて、仔細に考證觀察するに於ては、其決して偶然ならざるを見出すこと少しとせず。殊に社會人事を支配すべき法制の如きは、各時代の社會と最も密接なる關係を有するものならざるべからず。若し然らざるに於ては、其内容は法制として如何に完備せりとも、實施の結果は空文徒法に終るの外なし。此故に法制實施の跡につきて考ふれば、各時代に關聯する系統の存在を認むるに難からざるなり。

抑〻法制の傾向は、種々の方面より之を觀察することを得べし。日本法制が支那法系に屬すといふは、外國法制の影響より視たる系統なり。然れども日本法制の全部は、支那法制を其儘踏襲せるものにあらずして、其間往々我政治上、社交上の狀態に依り、若しくは立法者の商量に依つて、斟酌取捨せられたりしものあり。律令の中、律は大部分唐律の摸倣若しくは採用より成れるも、令は數回の修正を經て、其母法と異なる部分少しとせず。而して是等の最も多く支那法の影響を受けたりしものも、實施の跡につきて觀察すれば、其後の修正、若しくは法制實施の局に當れる官吏の見解、官廳の法文以外の慣例等に依りて、適宜に事實上の修正を加へられたりしもの少からざるを見る。鎌倉幕府以來、武家の法制は此中古法制の影響を受けしものなきにあらずと雖ども、そは律令格式の本條にあらずして、寧ろ是等の修正よりせるもの多きを見るなり。加之武家は自《オ》ら公家と其立場を異にし、其法制も公家の羈絆を受くる必要少きところより、律令格式及び其修正の何れにも依ることなく、自家の立脚地より、時代の必要に伴へる各種の規定を設けて、これを其勢力圏内に實施し、其勢力の及ぶところ、延いて公家の圏内に迄も、施行範圍を擴張するに至れり。江戸時代の刑事法たる御定書が明律の影響を受けたること、猶ほ中古法制の隋唐のそれに學べるものゝ如くに思考するは、誤れるの甚だしきものなり。御定書に於ける明律の影響は、其實極めて輕微にして、大部分前代の武家法制と當代の社會狀態とを立法の基礎となしたることに於て、他の武家法制と相一致せり。この點よりすれば、我古代法制を擧げて支那法系に屬すと斷定するは、稍〻不謹愼の嫌ひなきにあらず。故に日本法制に於ける外國法制の影響と共に、各時代に於ける法制間の系統をも研究するは、亦極めて必要の事なりとす。

法制の形式的研究　此種の研究は、これを法制の形式よりすると、實質よりするとの二途に出づることを得。律令格式の別は、既に支那法制の採用せる刑書、卽ち法典の組織を其儘繼受せるものなり。從つてこれが内部の組立の如きも、其順序といひ、其名稱といひ、彼れに模倣するところ多きは言ふ迄もなし。鎌倉幕府の法制たる貞永式目が一たび範を後の武家に垂れてより後、彼等の法制が其形式文章をこれに採れるもの少からず。伊達氏の塵芥集の如き其最も甚だしきものなり。是等は形式上其系統の明かに認め得らるゝものに屬せり。

法制の實質的研究　實質の研究は事項の複雜なる丈、形式のそれの如く簡單なるを得ず。形式は殆んど全く同一なる我中古法制が、其實質に於て必ずしも支那法と一致せず。或る規定に至りては全く其主義を異にせるものさへあり。例せば唐制に遺産の分配は嫡庶同等なるも、我令に於ては二者の間に別を立てゝ、嫡子に多くを與へんとするが如し。これ明かに我社會狀態に顧みて規定せしものなり。此くの如き條項は獨り此一事に止まらず、上古の宇遲、加婆爾の上に、政治上大刷新を加へられし後に於ても、法制が氏宗なるものを認め、氏族間の或る特權を與へて、これに相當する名譽を保たしめしことあるが如きは著しき一例なり。祓除の如きは、上古敬神の風俗より刑罰としても採用せられしことなるに、律令の條項にはこれを削除して、全く其痕跡を留めず。然るに格に於ても式に於ても、特殊の犯罪卽ち神官等の神事に關する犯罪に限りて、これを有效とすることを認めざるを得ざるに至り、後世に至る迄、神社の勢力範圍には、これに基ける一種の刑罰卽ち淸祓の適用せられつゝありしを見るなり。武家の法制が我中古の法制に向つて修正を加へたるにも、殆んどこれと同一の方針に出でしもの亦少しとせざるなり。

法制と時代の要求　武家の法制は最も時代の要求を充すに力めたり。此時代の法制が一般に嫡子を重んじ、これに與ふるに種々の責任と特權とを以てせしが如き、其一例なり。彼等は平時に於て族長たるのみならず、戰時には部將たり。幕府の嫡子に宛てたる御敎書に「相二率一族一可二參向一」とあるは、平時の氏族組織を改めて戰時組織とならしむるものに外ならず。戰國時代の如き、國と國との間、家と家との間、個人と個人との間に、生存競爭の殊に激烈なりし時代にありては、最も此種の傾向に富めるを見る。此時代には諸國に領主割據して、各自に法制を有し、一見互に特殊の國法の發達せる如くなるも、實際は是等の間に共通の點を見出だすこと多し。而して一國の國法の中にも、一方に鎖國主義を取るかと見れば、他方に開國主義を取り、自由貿易、保護貿易等、全く其主義を異にせるものの、同時に存立せるが如き奇觀を呈せるは、一見解すべからざるが如くにして、其實、各領主の生存上の必要より打算せる立法に外ならず。而して江戸幕府の設立と共に、社會秩序の復舊せるにも拘らず、其刑罰の峻嚴にして酷烈なりしが如き、時代の必要といはんよりも、寧ろ其前時代卽ち戰國時代の餘風を繼續せる惰力にして、此時代の立法者は漸次此方面に修正を加へ、これに依りて刑罰の當初より多少輕減せられしものありたり。

法制の社會に及ぼせる影響　法制はあらゆる社會人事を支配する丈に、其及ぼす影響も決して鮮少ならず。中古よりの通用語に「不孝」といふ語あり、例せば親が子を不孝すといひ、又子が親の不孝を蒙るといふ事あり、親に不孝せらるともいふ。甚だ解し難き用語なるを以て、後には專ら不興の二字を充て用ゐるも、そは却て誤にて、實は子の親に對する不孝を八虐罪の一とせる、中古律の不孝罪より來れるものなり。又俗間に事業を企てゝ失敗するを「手を燒く」といふも、武家時代に專ら行はれたりし湯起請より起れるが如し。古代の相續法に於て嫡子相續を重んじ、是等の嫡子は自ら「嫡嫡相傳」といふを以て誇りとなし居たりしより、「嫡嫡」の語一轉して「ちやき〱」となり、江戸兒の粹を稱して「ちやき〱」抔といふに至れり。又今日にても通用語となり居れる「御構なし」の語は、其語意と用例との間、殆んど一致せざるが如きも、これ亦戰國時代より江戸時代に亙れる刑罰中に「御構」なるものありて、犯人の居住の場所を限り、自由を拘束する例語より轉じ來れるものなり。其他にもこれに類似の場合敢て少からず。

系統的研究の必要　此くの如く法制の系統を內外より、又縱橫より研究する時は、或は法制書の解題も含まるべく、法制の形式も實質も共に包含せられ、法制的術語の字義も說明せられざるべからず。然るに從來の法制史家が此興味ある研究法を閑却して、單に何れの時代の官制はしかく、刑罰はかくなりしといひて、個個別別連續を缺くの說明に止めたるもの多く、其各時代の變遷を說くも、原因經過を說明すること充分ならざるを以て、自ら興味索然たるの憾なきにあらず、故に余は主として日本法制の歷史を系統的に研究して、其梗概を明らかにするに努めんとす。若し夫れ一般的叙述の如きは、此にこれを試みるの限りにあらざるなり。

二　律令格式等の制定

日本法制の萠芽　日本法制の萠芽は既に太古に發せり。日本書紀、古事記等を見れば、其中に極めてプリミチーヴなるところを發見すべし。然れども法制の稍〻觀るべきものあるは、上古末期に於て支那交通の開始せられし後にあり。當時の支那は隋といひ唐といひ、何れも皆支那歷代の中にても、最も法制の完備せし時代なりしことて、其文化に心醉しつゝありし我國人士の美望するところとなり、大化改新以來、法制の制定せらるゝもの世を逐うて多く、上古の政治上、社交上に勢力ありし宇遲、加婆爾に對する刷新も亦此間に行はれたり。然れども未だ一部の成書あらざれば、日本書紀以下國史につきてこれを徵すべきなり。

律令格式の母法　日本法制の觀るべきものあるに至りしは、律、令、格、式の撰定以後にあり。律令格式は支那法制の編纂法に於て法典を組織せるものにて、支那にては唐の高祖の武德元年（我推古天皇二十六年）に律令を修撰し、同七年（同卅二年）に至りて施行せり。爾來屢〻修正を經たるが中にも、高宗の永徽二年（我孝德天皇白雉二年）律令格式を新定してこれを實施し、玄宗の開元年中にも、開元の初め（元年とすれば我元明天皇和銅六年）と四年（同靈龜二年）と二十五年（我聖武天皇天平九年）とに修正を加へられたり。宇多天皇の寬平年中に我國に現存せる隋唐の法制書には、令には隋大業令三十卷、唐永徽令四十卷、開元令三十卷、本令三十卷、古令四十卷、新令十卷あり。律には唐永徽律十二卷、同疏三十卷、具注律十二卷、大唐律十二卷、本律六卷、新律十卷あり。格には唐貞觀初格十卷、永徽格五卷、垂拱格二卷、垂拱後常格十五卷、垂拱留司格二卷、開元格十卷、開元新格五卷、開元後格九卷、散頒格七卷、僧格一卷あり。式には唐永徽式二十卷、開元式二十卷あり。藤原佐世撰日本國現在書目錄。是等の支那法制書は、是より以前既に我國に傳はり、立法上の參考となり居たりしことと知らる。

近江令の編纂　天智天皇の令を制定せられてより以來、歷代其完成に努められ、令は天智天皇元年に制定せられしもの二十二卷、弘仁格式序。天皇の近江大津宮に都し給ひしを以て、世に近江朝廷令若しくは單に近江令といふ。其後天武天皇此近江令を修正し、又新たに律を編纂せられたり。其中令は二十二卷、持統天皇の三年に至りて諸司に班たる。されば近江令は實に日本令の權輿にして、天武天皇の律令も、有名なる文武天皇の大寶の律令も、これに準據せりといふ。續日本紀。然るに惜むらくは皆其後に傳はらず。

大寶律令と養老律令　文武天皇大寶元年に至りて、更に律令の修正あり、令十一卷、律六卷となれり。之を大寶律令となす。後元正天皇養老二年に更に律令に修正を加へて各十卷とせられたり、即ち養老律令なり。大寶律令は今に傳はらず。世に現存の律令を見て、大寶律令とするを例とするも、そは誤にして、實は養老律令なり。故に現存の律令を以て大寶律令に比すれば、其規定の異同を見出だすことを得べし。村田春海はこれにつきて讀令筆記に弘仁格式の序、本朝書籍目錄を引き、卷數の上よりするも今の令は十卷あり、又義解の文に前令といへることあり、令集解に大寶令と故らに區別していへることも見えたるを以て、養老の令たること明らかなりといひ、若し大寶令とせば、天長の時義解を編纂せらるゝに、養老の時改修の令を措いて、其世に用ゐられざる大寶令を取りて註せらるゝ理なし、今の令條の中に、大寶の令の定を養老の比廢停せられしことを、猶ほ大寶の令の文のまゝに除かずしてあるを見て疑ふ說あるも、これ舊文を删去らずして其を用ゐざることは格にて示せるものなり、養老の比定められしことをも多く書き加へられたるにて、養老の令なる證とすべしといへり。此種の研究につきては、荷田在滿の令三辨、佐藤博士の律令考等參考すべし。

格式の編纂　律令は法制の大綱を揭げしものに過ぎず、故に此外更に其細則を規定し、又律令制定後、拾遺補闕の必要生じ來るなり。是に於て格式は編纂せらる。格は卽ち律令の追加修正にして、弘仁十一年に始めて大寶元年律令の制定以來、弘仁十年迄の格文を編纂せる弘仁格十卷を初めとして、貞觀十一年の貞觀格十二卷、延喜七年の延喜格十卷あり。式は卽ち施行細則にして、弘仁十一年の弘仁式四十卷を初めとして、貞觀十三年の貞觀式二十卷、延長五年の延喜式五十卷あり。後者は延長に成れるも、編纂の命は延喜五年に下れるを以て、これを其書名に冠せるなり。

其他の法制書　今日律令格式といへば、以上の數者に過ぎざるも、これを系統的に考ふれば、固より是等の書名を列擧するを以て滿足すべきにあらず。聖德太子の憲法十七箇條の如き、古來令の萠芽として推稱せらる。官位令集解。　式の如きも、早く天武天皇九年に禁式九十二條の制定あり。是等は後世の編纂に係れるものに比すれば、或は極めて幼稚のものたるを免れざるべく、或は一部の規定に過ぎざるべし。然れども簡單より複雜に赴くは進步の常道なれば、決して輕視すべきにあらず。又格式の制定後にありても、宮中の儀式の如きは、これを單行せしめて、貞觀儀式十卷、延喜儀式十卷、内裏式三卷、内裏儀式一卷あり。官吏の事務引繼に關する細則は、延暦二十二年の交替式一卷、貞觀九年の新定内外官交替式二卷、延喜二十一年の内外官交替式あり。其他左右檢非違使の職務規程には、貞觀十七年の左右檢非違使式あり、藏人には藏人式あり。執務の慣例には、民部省の民部省例、彈正臺の彈例一卷等あり。

是等の職務執行に關する規程は、又國史に載するところ多きを以て、執務の參考としてこれを類集するの業も起りたり。延喜二十二年の官曹事類三十卷は、續日本紀より神事、齋主、佛寺等の各項に分ち、雜例を類集せるものなり。此種の編纂中、最も卓出せるを類聚三代格となす。そは弘仁以下三代の格文中より、神事、佛事等の數項に分つて類聚せるものにして、卽ち今に傳はれるものこれなり。三代の格は後に傳はらずと雖ども、本書に據りて其一斑を窺ふに足れり。

三　現存せる律令格式等

令及び其註釋書　余はこれより中古に於ける律令格式、及びこれに準ずべき法制書類の現存せるものにつきて說くところあらん。

先づ令につきていはんに、令は今日令義解を以て代表せらる。此書は天長十年、右大臣清原夏野等が勅を奉じて編纂し、其翌年承和元年に施行せられしものにして、すべて十卷あり。是より先き律令の制定ありしも、我文化は一般に未だ此くの如き漢文の浩瀚なる法制を解するもの多からざりしより、其研究は自《オ》ら明法家の專門に歸し、各自門戸を張りて、令集解に收められたるが如き私記を作りて、書生を敎へたりしが、彼等は一面には學者にして、他面には實際家たりしより、其一家言は卽ち實際に適用せられ、裁判の上に事實となりて現る。されば朝廷は學派分立の弊を認められ、明法博士額田今足の議を用ゐて、令解釋統一の爲めに編纂せしめられしもの、卽ち令義解なり。此書は今專ら寛政十二年に檢校塙保己一が幕府の紅葉山文庫其他の數本を以て校正上木せる赤褾紙のもの世に行はるゝも、近頃國史大系にもこれを收めたり、其他に慶安三年の古版本あり。それには京都蓬生巷林鶴の序あるを以て、これを京本若しくは慶安版といひて、塙本と區別せり。京本には職員令四篇と神祇、僧尼、倉庫、厩牧、醫疾、假寧、喪葬、關市の八篇は既に散佚し居りし爲め、令集解の中に存するものは、これを抄出して上木せるも、猶ほ倉庫、醫疾、關市の三篇を闕き、加ふるに令集解の文の義解の文として竄入せるも少からず。然るに其中關市令義解一卷は、其後明和四年に阿波の人源元寛、同六年に江戸の豪商太申が、各單獨にこれを出版し、尾張の人神村正隣更に前二書を校正して關市令私考一卷を出版せり。されど他の倉庫、醫疾の二令は其後も世に出でざりしかば、塙本には續日本紀、類聚三代格、政事要略、令集解等より其逸文を蒐集してこれを補ひ、始めて令三十篇全部稍〻完璧に近きものとなれり。令義解の施行せられてより、令の解釋は專らこれに據ることとなれるも、解釋の詳密を期し、且つ其沿革を知らんとするものは、此書の編纂前後に成れる明法家の學說を參考するの必要あり。令集解は卽ち此目的に副ふべきものなり。此書は元慶中の明法博士惟宗直本の編纂せるものにして、今存するもの三十六卷、官位令より喪葬令に至る迄、先づ令義解の本文を載せ、次に令釋を始め、穴、讃等の明法家稻葉通邦の神祇令和解及び佐藤博士の律令考に其人を擬せりの私撰に成れるもの三十餘種の文を適宜に其下に抄錄したれば、令の撰定以來、諸家の解釋に關する學說を知るに便なるのみならず、其中には間〻令の規定と、實際の慣行、卽ち所謂今ノ行事と異同をも示せる箇所あるは、法制史研究者に取りて貴重の材料なりと謂ふべし。此書は文久年中に江戶の書肆山城屋佐兵衞が印刷に附せしものあり。此くの如く令集解は令の研究上重要闕くべからざるものなるも、令釋以下の文は、令義解の如き純粹なる漢文に非らずして、和臭を帶びたる漢文なれば、これを讀下すること困難なる上に、傳寫の間誤脫頗る多く、文久の活字本は古本十六種を校合せりといふも、猶ほ不充分なる點少からず。神道叢書第四附尾令義解異本及び解釋類。故に更に世に傳ふる古寫本を以て校正するの必要あり。令の古寫本には、紅葉山文庫舊藏として今內閣記錄課に存する令義解七卷、令集解十卷あり。金澤文庫本と稱せらるゝも、寫は室町時代に上らず。金澤文庫の印記もなければ、或は金澤文庫本の模寫なりとす。右文故事附錄卷一。其中令集解は戶令の第十迄ありて頗る善本とす。此他に令集解は尾張の人神谷克禎が薩摩の人山田淸安所藏の金澤文庫本を影寫したるものあり、こは金澤文庫の印記あり。井上博士（賴圀）これを藏す。すべて三十卷にして、書體より見るも金澤文庫舊藏のものたるは疑なく、亦善本となす。其他にも寫本の傳はれるもの少からず。近年國書刊行會は余輩の校本を發行せり。

律及び其註疏　次に律は大寶律には旣に註あり。養老律に至りて、更に疏を加へたり。而して令の如く支那法に修正を加へたるもの多からざりし爲め、唐律の註釋は移して我律の解釋に適用することを得べし。されば額田今足は令の外、律にも解釋書を編纂せんことを建議せしも、遂に行はれざりき。律も金澤文庫本として、江戶幕府の初め紅葉山文庫に收藏せられしもの、現に內閣記錄課に藏せらるゝも、僅に名例、賊盜の二篇のみ。其後職制、衞禁の二律世に出でたりしかば、文化中塙保己一律疏殘篇四篇を群書類從の律令部に收めて出版せり。然れども其他は全篇の現存するものなかりしかば、文政中尾張の人石原正明これを慨して、律疏、金玉掌中抄、裁判至要抄、法曹至要抄等の諸書に存する逸文を蒐集し、其足らざるところは、故唐律疏義の文を朱書にて補入して文をなし、題して律逸と稱せり。日本古代法典に律疏殘篇と共にこれを收めしも、故唐律疏義の文は省略に從ひしを、近比國書刊行會はこれを補ひて、續續群書類從第六法制部に收めたり。律の研究には至便なり。されど猶ほ蒐集の洩れたるものなきにあらず、宜しく補修すべし。

格　格は類聚三代格九卷、弘化二年尾張に於て出版せられ、又六卷、明治十七年前田侯爵所藏の享祿本を出版せられ、稍〻完本に近づきしも、三代格の編目は本朝法家文書目錄に載するの外、完璧と觀るべきもの傳らず。されば塙氏は令集解、政事要略、扶桑略記等諸書の逸文を集めて格逸五卷を撰し、黑川春村氏は更に格逸逸三條を撰べり。竝びに續續群書類從法制部に收む。世に類聚三代格の僞撰に係るものあり。荷田春滿、僞類聚三代格考十二卷を著して、一一これを辯駁せり。

式　式は明曆三年の刊本五十卷あるも、文政十一年、雲州侯松平齊恒の校刻に依り、男齊貴の上木せるものに如かず。此書は考異七、附錄三を加へて六十卷となせるものにして、塙保己一も其校正に預りたれば、校正嚴密にして最も據るべきなり。唯延喜以前の二代の式は、本朝法家文書目錄に其編目を載するのみ。本編は早く逸して傳はらざれば、學者の間に式逸の著あり。國書刊行會は其續續群書類從法制部に、和田英松氏の蒐集せるものを取りてこれを收めたり。

以上の令義解、類聚三代格及び延喜式は竝びに國史大系の中にも收めて出版せられたり。

四　律令格式の修正

制符　律令格式の完成以來、朝廷に於ては、更に全部に亘りて、これが修正を試みらるゝことなかりき。然れども其部分的修正は實際種々の方法の下に行はれたりしなり。而して其重もなるものは、歴代發布せられし特殊の法令と、明法家の律令に關する解釋と、官廳の慣例と是なり。所謂特殊の法令は其性質概ね格に屬し、歴代の國史記錄等に散見するところなり。其中武家時代に至る迄も、多少の觀るべきものは制符一に新制といふとす。これ國史に制符何箇條を下すと記せるものなり。こは宣旨を以て發せらるゝものにして、主として節儉の義に基き、服飾の過差を禁じ、僕從の員數等を制限したるものなり。然れども又必ずしも此種の法令に止まらず、神官、僧侶、諸司諸國の官吏、其他人民の不法行爲を禁止し、莊園の弊害を矯正せんとするが如き條項も亦これなきにあらず。其中今日に傳はれるものは、三代制符、建暦二年新制廿一條、公家新制廿二條を重もなるものとす。こは何れも鎌倉時代朝廷の制定に係れるものにして、三代制符は建久二年三月廿八日の規定卅六條、同廿二日の規定十七條、寛喜三年十一月三日の規定四十二條、文永十年九月廿七日の規定廿五條より成り、公家新制は弘長三年八月十三日の規定四十一條より成る。第一と第三とは、近比續續群書類從第七法制部に余の本を以てこれを收め、第二は早く群書類從雜部四七四に收められたり。其他弘長元年、弘安二年、同八年、正應五年のもの一部傳はれる外、嘉元二年三月、正安三年三月、正和四年十二月、同五年十二月、正慶元年六月、貞和二年十二月等のものあり。其中正慶のものは、儉約條條につきて正應五年の制符を守るべきを令し、貞和二年のも同樣、正慶元年の制符を守るべしと令せるのみ。（園大暦。）さして價値あるものならず。

明法家の解釋　次に明法家の解釋につきていはゞ、前にも說きしが如く、律令の撰定以來、明法家の解釋を試みるもの多く、私記の書も少からず述作せられたり。其盛況は令につきては令集解に徵せらるべく、律には現存せざるも、律集解三十卷ありしこと、本朝法家文書目錄に見えたれば、これ亦略〻同一の狀態にありしなるべし。律に註疏あり、令に義解あるに至りて、解釋の必要は漸次減殺せられたることとなれり。そは一は明法家の學識程度次第に膚淺となりて、律令の本條を研覈する代りに、簡便なる參考書を用ゐることとなり、此種の著書多く現れたるが、其中には往〻律令の意味を誤解し、曲解せるものあるを見る。是等は固とより無意識的に然りしもあれど、中には又故意に然かせる嫌なきにしもあらず。そは種〻の事情に依りたるべきも、權勢に媚びるが如きは其一にして、有名なる藤原基經の阿衡事件に、宇多天皇の詔書を作りし橘廣相に對し、時の明法家が基經の爲めに刑の適用を擬して、遠流に處すべしといへるが如きは、顯著なる一例なり。

官廳の慣例　然れども又明法家が律令の精神と當時の慣行との相違を認めて、强ひて其合致を求めざりしものあり。これ卽ち官廳の慣例なり。官廳の慣例は所謂式に屬するものにして、多年種種なる事件に遭遇するの間、自然に各種の慣例を生じ、中には全く律令の規定と相背馳するものあるに至れり。彼嵯峨天皇の弘仁十三年に死刑廢止の格出でゝより、すべての犯人は贓物の多寡を標準として刑期を定め、其贓物も强盜の十五端以上は律に絞罪に相當するを以て、故らに十五端以内に改めて、死刑の執行を免れしむるの慣例を生じたりしが如き其一例なり。されば西宮記、政事要略、法曹至要抄等には、是等の慣例の律の規定に相違することを認めて、其檢非違使廳の古來の慣例にして、法制の精神に一致せざることを指摘せり。而かも此慣例が寧ろ實際の效力あるを見れば、事實に於て律令殊に律の修正を加へられしと同一なり。故に是等の法制の局に當れる諸官司の有力なる慣例は、法制史研究上、決して忽諸に付すべからざるものなり。此くの如き時代の必要に伴ひて述作せられし律令の摘要、解釋、官廳執務要典の類は、今日に傳はれるもの甚だ多からずと雖ども、其書名のみ傳はれるもの、逸文の古書に引用せられたるもの等に據つて、少からざる數に上れることと推察せらる。

明法家編纂の參考書　中古以來明法家の手に成れる簡便なる參考書として、今日に存するものには、中古末の明法博士坂上明兼の著に法曹至要抄三卷あり、是等諸書の中にては最も完全なるものにして、其中檢非違使廳の廳例を載せたるところは、注意に値すべし。單行本の外、群書類從の律令部、日本古代法典にも收めらる。裁判至要抄一卷は鎌倉時代初期の明法博士坂上明基の作に係り、土地の賣買、貸借、遺産の相續等、主として民事上の事項につきて、律令及び格の規定を引き、これに簡單なる解釋を加へたり。著者の跋文に、後鳥羽上皇の院宣を奉じて編纂せることを載せたり。思ふに、是等は上皇が鋭意大に院政を恢弘し、親しく人民の訴訟をも聽斷し給へる比なれば、これも亦文殿の裁判に資せられんが爲め、特に命じて編纂せしめられしものにはあらざるか。金玉掌中抄一卷は鎌倉時代末の明法博士中原章任の著すところなり。此書は前者と異なりて、强盜、竊盜、放火、毆打等、主として刑事上の事件に關する摘要なり。思ふに、こは檢非違使の參考に資せんが爲めに論述せられしものなるべし。以上の二書は竝びに群書類從律令部に收むるところなり。其他今日に傳はらざるものには、本朝書籍目錄に坂上明兼の禁法略抄一卷見え、淸原宣賢環翠軒宗尤の式目抄及び閣本裁判至要抄の書入に玉條簡要抄見え、又式目抄に裁判要訣七十一條見えたり。思ふに、其書の內容は略〻前揭諸書と大同小異のものたるべし。

官廳の慣例書類　官廳の慣例を記せるものには、既に揭げし民部省例、彈例の如きもの丶外、各官廳には概ねこれに類似の編纂あり。就中司法警察の局に當れる檢非違使廳には、檢非違使式を始め、其書名の本朝法家文書目錄、信西藏書目錄、本朝書籍目錄等に見えたるも少からず。其逸文の政事要略、西宮記等古書に散見するもの往〻これあり。單に一官廳にして其豐富なりしこと想見するに餘りあり。

五　律令の研究

大學寮の授業　律令は中古最高學問府たる大學寮に於て敎授せられたりしが、其學生たる明法生は、專ら任官を目的とするもの共なりしかば、學課の難易は直接影響を彼等の嚮學心に及ぼすものなり。考課令及び選敍令に據るに、明法生は律令十條を以て試驗し、其中七條は律、三條は令を課す。全試驗に合格したるを甲第とし、八問以上に合格したるを乙第とし、七問以下に合格したるを落第不第といふとなせり。甲第の出身は大初位上にして乙第は大初位下なり。然るに此試驗法は他業に比して稍〻重きところより、志望者の數を減じて、學生のこれを學ぶもの少きに至りしより、弘仁四年に特に試驗法を簡易にし、六七問に合格せしものをも落第とせずして、國博士に採用することに改められたり。何れの國にても學問の目的が科學に傾けば、學者の注意も自《オ》ら試問に集中せられて、深遠なる學理の闡明を忽諸に付するに至るなり。我國に於ても、律令撰定の當時にありては、法制を唐に學びて其蘊奧を窮め、然らざるも斯學の研究に熱中して發明するところありしものあり、讃岐永直、惟宗允亮の如きは、何れも一代の宗師と仰がれしが、後次第に是等の熱心なる學者の跡を絕ち、學問の淺薄に流れしこと既記を經たり。

律令の讀習　然れども律令が我國法制の要典たることは一般に認識せられ、後世に至る迄、識者の間には其讀習を廢せられず。明法博士たる中原章職は後嵯峨後深草兩帝の侍讀、其孫同章任は後二條花園兩帝の侍讀たり。竝びに院の上北面を聽され、文殿の訴訟に關與せり。職原抄。章任が花園院の爲めに律令を授け奉りしことは同院の御記元應元年に見えたり。卿相も亦これを學べり。啻に公家側のみならず、武家側にても好學の徒に律令を讀習せるものあり。北條氏の一族たる金澤氏は實時以來代々學を好み、文庫を設けて其蒐集儲藏せる和漢內外の典籍を收めたりしこと人の知るところなり。當時淸原敎隆、其子俊隆等、前後鎌倉にありしかば、彼等はこれにつきて經史律令を學び、其書はこれを文庫に收めたり。現に金澤文庫本として傳はれる令義解、令集解、法曹類林等あり。而して其跋語には、是等の學者が家の祕說を以て實時等に授けしこと、實時等の書寫校讀せしことを載せたり。就中令義解第六卷に於ける淸原俊隆の奧書には「文應元年八月十六日、於ニ鶴岡八幡宮放生會棚所一、奉レ授ニ越州專城尊閤ニ了、凡以ニ見物一爲レ次、以ニ讀書一爲レ先給、好學之志有レ所レ不レ暇、蓋以レ此謂而已、直講淸原判」とあり。以て其如何に學に嚮へるかを想ふべし。然れどもこは律令を以て他の經史と同一視せるものにして、法制としてよりも、寧ろ古典として其意義を研究するものなることを忘るべからず。戰國爭亂の餘を承けて、律令の學は此時代の識者一條兼良の指を染めし位の外、一般に顧みられざりしより、律令及びこれに關係せる圖書も次第に散佚に歸したり。然るに慶長元和の交、文教の保護者たる德川家康の保護の下に、文藝復興の機運を生じたれば、律令學の如きも亦其影響を受けて曙光を認むるに至れり。

六　近世に於ける律令學の勃興

家康の圖書蒐集　家康は一方には慶長十五年群書治要を寫さしめし以來、五山の僧徒に課して珍奇なる古書を書寫せしめ、一方には又御所仙洞を始め卿相社寺等に就きて、斯る圖書の蒐集に努めたり。殊に家康は公武の法制を制定するの意ありて、和漢古來の關係圖書にして、これが參考に資すべきものを蒐集するの必要よりせるもの多ければ、法制史上重要なる圖書の散佚せるものにして、是時に世に現れしものも少からず。金澤文庫本の律令、卽ち律二卷、名例、賊盜令義解七卷、令集解十卷、都合十九卷は、慶長十九年豐臣秀次の菊亭家に傳へしものを、更に同家より家康に贈れるなり。當時採訪の命を下せるものゝ中に、弘仁格、同式、貞觀格、同式、延喜格、同式十三、廿四の兩卷不足等ありしも、當時は世に出でず。延喜式の闕卷の如きも、慶安中これを補足して始めて完本となりしこと、慶安版延喜式の林道春の跋に見ゆるが如し。

一條兼良の令研究　前にも說きしが如く、室町時代には一條兼良の令に關する著書あり。令抄二卷、一に令後成恩寺殿御抄ともいひ、神祇令より倉庫令迄の文を抄出してこれに略解を下せり。世に行はるゝもの二本、抄本は群書類從律令部に收めたるも、完本は寫本として傳はる。外に兼良の說を其子冬良の筆記せしものを後妙華寺殿令聞書といひ、一に桃蕚殘輝ともいふ。應撰定令律問答私記事より僧尼令迄の文に略註せり。續群書類從律令部に收めたり。是等の書は註釋の體裁としても、一新機軸を出だせるのみならず、平易なる令の註釋書として、其嚆矢と謂はざるべからず。

荷田春滿父子の律令研究　江戶時代に至りて律令の學を提唱せしものは、國學の泰斗たりし荷田春滿なり。彼れは自ら潛心律令を究めたりしが、これに關せる一部の成書とてはなく、且つ死するの前其稿本を燒きしと傳ふるも、其手澤に係る書入れあり、令義解、集解の講義を筆記せる劄記あり。將軍吉宗の旨を受けて其諮問に答へ、又幕府の書物奉行下田幸太夫師古の爲めに其意見を書送せしもの少からず。東丸遺稿に就てこれを見るべし。彼れ嘗て日本律の起源を尋ねん爲め、唐律疏義を人に借りてこれを寫せるに、所藏者惜みて多くを貸さゞりしより、已むなく一冊づゝを借寫せりといふ。彼れは又令集解の價値を稱揚し、令の研究には此書を先きにすべきことを主張せり。以て其識見の非凡なるを知るべし。彼れは其子在滿に向つて律令の學を奬め、令の註釋書を作らしめんとせしも成らず。されど在滿には令三辨、本朝制度略考、選敍令私考、結階私考、同上圖、羽倉考、大嘗會便蒙等（各一卷）の著書ありて箕裘を繼ぎ、江戶時代に於ける律令學の基礎を形成せり。

吉宗の律令學奬勵　此くの如くにして荷田春滿は近世に於ける律令學の祖といふべきも、彼れをして此功業をなさしめしは、德川將軍中、御定書の制定等法制上の偉業を全うせる吉宗の間接の保護も亦與つて力なしとせず。吉宗は其紀州邸にありし頃より好んで法制の書を讀み、將軍の台職に備はりてよりは、益〻和漢の圖書を研究し、御定書、寺社方御仕置例書、寛保集成享保集成ともいふ、江戸時代に於ける法文集成書の嚆矢なり等編纂の大業を完成せり。荻生茂卿、成嶋道筑信遍等の如き漢學者は勿論、春滿在滿父子の如き國學者も皆其顧問に備はり、或は其侍讀となり、或は上書して其諮問に答へたり。令集解、令抄等の古書も、當時在滿等京都奈良等の社寺の舊藏を採訪してこれを上れるなり。吉宗は又手づから延喜式の文を抄出し、貞觀儀式等はこれを校正せり。春滿の提唱に依りしと否とは詳かならざるも、吉宗は當時既に令集解の研究に意あり。享保中、其儒臣人見又兵衞美在、同七郎右衞門浩、林又右衞門信如の三人に命じて、令集解室鳩巣の書に令義解の集解と書し、有德院實紀附錄これに據りて令義解とせるは誤の訓點を施さしめられたり。當時令義解すら版本としては僅に不完全なる慶安版あるのみにて、未だ學者の注目をも惹かざりし世に、吉宗が此難解なる令集解に訓點を施さしめ、これが研究の便宜を圖らんとせしは、頗る卓見と謂はざるべからず。室鳩巣は此盛事を記して、當時集解は未だ上木の事なかりしを以て、恐らくは出版の命を下さるべき內意なりしならんといへり。兼山麗澤秘策。惜むらくは此書今に傳はらず。集解に村山本と稱するものあり、全部に訓點を施せるも、これとは自《オ》ら別なるべく、且つ餘りに研究を經しものとも覺えず。宮崎博士亦訓點を施せる一本を藏せらる。前者に比すれば頗る善本なり。

吉宗の支那法制研究奬勵　吉宗は又法制の編纂上、支那法制の研究にも著手せり。世には吉宗が其御定書百箇條に於て明律より得るところ多きをいふ。そは誇張に失するも、明律を學びしは事實にして、成島道筑は明律を進講し、明律國字解の著者たる荻生茂卿は明律會典譯解を作りてこれを獻ぜり。然れども必ずしも明律に限らず、其臣深見新右衞門玄岱、其子新兵衞有隣は淸律會典譯解を上るべき命を蒙り、長崎に往來して淸商等に質し、律書の解を作りて上れるもの少からず。吉宗は又唐律疏義の訓譯を茂卿に命じて、其支那に絕本となり居る珍書なるを知り、長崎奉行に命じて淸商沈燮庵に示され、燮庵歸國して刑部尙書勵廷議に呈したれば、廷議は自《ミ》ら序を作りてこれを激賞せり。後年燮庵此序を進覽せしかば、吉宗は喜んで序を添へ文庫に藏せり。官版故唐律疏義に載せられたるものこれなり。唐六典は是より先き、近衞家凞自《ミ》ら校正して上木せしが、吉宗これを聞きて一本を得ん事を請ひ、家凞家の面目として喜んで其求に應ぜしことあり。

名古屋藩の律令學　所謂律令學の基礎は既に成れり、爾來學者の此方面の開拓に努むるもの從って輩出せり。今一一此にこれを列擧する能はずと雖ども、名古屋藩に於ける斯學研究の事蹟は其表彰を禁ずべからざるなり。乃ち稻葉通邦、河村秀根、同秀與、石原正明、神谷克禎、神村正鄰等、律令研究の趣味を同じくするもの、殆んど同時に世に出で、何れも多少の貢獻するところあり。就中稻葉通邦は逸令寫本一卷を著して、闕市令と倉庫醫疾二令との逸文を集成し、塙保己一の令義解を校合するの參考に供せられたり。又其著神祇令和解には、令集解中の私記の作者、卽ち明法家につきて考證するところあり。今日にては不完全を免れずと雖ども、其識見の凡を超えたるを見るべし。文政中、通邦は河村、石原、神村等の同好諸氏と相會して共に令義解を研究し、彼我の出典を窮め、これが解釋を試みたり。其體概ね原書の文を抄出して、其下に各自の偏名を書するに止まるも、間〻各自の見解をも略註せり。これを講令備考といふ。國書刊行會は續續群書類從第六法制部に收めてこれを出版せり。こは固より未定稿に過ぎずと雖ども、其令全部に亙れるは、令義解研究者の指針となすべきものなり。

近世の律令學者　其他近世の學者にして律令研究の事に從ひ、多少の貢獻を示せるは速水房常（令聞書）、下田師古（名家叢書中の諸考證）、壺井義知（令愚註草稿案十二卷神祇令迄）、伊藤長胤（制度通）、大塚嘉樹（選叙令結解私考）、色川三中（田令圖解抄）、夏記貞主（令義解覺書）、新井白蛾（令義解講錄）、山田以文（書入本）、栗原信充（軍防令講義）、近藤芳樹（標註令義解校本）、小中村淸矩（令講義、令義解疏證）、佐藤誠實（律令考）等あり、卿相には中院通富（令解新抄、令書聞書、讀令雜筆、令考）、滋野井公麗（考課令故事）、日野資矩（令解或問）等あり。平易なる註釋書には、前述神祇令和解の外、戶令和解、田令和解等あるも、全部に亙れるものは、令釋十卷、（著者不詳なるも篠崎東海ならんか、）標註令義解校本を推すべし。後者は全部の稿本を家に藏するも、其印刷に付せられたるは六卷にして戶令に終れり。

律令の起源の研究　これを要するに、我律令格式は其形式に於て、其內容に於て、支那法制を採用し模倣せるもの多きを以て、其系統をこれに引くは言ふ迄もなし。支那にては我直接に模倣引用せる唐制に於て、其律の現存するあるも、令格式は殆んど全く傳はらず。然れども唐律疏義、杜氏通典、文獻通考等の古書、其他我令義解、令集解、國史等の中に其逸文を引用せるところあれば、是等を基礎として潛心比較研究を試み、以て日本法制の起源を探究すべし。而かも此系統は其起源の一半につきていふのみ。其他日本固有の慣習政體等に基くものは、亦同時にこれが研究を閑却すべきにあらざるなり。

律令の實施の研究 我法制が支那系統を引くといひ、然らずといふも、畢竟法制の明文に關していふ事のみ。其實施の跡につきては、改めて別に研究するところなかるべからず。法制の明文が決して一より十迄、明文通りに實施せられしものと看做すべからず。殊に中古法制の如き、寧ろ重きを外國法制の模倣に置きしものに於て然りとす。明法家の著書は、學理上よりいへば、齟齬矛盾の廉等もありて幼稚のもの多きも、皆實施の效力ありたるものなれば、此點より必要缺くべからざるものとなるなり。然るに明法家の形式に拘泥して曖昧反覆信賴すべからざるは、武家の興隆と共に、これより獨立して、一種の法制を形作るべき新機運の發展を促し、簡易にして武斷的なる武家法制が、時代の要求に依りて生るゝこととはなりたり。されば中古法制は其系統上、上は支那法制に接續し、下は武家法制に接續するを以て、兩者の研究は其一を缺くべからざるなり。

七 中古法制の弛廢

公家法制の威力失墜 中古に於ける公家の法制は、當時の學者實際家の學說慣行の影響を受けて、事實上幾多の修正を加へられたりしが、是等の學者實際家は畢竟時勢の產物のみ。試みに一例を擧げてこれを證せん。

朝廷に於て死刑廢止の方針を執られてより、司法警察官たる檢非違使廳に一種の贖罪的慣例を生ぜしことは、前に說きしが如し。これ明かに事實上、律の死罪に修正を加へられしものなり。然るに此修正の動機は那邊にありやといはゞ、佛法の影響に歸せざるべからず。聖武天皇が神龜二年に諸國の囚徒の刑を輕減せられし時の詔にも「死者不レ可ニ復生一、刑者不レ可ニ復屬一」と見えたりしが如き、其佛敎の信念の上に立つ者なることを知るべし。卽ち罪の輕重を問はず、刑罰の輕減殊に極刑の廢止を以て、無上の功德視せられたりしに依らずんばあらず。此宗敎思想は獨り歷代帝皇の間に存せしのみならず、滔々として上下に瀰漫せり。此思想は刑法の精神を蹂躙し、刑罰の嚴密なる執行を以て、一種の罪業視するに至り、檢非違使に職を奉ずるものは、一般社會より宛然無慈悲なる非行を遂げつゝあるものと思はれたれば、彼等の中には中心自《ミ》ら安んぜず、七度迄禁獄せられし重罪犯人を捕へて、將に其足を斷たんとせしに、或る相人の其犯人に往生の相あるを說きて、助命を請ふものありたるより、別當これを赦しゝが、果たして後に法師となりて、東北院の菩提講を興したりといふことと宇治拾遺物語に見えたり。事實の程は固より保證すべからざるも、極めて有勝の事と謂はざるべからず。現に長保元年三月より使廳の結緣經といふこと始まり、別當以下これに列して佛事を行へり。（古今著聞集。）これ罪人の冥福を祈るの外、又自家の罪障消滅の意に外ならざりしなり。されば別當は後には其邸宅に廳屋を設けたりしが、別當辭職の後には廳屋を壞つて寺院に施入せるとあり。（山槐記治承三年正月十九日條、古今著聞集。）又檢非違使を罷めし後、佛事に身を委ねて滅罪を事とせるものありしといふ。（古今著聞集。）正當なる職務の履行を以て一種の罪惡視しつゝある程なれば、其職務に不熱心なりしことも略〻知らるゝなり。此くの如き緩漫なる司法警察の下に、犯罪の防止、犯人懲肅の實效を擧げんことは容易の業にあらず。されば京都の如き輦轂の下にありてすら、屢〻無警察の狀態を現じ、群盜は白晝にも橫行して、良民の生命財産に迫害を加へ、甚だしきは宮中を侵して女官の衣を剝ぎ、獄中に闖入して囚徒を奪ひ去るの暴狀を演ぜしことさへあり。而かも此輩の逮捕せらるゝもの少く、偶〻これある時は、先づ逮捕の任に當れる檢非違使を重賞するも、犯人の處分は例に依りて緩漫を極め、其間に或は赦に會うて放免せられ、或は獄を破つて逃亡し、其處分の如きも、罪人に取つては左迄苦痛を與ふるものにあらざりしなり。此弊は有位有官者にありて一層甚だしく、彼等の中重大なる犯罪に依りて流罪の重科に處せられしものも、宣告後故らに遷延時日を空過して、大赦令の下るを竢ちつつ、遂に曖昧の間に其宣告を無效ならしめんとするものさへあり。其地位を濫用して朝憲を紊亂せんとせる彼等は、又斯くして司法警察の任に當るものゝ無能と相待つて、公家法制の威嚴を失墜せしむること大なりき。これは公家の刑法に關する一部の觀察に止まれるも、亦これを推して全般に於ける公家法制の規定と實施の關係とを概見すべきなり。中古の末に當りて勃興せる武家は、亦斯る時勢の產物たりしに過ぎず。

武家法制の發生　當時京都を始め、地方に於ても、盜賊海陸に橫行し、僧兵跋扈して、動もすれば禁闕に迫り、大小の叛亂屢〻起ると雖ども、朝廷の當局は其力微弱にしてこれを鎭壓するに堪へず。武家は此くの如き軍事警察の缺陷を補ふべき一種の威力として用ゐられ、社會上有力なる一方の勢力となれるものなり。此くの如くにして武家の法制は公家法制と異なりたる出發點と徑路とに於て發達せり。兩者が全然其性質を異にし其傾向を異にせるも、亦故なからずとせず。今前に說きしところに關聯して、刑の執行方法につきて觀察せんか。公家法制に比すれば、無論峻嚴なるを免れざりしなり。試みに一二の例を擧げんに、白河法皇の時、平忠盛の家人にて加藤成家なる一武士が殺生禁斷の制を犯して、鷹を放ち鳥を捕りしこと露れ喚問を受けしに、彼れは恬然として自《ミ》らもと法皇の女御にして後に忠盛に賜ひし祇園女御の供御に充てん爲め、毎日鮮鳥を上るべき嚴命を受け、これを怠れば重科に處せらるゝより、敢て此禁を犯しゝことを述べ、源氏平氏の習、重科と申は被レ切レ頸ることとなるも、公家にありては縱ひ禁獄流罪に處せらるゝも、生命を失ふことなきを以て、此行爲に出でたるを自白せりといふ。古事談。又京都に於て武士の逮捕せる犯人は、これを檢非違使に引渡すの法なりしが、文治二年、北條時政の京都にありて群盜を逮捕せし日には、此引渡の手續を略して直に斬に處せり。吾妻鏡文治二年二月一日、同十三日條。其理由とするところは、斯る重罪犯人に向つては、引渡の手續履行等に空しく數日を經過すること、寛刑に似たりといふにありしも、其實これを檢非違使に引渡すに於ては、例に依りて罪人懲肅の目的を達することと覺束なしと認めたりしに依るべし。爾來此一事特別なる慣例となり、其翌年に下河邊行平の上京して群盜を捕治せし時にも、亦北條殿の例に任すといひて、此機宜の處置に出でたりき。吾妻鏡文治三年十月八日條。是等の事例を以てするも、如何に武家法制が公家法制と其同一歸趣に出でざりしかを卜知すべく、同時に又武家法制の發生が時代の必要に應ぜしかを推知するに難からざるべし。

八　武家法制の發達

幕府の創立　武家法制は武家の政治上の勢力となるに伴うて、次第に發達を來たせり。故に源頼朝の幕府を創立する以前にあつても、既に多少の觀るべきものなかりしにあらず。武家の公家に對する政治上の地位、武家と御家人との法制上の關係、全國に家人を配置して地頭となし、戰時に於て兵粮米を徵し軍資に充てしが如き、平氏の時より其制既に定れるところにして、平氏に反抗して起りし賴朝は、政略上表面これに反對なる態度を取るの必要を認め、公家に對しては一意恭順を裝ひ、兵粮米の徵收も一時奏請してこれを廢止せりと雖ども、而かも其幕府は全く彼れの先進者たる平氏及び源義仲の占有せる基礎の上に建設せるものにして、これが爲め如何ばかり便宜を得たりしか、殆んど想像以上にあるべし。故に文治元年彼れが源行家義經の庇護に坐して公卿の處分を求め、又兩人の逮捕に藉口して諸國莊園に守護地頭を置き、且つ遍く兵粮米を徵收することとなしゝ時の如き、其强硬なる態度は平氏義仲のそれと伯仲の間にありと謂ふべく、又明かに兩者の遺策を繼承せるを觀るべし。これ彼れが政治上の敵手の敗滅と共に、從來の假面を撤して眞面目を發揮せるものにして、幕府の基礎は是時に於て全く鞏固となれるなり。

賴朝時代の法制　されば賴朝の時に於て、後世の武家法制の既に定れるもの少からず。御成敗式目卽ち貞永式目は、北條泰時の執權たりし日制定せられて、後世に於ける武家法制の嚆矢として、準據せらるゝ者なるが、其中には「任㆓右大將家之例㆒」といひ、「任㆓右大將家御時之例㆒」といひ、「右大將家御時以來至㆓于當世㆒……先縱惟多云云」といひ、「右大將家御時、一向被㆓停止㆒畢」といふの類、二三に止まらず。其所謂右大將家とは賴朝を指せるものにして、これを觀るも、賴朝の時法制の觀るべきものあるを知ると共に、後世に至る迄、幕府が賴朝時代の法制に向つて、如何に重きを置きたりしかを知るべきなり。然れども又仔細に研究すれば、(一) 此頼朝の時の例といふものも、單に幕府の初めより存せりといふに過ぎずして、其實頼朝以前より既に存立したりし舊慣を、頼朝の時にも襲用したりし迄にて、必ずしも頼朝がこれを創めたりと思ふべからざるものあり。又 (二) これに反して、幕府の創立當時は、未ださる定制を見る迄に發達し居らざりしも、何時とはなく一定の法制を生ずるに至りしものあり。就中後者の如きは、成文的施設の實際の施設に後るゝを例とせる武家法制にありては、最も有勝なりしとなるのみならず、頼朝の時は事草創に屬し、縦ひ法制の緒に就くものありとはいへ、未だ整備せざるもの多く、爾來幾多の歳月を閲する間に、自然的發達を經て次第に整頓せるに至れるなり。今一例を擧げてこれを説明せんに、諸國に於ける守護の職權は、貞永式目第三條諸國守護人奉行事の條下に、「右右大將家御時所レ被二定置一者、大番催促、謀叛、殺害人付夜討、強盗山賊、海賊等事也、而至二近代一、分二補代官於郡郷一、充二課公事於庄保一、非二國司一而妨二國務一、非二地頭一而貪二地利一、所行之企、甚以無道也……早任二右大將家御時例一、大番催促幷謀叛殺害之外、可レ令レ停二止守護之沙汰一」とあり。之に據れば守護の權限が大番役の徴募、謀叛人、殺傷犯人の檢擧逮捕の三事、即ち所謂大犯三箇條に制限せられたる事は、頼朝の時に既に定められたりし職制なるが如く見ゆるも、これを事實に徵するに、必ずしも然らざりしが如し。卽ち文治建久中には、頼朝が其復古的政策に依り、神社寺院の戰亂に遭ひて頽敗せるものを復興せんが爲め、東海道の守護に令して國內の總社、國分寺、同尼寺の廢頽せるものを注進せん事を命じたりし事あり。文治二年五月廿九日條。美濃國守護大內惟義の請を容れて、國內に新宿卽ち新たなる驛の增設を命ぜしことあり。文治三年三月三日條。然るに正治元年十二月廿九日、頼家が小山朝政を播磨國守護となすに當りて與へし命令に、國內の家人等は朝政に從うて內裏大番を勤仕すべく、朝政の掌るべきは謀叛殺害人の事に限られ、決して國務に干涉して人民の訴訟を聽斷し、其他事に觸れて國內の人民を煩すべからずとありたり。朝政の取扱ふべき事務は謀叛殺害人に限らるゝとはいへ、國內の家人が彼れに從つて內裏大番を勤仕すといへば、所謂大番の催促も亦其職權の一なりと解すべく、此點に於ては全く貞永式目中にいへる守護の職權と相一致するものなり。されば幕府の創立當時にありては、守護の職制も未だ定まらずして、所謂大犯三箇條以上の事務をも視せしめられし形迹なきにあらざりしも、其後幕府が守護の治蹟等に考へて、何時とはなく其職權を制限し、遂に貞永式目にいふが如きものとはなせるなり。而して貞永式目が、斯く賴朝以前よりの武家の舊慣や、賴朝以後の舊制をも、これを右大將家の定むるところなるが如くに記せるは、深き硏究を經ずして、幕府の初めより採用し來れるものを斯くいへるの外、幕府の制定せる法制の實施を圓滑にせんが爲め、名を右大將家に假りたるものも亦これありしなるべし。

武家法制の特色　これを要するに、武家の法制は武家の他の政治的施設に於けると一般、自然的に發生せる慣例に依りて發達せるが多く、何れの時如何なる人の創めしものなるか、又何時に何人に依りて廢せられしものなるかを窺知し難きもの少しとせず。加之武家は一般に形式よりも實質を重んじたるを以て、法制上にも必要の施設をだに充たすに於ては、名分の如何はこれを重視せざりし風さへあり。一の機關を具へ相當の運轉をなし居りながら、何等定まれる名稱をすら具せざるものあり。或る種の慣例の旣に幾分か發達せる後に於て、始めてこれが成文を生じ、或は全く生ぜざるもあり。これが爲め一片の法文を見るも、其發布に至れる事情沿革等、事實の聯絡を缺くが爲めに、殆んど其意味すら解釋に苦しましむるものあり。此點に於ても、公家の法制とは全く其傾向を異にし、武家法制の特色として、法制史上、異彩を放てることとなるも、これを研究するに當りては、初學者に取りて甚だしき困難障礙の前に横はるを忘るべからざるなり。

九　武家制度の編纂

貞永式目　幕府の創立以來、從來既に律令の間に發生せる舊慣を襲用し、若しくは新慣習新制度の成立せるものなかりしにあらざるも、未だこれを以て一の成文法を編纂するが如き事業は起らざりしなり。其これあるは實に御成敗式目卽ち貞永式目を以て嚆矢となす。

御成敗式目は貞永元年、北條泰時の執權、時房の連署たりし日に成れり。當時幕府の創立より殆んど五十年に近く、幕政其緒に就きて、進んで守成時代に入りたりしかば、從來區々たる慣例法規に依りて支配し來りしものも、次第に一定せられて、法制上亦整頓時代に入ることとなれるなり。而して此くの如き大勢を馴致するに至りしは、御成敗式目の制定與つて力ありと謂はざるべからず。御成敗式目出でゝより後、幕府は殆んど始めて法制上の缺點を自覺せるが如く、各種法制の制定に忙殺せられ、法令雨の如くに下れり。此點より觀察すれば、御成敗式目は鎌倉幕府をして軍政主義より法治主義に傾かしめたりし唱首と謂ふも不可なかるべきなり。

式目制定の動機　然れども御成敗式目の制定を見るに至りし直接の動機は別に存せしなり。此式目は他の法制の如く、主として裁判上の指針たるの目的に於て作られたりしなり。そは吾妻鏡貞永元年五月十四日條に、關東諸人の濫訴を絕つが爲めにすとの文、及び此式目の編纂委員長ともいふべき泰時の六波羅に與へし說明にても知らるべし。卽ち幕府の法制不備の爲めと奉行の態度不公平の爲めとに依り、裁判の統一を缺き、同一の訴訟につきても、奉行の中、或は强者に勝たしめ、或は弱者に敗れしむるが如き事なしとせず。これ豫め何人にも枉ぐべからざる一定の法なきに依ることなれば、式目の制定は豫め法を設けて此くの如き偏頗を避けしめんとするにありしなり。斯る法制の制定なかりし時代に於ては、幕府の裁判は、其慣例あるものはこれに據り、これなきものは理に依りて處分し、其間には多少公家の法制に參酌せしこともありしなるべし。吾妻鏡に、建長五年二月廿五日、兒童の刄傷をなしゝ罪科の式目に規定なきより、幕府の評定は其刑を決し兼ねて、京都の明法家に諮詢し、明法家は法意に照らして科料に處すべしとの答を與へたりしことと見えたり。式目制定以後に於ても、幕府の法制に明文なきものは、公家法制の規定を以て、其缺けたるを補はんと務めしこと此くの如し。故に泰時の書狀にも、幕府の裁判は法令の文卽ち律令格式等公家の法制に據るべく、幕府が法制を定むるにも、亦公家の法制に準據すべき筈なるも、實際に然かせざる事に向つて、三つの理由を擧げたり。第一の理由としては、律令格式は其文難解にして、武人其他一般人民はこれを窺ひ知ること能はず、斯く法令に無智なる人民に向つて、直にこれを適用するは忍びざるところなりといふこと、第二の理由としては、法令運用の任に當れる官人は、法文を適用するに愼重を缺き、其勘錄卽ち擬律書は一樣ならずして信用を置き難しといふこと、第三の理由としては、賴朝を始め代々の將軍も法令を求めて裁判をなすが如きことをなさず、故に幕府の式目を編纂するに、法令に率由せざるも、亦此先例に倣へるに過ぎずといふことこれなり。公家法制の浩瀚にして解し難かりしは、當時の知識の程度に於て、公家も武家も其間殆んど選ぶところなかりしなり。故に幕府が公家法制の外、別に獨立せる自家の法制を要するに至りし特殊の原因は、寧ろ第二、第三の理由にありと認めらる。然れどもこれに關して、泰時の書狀は語りて猶ほ盡くさゞるものあるに似たり。前にも說きしが如く、武家の法制は其成立に於て公家の法制と甚だしき逕庭あり、從つて其内容に於ても甚だしく傾向を異にせり。賴朝の時以來公家法制に重きを置く能はざりしは、主としてこれが爲めなり。朝廷の明法家の法律の解釋に定見なきが如きは抑〻末のみ。

然るに幕府が斯く訴訟に留意して、其指針たるべき式目制定の必要を適切に感ずるに至りし近因は、所領に關する訴訟續出の大勢に基きしなるべし。こは主として御家人所領の經濟上、氏族上の關係より、免るべからざる趨勢なりとはいへ、又承久戰役の刺戟は一層混亂を與へたりしなり。此式目中所領に關する規定の多きは、これを研究するもの丶決して等閑に付すべからざる要點なりとす。

起草者を淸原教隆とする說　御成敗式目の編纂が泰時の主裁に成りしとの事は、何人も異議なきところなり。然れども泰時は是時幕府に執權たりしといふも、武弁にして文事に精しからざるべきは、亦何人も想像に餘りあるべし。故に從來泰時以外に此式目の實際の起草者を求むるの說なかりしにあらず。淸原大外記教隆眞人に重きを置くが如き卽ちこれなり。淸原家の說に據れば、此式目の撰者は第一に教隆眞人其人なりとし、淸原宣賢の式目抄に引用せる唯淨裏書及び古記にもこの事をいへり。就中古記には「淸大外記教隆眞人、以二儒宗之故一、武藏守平泰時貴二重之一、仍内々密談之間、酌二法意之淵源一、本二制符之先例一作レ之」云々と見え、大永版貞永式目の跋にも、「遂本二律令一、以定二式目總五十一个條一、是豈非二理國之紀綱一耶、至矣盡矣、記レ之者姓名、其說多端、不レ遑二毛擧一、然而四位外史淸原敎隆最爲レ長焉、既登二明經科一、剩得二儒術譽一、誰敢差レ肩」と見えたり。此敎隆は幕府に仕へて評定衆の一人たりしことあり。又金澤文庫の創立者たる金澤實時に、令の祕說を傳授せる人にて、律令に通曉し、金澤文庫の令集解等にも其跋語を存せり。然れども敎隆は貞永元年より三十三年後、文永二年七月十九日病卒し、其年代より推すも、貞永元年には未だ鎌倉に來り居らず、且つ音博士たるのみにて、參河守にも任ぜざりし頃なれば、其學殖も其地位も未だ重きをなさしむるの程度にあらざりしなり。さればこは淸原氏が其祖先の武家法制の撰定に參與せる光榮に預らんとして、構作せる架說と認むるの外なきなり。

式目の編纂及び施行　御成敗式目の編纂に關しては、吾妻鏡及び新編追加中の記事に據るの外あらず。これに據れば、泰時が專ら其公文所の家司にして且つ評定衆の一員たりし三善（太田）康連と協議して定めたるものにして、法文の執筆は法橋圓全なり。式目抄には時の評定衆の一人たりし齋藤兵衞入道淨圓の筆との異說を傳ふ。而して其草案成りし後、二人の執權連署及び十一人の評定衆には、形式上將軍よりこれを頒つて各自の意見狀を上らしめ、始めて式目を制定したりしなり。而して吾妻鏡に據れば、貞永元年五月十四日より著手し、八月に至りて成り、同月十日これを施行し、其前文に於て「於二先々成敗一者、不レ論二理非一、不レ及二改沙汰一、至二自今以後一者、可レ守二此狀一也」と記せり、即ち法は既往に溯らざるの意なり。是より先き七月十日、兩執權評定衆互に公平に職務を執り、裁判に偏頗なきを誓へり。御成敗式目の諸本には此起請文を附して、恰も式目と關係あるが如く見ゆるも、こは大抵司直の職にあるものに要せる一種の宣誓にして、江戸時代迄も行はれたり、決して式目の制定に關聯せず。又是時泰時より式目と共に六波羅に與へたりといふ書狀二通あり、一は八月八日の日附にして、一は九月十一日の日附なるが、其文意は殆んど相同じ。思ふに、當時六波羅に送りしは其中の一通にして、他の一通はこれが草案たるべく、式目の完成が吾妻鏡に據りて八月十日なるを見るも、九月十一日附のものを本書と認めざるを得ず。吾妻鏡にも九月十一日條に於て、泰時が和字の書狀を副へて式目を六波羅に送りしといふもの卽ちこれなり。

一〇　貞永式目と公家法制との關係

武家の固有法　御成敗式目の制定は、從來慣習先例に重きを置ける武家法制に對しても、一大變化たるを失はず。而かも其更に注意すべきは、當時の我國法にありて、其實施の如何に拘らず、金科玉條視せられたりし公家法制より獨立せることこれなり。されば泰時の六波羅に與へし訓示にも、此式目制定につきての公家側の意向につきて、頗る辭を費すところあり。一方に於て其公家法制に準據し難き理由を開陳すると共に、他方には猶ほ公家側の非難につきて豫め辯疏するところありたり。卽ち八月八日附の書狀に於て、「京邊には定めて物も知らぬ夷どもの書集めたる文とて、笑はるゝ方も候はんずらんと憚り覺え候」云々といひ、九月十一日の書狀に於て、「この式目をつくられ候ことは、なにを本說として被二註載一之由、人さだめて謗難を加事候歟」云々といへるものこれあり。而かも泰時等が斯る顧慮を排して、斷然公家法制の羈絆を受けざることを明言し、一部の武家固有法を制定したりしは、全く其確乎たる自信自覺に依らずんばあらざるなり。

式目の施行範圍　泰時等は縱ひ御成敗式目の制定につきて、如何なる自信自覺を有せりとも、これを以て幕府の勢力圏外たりし公家側に迄も、强ひんとするものにてはあらざりしなり。此式目が關東の二字を冠せずとて、泰時の心事を揣摩し、表面關東御家人の爲めに作るといふも、其實弘く天下に行はんとするの意ありと見たる式目抄の推測は根據なき臆測にして、制定者を誣ふるものと謂はざるべからず。式目の古寫本には關東の二字を冠せるものあり、公家に對しては、當時に於ても關東を冠せり。吾妻鏡嘉禎三年六月廿五日條に關東式目といへるが如し。泰時等はこれを以て單に幕府の勢力範圍內に實施せんとせるものに外ならず。其公家側の顧慮を排して、自家の所信を斷行するを得たりしも、一つには此範圍の局限にも依らずんばあらざるべし。幕府が此式目につきて、これを施行すべき範圍を明かにして、豫め世の誤解を避くるに務むべきは、當時に於て最も緊要の事たり。切言すれば、武家法の武家の勢力範圍に行はるべきは自明の理にして、故らにさる規定を要せざるに似たりと雖ども、承久の戰役、公家の一敗に歸してより以來、幕府の威力は朝野を壓し、從來公家の專決を行ひ得たりし範圍も、次第に武家の爲めに侵蝕せられ、加ふるに幕府の屬吏等武家の威を假りて、往々正當の權限を超脱し、公家の利益を侵害するの行爲を敢てするものあり。故に幕府は是等の事情に顧みたりしか、九月一日、此式目を實施するに先だち、畿內近國及び西國の土地境界に關する訴訟紛議の裁判管轄につきて規定するところあり。これに據れば、當事者が共に公領たらば、國司に於て裁判すべく、莊園たらば領家に於て審理の結果を上申して、勅裁を仰ぐべしといふにあり。これ單に土地境界の場合に限られたりとはいへ、當時幕府が殊更に此くの如き規定を設けて、公領及び莊園間の訴訟につきては、幕府の關與せざる旨を六波羅に訓示せしは、間接に是等の土地が又式目の施行圈外なることを示せるものと認めざるべからず。此に所謂領家の中には本家をも含めること、次の規定にても知られたり。次で閏九月一日には幕府更に又法を定めて、畿內西海及び近國の訴訟紛議は、當事者が共に國領たらば國司の裁判とし、莊園たらば本家領家の所管たるべきこととせり。こは前令に於て、特に土地の境界爭の事件に止めたりしを、更に一般的規定に改めたるの外、何等の相違をも見出ださゞるなり。而して嘉禎三年六月廿五日、幕府が神社佛寺及び國司領家の訴訟は、此式目に依るべからずとの規定を設くるに至りては、一層明晰に式目の適用範圍を劃定せるものなり。更に式目自身につきて觀るも、第一條の神社に關する規定に於て、關東御分の國々竝びに莊園といひ、第六條に本所の所管たる國衙、莊園、神社佛寺領に對して關東より容喙せずといひ、これより幕府に提出する訴訟は、本所の擧狀卽ち紹介狀を要すといへるが如き、明かに幕府の精神を窺ふべき規定を存せり。吾妻鏡貞永元年八月十日條に、此式目の編纂の完成せるを頌して、「是則可ㇾ比ニ淡海公律令ㇾ歟、彼者海內龜鑑、是者關東鴻寶也」といへるは、亦此式目の單に關東の寶典たるに止まるを見るべし。

公家法制との差異　既に其幕府の勢力圈內に施行するに止まるものとすれば、これに對して最上の權力を行使し得たる幕府は、其他の何者にも顧慮するを要せざりしなり。泰時を始め、此式目編纂者の眼中に公家法制なかりしは、固とより當然の事のみ。故に式目の規定は、泰時が自《ミ》ら言明せる如く、公家法制に準據せざりしことを事實に證明せり。即ち式目の第十八條には、親が女子に讓與せる所領を取戾し得るや否やにつきて、明法家の取戾し得ずとの定說を否定せり。又第二十三條に於て、女子が養子をなすことを得るや否やにつきて、公家法制の養子をなし得ずとの法理を否認せり。又第四十一條に於て、公家法制の奴婢を畜產に准じて、其生みし子は男女共に母に屬せしめたりしを、式目には右大將家の時の例に依りて、男子は父に、女子は母に屬せしむることとせり。此式目の編纂委員中には、三善康連を始め、文字ありし人々も交れることとて、公家法制につきても多少の知識は有せしなり。然れども當時の法制上の知識は、明法家の如き專門學者にありても、頗る憐むべき程度にありしこととて、彼親が女子に讓與せる所領を取戾し得ずといふも、女子が養子をなすことを得ずといふも、共に誤れる前提より歸納せる錯誤にして、これを式目に引用し乍ら、單に慣習上、道德上より不採用に決せるのみにて、法律上より其失當を證し得ざりし式目の編纂委員は、公家法制に對する知識の程度の、當時の明法家以上に出でざりしことを告白せるものなり。殊に甚だしきは、第四條に犯人の同類たることを自白せるものにても、贓物なきは其罪を問はずといへるが如きは、明白に檢非違使の廳例に依れるものなり。然るに建武式目の主たる編纂委員二階堂道昭は、此式目の規定は、表面公家法制と其精神を異にするが如きも、實は其歸趣を同一にするものなりとの見解の下に一書を著し、式目の每條にこれに該當する律令格式の本文を列擧せりといふ。式目抄。 其書は今に傳はらずと雖ども、泰時自身六波羅に與へし書狀にも、「まことにさせる本文にすがりたる事は候はねども」云々といへる程なれば、恐らく兩者の對照は餘り重要なるものとも思はれずして、寧ろ牽合附會に失せざりしかと疑はる。

泰時の態度　然れども此に一の注意すべきは、此式目の主たる編纂者なる泰時の態度これなり。彼れは初めより此式目が單に武家の間にのみ施行せらるべきを示して、秋毫も公家法制の施行範圍を侵すの意なきを明かにし、六波羅に向つても、これを書寫して部内の守護所に付し、守護の手を經て地頭、御家人に周知せしめんことを命じたりしが、猶ほ此式目の名稱につきても、單に箇條書きの意味に於て、目錄と題して足れることなるも、其内容の重要なる事項を包含するより、起草者の初め式條と題したりしを、餘りに事々しく聞ゆるとて、更に式目と改題せるなり。式條とは當時公家法制に通用せる名稱なれば、泰時は認めて僭上とし、命じて式目の名に改めしものならん。此式目の規定の中には、往々公家の間にも採用せられて、公武共通の法制となりしものあり。例せば所有權の時效を廿年に定めたるが如きものこれなり。然れどもこは其後に繼續せる武家の偉大なる勢力以外、此式目の規定が時代の要求と適應して、公家法制の缺陷を補ふものなりしに依ることにて、決して式目の豫期せる效果なりと認むべからざるなり。公家と武家との法制上の關係を知る上に於て、此點は細心熟慮すべき最緊要件の一たるを失はず。

二　武家制度の基礎

式目の道德的基礎　御成敗式目は、或る意味に於て、幕府が法制上、公家より獨立せる一の記念碑なり。然らば此式目は何を以て立法の基礎となしたりしぞ。泰時の書九月十一日附には、「まことにさせる本文にすがりたる事は候はねども、だうりのをすところを被レ記候者也」といひ、道理を基礎とせるを明言せり。而して彼れは又他の書（八月八日附）に於ても、頼朝以來、公家の法制に據りて裁判せる先例なきを以て、此式目も亦公家法制に據らざるを說きて曰く、「所詮、從者は主に忠を盡し、子は親に孝あり、妻は夫に從はゞ、人の心の枉れるをばすて、直きをば賞で、自ら土民安堵のはかり事にや候とて、かやうに沙汰候」云々といへり。卽ち君に忠、親に孝、夫に貞ならしめ、善を勸め惡を懲して、人民をして各其職に安んぜしめんことを期したりしなり。法律の道德を基礎とするは、何れの古代法に於ても其揆を一にするところなり。御成敗式目に於ても亦泰時の言ふが如く、道義に重きを置けるは掩ふべからざる事實なり。例せば、親子の間に於て、親が一旦女子に讓與せる所領につきては、明法家の間に、後日親より取戻すことを得ずとの說ありしに反して、此式目に於ては、親の任意に取戻すを得ることとしたりしが、其理由は、若し明法家の說の如くにすれば、女子は法律を楯として、不孝の行爲を憚らざるに至ると共に、親も亦これを顧慮して、所領を女子に讓與せざるに至り、親子の間圓滑を缺きて義絕の原因とならん、若しこれに反して親の任意取戻を許すに於ては、女子は其讓受けし所領を全うせんが爲め、親に孝を盡くし、親も亦これに對して愛情を保つこととなるべしといふにあり。而して單に女子のみならず、すべての子に對する親の所領分配につきては、殆んど絕對の權力を附與し、子の讓受けし所領につきては、其生前に於ても、死後に於ても、親が任意に與奪するを許し、これに向つては、公の承認を以てするも、對抗するに足らずとなせり。卽ち親は初めに讓狀を與へて、長子に若干の所領を贈與し、幕府に屆出でゝ其承認を求め、安堵狀を賜はりたる後、更に他の讓狀を次子に與へて、長子に對する前日の處分を取消し、これを次子に贈與することあり。是に於て前日の讓與即ち先判の讓なるものと、後日の讓與即ち後判の讓なるものとの間に、勢ひ效力問題を生ぜざるを得ず。然るに此式目に於ては、所領の讓與は親の任意處分を認むるを以て、縱ひ先判の讓につきて幕府の安堵狀を下しゝものなりとも、幕府は後判の讓を有效と認むべしとの規定を設けたり。これ亦女子に對する讓與の取消を得せしめたると同一の精神に外ならざりしなり。主從の間に於ても、主人の恩顧を受け所領を割讓せられて、家の子、郎從の關係を有せるものが、主人の子孫の代に至りて、先代の恩顧を忘れて、言を和與物に假り、これに違背するに於ては、其割讓せられし所領を收めて、主人の子孫に交付すべしとの規定あり。夫婦の間にありても、夫の死後、貞心を忘れて他に再婚せしものは、夫より讓與せられし所領を以て、亡夫の子に給すべしとの規定あり。其法制上忠孝貞順を奬勵するの意に出でたりしを見るべきなり。

武家主義の道德　されど此式目の採つて以て法制の基礎となせる道德なるものは、取りも直さず、武家主義の道德なり。換言すれば、武家の立場より觀察せる道德的法規なり。故に其標準は必ずしも公家のそれと一致せるものにあらず。親子の關係に於て、親の子に對する絕對の財產處分權を認めたるが如きも、此に長子年長じ、親の推擧に依り幕府に仕へて勞功あり、親は初めこれを以て家督を相續せしめんとするの意志ありしも、其後庶子の愛に溺れ、長子は罪なきを以て義絕はせざるも、其所領は全部庶子に與へて嫡子となし、長子には毫も所領を分配せざるものあり。斯る場合に於ては、幕府はこれに干涉して、嫡子の親より讓り受けし所領の五分の一を割いて、此幕府に仕へて勞功を積める長子に與へしむることとせり。これ主として幕府自身に對する長子の勞功を賞するの意に出でしものなり。又子孫が恣に父祖の爲めに仇を殺しゝものは、父祖縱ひ情を知らざるも、科罰を免るべからずとせり。父祖の仇を報ゆるは孝子なるべきも、此種の行爲を許すに於ては、御家人間の平和を攪亂する場合多かるべきを以て、幕府の治安警察の方針より割出だせるものに外ならず。夫婦の間にありても、夫が其所領を與ふるの契約書卽ち契狀を妻に與へ置き、妻の罪なきに唯愛情を新婦に移して、舊妻を離緣せる場合に於ては、此式目は寧ろ妻の利益を保護して、夫が前日の契約を取消し、妻に與ふべき所領を取戾すべからずと規定せり。

武家の先例と法理　然れども此式目の根柢となりしものは、第八章にも述べしが如く、武家の先例舊慣なり。而してこれに關して最も能く幕府の方針を觀るべきものは、此式目の第九條に、謀叛人に對する司法處分は、豫め一定の法律を定め置き難しといひて、「且任二先例一、且依二時儀一可レ被レ行レ之」と記せる事これなり。卽ち法律に規定なきものは、先例と時儀とに依りて、これを處罰すべきをいふなり。時儀とは卽ち時宜にして、幕府は是等を斟酌し、武家の立場より適當と認むる法理より處斷せんとするなり。こは獨り謀叛人に對して然りしのみならず、又啻に司法方針のみに止まらず、幕府のすべての立法方針も亦此くの如くなりしなり。されば賴朝以來發達し、若しくは以前より存在せるものにても、賴朝以來採用せる武家の先例舊慣と、武家主義の法理とは、此式目を組織せる要素なりと謂ふべし。此意味に於て、式目は遺憾なく武家の特色を發揮せり。刑罰の採用に於ても、公家法には死罪に絞斬の二種ありしも、此式目は唯斬首を採用するのみ、公家法には姦通に强姦と和姦との間に輕重を置きしも、此式目には全く其別を置かざるなり。武家の社會的階級よりして、御家人と非御家人との間、侍と非侍卽ち凡下との間、主人と郎從との間、所領あるものと所領なきものとの間等には、同一の犯罪にてもそれぞれ刑の適用を異にせり。例せば、人を毆打せるものは、侍にありては所領を沒收すべく、所領なきは流罪に處すべきも、郎從以下にありては其身を召禁ずべしといへるが如きこれなり。第十三條。公武の關係は幕府の最も苦心せるところにして、御家人の朝官を望むものは、直接に朝廷に申請するを禁じ、一一幕府の推擧を要することとせるは、賴朝以來の慣例なり。故に此式目に於ても、これに關して特に一條を設けたりしが、其中には御家人が單に官爵の昇進を望むの目的を以て、幕府の擧狀を申請するを得ざることを規定せり、これ此種の制限に向つて、更に一歩を進めたるものと謂ふべきなり。御家人と公卿との接觸も、同一の意味に於て、幕府の注意を免るゝ能はざりし要件なり。御家人が朝臣を女婿として所領を讓るの結果、其所領の負擔を免るゝが如き事となりては、延いて幕府の收入を減少し、財政上に蒙るべき影響は輕視すべからざるものあり。故に此式目には、これが爲めにも特に一條を設けて、斯る讓與に向つても、所領の高に應じて、飽迄も相當の負擔を强ふべく、若し權威に乘じて、これを免れんとするに於ては、其所領の讓與を辭すべきことを規定せり。朝臣は固とより幕府の支配を受くべき人にはあらざれども、其所有せる御家人の所領に向つては、幕府に對して所領よりする各種の負擔、卽ち公事を果たすの義務を負ふものとなせるなり。こは獨り男子のみならず、公家の女子にして、將軍の御臺所等に屬し、京都より來りて幕府に奉仕し、幕府より所領を給與せられ居りしもの丶如きも、幕府に向つて殿中平均の公事を怠ることを禁じ、これに反するものは、亦其所領を知行すべからずと規定せり。幕府の立場よりしては、此くの如き異分子の混入は、其統御上好ましき事にはあらざりしも、さりとて公家武家の接觸は公に私にこれを避くべからず。頼朝の時すら斯る朝臣を延いて創業の股肱となせるも、彼等は皆幕府より所領を支給せられ、其子孫に至る迄も、御家人として忠勤を抽んでゝ、譜代恩顧の御家人と同化せり。此くの如くなれば些の弊害だもなくして、却て利益あるべきも、こは一般の場合に望むべからざるを以て、此式目が御家人の公家に對して、放縱にして法規に拘らざる接觸を禁じ、既に接觸せるものに向つては、制限を設けて御家人の特色を維持し、且つ幕府の財源を保護せんとするに努めたりしは、自衞上寧ろ當然の方法を盡くせるものと謂はざるべからず。此くの如き立法上の用意の周到なるも、此式目の古來の武家法制中に卓越せる要素の一ならずんばあらざるなり。

二　貞永式目及び其追加

追加法の制定　御成敗式目は、其條數僅に五十有一なるのみ。縱ひ其內容に於て、多くの事項を包含せるにもせよ、到底これを以てすべての場合に適用せらるべき法規を網羅せんことを望むべからず。況んや此式目の制定後、社會の事情は式目の或る條項に向つて、修正を要求することとなれるものあるをや。されば幕府は此式目を制定せし後に於ても、必要に應じて追加法を制定してこれを發布せり。元來式目なる語は、廣き意味に於ての法制にして、單に御成敗式目に限れる譯にあらざるべく、是等の追加法も亦これを稱して式目といへるものありしこと、例へば建長年間の追加が建長式目と稱せられしが如し。されども一般には御成敗式目を以て單に御式目といひ、若しくは本式目といひて、是等の追加法と區別するを例とせり。

追加法に於ては、或は式目の意義を明確にし、或は其適用の場合を限定し、或は又式目の文を申ねたりしものさへありて、規定の性質自《オ》ら區々に涉るを免れずと雖ども、式目の規定に向つて修正を加へ、時勢の推移に伴ふ法制上の施設を加へし點は、最も注意に値すべきところなるべし。

鎌倉時代の朝幕關係　余は今此に式目及び其追加の内容につきて、深くこれを說かざるべし。唯法制の系統上、前に公家法と武家法との關係を說明したりしに因んで、此にも聊か是等の規定に於ける公武の關係如何を說くに止むべきなり。

賴朝が幕府を開きてより以來、二者の關係は常に幕府當路者の頭腦を惱ませり。室町幕府に至りては、皇室も朝臣も積衰の極に達し、加ふるに幕府は同じく京都にありて、將軍の如きも官大臣以上に上り、屢〻宮廷に出入して、公武の間何等衝突の觀るべきものなかりしと雖ども、鎌倉幕府に至りては卽ち然らず。朝廷と幕府とは東西相分れ、動もすれば意志の疏通を缺くの恐ありしのみならず、皇室の式微も、朝臣の疲弊も、未だ室町時代の如く甚だしからず。加ふるに賴朝は平氏及び源義仲の過激なる措置に反抗して、皇室の興復を標榜したりしものなれば、自家の立場としては務めて恭順の態度を保ち、公武の衝突を避くるを方針とせざるべからざりしなり。而して其後繼者の中には、政治上の必要より時として此方針を一變せしものなきにあらざりしも、平和の恢復と共に、其方針も亦復舊せられて、鎌倉幕府一代、二三の除外例を外にしては、未だ甚だしく常規を逸せし措置に出でたるはあらざるなり。

土地制度に及ぼせる影響　先づ土地につきて觀察すれば、幕府の創立より後、從來の公領、莊園の外に、武家領なるものを加へて、此三者の間に種々の煩雜なる交涉紛議を釀し、訴訟を提起するものをも生ぜしは勢ひ免れざりしところなり。而してこれに對しては、賴朝の時、既に朝廷に勸めて記錄所を再興し、諸司諸國等朝廷の勢力圈内に於ける土地の訴訟は、すべて此新設法廷に提議せらるべきこととし、幕府の御家人たる地頭の如きも、其關係せるものは、亦此に召喚せられて審理を受くることとなせり。國衙領家に於ける訴訟は、各其筋の專決に歸すべく、御家人のこれに關して召喚審理を受くべきこと、亦前者に於けるが如し。從つて其處分につきては、幕府が容喙するの限にあらず、若し幕府に向つて救濟を求めんとするものは、其筋の擧狀卽ち紹介狀を提出せざるべからず。式目第六條。幕府の諸國莊園に置くところの守護は、國司の權内に入りて、國衙の事務を妨ぐることを得ず、本所部下の莊官等を徵發することを得ず。式目第三條。地頭は又本所に對して年貢を抑留し、滯納することを得ず。式目第五條。而して此地頭の本所に對する土地管理の狀態は極めて複雜にして、地頭の本所に納むべき年貢の如きも、槪ね古來の莊例に從ひ、土地に依りて一定せず。幸ひにして無事の日は爭を生ぜずと雖ども、兵亂其他の原因に依りて、土地の領主地頭の間に變更を見たる後に於ては、紛議の種子とならざること稀なり。承久戰役の後、是等の變動の最も盛んに行はれし後に於ては、特に甚だしかりしを以て、貞應二年、莊園、公領の田畑は、地頭に十一町每に一町の免田と、一段每に五升の加徵米とを支給することとせしが、後又更に山野河海の稅は、國司、領家と地頭との間に其收入を折半し、罪人の資財を沒收せしものは、國司、領家に三分の二を、地頭に三分の一を得ることとせり。新編追加貞應二年七月六日。これに關する細則は後の追加に規定して、適用の疑似に渉るを避けたり。新編追加寛喜三年四月廿一日。是等の事項は、直接に各人の利害に關すること大なりしより、其規定も亦繁瑣に渉りたりしが、幕府は決して本所の利益を無視せるが如き形迹を見ざるなり。

警察制度に及ぼせる影響　又朝廷が兵力を失はれてより後は、軍事はいふ迄もなく、警察に於ても逮捕懲罰の實權を失ひ、武士の力を借りて漸くこれを行はれたり。然れども中央には猶ほ檢非違使あり、地方にも亦國衙の下に檢非違所ありて、皆警察任務を帶びたり。故に幕府はこれに對して、相應に敬意を表して、苟くも其職權を妨ぐることを敢てせず。武士が犯人を逮捕すと雖ども、其住宅資財は、中央にありては、檢非違使別當に照會して保管人の沙汰とし、地方にありては、本所の沙汰とすべく、武家の關係せざる事件につきては、これに干渉せざるも、公家よりの照會あるに於ては、場合に依りて鎭定の任に當るべし。京都に於ける刄傷殺人犯にして、武士の關係せざるものは、使廳の沙汰たるべきこと文暦二年に定まれるも、其主犯に至りては、幕府に引渡を請うてこれを處罰す。新編追加仁治二年六月十日。此種の犯人と雖ども、これを逮捕するにつきては、守護より所在の莊園、公領に照會し、これをして犯罪の有無を糺明せしめたる後、其犯罪を認めて捕縛したるものにつき其引渡を求むべく、守護の使者が濫りに亂入することを許さず。殊に國衙領卽ち「國司一所之中」にありては、檢非違所別當に於てこれを取扱ふべく、守護の干渉を許されざりしなり。こは獨り如上の犯人につきていふのみならず、すべての權門勢家、神社佛寺領の地にして、所謂守護不入部と號する地に向つては、守護より豫め犯人の引渡を本所に照會し、若し故なくこれに應ぜざる時は、幕府に具申して相當の手續に及ぶべきも、然らざるに於ては、守護より直ちに其部内に入りて、逮捕處分に出づるを得ざりしなり。而して此引渡をなすの手續は頗る嚴密にして、本所が守護の照會に接せし上は、これを逮捕して其領地堺に引致し、此に守護の使節と立會にて、犯罪の有無を審理することとなるなり。然るに此領地堺の地は守護所と遠隔にして、これに出張せんには或は一日二日を要し、其地も人跡を絶てる山野の中なることあり、往復の煩勞と不便とを感ずること甚だしきより、天福元年、西國守護代等より幕府に向つて、守護の職權を重んじ、犯人は本所より直ちにこれを守護所に引渡し、守護が責任を以て犯罪の有無を審理せし後、無罪に決せるはこれを放免し、有罪に決せるもののみ、一應これを本所に返して後、今回は從來の慣例に依り、正式に領地堺に於て其引渡を受くることとせば、煩勞を省くこと大ならんと建議せしことありしも、先例に重きを置く幕府は、如上の慣例を改むることの容易にすべからざるを諭して、先例に任せ堺の地に於て審問を行ふべきことを命ぜり。是等の事實に徵するも、幕府が公家側の職權を重視せることは掩ふべからざるなり。

これを要するに、幕府は自家の立脚地より、法制上、公家法より獨立して、特殊の法制を設くるに務め、且つ此事業に成功せしも、同時に公家の法制に向つても、慣例に向つても、均しく相應の敬意を拂ひ、濫りに其利益を蹂躪するが如き措置に出でざりしは、今日に於てもこれを認めざるを得ざるべし。

一三 貞永式目の影響と其研究

武家法制の根本法 鎌倉幕府が後の武家の模範として推重せられしと共に、其遺法たる貞永式目も、亦法制の模範として重視せられたり。梅松論にも鎌倉幕府亡ぶも其遺法の範を後に垂るゝを讃せり。室町幕府以來、武家の法制は一として此式目及び追加を母法とせざるものあらず。蕉翁の「名月の出づるや五十一箇條」との一句は、最も能く此間の消息を漏せるものと謂ふべし。

室町幕府の式目採用　先づ室町幕府につきていはんに、建武以來幕府の發布せる諸般の規定を蒐集せるものを稱して、建武以來の追加といふ。或はこれを以て建武式目の追加となし、從つて建武式目以來追加と題するものなきにあらざるも、これ非なり。建武式目は貞永式目と其性質を異にし、一時的必要に應ずるを目的としたりしに過ぎざれば、これにつきて追加法なるものあるべきの理由なし。然らば何ものゝ追加なりやといふに、亦貞永式目の追加たるに過ぎざるなり。北條氏はこれを先代といひ、其政治的施設の中には、源氏たる足利氏の室町幕府に於て、採用せざりしことなきにあらざるも、幕府の政治的組織は、大體鎌倉幕府を蹈襲し、右大將家以來の遺法と、貞永式目及び其追加とは、代を代ふるも依然として效力を有し居たり。故に建武以來追加の第一に收められたる建武五年の追加に、守護の越權を指摘して、固く貞永式目を守り、大犯三箇條の外、干渉を避くべきことを規定せるを始め、所謂右大將家の舊法及び貞永式目の法文を擧げて、其遵守を命ずるに當り、本法、先條、若しくは本條といへるもの頗る多し。これ恰も我中古の律令の、唐のそれに對すると同じく、全く其母法たりしを證するものなり。其他何等の注意なくして、其規定を準用せるものの多く、又鎌倉時代に於ける其追加法の採用せられ居るもの亦これあり。是等は今一一列擧する迄もなく、室町幕府の時に於て、貞永式目及び其追加法の法制上最も重きをなしつゝありしは、極めて明白なる事實なりとす。

國法と式目　こは獨り室町幕府のみ然りとなすにあらず。室町時代の中世より、諸大名彌〻强梁を加へ、幕府の威嚴次第に失墜して、諸國割據の風を馴致せり。加ふるに各國自《オ》ら其國情を異にし、利害の關係も一ならざるものあり。是に於て是等の諸國は互に法制を設けて領內に施行し、これに依りて所謂國法の發達を見るに至れり。是等の國法は何を以て立法の標準としたりしやといふに、貞永式目は亦實に其隨一にてありしなり。卽ち是等の國法に於ても、或は貞永式目といひ、或は式目といひ、或は又本條といひて、貞永式目の文を引用し、甚だしきは式目の體裁をも模倣し、法文をさへ踏襲せるものなきにあらず。伊達氏の塵芥集の如き卽ちこれなり。

江戸幕府と式目　江戸幕府の創立以來、德川家康は公武諸宗等の法度を制定するに意あり。武家法制にありては、貞永式目、建武式目の如きも、編纂上の參考として研究を經たり。慶長十六年四月十二日、公武諸法度の制定に先だち、諸大名に連判して三條の誓約をなさしめたりしが、其第一條には「如ニ右大將家以後代々公方之法式一可レ奉レ仰レ之、被レ考ニ損益一而自ニ江戸一於レ被レ出ニ御條目一者、彌堅可レ守ニ其旨一事」とあり。其如何に式目及び追加法を推重したりしかを想ふべきなり。

式目研究の不振　これより更に式目の研究につきて說明せん。貞永式目は此くの如く武家法制の根本法となりて、武家の勢力圈內に行はれたりしのみならず、其時代の要求に適應せるより、遂に公家に迄も採用せらるゝに至りしことなれば、これが研究の盛んに起るべきことも、亦律令の比にあらざるべき筈なり。然るに式目抄には此書を講ずる事は舊くはなかりしといひ、又後世に傳はれる式目の註釋書等に據つて考ふるも、式目制定の後、此種の研究の盛況を呈せりと認むべき事實は一もこれあることなし。これ此式目が前章にも說きしが如く、從來既に武家の間に行はれたる古法舊慣を成文法とせるに止まり、其法文も亦當時の俗用文を以て記され、これを見るものゝ間には、別に其註釋を施すの必要を感ぜざりしに依るならん。

式目研究の機運　然れども法制上の術語に向つては、鎌倉時代に於て、既に沙汰未練書の如き解釋書の必要を生ぜし程なれば、式目の研究も此時代の末期より萠芽し來れるが如し。高野山金剛三昧院に關東武家式目と題する一書あり。貞永式目の文に向つて簡單なる註釋を施しゝものなるが、本書の奧書に據れば、京都の某儒士の著はすところにして、其名は逸するも、文永前後の人なりしと見ゆ。されど註釋の文を按するに、此奧書は猶ほ疑問として研究の餘地あり。或は其假託にあらざるかを思ふ。これに次いで古きは正和元年のものなり。群書類從の武家部に式目の諸本を擧げたる中に、此書の跋を載せたり。其中「格制者、是雖レ破二律令一、皆爲二律例之條流一、式目者、亦雖レ非二法意一、終歸二法意之淵奧一、仍就二五十一之篇目一、悉引二律令格式之正文一」云々の文あり。萩野博士の貞永式目考皇典講究所講演九一の四九には、書名は考ふるに由なきも、環翠軒の抄に唯淨裏書として引ける文に同じく、且つ文中に桑門之質とあるは、唯淨の名にも合へば、唯淨裏書なるべしといはれたれど、そは失考なり。式目抄には此書の著者を以て、正しく中原章職が孫なる是圓俗名道昭とせるなり。此跋及び式目抄に據るも、此書は式目の逐條に、之に該當する律令格式の本文を載せ、兩者の異同を對照せるものにして、普通の註釋書を以て目すべからさるに似たり。此是圓は鎌倉の遺老にして、足利尊氏に仕へ、建武式目編者の隨一たりし人なり。室町幕府が鎌倉幕府に代りてより後も、貞永式目を以て其母法としたりしかば、上は將軍より下は管領其他の要路に當れる有司の施政上の參考として、これを講讀するに務むるの風を生ぜしは、寔に故あるなり。群書類從本式目の校合本として採用せるもの丶中には、耕雲山人明魏の題跋本あり。其跋に、「此書爲㆑救㆓亂離之餘弊㆒、一旦定㆓人心㆒之覇術也、今依㆓台命㆒加㆓朱墨點㆒之次、詠㆓一首和歌㆒以寫㆓感情㆒云、むかしこそみてしのばるれ世の爲に定めて置し露の言のは」とあり。明魏は花山院長親卿の後身にして、足利義持に重用せられし人なり。文中の台命とは、義持を指せるなるべし。以て此式目が室町時代に如何に觀察せられたりしかを窺ふべし。時代は稍〻下れるも、式目抄に據れば、同書の著者清原宣賢の祖父業忠法名常忠は、寛正六年七月五日、細川勝元の囑に應じて、式目を勝元の亭に講ぜり。當時業忠は、式目が泰時の書狀にも、假名を知れる人の爲めに編纂せりと見え、別に講讀を要せざるべきを述べて固辭せしも、其請切なるを以て、遂に其需に應ぜりといふ。これ式目講讀の初めにして、後、一條兼良の講義ありしも、業忠より後れたり。これより後此書の註釋益〻盛んなりき。

註釋家三流　弘治三年の奧書ある御成敗式目祕抄、又は御講釋聞書と題する註釋書に據れば、此式目の註釋家には三流あり、一は齋藤家、二は飯尾家、三は清原家これなり、其中齋藤、飯尾の兩家は既に亡びて、清原家獨り存せり、唯唯淨裏書の書あるは、以て齋藤家の家說を代表せしむべしと。齋藤家の先代左兵衞入道淨圓は俗名を長定といひ、評定衆の一人にして貞永式目の編纂に預れり。而して唯淨裏書に據れば、式目の撰者につきて、齋藤家の說は清原大外記敎隆眞人以下淨圓を合せて六人とせり。此說の吾妻鏡に合はざる部分は、固とより信ずべからずと雖ども、齋藤氏が其子孫に至る迄、式目に關する家説を傳承するところありしは疑を容れず。唯淨裏書は完本傳はらずと雖ども、式目抄及び式目祕抄に其文を抄出せるものあれば、これに據りて其一斑を窺ふことを得べきなり。唯淨は未だ其人を詳かにせず。今齋藤氏の家系を檢するに、兵衞入道基茂、法名を唯淨と稱す。文永頃の人なるに似たり。（尊卑分脈。）若し果たして此人ならんには、其書は蓋し式目の註釋書として最も古きものゝ一たるを失はじ。然れども式目の撰者の隨一として清原教隆を擧ぐるが如き、其時代につきて猶ほ多少の疑なき能はず。飯尾氏は三善氏の族にして、始めて建武年間記に見ゆ。室町幕府の時、奉行として實務を管掌せり。清原氏に至りては、鎌倉時代に大江、三善諸氏と共に重用せられて、評定衆の要職に當れり。而して其祖教隆が貞永式目の編纂に與れりとの家説は、此書の研究に向つて、特別の關係を有せしめたり。元來清原家は明經の世家にして、兼ねて歷代朝廷の儀例に通じ、法制に明かなり。而して室町時代に至りても、康曆元年に足利義滿が任大臣の大饗を行ふに當り、清原良賢（法名常宗）を其家司となしゝが一の佳例となりて、永享四年（六月廿日）義教の任大臣の大饗にも、其曾孫たる業忠は、亦これが家司に任ぜられたり。（滿濟准后日記。）此くの如く、清原氏の宗家は幕府と親しく、其庶流は政所等の實務に當り居りしかば、貞永式目を始め、武家法制に關する研究も自ら家學の如くなれるなり。

然るに以上三家の外にも、式目の研究に從事せしものなかりしにあらず。貞永式目註と題するものは、全部和臭を帶びたる漢文を以て記されたるものにして、江戸時代の初期に印行せられしことあり。其天文廿三年の跋語に據れば、問注所卽ち三善氏一流の祕本と見え、又傍註若しくは標註に據る時は、上野殿（殖野とも書す）氏泰等の說を擧げたり。上野は亦幕府の奉行なり。

これを要するに、式目に對する研究は、鎌倉時代に萠芽を發せりと雖ども、其稍〻盛んなるに至りしは室町幕府の時にあり。今是等の研究の跡につきて考ふるに、概ね字句の解釋に止まり、法理の說明としては幼稚のものたるを免れず。中に就いて最も觀るべきは、逌に清原家の撰に成れるものなりとす。

清原家の註釋書　清原家の註釋書にありては、先づ宣賢の式目抄を推さゞるべからず。此書は平易なる假名交り文を以て每條說明を加へたり。宣賢自身の天文三年の跋語に據れば、彼れが先年祖父常忠即ち業忠の說を以て此書を作りしに、同族業賢の盜むところとなりしを以て、更にこれを著し、一子の外一覽を禁ぜしなり。即ち其書が業忠の舊說に基づくものなること、及び清原家の家說として、祕密を保つべきものたりしを知るべきなり。別に天正十六年雪菴道白の跋語を附せし一本あり。彼れは此書が吾祖環翠の初學者の爲めに假名を以て註釋を下し、一家の外に出ださゞる祕本なるに、京都の兵亂に際してこれを失ひしを、細川幽齋求め得て奧書を請ふを以て證明を加ふといへり。雪菴道白は清原技賢の別號なり。これに據れば、此書の世に傳はれるには、幽齋其人の功も湮沒すべからざるべし。此書は式目の註釋中最も詳密にして、古く印行せられたり。古活字本には式目抄と題せるも、寛文九年の版本及び元祿十二年の覆刻本、竝びに御成敗式目諺解と題せり。近年續史籍集覽の中に收めて出版せしもの即ちこれなり。

此書の准據せし清原業忠の手に成りし註釋は世に傳はらず。然れども宣賢の抄よりも以前に成りしものには貞永式目聞書あり。大永五年の跋語あるものにして、文中清原家を當家といふところあるに據るも、同家の學說なること明かなり。全部口語體を以て記さる。別に御成敗式目と題して、其第十二條迄を註釋せるものあり。これと同文のところ多く、本書に據りしと思はる。其法制に暗く、佛說を取りて解說を試みたる邊、一知半解の緇徒の蛇足を添へしものと推せらる。

其他の註釋書　同じく式目抄と題するものにして數本あり。天文廿二年蘆雪の跋語ある御成敗式目抄は分註あり、頭註あり、末尾に追加をも附す。天文十九年山東大藏丞光綱の跋語ある貞永式目抄（宮內省圖書寮本に據る。內閣本は式目抄と題し跋語なし）は口語體なり。天文二十四年の跋語ある式目聞書二卷は、開卷第一「儒律記之」とありて、續群書類從に收めたり。別に御講釋聞書なるものあり。內閣本には跋語なきも、押小路本（亦內閣に藏す）には御成敗式目祕抄と題し、弘治三年大外記清原朝臣の跋語ありて口語體なり。永祿八年殊成の跋語ある敗目抄は假名交り文なり。慧海の跋ある御成敗式目は亦假名交り文なり。但末尾に「嘉元癸申一校畢」の朱書あるも、そは後人の惡戲に係り、實は室町時代の末造に成りしものと認む。

研究の概觀　以上は余の寓目せる貞永式目の註釋書類中最も古きものなり。これを通覽すれば、略〻此書に對する古來の研究狀態を測知するに足れり。先づ註釋書の體裁としては、總べて皆一樣に逐條解釋の方法に據ることに一致せり。註釋文としては三種に分たる。一は和臭を帶びたる漢文體、二は假名交り文體、三は口語體これなり。而して其內容につきていへば、現存の諸書は、清原家の人の手に成りしか、然らずんばこれよりして更に換骨脫胎せるもの多く、清原家の系統に屬せざるものとては殆んど稀なり。彼等は同家の家說を以て式目の解釋を試みるより、字義の說明に和漢の出典を引照し、律令制符を始め法曹至要抄、裁判至要抄、其他後世に傳はらざる玉條至要抄、禁法略抄、裁判要訣等をさへ引用せるのみならず、式目の追加をも取り來りて其變遷を叙する等、頗る該博ならざるにあらず。然れども彼等は公家の法制程、武家のそれに通ずるものにあらず。故に其説明の後者に關するものには往々穩妥を缺けるあり。式目抄第廿六條の裏判、三十九條の本奉行の解釋の如き卽ちこれなり。淸原家のものにして既に然り、それ以下の末書に至りては、杜撰孟浪復た言ふに足るものなし。一例を擧ぐれば「庭中」とは「御庭へ參り申上ぐる」ともいひ、武家にも公家にも行はれし直訴の一手續なるが、天正初年に成れる貞永式目の註釋書が、其眞意を解し得ずして、「御庭《ニハ》中《ナカ》ニックバウテ通ルベシ、其時何物ゾト御尋アリシ時、事ノ仔細ヲ申上ヨ」云々といへるが如し。

一四　戰國時代以後の法制的傾向

貞永式目の出版　淸原業忠が貞永式目を講じてより以來、式目の講讀益〻盛んに行はれ、戰國時代に入りて註釋の書多く世に出でたりしが、殊に注意すべきは、大永四年に時の左大史兼算博士たる小槻伊治の手に依りて、貞永式目の始めて上木せられしことこれなり。從來圖書の出版せられしものは、概ね佛經語錄の類の佛書に止まり、且つ其讀者の狹き範圍に限られたり。一般の和書、就中法制に關する圖書の上木せられしものとしては、本書を以て其嚆矢となさゞるべからず。而して本書出版の目的は、廣く世人に讀み易く通じ易からしめんとするにあれば、圖書出版の歷史に於ても、一種の特色を有するものと謂ふべきなり。伊治は其後五年を經て享祿二年に、更に淸家の點を加へて本書を重刊せり。これ所謂式目の大永版若しくは享祿版と稱するものにして、今猶ほ稀に存するを見る。

式目の廣く講讀せられし動機　然らば則ち是等の講讀、註釋、出版の機運を作りし動機は果たして如何。

（第一）當時の現行法たること　貞永式目は武家成文法の權輿にして、武家側に取りては無二の寶典なるを以て、少しく武家の法制に意あるものは、これに曉通するを要せり。然るに此書は同時に又室町時代に於ける現行法たりしことを記せざるべからず。式目の規定に違犯せるものは相當の制裁を受け、財產上其他損害を蒙りしものは、式目に據りて救濟を求むることを得。故に室町時代に於ても、獨り當路者のみならず、一般人民の周知を要する法制たりしこと言ふを竢たざるなり。大永本伊治の跋に、「余因以二此書一始鏤二于板一、庶幾上下專二祭祀之禮一、左右抱二勸懲之志一」といひ、享祿本の同人の跋にも、「蓋爲二夫愚蒙輩易一レ讀也、苟易レ讀則通レ理速、通レ理速則犯レ法者稍少」とあり。其目的の存するところ、以て觀るべきなり。

（第二）敎科書として便利なりしこと　貞永式目は其文意が此時代に於ける俗用文、殊に法令體の代表的資格を有し、且つ此時代の現行法たりしが故に、初學者の讀書習字の敎科書として使用せられたりしこと、庭訓往來、尺素往來等の往來物の如くなりしなり。群書類從本の式目が尊圓親王の眞翰摹寫の本を以て校合せられしといひ、式目追加が世尊寺行尹卿の眞蹟を以て書寫せられしといひ、本書が鎌倉時代の末より手本として用ゐられたりしこと知られたり。大永本の跋に「至下尋二偏傍一推中點畫上、頗施二於新學一而已」といひ、享祿本の跋に「抑鄉有二先生一、村有二夫子一、而時習之學日新、予寧爲レ之哉」といへるは、明かに其敎科書の用をなさしめんとするの意に出でたり。又式目の古寫本の中、天正中清原枝賢が或る寺僧の需に應じて、兒童敎授の爲め家藏本を寫して贈れりとの奧書あるものあり。これ卽ち所謂寺小屋の敎科書たりしを示すものにあらずや。註釋書中佛說を加味せるものは、此種の佛者の手に成りしものなるべし。其解釋の當否は姑くこれを措き、式目の普及は彼等の手に依りて行はれたりしこと、掩ふべからざるの事實なり。建武式目の如きも、幾分か此傾向を有せり。群書類從に收められたる同書は、織田信長の右筆にして能書の聞えありし楠正虎の自筆本を以て校合せられたり。これも手本として一部の間に用ゐられしものなり。

（第三）時代の法制的傾向　然れども戰國時代に於て、特に貞永式目の流行を來したりしは、別に何等かの動機なかべからず。余を以てすれば、これ實に此時代に於ける法制的傾向に依りしものに外ならざるべし。前章にも說きしが如く、幕府の管領たりし細川勝元が、强ひて淸原業忠に請ひて式目の講讀を聽きし外、建武式目抄の跋語に據れば、天文中、三好長緣日向守は淸原宣賢の子良雄に向つて、懇に建武式目の註釋を施さんことを請ひしかば、良雄は其家說を記して長緣に遺れり。これ當時幕府の有力者の間に、法制研究の傾向ありしことを知るべきものなり。然るに幕府の勢力を失墜してより、諸國の大名は互に其封內に割據し、政令を施行することとなりしが、各國其國情を異にすると共に、劃一なる法制を以て、一般に通用するの困難を感ずるに至り、此に是等の半獨立國が競うて各自の法制を制定するの機運を馴致することとなれり。大內氏の大內家壁書、伊達氏の塵芥集、天文五年、武田氏の甲州法度、一に信玄家法といふ、天文廿三年、結城氏の新法度、弘治二年、朝倉敏景十七箇條、長曾我部元親百箇條、慶長元年、吉川氏の法度元和三年等は、皆戰國時代より江戸時代の初めに成りしものにして、此種の法制的傾向の產物たり。而して是等の法制は、國としても、家としても、又個人としても、生存競爭の最も激甚なりし戰國時代の要求に應ぜんとして成りしものなる丈に、式目と法理を異にするものあるを免れざれども、一般に其形式に於ても、又實質に於ても、式目の參考せられたる跡は、昭々として掩ふべからざるものあり。塵芥集の如きは最も模倣の甚だしきものにして、其前文はもとより、評定之間理非決斷事と題する起請文を共末尾に載せたりしこと、其他の法文さへ貞永式目のそれを換骨脫胎せるを見る。以て如何に式目が當時の立法者の間に參考せられつゝありしかを思ふべし。式目の古活字本、寫本、古註釋書が大永以降に成れるもの多きと、是等の法制の同時代に成れるもの多きとは、其間決して沒交涉なりと謂ふを得ず。余は此當時に於ける法制的傾向が、兩者の間に密接なる連鎖を生ぜしめたりしものなることを信ぜんと欲す。

江戸時代初期の式目講讀　江戸時代に入りても此傾向は猶ほ存し、德川家康の新法度を編纂するに當りて、此式目及び追加の參考せられしことは既に前章に說けり。鎌倉時代に於ける式目追加の完本に近き新編追加は、慶長十一年吉田梵舜の書寫本の前田家に傳はれるものなるが、これも亦さる時機に際して成れるものなるべく、金澤文庫本の令集解等の世に出でし事と共に、間接に家康の賜物と謂はざるべからず。然れどもそは唯其創立當時に於て然りしのみ。時代の變遷は最早式目をして現行法たらしめず。從つて室町時代の如く法制上の效力を有することはあらざりしかども、初學の敎科書としては依然其效力を失はず。此時代の書風たる御家流の祖建部傳內自筆の貞永式目等は、此時代の現行法たる武家諸法度、高札の文と共に、手本として、將た讀本として、一般に使用せられ、此種の目的に供せん爲めに作られたる本文の大字本及び註釋書の出版も亦少しとせず。然れども法制上の價値に至りては、室町時代に成れる式目抄、式目註の上木を外にして、此時代の人の手に成りしものにありては、殆んど觀るべきものあらず。强ひていへば、熊澤了介の註釋と稱する御式目抄二冊、最も簡にして要を得たるを見るのみ。

一五　江戸幕府の法制

家康の法制編纂　慶長の末年より、德川家康は法制編纂の計畫を立て、其資料の蒐集に著手し、當時世に稀なる參考書を擧げて、皇室、公卿、社寺等の祕庫に求め、五山僧徒等に命じてこれを書寫せしめたり。金澤文庫本と稱する令義解、令集解を始め、公武の法制參考書の世に現るゝに至りしも、實に是時の事なりとす、林道春及び時の僧祿司たりし金地院崇傳其顧問に備はれり。慶長十六年四月十二日、家康は諸大名を二條城に會して、三箇條の誓詞をなさしめたり。其第一條は幕府の開設者たる源賴朝以來の武家の法制を尊重し、又幕府がこれを損益して發布する條目も、堅くこれを遵奉すべしといふにあり。これ家康が將に制定せんとする武家諸法度の前驅たり準備たりしものなり。元和元年七月、大阪夏役の後に於て、家康は愈〻公武法度を制定してこれを發布せり。卽ち其七月七日諸大名に向つて武家諸法度を發布し、尋で又十七日公家諸法度を發布せり。武家諸法度はすべて十三箇條より成る。慶長十六年の誓詞三條中の第二條は、法度に背き上意に違ふものを領內に隱匿するを禁ぜしものなるが、こは武家諸法度の第三條に載せられ、又誓詞の第三條は叛逆殺害人を召抱ふべからざる規定なるが、同じく其第四條に收められたり。新たに居城を構ふるを禁じ、其修補も幕府の許可を要すとせるが如き注目すべし。此諸法度は其後寛永六年以下歷世多少の修正を加へ、同九年には一萬石以下の旗下御家人に對して諸士法度を制定せり。公家諸法度も、慶長十八年六月、十六日、秀忠、諸公家法式を定めて所司代板倉勝重に與へしことあり。公家諸法度はすべて十七箇條あり。禁中竝公家諸法度といふ。幕府が自《ミ》ら其法度を設くるは、敢て奇とするに足らず。然れども公家の爲めに其法制を設くるに至りては、事態頗る重大ならずとせず。況んや此法度には天皇の學問、藝能、禮服等より、親王、大臣等の座次、公卿、門跡の任免相續等の規定を含み、天皇の御行爲に對してすら規定するところあるに於てをや。殊に注意すべきは、此法度の署名者にあり。此法度は末尾に二條昭實、徳川秀忠及び家康の三人の連署を收む。當時家康は既に其軍職を子秀忠に讓り居れり。而して昭實の鷹司信尙に代つて關白たりしは七月廿八日にして、是時は未だ關白たらざりしなり。故に嚴密にいへば、此署名は頗る奇異なるものとなるべし。然れども形式に重きを置かざる武家法制は、直に其實質を以て觀察を下すを要す。家康は言ふ迄もなく事實上の將軍たり。昭實は家康の信任を受け再任の事亦其推薦に依り、更迭日ならざらんとす。況んや朝廷が公卿、門跡以下を召して、此法度を公式に頒布せられしは卅日の事にして、當時は昭實も既に關白たりしに於てをや。且つや武家が公家の法制を定めし事の如きも、事實に於ては從來既に存在するところにして、此諸法度のこれを成文法となせるは、武家の地歩を進めたりといふべきのみ。

是より先き家康は又宗敎法の制定に著手し、慶長十九年正月、既に淨土宗條目を定めしが、次で元和元年七月、五山、永平、總持、眞言古義新義等諸宗の本山本寺の諸法度をも逐次制定するところあり。此くの如くにして、徳川幕府初期の法制中、根本法となるべきものは略ゝ完備に就けり。

享保以後の法典編纂　此他には時々發布せる觸あり、達あり、高札あり、略〻格に相當す。然れども奉行の裁判上の指針たるべき刑法の制定は未だ起らず。而して零碎にして繁多なる法令を類別編纂して、見易からしむる業も亦始らず、これ當局者の最も不便とせるところなり。八代將軍吉宗此點に著目し、自《ミ》ら如上の二大缺點に向つて解決を與へんことを試み、第一に對しては御定書二卷の編纂あり、第二に對しては寛保集成（又享保集成）五十冊の編纂あり。御定書の編纂後、其補遺として別に延享二年以後の追加を增修せられしものは、卽ち御定書に添候例書にして、式目の追加に相當す。神官僧徒に關する規定のみは別に單行せしむ、寺社方御仕置例書これなり。御定書の修正は御定書に添候例書に止まり、文久に赦に關する特別法として赦律の制定あり。集成は其後も世を逐うて評定所に於て補修せられたり。而かも未だ以て裁判上すべての場合に適應するに足らず。當時の裁判は亦先例を貴ぶものなれば、其局に當れるものは、御定書其他の規定に視て、適用すべき場合なきに於ては、これを多數の裁判例に照らして判決を下すを要せり。是に於て裁判例編纂の必要起り、御仕置例類集、其他これに類似する裁判例の編纂となれり。これ亦歷世補修して止まざりしところなり。是より先き勘定所御定書あり。正德五年七月には勘定奉行の發布せる元方拂方御金藏役人納拂等勤方定書あり。竝びに官府の職務規程とす。

法制の性質　江戸時代の法制は、家康の制定せる根本法につきて見るに、和漢公武の法制を參酌せし形迹なきにあらず。特に武家諸法度を十七箇條に定め、群飲佚遊を制し、儉約を行ひ、國主に政務の器用を撰ばんとせるが如き、其内容に於て頗る建武式目を模倣せるを見る。然れども是等は左迄重大視すべきものにあらずして、大體より判斷すれば、其法制は前時代卽ち戰國時代の餘風を繼承せるもの多きこと、掩ふべからざるの事實なり。吉宗の御定書中、刑法に屬する下卷、卽ち世に所謂百箇條は、明律を採用せるもの多しと傳へらるゝも、其實全部殆んど從來の發布に係る法令、裁判例、伺指令等を基礎とし、其中過料刑を擴張し、入墨刑を以て從來の肉刑に換へしが如きは、御定書以前に定れる刑法の修正なりしにもせよ、明律の影響と認められざるにあらずと雖ども、是等も刑罰としては既に我古代法の上に存するところにして、其影響も極めて輕微なりと謂はざるべからず。

外國法制の影響　これを要するに、我古代法の外國法制の影響を蒙れること最も大なりしは、中古支那と國交の開けし後と、明治維新後とにして、後者は初めは復古的形勢に伴つて、此支那法制を繼受せる中古法制の採用を見、後にはこれを棄てゝ、公私の法制共に歐洲の先進國に則ることとなれり。而して兩時代の中間に於ける武家時代に於ては、是等の外國法制の影響は極めて輕微にして、其範圍の狹き公家側を外にしては、時代の要求を法制の基礎とせる系統的發達を以て終始したりしことを認むべし。

第二　歴代法制の公布と其公布式

緒論

法の公布　公布は法律實施の要件にして、學者の中には、法律の效力を生ずるは、公布に基づくとの説をなすものさへあり。現今歐米諸國にありては、一二の除外例ある外、法律を施行するに公布に依らざるものなく、現に本邦にても公文式第拾條に於て、法律命令の官報を以て布告すべきを規定し、官報公布の式を採用したり。然れども溯つて各國古代法の沿革を考ふるに、決して悉く公布をなしゝものにあらざるのみならず、故らにこれを祕密に附して人民に窺知るを得ざらしめ、人民又其生命財産等の保護を受けんが爲め、屢内亂を起し血を流して、始めて公布を見るに至りし等、種々の歴史に富むを發見すべし。余の今此に述べんとするは、專ら本邦古代法の公布にありと雖ども、これを説くに當たりては、勢ひ其母法としたりし支那法律の觀察を先きにせざるを得ず。

從來の非公布説　抑々法律の公布と非公布とは古代法研究の第一義なり。然るに斯學の研究尚ほ盛んならざるを以て、此種の問題につきても、未だ特殊の研究結果を公にせしものあるを見ず。唯從來偶々學者の論評に上れるものにして、管見の及ぶところを綜合すれば、概ね非公布説に傾けるに似たり。其説に曰く、中古の律令格式は卷帙浩瀚にして法文具備せしに拘らず、其專ら唐制を模倣し、漢文を以て編纂せられたりしが如き、固より人民をして周知せしめんとせしものにあらず。貞永式目は元來幕府評定衆の起請の條々にして、政所、問注所、侍所等にありて重職を占めたりし吏員、及び守護地頭等の訴訟裁斷の爲めに設けしものなり。當時人民の概して無學なりしは、北條泰時の狀に見えし如くなるに、其漢文を以て記せしを觀るも、公布の目的を有せざりしを知るべし。後世の武家は皆これに則りて、民をして賴らしむべく、知らしむべからずとの方針を取り、法律を制定するも、唯諸職に頒布せしのみなれば、建武式目、織田豐臣二氏の法規等あれども、汎く民間に行はれしものにあらず。德川氏の時にありては公家諸法度、武家諸法度等ありて、各重要なる社會の法制を規定し、又一般人民に向かつては、諸國に高札を立て鄕村に令し、親切干涉を極めたりしも、唯これを爲すべし、爲す勿れといふに止まりて、刑法の條々たる御定書百箇條は、其奧書にても知らるゝ如く、全く祕密に附せられたりしなり。此くの如くなれば、我國民は由來法令に緣故薄く、見聞狹き國民にして、其律せらるゝ法令如何を知るに至りしは、僅々三十年以來の事なるに過ぎずと。此說の如くなれば、本邦古代法の公布を經しもの甚だ多からずして、國民の法令に關する智識は、頗る憫むべき狀態にありしと謂はざるべからず。これ果たして正鵠を得たりとなすべきか。余は本篇に於て此種の研究に資せんが爲め、本邦及び支那古代法の一斑を槪說せんとするものにして、單に法律の公布非公布に就きてのみならず、古代法にして若し公布せられたりとせば、公布の形式は如何、施行の期限は如何、實施の狀況は如何等も、亦其論及せんとするところなり。

今說明の便を計りて本篇を五章に分ち、第壹章に於て專ら支那に於ける古代法を略說し、第貳章に於て本邦の中古時代を說き、第參章に於て武家時代（余の時代別に於て鎌倉時代と室町時代の初世とを含蓄せる）と戰國時代とを合敍し、第四章に於て江戸時代を說き、第五章に於て明治維新以後の法制に及ぼし、以て本論を結ばんとす。

第壹章　支那古代法

周以前の公布法　支那にては、太古黃帝が五法を設けて天下に布きしとの說あれども、其詳かなる事は得て考ふべからず。唯五帝が刑を用ゐる象《カタチ》を畫きて、人民に禁を知らしめたりといふ事あり。又夏后氏の時には、毎年孟春政令を施くに當り、遒人と稱する官人をして、金口木舌なる木鐸を振りて道路に巡行せしめ、百官を警しめし事ありといへり。然れどもこれらの制度は周に至つて大に備はりしなり。

周禮の公布手續　周禮に據るに、周にては天官以下の六官を以て總べての官制を組成したりしが、當時未だ司法行政等の諸機關分立せずして、互に混同せりと雖ども、今刑罰訴訟等を掌れる秋官卽ち刑官に就きて言はんに、毎年正月建寅の月朔日に、其長官たる大司寇に於て五刑野刑、軍刑、鄉刑、官刑、國刑を邦國都鄙に布き、又刑を用ゐる象を象魏に懸けて、十日の間人民に見せしめし後之を斂めたり。象魏とは雉門の兩觀をいふ。雉門とは王の五門の中門にして、これより以內には窮民の入るを許されざりしところなり。これと同時に、大司寇の屬僚に布憲と稱するもの、旌節を執りて四方に巡行し、五刑五禁宮禁、官禁、國禁、野禁、軍禁を布き、且つこれを都鄙邦國にも懸けて普く人民に示せり。又正歲とて、建子の月卽ち毎年の首《ハジメ》にも刑象を懸くる事ありて、是時は大司寇の副官たる小司寇、其屬僚を率ゐてこれを觀、且つ木鐸を以て法を用ゐざるものを處分せん事を令し、又偏く四方に宣布せり。これと同時に、士師は其屬官を率ゐて、禁令を國及び郊野に懸くることあり。此士師は五禁の法を掌りしものなれば、木鐸を以て朝廷に徇へ、又これを書して門閭に懸け、貴賤共に禁を知りて、罪を犯す事なからしめんとしたりしなり。是時も布憲の四方に宣布し、邦國都鄙に懸くる事、亦正月の如くなりき。而して此象魏に懸け道路に行示し、邦國都鄙に頒布せるは、獨り刑官に止まらずして、天官の治法に於ける、地官の敎法に於ける類皆これあり。其他周には又人民を集めて法を讀みし事多く、天官の州長は正月朔日、正歳及び毎年春秋州社の祭禮にも、衆民を集めて敎法を讀み、其黨正は四時の孟月朔日、春秋の祭禮及び正歳に於て、族師は毎月朔日に於て、閭胥は衆庶を集めし時に於て、各邦法を讀みし事あり。刑官にありても、大司寇の屬僚たる訝士は、國の大事ありし時、衆庶を集めて五禁の法を讀聞かしめしなり。

周禮の公布式　これに依つてこれを觀るに、周禮に見えたる公布の式凡そ三あり。一は掲示法にして、王家の雉門を始め諸處の巷門等に掲示するものなり。二は朗讀及び口達法にして、人民を集めて法令を讀み、木鐸を以て道路に行示するものなり。此二法は古來他の諸國にも行はれ、有名なる羅馬の十二銅表は、銅版に刻したるものを羅馬市街の最も人目を惹き易きフォーラム廣場に掲示し、又佛國第一共和一千七百九十四年以降第四年には、喇叭を吹き又は銅鑼を鳴らして人民を集め、新法を朗讀公布したりし事あり。周にても王の始めて崩ぜし時抔には、路鼓といへる一種の觸太鼓を鳴らして、四方に傳達せし事ありしかど、法令に關せし事は木鐸を用ゐしと見ゆ。而して此刑象を畫き木鐸を用ゐしことの、既に周以前にありたりしは前に述べしが如し。三は通達法にして、刑禁を定めて邦國の諸侯、都鄙の卿大夫に頒布するものなり。以上の三者は相竢つて公布の用をなしゝ事なるが、其中木鐸の口達と文書の通達とは、主として法を執るものゝ爲めにして、一般人民の爲めには掲示法と朗讀法との二つに依りたりしなり。刑象は刑を用ゐるべき象を畫けるものにして、刑罰の犯罪に伴ふべき事を圖に現はし、如何なる無智の徒と雖ども、一目して其恐るべきを知り、避くべきを覺らしめんとせしものなり。後世大辟の囚徒處刑の狀を圖して、人民の懲戒に供せし事あるも亦此遺制なり。朗讀の法も文字なきものに法意を知らしむべき一良法たるを失はず。毎年正月と正歲とに於て公布をなしゝは、歲月の改まれるに乘じて上下の視聽を惹き、警戒を與へんとせしものなるも、毎年これを新たにしたりしは、畢竟國に一定不易の法あり乍ら、情を計り事に依りてこれが輕重をなし、人民をして情を原ねて罪を定め、事に因りて刑を制すべき意を悟らしめんとするにありしならん。

これを要するに、周にありては既に五禁の禁令を布き、五刑の刑法を示して、人民の姦惡をなすを防ぎ、これを恐れずして罪を犯しゝものあるに當たり、始めて制裁を加へし事にて、如何なる愚民と雖ども、知らずして過つて罪に陷ゐるに至らざらん事を期したりしなり。故に大司寇の三典にも「刑新國用二輕典一」とありて、新たに土地を辟き君主を立てし國には、其民未だ法に習はざるが爲め、これを輕きに處せんとせり。蓋し立法者の精神は豫め法禁を設けて未然に制せんとするにありて、これが爲めには、當時に於て萬民に周知せしむるに最も有効なるべき、あらゆる手段方法を採りしものと謂つて可ならん。

唐の公布式　周の制度は後代の模範とせしところなれば、法律の如きも、原則としては殆んど公布主義を採用せざるものなく、公布の式に於ても亦周のなしゝところに出でず。歷代の法律概ね皆天下に頒布し、禁令を發する毎に人民に布告して、悉くこれを知らしめんとしたりしなり。試みに我中古法律の母法たりし唐制に就きて考ふるに、其律令格式はいふ迄もなく、我律疏の準據とせしところの、高宗永徽三年に命じて撰ばしめし律疏の如きも、明年成るに及んでこれを天下に頒ちしものなり。而して一般人民の爲めには別に牓示の式ありて、人民の周知を要する事、例せば農民が秋、穀物の成熟するを待たずしてこれを刈り、賣りて馬藁に充つる例を禁ずるが如き、租稅を輕減し百姓を賑恤するが如き事ある時は、勅を錄して市街村落の要路又は州縣の門に牓示し、百姓をして分明に知悉せしめん事を期せり。官吏に向かつても、訴訟の法を定め請託の禁を布くが如き場合には、牓文を省門に懸けてこれを示しゝ事あり。又中宗の嗣聖元年には内外の官人に詔して、所司の律令格式を廳壁に書せしめ、退食の暇にこれを觀て遺忘を免れしめんとし、文宗の太和二年にも節目十一箇條を州府に下し、錄事參軍の食堂の壁に書して、罪人を請奏する毎に此節目に賴るべき事としたりしも、爾來歲月を經て文字の明瞭を闕ぎしより、宣宗の大中四年更に石に刻して、會食の所に置く事とせり。後唐の明宗の時にも有司に命じて、律令格式、六典の本局の公事に關するものを抄錄して壁に書せしめし事あり。此壁書は胡粉にて壁に塗りし事にて、紙若しくは板に書して壁に張るものとは異なり、且つ專ら官司執務の心得に供せしものにて、新令の公布にあらず。然るに勅書の長文にして紙數多きものは、これを牓示するに當り、一見して其要點を知るに苦しむべきを以て、牓示を懸くべき土地の人民が特に知らざるべからざる箇條を一々項を立て、別に小牓を作りて要路に揭げしめし事あり。これらの中には單に禁令を擧ぐるに止まりしもあれど、往々刑罰を明記せしものなかりしにあらず。又牓示をなすと同時に、所在の令廳に委して百姓に宣示せし事もありて、揭示法と口達法とを併用せりと見えたり。斯くて一令を發する毎に、道を分ち驛を馳せて速に天下に頒たんとし、赦書の如きは、一日に支那の五百里に達すべき制なりき。當時法律命令の成案には皆「即日行下」といひ、又「符到奉行」といひて、速にこれを遠近に頒ち、到達の日を以て施行の期限としたりしなり。（聽雨紀談に「急々如律令、漢公移常語、猶㆔宋人云㆓符到奉行㆒、漢米賊張陵私創㆓符咒㆒以惑㆓愚民㆒、亦借㆓用之㆒、道家遂祖述耳」とあり。）而してこれらの文案は皆謄寫に依りしものなるを以て、唐の公式令に於ては、普通の文案は貳百枚以下を寫すに一日を限り、二百枚毎に一日を加へ、何程多きも五日を過ぐる事を得ず、赦書の如きは三日を限り、事の重大にして急速を要するものは、即日謄寫を了へしむべき事と定めたり。（我令の制にては、太政官の施行すべき詔勅の寫程、五十枚以下に一日にして、五十枚毎に一日を加へ、何程多きも三日を過ぐる事を得ず。赦書は限るに二日を以てし、事の急速を要するは、當日出だし了らしめたり。これ第二章に於て述ぶべき筈なるも、參照の便あるを以て此に類叙す。）然るに法律を天下に頒つには、直接に人民に示すにあらずして、先づ官司に下すを例とせり。故に官吏の中には、往々公布の手續を怠りて、徒らに官司に藏し、自家も深く其法に通曉せず、人民の法を犯すものあるに及び、始めてこれを檢して罪案を定め、人民も刑辟に罹り乍ら、自ら其理由を知らざるもの多かりしかば、識者これを以て民を罔みするものとし、聖王同民共治の意にあらざるを難じ、且つ古しへの刑の犯し難くして、後の犯し易きは、職としてこれに由るといへり。

刑法の祕密主義　さり乍ら支那にありても、古來絶えて法令祕密の主義を稱道し實行せざりしにはあらず昔周の昭公の六年、子產鄭に相として刑法を鼎に鑄、其後大夫鄧析鄭の鑄しところの舊制を改めて刑法を作り、これを竹簡に書せし事あり。又昭公の二十九年に、晉に於ても范宣子が作れる刑法を鼎に鑄し事あり。これ其一定不易の常法として、人民に永久易らざるを示し、且つ異端を塞ぎ淫巧を絶たんとするに外ならざりしならん。然るに鄭人の刑書を鑄し時には、叔向子產に書を詒らしめてこれを誹り、「鄭其敗乎」といひ、春秋に此事を書せず。又晉の刑鼎を鑄し時には、孔子これを難じて「亦晉其亡乎」といひ、何れも同一の悲觀的評論をなし居れり。孔子は「不レ敎而殺謂二之逆一」といひし程なれば、其精神は先儒の既に說きしが如く、敢て人民に刑法を知らしむべからずといふにはあらずして、唯晉が唐叔の舊法を守りて其民を治むべきに、これを棄てゝ、代ふるに范宣子の刑法を以てせしを非難せし迄なりとせんも、叔向に至りては、全く刑法を公布せし結果、人民をして豫め其輕重を測る事を得せしめ、遂に禮を捨てゝ書に徵し、或は人を陷ゐれ、或は自《ミ》ら免れんとするものを生じ、賄賂並行はれ濫訴益〻多きに至らん事を憂へしものなれば、絕對的に刑法の公布を否認せしものと謂はざるを得ず。論者或は說をなして曰く、鄭晉二國の所謂刑書は、皆既に方策に載せありしものなるも、子產范鞅に至りて始めて器に鑄たりしより、一定不易の制となりて、復古人酌量の本意を失へり。これ孔子叔向のこれを譏りし所以にして、二人の意は刑書あるべからずといふにあらずして、特に鑄るべからずといひし迄なりと。余は此說に從ふ能はず。歐陽修が刑書の弊を擧げて、中材の主、庸愚の吏の自《ミ》ら簡明なる法令を守る事能はずして屢〻これを改め、其條項繁雜にして諳んずべからざるに乘じ、これを上下して姦をなすを說きしが如きも、亦考に資すべし。後世金に至りて民間の刑書を收藏するを禁じ、識者其公布をなすの、却て治道に便なるをいふものありしも、有司の多數尙ほこれを欲せざりし爲め、其禁を申ねし事あり。

然れども此くの如きは畢竟時勢の變態にして、古來原則としては法律の公布を主義とし、殊に宋より以來、律令を印刻して天下に頒布する事行はれ、學者これを以て昔の鼎に鑄し意ならん歟といへり。後世或は官司に收めて、人民に知らしめざるものありしも、これ唯制度の弛廢と共に、公布の手續を怠りしもののみ、決して主義に依りてこれを祕せんとせしにあらず。縱ひ法令祕密の主義に依れるものと同一の結果に出でたりとするも、其實大に異なるところあるを忘るべからず。

第貳章　本邦の中古時代

古代の口達法　本邦中古の詔に、「現御神止《アキツミカミト》大八島國所知天皇大命《オホヤシマグニシロシメススメラガオホミコト》止良麻《ラマト》詔《ノリタマフ》大命乎《ヲ》、集侍皇子等王《ウゴナハレルミコタチオホキミタチ》臣《オミタチ》百官人等《モモノツカサノヒトタチ》天下公民《アメノシタノオホミタカラ》諸《モロモロ》聞食止《キコシメサヘト》詔《ノル》」とあるは、蓋し太古以來人民を集めて詔命を口達せられし遺風を存せるものなるべし。大化の改新に諸國の朝集使等に詔し給ひて、「集侍群卿大夫及國造伴造、並諸百姓等咸可ㇾ聽ㇾ之」云々とありしも、朝集使等を以て百姓等を代表せるものと看做されしに依るなり。

律令格式の公布　中古朝廷の唐制を採るに至りてより、其形式上、將た實質上、これを模倣せしもの多かりしは辨を竢たず。是を以て法律公布の主義の如きも亦これを採用し、律令格式を始めとして諸般の法令は、何れも皆公布をなすべきものにてありしなり。先づ律令格式に就きて言はんか。弘仁格の序に、天智天皇の元年に所謂近江朝廷の令貳拾貳卷を制せられしとあり。これ令の初めにして、頒布の事は日本書紀に見えざれど、天智紀の十年正月に冠位法度の事を施行すとの文ありて、注に「法度冠位之名、倶載ㇾ於二新律令一」とあれば、少くとも一部の實施を見たりしならん。持統天皇の三年六月、諸司に令壹部貳拾貳卷を頒たれし事あり。其後文武天皇の大寶元年に律令を撰定し、同貳年に天下の諸國に頒下せられたり。これより先き大寶元年には、既に新令に據りて改めて官名位號を制せられ、律令の編纂に與かりし人をして、親王諸臣百官に向かひ屢〻新令を講ぜしめ、僧尼令をば大安寺に說かしめ、更に明法博士を六道に遣して新令を講ぜしめ、又使を七道に遣して、新令に據りて政をなし、大租を給ふべき旨を宣告せしめられたり。これ皆律令頒布の準備に外ならざりしならん。元正天皇の養老二年に律令を刊修せられしが、それより三十九年の後、孝謙天皇の天平寶字元年に始めて所司に告げて施行せしめられたり。淳和天皇の天長十年に令義解を撰び、翌年卽ち仁明天皇の承和元年に天下に頒ちて洽く遵用せしめられたり。令格式は屢〻刪定を經し事にて、元明天皇の和銅六年に新格を天下の諸國に頒下せられ、桓武天皇の延暦十六年、刪定の令格四十五條を有司に下して遵用せしめられし事あり。これ主として官職祿位に關せし事と見ゆれば、唯有司に頒たるゝに止まりしならん。これより先き、稱德天皇の神護景雲三年に令を刪定せしものを、數十年の後頒下せられしに、爾來訴訟繁多にして人民に便ならざりしかば、嵯峨天皇の弘仁三年更に刊修して頒布せしめられたり。又淳和天皇の天長七年、格式を修めて內外に施されしものを、仁明天皇の承和七年に增補改修して施行せられし事あり。其他の格といひ式といひ、唯內外に施して遵行せしめんとせられしものに外ならず。唯手續上先づ諸司に頒布し、これをして施行せしめられし事にて、頒布と公布との二樣の手續を經たりしなり。承和七年に當時勘解由使に律令ありて格式の備なく、庶務凝滯する事多かりしかば、格式の草案をこれに授けられし事あり。律令格式の寫が諸司に備へられて、施政の要具となりしは、これを以て其一斑を窺ふべし。

法令理會の困難　然れども當時文化の程度は、在朝の有司だも未だ斯る法令を理會し運用するに於て充分ならざるところあり。朝廷のこれを頒布せらるゝに先だち、有司をして講習鍊熟せしむるに務められし事、既に述べしが如し。然るに和銅四年律令を設けられてより、年月を經し事既に久しきも、纔に一二を行つて悉く行ふ能はざりしとて、諸司の怠慢を責められし事あり。又同五年に諸司の主典以上及び諸國の朝集使等に詔して、法を制してより以來年月淹久なるも、未だ法令に熟せずして、過失多きを責められし事あり。殊に聖武天皇の天平十六年には、諸國の官吏等が法令を行はずして、空しく卷中に置き、不法の利潤を求むるを禁ぜられし事さへありたり。令制、明法生は律令中八條以上に通じて敍例に與かるべき事なりしを、他業の出身に比し稍〻困難なりし爲め、學者其業を習ふもの稀なりしかば、弘仁四年より六七條に通ずるものを以て國博士に任ぜらるゝ事となれり。況んや明法家が世業となりて、自ら律令の本文を窺ふ事なく、纔に法曹至要抄の如き抄本に據りて、罪案を作るに至りては、其學力の膚淺なりし事言ふを俟たず。これらの專門家すら既に此くの如しとせば、一般人民の法令に關する智識の程度は、これを察するに餘あり。從つて諸司の如きも、法令を公布すべき正當の手續を怠りしもの多かりしなるべく、縱しこれを公示したればとて、外國摸倣の浩瀚にして且つ難解なる法令を理會し得たりしもの、甚だ多からざりしは言ふ迄もなし。されば律令格式の多くは概ね諸司に頒布せられしに過ぎずして、諸國に於ては國衙に止まり、郡家に及ぼしゝ事覺束なし。否、中央の勘解由使にすら、律令ありしのみにて、格式の備なかりし事、前に述べし如くなれば、諸司と雖ども洽く頒布せられたりしや否やは、一疑問と謂はざるを得ず。

公布の手續　事情此くの如くなりしに拘らず、朝廷に於ては、飽迄も百姓とこれを共にすべき方針を執られ、愚暗の民が法令に暗きを憂へて、有司を督勵し百方周知の方法を講ぜられ、詔勅官符の發せらるゝ毎に「布二告遐邇一、令レ知二朕意一」といひ、「普告二中外一、咸俾二聞知一」といふを例とせり。されどこれ又手續上先づ諸司に頒布すべきものなりし事、清和天皇の貞觀十六年九月、檢非違使に於て諸國檀越の綾羅錦綺等を布施の法服となすを禁ぜんとし、「頒二示天下一曉二諭諸人一、然後有レ違法布施者、加二科責一」と請ひしを許されて、「頒二下諸司一」と見えたるを以て知らるべし。故に太政官符にもせよ、又謄詔勅符詔勅官符の類を謄寫して地方に施行するものにもせよ、其京國に頒下せし時、京都にありては、到達の日、京職よりこれを坊令坊長に傳へ、諸國にては國司より諸郡に下し、郡司は鄕邑に下しゝ事にて、事の百姓に關するは、里長坊長をして部内を巡歷し百姓に宣示せしめし事、令に明文あり。此他里長坊長より五保の保長に傳へ、保長より保子に示しゝもあるべし。保子の事は本書五人組制度の起源第三章に詳しく述せり。又氏族に關する事は、氏ノ長者より氏中に傳へしもあるべし。官符の社寺に與ふるものも、通例先づ國衙に遣して傳送早達せしめ、社寺をして其請文を進めしめたりしが、辨官符の如き直に寺の綱所に下しゝもあり。神社にては宮司祠官より、又寺院にては僧綱三綱ありしところはより、何れもこれを其部下に傳へたり。これらは其本文を寫取りて通達せしもあるべく、又國司以下が部内を巡行して百姓に告示せしもあらん。これ其手續上、諸司諸國に下すべき制なりしも、皆公布の文意となり居りし次第なり。但し仔細に考察すれば、其中にには實際公布をなすべきものと、頒布に止むべきものとなかりしにあらず。租稅を蠲免し、雜徭を三十日に限り、十八歲を中男、二十二歲を正丁となし、五保其他に犯罪の告發に關する責任を負擔せしむべきを規定し、上下の服制を定め、肉食漁獵を禁じ、市廛賣買の法及び物價を定めしもの丶類は、無論一般に公布すべき性質のものなりしも、官吏の選叙、考課、俸給條例の如きに至つては、官司の頒布に止めたりしならん。例せば貞觀二年に播磨國の請に依りて、國學の爲めに釋奠式を七道諸國に頒下すと見えしもの丶如きも、元來國學以外に必要なきものなれば、其國衙に頒布するに止まりし事、推して知るべきなり。

周知の方法　さり乍ら人民の直接に利害を感ずべき事にありては、如何なる手段に依るも、これをして曉悉せしめざるべからず。人民に於てもこれを知らざれば、刑辟に陷ゐるべき恐あるを以て、所謂手足の措くところを知らざる思をなし、切りに上司に尋ねて、新令の旨趣を聞かんとする有樣なりしに、前にも述べしが如く、諸國郡の官司等往々故らに法令を祕して私利を圖りしもあり、假令官符の到りし日、國司は諸郡に施行し、郡司は鄕邑に下知するも、唯形式的に傳達の手續を履行せし迄にて、曾て周知の方法を講ぜざりしもあり。斯る狀況にては、到底暗愚なる人民に法令の旨趣を曉し得べきにあらず。令には每年十二月諸國諸司をして計會帳を上つり、其年七月以前に受領せし詔勅官符の數を具申せしめ、詐謬、隱漏、不同ありし場合にこれを推問し、脫漏に向かつて考第を降す等の制もありし事なれば、朝廷に於てもこれを以て國吏の懈怠に歸し、或は四考の終りし每に、國司が任中法令の實施上、遺算なかりしや否やを詮考して黜涉をなさんとし、或はこれをして前後の詔旨格符並びに官符に載する事類を案檢取捨して再三敎誡を加へ、常に部內を巡檢して、丁寧に指示するところあらしめんとせられたり。されば武藏那珂郡は元來小郡にて官員も少かりしに、當時は戶口も增益して政務繁多なるに至りしかど、職員不足の爲め頒布に堪へずとの廉を以て、承和十年五月、令の規定に准じ、小郡を改めて下郡となさん事を請ひ、これを許されし事あり。貞觀九年に水陸共盜賊の害に苦しみし頃、勤めて方略を施し、早く盜賊を斷つべしとの官符出でたりしが、其方法としては、五保に保長を置きて、人民の出入を取締まるべき外、市津及び要路の人民雜沓するところに方略を施し、賞を懸けて捕獲に便ならしむべき方法を示せり。前章に說きし牓示は、斯る場合に最も有效なる方法の一なれば、此時代に於ても公布の一方法として採用せられたりしなり。乃ち朝廷の祭儀に參會せざる五畿內近江等諸國の諸社の祝《ハフリ》の禁令といひ、集會の時男女混合して風俗を紊すものゝ禁令といひ、其他葬儀に奢靡を競ふもの、病人を委棄するもの、諸國の禁野に狩獵をなすもの、高利貸をなすもの、王臣寺院百姓等の官符を賜はりしにもあらず、又從來占買せしにもあらずして、山野藪澤等を占有せるを收公すべきもの、人民に對する公私の亂暴を停め、これをして山野江河池沼の利を得せしむるもの、賣買する檜皮の短さを禁じ、步板簀子の長短厚薄を定めしもの、一年の雜徭三十日の制を勵行するもの、桑漆を植うる事を勸むるもの、京畿諸國免租の令及び選錢の令の如きは、皆所在の要路街衢に牓示せしめ、强ひて往還の船車人馬を傭ふ禁、諸牧子の往還の船を掠奪する禁の如きは、路頭津邊に牓示せしめ、不法の材木を運出だす禁令の如きは、これを伐出だすべき山口及び運送すべき津頭に牓示し、神領に於ける狩獵の禁は、社前四至の境に牓示せしめ、又上下の諸使の剋外に馬に乘るを禁ずるものゝ如きは、郡家驛門に牓示せしめたり。以上は皆其法令規則に就きて、最も必要なる特別の場處に揭示し、これが實施をして容易ならしめんとしたりしものに外ならず。

施行の期限　次に法律施行の期限に就きても、我中古の法律は支那と同じく、到達の日より執行したりし事にて、太政官符の如きも「符到奉行」といひ、又「符出之後、重有二此犯一、錄レ名言上、任レ法科レ罪」抔いへり。例せば名例律に、人を誘拐して賣買せるもの抔は、大赦の時、赦書の到りし後、百日以内に自訴すれば赦さるゝが如し。其他にも官符の到りし後、百日内に處分すべしといひ、百貳拾日内に處分すべし抔いへる規定を見る事多し。而して詔書を官符にて頒下するに當たり、例せば大赦の詔は既に數日前に出でたりしものを、數日後の官符を以て頒下する場合にも、大赦は其詔を出だされし當日の昧爽より以前に發生せし犯罪に向かつてのみ有效なりしなり。

公布主義の採用　これを要するに、我中古の法律は支那と同じく、公布の主義を採りしものにして、其方法としては又通達、口達、掲示等の式に依りたりしも、立法者と人民との智識の程度に於て甚だしき懸隔ありし事、官司の法を行ふに怠れる事等の事情に依りて、執行上遺憾の點あるを免れざりき。然れども其一般人民に頒下せざりしは、全くこれが必要を認めざりしに依るか、官司の懈怠に依るか、又は故意にこれを祕して自ら爲めにせんとせしが如き場合に限れり。而かもこれらの始めより人民に示すを要とせざりしものにありてすら、形式上尚ほ公布の體を具し、且つ官司の法を行はざるものに向かつては、百方戒飭を加へて、人民に周知せしむべき適當の方法を講じたりし事、余の既に述べしが如し。されば其公布は一方に於て人民に法令を周知せしめん事を期せしと同時に、他方には又官司の行爲を檢束して、これをして私曲を施すべき餘地なからしめんとせしものなり。

第三章　武家及び戰國時代

貞永式目の制定　武家時代以降は、主として慣例と常理とに基づける不文法の行はれたりし時代なり。而して其制定を經たりしものに就きていはゞ、先づ指を貞永式目に屈せざるべからず。此式目は後堀河天皇貞永元年に、北條泰時が時の評定衆等と編纂制定せしところにして、當時假字文の書を添へて六波羅に送り、其謄本を管内の守護所に送らしめ、これをして更に地頭御家人に傳へしめしものなり。然るにこれを定めし後に於て、畿内近國西國に於ける境界の紛議、共に公領たらば國司の成敗たるべく、莊園たらば本家領家の沙汰たるべしとの法を設けて、幕府のこれに干渉せざるべきを示し、又神社佛寺及び國司領家の訴訟は關東の式目に依るべからずと定めて、此式目の施行範圍を明かにせり。されば吾妻鏡にも、朝廷の律令が海内の龜鏡たるに對して、此式目をば關東の鴻寶といへるなり。

非公布説の駁論　世の學者、或は此式目を目して、評定衆の起請の條々なりとし、幕府當路者の訴訟裁斷に於ける參考書たるに止まりて、公布せしにあらずとするものあり。これ專ら流布本に附載せる執權評定衆の起請文を見て説を爲せるものなるも、元來鎌倉時代にありて、評定引付衆及び奉行人より、其執務に私なからん事を誓はしめんが爲め、誓狀を徵したりしは、江戶幕府に於けると同じく、官司の恒例たりしなり。故に此起請文の如きも、評定衆の外又問注奉行人よりも出ださしめしものにて、並びに訴訟審理の際、私曲なからん事を誓はしめたるに過ぎざれば、式目に對して直接の關係ありしにあらず。伏見天皇正應六年五月二十五日の評定に「政務事、任二先例一可レ被レ召二評定引付衆並奉行人等起請文一、且不レ可レ取二賄賂一之由、可レ被レ召二奉行人誓狀一、於二無足之輩一者可レ有二其恩一、至二廉直之仁一可レ被二賞翫一歟」とあるなど思ふべし。況んや起請文を徴せしは、式目の制定に先だつ事一月以前なりしに於てをや。又幕府當路者の參考書たりしに過ぎずといふも、既にこれを諸國の守護知に送り、地頭御家人の輩に頒布せしむれば、徧く彼等の間に實施して、其規矩たらしめんとせるものにて獨り有司の私すべきところにあらざりしは自《オ》ら明かならん。特に其文章に於ても、純粹なる漢文を學ばずして、却て當代の俗用文を取りしは、彼律令の通曉し難きに鑒み、少しく文字あるものを擧つて、法文を熟所せしめんとの用意に出でたりし事、泰時の辨明せるところなるをや。

公布の必要　是時に當たりて、上下智愚の懸隔より、朝廷の法令を知るもの甚だ少かりしに、法家の勘狀を以て罪を斷ぜるは、所謂不敎の民を殺すが如きものたるのみならず、其判決さへ往々當を失する事ありて、これが弊に堪へざりしかば、幕府は新たに法令を設けて守護、地頭、御家人等に周知せしめ、一方にはこれを以て施政の法則となすと共に、他方には法の不備を補ひて濫訴を絕ち犯罪を防ぎ、且つ爾後の訴訟は、これに據りて裁判すべき事としたりしなり。是を以て當時の司法官たりしものは、啻に幕府の有司のみならず、京都六波羅鎭西にありても、皆此式目の規定を遵奉して訴訟を聽斷せざるはなく、御家人以下も亦これに依つて其生命財產の安全を期せざるはなかりき。余は今これが適例として、小鹿島文書及び吾妻鏡に見えたる遺產の讓與と、これに關する訴訟の結果とを略說すべし。

公布の實例　四條天皇延應元年六月日薩摩公蓮讓狀を作りて、其所領なる出羽國湊地頭職を嫡子公員に與へしが、是より先き公蓮其女子の前伊豆守賴定に嫁せるものに此地を讓りしに、父と義絕せるのみならず、父に先だつて死去せしかば、公蓮乃ち前日の讓與を取消し、更に公員に與へんとせるものにて、自《ミ》ら讓狀の末文に記して、「したしきものゝなかにも、さまたけをいたすへからす、かつは所りやう《領》しよふん《處分》の事、御し《式》きも《目》くにてうく《條々》あきらかにのせられて候へば、こうれんかはからひさため候條々、いさゝかもさうゐ《相違》あるへからす」といへり。貞永式目を按ずるに、其第十八條に於て、父母が所領を女子に讓與せし後、悔還すを得べき事を規定し、從つて其第二十六條に於て、父母の讓與は後判の讓狀を有效とするものなれば、所領を子息に讓り、安堵の下文を給はりし後と雖ども、これを悔還して他の子息に讓與するを得べき事を規定せり。公蓮が其讓狀中に自家の處分の合法なるを警告せしは、全く此二條に準據せるものに外ならず。然るに公蓮の女婿たる賴定は此處分を以て違法と爲し、訴訟を幕府に提起せり。其理由とせるところを見るに、此地は公蓮より曾て其亡妻藤原氏女に讓りしものにして、土御門天皇承元四年七月二十九日、氏女が女子藥上卽ち賴定の妻に與へし讓狀には、公蓮も連署したり。これに依つて後堀河天皇貞應元年十二月二十三日には、二位殿政子に上申して領知相違なき旨の返書を給はり、同寛喜三年四月には安堵の下文をも給はりしなり。本年即ち延應元年四月八日藥上俄に死去して、生前に作り置きし讓狀あらざるも、其遺領は三人の子息に於て傳領すべき筈なるに、公蓮の却て他子に讓れるは、二位殿の遺制を取消されざる幕府の例規にも反して、不當なりといふにあり。所謂幕府の例規とは、貞永式目第七條の、右大將以後代々の將軍及び二位殿の時に給付せし所領は、舊領主の訴訟に依つて改補せざるべき規定を指せるものならん。これに向かつて幕府が同年十一月五日に下しゝ判決の要旨は、幕府の例規に於て取消さゞる賴朝以下三代の將軍及び二位殿の遺制は、本領主及び當給人間の爭に限りて、決して父と女子との事にあらず、男女子等に處分するの後狀に依るべきは、式目に明文あり、故に公蓮の後判の讓狀に任せて、公員をして湊の地頭職を領せしむべしといふにありき。所謂二位殿の遺制は、幕府が三代將軍の曩制に准ぜしところにして、既に式目に其法を設けたりしのみならず、四條天皇文暦二年八月、加藤景朝景義兄弟の伊豆國牧鄉の地頭職を爭ひし時の如きも、評定衆の多數は景義の主張を理とせしに拘らず、景朝の提供したりし二位殿の遺書に對し、時の執權北條泰時は、「二位家御時御敎書被二棄置一之條、有二其恐一」との單純なる理由に依りて、其地を景朝に付せし例ある程なるに、是時幕府が自ら循守すべき遺制の範圍を明かにして、毫も式目の規定を枉げざりしを見るも、如何に式目が上下の間に重きをなし居りしかを知ると同時に、土地財産の所有者もこれに倚賴して、其保護を仰ぎたりしを疑はざるなり。今日に現存する地頭御家人等の訴狀に於て、往々式目の文を引證し、然らざるもこれに爛熟せしものにあらざれば、起草し難き文意の見ゆるは、彼等の間に式目の普及したりしを察するに餘りあり。但し御家人の外、幕府の管轄を受けざる非御家人あり、又一般の凡下土民もありしかど、一は武家の義務を負擔せざるの故を以て每事に除外せられしと、一は智識身分の懸隔とに依りて自他高下を甄別し、頒布の手續を省略せし迄にて、決して此輩に向かつてこれを祕せしにあらず。故に此輩とても、式目又は其追加法を以て訴訟を爲すを妨げざりし事言ふ迄もなし。後宇多天皇建治三年十二月日、東寺領若狹國太良莊雜掌の訴狀に式目第五條の文を載せ、後深草天皇寶治元年十二月十二日の追加法を引きたるが如き、御家人以外の徒にして、式目及び其追加法に據り、自家の權利を主張せし類例に乏しからず。加之武家法の效力範圍以外にありし公家領にありてすら、朝廷の法令が事情に疎くして、實際に行はれ難きもの多かりしを以て、往々これを採用し、彼當知行の後二十年を過ぐれば、理非を論ぜずして改替すべからずとの規定の如きも、當時公家領に於て、これに據りたりし例頗る多かりしなり。

建武式目及び諸家法　次に建武式目は全く中原是圓等が足利尊氏の諮詢に答へし文案に過ぎずして、法令の體を具せずと雖ども、施政の要目なるを以て當時に施行せられ、又後世の法則とせるところなり。降つて戰國時代に於ける信玄家法、長宗我部元親百箇條の如き、其國々の莊屋の家にこれが古寫本を藏せるもの丶多きと、規定の文意とに據りて觀察すれば、其鄉村の莊官迄には頒布したりし事と思はる。蓋し此輩より以下は概ね皆目に一丁字なく、口達敎諭するにあらざれば、其意を曉し難きもの共なりしかば、縱ひ公布を爲すも、其效を見ざりしなるべし。但信玄家法に、其法度等に就き意見あるものは、貴賤を撰ばずして具陳すべしといへるが如き、毫も祕密に附し去りし跡を見ず。山內氏土佐を領するに至り、舊に仍つて長宗我部氏の置目に任ずべしと令し、爾來元祿中自ら大定目を作りてこれを布きし迄は、尙ほ長宗我部氏の百箇條を用ゐしに似たり。これ恰も德川家康が關東を領するに及んで、甲斐に向かつては武田氏の舊法を守るべしと令せしに同じ。

法令通達の手續　更に一般の法令に就きて觀察せんに、中古以來武家時代に至り、莊園滋〻盛んにして諸國に錯在し、公領武家領各其所屬を異にしたれば、朝廷より頒下せられし法律命令の如きも、其武家領に關せし事は、先づ太政官符、辨官符、院宣の類を鎌倉に下し、幕府は其御敎書にこれが案文を添へ、若しくは宜旨抔の要旨を御教書に記入して、これを諸國の守護に下し、部内の地頭御家人等に傳へしめたり。又幕府の法令は、鎌倉時代にありては、其評定決議せしものを事書に認め、將軍の決裁を經て、これを御教書に添へ、若しくは其要旨を適宜御教書に記入して、直接に諸國の守護地頭等に下しゝものゝ外、通例西國は六波羅に送り、六波羅よりは其管轄せる畿內近國（三河、伊勢、志摩、尾張、美濃、加賀等其内にあり）及び西國の守護に傳達して、國中の地頭御家人等に示さしめ、或は幕府より直に九州探題又は鎭西奉行たりし大友少貳氏等に令して、部内の地頭御家人に通達せしめし事もあり。室町時代には京都よりこれを鎌倉及び九州探題に令せり。奥羽は鎌倉時代には奥州總奉行に、室町時代には奥州探題（後に出羽探題あるに及びて出羽を分掌せり）等に令せしなり。又其他領に關せる事は、幕府より直接に本所領家等に通達せるもあれど、事態に依りては、宣旨の類を請受けてこれを傳達せし事もあり。其他鎌倉時代には鎌倉に保撿斷奉行若しくは地奉行あり、室町時代には京都に侍所ありて、共に布令の任に當れり。

社寺法令の通達　其神社寺院に通達すべきものは、神官、別當、住持等に向かつて發するを例とせり。支那にては唐以來僧錄を置きて天下の諸寺を統領し、佛法を整理せしめし事ありしが、本邦にても北朝後圓融院康曆二年正月、足利義滿妙葩（春屋）を以て僧錄司と爲し、鹿苑院の住持を兼ねしめて、禪宗の事を管せしめてより、此宗に關せる法令は、これを僧錄司に達して其配下に傳へしむる事となれり。然るに德川氏となりては後水尾天皇元和元年七月、五山十刹諸山の諸法度に於て、「鹿苑蔭凉之官職者、先代之規範也、當時不ㇾ足二叙用一毀二破之一訖、自今以後以二五山長老之中、歸依之僧一員一兼補」云々と規定し、鹿苑蔭凉の僧錄を停めて、新たに南禪寺金地院の崇傳を僧錄司と爲し、宗柄を執らしめてより、金地院の住持常に僧錄司となり、五山十刹諸山の諸法度等を管掌せり。（但し一般社寺の事を掌れるは、三代將軍家光の時に停められて、寺社奉行の事務となれり。）されば室町時代に於ける僧錄司は、禪宗の觸頭たるべき職務を執りしなり。更に奉行に就きていはゞ、鎌倉時代には寺社奉行に於て、室町時代には寺奉行、社家奉行に於て社寺を專管し、恰も朝廷に神社佛寺の傳奏（賀茂傳奏、祇園傳奏の如き）ありしが如く、國家及び幕府の崇敬に係る主たる社寺を分擔して、特殊の命令を傳達するを其任務とせり。

通達方法不備の弊　通達の方法は上來略ゝ述べたりし如く、固より不完全たるを免れず。從つて其中古に於けると一般、各種の弊害は此時代にも亦避くべからざりしところなり。就中法令の僞作の如きは、其最も甚だしきものなるべし。余は今建治元年以來、寂樂寺領紀伊阿弖川莊雜掌と同莊上村地頭湯淺宗親との間に生ぜる論爭を以てこれを説明せん。當時地頭は自家の利益に向かつて、龜山天皇文永五年四月二十五日附の幕府の御教書を提供し、「請所事、廿ヶ年無二相違一者、今更不レ可レ有二違亂一」云々といへる式目（廣き意味に於ての）ある事を説きしに、雜掌は（第一）官長者有家の狀を證として、六波羅北方北條時茂が文永四年十月二十日（二十三日の誤なるべし）既に陸奧守に任じたりしに拘らず、此御教書の宛名に、尚ほ其前官に因りて左近大夫將監殿と書するの妄を辨じ、（第二）其頃相模式部大夫北條時輔も六波羅南方として在京したりしに、此御教書のこれを載せざるを難じ、（第三）此御教書と同じく文永四年二月に、伊豫國興島の事に關して發せられたりし幕府の御教書に於て、既に陸奧守の位署と式部大夫の名字とを載せたるを證として、其謀書たる所以を明かにし、進んで僞作者の地頭の親戚たる帖佐太郎其人なる事迄を指摘せり。これに對する地頭の答辨、毫も要領を得ざるを觀れば、其所謂關東平均の御式目なるものは、雜掌の論破せし如く、全く僞書たりしに相違なかるべし。幕府の勢威方に盛んなりし時に於て猶ほ此事あり。建武中興の頃、戰後の騷亂未だ熄まざるに際して、綸旨の僞作行はれたりし事怪しむに足らずとはいへ、法令の通達に於ける方法機關を具備せる今日にありては、到底夢想だも爲し得ざるべき奇異なる現象と謂はざるを得ず。

口達　中古以來公文書にも見えて、當時の通用語となり居りし「觸」の語は、令抔に「經《フレ》」とあるものにして、即ち廻示の謂なれば、法律命令を定めて、申觸るべし觸廻すべし抔いへるものには、公文書を以て達せるもの丶外、口頭を以てせるもあり。此他又掲示を以てせるもありしなり。

壁書　此時代の掲示は壁書、禁制又は高札、制札と稱せられたり。支那の壁書は第壹章に述べし如くなるが、本邦にては類聚符宣抄に、

少納言　外記

右二官、大臣着二朝座一日、必可二着座一、壁書、

大同二年三月廿二日

と見えたるが如き、其最も古きもの丶一なるべし。但本邦の壁書は支那の如く壁に書せるにはあらずして、概ね木又は紙に書して、これを壁又は門抔に貼り若しくは懸けしなり。故に張文とも押紙とも又は懸札ともいひき。押とは貼といはんが如し。武家名目抄に大内家壁書なる赤間關地下人の押書を載せて、張文と同じといへるは非なり。此押書は沙汰未練書に「未來事兼入置狀也」と見えたる如く、一種の誓約書にして、壁書の類にあらず。されど同書に壁書の事を「訴論禁忌差合之時、奉行所ニ押狀也」と見えたるも、そは壁書の

一部分にして、壁書其者の解釋としては、亦當を得たりと謂ふべからず。

壁書掲示の目的　抑〻壁書は官衙、寺院、其他の場所に掲示せるものにて、其目的に至つては、或は單に官衙寺院等の當局者に限り、或は汎く一般公衆に示しゝもあり。彼類聚符宣抄の壁書は官吏の着座に關する規定にして、源賴朝が奥州を平げ多賀ノ國府に抵りて、國郡を費し土民を煩はすなからん事を地頭等に諭し、「且以ニ莊號之威勢一不レ可レ捍ニ不肖之道理一、於ニ國中事一、任ニ秀衡泰衡之先例一、可レ致ニ其沙汰一者」といへる一紙の張文を府廳に置きしが如き、又武藏守平賀義信の國務を處するに民望を得たりと聞き、將來の國司がこれに倣ふべき旨の壁書を府廳に置きしが如き、何れも當局者の見て鑑戒と爲すべき事乍ら、必ずしも公衆に示すべきものにはあらざりき。其他朝廷の記錄所、文殿の番文、鎌倉幕府の御供の結番、政所の張文（後宇多天皇弘安七年十月二十二日儉約の新制を載せたり）等も皆當局者の心得に止まりしなり。然れども賴朝が奥州征伐の時に、圓隆寺の南大門に貼りしといふ壁書は、「平泉内寺領者、任ニ先例一所ニ寄附一也、堂塔縱雖レ爲ニ荒廢之地一、至ニ佛性燈油之勤一者、地頭等不レ可レ致ニ其妨一者也」とありて、啻に寺僧のみならず、汎く一般公衆に表示して、其寺領を安全ならしめんとするの意に出でしものなり。又建武中興に於ける記錄所、雜訴決斷所を始め、恩賞方、武者所等の規定にして建武記に見えたるは、概ね皆各官衙に掲示せられしものにて、決斷所の管轄處理すべき訴訟事項を定めしものには、明かに「被レ押ニ決斷所一」と記したるもあり、太平記にも壁書を同所に押されし事見えたり。而して此決斷所の如き、記錄所の如き、降りては室町幕府の政所、侍所等の如き、何れも人民の訴訟を聽くところなりしより、單に其吏員に止まらずして、公衆に示すべき諸般の規定、又は時々の新令等は、悉く其壁書を以て公布せざるはなかりき。群書類從に收められたる政所壁書、其他大内家壁書の類即ち是なり。大内家壁書は下に辨あり。太平記に、後醍醐天皇建武二年、足利尊氏等大擧して京都に攻上らんとの聞えありて、官軍の意氣沮喪したりし頃、これを鼓舞せんとて、「今度ノ合戰ニ於テ忠有ン者ニハ、不日ニ恩賞行ハルベシ」との壁書を決斷所に押されしに、これを見て其事書の奥に、「カク計、タラサセ給フ綸言ノ、汗ノゴトクニ、ナドナガルラン」といへる一首の落書を爲しゝものありと見えたり。壁書の公示せられし状況想見るべし。

壁書の種類　凡そ官衙の壁書を以て公布すべきは、各自の管轄に係れる事項に限り、例せば決斷所に於ては訟廷の開閉時間、訴訟手續、所管の項目、決斷所と記錄所との權限、境界其他土地に關する訴訟手續、其他酒屋土倉等の諸事を規定して、太平記にいへるが如くこれを事書に記し、以て法令の要旨を掲示せるものなり。而して是等の壁書は其必要上、何れも公衆の觀覽に便なるところ少くも落書を爲すの自由あるところに掲げられしなり。蜷川親元日記に後土御門天皇文明五年八月二十二日、政所壁書を同所の執事たる伊勢貞宗が座所に貼りしとあるは、公衆に示すべき壁書の文を、別に執事の座所に貼りし迄なるべし。

寺院に於ても、院務の事に關する壁書を掲げし事あり。これには寺院の集會法に依りて評議決定せしものを私に掲示せると、又將軍の認可を經て掲示せるとの二樣あり。將軍の認可を經しものは、住持、評定衆、役者等の連署せし文に、將軍の袖判を加ふるなり。例せば、惟明和尚が鹿苑相國二寺兼住の時、不時の度僧に關する禁令を議定して、將軍のこれに袖判を加へしものゝ如し。

大内家壁書に見えたる壁書は、必ずしも皆前に述べし壁書にはあらずして、其中には全く通達法に依れるもあり、又余が後段に說かんとする高札の類もあるに似たり。而して其文例に於ても、他の壁書とは稍〻其趣を異にし、「云々之由所レ被二仰出一也、仍壁書如レ件」といふを以て文を結ぶの例なり。其家臣に關するものには記錄所、政所等の壁書ありて、評定衆の職掌、出仕退勤、及び家督の相續より佩刀の事に至る迄これを規定し、公衆の爲めにするものには、道路、渡船、貢布の寸尺等の制より、撰錢の令、市場の法、漁獵の禁等あり。又風俗に關する事には、人民の奢侈を停め、參宮者の贈遺を禁ぜる事あり。其他訴訟の手續、贓物の處分、喧嘩殺人罪等に關する規定を收め、中には單に禁令を擧ぐるに止まらずして、刑の輕重を記せるもなかりしにあらず。其「爲二諸人存知一壁書如レ件」と書せるが如きは、公布の意に出でし事辨を竢たず。

高札及び禁制　此時代に法令揭示の一方法として用ゐられたりし壁書の性質は、既に略〻これを說けり。然るに一般公衆殊に中流以下の社會に向かつて、公布の目的を達し得べかりしは、高札又は禁制の比較的有効なりしを推さゞるを得ず。是等は固とより法令として零碎なるを免れずと雖ども、其形式上、將た實質上、前揭の形式に比すれば一種の特色を有し、殊に本邦の古代法中最も其資料に乏しき戰國時代に於て、專ら行はれたりしものなれば、余は今特にこれが詳說を試みるの、敢て無益の業にあらざるを信ず。

凡そ掟、條目、禁令等を板に書して、市場要路等の最も人目を惹き易き所に揭示せるもの、これを高札といひ、其中主として簡單なる禁示的命令を載せたるは、往々別に禁制又は制札と呼ばれし事あり。勿論當時と雖ども既に二者相混じて別なかりし場合多し。故に余が下の記述も、特異の點を除くの外は共通するものと知るべし。　彼支那及び我中古に於ける牓示は卽ちこれに外ならず。此方法は公衆の周知を求むるに最も卑近なる一良法たりしより、古來多く民間に行はれ、賀茂祭の日、西八條刀禰なりし翁、一條ノ大路に「此ハ翁ノ物見ムズル所也、人不レ可レ立」との札を立て置きしを、人々院より立てられたるものと思ひて、其邊に近づかざりしかば、翁は札の下より靜に物を見て歸りしといふ事今昔物語に見え、又平清盛が一夜其兩眼拔けて中に廻りて失せぬと夢見て、自《ミ》ら其吉凶如何を知るに苦しみ、札に書して淸水寺の大門に立て置きしに、或人のこれを見て、目出度とは目出づると書けり、目の拔けるは目の出づるなりといへるを聞き、大に喜びしといふ事源平盛衰記に見えたり。こは言ふ迄もなく、當時に於ける廣告の一手段たりしなり。又鬪訟律に於て禁じたる匿名の落書は、法曹至要抄の說明に「匿レ名成ニ落書一立ニ簡札一」云々と見え、建武中興の時には、滔々として時弊を指摘したる落書を、京都の二條河原に立てしものあり。又將軍義政の時には三魔の形を描きて、政の御今《オマ》、有馬《アリマ》、烏丸《カラス》の三「マ」より出づるを諷し、京都の路頭に立てしものあり。（其他此種の落書を被諷刺者の門壁等に貼りし事多かりき。）是等二三の類例に視るも、古來高札の效用如何を卜するに足らん。

高札の揭示　座右抄に「惣而制札ハ押下而書レ是、其故ハ中人以上ハ札ニ不レ及令ヲ知ゾ、中人以下ニハ事ヲ爲レ令ニ敎知一、札ニ書テ路頭ニ打ゾ」といへるが如く、高札禁制の目的は、主として中流以下の社會に、法律禁令を周知せしめんとするにありしを以て、これを立つる場所も、衆庶の常に群集して觀覽に便なるところを撰べり。鎌倉時代にありても、人身賣買の禁等は、市庭に札を立てゝこれを揭示せし事あり。又室町時代にても、撰錢に關する高札を洛中の要路に立てゝ、濫りに錢を撰ぶべからざるを示しゝ事あり。（市場の事は尙ほ下に說くところあるべし。）就中此時代の特徵とも謂つべきは德政高札なりとす。鎌倉時代より戰國時代に亙れる德政は、動產不動產の賣買質入に關する契約の一部、若しくは全部の破棄を幕府より命令して、債務者の利益を圖りしものにて、室町時代に至り屢〻これを行ひしのみならず、債權者に取りて不利なる條件は益〻附加せられ、殊に德政一揆と稱せる窮民の暴動强迫に依りて、發令を餘儀なくせられしもの多かりしは、一代の奇觀たりしなり。彼等にして若し古代の希臘、羅馬、さては佛國革命時代の人民の如く、其權利義務の鞏固を期せんが爲め、立法者に向かつて一般法律の公布を迫りしものならんには、我法律史上特筆大書すべき價値ありたらんも、其强請せるところは、債務の取消といへるが如き、不法なる法律の制定に止まり、德政札の立てらるゝや否や、土倉に闖入して契約の破棄を强行し、甚だしきは債權債務の關係なきもの迄其暴動に加はり、德政令の公布を待たずして、掠奪を恣にせしものさへあり、戰國時代に於て、社會的秩序の紊亂せる極端なる現象の一たりしに過ぎざるなり。後柏原天皇永正十七年二月十二日の德政札は、政所の公人と雜色とにて、京都の立賣辻と四條町辻とに各一枚、卽ち上下京に二枚を立てしといふ。當時幕府の京都に於て高札を立てし場所及び方法等は、これに依りて略〻推知すべきなり。

然るに壁書といひ高札といひ、是等の形式のみにては、未だ洽く公衆に示すに足らざるを以て、幕府はこれが揭示をなすと同時に、御敎書を發して通達するを例とせり。卽ち壁書にありては、「事書如レ此、早任二先例一可レ致二其沙汰一」又「守二壁書一別紙在レ之旨可レ有二其沙汰一」抔認め、高札にありては、これを某所に打ちし上は、彼札を守るべき旨、分國中に相觸るべし、觸廻すべし抔認めて、壁書若しくは高札の文を添へ、又は文意を記入して、これを諸國の守護所等に達したりしなり。

禁制の揭示　次に禁制又は制札は古來既に行はれしところなるが、殊に戰國時代に於て最も廣く用ゐられ、而かも最も有效なる方法にてありき。本朝文粹に源順の作に係れる村上天皇天暦五年十月の禁制を收めたり。思ふに、其頃は恰も撰和歌所を設けて、後撰和歌集を撰ばしめられし時なれば、自《オ》ら請託の行はれん事を慮り、これを其門に掲げて、闖入を禁ぜしものなるべし。當時特に寺院等に向かつて禁制を牓示せしめられしもの格文に見ゆるは、亦後の制札に同じ。鎌倉時代にても、神社寺院等に與へて、各境内領地に於ける漁獵伐木を禁じ、又猥りに檢斷使の入るを停めしものあり。是等は或は板に書し或は紙に書して與へし事にて、板に書したるには、奉行筆者の名を其裏に記しゝも見ゆ。其寺門等に懸け置くより又懸札の名あり。紙に書したるも、これを受けしもの更に板に寫して掲示せしなり。正親町天皇の天正中、織田信長の右筆楠正虎が淸水寺成就院に與へし書中に、「此制札むざと調申候、今夜いそぎの狀を百餘したゝめ候て、其段かき申候間、殊無二正體一候、定《メテ》案を取寫うたれ候はんまゝ、不レ及二是非一候」と見えたる抔思ふべし。

戰國時代の禁制　鎌倉幕府の末、元弘建武の亂より南北朝に至り、各地に宮方あり武家方あり、武家方の中又將軍方あり、錦小路方あり、又左兵衞佐方あり、互に黨を樹てゝ相爭ひ、次で所謂戰國時代となりて、天下の紛亂殆んど止む時なく、兵士の不規律なる、動ゝすれば掠奪を事とし、古來神聖と看做されたりし社寺の境内領地すら、屢〻馬蹄の爲めに蹂躙せらるゝを免れず。一般人民にありても、或は軍資を徵發せられ、或は人馬を驅使せられて、其繁苛に堪へざりしなり。是を以て神社佛寺市場村落等、苟くも危害を蒙むるべき虞ありしところにては、軍隊の通過するに先だち、主將の禁制を得て、これに備ふるの風をなせり。これ戰國時代に於て、最も此種の禁制に富みし所以なり。然るに板は歲月を經るに從つて朽損し易く、傳へて今日に存するもの至つて少し。余が管見の及ぶところを以てすれば、後醍醐天皇元亨三年二月十三日、六波羅兩探題の署名せる禁制にして、備前國觀音寺に現存するを最古のものとなすべきに似たり。これに反して紙は能く保存に堪ふるを以て、これより古きもの頗る多し。

禁制の形式　今少しく其形式を說かんに、鎌倉時代にありては、概ね禁令の要點を事書として前に揭げ、次に其趣旨を簡單に書下すに過ぎざりしが、後には一々項を分つてこれを列記するの例となり、先づ禁制若しくは制札、定等の文字を載せ、下にこれを受くべき土地、社寺、若しくは人名を出だし、次に禁令の要旨を條記して、これを禁ずる事と違犯者を罰する事とを示し、年月日の下、制札を與ふる上官又は下僚の官名姓若しくは名と、華押又は印章とを押捺せり。然れども中には禁制々札の標目なく、直にこれを受くる社寺以下の名を揭げ、又はこれを與ふる人の袖判を載せたるもあり。或は又初めより禁制の要項のみを列記せるもありたり。古河公方、今川、武田、北條諸氏の禁制は、首《ハジメ》の制札なる文字の上か終の年月日の下かに其印章を捺し、部下の氏名若しくは氏名及び稱號の下に「奉之」と書するも、華押を載せず。其他は首の制札若しくは宛所の上下に於て、既に華押又は印章を押捺すれば、年月日の下には全く氏名華押等を載せざりしなり。而して上官自《ミ》ら出だすと、下僚の旨を承けて出だすとに依り、自《オ》ら文體に少異あり。前者は「若於二違犯之族一者、速可レ處二嚴科一者也」と書するも、後者は「若有二違犯之輩一者、速可レ被レ處二嚴科一之由、所レ被二仰下一也」とするが如し。又禁制には、必ず年號と月とを載するも、日はこれを記入せしとせざりしとあり、其記入せざりしは、月の下單に日の一字を書せしのみ。又これを受くるものにして、禁制に著はされたるには、社寺の外寺院の門前あり町村あり。後者は概ね一町一村なりしも、後陽成天皇慶長五年九月十六日徳川家康の禁制には、十九箇村を細書せしものあり。大抵國名を冠せりと雖ども、京都は特にこれを省くを例とせり。其一國に向かつて出だしゝものには、天正十七年豐臣秀吉の禁制に「信濃國」と書し、同二十年同人の禁制に「高麗國中」と書するが如きあり。一個人に出だしゝものには、同天皇永祿三年幕府の禁制に、「本願人清玉、幾利紫旦國僧波阿傳連」とせるが如きあり。又同七年三好長慶の禁制に「嵯峨千部經中」としたるは、清凉寺に於ける千部經供養中の禁制とす。是等は通例禁制若しくは制札なる文字の下に記す事なるも、間〻文中に記入せるもあり、最後に書せるもあり、全く宛所なかりしもありて自《オ》ら一ならず。禁令を列記するには三箇條を本式とし、必要の爲めに其條數を增す時は、五箇條、七箇條等の奇數に限るべしとの說あり。又附書は其數に入らざるを以て、個條多きはこれに依る事、例せば「剪二採山林竹木一事、付放火事」といふが如くにすべしとなすものあり、後には其體制も自《オ》ら定まりて、口傳禁忌の說を生ずるに至りしなり。紙にて與へしは概ね鳥ノ子を用ゐし事なるが、板は其木質堅固にして保存に堪ふるが爲め多く檜を用ゐ、竪板を本制とせしかど、條數の多きは横板とせり。禁制の文は其表面に限りて記せるものなるも、間〻裏書ありしもあり。例せば後花園天皇文安三年幕府の兵庫關に於ける制札に、表面、通過の船舶が權門の號に募りて、關賃卽ち關稅の納付を拒み、若しくは脫稅を圖るを禁ずるの文を載せ、裏面に大神宮の船以下、特に關賃の免除を得べき船種を掲げたりしが如し。此裏書は江戶時代にありて添高札に載すべき性質のものなり。古書中往々板の寸法を載せしもあれど、實は條數の多少に依りて大小定まらず。然れども覽者をして一見禁令の趣旨を知

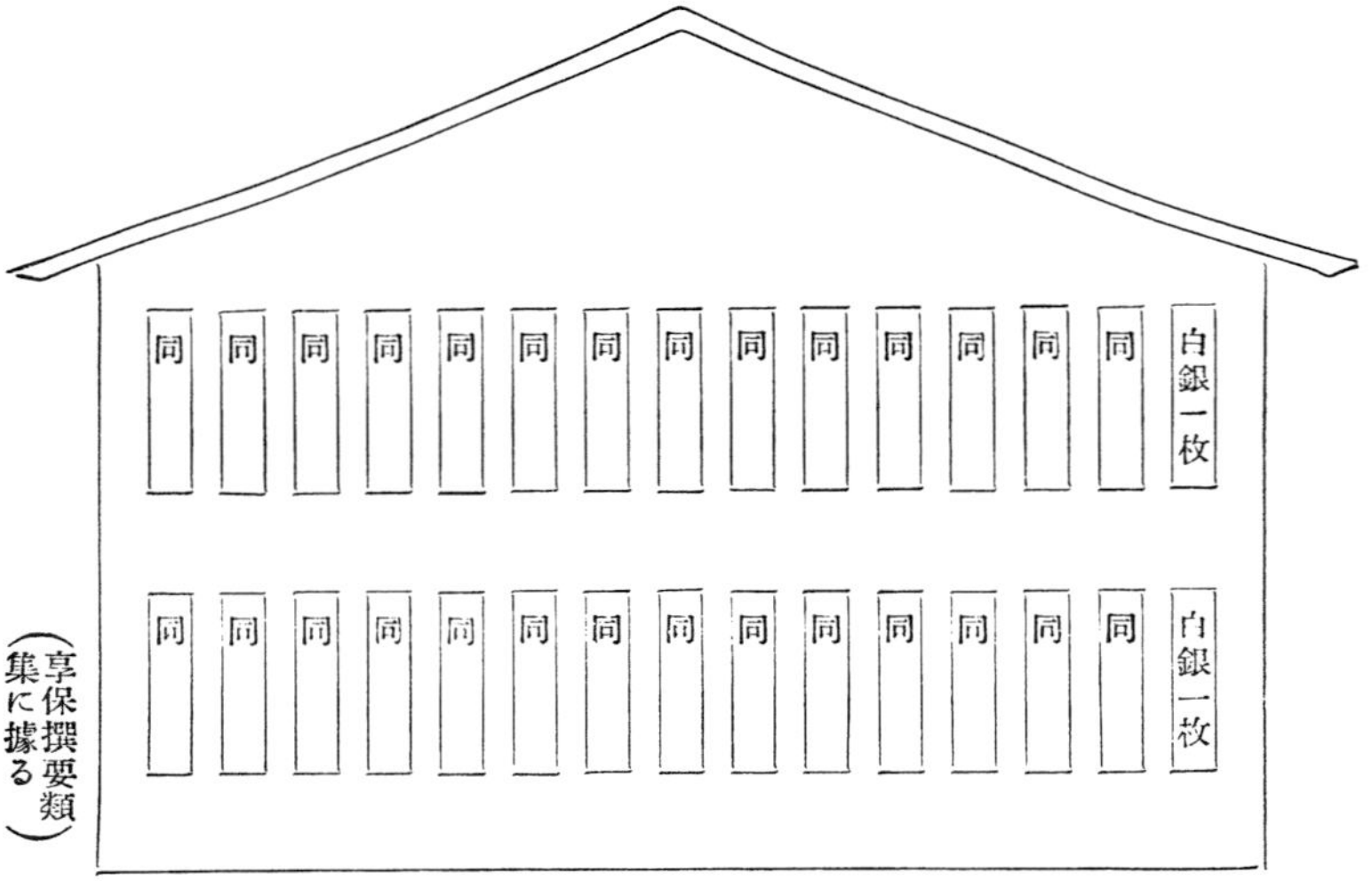

（享保撰要類集に據る）

得せしむべきものとして發達せし事なれば、其條文も自ら簡潔なるを貴べり。加之此禁制を示すべきものは、兵士にもせよ、其他一般の人民にもせよ、概して文字に乏しかりしが故に、其文は當時の通用文たりし和臭を帶べる漢文にあらずんば、平易なる假字交り文若しくは總假字文にして、特に國質所質、一錢切抔いへる俗語を其儘記入せしも少からず。武野燭談に「本多作左衛門ハ下ノ情ヲ能ク考ヘ知リタル者也、三州ニシテ壁書之條々ヲ定メラルルニ百姓共一向不レ用レ之、如何セント各被二相議一ケルニ、作左衛門重次申ケルハ、土民ハイロハヲダニ聢々不レ知處ヘ、堅キ文言ニ古祕タル詞ヲ以テ高札ヲ立ラレタレバ、何ト云事ヲ不レ知故也、教様コソアラメ、被レ任レ我ヨト云テ、如何ニモマメニイロハニテ何何ノ事ト書テ、是ヲ背クト作左ガシカルト書テ書加ヘシヨリ、國中必至ト不レ背二法令一シトゾ」と見えたり。これ世に同人の手書と傳ふる、「一筆申す、火の用心、おせんなかすな、馬こやせ、かしく」と同一筆法なりと謂ふべし。中には又其文意を明確にし、實施を容易ならしめんが爲め、實物を制札に懸けしものさへありき。捕亡令に遺失物の屆出ありし時、これを官司の門外に懸け置く事見えたるが、永正十五年大内氏の禁制には、なわ切、大とう、打ひらめの三錢以外に錢を選ぶべからざるを令し、「仍三文、札のおもてにかけおくものなり」と記せり。又犯人を告發し逮捕し、若しくはこれを斬りて其首を出だしゝものには、幾貫文を與へん事を制札に載せ、其見本を懸けてこれを奬勵せし事あり。例せば、永正元年幕府の制札に、殺人犯の同類にても下手人の所在を密告せしものには、「此黄金五十兩そのざにをゐてくだしをき、そのざいを御しやめん有」云々と見えたるが如し。當時此種の懸賞金を稱して勸賞、褒錄、頸ノ料足抔といひ、寺院等はこれを其領内に賦課せり。江戸時代にありてはこれを囑託といひ、江戸にては町奉行所の保管せる闕所金等を以て支出せり、中御門天皇享保七年の放火人の逮捕告發に關する幕府の高札にも、「右の品々有レ之ば、御ほうびとして此銀子三拾枚下さるべし」と記して其見本を懸けし事あり。上圖參照。

禁制の内容　此禁制の社寺町村に與へられしものは、平時にありては社寺の境内に於て漁獵をなし、竹木を剪伐し、牛馬を放飼するを禁じ、非分の課役を停めしもあり。社寺の領内には司法警察の獨立を保ちしを以て「門裏諸沙汰出ニ門外一事」、「寺家之儀、俗徒綺之事」を許さゞりしもあり。德政の行はれてより、賣券の文等に「德政不レ可レ行」と記するの風をなしたりしが、制札に於ても同じく、寺院の祠堂金等は「德政免許事」との規定を載せしもあり。戰時には兵士等の亂入寄宿して狼藉を演じ、或は矢錢を課し或は兵粮米を徵し、又火を放ち木を伐る事等を禁ぜしもあり。戰地の民にして難を他方に避けしものに向かひては、一切の課役を蠲き宿舍の徵發を免じて、これが還住を圖りしもあり。當時陣中の禁厭、敵狀の偵察、與國への使節等を以て僧徒に强ひし事ありしより、寺院に與へし禁制の中には、間々陣僧飛脚僧の免除を規定せしもありたり。又市場は定期に一定の場所に開けるものゝ外、神社佛寺の祭禮供養等の日にも、毎月一六若しくは二七の日、又は年に幾回といふが如く、其日を定めて開市するを例とし、所在の領主は皆百方保護を商估に與へて、其殷賑ならん事を期せざるはなかりき。乃ち其市場に到るものには往還の關稅を免じ、殊に所謂樂市、樂座なるものには、鄽鋪の敷地に對する租稅、戶數割、門並諸役と稱せしもの、商品稅等一切の賦課を免れしめ、猶ほこれに制札を與へて、市場に有勝なる喧嘩口論、或るものは復讐をも、押賣押買、博奕、狼藉及び選錢に關する爭論を禁じ、商估の市場にあるものに向かつて借錢借米の返濟を迫り、これが抵當として强制的に其貨物を差押ふるが如きは、嚴にこれを禁じたり。而して當日彼等の間に生ぜし事件は、すべて所謂「町人捌」たらしめて、武人の干涉を許さず。但彼等に向かひても、兵粮竹木の類を他領に輸出し、盜賊を隱匿し、濫りに米價を上下し、酒價をして米價と伴はざらしめ、器物を大小にする事の如きは、其寬假せざりしところなり。

禁令の性質　是を以てこれを觀るに、禁制に收むる禁令の性質は、罪狀の輕重に依れるにあらずして、寧ろ其最も犯し易きものにありしと謂ふべし。由來此種の揭示は簡明にして曉り易からん事を目的とせしものにて、決して凡百の犯罪を網羅し盡くさんとせしにはあらず。唯時と場合とに依り、其最も發生し易きものを選んで之を著錄し、看者をして趨避するところを知らしめんとせしに過ぎず。是故に禁制の簡單主義は敢て彼法三章の意にあらずと雖ども、古來或は兩者を混じて說をなしゝものあり。北條五代記に、氏政の時、六十餘歲の諸國遍參僧が小田原に至りて制札を見、「北條家モ末ニナリ、可レ亡ノ端顯レタリ」とて歎息せしかば、町奉行召して其理由を問ひしに、彼れこれに答へて、「我三十年以前此ノ地ヲ過候時ハ、制札ノ面僅ニ五箇條ニ候、今日見候ヘバ三十箇條ニ及ベリ、國君明威アリテ士民心服スル時ハ、法度ノ箇條簡少ニシテ違《ソムカ》ザル者ニ候、國君ノ明蔽ハレ威衰テ後、士民違《ソム》ク者多シ、違ク者多キニ由テ、法度ノ箇條年々ニ累《カサナ》リ、政令瑣細ニナリ候」云々といひ、條數の増加に對する悲觀的觀察をなしゝ事見えたり。本書の客僧の如き、若し其人ありしとせば、亦此論者に外ならず。

禁制違犯者の處分法　禁制の中には違犯者の處分法を明記せしもの往々これあり。例せば寺院の境内にて漁獵の禁を犯しゝものは、錢貳貫文又は參貫文の科料に處すべしといひ、竹木伐採の犯人には一貫文の罰錢を科すべしといひ、又其犯人を見逃し聞逃したるものは、過錢五十疋を取るべしといへる類なり。然れども概してこれを言へば、「可ㇾ處二罪科一」「可ㇾ處二重科一」「可ㇾ處二嚴科一」「可ㇾ加二成敗一」等の語を以てし、明かに其制裁を示さゞりしもの多きに居れり。これ人をして其如何なる嚴刑に處せられんかと危ぶましめ、依つて以て犯罪を未發に防止せんとせる一種の脅嚇主義たりしに外ならざるなり。さり乍ら戰時に於ける制札に至つては、斯る手緩き手段を以て足れりとせず、彼喧嘩は理非を問はずして兩成敗となしゝが如き、又犯人を出だしゝ時は、其近隣及び一町一村の情を知ると否とに論なく、共に同罪に處する事となしゝが如き、極端なる脅嚇主義の制裁を規定し、輕微なる罪狀と雖ども、當つるに峻刑を以てして、毫も假借するところなかりき。所謂一錢切の如きは、其最も太甚だしかりしものと謂ふべし。

一錢切　抑〻一錢切は市庵信長記永祿十一年織田信長入京の條に、「於二洛中洛外一ミダリガハシキ輩アラバ、一錢ギリト御定有ツテ、則柴田修理亮、坂井右近將監、森三左衞門尉、蜂屋兵庫頭、彼等四人ニ被二仰付一ケレバ、則制札ヲゾ出シケル」とあり。日本西敎史に天正元年信長の入京せし時、其軍に令して、兵士の市街に入り居民を苦しむるものは、死刑に處すべしといひし事を載せたるも、亦一錢切の事なるべし。又豐臣秀吉の禁制に、「をしかひ以下一錢切たるべき事、」「軍勢味方の地にをいて亂妨狼藉の輩、一錢切たるべき事、」

「對二土民百姓一非分之儀申懸族有レ之者、可レ爲二一錢切一」抔と見え、淺野長政の制札にも、「對二寺中一非分之儀申懸輩在レ之者、一錢切たるべき事」とあるもあり。こは前にも述べたりし如く、當時の俗語を襲用せしものなるを以て、後人其義を得るに苦しみ、諸說紛々、或は「其罪によつてためしものに致すの類なり、百銅を一錢にはなす如く、ずた〱に切事を一錢ぎりと云なり」とするあり、或は「きりは限りにて、犯人に過料錢として、其貯へ金をたとひ僅々一錢持ちたりとも、其一錢限り不レ殘取上るを一錢切といふ」とするもあり。其他「室町家、豐臣家の比に、髮結といふ者、錢壹文にてやとはれしなり、この者は河原者にして、ことに賤しき者なり、それに罪人の首をきらするを一錢切といひし」といひ、甚だしきは「一錢は一足と方音の同じければ、もし足を切または足の指など切しにや」とて、須磨寺の櫻の制札に「一枝を折者は一枝を切」とあるを引證する等、愈〻出でゝ愈〻窮せりと謂ふべし。元來當時の一錢は卽ち一文にて、米に一粒といふが如く、錢の單位なれば、小作人が地主に向かひて自ら小作料の納付を誓ふに當りても、一粒一錢の未進もなしといふを例とせり。又切は斬にして、犯者の首を刎ぬるの謂なり。太平記に、新田義貞が西國の打手を承りて播磨國に下着せし時、「兵多きに粮乏しく、軍法を置かずば、諸卒の狼藉絕ゆべからざらんとて、一粒をも刈捨、民屋の一をも追捕したらん者をば、速に可レ被レ誅の由を大札に書し、道の辻々に立てし」とあり、又北條五代記に、後土御門天皇の延德年中、早雲が駿河國より伊豆國に攻入りし時、「何にても一錢に當るものを掠むるものは、其家を燒くべしとの事を高札に記して立てし」とある抔を合考すれば、縱ひ一錢に相當するものなりとも、人民の財物を抄掠せしものに向かひては、軍規の嚴正を保たんが爲め斬に處せんといふを、俗に一錢切と稱せしを知るべし。卽ち兵士をして秋毫も侵す事勿らしめんが爲め、極刑を擬してこれを脅嚇せしものなり。當時の文書に「一錢に當る義なり共公役かけべからず」といひ、「一錢に當る義なりとも、百姓にいひかけすべからず」といふ類、皆秋毫も犯すべからざるの意なり。信長の書に「雖二一本一(竹木)伐取之族候はゞ則可レ加二成敗一候」とあるは、一本切とも謂ふべきか。支那にても古來此種の刑罰ありて、隋の高祖は一錢を盜取せるものを弃市すべき法を行ひ、後諫を容れてこれを停めし事あり。永正大永の頃には三文切といふ事さへありて、制札の文に「於二盜人一者雖レ爲二三錢一可レ被レ誅事」と見えたるもあれば、一錢切はこれに比して一層極端に走れるものとす。但此事たる古來既に行はれ來たりしところなるも、戰國時代の末には殆んど一刑名となりて、稍々適用の範圍を廣くし、軍陣の間主將の禁令に於て屢々繰返されたりしを異とすべきのみ。

新井君美が讀史餘論に豐臣氏の法制を評して、一錢切の事に論及し、「此人〇秀吉を指す軍法に因て一錢切といふ事を始めらる、たとへ一錢を盜めるにも死刑にあつ、刑罪既に重くなりしかば、重罪の輩をば或は切腹或は斬罪、獄門にかく、磔、火あぶりなどいふ刑できたり」といへり。一錢切の解釋は當を得たりと雖ども、是を以て秀吉の創めしところとなし、又切腹、斬罪、梟、磔、火刑等のこれに依りて生じたりとなすは、並びに事實にあらず。何となれば、是等の刑は秀吉以前既に行はれたりし事にて、罪を秀吉に嫁すべき謂れなければばなり。然れども同書に「死は共に一つ也、凶惡をなさむ者、いかでか死する樣の異同を問ふべき、かゝりしかば國に大辟の者常にたへず、百年の今、殘に勝ち殺を去つべきの時に及ても、猶刑の重き、議せらるべき事にや」といへるは至論と謂ふべし。蓋し脅嚇主義を準用するの結果は、人民常に嚴刑の執行に馴れて、殘忍の氣風を馴致し、啻に犯罪の念を抑ふるに足らざるのみならず、却て犯者を多からしむべく、若し又脅嚇にして虛喝に止まり、規定の嚴刑を實にする事なくんば、法令に對する上司の威信を失ひて、毫も制止の驗なきに終るべきなり。

禁制違犯者の請文提出　是を以て禁制違犯の重きは誅を免れざりしも、稍〻輕きは科料に處し、最も輕きはこれを譴責し、若しくは請文卽ち始末書を徵するに止めたりしなり。後小松天皇應永三年、東寺が侍所の制札を立てゝ、商人の寺內を通行するを禁ぜし頃、一商估の禁を犯しゝものより證文を出だしゝ事あり。今東寺文書に就きて其文を抄出し、讀者の一粲に供せん。

とうじの御寺內、あき人とをり候まじきよしの、御さふらい所の御せい(んカ)さつ候を、存知つかまつらず候て、まかりとをりて候、きやうこうさらにまかりとをり候まじく候、このとの事をば御めんかうぶり候べく候、仍うけぶみ狀如ㇾ件。

應永三年十月十二日　山ざきみぞぐちの

二郞（華押）

制札錢の徵收　凡そ禁制を與へしもの、其初めにあつては、社寺町村等の特別なる場所に對する信仰撫恤の觀念より、自ら進んで予へし事ならんも、戰國時代の如く社會の秩序一般に壞亂し、禁制の必要を感ずる事益〻切なるに及んでは、所在爭うて主將を要し制札を求め、行軍の際これを揭げて其掠奪を免れんとしたりしより、これを與ふるものも其報酬を貪りて、一種の軍資徵收法たりし奇觀を呈するに至れり。是に於て制札の筆者又は主將に拂ふべき報酬に向かつて、筆耕錢、取次錢、判錢、制札錢、札錢、禮錢、防築錢等の名目を生じ、永祿十年奈良の春日社が山內の制札を　得し時、時の主將三好長繼、松永久秀父子は「別段敬神の儀」を以て札錢を受けざりしも、主將以下々僚の斡旋せしものに多少の樽代を贈りて、猶ほ三貫百文を要せしといふ。又同十一年織田信長奈良中に「防禦制札」を與へ、過分の判錢を課して其納附を迫りし事あり。當時上等三貫二百文より下等五十文に至る迄、十四五等の等級を作り、總額千貫餘に及び、住坊院家も免るる事能はず、法隆寺は爲めに萬座仁王講の修法を期して其難を避けん事を祈り、遂に札錢六百貫文、其他總計千貫餘を費しゝも、寺領の安全を得たりしは全く此立願に由れりとし、直に臨時會式を行ひて宿禱を賽せり。此くの如くにして得たりし禁制の文は、實に左の七行のみ。

禁制　　　大和　法隆寺

一當手軍勢濫妨狼藉之事

一陣取寄宿放火之事

一相㆓懸矢錢兵粮米等㆒事

右條々於㆓違犯之族㆒者、速可㆑處㆓嚴科㆒者也、

仍執達如㆑件、

永祿十一年十月日　　彈正忠（朱印）

されば其部下も亦これが顰に倣ひて、禁制の筆者の如きは、これを請ひしものより一貫二百文の報酬を受くるを常とし、其納付を怠れば自《ミ》ら督責して已まざりしなり。日本西教史に、當時來朝したりし耶蘇教の教師フロエーが、京都の居住に對する制札を得るの難かりしを說き言へる事あり、「此くの如き免許狀（○即ち禁制）を

得るは、莫大の金額を納るを要す、○中略、前に堺に於て廛に四行の免狀を受くるに、四千デユカー金貨の量名を信長に納めたり、又或る釋徒は輕事の免狀を受くるに金二十塊を納めたり」と。然れども若し神社寺院等にして此制札を主將に請ふを敢てせず、其際限なき苛征を甘んじ、抄掠强奪に任せたらんには、千貫は愚か數萬貫も一朝にして空しからん。これ其千貫猶ほ廉なりとして欣躍措かざりし所以なり。是故に名は制札錢なりといふも、其實一種の賠贖金たりしなり。但此報酬には多少の除外例もありて、西教史には耶蘇敎信徒がフロエーの制札錢を得るに苦しむと聞き、銀三枚を醵金して和田惟政に托し、惟政更に銀七枚を加へ、自《ミ》らフロエーの爲めに其適當の額を供し得ざるを陳謝して信長に呈せしに、信長笑つてこれを斥け、免狀に捺印して與へたりといふ事見え、又天正十年武田氏を伐ちし時の如きも、其禁制には、紙端に「御判錢、取次錢、筆耕等不レ可レ出レ之」と細書せるもの多く、部下森長可は禁制中の一條として、「判錢取べからざる上催促する事」といふを加へたり。信長は又其右筆楠正虎をして、成就院に制札錢を返さしめし事もありき。

制札下附の請求　然るに此くの如き巨額の出金を要せしにも拘らず、神社佛寺等の難を免れんとするに急なりしや、戰端の將に開けんとせる頃より、遠く使を主將の陣營に馳せて其制札を受けんとし、甚だしきに至りては、天正元年武田信玄の大擧して西上を圖るに當り、其軍尙ほ三河にありたりしに、山城山崎八幡宮より專使を遣り卷數を贈りて、神領の制札を請はしめし事さへあり。當時流石の信玄も其大早計に呆れしと見え、家臣に命じて「遠國之事候之間、京表之儀先以御停止候、江州迄も於二御出張一者可二相調一候」云々との復書を予へ、體能く斷らしめぬ。滑稽は獨りこれに止まらず、制札を受くるものは危害を避くるを唯一の的目とせしより、敵味方雙方の主將より共に制札を受け置き、行軍の際適宜に取出だしてこれを掲げたり。中にはこれを受け乍ら其必要を見ずして空しく收藏せるもあらん。此くの如くにして得たりし制札は、神社にありては鳥居の側抔に立て、寺院にありては門前境內に立て、山門に打付け本堂に懸け置けるもあり。幕府抔より板に書して與へられしは、札の御所といふに安置せしもあり、札の上部に環の附きたるがあるは、これを懸けしなり。

制札の效力　上來述べしところに據りて、制札の需用多かりしを見ば、何人も其較著なる效力に想到するを禁ずべからざるべし。試みに二三の實例を擧げんか。永祿十年春日社山內の制札を立てしと同時に、松永久通等其旨を全軍に觸れしめたりしが、盜賊の難直ちに熄みて山內安全なる事を得、數日の後、偶〻兵士二人參詣者の衣服を剝ぎしものありしも、忽ち捉へられて戮に就きし事あり。天正二年信長の部將柴田勝家が奈良の「成敗制札」を出だしゝ時も、人心爲めに安堵せり。阿波國慈雲院といふは往來の要路に當たり、兵火の難に罹らざるを得ざるところなりしかど、能く機先を制して使僧を上せ、長宗我部、三好等諸氏の制札を受けたりし爲め、軍隊屢〻其門前を通過せしも、敢てこれを侵す事なく、獨り兵燹の災を免れたり。一片の制札然かく恐れをなすに足らざるが如きも、これ實に嚴刑の犯罪に伴ふべき主將の禁令たりしを以て、恰も江戶幕府の殿中に於ける武家諸法度の朗讀に際し、列座の諸大名が御朱印の一聲に覺えず平伏せると一般、縱ひ後には形式的に流れしとはいへ、如何に亂暴なる兵士も、主將の華押又は印章の儼然として押捺せられたるを見ては尊嚴侵すべからざるの思をなし、立どころに慴伏して手を下すの勇を失ひしならん。但制札は其平時に於ける或るものゝ外、彼市場の市日に於ける類はいふ迄もなく、戰時のものと雖ども、概ね皆一時的にして永久的にあらず、縱し平時のものと雖ども、戰亂相次ぎし世にありては、年を閱すると共に、動もすれば其效力を失ひ易く、同一人にして數年の後其禁令を申ね、往年の趣旨を確めしもあり。又破損磨滅の爲め修理の必要ありし時は、主將の命令に依り、若しくは其認可を請ひてこれを行へり。此場合には文字を改書するも、本文といひ年月日といひ、すべて前令を襲用するを例とせしなり。

これを要するに、高札禁制は專ら下級の社會に向かつて、法律禁令の趣旨を曉さんが爲めに用ゐられし公布の方法にして、其中禁制は概ね普通の高札と異なりて、特別の場所若しくは人にのみ必要なる禁令を、特に保護を加ふべき當事者の請求に依りて與ふるものとなれるなり。

法令の施行期限　終りに臨んで、此時代に於ける一般法令の施行期限に就きて一言せん。法令の施行期限を其到達後とせしは啻に中古のみならず、此時代に於ても、將た江戶時代に於ても、多少の除外例ある外皆然りしなり。されば貞應元年正月二十三日、嵯峨清涼寺供養の爲め常赦を行はれ、殺生禁斷の宣旨を下されたりしに、會日以前三箇日と載せ乍ら、會日に宣下ありしとて、議者これを難ぜし事あり。寬元三年四月二十一日、幕府鎌倉の道路家屋に關する禁令を觸れしめし後七日を經るも、道路に妨害ある家屋を除かざるものは破却すべしと令せり。これ七日の施行猶豫を與へしものなれば、彼公文式に官報が各府縣到達日數の後七日を以て施行の期限となすとあると、略〻同一の傾向を有す。其他にも法令の中には往々特に其施行期限を定めしものあり。朝廷及び幕府の節儉令の如き卽ちこれなり。例せば、弘安七年十月二十二日、幕府政所の張文に於て儉約の新制三箇條を發表せると共に、明年正月より實施する事とせしが如し。而して其制定と頒布との期間に懸隔ありしは、中古の如く甚だしきものなかりしとはいへ、前に記せる鎌倉の禁令の如きも、制定は二十二日にして頒布は二十七日なり。又後光嚴天皇貞治六年六月二十七日に、幕府の制定せし寺社本所領の復舊に關する事書は、翌月五日に至りて始めて政所に壁書を掲げ、且つ御教書を發してこれを施行せり。故に其制定は何程以前にありとも、これを實施するは大抵御教書の到達後に於てせしなり。當時諸國の守護等が御教書の寫案を添へて、部内の地頭御家人等に法令の趣旨を傳へしものに、「早守二御教書狀一」云々との注告をなすを例とせるは、畢竟到達の日より成るべく迅速に實施せしめんとせしものに外ならざるなり。制札の施行期限に就きて、袖珍寶には三日間の施行猶豫ある事を載せて曰く、「制札の文の末尾には年號何月日とのみ書すべし、これ制札を立てし後三日間は、罪を犯すものあるも宥恕すべきが故なり、二十七日以後は何月何日と書すべし」と。制札の文に年月の下、日とのみ記せしものあるは、前に説きし如くなるも、これ他の文書訴狀の如きに於けるが如く一種の慣例にして、必ずしもさる意味ありしにあらざるのみならず、制札に載せたる禁令は、何等の記入なきも、即日施行するを例とし、中には又これを明記せしもあり。後光嚴天皇文和二年四月二十五日沼田貞平の禁制に、安藝國沼田市場居住者の女子を家臣の妻妾となすを禁じ、既に婚を通ぜしは取消すを要せざるも、此日限以後違背せば共に罪科に處すべしとあるが如き、其一例として見るべし。

公布主義の沿革　凡そ武家時代は一般に法律思想の發展を見し時代なれば、法令の公布に關しても、通達法、口達法、掲示法等比較的に能く行はれ、掲示には壁書あり高札禁制あり、相待つて其效用をなしゝに、戰國時代に至りて戰亂相次ぎ、幕府の政令遍からざるに乘じ、諸國の領主各其領内に法制を布きたりしが、彼等は皆激烈なる國際的競爭の間に處して、領内の安全を圖るに急なりしより、自家の政策に適合せしめんが爲めには、其全力を傾注してあらゆる方面に干渉を試み、民權の如きも其影響を受けて大に抑壓せられたり。然れども其法令は不充分乍らこれを公示し、又時に臨んで必要なりし禁令も、掲示法、口達法等に依りて下級の人民に迄周知せしめん事を務め、未だ世を擧つて敎へずして刑せんとするの甚だしきに至らざりしなり。

第四章　江戸時代

緒言　慶元以降天下戎兵を偃せ、江戸幕府の百度漸く其緒に就きたりしより、法律規則の制定年毎に多きを加ふるに至れり。爾來二百六拾有餘年の間、時に張弛なきにあらざりしも、幕府の法令の公布すべきものは、社會の各階級を通じて周知を强ふるに全力を傾け、前代に行はれたりし公布の諸方法は、總べて其採用するところとなりしのみならず、官制を始め諸般の制度の備はれるに從ひ、各種の機關を利用して、遺漏なく其目的を達せん事を期せり。然れども又往々祕密に付すべきもののなかりしにあらざるを以て、これが解説も自《オ》ら複雜に渉るを免れず。故に以下項を分つてこれを叙説せん。

第壹節　法令の公布

法令通達の手續　凡そ幕府の法令を出だすに當りては、先づ老中より大目付、御目付、又は三奉行寺社、町、勘定の三奉行をいふ中の或るもの若しくは其總べてに向かつてこれを發し、更に其部下に移さしむるを例とせり。即ち萬石以上には大目付より、旗下以下には御目付より、組支配には頭支配より、社寺には寺社奉行より、町役人には町奉行より、郡代、代官、預所役人等には勘定奉行よりし、これより以下私領には其領主地頭より、小給所は便近の代官より傳へたり、御料には其代官より、預所には預所役人より、市街地町方には町年寄、名主、月行事、家主等より、地方在方には庄屋、名主、組頭等より、神主、社人には社役人其他重立ちし社家より、末寺觸下支配には其本寺觸頭よりしたりしなり。本寺も觸頭もなかりし無本寺には、所在の代官若しくは地頭より傳へたり。加之此時代には各種の職業に依りて組合を設け、觸頭觸流ともいへりを置きて、各團體に下せる法令傳達の任に當たらしめし事あり。硎屋觸頭の硎屋に於ける、繪師觸流の繪師に於ける、惣録の座頭に於ける、又問屋行事の各問屋に於ける類卽ちこれなり。

諸大名への通達法　當時觸といひ達といひしものは、書面若しくは口頭に依りて法令を公布せるをいふ。而して其口頭を以てせるも、概ね覺書を與へて他に傳へしめ、これを口達書といへり。歷代の武家諸法度は、諸大名を殿中に集めて、將軍の面前に朗讀せしむるを例とし、旗本以下は御目付をして通達せしめたり、此他事態の重大なりしものは、老中自《ミ》ら將軍の命を諸大名に傳へたり。然れども通例諸大名に達すべき事は、大目付自《ミ》ら其伺候する幕府の大廣間、雁ノ間等に蒞みて書面を交付し、若しくは其留守居を老中の邸宅、評定所等に召して手交せしなり。諸大名の封內に於ける百姓等に告示せしむべきもの亦其中にありき。

江戸の町觸　次に其町村に達すべきものに就きて說かん。江戸に於ける町觸は、毎年一定の時期に公布せるもの丶外、新たに制定せるは、老中より其文案を定めて町奉行に下し、又は町奉行より草案を上りて老中の指揮を仰ぎしなり。後者にありては、老中は或はこれを認可し、或は其一部を修正し、或は又全部を否認せしもあり。又御目付の町方掛となれるものには、町奉行をしてこれと町觸を協定せしむるも、事の急施を要するものに限り、觸を發せし後通達するを許せり。新井君美、成島信遍等の筆に成りしも其中にありといふ。町觸の文案にして制定せられば、町奉行は町年寄を町奉行所の内寄合に召喚して、町觸の案文を交付し、若しくは口頭に依りてこれを告示し、時としては町年寄の外、名主、月行事をも召喚せし事あり。名主なき町は月行事若しくは家持の年長者に月行事を附添ひ出頭せしめたり、町年寄は名主又は月行事を其役所に召して、町觸の謄本を複寫せしめ、若しくはこれを口達し、名主、月行事よりは各自部内の家主に傳ふると共に、組合間の名主、月行事に回達し、家主よりは又地借、店借、出居衆等に傳へ、就中重要なるものは各其連署を徵して、家主より名主、月行事に致し、名主、月行事も亦町年寄役所の公簿に署名捺印して、偏く部内の人民に知らしめ、敢て背戾せざらん事を保證せり。これを稱して町中總連判といひ、其文書を町中連判の手形といへり。此くの如きは主として書面通達の場合に行はれし事乍ら、其口頭に依れるものも、口達のみにては普及し難しとて、地借、店借の輩に至る迄、悉く「請書連印」を徵せし事あり。江戶にては數町聯合して組町を組成し、町名主の年番を定めて法令の傳達を專管せしめ、稱して觸口といへり。年番名主は又每年二回町奉行所に屆出でゝ惣寄合を催し、法令實施の方法其他の庶務を協定し、事の上裁を仰ぐべきは、町年寄を經て町奉行所に具申せり。正保錄。

凡そ此時代には身分の關係に依りて、所轄の奉行所を異にし又其待遇を異にせり。江戶に居住せる浪人は町奉行所の管轄所謂町方支配に屬し、えた頭彈左衞門が町奉行所に出頭して、えた非人に關する法令の通達を受けしに拘らず、渠等に至りては或る少數のものゝ外、此特許を得る事能はずして、各自住所の家守よりこれを傳へられ、又神職、修驗、陰陽師の類は元寺社奉行に隷せりと雖ども、其江戶に居住せるものは町內の人別に加はり、町觸以外の總觸は寺社奉行より達せしも、町內に限れる觸及び町法に關せる事は、名主よりこれを傳へたり。

大坂京都其他の通達法　大坂の如きは、老中より大目付を經て大坂城代に達し、城代よりは町奉行所に、町奉行所よりは町年寄に傳へて、漸次名主、月行事、家主、町代等より借家人に迄及ぼしゝ事、略〻江戶に於けると同じかりき。唯組町に總會所ありて、年寄、月行事を會し、法令を口達せし事あり。京都も亦これに准ぜしが、每月二日、二日觸の寄合と稱して町會を催し、町年寄より町政に關して町奉行所に差出だせる請狀の案文を朗讀し、互に法令を遵奉して違反せざらん事を誓ひし事あり。地方に於ても、亦此くの如く每月一回以上日を定めて、町中の集會を催し法令を讀みしところあり。每月幾回用日と稱して、町民を町奉行所に會し、令達を聽取せしめしところもありき。

村落に至りても、法令公布の手續は概ね町と大差なく、名主、組頭等は書面若しくは口頭に依りて、惣百姓に法令を曉諭し、重事に向かつては、細民に至る迄「請書印形」を徵して、村役人よりこれを地頭に屆出でしめたり。

揭示法の採用　然るに前揭の通達法といひ、口達及び朗讀法といひ、竝びに揭示法と相竢つて、公布の用を爲すべきものたるを以て、江戶幕府に於ても亦彼此並用せし事、前代に比して一層適切なるものありしを見る。

武家諸法度は、朗讀の外、萬石以下老中支配には壁に貼りてこれを見せしめ、大奧にも壁書ありて出入其他の事を載せ、諸官衙の張紙、評定所の懸看板等は官吏執務の規定を示せり。（其中評定所懸看板は、毎年正月開廷の日、老中出座、三奉行に向かつて朗讀せしめしなり。）然れども一般人民殊に當時の所謂百姓町人等に公布すべきものは、此時代に於ても亦高札及び張紙を以て掲示する事とせり。其文案は町觸に於けると略〻相同じき手續を以て制定せられしも、其中審議を要するものにありては、これを評定所一座に下し〻事もあり。享保三年四月、長崎に立つべき密貿易（拔荷）に關する高札の文を、同所に諮詢せるが如きは其一例なり。而してこれを立つべき特別の場所に依りて、浦高札、關所高札、山札、辻札、鄕中高札等の名目あり。又其掲示の期間の一時的なりしと永久的なりしとあり、一時的なりしもの〻中には定期と臨時との二種あり、後者はこれを臨時札といへり。又正高札に對して、添高札といへるものありき。

高札の管理　今先づ其江戸に立てられしものに就きていはんに、江戸にては、評定所、町奉行所の如き官衙に於ける張札の、單に訴訟人等に示すべきものを除き、日本橋以下六箇所の大高札場を始め、其他御高札場と稱せしものにして、町奉行所の管轄に屬し、一般人民に掲示すべき性質のもの凡そ三十五箇所あり。此二者は、これを立つべき高札の數に於て、多少の差ありしのみならず、これが管轄の點に於ても相違あり。卽ち前者は町奉行所の最も重しとせしところにして、設立修理の費用も從つて多額を要し、すべてこれを入札に付したりし後、町年寄の保管に係れる公金、（町方入用金）、卽ち六百兩金と稱せしもの〻中より支出せしも、後者は數町聯合の負擔に係り、新設修補共に其町費（町入用）を以て費用を分擔せるなり。（小石川白山前町外十二箇町組合高札場の如し。）其他又作事奉行より修造せるもあり。（細說すれば、所謂六百兩金を以てせるものは、六箇所の高札場以外にもあり。町費負擔も作事方の支辨も、全部と一部との別あるも、本論には必要なきを以て略す。）然るに是等の高札は均しく町奉行所の管轄に屬し、所在の町に保管せしむるものにして、本文の末尾には皆「奉行」と署したれば、一般に敬語を加へて御高札と呼び、朽損類燒其他改正の爲め書替を要せる場合に、新造の板に記入するは、必ず奉行所に於てし、町奉行所の吏員、（作事方の設立に係れる時は作事奉行の下僚も、）町年寄の手代及び所在の町役人これに立會ひて、既定の高札場に揭げ、月行事、五人組、名主より、出火の際には直にこれを奉じて避難し、暴風雨等には特に意を加へて看守し、違變あれば速に屆出づべしとの預證書を、町奉行、組年寄、同心等に出ださしめたり。是を以て高札場の附近には必ず自身番屋を置き、番屋の移轉を命ぜられし時には、「場所相隔、見守方不宜」と稱し、特許を得て高札場の移轉を行へり。一朝不幸にして燒亡流失する事あらば、町役人たるもの取計方不行屆として、譴責を受けざるべからざりしを以て、渠等のこれを見る事亦甚だ厚く、火災に遭ひて自家の延燒するをも顧みず、奮然難を避けて海中に奉護し、辛うじて安全なるを得たりしものさへあり。（嘉永撰要類集。）所謂御高札の如何に重要視せられたりしかは、此に喋々するを竢たざるべし。

地方にありても、市街の地は略〻前揭の如く、市場要路等諸人の聚まり觀るべきところには概ね高札場あり。村落には亦往來の衝に當れる十字街頭抔に置かれたり。（札辻の名稱これより生ぜり。）幕府領の地に於て、若し高札の書替を要せる場合には、代官、勘定奉行の指揮を仰ぎてこれを行へり。

高札場及び高札の制　高札場は一般に畏敬すべき場所と看做され居りて、通過の際脫帽敬禮するを常とせる人は、心懸能き人となし居れり。されば都鄙を問はず、其所在地は除地にして嚴然一區劃をなし、高札の用材としては多く梅杉檜を採用せり。然れども儉約令の影響等に依りて、節約を加へ煩費を絕たしめんとせし事あり。後西院天皇寛文八年三月、幕府が浦高札に向かつて雜木を用ゐしめ、雨覆は所在の木を以て葺かせ、臺石の多きところは石垣と爲さしむべきも、然らざるは芝土居となさしめ、又東山天皇元祿二年八月、高札の立替に際しては、杉檜の兩材を廢して、劣等の木を用ゐしめし事ありしが、殊に一時的のものに向かひては、其材を選ばざるを常とせり。然れども風雨の爲めに損壞を致し易きところにては、「梅にては保方不宜」とて、檜を以てこれに代へしもありき。改修の時は、板の大小を始め記入の文も、すべて舊に仍る事なれど、改元の爲め間〻其年號を改めし事あり、且つ全く其板を改むるもあれど、又舊きを削りてこれを用ゐしもあり。前令を修正せし場合の如きは、概ね此便法に依るの例たりしなり。

高札周知の用意と方法　高札の中永久的なりしものは、衆人の既に覽觀に馴れ居りしのみならず、其記憶を新たにすべき他の方法もなかりしにあらず。（そは後段に說くべし。）唯其然らざるものにありては、掲示の一事を以て公布の目的を逹し得る事、蓋し難かりしならん。是に於て幕府は一方に掲示をなせると共に、他方に於ては、其高札を立てしを以て、遵守すべしとの旨を通逹せし事あり。又町村の役人をして、高札の文を其部下に讀聞かしむる事とせしもあり。加之これをして一層有效ならしめんが爲めには、特定の場所以外に適宜掲示をなすべき自由を與へ、江戶にありては、町中の木戶、自身番屋の辻々、路次口往來、其他名主は居宅の表庇等、部内に於て最も人目を惹き易きところを以てし、其數町を管せるものは、二三箇所もこれを掲示せしめ、又事態に依りては、家主若しくは町中の表店抔に每戶觸の文を貼らしめたり。そは必ずしも板札に限れるにあらずして、紙に書して貼らしめしもあり。地方村落にありても、村役人の宅前、木戶又は村の入口等に掲げしめ、甚だしきは細民に至る迄も、悉く其居宅に貼らん事を命ぜるもあり。而して幕府は町村に向かつて其觸をなすと同時に、是等の場所に掲示せしめ、又町村の役人に朗讀せしめ、彼此兼用して其實施に容易ならしめん事を期せり。

此時代に於ける五人組の制度は、又法令を周知せしむべき有力の機關となりし事にて、江戸の如きは、家主にも將た店借にも各五人組あり。其組頭は都鄙を通じて名主の下に傳達の任に當り、且つ五人組帳の前書には婚姻、相續等の事より賣買、質入、訴訟、請願等、人民の日常逢着すべき事項に關する規定を滙錄せしめ、毎月一回若しくは毎年幾回かに、組頭、名主、庄屋よりこれを部內の人民に讀聞かせたりしなり。

社寺の制札　前代より社寺の享有せる制札は、此時代の幕府又は領主が其請に依りてこれが書替をなし、紙又は木に書して與へし事はあるも、新たにこれを與ふるは勿論、一旦中絶せる古制札を立てん事は、往々社寺に向かつて特典を付與する事となるを以て、社寺の請願あるも、容易に許可を與へざるの例なりき。又私設の制札は、不都合なき限りこれを默許せる事にて、其中他領の交錯せるもの、例せば入會の社寺領の如きものにありては、彼此の領主連署して制札を立てしなり。櫻町天皇寛保三年、上野、下野、武藏、相模、下總の諸國に於て、郡村の境界に禁制の札を立て、えた非人に看守せしめて、神子修驗の村內に出入するを禁ぜしめしに、幕府令を發して、是等の神子修驗の觸頭より修行札を得たりしものに限り、通行の自由を許さしめし事あり。

高札の統一　凡そ官衙其他の所管を異にするに從つて、通達以下の機關も自《オ》ら一途に出でざりしは、既に述べしが如し。然れども幕府の法令は其管内に行はるべき事いふ迄もなく、諸大名の管轄せる當時の所謂私領にありても、彼武家諸法度に「萬事如二江戸之法度一、於二國々所々一可レ遵二行之一」とあるが如く、幕府の法令に率由すべきは辯を竢たず。故に法令を定むる毎に、京都大坂以下の遠國奉行にもこれを示さんとし、遠國奉行は亦江戸の法度に從つて事を執るべき筈なるも、土地遠隔にして江戸の令達を知るを得ざるを不便とし、苟くも書面を以て通達せられし事、及び江戸町奉行の伺に對する指令にして、其部内に遵行すべく又參考に資すべきものあらば、江戸町奉行より報告を得ん事を請ひ、これを許されし事あり。（仁孝天皇天保十三年五月、京都大坂町奉行の請求に對する老中の指令の如き。）私領にありても、亦幕府の令達はこれを遵行するに務め、其部内に令するにも、「從二公儀一被二仰出一御法度之條々、堅可二相守一」といふを以てし、高札の如きは、大抵幕府の制定せしものを其儘掲示し、中には江戸より高札の出でし事、及びこれを遵奉して違はざるべき事を、添高札に別掲せるもあり。又幕府の出だしゝ二三高札の文を集成して、一高札に掲示せしもありたり。而して幕府は附近の代官をして、私領に於ける法令實施の狀況を監視せしめ、事態に依りては注意を與へしめし事あり。又諸國に遣せる巡見使に命を含めて戸數の多きところ、人衆の集まるところ、其他從來立て來りて中絶せるところ抔には、新たに高札を立てしめ、既に立て置けるところにても、文字の明瞭を缺くものは書替を命ぜしめし事あり。幕府が高札の普及に力めたりし事此くの如し。中御門天皇正德元年、將軍家宣、朝鮮禮聘に際して、江戸日本橋以下諸國の御料に立てられたる高札の文を改め、私領と雖ども、幕府の高札を受けて立て置けるところは、これに從つて書替を行はしめ、又諸國に於て古來立て來れる高札の文を寫して屆出でしめ、同三年にも此令を申ねたり。

これ全國に於て、少くとも幕府高札の統一を圖らん事を試みしものにして、其動機の對外的刺衝にありしが如き、高札史上に於ては注意すべき點なりとす。

吉宗と定信　德川氏一代中最も法制上の施設に富めるもの、將軍には吉宗を、老中には松平定信を推さゝるべからず。而して法令の公布に關し、最も有效なる方法を講じて、其實施に汲々たりしものも、亦古來二人に過ぎたるはなかりき。殊に吉宗の如きは、江戶時代に於て刑法祕密主義の實行者と看做され、縱し訛傳なるにもせよ、定信も亦同一の指目を受けたるを以て、其事蹟は亦學者の注意を拂ふに足るものならずとせず。

町代書役の矯弊　吉宗は常に不敎の民を殺すべからざるを口にし、人民をして法令を周知せしむべき方法に向かつては、用意の周到なりしものあり。奉行の輩も亦能く其意を體して、施設するところ多かりき。享保六年九月、幕府は江戶に於ける町代を廢せり。此町代は本と數町聯合して一人を雇用し、書記（書物）となしゝものなるを、後には大抵一町に一人宛、多額の報酬を拂ひて雇入れ、町政を委ぬる事となりしより、漸く其弊を生じ、殊に名主に代つて觸の回達を掌り、又名主月行事に代つて町年寄に對する請判をもなしゝより、事務留滯し易く、速達すべき觸も往々久しく一町に留め置き、町民に周知せしむべきものにして、日を經るも告示せざる事さへありしかば、斷然これを廢して、自後名主を奉行所及び町年寄役所に召す時、名主なき町々は月行事を出頭せしむる事とし、且つこれを戒飭して觸の速達普及を圖らしめたり。然れども書記なくして不便を感ずるところは、四五町乃至十町、又は名主の部內に於て聯合してこれを雇用し、專ら書類の繕寫に從はしむる事を許しゝが、其後櫻町天皇延享二年五月、其書記たる書役が殆んど第二の町代となりて、專横の行多く、名主、家主に告げて其指揮を受くべき事をも私に處分し、幕府の觸も、書役に於て寫取りし後、空しく稽留して町内に示すもあれば、全くこれを示さゞりし事もあり。これ畢竟名主、家主が職務の執行を書役に委するに依る事なれば、幕府は名主、家主を戒めて其改善を促せり。此後も桃園天皇寛延二年十月、此弊尚ほ改まらざるを以て、書役を廢するの可否を名主に諮問せし事あり。又町奉行所に出づる町民にして、往々觸を知らずといふものあるを以て、其普及法に關し名主等の意見を徴せし事、一再にして止まらず。家主が往々部内の地借、店借等に轉示するを怠れるを察し、或は後者より「承知の連判」を家主に取り置きて名主の檢閲に供し、或はこれを名主の許に出ださしめたる事ありしなり。

家宣の遺業の完成　正德元年幕府が高札の文を改修し、且つ諸國古來の高札を調査せし事、前に述べしが如し。然るに時の將軍家宣は、未だ充分の施設をなさずして薨去したりしかば、吉宗の將軍となるに及び、享保元年高札御用懸をして令を遠國奉行及び代官に傳へしめ、其管内に於ける高札中、未だ書替を行はざるものあれば、均しく幕府の立て置くところにして、所在其文を異にすべきにあらざるを以て、便宜これを改めしめたり。但諸國の私領並びに堂上、門跡、寺社領等の高札は、各領主の所管に係り、就中私領の如きは、其地形風俗等に依りて、領主の定むるところ自《オ》ら一ならざるべく、幕府敢てこれに干渉すべきにあらざれども、其高札中幕府が數十年前に制定せし舊法を改めざるものに向かつては、宜しく現行の法令を以てこれに代ふべく、又寺社領に於ける高札中、德川氏以前のものを掲ぐるは、當代に於て採用の限にあらざる事を、並びに御用懸より各領主に內達せしめたり。家宣が幕府の所管に係る高札の統一を圖り、延いて諸國に及ぼさんとせる遺業は、吉宗の爲めに略〻成功を見るに至れるなり。其後享保五年五月、似目明（僞探偵）に關する觸書を、町中の木戸若しくは往來に掲示せしめ、これと同時に「向後急度相觸候事は、札に認め出し置候間、其旨可二相心得一」と令して、此種の掲示の公布式たるべき事を示せり。

五人組帳の利用　吉宗は又田畑の永代賣買及び賴納（債權者たる金主に土地を引渡し、年貢諸役は債務者たる地主より出だすもの）の類が從來の法禁にして、五人組帳の前書にも記入せられ居たるに拘らず、斯る無效の證文を以て訴訟を提出するものあるが爲め、櫻町天皇元文二年二月、質地に關する觸書に於て、自今名主庄屋等より大小の百姓等に屢〻五人組帳を讀聞かしめて、其旨趣を忘却せざらん事を務めしめ、猶ほ私領の中には、百姓五人組帳もなき村方あれば、是等は附近の代官より其領主地頭に告げてこれを付與せしめたり。

教科書の利用　享保七年十月、吉宗武州戸田志村邊に放鷹せしに、偶〻島根村醫師吉田順庵なるもの、法度書を手本に輯錄して村童に授くるを聞き、奇特の事なりとて賞銀拾枚を與へたり。此偶然の出來事は、吉宗をして法令の普及上、學舍の教科書に編入するの方法を採用せしめ、翌月令を發して順庵の例を引き、從來法度の出でし毎に、一應百姓に告示するの例なりしも、これのみにては意に留むるもの稀にて、屢〻刑辟に觸るゝのみならず、自《ミ》ら其過を悟らざるものさへあれば、自今僧俗を問はず、手跡の師たらんものは、重要なる法度書を始め、五人組帳其他教訓となるべきものを、讀本又は手本に綴りて、これを習はしむべしといへり。此方法は古來或程度迄行はれ居たりし事にて、古くは貴嶺問答、庭訓往來、尺素往來等に法制の要旨を記入せしもの見え、貞永式目、建武式目の古寫本も、往々著明なる能書家の揮毫に成り、幼童の讀本たらしめんとする寺僧の需に應じて書寫せりとの跋語さへ見ゆるは、其教科用書たりしを知るべし。此時代に於ける出版法の、著しく制限せられたりしにも拘らず、一旦公布せしものは固とより印行するを妨げず。故に正德元年五月の高札の如きも、其十一月には既に京都の書林に於て出版發賣し、靈元天皇天和二年五月の幕府の高札、武家諸法度、及び天保十二年五月以來の町觸等は、何れも其翌年江戸の書肆にて出版せるものあり。是等の中には、所謂御家流を以て大書し、總振假字を施したるもあれば、又讀書習字の教本として、當時に採用せられしもあらん。此方法は讀習の際知らず識らず、國民に切要なる法律的智識を授くるを目的とせるものなり。中等教科に法制を加ふる事となれる今日、更に小學教科に向かつて、法律的分子を含ましむべき必要なきや否や、教育家の宜しく考量すべきところなるべし。

連判帳提出の廢止　光格天皇寛政の初年、松平定信の老中たりし日に於ても、幕府が法令の公布と其普及とに關して經營せるもの亦甚だ多かりき。從來觸書の出でし毎に、各町の書役に於て、名主、家主、店借等のこれに違背せざらん事を誓へる連判帳を作製し、町年寄役所に送上するを例とせしより、自《オ》ら觸書の趣旨を辨へざるも、連判帳だに出だせば可なりとなすの風を生ぜしかば、寛政三年四月、全く連判帳の提出を停め、名主等の複寫に係れる觸書の趣旨を以て、徧く部内の店借等に曉諭せしむる事とせり。又頭《カシラ》支配と組支配との間にして疎隔すれば、命令の疏通し難き恐あるを以て、同年七月、頭支配をして常に教導を怠る事勿らん事を令せり。

同一法令の反復布告

夫れ此くの如く、法令の公布をして有效ならしむべき方法は、當時にありては略〻備はれりといふべく、これを前代に比すれば、幾多の進境を認め得べきに拘らず、動もすれば形式に流れて徒法虛設に終はらんとせり。故に觸の文の如きも、其末尾には大抵「地借、店借、裏々之者、召使等迄、壹人別に得與存知候樣相觸可」申候」とありて、卑賤の徒に至る迄、徧く曉通せしめん事を期し、且つ屢〻令を下して、其責任者を督勵し戒飭して已まざりしなり。（當時の通用語に於て觸の事を觸流と稱し、而かも其徒爲に歸するを流るゝといへるより、幕府は其觸流の流れざらん事を戒めたりき。）是を以て毎年定時に繰返さるべき所謂定式の觸なるものゝ外、前年の公布に係れるものをも、歲月を經れば記臆を新たにせんとして反復せるも多く、當局者自身同一の觸を繰返すは、恰も法令の行はれざるに似て、「御威光」にも關すと言はしむるに至れり。殊に享保寛政の治は、後世の儀表とするところにして、就中水野忠邦の所謂天保の改革の如き、其方針全く此二代の政に復せんとするにありし事なれば、屢〻上下に向かつて享保寛政の觸達を熟覽服膺せん事を諭しゝなり。然るに町村に於ける下級の行政機關にして、能く上司の意向を體し、これが羽翼となるにあらずんば、到底圓滿なる効果を收め得べきにあらず。是故に寛政四年二月大坂町奉行の達にも、町年寄の主たる任務が、町內を總轄して名主、月行事、町代等と專ら幕府の法令を部內一般に周知せしむる事にあり乍ら、一應觸書を讀聞かせたるのみにて、審に實施の狀況を察するもの少く、部內の人民も亦一時觸書に從ひて戒愼するところあれど、幾何もなくして縱弛に流れ、法禁を犯すもの多きは、其責全く町年寄にありとし、「公儀より御觸有」之儀を、おろそかに相心得居候は、公儀を恐れざるに當る」といふに至れり。天保十四年五月江戸町奉行の達は、亦觸書に對する人民の觀念と町役人の責任とに關して、懇に規誡するところありき。曰く、「去々丑年五月、重き被二仰出一有レ之候に付、諸事近年之仕癖相改、享保寛政之御主意に不レ違様可二相心得一旨、年番名主共え申渡等有レ之候處、男女衣服髪之飾等を始、兎角御法度相背候もの茂有レ之哉に相聞、不屆之至に候、一體年來之遊惰に流れ、觸事有レ之節、印形いたし候得ば相濟候事と存、其趣意不レ辨者茂有レ之哉に候、素御觸出と申迄之心得に而者、其詮なき事故、是を爲レ守候者、町役人共之教諭に寄候儀に付、何事によらず觸申渡之趣、下々之者心を止候様に申諭、咎受候者無レ之様可二相心得一候處、御法度之趣、當座限之様に相心得、等閑に成、終に者吟味に相成候者茂有レ之、不便之事に候」云々と。其觸に定めたる禁止の規則に違反し、罪人を出だすを以て、町役人の責に歸着するは卽ち一のみ。

法令の干渉主義　抑々此時代に於ける法令の公布は、觸といひ達といひ、又高札といひ、身分の高下、公私の所管に依りてこれが方法を異にし、其規定せるところも從つて頗る多方面に亘れり。本論に於ては特に其内容に就きて細説を試みるの要なしと雖ども、立論の順序として先づ概括的觀察を敢てせざるを得ず。凡そ幕府の出だしゝ此種の法令を讀むものは、何人も其あらゆる方面に向かつて干渉の甚だしきを認むべし。これ實に戰國時代の餘風を繼承して、總べての社會を自家の專制的政策に適合せしめんとするの必要より、此方針に出でしものなる事を忘るべからず。試みに其町觸に就きていはんか、道路橋梁溝渠の制より、秤升兩替選錢の令、邸地の賣買貸借、跡式相續の形式、一般訴訟の手續、酒造其他商品の取締、雇人の請人出替及び賃錢に關する規定、切支丹宗門及び浪人の取締、博奕隱賣女の禁、さては衣食住其他一般風俗上の瑣事に至る迄、仔細にこれを規定せざるなく、就中冬期に於ける火災の豫防、放火人の逮捕告發等に關する法規の如きは、毎年定期の町觸乍ら、頗る用意の周到なるものありしを見るべし。而して此時代に於ては、道德主義が法令の骨子たりし事、前代よりも一層適切なりしを以て、今日にては擧げて德義の制裁に委すべき事も、これを著して法文に載せたるあり。加之其政策上社會的階級の別を明かにして、相互の間一歩も踰越せざらしむるを必要とし、武士の如きは全く軍人的規律を以て其行動を拘束せられ、出行するには必ず大小を帶せざるべからざりしかば、脇差のみにて外出せる同心の子すら、「輕も御扶持被レ下候ものゝ忰之身分に有レ之間敷始末」不屆なりとて、處分を受けしものあり。武士の町人に伍し、町人の百姓に混じ、非人の平人に交はるは勿論、百姓の本分を忘れて耕耘の業を怠るが如きも、法律の斷じて許さゞりしところなり。されば衣服に就きて、「百姓之衣類、前々如二御法度一、庄屋は妻子共に絹紬布木綿、脇百姓は木綿之外不レ可レ着レ之、ゑり帶等にも絹紬をも不レ可レ致之、庄屋惣百姓男女共に、衣類紫紅に染べからず、此外之諸色かたなしに染可レ申事」といひ、住居に就きて、「庄屋惣百姓共に、自今以後不レ應二其身一屋作不レ可レ仕、但道筋之町屋人宿仕輩者、可レ爲二各別事一」といひ、食物に就きて、「百姓の食物、常々雜穀を用べし、米は猥に不レ食樣に可二申聞一事」といひ、又能相撲等の娛樂を禁じ、飲酒乘物を停むるの令をさへ出だしゝ事あり。祭葬婚禮、其他一家の私事と雖ども、法規の拘束を免るゝ事能はず。光格天皇天明八年十二月、老中松平定信の在職中、幕府が代官をして偏く部内の百姓に告諭せしめしものに、「百姓之儀は、麁服を着し、髮等も藁を以すかね候事、古來之風儀に候處、近來いつとなく奢に長じ、身分之程を忘れ、不相應之品着用等いたし候ものも有レ之、髮は元結を用ひ、其外雨具は蓑笠のみを用ひ候事に候處、當時は傘合羽を用ひ、右に隨ひ候而は、次第に費之入用多く成候間、村柄も衰へ離散いたし候樣に成行云々、百姓に而餘業之商ひ等いたし候類、又は村々に髮結床等有レ之儀も、不埒之儀に候」云々と見えたるが如き、其干涉主義の影響が、如何に微細の點に及ぼせるかを想見すべし。而かもこれ皆幕府が當時自ら世話をなすと稱して最も得色ありしものにして、世に名君賢相の譽ありし人程、斯る貴重の法令を續發するに躊躇せざりしを知らば、敢て時代の趨勢如何を卜するに難からざるべし。

法令の施行期限　是等の觸達及び高札は公布の日より實施せるもあり、又施行猶豫を與へたりしもあり。町觸にありては、大抵所謂町中連判を徵したる後に於て、然らざるも人民に周知せしめたる後に於て、違犯者の處分をなすを例とし、明かに施行期限を載せざるものも、觸の後數日にして吏員を派出し、遵守の有無を視察せしめん事を附言してこれを戒めたるもあり。犯罪の種類に依りては、觸の際自首すれば、特に減輕を行はん事を告げて、其實施に便せるもありしなり。

刑罰の一部の明示　然るに是等の法令は、其犯罪となるべき行爲を揭擧したる後、或は「能々相心得可レ申事」といひ、或は「何々仕間敷事」といひ、又これを犯せるものに向かつて、單に「可レ爲二曲事一」「可レ被レ行二罪科一」「仕置可レ有レ之」「可レ被レ行二嚴科一」抔いひて、刑罰の種類を明示せざりしもの其多きに居れり。これ世に江戸幕府が人民に向かつては、唯これを爲すべし、爲す勿れといへるのみにて、刑罰はこれを祕密に附せりとの說ある所以なり。然れども仔細に觀察すれば、古來明かに過料の額を定めしもあり、晒又は入牢の期限を定めしもあり、法令の規定に乖戾せる家屋船舶其他の物を破却し、若しくは沒收せん事を命せしもあり。其他犯罪の輕重に依りて、手鎖、家屋敷家財の沒收、死罪、流罪、磔等に處すべきを告げしも少からず。元祿十五年閏八月の觸に「輕キ奉公人町人百姓等、喧嘩口論又は酒狂抔仕候者、只今迄は當分牢舍之上追拂申付候處、無宿盜人にも可ニ罷成一候間、向後は品に寄、遠島にも可レ被ニ申付一事」といへるが如き、縱ひ從來の刑罰に比して重きを加ふるものなりしとはいへ、これを公示して憚らざりしを見るべし。加之幕府が犯罪の種類に依りて公衆の面前に刑を執行し、又時々犯人處刑の實例を擧げてこれを觸れしが如きも、其結果一部の刑法を公布せるものに異ならず。

刑罰を明示せざる理由　これを要するに、幕府が其法令を制定すると共に、人民に周知せしむべきものは、階級制度に適應すべき各種の方法に依りてこれを公布し、犯罪を構成すべき諸般の行爲に向かつて、丁寧反復警告して已まざりしは、其敎へずして刑せんとせざるを知るべく、又是等の法令中單にこれを爲すべし爲す勿れといふの外、犯罪に對する刑の適用を明示するものありしは、彼絕對的に民不レ可レ使レ知レ之との主義に依れるものにあらざりしを知るべし。加之是等の觸達等は、既に述べしが如く、其種類多方面に亙り、幕府が所謂御世話の厚き、これに依りて賣藥の廣告迄なすに至り、其言ふところ一片の諭告に止まりて、刑罰を豫想せざりしものも尠しとなさゞるべく、（一）縱ひこれを豫想せるも未だ一定の制なく、唯犯罪の發生に從つて適宜處分せんとし、（二）又は戰國時代の遺風を承け、脅嚇主義に依りて故らに漫然嚴科に處すべしといへるの類もあるべし。（三）是等の觸達中、往々科の輕重に從ひ「可レ被ニ行ニ曲事一」とあるが如きは、卽ち隨時處罰せんとせるものに外ならず。而して戰國時代には前章にも既に說きしが如く、法令の一部たる制札の文等に於て、犯人を嚴科に處せんといへるも、其刑罰を明記せざるもの多かりしなり。然るにこれ初めより刑法の明制を闕き、時に臨んで武斷的制裁を加へんとせるものにして、所謂祕密主義なるものとは大に逕庭あり。江戸時代亦多少同一の事情の下に、これを繼承せしものあるも怪しむに足らざるべし。幕府の觸達等を論ぜんとするものは、是等の數事をも考量せざるべからず。況んや制裁を明示すると否とは、法令の價値に於て軒輊するところあらざるをや。

幕府の祕密主義の疑點　然り、幕府にして刑法の制定をなさずんば已む、苟くも其刑書として一部の御定書を編纂し、而かも當該奉行の外他見を許さず、爾後の觸達に依然刑罰を揭げざるもの多かりしとせば、前記の第二第三の理由轉た薄弱なるを覺ゆべく、少くとも一部の祕密主義を執れりとなすべきにあらざりしか、これ實に研究すべき問題なり。是に於てか、御定書の性質如何は正に本論の關鍵たり、換言すれば、問題は繫つて御定書の跋語にあるなり。

第二節　御定書の性質

御定書　御定書の性質を論明せんとすれば、勢ひ先づ其編纂の起源沿革より、當時に於ける裁判所の組織、權限、訴訟手續等迄詳敍せざるべからず。然れども此にこれを說くは、徒らに論旨の紛糾を來たすべきを以て、是等は題を改めて別に述ぶる事とし、今は唯簡單に其梗槪を擧ぐるに止めんとす。

御定書は上下の二卷に分たれ、上卷は評定所開始の事より、同所の執務に關する規定、其他幕府の高札及び觸達中司法警察等に係れるものを收め、下卷は專ら刑法、訴訟法に關するものを收めたり。世に百箇條と稱するは、即ち後者を指せるものにして、其實百三箇條なり。而して其上卷に收めたるものは、大抵既に公布を經しところなれば、主として祕密の效力を有せるは、其下卷にありしなり。故に余が茲に論述せんとするものも亦彼にあらずして此にありとす。

御定書の編纂　享保五年正月二十六日、將軍吉宗旨を三奉行に傳へしめて曰く、「御仕置者之事、何々之罪は死罪、何々之罪は遠島或は追放、過料、戸〆與、大概定法を相極書立置、時に至て猶又其罪之輕重に依而、斟酌致申付可ㇾ然事」と。これ三奉行に令して、幕府の刑書を編纂せしめんとするものにして、御定書中所謂御仕置附に關する部分は、此命令に基づきて編纂せられしなり。櫻町天皇元文三年草案始めて成り、爾來數回の重修を經て、同天皇寛保二年に至り略〻其業を終へたりしかば、三奉行に授けてこれを準用せしめたり。當時老中松平乘邑より、「此度御定書相極め、御仕置之御定に而、大切成事に候間、奉行中心得にいたし、猥に他見無ㇾ之樣に可ㇾ被ニ相心得ㇾ候」との訓令を三奉行に與へ、尚ほ其跋語にも「右之趣達ニ上聞ㇾ相極候、奉行中之外不ㇾ可ㇾ有ニ他見ㇾ者也」と記せり。而して此「奉行中之外不ㇾ可ㇾ有ニ他見ㇾ」との一語は、後世法律編纂者の蹈襲するところとなり、明和の科條類典、文久の赦律、皆これに依らざるはなく、前者の如きは、「雖ニ一條ㇾ拔書等永禁ㇾ之」との一事をさへ附加して、嚴に祕密を保つべきものとせり。御定書の制定後、追加の正條に加へられしものなかりしにあらず、然れども延享二年以降の追加は、概ねこれを別冊に記入せしめ、稱して御定書に添候例書といへり。別に寺社方御仕置例書二卷ありて、專ら社人僧侶の刑法を收めたり。仰高錄に出家沙門等の御仕置定書といへるは即ち是なり。

裁判所の組織　抑〻司法權の運用は、江戶幕府の最も重要視せるところなり。寬政元年九月、松平定信三奉行に向かつて、裁判の目的の勸懲主義にある事を宣言し、且つ其影響の至大なるを說きて曰く、「公事裁判其外御仕置之事は、壹人の休戚に預り候儀にも無」之、天下之邪正勸懲に預候儀に而、風俗をも變化いたし候本に候云々、一人之邪正を糺し候得者、天下之邪正之勸懲に相成候儀に候」云々と。然るに其裁判は犯人の管轄、刑罰の輕重等に依りて、これを上級の裁判所に移す事あるも、或程度迄は當該有司の專決を許したりしのみならず、殆んど上告の方法機關を缺き、通常の場合に於て、始審は卽ち終審たりしを以て、有司の責任も從つて重く且つ大なりしなり。而して幕府の有司中、司法權を行ひ得たりしものは、獨り三奉行に止まらず、道中奉行、遠國奉行、火附盜賊改の類より、郡代、代官、預所役人等に至るまで、皆各其訟廷を有して、一定の權限內に司法權の執行を許され、三奉行と雖ども、其專斷に依つて決定すべからざるものは、老中の裁可を受くべき事、他の奉行等と異ならざりしなり。然れども當時の高等裁判所たりし評定所は、三奉行（勘定奉行は勝手方を除く）を以て組織せられ、常に原被兩造の管轄を異にせるもの、其他の重大事件を裁判せるのみならず、下級裁判所の專決し得ざりしものは、老中の命令に依り、又は所轄奉行の依囑に依りて、其判決案を協定するを例とせり。又私領の刑法も幕府に準ずべき制なりしを以て、往々老中の裁可を仰ぎし事あり。老中は又評定所に諮問して裁決を與へたれば、評定所は直接間接に下級裁判所及び私領の判決を監督して、これを一致せしめんとせし實あり。加之三奉行各自に就きて觀るに、管轄の廣き、司法權の及ぶところ、亦決して他の奉行の比にあらざりしなり。これ幕府が御定書の適用を三奉行に限れる所以ならん。

御定書編纂の理由　江戸幕府諸般の制度は、皆人に任じて法に任せざるを原則とせり。故に裁判の如きも、亦司法官が各自の常識に於て、最も情實を得たりと思料するものに從つて、判決を與ふるを唯一の方針となし、敢て法を設けてこれを羈束するをなさゞりしなり。將軍秀忠の時、多年江戸町奉行の職にありし島田守利が、在職中の判決例を編纂して、後の奉行の參考に供せん事を請ひしに、秀忠これを許さゞりし事あり。其意犯罪の種類は千態萬狀なれば、奉行たるもの一々其情實を審かにして、最も適切なる判決を下さゞるべからず。然るに若し其判決例を殘さば、後の奉行これに拘束せられて、其常識を失ひ、意志を奪はるゝ虞ありといふに外ならざりしなり。又享保三年十一月には、三奉行が判決に向かつて裁可を仰ぐに當り、これに相當する例書、即ち判決例を添ふるの例なりしを、「品により例書添候而は、時々之了簡之障になり候事も可レ有レ之」云々との理由に依り、爾後此例書を廢し、奉行自ら相當の處分を案出して、上裁を請はしむる事とせり。判決例の編纂提出すら、常識的判斷に妨あらん事を憂ふるものにして、一定の刑法を制定せりといはゞ、何人も其矛盾の甚だしきに驚くなるべし。然れども熟〻其源委を窮討すれば、幕府がこれに依りて從來の根本主義を棄てしにあらざるを知らん。幕府は固とより奉行の常識に訴へて、裁判の情實を得んとするものなるも、最も常識に富めるものは、必ず非凡の人ならざるべからず。若し常識以外何等の準則とするところなくんば、同一の事件にして、甲の奉行の輕しとするところも、乙の奉行に重しとせらるゝが如き事、斷じてこれなきを保せざるべし。故に裁判上の理想としては、毫も常識的判斷を枉げざるも、便宜上多少の標的となるべきものを設けて、裁量の自由を奉行に與ふるは、敢て枘鑿相容れざる事と謂ふべからず。これ幕府が寛文四年の比より、判決例の記録を奉行に許す事となりし所以にして、爾來此種の材料は、自餘の慣習、法令、指令の類と共に、裁判上の指針として奉行の間に準用せられたり。然れども先例は年を經て益〻煩多なると共に、自《オ》ら考索に便ならざるのみならず、往々一致を缺くものなしとせず。是に於てか將軍吉宗の御定書撰修となれるなり。世或は吉宗の御定書を以て完全なる一部の刑法となす。これ皮相の見のみ。御定書は決して吉宗が刑典大成の目的を以て、抽象的に多數の場合を包含すべき規定を設けんとせしものにあらず。其下卷百三箇條中、純粹なる刑事法は凡そ八十條を超えず。而かも其大部分は慣習、判決例、其他法令、指令等を簡明なる法文に改め、不完全なる類別の下に彙類條記せし迄にて、新たに制定せられし者とては十の一二のみ。故に判決例等の準據すべきものあれば、特別なる犯罪に對しても正條を設け乍ら、これなきものは、普通一般なるものにもこれを闕けるあり、當然記載せらるべき事項にして、唯明晰に其意味を表し難しとの故を以て、これを除けるもあり。又一般規定の町人百姓に專らにして、武士に稀なりしは、顯著なる事實とす、加ふるに其制裁も亦大に異とすべきものあり、試みに一例を擧げてこれを證せんか。三奉行が御定書の制定に當たり、多衆を以て有夫の婦を強姦せるもの丶主犯を獄門に、從犯を死罪に擬せしに對し、將軍吉宗は、主犯だに重刑に處すれば、從犯は重追放と定め置くべしとて、「同類之內には、別而不屆成ものは、遠島にも死罪にも可二申付一者も可レ有レ之候得共、夫は其時之仕方次第之儀に候、平日の定には、中分を以認置可レ然事」といへり。中分とは中庸の謂なり。されば御定書は普通の刑法の如く、必ずしも各種の犯罪に適用すべき刑罰を收めたるにあらず。其刑罰は亦必ずしも輕重の範圍を定めたるにあらず。唯從來の慣習、判決例、法令、指令等より、其文簡にして要を得、疑似に渉るを避くべきものを選びて、姑く其中庸と認むる刑罰を擧げたるものと謂ふべく、假令某の行爲は某の刑たる事を規定せりとも、犯罪の狀情如何に依りて、奉行たるもの酌量減刑をなすべきのみならず、又酌量加重をも行ひ得たりしなり。然れども某の行爲に加重し、某の行爲に減輕すべしといふが如きは、必ずしも一々これを正條に明記せしにあらず。何となれば、これ實に御定書全部の主義たり精神たりしを以てなり。故に御定書はこれに記載せられたる犯罪に對して、姑く通常の場合に最も情實を得たりと思料せらるゝ制裁を揭げ、實地に當たりて、奉行の判斷の常識以外に逸するを防ぎ、これをして至當の判決を與へしめんとせしものに外ならざるなり。

御定書の運用　然れば御定書は裁判上に於ける一部先例の摘要なり拔萃なり。將軍吉宗の老中松平乘邑が「畢竟大意計之儀候」といへるは其實を得たり。唯其選擇の當を得ざるものありて、一部の刑法としては不完全のものたる事此くの如し。吉宗固とよりこれを覺らざりしにあらず、故に其制定後も屢〻補修するところありしが、後「追々加入候而者限りも無ㇾ之」といふの故を以て、延享貳年以降の判決例等は姑く別册に收めしめし事、前に述べしが如く、寺社方御仕置例書と同じく、其適用上御定書に准ずべきものたりしなり。然るに其箇條甚だ多からざりしかば、奉行は更に以上二書に入らざる一般の先例をも參取して、裁判をなすの資料とせり。吉宗も亦其一定の法を設け難くして、條目御定書を指すに載せざるものと雖ども、「例に者引用可ㇾ申」といひて、奉行の先例を參考するを妨げざりき。故に御定書を實地に運用するに當たりては、奉行の常識的判斷を妨げざる限り、これに添へたる例書、寺社方例書、其他一般の先例は、並びに御定書の不備を補ふべきものとして併存し、且つ御定書と均しく、奉行以外に公示すべき性質のものにはあらざりしなり。

松平定信の意見　寛政元年九月、松平定信三奉行に向かつて御定書の性質を說き、且つ其適用に言及して曰く、「御定書之儀者、下より御仕置を伺ひ候曲尺に而候、定り無レ之罪狀を定り候法に引當可レ申與、强而附會候樣に而者、却而御趣意に背き候事も可レ有レ之哉に付、一事にとり、時勢寛急の樣子に付而は、見込之趣意を以伺ひ被レ申候共、相當之儀無レ據事、且後弊無レ之においては不レ苦候事」と。これ所謂「天下之情無レ窮、刑書所レ載有レ限、不レ可下以二有レ限之法一而盡中無レ窮之情上」といふものにて、立法者の精神、亦固とより此不完全なる刑書を以て、千差萬別なる情實を律せんとせしにあらず。故に定信は裁判上吟味の忽にすべからざるを說き、「御仕置伺候而評議を盡し、御定書等に引當候も、吟味之次第より起り候儀に而、實情にたがひ候得者、何ほど評議を詰、紙面之論者盡し候而も、彌罪狀の實に者遠く成行候、枝葉に不レ走、事約に吟味詰、而かも實情にあたり候者、最上に候」といひ、從つて評定所に評議せしめられし遠國奉行等の仕置伺に對しても、「總而紙面を以評し候は、實事かひなき事も有レ之、殊遠國より伺候儀者、其時之樣子、所之風俗も有レ之、右に付而は、御定にふれ不レ申、事之輕重後弊にもなり不レ申程之儀者、大抵は其奉行之見込に成候方、よく其情に徹し候事も有レ之儀に候得者、猶其心得も可レ有レ之事」といひ、紙上の空論を避けて實情を得るに務むべき事を諭し、猶ほ奉行に向かつては、「奉行與申候者、下も近心得に無レ之ては、鄙賤の情は得がたく候、然るに奉行の所作事重くなり、尊大に過候ては、おのづから下へのみ任せ候樣に成行候事可レ有レ之哉に付、是又其趣可レ被レ存事」といひて、奉行の下情に通ずべき事を勸め、又其下僚に任ずるの弊を察して、務めて親しく事を執らしめんとし、「品により下役等吟味爲致候とも、随分其始末陰に而承り居られ、實意的中之儀、專一に心を用ひ可被申事」といへり。寛政九年十二月、老中戸田氏敎の奉行に訓示せしものにも亦同事に言及せる事あり、曰く、「裁許幷御仕置附等は大切之品、當時者別而銘々實意に、不等閑勘辨之事に候得共、前々者支配下役等に打任せ置候儀も有之哉に承および候、右體之儀に不流様、何分當時之姿を以、面々直々に被取捌、後世迄無失弊様申談置、彼是之趣ども能行届候儀、肝要之事に存候」と。亦以て幕府の方針が奉行其人を得てこれに任ぜんとするにありしを知るべし。

常識裁判主義　以上畧述せるところに據りてこれを觀るも、粗々此時代に於ける立法者の精神の、那邊にありしかを窺ふに足らん。常識裁判は實に江戸幕府の根本主義にして、苟くも奉行の常識的判斷を拘束すべき事は、務めてこれを避けんとせり。故に御定書を制定するも、單に奉行が擬律上の指針となすに止め、これに依りて奉行の常識を喪失し、裁判の實情と疎隔するに至らん事は、立法者の本旨にあらざりしなり。此點に就きては後節にも論及すべし。　奉行の間にのみ祕密を保たしめてすら、猶ほ且つ其或は羈絆を免れざらん事を恐る、況んや汎く他官衙に示すに於てをや。

御定書を祕する動機　抑々江戸幕府の下にありては、諸官衙以下各其管轄を正し權限を守り、互に相戒めて侵犯せざるを例とせり。而して職務の執行上、大抵皆一定の慣例ありて、吏員執務の指針となり居りしも、各自其權域を固守せる結果、自ら或程度迄は局外者に向かつて其祕密を保ち居たりしなり。是を以て御定書の制定以來、犯罪の種類に依り、御定書若しくは先例を按じて刑罰を擬すべきものは、三奉行獨りこれに任じ、自餘の官衙にして若しこれに類似の職務を執れりとせば、直に「支配違」との抗議を避くべからざりしなり。寛政元年閏六月、三奉行が老中の諮詢に係れる火附盜賊改の殺人犯を審理して、上裁を請ふを越權の處置なりとして曰く、「人殺或者打擲等之一件者、其時宜に寄、御仕置之品も入組候儀御座候間、御定書幷先例等ゑ引當了簡仕、御仕置附致候儀に付、右類迄火附盜賊改吟味詰候而者、奉行所も同樣に相成、御役筋混雜可レ仕」云々と。御定書の運用を以て專ら奉行所の任となし、他官衙を排して、これに與らしめざらんとせし事此くの如し。知るべし、其一般人民に示すと否とは、全く問題に上るの餘地なかりし事を。故に余は言はんとす、江戸幕府の立法者が、三奉行の間に御定書の祕密を保たしめんとせる動機は、裁判の原則と官局の通規とに從はんとせるのみ、御定書の前には三奉行以外の吏員もなく、又一般人民もなかりしなりと。

第三節　御定書祕密の影響

吉宗の法制上の識見　御定書の制定者たりし將軍吉宗は、夙に心を刑律に潛め、和漢古今の法制に造詣深く、自ら筆を執りて御定書を監修し、行文の冗雜なるはこれを刪除し、文意の曖昧なるはこれを明確にし、編目の分合概ね其宜しきを得て、法律編纂上卓越せる手腕を示しゝのみならず、犯罪の種類に依つて刑の輕重を正し、汎く過料笞杖の制を用ゐ、又連坐を制限するが如き、刑法上亦一定の識見を有せし事を知るべし。加之銳意評定所の改善を圖り、人民より賄賂を收めし留役に切腹を命じ、享保十四年、親しく三奉行の訴を斷ずるを聽き、享保六年以後、三奉行以下諸奉行の上裁を仰げるものは、深更に至る迄これを親閲し、若し其意に滿たざるものあれば、更にこれを奉行に下して反復審議せしむるを例とせり。然るに吉宗は頗る下情に曉通し、其事を斷ずるに當たりて、必ずしも先例を偏重せず、享保四年五月、令を諸局の吏員に下して、「前々より被㆓仰出㆒候御法度之儀に而も、時に至り不相應と存付候儀者、早速可㆓申上㆒事、諸役所前々より之格以勤來候事共之內、不㆑可㆑然と存候儀者、達㆓其旨㆒可㆓相改㆒事、新規之儀、何々にても可㆑然と存付候儀、早速可㆓申上㆒事」といひ、忌憚なく其所見を具申せしめ、明年八月、更に其進言を促しゝが如き、又徒頭雀部重賢が組の徒士に、先例に違ふ勿れといふの外、曉諭するところなかりしを咎めて、「そも〳〵ものゝつかさたる輩、先々の跡を守るは言ふに及ばず、其本源をもたゞし、今の有樣をも考へ、もし心得がたき事あらば、假令仰出されし事にても、おし返し御旨を伺ひ定めて、詳に心に會得し、下にも令すべき事なるを、只先例に從へとのみ示せし事、無下に等閑の心得なり」といへるが如き、幷びにこれを證して餘あるべし。

松平乘邑の明敏　加之吉宗の老中、奉行も亦皆其意を體して職務に勵精し、板倉勝重父子と共に、此時代の名判官として、兒童走卒も其名を知らざるものなき大岡忠相は、實に其町奉行たり、又寺社奉行たりしなり。而かも忠相が非凡の英才に推服せりといへる松平乘邑は、亦其老中として輔弼の任に膺れり。

大岡越州ノ山田奉行ヨリ德廟〇吉宗ノ御鑒ヲ蒙リ、寺社奉行マデニ陞リシヿハ、世ノ人知ル所ナリ、其人才智モ衆ニ勝レタリシガ、常ニ儕輩ニ對シテ、松平左近將監〇乘邑計ハ、其才智ノ敏捷ナルヿ、梯シテモ及ブベカラズト云シトナリ、ソノ故ハ事モツレテ入組、イヅレトモ斷案シガタキ公事訴訟ノ類ヲ、數日ヲ費シテ調ベ、漸條理貫通スルヤウニナリタルヿヲ持出デ、左近將監ヘ申セバ、其半ニモ至ラム內ニ、此事ハカク〳〵移リテ、カク終局スベシ、サレバカクハ斷案セラル丶心得カト、先ヨリ申サル丶ヿノ、イツモ露違フヿ無リシトゾ、左候ト云ヘバ、夫ニテヨシ、今日ハ事多ケレバ、詳ニ承ルニ及バズナドアリシヿ、常ノ事ナリシト云、カヽル神妙ノ才亦世ニ出ベシトモ思ハレズト、人ニ語リシトナリ、（甲子夜話）

此記事を讀むも、如何に乘邑其人の常識的判斷に長じたりしかを想ふべし。此將軍にして此老中あり此奉行あり。幕府の裁判が着々として情實に中たり、一部御定書の單に奉行擬律の參考書たるに過ぎざりしも、固とより其所なり。

立法の主意徒爾　然れども君臣其人を得し事此くの如きは、眞に異數と謂ふべく、これを以て他の凡骨庸才に擬するは不可能の事に屬す。從つて幕府の裁判主義も其實行を見る事漸く難く、立法者の精神亦徒爲に歸せんとせるは、避くべからざりしところなり。是に於て御定書及び先例は、奉行の爲めに金科玉條と看做され、援引牽合して其拘束を免るゝ事能はざりき。これ一は所謂實情の考覈に向かつて、思慮を勞するを避けんとするに依れりと雖ども、一は奉行等の尊大風をなし、其實務を擧げて屬吏に委せるに依るなり。卽ち寺社奉行は吟味物調役に、町奉行は與力に、勘定奉行は留役に、又老中は奥御右筆に、各其司法事務を一任して、尸素の誹を免るゝ能はざるもの多かりしは、此時代の通態にてありき。然るに是等の屬吏は常識的判斷の自由を有せざるを以て、勢ひ成文に拘泥せざるを得ざりしなり。

御定書の偏重　吉宗の御定書を制定せしは、犯罪に對する刑罰の梗概を擧げ、奉行をして適宜斟酌せしめんとするにありし事、余が前節に說きし如くなるも、將軍の一代親しく奉行と協定せしものなれば、年を經ると共に益々傾重の風を助長し、其結果立法の本意と相遠ざかるに至れり。而して此頽勢を馴致せるには、幕府の措置も亦與つて力ありしと謂はざるを得ず。其行政官をして司法官を兼ねしめたるが如き、大名より奉行を選任せるが如き、一般制度の得失は姑くこれを措くとするも、後の老中が奉行に向かつて、御定書の效力、先例の上にある事を告げ、敢て斟酌の餘地を與へざらんとせるが如きは、適〻如上の奉行に恰好の口實を與へたりしなり。寛政元年、松平定信が御定書の適用を三奉行に示しゝものは、此點に於て稍〻細心に過ぎたるやの感なきにあらざれども、最も能く立法の精神を發揮せるものなりしに、爾來奉行が御定書の規定に依らずして裁判をなせるは極めて少く、偶〻これありし時は、特更に其判決の指令を仰ぐに當たりて、定信の達を引用するを例とせり。寛政三年、火附盗賊改、師匠の金品を拐帶して逃亡し、これを遊興費に充てたる犯人に向かつて、元師匠より宥恕を願出でたれば、これを許可して江戸退去の宣告を與へ、元師匠に引渡すべきやに付、老中の裁決を仰ぎ、老中はこれを評定所に下して審議せしめし事あり。評定所に於ては、御定書第四十三條欠落奉公人御仕置之事の第一項及び其但書に、

一手元に有ㇾ之品を與ㇾ風取逃いたし候もの

金子は拾兩ゟ以上、雜物は代金に積り拾兩位ゟ以上は　死罪

金子は拾兩ゟ以下、雜物は代金に積り拾兩ゟ以下は　入墨敲

但先入牢申付、取逃之品償候におゐては、拾兩以上以下共、主人願之通助命申付、江戸に不㆓罷在㆒候様に可㆓申渡㆒事、

とあるに據り、師匠は主人に准ずべきものなるを以て、元師匠より助命を願出でたれば、これを許可して、江戸に居るべからずと申渡し、元師匠に引渡すに及ばずとの案を具して老中に上りしに、老中は更に犯人が金品の賠償をなさゞるに、此法文を適用するの意を問ひ、評定所は一旦犯人に於て賠償を果たさゞるも、其費消先の知れたるもの、及び未だ費消せざりしものは、少額乍らこれを返戻し、被害者これに滿足して助命を願出でしものなれば、御定書の精神と異ならざるのみならず、これと同一の先例さへありと復申せしが、多數は遂に前議を飜して、犯人の賠償をなさゞるに於ては、類例の有無に拘らず、御定書の明文に據りて、助命を却下すべしといひ、改めて評議書を老中に上つれり。此解釋に從へば、加害者若しくは其親族等にして全部の償却に堪へずば、假令被害者自身は損失の恢復を望まずして、加害者の爲めに刑の宥恕を請ふも、許可せざる事となり、加害者若しくは其親族等の貧富如何は、刑の輕重に非常の逕庭を生じ、同一の犯罪にして、一は死刑にも處せらるべく、一は追放に止まらんとす。これ豈立法の本旨ならんや。故に時の公事方勘定奉行根岸鎭衞は、獨り此多數意見を以て御定書に拘泥せるものとなし、「御定を曲尺に相立、御仕置附仕候得者、助命被ニ仰付一候而も、事實におゐて御定ニ振候儀者有レ之間敷哉」といへるにも拘らず、老中は遂に死罪との指令を與へたりき。此一例に視るも、如何に御定書が老中及び奉行の間に偏重せられたりしかを想ふべきなり。

判例の編纂　然れども一部の御定書は、到底多數の場合に適用し得らるべきにあらず、加ふるに世態人情の變遷に從ひて、其規定の徒法に歸せるもの亦多く、これを救濟せんが爲めには、彼御定書と同一の效力を有せる例書を始め、其他の先例に依らざる事を得ず。是を以て評定所以下各奉行所に於ても、裁判例編纂の事業年を逐うて起れり。而して其所謂「御定書的當之例」を省略せるは、編纂の目的全く本書の不備を補はんとするにありたればなり。

凡そ幕府百般の施設が、概ね先例を遵行するものなりしは、人の知るところなり。後世に至る程此風益〻甚だしく、自《ミ》ら其弊害を認むるものも、從來の仕來とするところは輕々しくこれを改めず、偶〻新意を出だせるものは、「以來之例には難ㇾ相成」との條件を附して施行するを例とし、庸才の吏は事を執るの捷徑たるより、沿沿として先例を逐ひ、一小吏に向かつて定例の賞與金を與ふるだに、其長官に對する伺書には、これが例書を添へし程にて、何事も皆例に依つて例の如くするを、執務の極意としたりしなり。司法事務の當路者獨り然らざるを得べけんや。渠等の多くは先例の考索に忙殺せられ、町奉行所の如きは例繰方《レイクリカタ》なる專任の吏員をさへ置き、然らざるも評定所留役、寺社奉行吟味物調役等、皆此例に漏れざりしなり。是を以て一事件に逢着する毎に、先づ御定書を按じ、其明文を闕くものはこれを例書に徵し、然る後始めて判決を下しゝ事なれば、裁判例の記錄たる例書は、御定書に次で奉行等の金城鐵壁と謂ふべく、これなくんば恰も盲龜の浮木に離れたると一般、茫として其適從するところを知らざりしもの少しとせざるべし。從つて老中が三奉行に對して御定書若しくは例書に拘泥するの非なるを說示し、其判斷をして實情に中たらしめんが爲め、或は「御書附○御定書を指す之趣旨に深く行渡るべき爲に、却而一體之意味相違之所に心付無ㇾ之哉にも相見候」といひ、寛政元年八月三奉行の評議書に對する老中の達、或は「惣而御定書の御趣意に思念不ㇾ深して、文面に引當、手みじかく事易決斷せしむるを專一とする時は、勞煩なる儀は、薄き方に而あるべく候得共、自然と事實を考候方は疎に成行、且は御定之御趣意にたがひ候儀にいたる間敷とも難ㇾ申候」寛政五年四月三奉行に對せる老中の達抔いへる譴責的注意を與へ、其提出に係る擬律書に向かつて變更を命ぜし事も、一再にして止まらざりしなり。

御定書祕密の維持　幕府裁判の原則が、動ゝもすれば奉行等の破るところとならんとせし事此くの如し。官局の祕密は果たして能く保ち得られしや否や。抑ゝ御定書及びこれに添へたる例書は、三奉行の祕書たりしを以て、奉行の任中これを保管せしむるも、轉任の際は後任者に交付せしめ、寺社方例書の如きも、後櫻町天皇明和七年以降は御定書に准じて、奉行の轉任に當りては、自ら其書に封印を加へて月番に托し、月番より更に後任者に交付せしむべき事となれり。然るに其他多數の先例を編纂せるものも、亦均しく奉行所以外の他官衙に示さゞるの例規にてありしなり。光格天皇文化二年箱館奉行が創置に係りて、裁判の準則とすべき先格類例を闕くも、土地隔絶にして且つ氣候寒烈なれば、江戸の指令を仰ぐに日子を要し、未決囚の困難を感ずる事少からざるを以て、手鎖以上老中の裁決を仰ぐべき現制を改め、遠島以下の刑法を三奉行に聞き、これに該當するものゝ專決を許されん事を請ひしかば、老中より三奉行に其可否を諮りしに、三奉行は其事情已むを得ざるものあるを認め乍ら、事件審理の結果を報告するにあらずして、單に擬律の照會に遭ふも、これに答ふるの困難なるを說き、さりとて御定書の趣意を達し置くは「不㆓相成㆒筋」なるを以て、遠國奉行の例書を借り、これに照らして遠島以下の刑を專決せしむべしといひ、老中より更に三奉行の例書を與ふるの可否を審議せしめしに、三奉行は從來奉行所以外に例書を出だしゝ事なく、遠國奉行等の照會に接するとも、唯其刑名を告ぐるに止まり、これが準據たる先例を抄示せし事なきを以てこれを拒めり。

三奉行以外の頒布　然るに三奉行の外、特に御定書を頒たれしものあり。文化十二年、幕府が評定所の議決に係れる唐物拔荷密賣者の刑法を、京都所司代及び大坂城代に達するに當りて、「いまだ不レ致ニ治定一義候間、御定書同様に押立取用候事者、可レ有ニ斟酌一候、類例等之見合にいたし候者不レ苦候事」との注意を與へしを見るも、京都所司代と大坂城代とが此特許を得たりし事明かなり。唯制定の當時よりして然りしや否やは研究中に屬し、此に明言するを得ざるを遺憾となすのみ。又裁判の要務を屬僚に委任せるより、これが自然の結果として、評定所留役等は御定書其他の例書を抄寫して所持せるも、默許の姿となり居たりしが、其私事に屬する爲め、官本と比校するを許されずして、誤脱も亦多かりき。是を以て一はこれより生ずべき過失を避けしめんが爲め、一は新任者をして入り易からしめんが爲め、天保十二年新たに十三部を書寫せしめて官本となし、留役及び寺社奉行吟味物調役に授け、轉任の際は官庫に納めしめ、新任者あればこれに交付する事とし、從來留役等の所藏に係れるものは、悉く收めてこれを燒却せり。是に至りて始めて評定所留役及び寺社奉行吟味物調役にも、御定書及び一部の例書を公示するの新例を開く事とはなれるなり。

吉宗の刑法一部の公示　上來主として官衙に對する祕密の效果を略述せるを以て、以下少しく其一般人民に關するものを說かん。

將軍吉宗の在職中、御料と私領とに別なく、下民をして禁令を周知せしむるに力めたりしは、余の第一節に述べしが如し。享保元年四月、人を畧取誘拐するもの等の禁令を申ねしむるに當りて、「右御代々の御制禁に候得共、下賤之輩其由を相心得ずして、犯罪之もの度々出來候、すべて此等之事に不レ限、御制禁の事共をば、下賤之輩迄相心得候樣、常々其御沙汰可レ有レ之者也」といへるを觀るも、其精神これに依つて犯罪の發生を防止せんとするにありしを知るべし。享保五年正月、三奉行に御定書の編纂を命ずると同時に、吉宗は又證文類の樣式及び訴訟の手續等に關する法令を集成し、且つ其漏れたるはこれを補ひて公布せん事を令せり。これ人民の訴訟紛議が、不適當なる證文又は手續の錯誤に基くもの多きを以て、豫めこれに曉通せしめんとするものなり。而して從來は是等の規定に違反せるものをも、不問に附する事ありしより、益々訴訟を煩多ならしめたれば、既に公布せる後、若し違ふものあれば、其訴訟を受理せざるは勿論、或は係爭の物件を沒收し、或は相當の刑罰に處する事となさしめたり。吉宗は又嘗て法令に關する吏員の意見を徵せし事ありしが、下級の人民に向かひても、亦享保六年より訴狀箱の制を剏めて、刑法上參考となるべき事を投書せしめ、同八年には、武州に於ける一名主が、博奕及びこれに類似の犯罪を禁示せしむべき刑法を案出して提出せるを、「常々精出し候ゆへ、个樣之儀にも心付、奇特成事に候」とて、賞銀拾枚を與へし事あり。其公布に係る諸法令にも、犯罪に對する刑罰の明記ありしもの多からずとせず。（享保七年八月密に賣淫をなせるもの及び其雇主地主家主等に對する觸の如きも其一例也。）故に吉宗は此方面に向かつても、或程度迄は刑法の公示主義を取れるものなりしを知るべし。

幕府の出版法　吉宗は享保八年出版法を定めてこれを公布し、儒書、佛書、神書、醫書、歌書の類の外、世敎に害あるものゝ印行を禁じ、出版の方法手續等に關する規定を設けたり。此くの如きは、此時代に於ける社會政策に取りて、至當の措置なりと謂はざるを得ず。元文五年、田安家の小十人羽倉在滿は、大嘗會便蒙を印行せるに依りて閉門を命ぜられ、其書は絶版に付せられたり。これ一は朝廷の規式にして公示すべからざる事なりしと、一は許可を經ずして出版せるとに依るなり。幕府の出版法に於て、「權現樣」は勿論、總べて德川家に關する事蹟は禁示事項の内なりしかど、特に出願すれば許可を與へざりしにあらず。然るに朝廷の爲めには、此種の出版を擧げてこれを禁ぜしを見るも、其意を用ゐるの厚きを知るべし。而かも其禁令は敢て既往に遡るものにあらずして、從來印行し來たりしは、これを飜刻するも出願を要せざりしなり。元文六年正月の觸。靈元天皇貞享元年、幕府が其服忌令の觸を出版せしものを牢舍に處せしは、亦町奉行の許可を得ざりしと、これに加筆せしとに依れるのみ。吉宗に至りては、其修正に係れる服忌令を上木して、これを海内に頒布せり。本邦に於て歷史ありてより以來、立法者が自家の制定に係れる法令を印行せしもの、實に本書を以て權輿となす。後幕府が江戶の町法を改むるに當たり、其刻本を町民に與へしが如きも、亦これに倣ひしなり。然れども事苟くも官局の祕密に係りて、公示すべき性質のものにあらざりせば、縱し出願者あるも、許可を與へざるは勿論、禁書を所持せる罪をも問はずんば已まざりしならん。而して其中或は吏員の服務章程もありしなるべく、或は幕府の儀禮もありしなるべし。刑法に關する規定の中には、御定書を始め同一の取扱を受けしものなかりしにあらざるも、これ唯官局に於ける祕密の一部分として然りしのみ、刑法の規定なるが爲めに然りしにあらず。

刑法の脅嚇主義　然れども前節に說きし裁判上の原則以外、立法者をして刑法祕密の必要を感ぜしめしものあり、何ぞや、脅嚇主義これなり。此主義は戰國時代の刑法に採用せられて、盛んに其適用を見たりし事なれば、縱し江戸幕府の當局者に繼承の意なかりしとするも、社會的隋力は遽に其廢棄を許さゞりしならん。是を以て幕府の立法者も亦これを利用して、其專制政策を有效ならしめん事を務めたり。世人往々幕府の刑罰の峻嚴に傾き、犯人に及ぼす苦痛の過大なるを見て、犯罪と刑罰との權衡を云々するものあり。これ一を知つて二を知らざるものと謂ふべし。凡そ此時代に於ける嚴刑の執行は、啻に苦痛を犯人に與ふるを以て足れりとするにあらずして、進んで社會民衆を脅嚇し、犯罪を未發に防止せん事を期せるなり。後の當局者或は刑罰の目的を以て「見懲」にありとなし、「都而御仕置者、見懲之爲與申內、引廻、晒、其の外死骸を晒候御仕置は、見懲之趣意」云々といへるものありしも、一理なきにあらず。仁孝天皇文政九年、無賴の徒長脇差を帶せるもの關東の各地に横行し、財物を抄掠し婦女を强姦し、暴行至らざるなく、良民安堵の思をなさゞりしかば、時の三奉行は當分長脇差を帶して徘徊せるものを捕へて、死刑に處せんといへる勘定奉行の提議に同意して曰く、「右樣之もの嚴科に被㆑處候段者、萬民之害を除き候而已ならず、無宿共恐怖改心いたし、百姓共惡業に不㆓押移㆒、年月不㆑立內、風儀立直り、一殺多生に而、格別之御仁惠に可㆑有㆓御座㆒」云々と。然れば犯人は社會の公益の爲めに、其身を犧牲に供せられたりしなり。彼梟磔鋸焙等の酷刑も、社會に對する「格別之御仁惠」として行はれたりしものとせば、時人は宜しく一殺多生の慈恩に感泣すべく、刑囚自身も斯る御役に立つを冥加とせざるを得ざりしならん。渠等が獄門申付くる抔との宣告を聞くと共に、御難有うといふの常なりしも、寧ろ其體を得たりと謂ふべきか。

脅嚇主義の作用　此主義は敢て刑法全部の公布を拒むものにあらずと雖ども、又悉くこれを容るゝものにもあらず。就中此主義に依りて、既に嚴刑に處し、若しくは處せん事を示しゝ後、これを輕減する場合の如きは、最も兩者の並存を許さゞりしを見るなり。幕府の立法者が法令に於て刑罰を明示せるものありしは、余の既に述べしが如し。然れども斯る場合に臨みては、犯罪の發生を促すべき動機とならん事を恐れて、故らにこれを祕するか、將た適當の口實を設けてこれに托するか、二者其一を選ぶの外なかりしなり。享保十一年、三笠附博奕の黠者等、從來永く遠島に處し來たりしを改めて、三五年の刑期となしゝ時、老中松平乘邑より、島地に於ける服役者を赦免するの可否を大岡忠相に諮詢せしに、忠相は故なく赦免するを以て、年限の制を下民に曉らしむるものとなし、二代將軍遠忌の赦に托するの策を獻じて曰く、「此以後右之類遠島被二仰付一年季之儀、私共江其譯存可二罷在一候得共、下々存候而者、ゆるみに可二罷成一候間、此以後何ぞの御赦可レ有二御座一候、從年季明ケ候上、過も可レ有二御座一候得共、右之通御赦に御免被レ成候はゞ、年季之譯下々不レ存、御仕置之ゆるみにも罷成間敷哉與奉レ存候」と。老中は直に此意見を採納して、刑期の事は奉行の心得に止めしめたり。又寛政元年、時の老中松平定信、拔荷の密買者に對する左の刑法を定めて、長崎奉行の專決を許せり。

主謀之密買、金銀銅錢を以買取、又は雜物等を以取替候とも、金高に積り、拾兩以上の品を以密買致し候者、幷密買之再犯、金錢雜物等之多少によらず、右三ヶ條は死罪可二申付一、尤右之企を存じながら、拔荷買ものも同罪に可二申付一事、

一、金銀銅錢にて無レ之、雜物等十兩以下之品を以密買を企候ものは、是迄之御仕置より一二等も重く申付べ

し、右之企を存じ買取候ものも、是又同罪たるべき事、

と。然るにこれと同時に、長崎奉行をして市中郷中近國私領の港津に掲示せしめし制札には、左の二條を載せたり。

一、唐紅毛人共より、金銀銅錢を以、拔荷直買いたし候もの共は、聊之品たりとも、以後可レ爲ニ死罪一事、

一、煎海鼠、干鮑、昆布等之類、都而右樣之代物を以て直買いたし候もの共も、吟味之上、時宜に寄可レ爲ニ死罪一事、

と。讀者若し彼此對照して、其異同を檢し來たれば、必ずや立法者が用意の存せるところを會得すべし。即ち奉行の內規には、金額の多少又は初犯と再犯とに依りて刑の輕重を異にせるに拘らず、これを公布するに當たりては、唯其極刑を擧げて減輕すべき部分を載せざりしなり。故に本文は大體に於て既定の刑罰を加重せるものなるも、其精神に至つては、減輕の場合にこれを祕せると一般、脅嚇主義の作用に外ならざるなり。

減刑規定の祕密　寬政十二年、幕府人足寄場《ニンソクヨセバ》（無宿を收容せる徒場）に於ける刑法を修正して、從來其牆壁を毀壞し踰越して逃亡せるものゝ、死刑に處し來たりしを遠島に改め、自餘の犯罪もこれに准じて刑の減等を行ひしかど、是等の人足（拘禁の下に服役せるもの）に讀聞かすべき刑法の文は、町奉行の議を容れて、舊に仍り逃亡者は死刑其他の嚴刑に處し、又作業を怠れるものも、相當の罰あるべきを以てせり。蓋し寄場人足は皆無賴の徒にして、誠實に其業を執るもの少く、豫め嚴科に處せん事を讀聞かせ置きてすら、往々逃走を企つるものあり。今若しこれ

に向かつて、寛刑に就くを公示せば、其結果犯人を續出するに至らんも測り難く、従つて罪戻を遏止するの效なかるべければなり。爾來此種の慣用手段は、當路者に依りて、屢〻下級社會に對する刑法に繰返されしのみならず、其私に法令の規定を抄錄せるものにありてすら、猶ほ事の宥恕減輕に及べば、「顯露に認候而者、憚有」之故略」之」との筆法を以てせしものあるを見る。

これを要するに、幕府は違法者の刑罰に就きて、明示するところなきにあらざりしも、其宥恕減輕に向かつては、嚴刑に於けるが如き勇氣を有せず、又これを公示するの機會に乏しかりしなり。

秘密漏泄の遏止　然るに階級的社會の狀態として上下の懸隔殊に甚だしく、彼司法官の如きも、下情に親むべき訓誡を奉ずる事能はずして、尊大自ら居るもの多かりし程なれば、官局の祕密に對する監察は、年を逐うて益〻嚴密を加へ、毫も祕密に付すべき必要なかりしものに就きてすら、百方其漏泄を防止するに務めたり。されば彼刑罰に關する言路を洞開して、博奕禁止の刑法を提出せる一名主を賞せし事の如きは、殆んど一場の昔日譚となり、下民にして奉行所に於ける刑の適用を臆測するだに、「御咎を量る」ものとして、其摘發を免れざりしなり。例せば、地方より出京せる訴訟人を宿泊せしむべき一江戸宿の主人が、屢〻法廷に出入して裁判上の智識を得たりしところより、擬律に關せる私見を訴訟人に泄らしゝとて、過料錢三貫文に處せられ、又博奕宿の隣家が法に照らして過料を科せられん事を慮り、御定書第五十五條參照豫め博奕宿より金錢を收め置きしとて、所拂に處せられしが如し。

評定所懸看板　評定所懸看板は第壹節にも説きしが如く、評定所にありて、奉行等の日常注意すべき事項を收錄せるものなりしも、其中親戚知人の紹介をなすを禁じ、審理の方法、決定の手續等を定めたる部分を除きては、訴訟の當事者が召喚の期日に後れ、出頭に際して刀脇差を帶し、老幼病者にあらずして補佐人を附するを禁ぜしもの丶如き、寧ろ公衆の服膺すべき要項といふべく、又開廷の日時は隨時公示を怠らざりしところなり。而かも其書が評定所の揭示に止まりて、外間に漏泄すべきにあらざりし爲め、貸本營業者中、これが謄本を藏せるものに向かひては、「容易不ㇾ成品所持致し罷在候段不屆」なりとて、其書を沒收し、且つ所拂の刑に處せし事あり。又犯人の處刑に關し、誇張の記事を編錄して、貸本營業者に交付し、若しくは貸本として貸與せしもの丶如きも、其「御仕置筋」に關するを以て、特に所拂乃至江戶拂の刑に處せし事あり。其他幕府職官の制等、官局の祕密に涉れる著作に向かつて假借せざりしは、固とより言ふ迄もなし。

法書出版者の處刑　謄寫に成れるものにして、猶ほ此箝束を免れざりしとせば、比較的に廣布の便宜を有する刊本の爲めには、何人も其犯則行爲に對する制裁の、一層嚴峻なりしを怪しまざるべし。光格天皇享和二年、有馬氏の家臣松岡平次郎なるもの、其服忌便覽を出版するに當たりて、幕府の追放刑に適用すべき御構場所書付或地域を限りて其出入を禁ずるを御構場所といへりを附收せしが、後、上官の注意を受けて其部分を刪除し、尋で原版の全部を破毀せしかど、猶ほ五十日押込の刑に處せられし事あり。彼訂書堂及び忍廼屋の名に於て、天保八年より同十二年に至るの間、殿居囊、青標紙の二書を出版せし大野權之丞が、其子及び發行書肆と共に嚴科に處せられしが如きも、所謂御政務筋の記錄を公にせし爲めにて、就中後者の御定書下卷の全文を併收せしは、此時代にありて、實に空前絕後の事に屬し、最も幕府の忌諱に觸れしところならん。

町觸明律國字解の出版　然るに是等は法律の規定に依らざる祕密出版に係れるを以て、苛重の制裁も恕すべきに似たれど、制規の手續を經由せる圖書印行の出願に向かつても、幕府の苛察は猶ほ意想の外に出でしものあり。幕府の觸達が往々形式に流れたりし事、前節に說きしが如し。而して公布の方法不備なりしは、確かに其一誘因たらずんばあらず。人民は唯法令の回達に接するも、記して後日に備ふるもの稀なれば、其輕輕に看過し去れるも、將た誤解を生ずるに至れるも、寧ろ當然の結果たりしのみ。若し是等の觸達を刊刻して遍く世に布き、何人も屢〻反覆して記憶を新たにするを得せしめば、法令の實施を有效ならしむべかりし事、多言を竢たざるなり。是を以て幕府の高札、武家諸法度には、既に出版せられしものあり。天保十三年江戸の一書肆、前年五月以來の町觸（所謂御改革に關せるもの）及び篤行者に對する賞詞の、町內自身番屋に掲示せられしものを裒輯して、其出版發賣を願出でたり。これ利害の最も覩易きところにして、其許可を與ふるに一議だもなかるべき筈ならずや。然るに町奉行は其屬僚たる市中取締掛に命じて、審に利害を調査せしめ、一旦公布を經たりしものは、先例なしと雖ども、これを印行して「强而苦かる間敷」との復命を得るに及び、始めて同一の意見を具して、老中の指令を仰ぎ裁可を得たりし事あり。其態度の愼重なる事此くの如くなりしは、決して繁文縟禮の弊とのみ看做すべからざるべし。更にこれより太甚だしかりしものあり、天保十五年、京都に於て明律國字解の發行を出願せしものありしに、京都町奉行は明律の本文既に享保年中に刊行せられ、本書これに和譯を施しゝ迄なれば、認可して妨なかるべしと思料せるも、國の內外を問はず、「御仕置筋」に關せる著書は、容易に許可し難きに似たるを以て、これを江戸町奉行に照會し、町奉行は更に大學頭等に諮りて、始めて出版發賣するも不可なき旨を回示したりき。外國に於ける古代法の一注釋書に向かつてすら、當局者が禁忌に涉るを慮りて、出版の許可を與ふるに躊躇せしは、殆んど無意義の事なるも、亦幕府の祕密的方針の如何なる程度に影響を及ぼせるかを徵すべき、好箇の例證たるを失はざるなり。

政治經濟書の出版停止　此くの如きは啻に法令に關する圖書の出版に止まらずして、當代に於ける政治經濟等を論議せしもの亦同一の運命を免れざりしなり。寛政元年、大阪の書肆、熊澤了介の著せる大學或問の販賣を、江戸の同業者に交涉し來たりしかば、町年寄は書物問屋仲間行事の意見を具して町奉行所の指令を仰ぎ、町奉行は更に老中に伺出でしに、同人の著述にして、これと略〻其內容を同じうせる集義和書が、寛永年中の印行に係りて、當時猶ほ汎く販賣せられ居たりしに拘らず、老中は令して其販賣を停止せしめ、尋で又其刊本を沒收し、且つ絕版を命ぜし事あり。而して書物問屋仲間行事の意見は、畢竟享保の出版法制定以來、明らさまに經濟の事を記述せしものは、互に相戒めて出版發賣を敢てせずといふに過ぎざりしなり。斯る書肆の內規と幕府の處分とが、出版法の精神と乖戾せざるや否やは姑くこれを措き、苟くも官局の祕密にして、人民の私議を許さゞりし事項は、政事にもせよ、法律にもせよ、將た又經濟にもせよ、均しく當局者の檢閱眼に映じて、其間甄別するところなかりしを見るべし。而して天保十二年、町奉行遠山景元が所謂政事筋の記錄として、これが出版發賣に就き、老中の決裁を仰ぎし書目の中、外史、通議、政記、逸史、讀史餘論、さては松隣夜話、河中島五ヶ度合戰、上杉輝虎注進狀抔の選に入れるを見る時は、縱ひ「不レ被レ及ニ御沙汰一」との指令ありしとはいへ、其着眼の幼稚なりし事憫笑するに堪へたり。

御定書祕密の三要素　以上の敍說に於て、余は御定書其他幕府の法令中、立法者が祕密を保たしむるに至れる三要素を擧げたり。(一)官局の祕密は一般官制上の通則とせるところにして、獨り司法事務に止まれるにあらず、(二)裁判上の原則は、專ら司法官をして法令の拘束を免れ、運用の妙を擅にせしめんが爲め、(三)刑法上の脅嚇主義は、又主として下級社會に犯罪の誘發を防がんが爲め、並びに其公布を阻みしなり。故に江戶幕府の立法者があらゆる方法手段を講じて、諸般の法令を公布せるは勿論、其一部を祕密に付せし事さへ、人民に對し寧ろ善意に出でたりし事明かにして、彼獨り法律的智識を占有し乍ら、自家壓制の器械に供せしものとは自ら其撰を異にせり。唯其效果の立法者の豫期に合せると否とは、別に考究せざるべからず。請ふ以下少しくこれを論ぜん。

祕密主義の破綻　御定書其他の例書は、三奉行以外一二の除外例ありし外、何れの奉行にも公示若しくは內示すべきものにあらざりしなり。是等の奉行中には、遠國奉行等の如き、一定の權限內に裁判權を與へられしものあり。渠等は從來裁判の先例あるものに限りて專決執行を許されたりしも、其所謂先例なるものが、御定書等の規定と牴牾せざるや否やを判斷すべき材料はこれを與へられざりしなり。一方に於て刑法の畫一を期し乍ら、他方にこれを否定せんとするが如きは、豈此祕密制度の一大缺陷ならずとせんや。されば三奉行が遠國奉行等の伺に係れる判決案の中、往々犯人の前科に對して失當の處分ありしを發見し、或はこれに注意を與へ、或は上裁を經ざりし裁判例に依るを禁じ、爲めに遠國奉行に向かひては先例を示すを拒み、渠等が執務の見習として、同所の評議を傍聽せる時にも、御定書に言及するを避けし程なるに拘らず、一部刑法の訓示を餘儀なくせられし事さへあり。天保七年、幕府が長崎奉行の申請を容れ、評定所に諮詢して、强竊盜犯に對する刑法の要項を示しゝが如き、其一例なり。此事たる幕府の祕密的方針と相容れずと雖ども、仔細に幕府凡百の施設に徵すれば、自《ミ》ら制度の破綻を認めつゝも、猶ほ且つこれを棄つるに躊躇せるもの、獨り此一事に止まらざりしを知るべきなり。

祕密維持の困難　此他尙ほ祕密主義の效力をして、一層薄弱ならしめしものあり。彼ウェストミンスターホールに於ける裁判所の判決が、裁判例の記錄に基く事となりて後、英國法律の成文法となりし事、識者旣にこれを辨ぜり。幕府の編纂に係れる裁判例は、固とより公示せしものにあらずと雖ども、其裁判の一にこれに準據するに至りては、少くとも久しく其祕密を保つ事能はざりしなり。卽ち事件の判決を重ぬると共に、人民は自《オ》ら刑の輕重を辨ふる事を得、其極博奕を業とせるものにして、實際廻り筒賽博奕をなしゝ事一二回に止まれるものも、猶ほ其重敲に處せられん事を恐れ、三回以上に及べりと僞りて、却て中追放たらん事を望み、御定書第五十五條の末項參照、又追放刑に該當せる犯人は、往々佐渡に遣られて、鑛山の苦役を執らしめらるゝを以て、故らに重罪を犯せりと佯り、遠島に處せられん事を望みしが如き、奇怪の現象をも呈するに至れり。前にも述べし江戸宿の主人が、訴訟人に向かつて擬律上の所見を告げしが如きも、亦其判決を見るに馴れしに依るなり。されば幕府も爲めに脅嚇の目的を達し難からん事を慮り、人民の主として下級の最も犯し易き或種の犯罪に限りて、暫くこれが刑罰を重くせる事あり。これ適〻其祕密を保持するの、容易の業にあらざりしを反證するに足らずや。

祕密は所謂公然の祕密　是に於て御定書其他の記錄も漸く世に漏れ、これが取締に關する表面上の事實は、前揭の如きものありしに拘らず、三奉行以外の奉行等にして、司法權を與へられしものは勿論、諸國の領主及び一般の官民等、苟くも訴訟に關係を有せる程のものは、殆んど一部の御定書及び多少の判決錄（其大部分は尚ほ祕庫中のものたりしとはいへ）を有せざるものなきに至り、遠國奉行、火附盜賊改等の擬律書にして、是等の規定と相一致せるものの多かりしも偶然にあらず。加之裁判所の判決は、人民の謄寫を許されたりしを以て、町村の吏員等も皆多少の記錄を藏せざりしはなく、江戶にありては、町年寄が下級の自治體に於ける年番名主に、裁判の先例を徵せるもあり。特に當時の訴訟補佐人とも看做すべき、江戶宿の下代其人の如きは、頗る曉悉するところありしといふ。然れば其祕密は所謂公然の祕密と稱すべきものなり。大野權之丞の御定書等の私刊を敢てせしも、畢竟これが爲めなりしのみ。然るに世人は容易に御定書の版本を求め得べかりしに拘らず、幕府の評定所に於ては、始めて御定書及び例書の一部を其留役等に授けて、嚴に祕密を保たしめ、且つ其書に題して、民可レ使レ由レ之、不レ可レ使レ知レ之と聖經に見へたれば、刑を處する道は、深く官人之筐笥に祕して、普く民に示すべきものならず抔いへる事、寧ろ兒戲に類せずや。

極端なる專制政策の弊　余は既に江戶幕府の立法者が、如何にして其法令を公布せしやを說き、一部の法令を祕密に付せし動機を擧げて、後の繼續者の必ずしも其遺志に添はざりしを述べ、祕密の效果亦薄弱なりし事を證明せり。これを既往各時代に對照するに、諸般の法令が基礎を道德主義に置き、司法官の專ら先例を重んぜしが如き、大體に於て武家時代と大差なく、上下の周知を要すべき法令は、百方公布の方法を講じ、用意周到を極めたりし事、前古に其比類を見ざりしところなり。然れども幕府は戰國の餘風を承けて、極端なる專制政策を執りしものなれば、其公布に係れる法令も、概ね服從を強ふるの一方に傾き、社會の各方面に干渉を試みて、これに違背せしものは秋毫も假借せず、彼「置目法度ニヲヂヨ」といへる金言は、時人の服膺せざるを得ざりしところ、民間長命の法を記述せしものに、御法度を守るを第一の妙薬とせるものありたるも、異とするに足らず。從つて人權を重んじ、これを伸長し保護せし點に就きては、武家時代に劣り、民事に關する訴訟紛議は大概熟談內濟に終はらしめ、金銀貸借の訴訟事件煩多に苦しむの餘り、「人々相對之上借貸に候得者、取上げ裁許にも不レ及」とて、受理せざりし事さへあり。上告の方法機關亦不備にして、人民の權利思想も遠く武家時代に及ばざりしなり。然るに是等は一般の法律論に亙るを以て、此には其多くを謂はざるべし。

第四節　結論

維新以後の公布式　維新の初、百事草創、法令の公布も多く舊制に仍れり。慶應四年即ち明治元年三月に掲示の種類を分つて二となし、永世の定法は定三札と稱し、「定」を以て始まれるもの三あり。第一札は五倫の道を正しうし、鰥寡孤獨癈疾の徒を憫み、人を殺し家を火き財を盜む等の事を停めしもの、第二札は人民の黨を樹て、强訴し、又相率ゐて逃亡するを禁ぜしもの、第三札は切支丹宗門其他の邪宗門を申禁せしものにして、何れも江戸時代の高札に具載せしものたり。次に一時の掲示は覺札と稱し、「覺」を以て始まれるものにして所謂「王政御一新」後の布令に係り、姑く前者の後に掲示するも、追つて撤去する事あるものとす。「尙御布令之儀有レ之候節は、覺札を以掲示被二仰付一候に付、速に相掲げ、偏境に至るまで、朝廷御沙汰筋之儀拜承候樣、可レ被二相心得一候」といへば、當時掲示を以て法令の公布式とせる事知るべし。其定札といひ覺札といへる名稱の、異樣に聞ゆるのみならず、覺札の中には萬國の公法を以て外國と交際すべきを掲示し乍ら、定三札の中には邪宗門と共に嚴然切支丹宗門の制禁を申ぬるの滑稽あり。五月命じて江戶に於ける舊幕府の高札を撤せしめしも、其諸浦高札といひ、徒黨强訴を禁ぜし高札といひ、並びに舊章に據りて損益せしに過ぎず。法令の通達は又觸頭を置きてこれを掌らしめたり。同年四月、諸藩の觸頭に對し、太政官布告書類の傳達に就きて、左の如き規定を設けたり。

一觸頭二十四藩中申合、三藩づゝ順廻にて每日當番相勤候事、

一御達し有レ之節々、右月番の三藩召出し、御達し書三通御渡に相成候事、

一月番の三藩より觸頭中へ相達候事、

一觸下へは是迄の通り觸頭より相達候事、

一每月々末に其翌月の當番藩名可二屆出一候事、

と。其他士族卒にも觸頭ありて、町村に於ける各區の年寄と共に、觸達の傳達普及を任とし、又社寺にも觸頭ありしが、明治四年藩を廢して縣を置き、區法を改むるに及んでこれを廢し、諸般の布告は戶長をしてこれを掌らしめたり。

明治三年には新律綱領を刊布し、始めて刑書を印行して、人民に公示するの新例を作り、六年には又改定

律例の制定ありき。五年條約改正の必要より、切支丹制禁の高札を撤去すると共に、體面上、他の五倫の道を正しくすべし抔いへるものをも、併せてこれを除けり。然れども六年二月の太政官達に、「自今諸布告諸發令は、毎に人民熟知の爲め、凡そ三十日間、便宜の地に於て掲示せしめ候事」とあるが如く、法令は尙ほ掲示すべきものとし、同年六月の太政官達にも、如何に大部の法律と雖ども、掲示すべき事を規定せしが、翌年第四拾八號達を以てこれを廢せり。其後十九年二月、勅令第壹號を以て公文式を制定するに及んで、法律命令は官報を以て布告し、發布の當日より施行せしめ、又は特に施行期日を定むるものを除くの外、官報到達日數の後を施行の期限となせり。これを現時の公布式となす。

階級的公布式　余は以上の數章に於て、既往各時代に於ける法令の公布と其公布式との概説を終はれり。故にこれより以下、粗〻其大綱を擧げて本論を結ばんとす。

抑〻本邦に於ては支那の如く、古來主義としては法令の公布に傾きしもの多く、立法者は一令を定むる毎に各種の方法に依りて、人民に周知せしめん事を務めたり。これが方法としては掲示法あり、朗讀及び口達法あり、又通達法あり、就中前二者が特に下級の人民に對し、最も有效なる方法として採用せられたりしは和漢共に其揆を一にせしところなり。蓋し古代の社會は階級的なりしを以て、人民の身分に從ひ其所管を異にし待遇を異にし、又智識の程度を異にせり。故に進歩せざる社會に於ては、同一の方法と機關とに依りて周知の目的を達すべからざるを以て、勢ひ多趣にして且つ複雜ならざる事を得ざりしなり。而してこれが自然の結果として、特別なる場所若しくは人に必要なる法規は、公布の形式を備ふるものにありても、これを其範圍内に止めて、敢て他に向かつて周知を強ふるをなさゞりき。然るにこれ必ずしも他に祕せんとせしにあらざるなり。余はこれを名づけて階級的公布式といはんとす。

祕密主義の功過　是時に當たりて、法令執行の任に當れる吏胥の中、往々故らに官司に藏して、人民に知らしめざりしものあり。然れども此輩は素と其地位を濫用して、不法の利潤を計らんとせしものなれば、これを以て立法者を誣ひんとするは、通方の論にあらざるなり。唯法令祕密の主義は支那に於ても古來稀にこれを稱道し、實行せるものなかりしにあらず。就中刑法を明示するは、人民をして豫め其輕重を測らしめ、告訐の弊を滋さん事を恐れて、其公示を阻みしなり。由來刑罰の目的は、主權者の命令に違背せるものに對して、統治權の侵害を恢復するにある事なれば、古代法中專ら服從の義務を規定せる時期に際しては、法律は恰も刑事の規則に止まれるの觀ありて、一般に刑法を偏重し、自《オ》らこれが智識を擧げて、執法者の專占に委するの傾向なしとせざりき。本邦にありても、戰國時代に至り、社會的必要より脅嚇主義を慣用して、此に刑法祕密の萠芽を生じ、江戸時代に及んで益〻其實行を見るに至れり。然れども幕府立法の精神を揣摩して、民不レ可レ使レ知レ之といふにありとし、御定書の跋語を其的證と看做すは思はざるのみ。御定書は決して幕府の刑法全部を網羅せるにあらず、其中には既に公布を經しもあり、又現に揭示せられたるもあり。これを播閲し適用するの自由を與へられしものも、亦幕府司法官の總べてにはあらざりしなり。此書は素と三奉行の爲めに裁判上の指針として編纂せられ、官局の通規に依りて、汎く自餘の官民に對し祕密を保たしめしもの、縱し其中に於て公示を憚りしものなきにあらずとするも、これを以て主客を顚倒するの非なるは言ふを竢たざるべし。當時三奉行が轉免の際、封印を加へて授受を嚴にせしものゝ中には、數部の御觸書さへありき。知るべし、一旦公布を經しものと雖ども、吏胥執務の要書たるに至りては、猶ほ祕密に付せられしものなるを。而して御定書を始め、これに準ずべき例書、其他幕府の判決錄等は、均しく遠國奉行以下多數の司法官に、其一瞥だも許されざりしところなり。故に祕密は則ち祕密なりと雖ども、一種の變則なる祕密と謂はざるべからず。其人民に對する有意的祕密としては、脅嚇主義に依りて故らに本刑を示さゞりしが如きものあるも、これ專ら社會の下層に施すべき政策にして、且つ宥恕輕減の場合に止まれり。彼前者が勤めて司法官の成文に拘束せらるゝを避け、裁判の原則に從ひて、常識的判斷を下さしめんとせるものなると同時に、後者も亦曚昧の徒を驅つて刑辟に陷ゐらしめん事を恐れ、豫めこれに備へんとせるものにして、並びに立法者の善意に出で、毫も其特權を濫用して私曲を營まんとせるにあらざるなり。江戸時代に於ても、戰國の遺風を承けて、刑法上脅嚇主義の遽に棄つべからざりしは、新井君美の論既にこれを盡くせり。第三章參照。是時に當たりて、幕府の執り來たれる政策は、大體に於て時宜に合へるものと謂ふべし。人或は言はん、立法者の精神果たして此くの如しとせんも、これが執行の任に當たれるもの、能く其意を體して愆らざるを得たるや疑なき能はずと。然り、此點に就きては、具に前章に述べしが如く、余も亦其職に稱はざりしもの多かりしを認む。唯職務の執行に當たりて、比較的に嚴正を保てるの一事は、他の吏員と混視すべからざるを疑はざるなり。特に高等裁判所たりし評定所に於ては、三奉行は勿論、留役の如きも、幕府は一方にこれを優遇せると共に、他方には其職務の重大なるを諭告し、各自操行を正して衆庶の儀表たらしめんとし、同僚又相誡めて交遊を絕ち外出を避け、出行には必ず僕を從へし程なれば、殆んど譴謫を受くべき餘地なく、これを記錄に徵し遺老に質すも、渠等の醜聲を漏らし、若しくはこれを實にせしもの甚だ多からず。其書役同心等の屬吏にありては、往々人民と結托して不正の行爲を敢てし、刑辟に觸れしものなきにあらざりしかど、これ唯人民が渠等の地位と勢力とを誤認せるに職由し、裁判上何等の影響をも與へざりしなり。然れども人民は槪して幕府の專制政策に馴るゝの餘り、當然主張すべき利益すら抛棄して顧みざりし場合も多く、彼中古の人民が自己の生命財產の安全を求めんが爲め、新令の出づる每に、進んで其趣旨を上司に質せしが如き、又彼武家時代の人民が、權利の侵害を受くる每に、屢〻訴訟を提起して其恢復を見ざれば已まざるの慨ありしに比すれば、固とより同日の談にあらざりしなり。

維新以降、一方には制度上より從來の階級制度を打破せると共に、他方には敎育上智識の懸隔を少からしめ、人民も亦立法部に參與するに至れるより、此に始めて法令の畫一にして且つ有效なる公布を見るを得たり。今を以て往事を回想すれば、其公布は固とより完美と謂ふを得ず。況んや江戶時代の如き、幕府が嚴然法令の一部を祕して、人民に示さゞりし事あるに於てをや。然れども人文の未だ發達せざりし時に際して、裁判の特權《ザユディッシャルプリヴイリーゼス》を貴族に委するは、種族間の習慣を保維すべき唯一の方法たりし事、メーン氏の既に論明せしところなり。江戶時代の事、豈これに類せずと言はんや。故に祕密的方針の如何なる影響を人民に及ぼせるにもせよ、幕府の執法者が能く一代の法律的慣習を傳へて後世に貽し、祕密の撤去と共に、幾多の材料を以て我古代法の研究に寄與するを得たるは、余等後學の深く感謝するところなり。

第三　戰國時代法制の發達

緒論

法制史上の時代別　國史の時代別として、從來の史家は皆鎌倉時代の後に、室町時代を設くるを例とす。普通の政治史が、主權の所在に依つて、此時代別を採用するは、固とより失當と謂ふべからず。然れども若し法制史の見點よりこれを觀察すれば、室町幕府の草創以來應永頃に至る迄の法制上の施設は、大概鎌倉幕府の舊制を摸倣し、若しくは採用せるものにして、別に一時代を設くる程の材料に乏しかりしが、中世以降戰亂相次ぎ、幕府の勢力失墜すると共に、法制も漸く其影響を蒙りて、一種の特色を備ふることゝなり、江戸幕府の初期卽ち元和頃に至る迄も、猶ほ其餘風を改めざりしなり。故に余は法制史の時代別としては、鎌倉幕府の創立以來室町幕府の初期卽ち應永頃迄を、鎌倉時代なる同一時代に包含せしめ、室町幕府の中世以降江戸幕府の初期に至る迄を通じて、戰國時代なる一時代を設けて、江戸時代に連絡せしむるを穩當と認むるものなり。

法制史上の戰國時代　戰國時代は武家時代の變態なり、故に鎌倉幕府以來、武家の法制が如何に變遷を來たしゝかは、此時代の法制に就きて徵せざるべからず。戰國時代は又武家時代と江戸時代との過渡の時代《ピリオッドオブトランシション》なり、故に江戸時代の法制の由來するところも、亦此時代の法制を以て卜知することを得べし。而かも我國史の暗黑時代《ダークエージ》として、從來不問に付せられ居りしもの多ければ、これを研究するに從つて、種々の新事實に逢着すること亦鮮少なりとせず。此點よりするも、此時代に於ける法制の研究は、頗る趣味ある問題と謂はざるを得ざるなり。

第一章　幕政の廢弛に伴へる法制の傾向

幕政の廢弛　室町幕府は創立の際より、皇統の分立に乘じて一方の擁護者となりしも、これ主として賊名を避くるの手段に供せしものなれば、其廢立易置は掌を反すよりも易く、南北朝の亂といふも、其實公家武家の爭に過ぎず、持明院の皇統の如きは、初めより幕府に重きをなし居らざりしなり。獨り皇室と言はず、公卿寺社等も其鼻息を覗ふもの丶みにして、一として幕府の憂となりしはなく、これを鎌倉幕府の創立以來、朝廷及び廷臣寺社等の意向を念とし、自他の交渉に少からざる煩勞を要せしに比すれば、施政の難易固とより同日の談にあらざりしなり。而かも幕府の創立以來常に寧日なく、一代を通じて尾大掉はざるの觀ありしものは、幕府が最初將軍を擁して覇業を成すに至らしめたる、諸國の守護を制馭するの方策を誤りて、却て其跳梁跋扈を來たし、將軍は彼等の支持に依つて立つところの土偶となるの已むを得ざるに至り、其間幕府内外の政綱は紊亂して腐敗を極め、勢力日に蹙りて復挽回すべからざることゝなりしなり。

請託私謁公行の影響　應仁文明の戰亂を經てより、權臣嬖妾は益〻横暴を逞うして賄賂公行し、何事も「現錢の折紙」にあらざれば顧みられず、特に義政は自ら事を視《ミ》ずして、夫人富子日野氏に委ねたりしかば、富子の權威肩を比ぶるものなく、請託私謁盛んに行はれたり。是時に當たりて、幕府の上下日夜酒食に沈湎し費用貲はず、其重臣にして一衣だもなくして出仕を果たさず、爲めに逃亡せんとせるものさへあり。然るに富子は是等の贈遺に依りて暴富をなし、更にこれを陣中の大小名に貸與して利殖を圖り、遂に米相場に迄手を出だすに至れり。文明十二年、幕府は內裏修理の爲めと號して、京都の七口に關所を設け、交通稅を徵收せしが、其實修理は名のみにして、これが收入は亦御臺卽ち富子の「御物」となりて、懷を肥せるに過ぎざりしといふ。（大乘院寺社雜事記。）內裏の修造に託して往來の人民を煩はし、以て私利を營むとは、豈に太甚だしからずや。

裁判制度の紊亂　されば一般の訴訟の如きも、當該奉行に對する祕密交涉の成功するにあらざれば、其勝訴を望むこと難かりしなり。庭訓往來に、地方より京都へ出訴の手續を照會せるものに對して、奉行人等に對する賄賂、囑託、祕計（當時の通用語に祕計といふは今の運動といはんが如し）等の必要なるを告げし答書を載せたり。庭訓往來は當時一般に敎科書として採用せられたりしものなるに、書中斯る記事を揭げて諱まざるを觀るも、如何に其公然の祕密として、認容せられ居りしかを想ふべし。故に有力なる寺社には、今も猶ほ當時の奉行人に宛てゝ訴訟の斡旋を乞ひし依賴狀の案文、さては訴訟の爲めに費しゝ此種の運動費の計算に關する記錄等を傳へたるものあり。永德二年、（十一月）將軍義滿が人民の訴訟の故なくして達せざるものを、訴人自《ミ》ら幕府の庭中に出頭して、將軍に直訴するを許せることあり。庭中とは、朝廷の記錄所、文殿にも設けられたる、上告の爲めの特別法廷なり。然るに其後義滿が親しく此庭中に提出せられし訴狀を視るに及んで、其多くは權勢家に關聯するより、奉行人の憚りて達せざりしものなることを發見し、其親信せる僧義堂に向かつて、權門必ず余を怨みんと語りしといふ。此一事に徵するも、奉行人の平生如何を卜するに足れり。故に其訴ふるところは縱し理あるも、權門の强緣を假りて奉行人を壓迫するか、然らずんば金錢を以てこれを買收するにあらざれば、容易に其目的を達すること能はざりき。而かも奉行人の中には、故らに其決定を與ふるを遷延せしめて、成るべく多額の贈賄を原被兩造より貪らんとするものさへこれありしなり。事情此くの如し、幕府は其威信の失墜せざらんことを欲するも得べけんや。

秩序の破壞　是を以て、應仁文明以前に於て、其政令の猶ほ畿內近國に行はれたりしものが、これより後は、漸く京都附近に限られ、諸國の守護武士は皆幕府を侮りて、中心これに傾服し、信賴せんとするもの殆んどこれなく、何れも皆其勢力の範圍內に於て、自立の計をなすに務め、一般の人民も幕政を厭ひて、幕府が微力にして、生命財產の保護を仰ぐに足らずと見るや、汲々として自衞の方策を講じ、以て不虞に備へたり。彼下剋上の語は、下より上を凌ぐの意味に於て、幕府創立の當時より、既に一般の通用語となり居れることなるが、此時代に及んでは、すべての社會を通じて下剋上を現實し來たり、社會の階級は蹂躙せられ、秩序は破壞せられたり。階級制度の最も備はれる江戶時代にありてすら、御家人株の賣買といふこと行はれて、法制の裏面に於ては、御家人たり又旗本たり得べき途の開け居たりしことなれば、此時代の事は推して知るべきなり。乃ち所謂凡下土民の輩も、法制上別に强力なる壓迫なきを以て、各自其地位に甘んぜず、或は武藝を學び、或は系圖を買ひて、一ト廉の侍となれるも多く、文正記、然らざるも此時代の名物とも謂ふべき足輕の群に加はりて、彼「德政の張本」となれるも亦多かりき。而して德政一揆なるものは、既に應永の末頃より見え、大乘院寺社雜事記に應永卅五年九月に此事ありしを載せて、「日本開白以來土民蜂起、是初也」と見ゆ、爾來土一揆なるもの、幕府の德政法を待たずして、白晝隊を結び、酒屋土倉に闖入して、資財を掠奪すること屢〻行はれ、幕府は將軍の膝下なる京都の地に於てすら、これを未發に防ぐこと能はずして、一時無政府の狀態に陷るを禁ずる能はざりしなり。而して此くの如き暴動の主動者が、無賴の足輕土民の如きもののみに止まらずして、一ト廉の武士あり、又大名さへありしといふに至つては、驚かざるを得ざるべし。

一條兼良の政見　是時に當たりて、幕府の當路者が此時弊に對する意見政策如何と顧みるに、唯無能無策といふの外なし。獨り將軍義熙は少壯有爲の氣慨に富みて、威信の恢復に意ありしものゝ如くなるも、一守護（六角高賴）の膺懲だも其意に任せずして、遂に陣中に薨ぜり。此時代に於ては、第一流の博識にして、且つ一種の法制眼を有せりと稱せらるゝ一條兼良公の樵談治要及び文明一統記は、文明中義尙の需に應じて、其施政に資せんが爲め、起草せられたりし意見書なり。書中論ずるところは、例を和漢儒佛の所說に取り、又本邦古來の官符、法令、貞永式目、建武式目（建武の御法とも又は建武の十七ケ條とも書す）等を引き、當時上下の弊風を說きて、匡濟の方法を講ぜしも、多くは是れ血を以て血を洗ふといふが如き筆法に出でゝ、時勢論としては均しく無能無策の譏を免れざりしなり、

樵談治要は、守護の政令に從はざるものを處分するの手段として、(第一)將軍が朝敵に准じて親征するも可なるべく、(第二)謀略を以て前非を悔い幕命に從はしむるも可なるべく、(第三)神佛の冥鑒に任せて、自滅を待つも亦可ならんといへり。是等の手段が彌〻出でゝ彌〻拙なるは言ふ迄もなく、其時節到來を待つて、威勢を付けんといふに至つては、樂天觀も亦極まれり。殊に文明一統記は、其第一條に「八幡大菩薩に御祈

念あるべき事」と題して、祈禱の辭を述べ、將軍にして此くの如く足利氏の氏神たる八幡大菩薩に祈念せられんには、これを傳聞するもの、一は神慮に恐れ、一は武威に感じて、守護の心も自《オ》ら改まり、文明一統の天下とならんこと、掌を指すが如くならんといへり。これ當時の識者と雖ども免るべからざりし、單純にして平凡なる信仰心に基づけるものなり。又樵談治要に訴訟の奉行人を精選すべきことを論じ乍ら、貞永式目第廿九條に本奉行人以外の人に依りて訴訟をなすを禁じたれど、時に隨ひ事に依りては、內奏强緣を以て歎願愁訴するも可ならんといへり。これ訴訟の奉行人以外に、權門の容喙を禁ぜし貞永式目及び建武式目の明文にも違背し、特に兼良公自身の奉行人精選論とも矛盾するも、奉行人其人を得ざりし當時にありては、此便法に依るの必要を感ぜし場合、蓋し多かりしことなるべく、前後の所論に對しては、或る意味に於て最も時弊に適切なる出色の文字と謂つて可ならんか。同書の中又「簾中より政務を行はるゝ事」と題して、古來和漢の女帝等が垂簾の政を行ひて、愆なかりしことを說きたりし一條あり。公が別に義尙の生母なる富子に贈れる小夜の寢覺の中にも、略〻同一の意味を述べたり。女性の政治に容喙することは、朝廷の法制を始め、鎌倉幕府の式目、弘安七、五、建武式目及び其追加法長享二、五、六の均しく禁ぜしところなり。兼良公の博識を以てして、唯古來賢明の女性を數ふるに止めて、毫も其弊害に言及せず、或は「大方此日本國は和國とて、女の治め侍るべき國なり」といひ、小夜の寢覺、或は「此日本國をば姬氏國といひ、又倭王國と名付て、女の治むべき國といへり」といひ、樵談治要、女帝たる推古天皇の攝政聖德太子が十七箇條の憲法を作られしを稱揚し、甚だしきは政子の擁立せる賴經の將軍たりし貞永元年に、五十一箇條の式目を制定して、後世に至る迄、武家の龜鑑となり居ることを表彰して、宛然是等女性の功名なりしかの如くに絮說せるは、其無意義沒常識も亦極まれりと謂ふべし。當時富子の權威赫々として將軍を壓し、公卿の如きも、一意其歡心を失はざらんことを務めたりしを思はゞ、公の此言、亦自ら爲めにするところありしに依るとの譏を受けんも、殆んど辯解の辭なからん。公の子尋尊大僧正は、公が將軍義熈の諮問に應じて樵談治要を贈りしと聞き、「犬前說經不ㇾ立ㇾ用事也」と冷評せしが、余は寧ろ此意見書が、義熈其人に對する建策としては、餘りに兒戲に類するを惜しむものなり。一代の達識兼良公にして此くの如しとせば、他は類推するに難からざるべし。

自主自營の傾向　これを要するに、幕府の失政は其威信の闕乏を來たせると共に、上下をしてこれに信賴するの危險を覺らしめ、其結果、自主自營、爲さんと欲するところを爲すの利益を深く感得せしめたり。當時此くの如き世態を目睹せるものが、「一切御成敗不㆓事行㆒、上下萬民任㆓雅意㆒計也」といへるは其實を得たりと謂ふべし。是時に際して、諸國の守護、寺社等の管內を始め、市町村等の團體間に發達せる各種の法制が、亦一樣に自主自營の傾向を有せるは、決して偶然にはあらざりしなり。

余は今これより進んで、先づ是等の法制中最も重要なる國法の觀察を試みん。

第二章　國法の發達

國法の意義　國法とは何ぞや、諸國の守護等が各其管內に施行せる法制をいふなり。當時其管內に於てはこれを御國法と稱し、又家法ともいへり。江戶時代にありても、諸大名の法制は、これを國法、家法、又は自法といひて、幕府は其甚だしく自家の法制と背馳せざる程度に於て、封内に於ける效力を認めたりしも、亦此遺風を繼承せしのみ。今これが説明に先だつて、此時代の守護の性質を略説せん。

守護の莊園公領侵奪　鎌倉時代の守護が幕府より與へられたりし權限は、其管内に於ける大番の徵募、謀叛人殺害人盜賊の逮捕處分、卽ち所謂大犯三箇條なるものゝ外に出でざりしも、實際には是等の兵事警察等の權限以外に逸して、國司地頭の職權を侵すもの多かりしより、貞永式目にも既にこれを禁ずるの規定を必要とする程なりき。されば室町幕府の創立以來、守護の武威を逞うして、寺社本所領若しくは地頭職を押領するもの多く、幕府がこれに向かつて、今更の如くに貞永式目の規定を遵守せんことを諭せるもの、一再にして止まざりしなり。然れども當時の守護は昔日の守護にあらずして、宛然管國の領主たるの實を備へたりしは、建武式目に於て既に認めしところなり。（同式目第七條に「守護職者上古之吏務也、國中之治否只依二此職一」といへり。）乃ち鎌倉時代には、諸國には猶ほ多くの國衙の公領を始めとして、本所領家等の莊園至るところに交錯し、幕府の置くところの守護地頭等との間に屢〻紛議を生じて、公武間の交涉に少からざる手數を要せしかど、室町幕府の世となりては、戰亂に託して是等の莊園公領を削れること夥だしく、彼半濟の制の如きも、幕府の揚言せるところに據れば、兵亂の鎭定に至る迄、當分本所領の年貢の半ばを割いて兵粮料所に充つるといふ、一時權宜の手段に過ぎざりしとはいへ、其實永く幕府よりこれを保管せしめ置きし部下の私有に歸せしなり。然れども朝廷の勢力にして既に幕府の一顧だも値ひせずとせば、是等の寺社本所は、他の迫害に對して救濟を求むべき見込少く、其所有地の最も多くが强暴飽くなき守護の占有に歸したりしも、亦已むを得ざりしところなり。

守護の領主權　當時の守護は一國若しくは數國を領し、甚だしきは所謂十分の一の領主さへもありて、幕府の威令の行はれざるに乘じ、啻に兵事警察のみならず、立法行政等あらゆる領主權を行ひつゝありしものなれば、これに向かつて本來の權限を說くが如きは、所謂痴人面前に夢を說くと一般、些の反應もこれなかりしなるべし。

是時に當たりて、諸國の守護等が、其部下を始めとして、管內に於ける一般の人民を支配せんが爲め、各種の法制を制定し施行せるは、何れも社會の必要に應ぜんとする、適宜の處置と認めざるを得ざるなり。

第三章　國法の傾向

國法の種類　是等の國法は、彼伊達家稙宗の塵芥集、武田家晴信の甲州法度、結城家政勝の新法度等の如く、具體的のものもあれば、又零碎なる特別法もありて、其種類固とより多かりき。從つて其內容の如きも、細目に涉りては、自《オ》ら一致を闕くことあるを免れざりしとはいへ、大體よりこれを觀察すれば、時代の反應として、其間に避くべからざる同一若しくは類似の點を發見するに難からざるなり。

貞永式目の繼承　室町幕府の法制は、形式上に將た實質上に、鎌倉幕府のそれを繼受せし點多く、其創業以來制定せしものも、貞永式目及びこれが追加法の追加に過ぎず。此點に於ては國法も亦同一の趨勢を免れず、貞永式目は單に式目と稱してこれを採用し、又は「本條」と稱せること、猶ほ大寶令の唐令に於けるが如くせしもあり、建武以來追加、庭中篇目、大內家壁書永正三七十、或は建長式目、仁治御成敗抔と稱して、貞永式目の追加法に據るべきことを規定せしもあり。加之是等の中には、其形式さへ貞永式目を摸倣し、甚だしきは其法文をも一字一句を違へずして、これを蹈襲せるものあるに至れり。（塵芥集。）然れども時勢は急轉して、武家時代と戰國時代との間に、法制上補綴すべからざる破綻を生じ來たれるを以て、諸國の守護大名は既定の法制以外に別に新意を出だして、時代の必要に應ぜんことを務めたりしなり。

領主の疑懼　此時代に於て、諸國の守護大名は互に割據の勢をなし、激烈なる國際の競爭中に立ちて、極力其獨立を保持すると共に、若し機會の乘ずべきものあれば、進んで領土の擴張を望まざるはなかりしなり。而かも所謂下剋上の風は滔天の勢を以て社會の秩序を攪亂し、權勢次第に下に移りて、將軍は管領に、管領は又被官に、被官は又其被官に、各自の實權を奪はれつゝあり。守護の如きも、守護代其他の部下の爲めに謀られて、何時か自家の地位を失はんも測り難く、國內に叛亂の生ぜざらんも保すべからず。殊に比隣の敵國は君臣の間を離間し、事あるに乘じて侵略を圖るものなしとせざりしなるべし。されば內は部內の離叛を危ぶみ、外は隣國の侵入を恐れ、左眄右顧して各方面に對する警戒を弛むる能はざるの狀態にありしなり。島津忠良（日新）の歌に

友だちとおもひながらも敵と見よ親子ならでは心ゆるすな

とあるは、實に此時代に於ける用心深き大名等の心事を寫せるものにして、其境遇寧ろ憐れむに堪へたり。況んや其親子ならばといへる親子の間柄さへ、全く放心し難き事情多かりしに於てをや。

專制政策の必要　されば彼等は此危險極まれる競爭場裡に立つて、適者必存の數に洩れざらんが爲めに、

恰も申合はせたらんが如く、一方に於ては、極力部內の團結を鞏固にせんことを務むると同時に、他方には比隣の諸國に對する防備を嚴にし、强力の制裁を加へて自家の政策を勵行し、一定の鑄型に於て民性を陶冶せざれば已まざらんとせり。而して此專制政策の前には、個人の權利の如き、寧ろ其眇視せるところなれば、私人の內事に至る迄、些の容赦もなく干涉の手を延ばして、唯其及ばざらんことを恐るゝの狀あり。偶ゝ是等の權利を尊重するが如き形迹あるも、そは自家の政策に利用せんが爲めの保護に外ならざれば、絕對的に私權を認むるものとは、根本の牴牾ありしことを忘るべからず。此くの如きは、實に斯る國法に共通の傾向として認むべきところのものたりしなり。

第四章　部下に對する政策

寄親寄子の制　諸國の領主は先づ部內の團結を鞏固にするを立國の第一義と認め、これが爲めには、部下の侍を以て其中堅となし基礎となすに一致せり。是に於て彼等は部下の家臣を軍隊組織に編入し、戰時的設備の下に其職制を定めたり。乃ち軍奉行《イクサブギヤウ》の下に物頭、組頭を置きて、これを寄親《ヨリオヤ》と稱し、其配下に部下を分付して、これを其寄子《ヨリコ》、寄揆《ヨリキ》寄騎とも書すとなし、此に新附のものあれば、領主より配下の部將を指名して、これを其寄揆となすべきことを命じ、同時にこれが寄親たるべきものに向かつて、大小の事指南をなすべきの命を傳へたり、故に又寄親を稱して指南ともいへり。塵芥集、結城家法度。これ卽ち多くの部將をして、少數の組合間に於ける責任を負擔せしめ、これに依りて紊亂し易き軍隊の規律を保たんことを期せしなり。鐵砲の前に一騎懸の働の用を爲さゞるは、文永弘安の昔、鎌倉武士が鐵砲を有せる蒙古軍との對戰に於て、既に經驗せしところなり。此時代にありては、鐵砲の普及に伴うて、一般に斯る舊式の兵法の、物の役に立たざるを知れるのみならず、軍隊の駈引は規律の有無に依りて直接の影響を蒙るものなることをも自覺し、其軍令に於ては嚴命の下にこれを戒飭して、一々部將の節制に從ひ、所謂拔懸を功名と認めざることを明示せり。

平時における寄親の責任　されば此寄親寄子の制は、一朝有事の際に、寄子をして寄親の麾下に屬して戰場に臨ましむるを主たる目的とせしこと勿論乍ら、平時にありても、亦寄子は常に其進退につきて寄親の指揮を仰ぎ、訴訟の如きも原則としては寄親を經て提起するを要せしが、（甲州法度、長曾我部元親百箇條、）寄親は場合に依りてこれが傳達を拒むことを得たり。（甲州法度。）寄子は故なくして寄親を改めんことを願ふべからず、唯寄親の不法堪へ難き場合に限りて、特にこれを訴ふるを許されしのみ。（甲州法度。）江戸時代に於ける番頭、物頭、若しくは組支配の組織は、全く此遺制として見るべきなり。

私盟の禁　諸國の領主は如上の制度を設けしと共に、何れの法令に於ても、彼等の認可を經ずして、部下の私に盟約をなし、殊に誓詞を交換して、互に違背せざらんことを誓ふが如き行爲を否認し、或るものは主君に告げずして事を企つれば、縱し其主君の利益を圖れるものなるにもせよ、これを「つきやぶる」べきことを令し、（結城家法度、）又或るものは戰場以外に盟約をなすは、逆心に准じてこれを禁じたり。（甲州法度。）これ是等の盟誓が往々惡用せられて、不正の合同に依り、主君に抵抗するの端緒ともなるべき爲めなりしとはいへ、如何に彼等が部下の統御に苦心しつゝありしかを觀るべき顯著なる事實にあらずや。こは所謂寄親寄子以外のものにつきていへること勿論乍ら、其寄親寄子の間にてさへも、寄子より徴せし起請文即ち神文には、寄親が若し君命に背くが如き場合にも、これに同意せざるべきを誓ふところの箇條を設けたるを觀れば、益〻其用意の周到なりしを知るに足れり。

過差の禁及び人材の招致　彼等は又部下を戒めて、過差に走り遊戯に耽るを停め、服制としては、布子、紙子、布帷、木綿袴、布袴を着用すべしと令し、結城家法度、さては賓客に對する馳走の制限、即ち一汁三菜若しくは二菜を過さず、酒は上戸には飯椀に一杯に止むべしといひ、亭主の招がざる賓客を饗應すべからずといふ事迄も規定したるあり。結城家法度、吉川家法度。　中には此規定は唯當家中の接客につきてのみ言ふことにて、他家の客人には如何に善美を盡くすも、亭主の意に任すべしとて、除外例を設けたるものありき。結城家法度。　而して流石の立法者も、餘りに細事に干渉するとの譏を受けんと思ひしにや、「餘り細かなる事を書載せ候と、諸人可レ被レ存候」云々との前文を添へ居れり。これ畢竟冗費の節約に依りて餘しゝところの資財を以て、郎從被官を養ひ弓馬兵仗を蓄へて、戰時は勿論、平時にありても、遺憾なく其役務を全うし、負擔に堪へしめんとせしものに外ならず。就中善良なる部下を有すると否とは、大にしては一國の盛衰、小にしては一身の榮辱の繫るところなるを以て、競うてこれを招致し網羅するに務めたり。此時代には諸家の興廢頻繁なりし丈、浪人を出だすの機會に富みたりしが、此輩にして若し一技一能に長《オ》ずるものならしめば、四方より招聘せられて、寧ろ其去就に迷ふことありしが如し。而かも此輩の中には自ら定操なく、輕々しく其主君を易ふるもありて、これが爲め新古の主人互に相反目し相嫉視して鬪諍に及びしもあり。故に此輩の雇聘召還の手續につきては、何れの法令にも細かにこれを規定して、部内の平和を保つに務めざるはなかりしなり。

第五章　外部に對する政策

他國人雇用の制限　此時代に於ける周圍の事情は、領主をして常に猜忌の眼を以て、すべての事物を觀察するを例とせしめたり。されば其部下に向かつてすら、課役を怠れるものは「内をねらい候か、敵地へ内通之者たるべく候」といひ、「當地なんぎの時かけをちべきかまへたるべく候」といへる程なれば、（結城家法度、）敵地敵境より來たれるものは、卑賤なる僕隷と雖ども、これを雇使するを禁じ、（結城家法度、）彼他國の浪人の如きも、これを使用するには、其出自を糺して注意を怠ることなからしめ、（大内家壁書長祿三五廿二、）「他所の者召置間敷候、但人によるべき事」といへるもあり。（吉川家法度。）或は部下のこれを聘用するには、領主の認可を經ることゝし、（長曾我部元親百箇條、）或は少くとも右筆に採用すべからずとせるあり。（朝倉敏景十七箇條。）彼等の浪人に對する態度は、所謂「鰒は食ひたし命は惜しゝ」といへると一般なりしのみ。苟くも其部下にして藝能の特長を具へたるものあらんには、家中を離れて他家に轉ずることなからしめんとし、（朝倉敏景十七箇條、吉川家法度、）猿樂の末技すら、京都より四座の猿樂等を招きてこれを玩ばんよりは、其資を投じて、國内の猿樂に堪能なるものを、京都に上せて習得せしめたるを觀るの、寧ろ嘉樂たるべきを説けるもあり。（朝倉敏景十七箇條。）其如何に排他主義に傾き居たりしかを窺ふべし。

鎖國政策の實行　彼等は實に此點に於ては、何れも鎖國政策を取るに一致せしものなり。其國境には關津を設け堡壘を築き、自他の人民を問はず、他國との往來に向かつては、嚴密なる制限を置きてこれを取締まり、領主若しくは奉行人等の證明ある過所を有するにあらざれば、通過の自由を與へられざりしは勿論、嚴刑にさへ擬せしもあり、結城家法度、長曾我部元親百箇條、敵國は言ふ迄もなく、他國に信書を通ずるにも、領主の許可を受けざれば、これをなすことを得ず。甲州法度、結城家法度。貴賤を問はずして猥りに他國の輩を寄宿せしむるを禁じ、大内家壁書文明十八四廿八、縱ひ已むを得ずして他家の家臣を止宿せしめたりとも、嚴に家中、他家の事に言及するを許さゞりしもありたり。吉川家法度。

第六章　强力なる制裁

國法の武斷的傾向　殺伐なる氣象に滿ちて、秩序もなく規律もなかりしものを驅つて、自家の手足の如くならしめんには、勢ひ强力なる壓迫を加へて、これを威嚇しこれを懲戒するの必要を感ぜしなるべし。これ國法の制裁が一般に武斷的傾向を有して、動もすれば自他の爭點に向かつて、理非の審理を容るゝ餘地をさへ存せざらんとせし所以なり。

喧嘩兩成敗法の起源　此時代に於ては、私鬪の行はれしこと最も甚だしく、何れの國法もこれに對する箇條を設けざりしはなく、或るものは其第一條に先づこれを載せたるもあり。其如何に重要視せられしかを想ふべし。

鎌倉時代に於ても、喧嘩に向かつては嚴重なる制裁を規定して、自他を責罰せしことなかりしにあらざるも、そは決して相關的意味を以て、理非に拘らず處分したりしにあらず。室町幕府の初めに至りても、部下が幕府の處分を待たずして私鬪に及ぶを重科と認めたりしとはいへ、猶ほこれを糺問して、故戰、防戰、卽ち手を下すの先後に依りて制裁を異にしたりしが、北朝觀應三年の式目追加に至り、土地の爭について左の規定を設け、理非を問はずして同罪に處すべきことゝせり。

一合戰咎事、觀應三九十八、右筆飯尾大和守賴國、

帶ニ御下文一施行輩、尤可レ相ニ待使節遵行一之處、恣亂ニ入所々一之間、本主依ニ支申一、多及ニ合戰一之由有ニ其聞一、甚不レ可レ然、自今以後、不レ論ニ理非一、至ニ故戰之輩一者、悉可レ收ニ公所帶一、亦於ニ防戰之仁一者、可レ分ニ召所領半分一、但非ニ領主一者、可レ准ニ故戰一也矣、

此法に據れば、土地の領主の相手方卽ち防戰者に向かつては、猶ほ他の所領全部を沒收せらるゝに對し、其半ばを收むべしとの特別規定を存するも、非領主卽ち土地を所有せざるものは、故戰に准ずるを以て、所謂喧嘩兩成敗法の端を開きしものと謂ふべきなり。然れども幕府の法制は、一般の鬪爭については、猶ほ雙方の當事者間に輕重の別を置きしが、文安二年四月藤原伊勢守の高札には、「喧嘩口論堅被ニ停止一訖、有ニ違犯族一者、不レ謂ニ理非一、雙方可レ爲ニ斬罪一、若於ニ荷擔人有レ之者、本人同罪事」との一條を載せて、兩成敗法を現實せり。武家名目抄。

兩成敗法の採用と其除外例　此時代に於ける國法は、塵芥集、甲州法度、長曾我部元親百箇條等槪ね此法を採用せしが、稀には喧嘩は雙方の當事者間に於て交涉解決すべく、敢て公裁を仰ぎ、若しくは他人を煩はすべきものにあらずとして、一切これに干涉を加へず、又其訴訟を受理せざりしもあり、大內家壁書明應四八、甚だしき

は直截的に當事者相互の報復に依りて解決すべしと規定し、吉川家法度、雙方共に死傷者を出だせば、既に報復を了せしものと見做して、更に裁決を與へざりしもあり、雙方共に負傷すれば、疵の多き方を勝とし、當事者の多數なりし場合にも、死傷者多き方を勝としたりしもあり、塵芥集、又如何なる場合にも、鬪爭を避けしもの卽ち所謂堪忍者を勝としたりしもあり。豐臣家條目。其間多少の一致を闕けるが如きも、雙方の幇助者を以て主犯者と同罪とし、若しくは其罪却て主犯者より重しとせるの點は略〻一致せるのみならず、立法の精神に至つても、甚だしき徑庭ありしにあらず。乃ち當時武人の情態は、社會の亂脈に伴うて鬪爭を生じ易く、加ふるに其當事者に向かつて同情を寄するもの互に黨を樹てゝ相爭ひ、如何に公平なる裁決を與ふるとも、激昂の餘、判斷力を喪失し居るを以て、却て主君の處分を贔負偏頗と看做し、一方向と讒り片手打と罵りて止まず、其結果、領主は士心を失ひて、輿國の結合を危くすることなしと謂ふべからず、殊に戰陣の間にありては、審理の遑もなく、これが處分を緩くすれば、軍紀を保つこと能はず。是を以て互に申合せたらんが如くに、堪忍を勸め忍耐を强ふると共に、違犯者に向かつては酷刑を擬してこれを脅嚇せり。これに反して相互の報復を以て解決すべきものとせしは、寧ろ放任して決鬪を行ひ、復讐をなすを許しゝものなり。

復讐の公許　此時代の法律には、或る程度迄公然復讐を許しゝものあり、卽ち親兄弟の爲めに仇を報ゆるを得るも、叔姪の間に許さずとの規定を設けたる長曾我部元親の掟書、又加害者の處刑後、他國に於て復讐するは妨なしとせる塵芥集の如し。是等の中に鬪諍に依りて人を殺せるものは、共に一旦改易に處すべしとはいへ、主人に向かつて忠信を盡くし、他の惡行もなく、且つ被害者の一類に於ても異議なき時は、再び召還することあるべしと規定せるもあり。此くの如く被害者の遺族等の意志如何を要件とするは、畢竟加害者に加ふる制裁を以て、被害者の遺族に代はりて行ふところの復讐となせるものに外ならず、從つて喧嘩兩成敗の如きも、これを勵行するに至つては、亦復讐主義たることを失はざりしなり。江戸時代に於ても、過失に依りて人を殺しゝものは、死者の遺族の意志を確めて刑罰を輕減したりしは、此法理を繼承せるものとす。御定書下卷。

兩成敗法は天下の大法　然れども此自他の報復に任ずるの一事は、際限なく私鬪を繼續せしめ、平和を攪亂するの結果に陷いるべきを以て、立法者も後にはこれを修正するに至り、喧嘩兩成敗の法最も勢力を得て所謂「天下の大法」となれり。唯其斯る場合に臨んで堪忍を求むるは、當時の人情に於て、少くとも武士的觀念と一致せざるところにして、一旦辱められて報復をなさゞるが如きは、他の排して卑怯とし臆病となすところなれば、此脅嚇に遭ふも、立法者の要求せるが如く、「塞㆑目塞㆑耳致㆓堪忍㆒」て負傷の多きを誇るが如きものは少く、領主にありても、其目的寧ろ未發の防止にあれば、事端發生の後は、徒に其部下を犧牲となすに忍びずして、往々其處分に鈍り、被害者の遺族を始め、社會の壓迫に餘儀なくせられて、涙を揮つて馬稷を斬るが如き苦境に陷いれるも多かりしなり。されば兩成敗法は、固より悉く虛喝に終れるものにあらざりしとはいへ、又悉く勵行せられしものとすべからず。支那にありても古來法令に於てこそ「殺㆑人者死」といふを原則とはしたれ、實際には父の爲めに讐を報ずるが如き、禮經の非とせざる行爲に向かつては、敢て悉く此法を守るをなさゞりしが、兩成敗法も亦稍これと其趣を一にし、時と場合とに依りては、法を枉ぐることもなかりしにあらざるなり。されば山村氏の條目の如きは、百姓の喧嘩口論を禁じて、「拙者に御届候はゞ、不レ論二理非一成敗可レ申候間、前廉堪忍可レ仕候、乍レ去非分之儀候はゞ、内々にても早々我等かたへ可二申屆一候」といひ、隱約の間に、除外例に依るべき餘地の存することを暗示して、脅嚇主義の眞面目を發揮せり。

此くの如き武斷的制裁は、獨り刑事々件につきて適用せられたりしのみならず、民事上の事件も亦同一の傾向あるを免れざりしなり。例せば山野の境界を爭ふものに向かつて、これを中分せしめんとせるが如き、甲州法度、漁業の區域を爭ふものに向かつて、月の半ばを上流下流に分つて漁業に從事するか、若しくは其漁獲物を均分すべしといへるが如き、結城家法度、皆此意に出でたり。

拷問及び刑罰の峻酷　此時代には、今日の如く裁判官の認定に重きを置かず、罪人の白狀即ち自白を以て裁判をなし、盜賊、放火の嫌疑者も、數回の拷訊に白狀せざれば放免せしことなれば、伺事記錄、自白を强ふるが爲めの拷問盛んに行はれ、其方法としては、亦前後に比なき迄慘酷を極めしものあり。其刑罰の如きも、指を切り、鼻を殺ぎ、劓刑、耳を殺ぎ、刵刑、磔、はたものにかけるとも、はつゝけにかけるともいへり、別に逆磔といへるもあり、其他串刺、釜熬、火焙、鋸挽等、殘忍を極めしものあり。刑事上の犯罪中にありても、盜賊、放火犯等は最も重しとせるところなれば、此時代の軍律に現はれたる一錢切の如き、縱ひ一錢に相當するものなりとも、人民の財物を掠めしものは、これを斬に處せんとするものにして、他の犯罪は主人若しくは在地のものに處分を許せることあるも、以上の二犯に對しては、輕々しく私刑を行ふことを禁じたり。結城家法度。

連坐法の發達　且つ此時代には、刑法上、連坐法の大に發達せるを見る。乃ち是等の苛刑は、獨り犯人自身を懲罰するに止まらずして、犯罪の種類に依り、其主從、親族、居住地の人民、其他の關係者に連坐せしめたり。此連坐法は由來既に久しく、決して是時に始まれるものにあらず。然れども連坐を適用する犯罪の種類最も多く、連坐すべき人の範圍最も廣かりしは、此時代の特色とす。これ亦立法者が社會の秩序紊亂せる間に、小區域の連帶責任を以て各人の行爲を監視し、犯罪を未發に防がしめんとするの精神に外ならざりしなり。而して是等の犯人及び連坐人を嚴刑に處するは、又其一身の懲罰と同時に、社會公衆を脅嚇して、同一轍に出でざらしめんとせるものなり。其處刑に先だつてこれを大路に行示し、衆人の前に刑罰を執行し、且つ死體の全部若しくは一部を晒して公衆に示しゝは、此必要ありたればなり。かくて罪人が其一身を犧牲として、是等兩樣の仕事をなすものとすれば、其刑罰も左迄殘酷に當たらざるべきか。

江戸時代に及ぼせる影響　江戸時代に至りても、刑法は猶ほ脅嚇主義を採用し、表面兩成敗の如き戰國の遺法を標榜することなかりしとはいへ、亦遽かにこれを棄つるに至らず、社會は寧ろ其繼續を悅び、識者も亦これを謳歌せり。荻生茂卿が政談に於て、喧嘩兩成敗の當時の常法にして、聖人の道に合へるを說き、又彼有名なる赤穗四十七士の復讐が、當初幕府の喧嘩兩成敗を行はざりしに基因し、遂に又喧嘩兩成敗に終局を告げしを觀れば、思半ばに過ぐるものあらん。而して復讐の如きは、未だ曾て法令にこれを認め、若しくは認めざるを明示せざりしとはいへ、慣習法の精神がすべてこれを許すにありしは、何人も熟知するところなり。且つ其拷問といひ、苛刑といひ、連坐といひ、一として戰國時代の遺法を繼受せざるはなく、其中犯人の耳鼻を殺ぎ、指を切るが如き刑は、寛永六年にこれを禁じたりしも、未だ其全廢を見るに至らず。八代將軍吉宗は自《ミ》ら法律を制定して、刑罰の輕減を行ひしかども、猶ほ且つ鋸挽、磔、獄門、火罪等の酷刑は、其刑法に存續したりしなり。

第七章　行政區の責任

市町村住民の責任　此時代の領主は或る程度迄市町村の自治を許し、刑罰權をさへ與へしと共に、是等の行政區の住民及び其管理者をして、租稅徭役の賦課、田地の修繕、道路の修築、橋梁の架設、犯罪の發生、犯人の逮捕等に就きて、互に連帶責任を負はしめたり。京都上京文書、新編會津風土記、新編武藏國風土記稿。これ主として兵馬倥偬の間、民政上の煩勞を此種の行政機關に分つて、其實效を擧げしめんとせるものなれば、これが違犯者に擬するに武斷的制裁を以てし、これを脅嚇し鞭韃して、自家施政の爪牙となすに務めしなり。殊に犯罪の發生せる場合の如きは、所在の住民は其情を知ると否とを問はずして、處分を受くるを餘儀なくせしめられたり。例せば他國の商人等が何者かに殺害せられたる場合には、其一村を罰すべしといふが如し。塵芥集。

租稅の徵收　此時代の租稅は其種目固より多かりしも、就中徵收法の最も簡易にして、且つ收入の最も多額を占めしは、段錢、棟別錢に如くはなかりき。故に朝廷の御料を始め、幕府寺社等の領地の減少すると共に、事ある時は此稅源に依賴し、國費を支辨せんとしたりしなり。諸國の領主も亦種々の稅目を設けて收入を增加し、軍費を充實せしめんことを圖りしが、武田氏の如きは、僧徒の妻妾を蓄ふるものより、妻帶役なる一種の税を徴收するに至れり。信濃康樂寺文書、甲斐國志。これ古今無類の税目にして、東西の租税史上特筆すべきものたるを失はざらん。而して租税の徴收に當たりても、領主は皆其專制的政策を實行し、年貢の上納を終はらざる間は、一粒の米たりとも他所に出だすを禁じ、長曾我部元親百箇條、土地の隱匿、即ち隱田《オンデン》、隱畠《オンバタ》に依りて脱税を圖るものは、罪を家族に及ぼし、塵芥集、甲州法度、租税を滯納すれば、譴責を入るゝと稱して、殘酷なる督促をなし、本人を始め父母妻子に至る迄水牢に投じ、資財を沒收するは勿論、これを捕へて奴婢となし、長曾我部元親百箇條、人民の負擔に堪へずして、衆を集め黨をなし、租税の減免を迫り、又他所に失踪せんとするが如きは、「嗷訴逃散」と稱して、嚴罰に處することゝせり。大内家壁書永享十二十九。

是等の租税を徴收するには、概ね各行政區に其數額を割當て、名主、月行事等をして收納の責に當たらしめしなり。長曾我部元親百箇條。故に「段錢棟別の日記」を交附して、此數額を割當てし後に於て、住民の失踪し若しくは死去せるものありとも、其行政區中にて割當の數額丈は納付せざるべからず。從つて彼等の土着を強ひ、他所に移住するも前住地の棟別を徴すべく、甲州法度、百姓の他郷に出作するを許さず。塵芥集。彼等にして若し地頭の許可を待たずして他の國に失踪せんとするものは、住民等これを遮りて死に處するも妨なしといふに至れり。塵芥集。

自治團體組織の必要　是等の犯罪は其情狀の重き丈、刑罰も亦嚴峻ならざるを得ず。若し住民にしてこれに對する設備を怠らんか、何時奇禍を買ふに至らんも測り難く、これが爲めに蒙る彼等の迷惑は、果たして如何計りなりけん。故に彼等は至るところに自治團體を組織し、相誡めて災害を防がんことを期せり。然るに是等の取締は、成るべく丈、小區域の間に行はれ易きを以て、自衞的必要の下に發達せる武家時代の地方小團體は、此時代に至りて彌〻其須要を加へ、至るところ行政區畫を細分するの傾向を生じ、其區域の廣きところには、これを小町村に分割して枝郷、寄郷、小村と稱し、更にこれを合併して組町、組村とひ、其多きは數十村に及べるもありしなり。

此他小區畫としては、隣三間若しくは一間、向一間兩隣、向二間兩隣といふが如き、區々の單位に連帶責任を負はしめたりしもあり。大乘院寺社雜事記、室町家御內書案、京都將軍家並管領諸式、法隆寺文書、法隆寺衆分成敗曳附並諸證文寫、本能寺文書。江戸時代に至りて、向三間兩隣といへる通用語を生じ、五人組の制度確立して、行政機關の運轉上に莫大の便宜を與へたるも、亦直接に此時代の産物に採れるものなり。唯此に注意すべきは、是等の自治が何れも皆他動的にして、今日のそれとは根柢に於て其性質を異にせるものあることこれなり。

第八章　家族制度

名字の尊重　更に眼を轉じて私法の方面を觀察するに、領主の干渉の手は亦此にも加へられたりしを見るべし。本邦は上古以來族制の行はれ居りて、何れの時代にもせよ、氏族を重んずる觀念の盛んなりしこと意想の外にありしなり、而して此時代には一般に名字を尊重したり。名字とは本と人の名をいひ、此時代にても、公家にありては、猶ほ其實名を呼んで名字といへり。然れども一般に名字といへるは、氏より分派せる苗字なり、所謂一所懸命の地を一に名字の地といへるは、此意味に用ゐたりしなり。書窓寶鑑に曰く、「公家には名字を稱號と云、名乘を名字と云、武家は稱號を苗字と云、名字を名乘と云」と。公武の間其稱を異にするを見るべし。

名字は侍以上の獨占なり、所謂中間凡下の如き卑賤の輩はこれを冒すことを得ず、從つて其授受を鄭重にし、國法の中、名字を改むるを禁ぜしものあり。長曾我部元親百箇條。名字を重んずるは、卽ち家を重んずるなり。當時家督を相續するを名字を繼ぐといひ、又名字に居ゑるといふ。名跡相續とは、卽ち名字跡目の相續なり。此戰國亂離の際、德義心の頽廢せる間にありて、猶ほ士人の良心を支配せしものは、實に此名字の恥辱を避くるといふの一事にてありしなり。

領主の利用 されば領主も此觀念を利用し、犯罪の種類に依りては、名字の斷絕を以てこれを脅せり。當時の名字を絕やすといひ、名字をはたすといひ、又名字を削るといへるものこれなり。結城家法度には、主君に對して不忠の行爲ありしものは、其名字を削り、且つ他人に同一の名字を冒さしむるをも許さずとの規定を存せり。

寺院の利用 此觀念は更に寺院の領主に利用せられて、寺院法上、一種の奇異なる制裁を生ずるに至れり。

藤原氏の氏寺なる興福寺が其信仰を濫用して、氏人の本寺及び春日社に不利なる行動を敢てせりと認めしものに放氏の處分を行ひ、其目的を達するに及びて、又續氏繼氏とも書すの處分を行ひしは、鎌倉時代より此時代に通じて見るところなり。此二者共に、春日社若しくは興福寺金堂假殿の神前に於て啓白せるは、其事を莊嚴にし、神威を以て對手を脅制せんとせるものに外ならざるなり。祐春記。

然れども放氏は元來興福寺と藤原氏の氏人との間に行はれしのみにして、其範圍極めて狹かりしが、此時代の有力なる寺院は、名字に對して略〻これと同一の制裁を加へたり、即ち寺領の管理者及び人民が、租稅の滯納其他の不利なる行爲ありたる時、其名字を社頭若しくは寺頭に籠めて、これを咒咀し調伏することこれなり。源平盛衰記に、延暦寺衆徒、天台座主明雲が西光父子の讒奏に依りて遠流に處せらるゝと聞き、父子の名を書して、根本中堂なる金毘羅大將の足下に蹈ましめて、咒咀せること見えたり。されば此種の調伏は敢て此時代に始まれるにはあらざるべきも、名字に對する制裁として行はれしこと、此時代より太甚だしきはなかるべし。管見に據れば、此時代に於ては、大乘院寺社雜事記寛正三年四月十九日の條に見えたるを初見とし、多聞院日記天正六年八月二十日に見えたるを最終とすべきに似たり。而して興福寺の如きは、學侶衆徒の群議に依りて此制裁を加ふるに決せしものは、直に其名字を寺額として、五社七堂の内陣に籠め、或は東西兩金堂の修法手水釜に入れて咒咀し、或は南圓堂に群參し、大般若經を轉讀してこれを調伏し、大乘院寺社雜事記、實曉記、春日神社文書、法隆寺の如きも、是等の名字を籠めて、一七日の間、護摩を勤行してこれを調伏し、其後は四季毎に祈禱を行ふことゝし、法隆寺衆分成敗曳附並諸證文寫、高野山の如きも、四季の祈禱の最終日に於て、是等の名字を書せしものを佛前に置き、勤修終れる後、外鳥居の邊に出だして燒棄せり。高野山文書。其他名字を記したるものを破棄せしことも見えたり、これを名字籠又は籠名と稱せり。然るに此處分を受けしもの、若し自ら改悛の狀を具して罪を謝すれば、是等の寺社は或は過料を徵し、或は咕文を致さしめてこれを免じたり、これを名字を取出だすといひ、又出名といへり。こは多く俗人に加ふる制裁なれども、間〻又僧徒に及ぼしゝことあり、大乘院寺社雜事記、藥師寺舊記、これ亦廣き意味に於ての籠名なり。當時此處分を受けしものゝ、哀訴歎願して出名を得んとするに急なりしを見るも、此一事が如何に多くの苦痛を彼等に與へたりしかを想ふべきなり。

一子相續の傾向 本邦に於ては古來分割相續行はれ、中古の令といひ、武家時代の式目等といひ、何れも皆此事實を認めざるはなかりしなり。然るに家產を子女に分割するの結果は、往々其家を弱くし、一家分散の悲運に陷いらしむることあり、戰國時代の如き、侍が軍事上の負擔重かりし時代に於て特に然りとす。而して時代の反應は小國家たる一家に現實せられ、一國の他國に對する態度は、又一家の他家に對する態度となり、激烈なる生存競爭の間に立つて、一家の富强を求め、他家の侵害を防ぐに努めたり。是を以て此時代には、富者の中、財產分知を諸子に割與するものなかりしにはあらざるも、一般には甚だしく一子相續の傾向を生じ來たり、若しこれを分配せば、「可㆑爲㆓御公事等難澁㆒」との理由の下に、一人の嫡子に讓與し、庶子をして協同輯睦、力を主君に效さしめんとし、其他家に歸するを恐れて、女子若しくは他人に讓與するを欲せず。是等の庶子は、平時は嫡子卽ち總領の扶養を受け、事あるときは、或は其陣代名代となり、或は其麾下に屬して戰場に臨むもあり、或は又出でゝ他家に仕ふるもありたり。

養子の契約 此時代には又侍が次第に軍役の爲めに生じたる負債を辨償せんとする手段として、其子女に持參金附の養子女をなしゝことあり。是等は緣組前雙方の間に契約を結びて、離緣後の處分を定め置くを例とせり。土佐國蠹簡集殘篇。江戶時代に於ける御家人株の賣買にも、これに類似せることありしを見る。

家督相續の制　然れども此時代の領主は、決して是等家長の絶對的權力を認めしものにあらず。先づ相續につきていはんに、此時代に於て、侍の家督相續人の資格は、一に奉公の任に堪ふると否とに依つて決せられたり。故に國法中、若し此資格を闕くものあらば、一旦相續人と定めし後と雖ども、領主に願ひ出でゝこれを改めしめんとせるもあり。結城家法度。養子は必ず養父の生前に願ひ出づるを要すとなし、死後に存生中の契約ありと稱して願ひ出づるも許さず、大内家壁書明應四八、一たび認可を得し後、實子の生まるゝも、改め立つるを許さゞりしものあり。甲州法度。親子間の訴訟紛議は、原則としては子の非に歸するも、親にして若し家督相續人を斥けて他子を愛するに於ては、子を强ひて主君に不忠なる行爲を敢へてせしめたるものと共に、親の非となせり。

戰死者の家督相續　既に重きを奉公に置き、これを以て家督相續の標準となしゝ程なれば、領主に對して勳功ありしものゝ後は、これを保護して、斷絶を免れしめんとするは、自然の情誼たりしのみならず、又部下に對する奬勵方法の一たるを失はざりしなり。されば領主の爲めに戰死せし子の後は、親の處分を許さずして、領主より其相續人を定むることゝし、男子なくば、女子にても、必ず戰死者の子を順位の第一に置き、戰死者に兄弟ありとも、これに先だつて相續せしむることを許さず。結城家法度。一般に向かつては、死後の養子を許さゞりしに拘らず、戰死者の後には、特に此存生中契約の證據灼然たるものに限りてこれを許し、又戰死者の年少にして、未だ養子の契約をなし居らざりしものには、一家親族の中より器量を選んで、養子を命ずべしとの規定を設けたるもありき。大内家壁書明應四八。

財産讓與の制限　次に財産の讓與は、縱ひ實子たりとも、必ず領主に願ひ出でゝ其認可を得るを要し、私讓はこれを許さずとせるあり。（長曾我部元親百箇條。）其子は大抵家督相續人に限りて主家に仕ふるを要せしも、他は概ね他家の奉公をなすを禁ぜざりしが、大内氏は全くこれを否認して、上裁を仰ぐを要することゝせり。（大内家壁書永正十六二。）然るに子の他家奉公を許す法制にありても、親がこれに向かつて其所有の田畠を讓與するはこれを禁じたり。（甲州法度。）

婚姻の手續　次に婚姻は侍の身分に依りて、百石以上、（長曾我部百箇條、）又は馬乘《メジヤウ》（馬上とも書す）以上は、（吉川家法度、）領主の許可を要すと規定せるものあり。

平民の相續婚姻　以上は皆侍以上の事に屬せり。侍以下の平民、即ち百姓の如きは、相續に關する訴訟紛議は、すべて其地の地頭に任せたりしが如し。（塵芥集。）唯鎖國主義の影響として、百姓町人なりとも、他國他家のものと婚姻を結ばんとせば、郷中は代官、町中は町奉行を經て、伺ひ出でしむることゝせしものあり。（結城家法度、甲州法度、吉川家法度。）

江戸時代の相續法との關係　江戸時代に於ても、亦前代の遺風を受けて、侍以上には一般に一子相續の事行はれ居り、平民の相續に關する爭は、地頭の裁決に任せて、控訴を許さゞるを原則としたりしが、唯百姓にありては、名主は高貳拾石以内、他は高拾石若しくは地面一町以内の所有者に向かつて、田畠の分割相續を禁じたり。而して其理由は小農の保護にありしなり。

親族間の私盟の禁　戰國時代の領主は、部下の私黨を結ぶを禁ぜしと同一理由に於て、親族間の私に契約をなす事をも禁じたり。(甲州法度。)

これに據つて觀るも、彼等が自家の利害を標準として、家族制度に迄も干渉の手を加へんと試みしこと、掩ふべからざる事實なり。

第九章　賣買貸借の制度

田畠の保護培養　次に財產の賣買貸借に關せる法制を觀察せん。此時代にても、最も多く租稅を負擔せしめられしものは田畠なり。故に何れの領主も此好稅源の保護培養に留意し、行政區を利用して、所在の田畠の荒廢に向かつて聯帶責任を負はしめ、又部下を戒めて「百姓等隨分あいはぐゝむべし」といひ、一定の年貢以外、濫りに臨時の收斂をなさしめず、(長曾我部元親百箇條、)これに違ひしものあるときは、百姓の直訴するを許せり。(吉川家法度。)

侍所領の保護　此時代にありて、侍の所領中最も重きを置かれしものを、御判地卽ち恩地となす。これ其領主が忠勤の賞として部下に給與せる知行にして、これを以て恩役卽ち奉公を勤仕すべきものなりしを以てなり。故に恩地の讓與は、父の讓狀を以てするの外、領主の認可を受けしめ、恩地を抵當に取るにも、領主の印判を受けしめ、債務者の失踪、返濟期限の經過後に於ても、領主の認可を請はずして、任意に處分するを得ざらしめ、且つ其永代の賣買は絕對的にこれを禁じ、事情已むを得ざるものに限り、領主の許可を經て年期賣となすことを許せり。其他の私領卽ち名田に至つては、百姓の所有地卽ち年貢地と共に、賣買貸借共に此種の制限を置かざりしなり。甲州法度。

然るに家人をして其所領に離れざらしめんとするは、鎌倉幕府以來一定の方針にして、これが爲めには、賣買質入等に種々の制限を設けて所有權の移轉を防ぎ、且つ彼德政をさへ創めたり。室町幕府も亦これに倣ひて類似の規定を設け、永正七年十月二日恩地の賣買寄附を禁止し、蜷川親孝日記、又屢々德政令を發布して質入賣買の解除を命ぜしことあり。武具雜具等は一定の期限ありて、約月を過ぐれば質流れとなるも、恩地に就きては此期限なきを以て、其本主に還付せしめたり。蜷川親俊日記。

土地の賣買質入　國法に於ても、亦此精神の一層强く現實せられ居りしを見る。乃ち人民をして輙く名田に離れざらしめんが爲め、租稅の滯納あるも、二箇年迄は土地の沒收を猶豫せしめたり。年期賣の地は、本主に於て十年後本錢を以て取戾すを得せしめ、本主本錢を出だすの資力なき時は、債權者をして更に十年の猶豫を與へしめしもあり。甲州法度。其質地は幾年を經過するも流質となすを禁じ、特に領主に功勞ありしものの子孫にして資力なきものには、本錢利息の三分の一を免除して、請出ださしめんとせるもあり。結城家法度。甚だしきは永代賣の契約を以て買得せし永地をも、領主に於てこれを取消し、更に本物卽ち年期賣として、或る期間內債權者に賣渡し、期限後初めに借受けし本米若しくは本錢を以て取戾すの契約に改めしめ、本物返の契約を結べるものも、證書を差入れざりしに於ては、又これを「年毛賣」となし、或る期間內に土地の收入を債權者に交付して、本錢及び其利息と相殺せしめ、期間の滿了と共に、直に賣主に取戾し得るの契約に改めしもあり。長曾我部元親百箇條。これに據れば、土地の賣買には永地、本物及び年毛の三あり。塵芥集に本錢返と對稱せる平《ヒラ》年紀なるものは、卽ち年毛なるべし。江戸時代の年毛賣は本錢返にして、此年毛とは自ら別なり。其中本主に取りて最も有利なる條件を年毛となし、本物これに次ぎ、永地最も不利なり。故に債務者を保護して、土地の所有權を失はざらしめんが爲め、以上の規定を設けたりしなり。

室町幕府の德政令　土地については、此くの如き制限を置きしかど、他の資財卽ち動產の賣買、質入、貸借には、左迄の干涉も行はれざりしが、德政令の發布に及んで、これも亦其渦中に投ぜらるゝを免れざりしなり。此時代の德政を以て武家時代のものに比ぶれば、賣買質入契約の解除せらるべき範圍一層廣く、債權者の不利益となるの點益〻加はれり。一例を擧げんに、鎌倉時代の德政令に於て、本物返は唯賣主が買戻を得ざる期間內にも、本錢を以て還付を求むることを得とせるに止まりしを、室町幕府は永享十二年の令によりて、既往の收納額を通算し、本錢の一倍に達せる時は、其地を賣主に還付せしむることゝし、嘉吉元年には、更に其土地家屋を無條件にて賣主に還付せしむることゝせるが如し。建武以來追加。而して幕府の德政以外、別に領主の私德政、內德政なるものあり、又坂本德政、洛外德政あり。其單に土地の賣買質入等に關するものをば、これを地發《ヂオコシ》地興、地起とも書すといへり。當時の沽劵には通例「德政幷地發」と聯書するも、地發は德政の一部なれば、文明十七年五月廿五日の畠地の沽劵に、「依二天下一同之德政一雖レ有二地興之沙汰一不レ可レ有二改動一」云々と書せるを正しとすべし。春日神社文書。要するに、德政の種類の多く、發布の度數多かりしは、此時代の特色なり、就中所謂土一揆馬借の德政なるものに至つては、不法の極と謂はざるを得ず。

德政忌避の方法　凡そ契約に信用なく、財產の安全を期し得られざりしこと、此時代程太甚だしかりしは復なかるべし。殊に彼德政令の發布の風說ある間、又は發布の後に於て、一時貸借の杜絶せられんとせしことありしは記錄に載するところなり。藥師寺舊記、大乘院寺社雜事記。而かも斯る間に賣買貸借等の盛んに行はれ居たりしは、必ずや何等かの原因なかるべからず。假りに當事者間に信用を唯一の要件とすべき貸借關係に徵せんか。此時代に於ける法定利息すら、何人も其率の高きに驚くべし。其實際に行はれたりし利率は、今日の高利なるものゝ遠く及ばざるところなり。さり乍ら今日と雖ども、戰時保險率の暴騰するを思へば、當時の社會狀態に於て此くの如きは、經濟上寧ろ當然の理法と認むべし。されば當局者が何程債權者に不利益なる規定を設くるも、債權者は亦相應にこれに對する保障を設けて、自衞の途を講じ、其方法手段の巧妙なりしは、殆んど意想の外にあり。乃ち鎌倉幕府の時に始めて德政の行はれてより、沽券の文中、萬一德政の行はるゝも、其契約を改めざる旨保證するの例なりしが、此時代には、斯る文字即ち所謂「德政の文章」は、すべて無效と看做されたり。是に於て債權者は債務者の同意を得て、元利金を併せて元金となし、證書の形式を、德政の及ばざる利息のなき預狀《アツケ》に作製して、德政令の適用を免かれんとし、又利息の支拂高が元金の一倍に達すれば、質地は債務者に取戾し得る規定なりしより、債權者は又債務者の同意を得て、利息を元金に組入れ、新に證書を作製して差入れしむることあり、これを稱して作替といへり。政所壁書。其他德政を恐れて、表面借狀を沽券となし讓狀となし、又沽券を讓狀となせるの類甚だ多かりき。幕府もこれを看破して屢ゝ禁令を發し、債權者が預狀、沽券等を取り居るも、利息の支拂を受け居るものなるに於ては、德政令の效力を及ぼすべしと令せしが、苟くも需用者の跡を絕たざらん限り、到底法の實效を擧ぐべくも見えざりしなり。嘉吉元年德政令。

國質、所質　債務の辨濟を强ふるの方法として、財產の差押等を行ふは怪しむに足らずとはいへ、國質《クニジチ》、所質《トコロジチ》等の名稱の下に、亂妨なる强制執行をなすを例とせしは、此時代の特色なりと謂ふべし。此時代の禁制を見れば、何人も其一箇條として「國質所質事」と題するもの、頗る多きを發見するならむ。唯簡單なる禁制の文字丈にては、殆んど其何物を指すかを知ること難く、從來何人も未だこれに對して、見解を下しゝものあるを聞かざるなり。こは債權者が支拂の義務を果たさゞる債務者に向かつて、何れの時、何れの所を問はず、其所有財產を差押へんとの契約に對する當時の通用語にして、其差押を實行するを所質を取るといひ、又國質、鄉質、方質ともいへるなり。管見に據れば、香取文書に收めたる文保元年十二月六日の田地の沽劵に、「此を相違候はゞ、いかなるくゑんもんせいけ(權門勢家)、神社佛寺の御領に候といふとも、このわきまへをいたし、いくたびも見合のがうしち(鄉質)をとられ候はんに、他のさまたげあるべからず候」○前後略とあるを初見とすべきに似たり。此場合に於ての差押物件中、往々債務者の所有にあらざるものを混同するの通弊ありて、これが爲め第三者と訴訟紛議を生ずることあるを免れざりき。例せば、こゝに甲なる船頭あり、乙なる債權者に對して、期限後も支拂を果たさゞるものとせんに、後年此船頭が更に丙なる荷主の貨物を載せて、某地に送り屆けん爲め、或る港に碇泊中、乙の爲めに其荷物を差押へらるゝことあり。此場合に乙はこれを甲の債務に對する所質なりと稱するも、丙は其委託品を差押ふるは不法なりと爭ひて、幕府の裁決を仰ぐに至りしが如し。親元日記寛正四年四月十五日。此一事を以てするも、個人契約に於ける信用の缺欠と、救濟機關の不備なりしとを徵するに足らん。

座法の發達　此時代には商業にも將た工業にも專賣專業の制意外に發達して、同業者問座中の法度、卽ち座法の下に其營業を繼續し、商賈は抜賣振賣を、問屋は脇宿を禁じ、若し他の侵害に遭へば、直にこれに向かひて荷物押取等の制裁を加ふるを例とせり。

土倉酒屋の本所　彼土一揆の當の敵たりし京都の土倉、酒屋は、概ね山門卽ち延暦寺の公人となり、祇園社、北野社の神人となり居れり。當時の土倉は恰も今の質屋の銀行を兼業とせるが如きものにして、有力なる金融機關たりしなり。酒屋も亦當時の社會狀態にありて、最も需用多き營業の一なりき。故に傍ら貸金業をも營めりと見ゆ。其他米屋の如きも略〻類似の業を營み居れり。然るに若し債務を果たさゞるものあらんか、昨の土倉、酒屋は忽に山門の公人となり、諸社の神人に化して、「催促」と稱し、群をなして卿相雲客の第をも襲ひ、狼藉を極めたりしこと、恰も江戸時代に座頭が旗本御家人の邸に迫りて、官金の辨濟を要求したりしが如し。幕府は其弊に堪へず、屢〻嚴命を發してこれを戒飭し、猶ほ彼等の諸寺諸社の神人たり、權門の扶持人たるを認めずと令したりしも、應安五十一十八、明德四十一廿六、彼等と本所との關係は、後に至る迄、依然として繼續せしところなり。建武以來追加永享五十十三、親元日記文明十四九廿。

土倉と土一揆　世人は土一揆の酒屋土倉を掠めし事實を知るも、酒屋土倉の縉紳家を惱まし〻を知らざるが如し。土倉の如きは、土一揆の迫害に遭ふも、常に損害に甘んぜしものにあらず、現に土一揆と戰つてこれを擊退せしこともあり、明應四年二月、京都の土一揆の土倉を襲ひし時、一揆方敗れて數百の死者を出だし〻爲め、德政の行はれざりしは其一例なり。大乘院寺社雜事記。然れども亂民の暴動に於ける有力者の幇助と、其營業に對する社會の憎惡とには、流石に抗し得られずして、竟に亂民の爲すが儘に、其財產を蹂躪せらるゝに至りしなり。

各商工業者と本所との關係　其他酒屋は酒麴役を造酒司に納め、米屋、魚戸も各其課役を大炊寮に、油屋は又穀倉院に納めて、賣買釀造の特許と他の租稅免除の特典とを得、其收入は諸司の渡領として、長官以下世家の收入となれり。（言繼卿記。）是等の中最も著しきは越中其他諸國の鑄物師にして、彼等は藏人所燈爐供御人と稱し、藏人所の小舍人たる眞繼家に於てこれを支配し、今も各地の同業者に傳ふる、異體なる綸旨を交付して、其收入となし居りしものなり。其他油座と石淸水八幡宮、箔屋座と近衞家、諸國紙商と東坊城家、座頭と久我家の類、枚擧に遑あらず。中に就いて、久我家が洛中傾城の本所として、其公事を收入としたりしが如き、極端なる一例にあらずや。（東京帝國大學所藏文書大永八年六月二日補任狀。）是等の中には自《オ》ら此時代以前に起因せしものもあるべしとはいへ、當業者が法制の弛廢に伴うて、適法の保護を受け難き爲め、名を朝廷廷臣寺社等の扶持人若しくは公人に藉りて、公用、公役、役錢、其他の名義の下に納稅の義務を負擔すると共に、其餘威を假りて他を脅制し、營業の獨專と安全とを圖らんとし、朝廷廷臣寺社等は此事情を知らざるにあらずと雖ども、其收入に飢ゑたりしより、自《ミ》ら好んで彼等の利用するところとなり、自他相結託して、利益の獲得に努めたりしものにして、社會の亂脈に依つて助長せられたる、一種の變態に外ならざりしなり。されば是等の商工業者と其本所なるものとの歷史的關係は、概ね皆後世の假託に成り、其憑據とするところの綸旨、補任、其他の記錄にして、中古以前に託するものは、大抵此時代の僞作に成れるが如く、容易に信を措き難し。天文三年、十一月十六日、久我家は後白河院以來座頭を管領すと稱して、安堵の綸旨を賜はりしが、これに反對せる檢校等は此事實を否認し、同家が新たに綸旨を奏請せんが爲めに、始めて申出だせるに過ぎずとなし、彼等自身は光孝天皇の時より座中の法を定められたりとせり。而して何等徵とすべき材料を有せざるは、二者の一致するところなり。座中天文物語。

藥種商に關する文書　所謂鑄物師の綸旨は、汎く世に行はるゝを以て、姑く省略に從ひ、今は藥種商につきての異體なる文書を左に揭げて證となさん。

陽清天王御宇

院御方　　充行藥商人諸國立場事

定

右被レ置レ定處者、依二公家之忠一、四十八草色々、自二筑紫坪田市一初、諸國之市又諸鄕園於二賣買一者、不レ可レ有二子細一者也、若又此外有レ至二違亂煩一者、何等雖レ爲二商人一、可レ處二罪科一者也、但於二座一町一者、唐商可レ爲レ計者也、仍充行之狀如レ件、

元慶貳年三月十日

藤原右大辨

式部丞殿

彼商估、工匠、座頭等の任官受領其他の特典は、斯る法制の腐敗より生ぜしものにして、江戸時代に至り、

幕府の統治上頗る厄介視せしところなり。

酒屋土倉の保護　室町幕府は酒屋土倉に向かつて毎年多額の租税を賦課して、幕府の收入の大部分を負擔せしめたり。建武式目の如きも、土倉の保護を急務とする一理由の、重税負擔にあるを明示したりし程にして、若し一所にても減少せば、「公役の失墜」なりとし、如何なる理由あるも、これに廢業を許さず。文安二九廿一追加。唯財源保護の爲め、其德政令にも約月を過ぎし質物は流質とするを認め、土一揆の質物を掠奪せる上は、合錢卽ち「借錢」を棄破して公役を專らにせよと令せり。親元日記文明九九廿九、同十三六十九。

國法の商工業保護　國法に於ても、亦一般商工業に向かつては、種々の便宜を與へて、極めて其自由に任せたり。

當時の市は一定の場所に於て一定の期間に開かれ、又神社寺院の祭禮供養等の日には、臨時に開市するを例とせり。然るに鎖國主義の領主も、商沽に向かつては務めて門戶を開放し、其貨物に對しては、特に往還の關津稅、卽ち駄別諸役を蠲くことゝせしあり、且つ市場の殷賑を期せんが爲めにも、異常の便宜を與へたりしが、就中樂市、樂座なるものは自由市場ともいふべきものにして、鄽鋪の敷地に對する租稅、戶數割、商品稅等は一切これを免除し、市場に有勝なる喧嘩口論、押買、狼藉、其他撰錢に關する爭論を禁じたりしが、此に少しく注意すべきは、親の仇、妻の仇ありとも、市場に於ては復讐を禁ぜしこと、市場に於ける一切の紛議は所謂「町人捌」として、武人に干涉せしめざることゝし、奉公人卽ち武家奉公をなすものと町人との喧嘩は、特に審理すべしといひ、甚だしきは理非を問はずして、町人の勝となすものさへあり。又は「死候はゞ死ぞん、きられ候はゞきられぞん」といへるもありしこと、結城家法度、又市場に來たれる商沽の債權者が、彼國質所質と稱して、商品、荷馬、其他の所持品を差押ふるを禁ぜしこと等これなり。百姓に向かつては其本國を離るゝことを禁じ乍ら、商沽は自由に他國に出でゝ商業を營むことを許せり。又沿海の地を領せるものは、種々の利益を與へて、內外の商船を其港灣に誘致し、耶蘇教宣教師の布教に迄も力を添へて、唯其及ばざらんことを恐れしもあり。戰時亂麻の狀態にあり乍ら、通商貿易の殷賑なりしこと、此時代の如きは前古に比類を見ざりしところなり。

爲替の發達　鎌倉時代より記錄に現はれたりし替錢、替米、卽ち爲替に對して、永仁五年の德政には、初め利息を附せるものにも其效力を及ぼさずとせるを、後に利息を認めざることゝせる迄にて、振出人借主又は割符主といへるものに對する本錢支拂の義務を免ずることなかりき。新編追加。此時代にも大永六年十二月十九日には利息を加へざるものに限りて德政を免除せしめしに、蜷川文書、德政の範圍を擴張すると共に普通の貸借と同一に看做して棄破せられたりしと、蜷川親俊日記、一般信用の闕乏とに依りて、其危險を加へたりしに拘らず、商業の活氣を帶ぶるに從つて、商賈の往來取引次第に頻繁となり、當時の通貨たる金銀米錢の携帶に不便なりしことゝ、流通の區域及び其本質を異にせし爲め、甚だしく兩替上の不便を感ぜしことゝは、割符《さいふ》切符とも書す卽ち爲替手形の流通を促し、これが金融機關としては、所謂割符屋を專業とせるもの及び他の商賈の兼業とせしものゝ外、寺院のこれを取扱へるもの多かりしを見る。親元日記、政所賦銘引付、多聞院日記。これ當時にありても、寺院が他に比して一般の信用を維ぎ居りしと、同宗本末の關係が、商業上に於ける本支店のそれに代用すべき資格を備へ居たりしに依るべきなり。

領主の商業政策の目的　然るに領主が「町人可レ加二憐愍一」といへるは、吉川家法度、彼百姓を「あいはぐゝむべし」といへると一般、これをして租稅傜役の負擔に堪へしめんが爲めのみ。されば彼等に自由を與ふるの言下に於て、兵粮竹木は堅く他國に出だすべからずといひ、武州文書、國中の馬も他國に出だして賣買すべからずといひしは、長曾我部元親百箇條、卽ち領主の本色を發揮せるものにして、彼等が全く自由を假裝せる保護貿易の實行者たりしを掩ふべからず。故に或るものは「諸廻船之事、隨分賣買仕、當國住居之覺悟肝要之事」長曾我部元親百箇條といひて、他國に出でゝ貿易をなしゝものも、本國に還住すべしと規定せるあり。露骨に言へば、これ他國の金錢を收めて本國に齎らさしめ、更にこれを吐出だして、領主を始め部下の武士を養はしむるものにして、宛然長良川の鵜飼の鵜を扱ふに異ならざりしなり。江戶時代にありても、其鎖國政策を確立せしより後は、これと同一の傾向を免れずして、百姓町人に對するには、猶ほ此鵜飼主義を以てしたりしなり。

第十章　結論

國法の存續　以上序述せるところに依りて、戰國時代に於ける公法私法の重もなるものが、時代の必要に伴うて、特殊の發達をなし來たりしを概見すべし。

此時代の末に當たりて、諸國の領主衰亡に就くもの多かりしかど、永く人心を支配せし前代の遺法を改むるの、容易の業にあらざりしのみならず、政略上よりいふも、好ましからぬ事なりしを以て、徳川氏の甲州法度に於ける、山内氏の長曾我部元親百箇條に於ける、一に皆其舊に仍るを許せり。

法制の畫一的傾向　然れども織田信長、豐臣秀吉、德川家康は其志並びに海內を統一するにあり、從つて區々たる國法に向かつて、畫一の傾向を生ぜしむることに努めたりしなり。信長は管內に於ける關所を廢し、道路を修築し、道幅を定め、一里塚を立て、又假令實行を見ざりしにもせよ、賣買には偏く當時の通貨たりし米に代ふるに、錢を以てせんとしたるが如きことあり。秀吉は信長の遺緒を繼ぎて全國の檢地を行ひ、又刀狩、卽ち武士以外の刀脇差を收めて、武士と他階級との制を正したるが如きことあり。家康に至つては、中古以來の法制と此時代の國法とを參酌して、公武の法度、各宗寺院の條目を制定し、又文學を復興して、幕府の基礎を確定せり。

戰國時代の末期　故に若し大局よりこれを論ずれば、戰國時代は武家時代と江戶時代との過渡の時代なるも、更に時代を小別すれば、此時代の末期卽ち三氏の時代は、又戰國時代と江戶時代との過渡時代なりと謂ふことを得べし。其通商貿易の旺盛に、文學技術の勃興せるは、稍〻歐洲の中古に於ける Renaissance に似たるものなしとせず。而かも彼れの如く文明の一新紀元たること能はずして、戰國時代の變態たる江戶時代を作るに過ぎざりしは、前代の遺風の遽に改むべからざりしものありしに依るとはいへ、寬永十四年七月五日の鎖國令の實施が、與つて大に力ありしを疑はず。若し織豐二氏及び江戶幕府初期の政策を繼續して、國運の開展に任せたらんには、東亞南洋に於ける我祖先の活動は、蓋し意想の外に出でしならん。

第四　鎌倉時代の法制と財政

公家法制と武家法制　鎌倉時代の法制と申すと、直に幕府の百五十年間に施設した法制上の講話と思はれませうが、それ丈では未だ充分とはいはれぬのであります。何故かと申すに、鎌倉時代は丁度公家と武家とが兩立して居つた時代であります。それも室町時代のやうでありますと、幕府が完全に政治上の全權を握つて居つて、公家の勢力は微々として振はなかつたのでありますから、公家の法制といつて、別段取立てゝいふ程の事實もないのでありますが、鎌倉時代は大に其趣を異にして居ります。公家は何程衰へたからといつても、相應の政權も有して居られ、又相應の御領をも有つて居られ、地方にも國衙領の直轄地を始めとして、本所領家の莊園の如き、當然公家の勢力範圍内に置かるべき箇所も少くはなかつた。然るに幕府は其創立者たる源頼朝の時に、平氏や源義仲に反抗して起つた行縣《ユキガヽリ》上、政略としても、公家に對しては、始終恭順の態度を取つて、力めて衝突を避くるの必要を認めざるを得なかつたのであります。それで彼れの一代にも、自家立脚地の危殆を感じた場合には、文治元年の諸改革の如く、隨分斷乎たる措置にも出でゝ居りますが、大體の方針としては、どこ迄も公家の政治上の地位を認めて、其法制の如きも、これ迄既に成立して居たものに對して、相應の敬意を拂ふは勿論、或事情の爲めに中止せられて居たもの迄も、再興して行かうといふのでありました。此遺傳的政策は彼れの後繼者の間にも遵奉せられて居たのであるから、此時代には幕府の法制以外に、又公家法制の存在をも認めなければならぬ。單に鎌倉幕府の法制を知るばかりを以て、此時代の法制を盡くしたものとするは、短見の譏を免れますまい。併し乍ら此公家武家の二つに通じての法制の細目に渉つて説明をするといふ事は、時間の許さぬところでありますから、今は唯兩者の成文的規定の一斑と、其相互の關係丈とを簡單に述べて、自分の責を塞ぎ度いと存じます。

公家法制の概觀 先づ此時代の公家の法制について觀察を致しますといふと、公家では、彼中古の律令の編纂といふやうな事業は、其後別に興されなかつたから、唯從來の法制と時々に發布せられた特別規定とがあつた丈であります。此特別規定は其性質上、各般に亙つて居るから、一概にいふ事は出來ませぬが、此時代の前後を通じて、最も著しく、且つ稍〻纏つて居たのは何であるかといふと、當時の言葉で制符、一に新制と申して居たものであります。後世では單に奢侈を戒め、節儉を勸めるところの制度、即ち衣服を着飾つてはならぬとか、餘計に從類を連れてはならぬとかいふやうな規定を、主として制符と申すやうになりましたもの丶、其實さういふのは、唯制符の一端に過ぎぬのであつて、もと〳〵此制符といふものは、廣い意味に於て、其時々に取つての必要なるあらゆる法制、即ち律令格式の四つのもの丶中では、格に相當するものを言つたのであつて、現に當時の宣旨の中にも、此制符を格と書いたのを見受けます。それで此時代では、治承から正慶迄の間に、次々に發布せられた制符も少からぬ事でありますが、特に注意すべきは、今日傳つて居るところの多數の制符の中で、此時代のもの程、數に於ても内容に於ても、最も富んで居るもの丶ないといふ一事であります。何れも時代の必要に應じて發布せられたものであるから、今日から見ると、其時代の神社、寺院、國衙、莊園に於ける各種の情弊、僧侶、男女、貴賤に通じてのあらゆる社會の情態が能く分り、風俗史上より見ても、有益なる參考資料であるが、法制史からすると、法制の腐敗と、それに對する救治法を知る上に、極めて適切なる事實を多く含んで居るのであつて、中にも後者には格別觀るべきもの丶ないのに反して、前者には隨分參考となるべき事實を少からず包含して居ます。斯る貴重なる史料も、是迄版になつたものでは、唯建暦二年の制符が群書類從に見える丈でありましたのを、近頃國書刊行會から出版した續々群書類從の中に、其他の數種を收める事になりましたが、それでも未だ網羅し盡くした譯ではありませぬ。武家の法制では、後に御話する追加法といふものが、丁度此制符に相當するものであります。

武家法制の概觀　次に武家の方はどうであるかと申すと、武家には貞永元年に、有名な御成敗式目卽ち貞永式目の制定があつた迄は、別にこれぞといふ纏まつた法制といふものは出來て居なかつたのであります。源頼朝が初めて幕府を開きましてからこのかたは、多くは其以前から既に武家社會に發達し來たつたところの多くの慣習と、頼朝以來時々の必要に應じて行つた各種の先例とを土臺にして、さうしてそれにもなかつたものは、武家の立場から視て適當と思惟した法理に照合して、時々の出來事に對して、時々に判斷を下して行つたといふ丈の話であります。然るに社會の狀態が段々と複雜になつて行くと共に、公平に晝一にすべての出來事を支配して行くのに、それ丈では覺束なくなつて來たところから、此時代での名執權たる北條泰時が主任となつて、一つの成文法を編纂する事になつた。それが卽ち貞永式目であります。此式目の性質については、後に御話をする積りであるが、差當り先づ此式目が何を立法の標準としたものであるか、それを研究するが當面の必要であらうと考へます。何樣成文法の制定といふ事は、武家に取つて破天荒の事業でありましたから、今日から考へても、何はさて措き、公家の律令格式といふやうなものを手本にしなければならなかつたらうと思はれるでありませう。所が事實はこれに反して、編纂主任たる泰時は、此公家法制の摸倣といふことを絶對に否認して居るのであります。今此事について御話をする前に、ざつと當時の公家法制と其實施の狀態は、如何なるものであつたかといふ事を申さなければならぬ。

公家法制と其實施の狀態　公家法制は律令格式の四つのものから組立てられて居るのであつて、是等が一つの法典を形作つて居たのであります。所が元來律令格式といふものは、外國卽ち支那の法制を摸倣し採用して作つたものであつて、法文は全部立派な漢文で書かれて居るのみならず、其內容に於ても、當時の我國情に適應しない部分が至つて少からぬことでありました。されば朝廷に於ても、格に於て其修正を施された事もあり、又別段法文の修正は見ないにしても、社會の狀態が自然と、法制の規定をして空文に歸せしめたといふ事も多かつたので、其實際に行はれて居た狀況と、法制の規定との間には、大分に懸隔を生じたものも少しと致しませぬ。殊に此點について最も注目しなければならぬのは、法制專門の學者でもあり、又實際家でもあつた明法家の法制上の素養が次第に淺薄に傾いて來た事と、法制の制定者たる朝廷自身が時として法制の勵行を好まれなかつたといふ事とであります。支那と國交の開けてから、一時文運の隆盛を來たした事は、今更いふ迄もなく、律令格式も其時代の產物でありましたが、其中には兩國の國交も斷絕して仕舞つて、人文の程度も次第に低下して參つたから、明法家の如きも自然と法制に關する智識が淺薄に陷いつて、法文の解釋も往々誤解を免れねば、裁判の畫一も期し難くなつて來た。加ふるに朝廷の方針も强ち此法文の勵行を好まれないで、模樣に依ると、打消しにかゝられるやうに思はれる事さへあつた。例へば刑の適用に對する明文は、明かに律に具載せられて居るにも拘らず、朝廷に於ては、佛法尊信の餘りに、刑罰の輕減宥恕を無上の功德と看做されて、無闇と大赦特赦を行はれた事であるが、就中死んだものは再び生かされぬといふ立派な御趣意から、死罪囚に向つても、屢〻恩典を設けて、其執行を避けるやうにとつとめられた事がある。殊に嵯峨天皇の弘仁十三年に、檢非違使の建議を容れられて、換刑についての新しい格が出で、それからこのかたといふものは、死刑は主義としては之を行はないといふ事になつた位であります。從つて此朝廷の方針を實行するといふ上に於ては、法文は法文と立てゝ置いて、さうして當時の司法警察官たるものの一種の手加減、卽ち彼等の間に成立つた慣例で以て、朝廷の方針を實行して行くといふ事になつて來たので、此點よりして檢非違使の慣例、卽ち所謂檢非違使の廳ノ例といふものが實際に行はれて、法文と少しも效力の變らぬものになつて居たのです。例へば死罪を犯したものは、弘仁の格で、別勅に依つて死を免じて十五年の役使といふ事になるのであるが、檢非違使の擬律書であつた着鈦勘文といふものには、强盜の贓物で布十五端以上に相當するものは、律で絞罪、格で十五年役に當るから、勝手に其贓物を十五端以內に減じて、律の死刑は勿論、格の最長役限たる十五年役さへも免れさせる事に計らつて居た。さういふ風に贓物本位とした結果は、又一種の珍妙なる慣例を生じて、例へば强盜が兇器を以て人を殺傷した場合にも、唯贓物の調べ丈で、餘罪を問はぬところから、結局人を斬つた罪は、何等の刑罰にも處せられないといふことになつて來たのであります。是等は單に其一端を擧げたのに過ぎませぬが、これ丈でも、ざつと公家法制の甚だ賴もしからぬものであつた事が御分りになりませう。

武家法制の發達 此くの如く一方には、法制に關する知識の程度が低くなつて來たのと、又他方には、朝廷の法制を勵行する方針が段々鈍くなつて來たのと、此二つのものが相待つて、社會の實情から餘りに緣遠い間違つた解釋や、法文以外に各種の變つた慣例抔が、法制上有效なるものとして扱はれて居たといふ、それが卽ち中古の末、賴朝が鎌倉に幕府を開いた頃の狀態でありました。軍事警察の實權を武家に讓られた公家としてはそれでも濟まう、武家の立場としては、決して此くの如き現實社會と懸離れた、案山子見たやうな法制を以て甘んずべきではない、少くとも刑罰の如きは嚴重に處斷して、充分懲罰の目的を達する事の出來るものでなくてはならぬ。此點から言つても、武家の法制といふものは、必ずしも公家法制の轍を履む事を要せない、武家は武家で、公家とは違つた方針に於て、飽迄も其本色を發揮し、其天職を全うするが宜しかつた。されば幕府の創設このかた、別段纒まつた法制は出來て居なかつたとはいへ、百般の施設は、常に社會人事と密接なる接觸を保つて行くのを主眼として行つた結果、現實社會と沒交涉であり勝ちな、公家の法制と背馳して居る事も少からぬのでありました。一例を擧ぐれば、文治二年に賴朝の京都に派遣して居た北條時政が、檢非違使に代つて、京都の名物ともいふべき群盜を逮捕した事がある。一體ならば、檢非違使の方へ犯人の引渡をするのであるが、其時に限つて、それらの手續を履行しないで、忽ち犯人を斬つて仕舞つた。其理由は、若し檢非違使に引渡した場合には、前にも御話した檢非違使の廳ノ例抔といふ御丁寧な遣口で、吟味も處刑も手緩くやられるから、到底是等の重罪犯に對して、懲罰的制裁を加へられぬと考へたから、少しく常規を逸しては居るけれども、此非常手段を執つた次第で、それが又後迄も同一の場合に於ての武家側の一先例となるに至りました。時政の此處置は、當時の狀態に於ては寧ろ嘉すべきであつて、縱し多少專斷の責を免かれないとしても、懲罰の目的は此筆法でなければ達することが出來なかつたのでありま す。公家と武家との法制上の懸隔は、此一事にでも現はれて居ます。されば泰時等が幕府の爲めに一つの纒まつた法律を編纂しやうといふ時に方つて、公家側の律令格式とか、又法律の解釋や慣例とかいふやうなものが、如何に重きを置かれて居たかは、これに依つても推察が出來るでありませう。

貞永式目制定の必要　これから少しく貞永式目の性質についてのお話を致しませう。泰時の貞永式目を編纂しやうとしたのは、泰時自身が言明して居るやうに、全く幕府の裁判に於て、裁判官が訴訟當事者の身分如何に依つて、同一の訴訟に、一方を勝たせ乍ら、一方を負かすといふやうな弊があつて、裁判の公平を失するのを憂へて、一つの纒まつた法規を設け、それに依つてすべての裁判の統一を保つやうに致さうといふ方針から出て居るのであります。されば此式目に規定されて居る事項は、隨分多種多樣に涉つて居りますが、要するに、當時の事情に於て、最も訴訟紛議の起り易いやうな事項を包含して居る事は、一目瞭然たる事實であります。どういふ譯で、斯樣な訴訟紛議が屢〻發生するやうになつて來たかといふと、それは無論武家社會の自然の成行にも依つた事でありますが、殊に彼承久の戰役後に行はれた所領の大變動からして、幕府のこれに關する處置の當を失して居るとか、又自分の所領が他人に押領せられて居るとかいふやうな訴が、しきりと續出して、幕府の裁判を煩はす事夥しかつた。貞永式目の編纂も、畢竟斯る社會狀態の必要に應ぜんとするの外はなかつたのであります。是等の必要を滿たさんが爲めに、幕府が武家の法制として新たに採用すべきものは、其法文も平易でなければならぬ、又其實質も社會の實情に適切でなければならぬ。公家の法制や慣例が、斯る要求に應ずるに不適當であつた事は、當時の立法者も充分に承知して居たから、式目の編纂に方つても、これに從ふの必要を認めなかつた次第であります。

立法の標準　然らば貞永式目は何を準據として居たかといふと、賴朝以來成立して居た幕府の慣例と、武家の眼から見て合法と認めた事、卽ち泰時の所謂道理と、此二つのものに過ぎなかつたのである。されば泰時自身の言明したばかりでなく、式目の明文に於ても、明かに公家の法制に據らない事を指摘して居るものを一つ二つ見受けるのであります。例へば女子が養子をする事の出來ぬといふ事は、法意卽ち公家法制の精神であるといふのを、式目では、賴朝以來の慣例に依つて、養子を許す事にして居る。親が女子に與へた所領を取戾す事が出來ぬといふ事も、明法家の定說であつたが、式目では取戾す事を得るとして居る。これは一旦女子に讓與へた所領を取戾す事が出來ぬとなれば、女子は親の所領を讓受けた後で、親に對して不孝の行爲を厭はぬやうにならうし、親も女子には所領の讓與を好まぬやうにならうが、これに反して、親が取戾し得る事にすれば、女子は所領を全うする爲めに孝行を盡くし、親も亦愛情をかへぬやうにならうからといふので、卽ち泰時の所謂道理に基づいて居たのであります。さり乍ら法理の研究から行くと、是等の場合に法意とか法家の說とかいふのは、全く律令の精神ではなくして、寧ろそれを誤解して居る明法家の精神であつた。貞永式目に其誤解を指摘する事をしないで、單に賴朝以來の先例や道理の上から、これに與しないといふに止まつて居るのは、貞永式目の編纂者自身、律令其者の研究については、矢張り未だ幼稚であつたといふ事を告白して居るものと認めて宜しい。現に式目の中には、犯罪者の同類であるといふ自白をしたものに向つても、何等の贓物がなければ、其罪を問はぬといふ事が規定してあるが、これは全く前にお話した檢非違使の廳ノ例に引込まれたものであつて、貞永式目の中に、若しも公家法制の影響があるとすれば、これ抔を其隨一といはなければなりますまい。

施行の範圍　さて此式目を施行するに當つて、幕府は其裁判管轄に關する訓示を下しました。それに據ると、訴訟の當事者が、皆公領のものならば國司で裁判をし、莊園ならば領家で審理して勅裁を仰ぐ事になつて居る。申す迄もなく、是等の訴訟は、幕府に於て關與せぬといふ事を明かにしたもので、間接に式目の實施は、幕府の勢力範圍の内に限らるべきものであつて、幕府は決してこれを以て諸國の公領や領家の莊園に迄も及ぼさうといふ考を有つて居らなかつたのであります。或は泰時が此式目に關東の二字を題して居なかつたのを見ても、全國に施行しやうとの下心《シタゴコロ》を有つて居たらうといふ説をなすものもありますが、それは餘りに薄弱なる論據を以て、立法者を强ひんとするものでありませう。後世此式目の規定が公家の間にも採用せられた事は事實であるが、それは全く自然の成行といふものである。式目制定後の幕府は、敢て公家の法制に向つて、指圖がましい干渉を試みなかつたばかりでなく、前にも述べた制符の發布抔に際しては、自《ミ》ら施行の任に當つて居たのであります。

貞永式目の價値　此式目は其箇條が僅に五十一箇條であつて、勿論其內容は更に幾多の項目を含んで居るとはいへ、到底これを以てすべての場合を網羅し盡くさうといふ事は、思ひも寄らぬ事でありました。されば幕府は此式目を制定した後に於ても、時勢の必要に應じては、次々に追加法を設けて、或は式目の意義を明瞭にし、或は式目の規定を修正して居たのであります。足利尊氏が幕府を開いてから後も、此式目は矢張り幕府の側から見て、立派な法制として遵奉されて居つたので、室町幕府の制定した多くの追加法も、畢竟此貞永式目の追加たるに過ぎませぬ。

是等の武家法制を以て公家の法制に對照する時は、形式に於ても實質に於ても、互に其趣を異にしたことが少からぬのであります。殊に武家の法制の文章は、全部一種の和臭を帶びたる漢文を以て記されて居るのでありますが、當時にあつては、それが極めて一般に通用して居た俗用文でありました。公家の法制に反對して、武家を中心とした社會の須要に適應するところの武家法制の制定については、泰時等は充分に豫期の目的を達したものといはなければなりませぬ。此の點よりいへば、貞永式目及びそれ以後に發布された多くの追加法は、武家の固有法ともいふべきものであつて、貞永式目は實に武家が公家の法制から獨立して、此立派な固有法を有するに至つたところの一大記念碑であるといつても、決して誇張の言ではありますまい。

公家政治に及ぼせる武家の勢力　最初に述べた如く、鎌倉時代には、公家と武家とが兩立して居つて、政治上に社交上に、各其傾向を異にして居たとはいふものゝ、政治上武家が遙に優越な地位を占めて、朝廷を壓迫して居た事は事實であるから、兩者の間に決して何等の交渉聯絡がなかつたものとはいへませぬ。法制上に於ても、矢張り此種の關係を見出す事が出來ます。公家の政治は昔から一にも二にも、先例に重きを置いて、すべてが形式的になつて居たから、鎌倉時代となつても、特に表彰すべき新しい事實といふものは、餘りに見出さぬのであります。若しあつたとすれば、それは武家の勢力の影響と見て、大抵間違がありませぬ。此時代にも、後白河法皇以來、院政が行はれて居たが、後嵯峨上皇の院政に方つて、院ノ評定といふ事を創められた。これが武家の影響の最も著しいものゝ一つであります。幕府では賴朝の將軍となつて居た間は將軍の獨裁政治であつて、政所、問注所、侍所の三大機關も、畢竟其手足たるに過ぎなかつた。所が賴朝の薨去から後は、主權の所在に變動を生じて、賴朝の未亡人たる二位ノ尼、卽ち政子が事實上の將軍であつた。承久の戰役も終つて嘉祿元年といふに、其政子も薨去して、泰時が執權の實を行ふ事になつてから、新たに評定衆といふものを置いて、幕府の重なる元老を網羅し、評定所で其評定を催して、幕府の樞機に關した諸般の政務を合議するは勿論、訴訟事件の如きも、此評定所で高等の裁判を行ふといふ事を創めたのであります。されば評定所は將軍の最高顧問府である。評定衆の新設は、幕府の政治上の機關に取つて、最も著しき出來事といはなければならぬ。其後建長元年に、幕府は別に引付衆といふものを置きましたが、これは評定衆を助けて、一般の政務に參與して、訴訟の下調をしたり、又は評定の議決を執行したりするものであります。それから後の幕府の行政、立法、司法の事務は、實際執權と此評定衆及び引付衆の扱ひになつて居ました。所が後嵯峨上皇の院政に方つて、幕府から政務の刷新についての種々の助言を申上げたものであるから、上皇におかせられても、其趣意を御嘉納になつて、院ノ評定を開かれる事になりました。勿論其以前とても、それに類似の事がないではなかつたが、院ノ評定天皇御親政の場合の議定といふものが開かれて、重なる政務が評定衆の合議に依つて決するといふ事になつたのは、畢竟幕府の評定衆の制度を採用せられたものであつた。それから後は、これ迄公家の勢力範圍に於ける土地の處分を始めとして、あらゆる訴訟を裁判する記録所といふ役所が、全く評定衆の爲めに調査審理の事務に當る事となつたのは、丁度幕府の評定衆に對する引付衆の仕事に相當するのであります。公家の新しい制度や其變遷が、武家の影響を受けて出來たのは、大抵斯樣な次第でありました。

公家法制に及ぼせる武家の影響 されば其他の法制上に於ても、矢張り公家の法制の上に、武家の影響を免かれる事は出來なかつたのであります。貞永式目を始め諸般の追加法は、公家の法制と違つて、何れも社會の必要に適應するのを立法の眼目とした者丈に、現代の社會に最も適切なる規定を含んで居たのである。彼格や制符を別として、外國法摸倣の法制に加ふるに、淺薄なる智識や實行で、左なきだに社會とは沒交渉に成り勝ちな法制をして、愈〻迂遠にして行はれ難いものにさせた公家法制から見ても、武家の法制は、或る意味に於て、單に武家社會のみならず、公家社會に向つても、時代の渴望を醫するの效能があつたといはなければならぬ。されば貞永式目の制定後に於ても、公家の側で往々式目の規定を採用せられて居る事があつて、中にも公家と武家と相交渉する事件については、此式目の規定に據られた事が多かつたが、後には左もなきに、矢張り武家法制を採られて居るのを見受けます。式目及び其追加の立法者自身が、武家の勢力範圍内丈に施行するの精神であつたにも拘らず、事實上其範圍を越えて、公家の勢力範圍に迄も行はれる事になつたのは、固より豫期せられなかつた結果といはなければならぬが、武家法制の價値は、千言萬語よりも、此事實自體が最も能く證明して居るものであらうと思ふ。

財政機關　次に鎌倉幕府の財政の說明に移りますについて、先づ第一に鎌倉幕府が財政を統轄した所の機關からお話を始めませう。鎌倉幕府におきましては、前にも述べました如く、政所、問注所、侍所といふ三つの大きな機關があつて、それが幕府の幹部を組織して居つた。所が其中の政所といふのは、丁度此三大機關の中樞で、兼ねて財政事務をも總轄して居たところ、そこの長官たる別當は、將軍の執權がこれに當る事になつて居ましたから、丁度今の內閣で、總理大臣が大藏大臣を兼ねて居るやうなものである。戰後の財政を重んずるといふ點からは、此方が格別都合の宜しい事と思ふ。それから此別當を助けて財務を掌るには、それぞ〳〵奉行もあれば、地頭其他の吏員もありましたが、それ等の事は精しくお話する必要もありませぬから省きまして、次に財政の基礎は何に置かれてあつたかといふ事を述べませう。

財政の基礎　鎌倉幕府の財政の基礎は、其勢力範圍の土地に屬する各種の負擔に置かれてあつたのである。勿論それ以外に種々の財源もないではなかつたが、それらは左程重要の者でなかつたのです。此事については色々の方面からの說明も出來ますが、先づ順序として、當時の幕府を中心としての社會組織からお話をした方が宜しからうと思ふ。幕府を中心として社會の組織はどういふものであつたかといふに、先づ關東の御家人といふ階級が一つあつた。其沿革はこゝに說明を略しますが、つまり將軍に見參をして服從を誓つて居たものであるから、將軍も其者の子々孫々迄、生命財產の保護を與へて居たので、之が武家社會の中心を形作つて居たのであります。次に非御家人といふ者があつた。之も御家人同樣、侍ではあつたが、幕府の支配を受けては居ない。それから凡下《ボンゲ》といふ者があつた。是は普通の百姓町人共で、無論侍ではない。其他神官、僧侶の階級もありました。

そこで先づ御家人からお話申すと、これには必ず各自の領地、即ち所領といふものが屬いて居つたので、幕府が御家人に對して或る義務を課し様とするには、いつも其目的物にせられたのである。即ち御家人の所領は、御家人の幕府に對して盡くす所のあらゆる義務の標準になつて居たので、所領を有つて居るといふ事は、御家人資格の要件といつても宜しい。御家人の義務の中で最も重要なるものは、京都へ出て内裏大番役を勤める事でありましたが、之も御家人の所領高に對して、其人數を割當てる仕組になつて居ました。其他臨時の樣々の義務にしても、此所領の高に割當てぬものは先づ少なかつたのです。それから猶ほ續いて此所領のお話を進めて行く筈であるが、此に一寸所領の性質と沿革の大略を述べて置きませう。

所領の性質　扨この所領といふものゝ成立は、餘程込入つたものでありますから、唯かいつまんでお話を致しますが、本來所領は土地が主體である樣なもの、當時は又其土地から取立てる租税の徴收權を指しても所領といつて居たので、要するに土地それ自身――當時の言葉で申しますれば下地《シタヂ》――と、それから此下地から取立てる租税の徴收との二つをいつて居たのである。當時の租税の割合といふものは、これも土地の状況や等級、即ち上田とか中田とか下田とかいふものに依つて、自《オ》ら相違がありましたけれども、先づは六分乃至四分位に止まつて居た樣であります。併し此年貢が悉く一人の領主に歸したかといふと、さうでは無い。領主といふ者は、此時代の慣習として、一つの地域に唯一人と極つて居なかつた。初めから開墾をして其土地を領して居た者も領主であるが、其領主が國司郡司抔の迫害に堪へ兼ねて、國司郡司抔を出し拔いて、表面其領地といふ事にした權門勢家も領主である。是等は其權勢を假りて領地の安全を圖るのが唯一の目的であつたから、一旦權力ある社寺公卿等に賴んで、表面の領主になつて貰つても、未だ不安心だと思ふと、更に一層有力なる皇族方抔に御願ひ申す事にするので、表面の領主即ち本所とか領家とかいふものが、二人も三人も出來る事がある。土地を管理したり作つたりする者も矢張りさうで、一つの地域に二人以上ある事は珍らしからぬ。さういふ風に、一つの地域について幾人も領主があつたから、正味一人〳〵の懷を肥して居た者は、全收入の凡そ何割程に當つて居たかといふ事は、其土地々々の事情に依つて違つて居たもので、初めから一定の率に依つて之を極める事は、無論出來兼ねる狀態でありました。

武家と所領　そこで武家が起つて、是等の土地の分前に預ります迄には、天下の土地は所謂權門勢家の莊園と、それから朝廷の管轄される國司の支配地とに二大分せられて、國衙領と權門勢家領といふものが、始終軋轢をして居たのであるから、武家が起つて來ると同時に、今度は又武家領といふものが其お仲間入をして、それからは權門勢家の如く、此武家に隨喜渴仰するものも殖えて來たから、自然三分鼎立の姿になつて參つたのです。彼八幡太郎義家の如きは、地方の領主共の間に非常な人望があつて、其領地も次第に驚くべき膨脹を來したから、朝廷でも由々しき大事と思はれたか、態〻法令を發して、天下の領主共から義家に土地を寄附する事を差止められた事があります。源賴朝の始めて幕府を開いた頃には、丁度土地の狀態が斯ういふ風に紛糾錯綜を極めて居た時代でありますが、賴朝は之に對してどういふ政策を取つたかといふと、文治元年に彼源行家、義經の逮捕を便にするといふ口實の下に、諸國莊園に通じて殘らず守護、地頭といふものを置いて、段別に五升の兵粮米を納めさせ、兵馬の權は申す迄もなく、土地の管理、租税の徵收權迄も、悉く之を幕府の手に收めて仕舞つた。尤も其以前に、頼朝は平氏を滅して、平氏や其同類の所領は悉く沒收して、所謂平氏沒官領といふものを自分の支配に移して居つたのです。是等の所領の中には、頼朝が自分の領地としたものもあつたが、又神社寺院へ寄附をしたり、朝廷を始め權門勢家へ差上げたり、返還したりしたものも少からぬ。而して又御家人の舊領を返してやつたり、其功勞を賞して新たに與へたものは、全國に夥しい高に上つたもので、中にも功勞に依つて與へたものは恩地と稱して、格別鄭重に取扱はれて居たのです。

御家人と所領　これからお話が復御家人の所領に戻ります。前にも述べた通り、御家人は必ず所領を有たねばならぬ。此所領は幕府の重もなる財源であるから、幕府の立場としては、どこ迄もこれを培養し保護して、財源の涸渇を防がなければならぬ。御家人の所領についての種々の込入つた規定も、畢竟は此必要から生れて來たのであります。卽ち所領の賣買、質入、讓與といふ樣な事については、それ〳〵制限が置かれてあつて、子が親の所領を讓り受けた場合にも、一々幕府の承認が要る。而して此所領からは、彼京都大番役を始めとして、定つた恒例の義務や臨時の義務にも服し、租税を出す外に人夫を出す事もあれば、軍が始まると自身で兵役に服し、又兵士をも出す義務を有つて居る。そこになると非御家人は其荷が輕い。一體非御家人なる者は、所領を有つて居ないかといふに、さうではない。非御家人でも所領がない事はないが、幕府の支配を受ける所領でない。從つて其所領に對して、幕府に何等の義務をも負はぬ。幕府から見たならば、縦ひ所領持の侍であつても、縁もゆかりもない者である。單にこれ丈ならば左迄幕府の惡感を招くにも當らぬが、是等の非御家人は幕府の覊絆を脱して居る爲めに、御家人と接觸して面白からぬ影響を與へる恐れがなかつたでもない。御家人の所領が移つて非御家人の手に歸するといふ事は、實に其重もなるもの丶一つであつた。幕府は自身で土地を支配する代りに、御家人に與へて居たので、それについて豫め種々の制限、色色の制裁を設けて、其滅失を防いで居たのである。此御家人の所領が若しも非御家人其他の手に渡つたとすれば、其結果はどうであらうか。幕府は彼等に對して、大番役其他の御家人の義務を負擔させる譯に行かぬから、これを打棄てヽ置いたら、由々しき影響を幕府の財政に與へざるを得なかつたのである。そこで幕府の法制を見ますと、此御家人の所領が非御家人の手に行く事に向つては、百方防禦の手段を講じて居た。例へば御家人の所領といふものは、金が欲しければそれを賣るより外に仕方は無い。それは認める、併し幕府から恩給された恩地といふものは賣つてはならぬ。若し賣つたならば、賣人買人共にこれを處罰するといふ事が、貞永式目の一箇條に書いてある。而して斯樣に御家人の所領の賣買に制限を加へたといふのは、其所領が同じ御家人の手に移るといふよりも、寧ろ非御家人、其他の者の手に移る事を豫想してからの事であるから、御家人の所領が御家人に移る事についても、制裁がないではないが、非御家人の手に移るより輕い。即ち元金で買戻させるといふ寛大な規定になつて居るのに、非御家人になつてくると、沒收して仕舞ふ、――沒收して幕府のものにして仕舞ふ――、さういふ風に制裁が嚴しい。

凡下に對する方針　それから非御家人の次の凡下です――、言換へれば百姓町人です――。其中でも町人――重もに商人――、これは又幕府の目の上の瘤と迄はいかぬが、足の底豆位でありました。一體町人といふ者は、鎌倉幕府許りでない、いづれの幕府からも、或る意味に於て擯斥を受けて居つた。それには種々の原因もあるが、幕府は其財政方針から割出して、土地尊重主義に傾いて居つたから、生れ故郷に土着し安堵して、少しの收益にも甘んじて耕作をやつて居る農民――殊に小農――は、第一に保護してやらなければならぬ。所が町人は兎角濡手で粟といふ事を考へて、利益の多い所へは、何處へでも出掛けて行く者である。百姓がそれ等の者に化せられて、土地に落着かぬ事ともならば、それこそ由々しき大事であるから、鎌倉幕府でも町人に對しては、市場、商品、價格抔の上に彼是と制限を設けて、殆んど其利益を無視して居るかと思はるゝ樣な事もあつたが、それよりも一層幕府の深憂となつて居たのは、さういふ所の町人、卽ち當時の所謂富有の仁が金に飽かせて、御家人の所領を取込む樣になる事であつた。幕府のこれを恐れ、これを嫌つた程度は、非御家人について申したのと略〻同樣であつたといつて宜しい。

將軍及び執權の收入　そこで又將軍や執權の收入はどうかといふと、賴朝の時から、關東、東海道、東山道、北陸道、九州等の樞要なる所々に、分國卽ち知行國が九箇國もあつた。其後多少の沿革はあつたが、文治五年の奧州征伐の後では、陸奧出羽の二國も關東の分國に加へられた。それを重もなものとして、其他にも直轄の領地が諸國に散在して居た事は申す迄もない。それから又執權の北條氏には、所謂得宗領といふものが屬いて居た。それは義時の事を得宗といつたから申すので、北條氏の家督に屬する領地でありますが、それが全國には頗る澤山あつて、しかも肥沃な箇所を占めて居た様である。一體義時は承久の亂後、沒收の所領を有功の將士に與へて、自分は少しも得るところがなかつたといふので、世間から稱美られた事になつて居るが、歴史上の出來事にも、矢張り裏と表とがあつて、自分の見るところでは、此得宗領の事を始め、執權家の基礎は義時時代に確立した事と思ふ。

御家人の收入　併し是等の所領にしたところが、最初にお話した如く、複雜なる土地所有の狀態にあつたので、決して皆完全なる領地であつたといへぬ。土地から徴收する所の租税を、擧つて領主の收入にする事の出來るのを、當時一圓の地といつて居たが、北條氏の得宗領にしても、それが皆北條氏一圓の地といふ譯では決してなかつた。一般御家人抔の所領は猶更らさうである。それ故所領の數は縱し澤山あつても、收入といふものは割合に少かつたのである。況んや土地の收入は、年に依つて豐凶がある、豐年ならばまだしも凶年に於て收入の減少は免る可らざる數である。此限りある地力を以て、年々に增殖して行く人間や、様々の事變に處して行くといふのは、極めて容易ならぬ事で、一歩を誤れば、幕府でも個人でも、財政困難に陷らぬ譯には行かなかつたであらう。

儉約の奬勵と奢侈の浸潤　然らば其困難を救濟するの方法如何といふに、賴朝を始め當時の政治家は、皆財政上の消極的政策、即ち儉約といふ事に最も重きを置いて居つた。賴朝が一日華美な衣裳で出勤した筑後權守俊兼の小袖の褄を斬つて、千葉常胤や土肥實平の儉約に倣へと戒めた事もある。彼最明寺入道が味噌を下物《サカナ》に夜話をした事や、松下禪尼が障子のつぎばりをした事抔は名高い話であるが、是等は或は多少其必要に迫られた譯であつたかも知れぬ。所が此儉約には大敵の奢侈の風が、世を逐うて滔々と幕府の上下に横溢して來た。源氏の將軍では實朝が最も此風を鼓吹したものだが、幕府が攝家の將軍や宮將軍を迎へる事となつてから後の關東は、次第に京都化せられて、折角の古來の美風も驕奢淫逸の風に移り行く事となつた。京都に倣つて將軍を公方《クバウ》といふ樣になつたのも、宮將軍の時からかと思はれる。正元二年にありものづくしの落首があつたが、其中に「將軍親王アリ、武家過差アリ」との二句は、能く武家の狀態を穿つた者と謂つて宜しい。

御家人の窮乏　さうなると、幕府の財政の根柢が動いて來ると共に、御家人の窮乏は彌〻甚だしくなつて、遂には其所領をも賣食ひするより致方が無い樣になつて來る。そこで御家人の所領を賣る可らずといふ、幕府の方針に對しても惡い事とは知り乍ら、段々賣りもせば質にも入れた。それも御家人同志の間ならば未だしもであるが、それでは困る程度も略〻同じであつたらうから、幕府の最も嫌つて居た非御家人や富有の仁にも賣拂つたり抵當に入れたりした。其方法はどういふ風にしたかといふと、當時の言葉で和與といつて、雙方の合意といふ事で引渡す、それから預物といつて、預けて置くといふ風にもした。斯うすれば其名義は矢張り御家人のになつて居ても、實際は他人の手に移つて居る。又請所《ウケドコロ》と申して、表面は其所領から出す年貢を、年に何程と請負うて納めるのだが、實は賣つて居るといふのもありました。さういふ風に、自分の名義で、所領を他人の手に渡したものが澤山あつても、太平無事の日は、どうか斯うか、ごまかせたらうが、いざ鎌倉となると、預物、請所であるからといつて、それを名實共に自分の物に引直す譯には行かぬ。それで皆兵粮責めになつて仕舞ふ。

兵粮米の徴收　一體令の制度では、兵士が自分で武器や糧食を自辨するといふわけであつて、武家も大體此方針を襲いで居たのだが、さて軍國多事の場合となると、さうも行かぬから、平氏でも源義仲でも、皆兵粮米とか、兵亂米とかいふ一種の戰時税を、土地へ賦課する事にして居つた。賴朝はどうかといふに、此平氏や義仲に反抗して起つた反動的政策から、最初は苦しい乍らも、一時朝廷に奏聞して、兵粮米の徴收を差止めて仕舞つて、關東から戰地へどし〳〵と糧食を運んだ——後には徴收した——が、なか〳〵追付かないので、出征中の將卒一同非常な苦境に陷つた事がある。御家人の中には、隨分澤山所領を有つて居る、所謂大名もないではなかつたが、其御家人には又家人が附いて居つて、平生からそれ等の者を養つて置いて、軍が始まれば連れて行かなければならぬ始末、なか〳〵らくではなかつた。それで平氏の征伐の時に從軍して居つた大名の一人下河邊行平抔も、出先きで甲冑を賣つて買つた小舟で、先頭に進んだといふ話もある。況んや大名ならぬ小身者で、多くもない所領さへ人手に渡つて居るといふ様なものは、非常の困難に陷つたらしい。

訴訟の續出　所が幕府の方では、御家人の所領の表面の高が分つて居る丈で、實際の調べが屆かぬから、内實人手に渡つて居やうが居まいが、どし〳〵と其高相應の課役を當てるのだから溜まらない。其苦し紛れには隨分宜しくない思付きも出る、骨肉の間に所領の爭が出來る、無效な證文を持出して、他人の手に渡つた所領を取戻さうとする、さういふ訴訟が前後相次いだので、幕府は殆んど應接に遑がない位、而してそれが御家人の所領に關したものゝ多かつたのを見ても、御家人の窮乏に瀕して居た事が分ります。併し幕府でも御家人の所領は大切であるから、決して忽諸に付して居なかつた。自分も苦しい丈に思遣りも一段と宜しい。諸君が鎌倉時代史の中世以後を御覽になると、斯樣な訴訟に關係の制度が多く設けられて、吾妻鏡抔も殆んどそれらの記事で滿たされて居るのを御承知になりませう。平時ですら、さうであつたから、彼承久の内亂から文永弘安の外寇、これらが如何に當時の御家人や幕府を苦しめたかは、想像に餘りある事でありませう。

承久戰後の經營 然らば戰後の經營は如何にして行はれたかと、次に研究すべき問題であります。承久の戰後におきましては、京方の味方を致しました所の公卿、神官、僧侶、武士抔が是迄持つて居つた所の所領は、皆幕府の爲めに沒收せられて仕舞つた。それが所謂承久沒官領で、三千餘箇所あつたといふ。此沒官領は幕府の手から恩賞として部下の戰功のあつた者に與へられたのです。それから承久戰役の前後、幕府は軍資として文治元年に賴朝の試みた兵粮米を徵收した。前のは一段に五升の割合であつたが、是時のは三升宛で、諸國莊園全體から殘らずこれを取る事にした。併し幕府も永く繼續する意がなかつたと見えて、朝廷から備前備中の二箇國を頂戴した代りに、兵粮米は間もなく撤回して仕舞つた。それから又幕府は戰後の土地の整理を始め出して、土地の段別等級から、前後の領家地頭共の名前迄を殘らず取調べさせて、太田文即ち土地臺帳を整頓させました。併し此太田文にも載らない不毛の土地を開墾して耕地を增すことは、土地經濟上必要の條件であつたから、泰時は其分國内の武藏野を開墾して自ら模範を示しました。斯ういふ風にして出來た土地の餘裕は、自然部下の恩賞にも充てられて、武人の不平を醫し、其間に於て幕府の基礎が大戰爭の爲めに危くされぬ樣にと務めた苦心の跡は、今日我々共の見て多とする所であります。

外難に對する財政上の施設　それから文永弘安の外寇に處してはどうかといふと、文永五年に初めて外交上の事件が起りまして以來、幕府の態度は頓に變つて來て、殊に財政上の施設が活氣を帶びて來た。幕府は初めよりして、蒙古と國交を開かうといふ考はなかつたのでありますから、これを拒絶するについて萬一を慮らなければならぬ――萬一に處するの策を立てねばならぬ――。幕府は如何にして此難局に當らんとしたでせうか。文永九年におきまして、幕府は又土地の整理を始めて、太田文の注進を命じました。それは戰時に租稅を徵收するにしても、將士に土地を恩賞するにしても、土地臺帳の整理といふ事は、どうしても必要であつたからでせう。さうから致して居る內に、段々と對外關係が切迫して、蒙古の第一回の來襲があつたが、敵は豫想よりも頑强であつて、忠勇無二の我兵も、實戰に當っては隨分不覺を取つた。幸ひに暴風雨の爲めに擊退をした樣なものゝ、更に第二第三の來襲を豫期しなければならぬ。そこで幕府は朝廷と申合せを致しまして、今の言葉で言へば事業の繰延や中止をもして、飽迄も經費の節減を斷行し、戰時稅を增徵する代りに、租稅を輕減し、民力を休養して、將來の負擔に堪へる樣にしやうと務めました。而して斯樣な空前の國難に當るには、無論幕府の勢力範圍丈の力では足りぬから、諸國、莊園――本所一圓領――、富有の仁からも、軍資の徵收もすれば、兵士の徵發もした。さういふ風にして、第一回第二回の外寇は幸ひに擊攘をした上に、我から却て逆襲の計畫迄立てた程であるが、歷史で見ればこそ、其後の外寇がなかつた樣なもの、其當時では上下共絶えず悲慘なる蒙古の襲來を夢に見て、不斷に頭を惱まして居たのであるから、なか〳〵戰後の經營どころでない。いつ迄も戰中の覺悟で、何時外寇があつても、困らぬ丈の準備を要した事である。當時幕府當路の苦心は實に慘憺たるものでありました。

所領賣買法の修正　そこで此土地の整理といふ事の外に於て、幕府は御家人の所領の上にも嚴重なる手段を取りました。前にも述べた如く、御家人の所領が非御家人其他凡下の手に移るといふ事は、幕府から百方防止して居たが、未だそれ程極端な手段は取つて居なかつた。所が斯ういふ場合では、最早脊に腹は代へられぬのでありますから、御家人に對して迄も、隨分思切つた處置に出でたのであります。卽ち文永七年からは、最早御家人の所領を賣買質入する事は絶對的に許さぬ。是迄は貞永式目からして、所領の中の恩地丈を禁じて、私領は宜しいとしてあつたものを、今度は更に擴張して、恩地も私領も共にいけない。若し非御家人共に賣つた者があれば、幕府の方へ沒收して仕舞ふ。若し又御家人の中に賣つた者があれば、元金を以て買戾させるといふ事にした。後世幕府が德政といふものを行ひましたが、其精神は既に是時から實現されて居たのであります。其外不正な和與や、讓與の上にも、それ〳〵制限を加へました。

論功行賞の困難　第二回の外寇後になりますと、更に色々の法制が出て居るが、其前に説明しなければならぬ事は、戰中とは申し乍ら、外寇擊退の一段落を告げた度每に、外寇の際に祈禱をしました神官僧侶、それから勳功のあつた武人共からして、頻に相當の恩賞に預り度いといふ申請が出る。一體神佛に對する觀念は、今日とは餘程違つて居る。今日とても何も神官僧侶を輕蔑する譯ではないが、到底當時の信仰心の眞率で、しかも猛烈なのには及びませぬ。それであるから命の遣取《ヤリトリ》をする戰爭の前後抔には、上下共懸命に神佛に祈願を籠めたので、それは決して嘘でも何んでもない。諸君が若し有名な社寺へ御出になつて、昔の人の祈願文抔を御覽になると、其數の割合は、出征前とか又開戰前とかいふ事と正比例を爲して居る事が御分りになりませう。さういふ譯で、第一に祈禱をやつて、それから實戰に臨んだ位であるから、戰後には、丁度當時の人が病氣が直ると、醫者よりも祈禱をした陰陽師や坊さん達の御禮を先きにしたと同樣、弓矢を取つた武人より、神社佛寺への報賽や、神官僧侶への恩賞を第一にしなければならぬといふ事になつて來る。所が此に困つた事は、此外難は擧國一致、たつた一人の賣國奴も出さぬで濟んだ丈に、是迄の內亂の樣に、公家方や武士の所領を沒收して、それを戰功のあつた者の方に廻すといふ、融通の利かぬ事であつた。卽ち各人の所領はもとの儘居据りであつて、少しの動きもつかぬところから、肝腎の恩賞に充つる財源に困つたのです。それも今日の樣に、勳章をやるとか、又は金をやるとかいふ樣な事でもあつたらば格別、所領が恩賞の唯一の目的物であつて見れば、誰れが局に當つても困らざるを得ない。幕府はそれに對して餘程窮した樣である。おまけに是時の神官僧侶の報告が、やれ敵艦の沈沒したと丁度同時刻に、其方角へ向けて社殿から鳩が飛出したとか、やれ矢が飛んで行つた抔といふのだから、猶更らむづかしい。眞心から神佛を信仰して居た武人達は、斯る場合に、恩賞の申立を見合せてもよさゝうにも思はれ樣《オ》が、それとこれとは自ら別問題である。社寺の報賽の外にも、自分等の勳功に對する相當の恩賞も、人情として望まなかつた者はない。それで幕府は之に對して色々と策を廻らした結果、前に申した土地の整理に依つて剩し得たものを以て神社、寺院に寄附したり、有功の將士に分つ樣にしたのでありますが、それ迚も無論潤澤ではなかつたから、到底是等の人々の慾望を滿たす事は思ひも寄らぬ事であります。そこで竟には此外に又色々の窮策を講じました。

御家人救濟策　御家人は自分の所領を失ふと同時に、御家人たる資格の要件を喪失する譯であるが、事實上には御家人の所領を失つて居る者が澤山あつた。それで永仁元年に、幕府が一の規定を設けまして、曾祖父の時代に、將軍から御家人の承認を得て居る者は、其子孫の代になつて所領を有たなくなつても、幕府は依然御家人の待遇を繼續させる事にした。併しこれは祖先の勳功に對しての特典で、其他の御家人は此特典に浴し樣と思つても出來なかつた。そこで自然戰功を以て所領にありつかうとするものゝ恩賞の申立も止まぬから、弘安九年に、鎭西の御家人共の斯樣な申請は、すべて鎭西奉行の審理に讓つて仕舞つて、關東では一切受附けぬ事としたが、それでも奉行の處分に滿足せぬ者は勢ひ越訴をした。そこで永仁二年には、弘安合戰の恩賞沙汰は、すべて打切る事にして仕舞つたのです。隨分思ひ切つた遣方でありますが、續いて永仁五年には、當時の財界に取つて驚天動地の盲斷をやりました、彼有名な德政の實施が卽ちそれです。

德政令の發布　前にも申した如く、此德政の精神は、文永二年に既に實現されて居りますが、愈々此德政令の發布を見たのは、永仁五年三月の事であります。是迄御家人が其所領を賣拂つた場合には、其買主が御家人であつたならば、貞永式目に所領を取得してから二十箇年といふ時效が設けてあつて、其時效を經過しなければ、他人から訴へてこれを取戻す事は出來ぬと保障が與へられて居た。所が此保障といふものは、御家人と御家人との間の所領の賣買――其賣買は幕府の公認したもの――に限つて有效である丈で、未だ公認を經なかつたものは、すべて無效としたのが德政の本旨である。それではさういふ賣買、質入はどうするかといへば、幕府はこれを取消して、もとの御家人の所有に歸して仕舞ふ。これは無論御家人の利益を主とした法令でありますが、同時に非御家人、凡下抔の爲めにも一般的規定が一つあつた。卽ち是等の人々で金錢の貸借をやつて居た者が隨分あつた——困つた時には高利も厭はずに——、それは氣の毒な事であるから、最早左樣な貸借の訴訟は、幕府の方で一切受理をしないといふのです。これは御家人許りでなく、一般の人民に通じて適用せられたのだが、餘りに債務者の利益に偏した不公平な遣方でせう。それに面白いのは、庫倉又は土倉ともいつた、今でいふ質屋の事であります、質屋から金を借りる爲めに入れた者丈は、此規定から除外した。質屋は武家時代に一般の金融機關として至極重寶がられて居たもので、可なり立派な武士でも、腹卷抔を質に置いて融通を附けたものです。そこで今度此規定から除外せられて居たのも此譯であるが、猶ほ建武式目には、金融機關としての質屋の保護の爲めに、御丁寧にも態〻一箇條を設けてあります。

德政令の影響　兎も角德政といふものは隨分亂暴なもので、御家人には利益に定まつて居るが、其他の者には非常な迫害であり損害であつた。併し此德政は鎌倉時代に度々幕府が行つたかの樣に思はれて居るが、事實は全くさうでなく、德政を行つてから僅々一年許りで、幕府はこれを廢止して仕舞つて居る。けれども江戸幕府一代に、たつた一度一寸行つた弃捐、卽ち狹い範圍の——旗本御家人と札差との間の——德政が、幕府の最後迄、財界に向つて深刻な不安を與へて居た樣に、鎌倉幕府の德政の影響も意外に大きかつたのです。それで德政の行はれてから後の證文を見るといふと、所領を賣買質入をすれば、德政でやられるから、表面は讓狀とか寄附狀とかにして置いて、同時に別に賣渡證文をやる。此忌避の方法は一寸思附だが、德政令が出てから間もなく行はれて居る。それから賣渡すにしても、其賣渡狀の文面に、萬一德政が行はれても、この地面には一言も苦情を申さぬといふ事が、定つて附加へられる樣にもなつた。それを以て見ても、僅々一年許りの間行はれた德政が、財界の信用上に及ぼした影響の、如何に偉大であつたかゞ想像せられませう。

斯樣に頻々と行はれた種々の窮策は、果して如何なる結果を生んだであらうか。苦し紛れの糊塗彌縫は血を以て血を洗ふばかり、幕府の財政は彌が上にも紊亂して、全く人民の信用を失ひ、何程もがいても取返しの附かぬ破目に陷いつて、遂には其基礎も危くなり、衰亡の期をも早めるに至つた事、最早自分の說明を俟ずとも御分りでありませう。

餘論　併し乍ら土地本位の財政では、如何に當路者を換へても、鎌倉幕府の覆轍を履まぬ譯には行き兼ねませう。自分の考では、唯對外關係の刷新から、民心の一新、財政の整理といふ事を外にして、他に救濟の途を見出しませぬ。鎌倉時代の外國との交通關係はどうかと言へば、高麗との交通が少しくあつたゞけで、それも決して立派な國交といふ譯ではなく、向ふから國書が來ると、朝廷でも幕府でも、答書に關する評議はあつたが、それは單に形式だけの話で、書辭が無禮だから答書をやらぬといふ事が、殆んど紋切形になつて居た。それに四面環海の國でありながら、造船術は奇妙に幼稚で、とんとお話にならぬ。それであるから今日でいふ外債を募るなどゝいふ考は無論なかつたが、外國貿易を隆盛にして、それから得た利益に依つて財政の補足を圖らうといふ考さへ、幕府の當路者の頭には毛頭浮ばなかつたのである。そこになると、足利義滿は、名分上の非難から評判は惡いが、さしもに永く續いた國內の爭亂を鎭定して、明との貿易的國交を創め、巧みに鎌倉末からの財政難を切拔けていつた手腕は、なか〳〵えらいと申さねばなりませぬ。

第五　織田豐臣二氏の法制と財政

過渡の時代　織田豐臣二氏の時代は室町時代と江戶時代との過渡の時代である。普通之を稱して安土桃山時代とは申して居るが、美術工藝の歷史に於て桃山の特色を認められるが如く、社會のすべての出來事の上に、時代の特長を見出すことはやゝ困難である。殊に織田氏の如きは歷史上の未成品であつたから、これを以て一つの特殊なる時代を建てるは無理といはねばならぬ。この時代の氛圍氣は所謂戰國時代その儘であつて、政治上、社交上、一つとして同一の基礎の上に立たぬものは無く、二氏の法制の如きも、大體に於て戰國時代のそれを踏襲しつゝあつた。戰國時代の法制は旣に戰國時代法制の發達中に略〻敍述して置いた事もあるから、今更繰り返すに及ぶまいと思ふ。

過渡期の特長　さりながら織田豐臣の二氏はもと主從の間柄であつて、信長は中道で倒れたとはいへ、秀吉がその遺緖を繼いで統一の業を全うし、江戶幕府の先容をなして居るのであるから、兩者を合せて一つの過渡期として見たならば、その政治、法制、宗教、財政、其他各種の方面に渉つて多少の特色を見出さぬ譯にはいかぬ。故に余は今戰國時代の法制の諸般施設は之を省略して、專ら此時代の特長ともいふべき二氏の法制上、財政上、注意すべき重もなる事項を説明する事としたい。

統一的傾向　先づ大局から見て、何が前時代に比して特異な點であつたかといへば、統一的傾向其のものに外ならぬ。國民は長らく打續いた戰亂に飽いて、平和を希ふの情愈々切となつた。時代の寵兒であつた信長や秀吉は、同時に最も能く時代を諒解して、統一の大業に驀進したものである。信長が「天下布武」の印文を用ゐたのを始めとして、其子の信孝に「弌劒平天下」、信雄に「威加海內」の印文を用ゐさせたのは、元來彼の歸依した澤彥の撰文であるとはいへ、其壯圖を窺ふべき好個の一例と見られる。此傾向は二氏の法制の規定にも、又財政の施設にも現はれて居る。織田氏の時代は勿論、豐臣氏とても一部の纒つた法制といふ程のものは制定されて居らず、たゞ臨時の必要に迫られて、各種の特別法が發布せられて居るだけであつた。當時禁制といひ、定《サダメ》といひ、掟《オキテ》、置目《オキメ》、法度《ハツト》などゝ呼んで居たものがそれである。さりながら斯る軍政時代の常として、信長や秀吉の行爲卽ち法制であつた。換言すれば彼等の政策はその法制と一致したものである。況んやすべての法制は、戰國時代に共通な峻烈なる制裁に、更に輪を懸けたやうな强力の壓迫に依つて遵守を强ひられて居たから、眞に秋霜烈日の觀があつたのである。

信長の皇室中心主義　戰國時代に於て、海外統一の氣運が國民の尊皇心に依つて動いて來た事は蔽ふべからざる事實である。信長が登龍門は永祿十一年足利義昭を奉じて首尾よく上洛を遂げた一事であつたが、彼れは決して義昭の部下として池中の龍たるに甘んずるものではなく、皇室尊奉の旗幟は是に至つて愈〻鮮明になり來つたのである。義昭が上洛の素志を遂げた嬉れしさの餘りに、信長を以て副將軍若しくは管領に補しやうとしたにも拘らず、彼れは固く辭退をした。彼れは義昭に向つて常に禁中の御奉公を怠られてはならぬと注意し、義昭に奉つた十箇條の諫諍の第一條にも、前將軍義輝が參內を懈つた爲め、其終を全くしなかつた事を思ひ合せて、かねぐ\入洛の初めから懈怠なきやうに申上げて居るにも拘らず、これを念頭に置かずして、近年は參內も疎かになつて居るを勿體なく存ずると申して居る。禁中の御奉公より申せば、將軍も彼れも一樣に朝臣であつて、身分上の等差はないのである。されば彼れ及び其後繼者たる秀吉は、何れも將軍職に就かずして、一般の公卿の如く內大臣となり關白となつて居つて、足利氏や德川氏の如く幕府を組織して居らぬのである。

職制　信長が晚年家を其子信忠に讓つた後も、なほ盛んに經綸を行つた事は、秀吉が關白を秀次に讓つた後、太閤として經略を續けつゝあつたと似通うて居る。新井白石が秀吉を以て平淸盛に擬して居るのは、兩人の間に著しく類似の點があるからの事で、織豐二氏の政治は武家政治の一變態たる事は爭はれぬ。信長の時は南征北伐に日も足らぬ有樣であつたから、例へば禁中の修理に朝山日乘を奉行とし、村井貞勝をその副とした如く、臨時に必要のあつた場合に、一人若しくは數人の奉行を任じて其事務を取扱はせ、命令をも發せしめて居る。其後京都は皇宮の所在地で、その關係する所も重大であつたから、世故に熟達もし、兼ねて行政上の手腕を備へた者をそこに常置する必要があつた。信長が村井貞勝（天正元年）をして其所司代の事務を執らせ、秀吉が前田玄以天正十一年淺野長政天正十七年をして同一の事務に當らせたのはこの爲めである。秀吉の時には蕩平の業がやゝ其緒についたから、天正十三年に淺野長政、石田三成、增田長盛、長束正家、前田玄以の五奉行五人衆を任じ、淺野、石田、增田の三人は立法、司法、行政殊に土木の事務を擔任させ、長束は財政事務、前田は京都の市政及び宗教事務を分擔させたが、晩年に秀次を廢して秀頼に其後を讓らんとしてから、其將來を慮つて德川家康、宇喜多秀家、毛利輝元、前田利家、小早川隆景を五大老として最高顧問に當てた。慶長二年に上杉景勝が小早川隆景に代つた。慶長三年には生駒親正、中村一氏、堀尾吉晴の三人を中老として、五奉行の上に置き、政務に參畫させたが、これは五大老と五奉行との中間機關として、兩者の間に衝突を來した場合に、調停の任に當らせたものと知られる。是等は何れも戰國時代に於ける諸大名の職制の稍〻進んだもので、其分掌の如きも公に定まつて居た譯ではなく、大老はまた年寄とも呼ばれ、これに對して中老を小年寄とも申したのである。

信長の尊皇　信長の尊皇は父信秀の庭訓に依つたとはいへ、又時勢の達觀に基くものであつたので、其入洛後間も無く、正親町天皇の勅を奉じて、一令の下に軍紀の振肅を圖り、宸襟を安んじ奉つた事を始めとして、兵馬倥偬のをりからにも拘らず、其翌永祿十二年から禁中修理の工事を起して、上洛の都度〳〵自身に親しく工場を見廻つて熱心に奉行等を監督し、公卿達の邸宅をも建てそへて、廢れ果てたる禁苑の面目を數年の後に一新するに至つた。後陽成天皇は卽ち此御所卽ち土御門內裏に於て、始めて卽位の御大禮を擧げさせられたのである。彼れは又絕えず獻芹の誠を致して居たが、元龜二年十一月には上下京の市民に一町毎に五石づゝの割合で米を貸し附けて、翌年の正月から三割の利米、即ち毎月一町より一斗二升五合づゝを禁中御賄の米として獻上させる事にし、末代に至るまで怠納を致さぬとの、總町よりの連判を取つて後日の支證とした。皇室御領で諸國土豪の押領しつゝあつたものは、改めて舊の如く御直務にかへし奉つた。元龜元年に義昭の幕府が始めて德政を行つたが、信長は天正三年に同じく德政を行つて居る。而かもこれ主として債務のかたに取られた公卿達の家領を無償で取戻させ、併せて一切の債務を取消す事を目的としたものであつて、從來行はれた德政とは其性質を異にしたものである。斯くの如くにして公卿達の窮乏を賑はした上に、なほ新たに諸家の家領をも贈與して、一意朝家の復興を計つて居た。

秀吉の尊皇　秀吉に至つても尊皇の志は信長に讓らなかつた。將棊の駒の王將の名を改めて大將といたしたいと奏請し、衣裝の紋に勅許の外菊桐を附ける事をさし止めたことなどは、彼れが敬虔の態度を知るべき一場の佳話である。（文祿四年。）されば彼れも皇室御領を定め、御讓位の資用を獻じ、禁中を造營したことなどがあつたが、天正十六年彼聚樂第に後陽成天皇の行幸の光榮を荷つた時の如きは、謝恩の微衷を表する爲め、京都の銀地子五千五百三十兩餘を皇室御料に獻り、米地子三百石を仙洞御料に、同じく五百石を關白料として六宮（知仁親王）に獻り、なほ近江國高島郡に於て八千石を公卿門跡に分配し、內大臣織田信雄以下の諸大名に誓書を上らせて、相共に是等の御領を擁護する事を誓はせた。

朝臣の處分　朝廷と幕府との仲介機關として設けられた傳奏の職は、兩氏の時にも依然として置かれた。信長の時には、傳奏が裁決を誤つた爲めに、被害者から信長に訴へ出で、信長が親しく裁判をして前の判決を取消し、傳奏の家領を取上げた事もあれば、朝廷に於ても、信長に向つて違勅者の裁判を命ぜられた事が見える。天正四年。秀吉の如きも、天正十三年に勅を奉じて、親王准后の間に久しく結んで解けなかつた座次の爭を決定した。文祿四年八月三日の秀吉の掟の第一條に、「諸公家諸門跡衆嗜ニ家之道一、可レ被レ守ニ公儀江之奉公一之事」と記されたのは、江戸幕府の禁中公家諸法度の先容をなしたものである。是等は法制上朝廷と兩氏との關係を見るべき事實といつてよろしい。

通貨政策　朝廷の制度が弛廢してから、民間に於ては之と違つた各種の慣習を生じたが、戰國時代に至つて群雄割據の形勢を馴致してよりは、一層國々に依つて區々の法律習慣が行はれる樣になつた。これ等はもとより一朝一夕に變更を許さぬ事情があつたとはいひながら、統一の大業を完成するには、是非とも之に代るべき畫一なる法制を設けて、其實施を圖らねばならぬ。織田豐臣の二氏は其事業の進捗に伴つて、絶えず此方面の施設に着手する事とした。先づ信長は初めて上洛の目的を達した後間もなく、永祿十二年三月一日に選錢令を規定して之を發布して居る。此時代の通貨は比較的少額の金銀貨の外、一般に永樂錢を始めとして、支那より輸入した錢貨や、日本での模造の錢貨、及び其の使用の際に缺損燒損を來したもの、即ち所謂惡錢等の種類極めて多く、商取引の際には常に其の選擇の煩しさに堪へざるが上に、動もすれば爭論を生じて、圓滑なる融通を望まれぬ有樣であつたから、自然其面倒を避けて、米の如き物々交換が行はれるやうになつた。これ取引上多大の障碍を與へるものであつたから、信長の選錢令には選擇すべき錢の種類と其相場とを指定して、例へば燒錢ならば一倍、大かけ錢ならば五倍を以て使用すといふ風に定め、年貢や商取引には皆米を排して、時の相場に從つて錢を用ゐる事とさせ、選錢に托して商品の値上をしたり、惡錢を賣買する事などを禁じて居る。なほ其の追加として金銀及び錢の相場を、金は拾兩で拾五貫文、銀は十兩で二貫文と定め、取引は金銀若しくは善錢に限る事として、違犯者は一町内で處分をさせ、それにても不行屆の場合は總町一味同心と看做し、告發者には五百匹の褒美を與へる事を規定した。この法令は當時直に實行せられるに至らずして、坊間の賣買は依然として多く米を用ゐ、惡錢の融通も其跡を絶たなかつたが、通貨の統一は之を第一着手として、秀吉も天正十年に銀と銅とで天正通寶を鑄造し、其翌十六年には大判、小判の金貨を鑄造し、文祿元年にはまた文祿通寶を鑄造した。慶長四年に一分判金を鑄造したのは、秀吉の遺命に依つたといはれる。

道路政策　當時交通の不便は實に意想外に甚だしかつた。諸國の道路も河川も荒れるに任せて、兵略上より寧ろ其險惡を利用せんとした程である。加ふるに水陸到る所に關所を設けて行人を誰何し、關税を徴收し之を拒めば貨物を差押へるなど、旅客の困難名狀すべからぬことであつた。信長は夙に此に著目したと見えて、永祿十二年に、義昭が信長の功を賞せんとしたのを辭退して、幕府管内の關税を免除する事とし、又伊勢を討ち從へた後も同國の關所を廢したが、其後天正二年十二月に、管内の道路の幅を三間と定めて、沿道の町村に修築させ、數日で功の竣へぬ時は隣郷にも助力させ、兩郷間に橋梁を架する場合には、一郷は材木、一郷は人夫を分擔させる事とし、なほ道路の兩邊には松柳を植ゑさせ、剰へ人民往還の煩をなした關税を免除する事とした。これ等はもとより施行の範圍がその部内に止まつて居たとはいへ、道路法の歴史に於て特筆大書すべき事柄に相違ない。或は是時道路の兩邊に樹木を植ゑたのを、後世の一里塚の起源とする説もあり、また三十六町を一里とすることも、信長の時に始まるといつて居るが、それらは何れも當つて居らぬ。殊に後者の如きは平安朝時代から見えて居ることで、六町一里の制と併せ行はれて居たのであるが、信長の時に之が一定を試みた事實があるやうには見受けられぬ。此道路の修築、橋梁の架設は、秀吉に至つて益〻其必要を感じ、著々として其實行を見るに至つた。國内戰の爲めの大行軍はいふまでもなく、朝鮮役についで軍隊や輜重の輸送が割合に敏速に行はれたのも、一つはこの道路政策の效果といはなければならぬ。

檢地の沿革　次に注意すべきは檢地である。財源の中にて最も安全なものは、今も昔も地租であるが、これを徴收するに其臺帳となるべき田籍の制度は早く廢れて、鎌倉時代から南北朝にかけては、太田文や圖田帳を作つたことが見える。國司の初任檢注は後嵯峨天皇の時に二任に一回に減ぜられ、室町時代には守護にも檢注があつて、その勘料を取立てることは見えるが、それも名のみとなつたらしく、民間に實檢、正檢、内檢などの稱があつて、その名寄帳《ナヨセチヤウ》とか取帳《トリチヤウ》、水帳《ミヅチヤウ》とか申すものは卽ち檢地帳ではあるが、それらは單に一部の私領に限られたことで、戰亂の打續いた室町時代では、それすら行はれ兼ねたから、幕府も公卿、諸大名、寺社などの折紙献上物の如き、不定極まる財源を恃みとするを餘儀なくされた。天文廿二年に將軍義輝が諸國の守護に命じて檢地を行はせたことがあつて、天文繩の稱がそれから出でたとの説もあるが、それは時勢を辨へぬ架空の談に過ぎぬ。近世で全國に亘つての檢地は、秀吉の所謂文祿檢地が其嚆矢であること、何人も異議なきところである。されど其實、秀吉の檢地も亦信長の遺策を奉じたものに外ならぬことを忘れてはならぬ。

信長の指出　檢地に依つて、田畠の段別や等級を定め、石盛《コクモリ》をなし、石高を知るといふことは、財源を正確にする上に、是非共必要缺くべからざることであるが、其結果公稱の高より多き場合は削減される虞があると共に、租税の徵收がこれに伴ふだけ、土地の所有者に取つては一般に喜ばれぬ傾がないではない。特に從來行はれなかつたことを新たに開始する場合には、地主の不平は當然起り勝の事である。又神社、寺院の如きは、從來とても信仰上の關係から除外されて來たのであるから、飽迄も其特典を主張するに相違ない。さりとて蕩平を期するには巨額の軍資金を要し、部下に封祿を與へるに土地を捻出す必要もあり、軍役を課するにも的確な標準がなくては成らぬから、如何なる障碍をも排して、此確實なる財源の基礎を築き上げることに力めなければならぬ。信長が永祿十一年九月上洛の後には、大和、攝津、和泉地方に矢錢を課する事にして、大坂の本願寺には五千貫、奈良には千餘貫、堺南北二莊には萬貫餘との割當で、强制執行と出懸けたが、勿論不人氣を極めたものであつて、尼崎の市民の如きはこれを拒絶した爲め、信長の兵士から市街に放火せられ三千餘人殺された。堺の市民もまたその命を拒んで戰備を修め其來襲に備へた。さりながらかくの如き不確實なる財源は、到底豫期の成績を擧ぐる事を望まれぬ。信長も此に着目したものと見えて、元龜二年以前既に伊勢の神戸氏の領地に檢地を行つて、神戸の侍の知行分より、餘計に領地のあるものは削つて、尾張の侍に與へたことが北畠物語に載つて居るが、天正八年よりは而かも最も難治と聞こえた大和から、檢地帳の强制的徵收に著手して居る。彼れは同年九月、瀧川一益、明智光秀の兩人を大和に派遣して、國中の寺社、本所、國衆卽ち「國民」共から悉く「指出《サシダシ》」を出させた。「指出」とは卽ち檢地帳である。此檢地は兩人の奉行が自《ミ》ら行ふ譯ではなく、奉行は專ら示威行動を取つて、其嚴正に實施せられ提出せられるを監視した迄であるが、それが又なか〳〵嚴重なものであつて、例へば畠一所と書いて屆出でたのを見ては、一所と丈では分らぬから明細に步數を記して出せと却下し、更に古帳を徵したこともあり、大和の「國民」戒重某以下四人に違背の罪があつたといつては、信長の命を以てこれを死刑に處した。されば積年の勢力大和一國に及んだ奈良の興福寺でさへ、是時は一言の愁訴をなす勇氣もなく、當時兩奉行に向つて起請文を差出したが、それには寺領、私領、買得分、院坊領、名主百姓の得分、衆徒被官家來の私領、買得分、扶持分、田畠、屋敷、山林、聊も隱し置くことなく、證據として本帳古帳の事を添へて差出すから、疑はしくば直接に百姓を糺明せられたく、其上多少に依らず不正の點を發見せられたならば、總寺領を悉く勘落取上げることせられて苦しうないといふことを寶印の裏に書いて、血判を居ゑて居る。而かも寺僧は此擧を以て前代未聞であるといひ、神慮を恃むばかりなりとか、地獄の苦と同じからんかなどゝ、愁歎に暮れて居た樣子である。調査の結果、興福寺が一萬九千石、一乘院が千三百石、大乘院が七百五十石、神人が九百石、社中が五百石、東大寺が千五百石であつて、國民の中では箸尾が一萬四千石、越智が一萬二千石であつた。かくて此調査は十一月に終つたから、兩人の奉行は歸京して此旨を信長に復命した。信長は直に寺社領とも先規の如く違亂あるべからずとの安堵狀を與へ、郡山城を筒井順慶に授けて大和一國を管轄させたのである。其翌九年にはまた和泉の國にも及ぼしたが、同國槇尾寺の僧徒が之を拒んで、信長の兵に其堂塔伽藍を燒かれたは實に是時の事であつた。

秀吉の檢地　秀吉の檢地が何時から始まつたかといふことについては從來定說がない。天正十七年からとする太閤記の說は割合に廣く行はれては居るが、管見では天正十三年を以て最初とするのである。當時は先づ手始に山城から著手したと見えて、同年十月三日、等持院より寺領の「指出」を前田玄以に屆け出でゝ居る。爾來軍國多事の際であつたにも拘らず、著々として進行を續けつゝ、征戰の結果新たに領土を擴張すると共に、直に使を遣はして檢地を行はせる。秀吉の檢地は信長の時と同樣「指出」ともいつて居たが、其方法は信長の時とは違つて、精密に田畝を丈量して、檢地帳に登錄するのであつたから、地主の恐慌は一層甚だしく、前には沈默を守つた興福寺も、此檢地には不服を稱へて騷動したが、秀吉は委細かまはず斷行した。天正十八年に佐々成政が新たに肥後に封ぜられて檢地を行はんとした所が、隈部の城主隈部親永が之を拒んで合戰に及んだ事など、この時にも多少の犧牲を出した。秀吉は自ら日本全國寸土尺地を殘さず、末代の爲めに「御前帳」卽ち正確なる土地臺帳を作る爲めに檢地を行ふと稱して居つて、其置目卽ち規定には、斗代等は成るたけ精密に書入れ、粗相にせば處罰すると申し、又檢地を行ふには、殊に國人百姓に能々合點のゆくやうに諭すも、若し命を拒んだ時は、城主は其城に追ひ入れて一人も殘さず撫斬にし、百姓は一郷も二郷も撫斬にすると申して居る。天正十八年、陸奥の檢地を行つた時、其命を受けた淺野長政に宛てた手紙の中に、「六十餘州堅被㆓仰付㆒、出羽奧州迄そさうにさせらる間敷候、たとへ亡所に成候ても不㆑苦候間、可㆑得㆓其意㆒候、山のおく、海は櫓櫂の續き候迄、可㆑入㆑念事專一候、自然各於㆓退屈㆒者、關白殿御自身被㆑成㆓御座㆒候ても可㆑被㆓仰付㆒候」と書いてあるのを見ても、如何に一大決心の下に斷行の覺悟を有ちつゝあつたかを思ひやられる。されば古來全く除外せられた伊勢兩宮の神領にまでも檢地の竿を入れた爲め、それを止めねば一命を取らうとの夢想があつたとの傳說もある程で、流石に宮川以內の神宮敷地だけは見合せて居る。其他にも檢地を免除した特例は無いでは無かつたが、原則としては、如何なる社寺領でも、一應は檢地を遂げて其高を知り、改めて寄附の朱印を出すを例とした。公卿大名等にも一樣に檢地の結果に依つて知行の朱印を出したのは、さながら今の登錄手續のやうなものである。神宮では最初檢地の噂を聞いて驚愕の餘り祈禱を行はれたが、幸に免除せられたので、祝の發句を行つたといふ事である。高野山では其檢地を羽柴秀長の私曲に出たと思つて、彼れを法敵と呼んで居た。此檢地は天正から文祿にかけて行はれたから、天正の石直とも文祿の檢地ともいひ、秀吉直轄の國々は勿論、諸大名の領地より神社佛寺の如きまで洩なく行きわたつた事で、西は古來の祕庫であつた薩日隅から東は奧羽の諸國に及んだ。檢地の結果は、必ずしも從來認知せられた高を增す事とはならずして、往々減少を來した場合もある。併し中には高野山の如き是迄寺領三千石と稱せられたものが、檢地の結果、更に五萬石を增したものもあつて、高野山は秀吉より、檢地帳には巨細悉く改めて書き載すべきものであるのに、さりとは疎漏の至であると、大目玉を頂戴した。

田制の改革　秀吉の檢地は田制上の一大改革であつた。卽ち從來は一步といつても、六尺、六尺三寸、六尺五寸といふが如き區々の制度が行はれて居つたのを、秀吉の檢地には多少の取除はあるが、六尺三寸の竿を用ゐる事にした。次に一段の小割が從來大、半、小とあつて六進法で、二六百二十步を小、三六百八十步を半、四六二百四十步を大とし、三百六十步を一段としたものであるが、秀吉は三百步を一段とした、卽ち歩數を減じた代りに、繩を五寸づゝ延ばした勘定である。慶長元和の頃からはまた六尺に三百六十歩となつた桝はまた地方や領主に依つて大小區々に流れ、六合桝、八合桝、八合五勺桝、九合五勺桝、十合桝などがあつて、一定しなかつたものであるが、秀吉は十合の京桝を採用して石盛を定める事とした。田畑は其肥瘠によつて上、中、下及び下々と四等の等級を立て、檢見取の法に於て三分の一を百姓に遣はし、三分の二を年貢として取立てた。卽ち所謂二公一民の制であつて、隨分の苛税に相違ない。さりながら縱し四公六民の如き人民に寛大な税制を取つても、遣方一つで、臨時税の賦課を餘計にすれば、實際には二公一民以上の苛征誅求ともならう。秀吉が本年貢以外勉めて收斂を避けるやうに命令を發して居り、又一段の收穫米一斗以内に止つた場合は、農料として百姓に取らせるとの規定を設けて居つたのを見ても、其の決して人民を苦しめる本意で無かつたことが知れやう。

其他の影響　此改革以來、第一從來錢貨を通貨とした爲め、知行領地に貫高を稱し來つたものを、專ら石高を稱する事に改まつたのは注意すべき點である。次には行政區劃の名稱の改まつた事で、是迄莊とか鄕とか保とか里とかいはれたものは、此時から皆廢せられて、郡を以て直に村を總べる事となつたといふのである。勿論これにも多少の除外例はあるが、大體に於て事實と認めて宜しい。かくまでに多方面に影響を及ぼした曠古の大事業は、秀吉の偉大なる抱負と非常の覺悟とによつて始めて行はれた。而して信長の「指出」、秀吉の檢地の齎した效果は、彼等の南征北伐に要した巨額の軍資を償ひ、將士の封祿を支へるに餘りがあつて、秀吉の如きは更に外征の大膽なる計畫を立つるに至つたと觀測されるのである。

信長の商業政策　さりながら拔群の軍略家であつたと同時に、有數の財政家であつた兩人の注意は、決して土地や百姓に局限された譯ではない。戰國時代に於て長足の進歩を遂げつゝあつた都市の發達、商人の勃興は、如何にして慧眼なる兩人の見遁す所とならうか。信長は將軍義昭から其勳功を賞して、攝津、和泉、近江等の諸國に封地を增さんとの沙汰があつたのを辭退する代りに、自《ミ》ら請うて和泉の堺及び近江の草津、大津を管轄する事とし、そこに彼れの代官を置いた。堺が當時豪商の淵叢として、天下に名高い富地であつたこと申すまでもなく、草津といひ大津といひ、何れも皆商業の殷賑な場所柄であつた。この一事を以て觀ても、彼れの着眼の非凡であつたことが窺はれる。彼れは永祿十一年の九月に、美濃の加納の市場に出した市制を始めとして、京都や安土山下町等にそれ〳〵市制を布いて、商人に各種の保護を與へた。殊に重もなる市場は、樂市、樂座として總べての公事を免除し、商業上あらゆる便宜を與へたのである。たとへば彼德政の如きは、質入賣買を無效とするもので、商取引上尠からず不安の念を與へるものであるから、其市場に限つてこれを除外するが如き、法制實施上の除外例を設けたのである。

秀吉の商業政策　秀吉も亦これと同一の方針を取りつゝあつたが、信長の時よりは其管內は手廣くもあり、治世も長かつた爲めに、多くの事蹟を遺して居る。天正十五年九州征伐の際、博多町を再興させ、又長崎を葡萄牙人の手から取り上げて貿易港とした如きは顯著なる事實であつた。當時兩港に與へた法制には、共に地租を免除して居るが、博多について注意すべき特殊の規定は、他の市場と異つて、問屋、諸座の如き一切の獨占的營業の存立を聽さずして、絕對に營業の自由を與へたこと、諸給人卽ち武士に住宅を持たせなかつたこと、失火、放火は犯人だけの處分に止めて、此時代の刑法に共通であつた、一町内の連帶責任としなかつたことなどである。又長崎に與へた掟について注意すべきことは、當時の大法とした喧嘩兩成敗法に一つの除外例を設けた事で、卽ち喧嘩刄傷の當事者が雙方とも日本人であるならば、勿論理非を論ぜずして兩成敗とするが、南蠻船、唐船に乘り込んで來た者は「異國の仁」であるから、それが一方の對手方である時は、特に理非を糺明して、十の者五分々々ならば、日本人を罪科に處すべしといつて居る事である。秀吉が海外貿易の隆盛を望んで之を奬勵した事は著しい事實であつて、初めは信長同樣耶蘇敎の宣敎師をも保護したが、其神佛に對する信仰を破壞し、國法に背戾する不敵の行爲を認めて、斷然布敎を禁じた後も、貿易は依然として之を許すの方針を改めなかつたので、天正十九年に彼印度副王に答へた書中にも、この意を述べて「彼伴天連之徒、前年至二此土一欲レ魔二魅道俗男女一、其時且加二刑罰一、重又來二于此界一、欲レ作二化導一、則不レ遺二種類一、可レ族二滅之一、勿レ噬レ臍、只有下欲レ修二好於此地一之心上、則海上已無二盜賊艱難一、域中幸許二商賈往還一」と書いて居るが、實際に其宣言の如く、天正十六年以來嚴重に海賊の取締を命じ、船舶の檢査をさせて、これに備へて居たのである。

信長秀吉の蓄財　信長の巧妙なる理財の手腕は、多くの貯蓄を生じたものと見えて、天正十年、三百年來行はれなかつた伊勢兩宮の造營について、宮司から信長に千貫の寄附を請ひ、其他は勸進を以て辨じたしと申出でたのに對して、信長は去々年の八幡造營の經費に思ひ合せても、千貫にては不足であらうし、さりとて人民を煩すも宜しくないからとて、獨力にて先づ三千貫を寄進し、其他は入用次第申出に應ずる事とした。當時信長は森蘭丸を岐阜に遣はして、城中に貯へた鳥目の繩を改めさせ、奉行、宮司等の申出に任せて隨時要脚を差出させるやうに信忠に申付けた。岐阜の土藏に一萬六千貫の貯のあつた事は、天正七年信忠宛の信長の書狀にも見える。安土城の天守にも金銀を多く蓄へて居つたことは、天正六年の正月に、安土へ參賀した諸將を天主閣の上層に案內して、そこに山と積まれた金銀重寶を見せたことでも知られる。彼の明智光秀が主君を弑した後、安土へ討ち入つたのも、これを目指したもので、彼れが京都へ歸つて禁裏へ獻上した銀五百枚なども、全く安土の贓品に外ならぬ。秀吉の富はもとより信長の比では無かつた。其の最も著しい話は、天正十七年に、金銀を臺に積んで、聚樂の門內二町の間に置かせ、六宮を始め奉り、大政所、北政所、信雄、家康以下の諸大名やその夫人等に總額三十六萬五千兩を分配した一事であらう。

社會政策　最後に余は織田豐臣二氏の社會政策に關する法制を觀察しなければならぬ。當時戰國亂離の後を受けて、社會の秩序が紊亂し、所謂士農工商の別殆んど無く、應仁文明の戰亂このかた足輕、野伏の跋扈となり、百姓も町人も皆兵器を手にして戰場に立つ世の中となつた。神職僧侶の如きも亦同樣である。織田豐臣の二氏が統一の事業を進めて行くと共に、斯くの如き亂脈なる社會の現狀を打破して、士農工商、僧俗男女、各其職分を守り、地位に安んぜしめること、換言すれば、階級制度の樹立を其社會政策の根本義とするに一致したのは尤の次第である。信長の時はまだ草創の際とて、格別の規定も出なかつたが、それでも僧侶や商人の武事に從ふを停めて、違反者に對しては、遠慮なく懲罰を加へて居る。山門の燒討を始め、破戒無慈悲なる惡僧に對して、彼れが絕えず懲罰の手を緩めなかつたのも、一つはその社會政策の見地に基いたことで、それと反對に耶蘇敎を保護したのは、是等の舊宗敎に對する面當《ツラアテ》の氣味もあつたであらうが、一つはその伴天連や信徒の熱心にして眞面目なる態度と、彼れの政策に柔順であつたが爲めである。堺の市民に將來浪人を召抱へぬ事を誓はせて、その反抗の罪を赦したのも、亦商人の武士的行動を誡めたものに外ならぬ。秀吉に至つては一層この政策の厲行に力めた形迹が見える。天正十三年に彼れは南紀を討平げて、高野山の法制を定めたが、當時滿山其請書を出すと同時に、悉く山中に蓄へて居つた武器を提供した。彼れはこれを神妙として、將來堂舍にては專ら國家安全の祈禱を抽んでるやうにと諭した。いふまでもなく、僧侶は修法祈禱が其本職であつて、兵仗を帶し軍事にたづさはるが如き、破戒の沙汰を禁遏しやうと力めたものである。鎌倉時代にも、北條泰時の執權であつた安貞二年に、諸寺諸山の僧徒が武器を蓄へるは、佛法破滅の基であるといつて之を沒收させ、高野山の如きは、各坊を尋ね捜して狩り集めた武器を、大塔の庭で燒却せしめた事がある。併し秀吉の武器沒收は、僧侶の外、百姓町人に迄も及ぼした事で、天正十六年四月から民間の刀、脇差、弓、槍、鐵砲等一切の武器を所持するものは、之を官に差出させ、若し違反した者があつた時には、當人は勿論、其一鄕を同罪と認めて之を處分する事とした。此掟は次第に全國に及ぼしたことで、武器を狩り出す所から刀狩といはれた。「諸奉公人は面々以₂給恩₁其役をつとむべし、百姓は田畠開作を專に可ㇾ仕事」とは、其理由を說明した文である。この外武士が百姓町人となり、百姓が田地を棄てゝ商人となるも、共に之を禁じて、例の一町一鄕の連帶責任を以て其の取締に任ぜしめた。因にこの町村の連帶責任は、主として戰國時代の餘風であつたが、秀吉に至つて、慶長二年專ら辻斬、掏摸、盜賊の取締の目的に出でたとはいへ、侍は五人組、下人は十人組の組合を組織して連判を徵し、組中の犯人は組合から告發させ、若し組外から告發せられた時は、犯人の主人から、相當の金子を告發者に取らせるとの規定を設けて、それが江戸時代の五人組制度の起りとなつて居る。

結語　織田豐氏二氏の法制と財政とについて述べたい事は、もとより以上に止まらぬが、その統一的政策に伴ふ主要なる部分は、略〻之を盡くした積である。秀吉は朝鮮役に關して諸般の法律命令を發布して居るけれども、それらは總べて省略した。之を要するに、二氏の法制や財政は、統一の傾向に伴ふ必然的施設であつたといはゞそれまでゞあるが、何れも皆時代の要求に應ずべく、周到なる用意に成つたものである。信長は言ふまでもなく、秀吉の如きも、內治の問題を閑却して外征を思ひ立つた爲め、事業の締めくゝりが附かなかつたが、其遺策は江戸幕府に依つて繼承され、織豐二氏三十年間の播種が、德川氏三百年間の收穫となつた氣味もないではない。世間所謂東照大神君の神算宏謨に眩惑せられて、織豐二氏の遺業を藐視するものがあつたならば、未だ二氏の眞價を解せざるものといはねばならぬ。

第六　社會を中心とせる江戸幕府の法制

一　緒論

幕府本位の社會政策　社會政策は今や共通の重大問題となり、政治、經濟、社會等の諸方面に渉りて、これを學術的、實際的に研究するの風、日を逐うて益〻盛んとなれり。余輩は敢て悉く古代制度の復活を鼓吹する國家社會主義者の顰に倣はんとするものにあらず、然れども一種の「ユートピア」を夢想する論者にあらざる限り、漸進主義の學者及び實際家に取りて、國民歴史の回顧が、時世の推移に對する觀測と、正に竝行すべき性質のものたる事を信ぜんとす。余輩が今に於て江戸幕府の社會政策を掲げて、大方に見えんとするの微意亦實にこゝに存す。

抑〻社會政策は時代を別にし、爲政者を易ふると共に、其出發點を異にし、又其歸著點を異にせざる能はず。江戸幕府は前代未聞の專制政府なり。故に社會問題の提案者も、亦其解決者も、唯一の幕府を措いて他に求むべくもあらず。江戸時代を通じて、間〻急進的革命的社會主義の鼓吹者を出しゝ事あり、彼等の中には自《ミ》らこれが實行者たらんと試みたるものさへなかりしにあらず。又穀價昂騰の際、貧民の蜂起して米商等に加へし暴動、即ち所謂打毀《ウチコハシ》の如きも、亦一種の社會主義的運動と看做されん。然れども幕府の威力は是等のあらゆる學說運動を鎭壓し粉碎して、復起つ能はざらしむるか、然らざるも社會の地平線上に出づるを得ざらしめずんば止まざりしなり。此時代の社會政策が、幕府の一般政策と共に、自家の利害關係を以て其先決問題となせるは、事情已むを得ざりしところなりとす。

幕府諸制度の完成　何れの時代の文物制度か、前時代の影響を受けざるものあらん。江戸時代の如きも、亦事毎に戰國時代の風化を蒙る事多く、從來幕府の創設に係ると信ぜられし施設にして、其實戰國時代の踏襲に過ぎざりしもの少からず。又均しく江戸幕府といふも、其政策は自《オ》ら一張一弛ありて、必ずしも始終一貫せりとすべからず。故に若し具さに其原委を說かんとせば、戰國時代若しくはそれ以上にも溯り、更に江戸時代の各時期に涉りて、仔細に考量するところあるを要す。これ固より眇たる一小論文の能くすべきところにあらざるなり。思ふに江戸幕府の初めに於て、德川家康、鋭意公武諸法度、諸宗法度等の制定に務めたりしも、百事草創に屬し、諸般の制度猶ほ未だ備はらずして、概ね前時代の舊制を襲用するか、然らざれば其自然的發達に委せられたり。然るに家光英邁の資を以て台職を承くるに及び、節制宜しきを得て、諸大名の幕府に對する服從の關係は明確となり、施政の方針等一新生面を開くに至れり。爾後數世の間屢々損益するところあり、吉宗に及び、區々たる舊制を取捨して畫一の法を布かん事を圖り、輔相其人を得て著々進捗を見たりしかば、幕府の法制は略々集大成の域に達し、後世これを以て準則となせり。家齊の初世に當り松平定信の老中の首班に列し、又將軍の輔佐となるや、吉宗の遺意を繼承して、當代の弊政を矯めんとし、治蹟大に擧れり。此二代は後世の呼んで享寬の治と稱するものにして、各種の制度比較的に最も完備の域に達し、施政上の主義方針も遺憾なく發現せられて、江戸幕府の花たり實たるべきは、少しく江戸時代史を繙くもの丶容易に認識し得べきところなり。さればこれより後、幕府の終末に至る迄、名君良佐の理想として夢寐にも忘るゝ能はざりしは、實に此二代の治の如くなるを得んとの一事に外ならざりき。彼水野忠邦の所謂天保の改革の如き、一令を發する每に、享保寛政の舊に復せん事を繰返せるを見るも、如何に其中心これに私淑しつゝありしかを思ふべし。彼れの失脚後、世に行はれし落首の中、「享寛の例はしばらく御沙汰やみ、萬歲らくを唱ふ國民」の一首、亦これを諷示す。而して是等の法制整頓の時期は、或意味に於て一代を代表するに足るもの、これを通じて幕府の社會政策に對する概念を得んとするは、一種の觀察法たらずとせず。加ふるに前後對照の要ある場合に臨んで、前時代との交涉聯絡に溯及せば、所論の梗槩を擧ぐるに於て、甚だしき遺憾なきを得んか。

二　階級的社會組織

階級制度の成立　江戶時代は我國に於ける階級制度の最も整備せる時代たりしのみならず、戰國時代の後を承けて、文藝復興の機運に達せし時代なり。西洋の學者或はこれを目して The epoch representing the best fruits of Japanese national development といふものあるも、必ずしも溢美とせず。斯る時代の社會が果して如何なる組織を有し居たりしか。これ問題の性質上、先づ講究せざるべからざるところなり。

鎌倉幕府以來、武家の社會は皆階級的組織を以て組成せられたり。殊に室町幕府に至りては、公武間の密接なる接觸に依り、幕府の制度上、形式的なる公家式をも加味する事となりて、煩瑣なる身分上の稱號、待遇等、多く此間に成立せり。江戶幕府は大體に於てこれを准用せるものなり。さり乍ら兩者の間には、これと反對の社會現象を有する戰國時代の存在を記せざるべからず。室町時代の中世以降爭亂相次ぎ、社會の秩序は紊亂して、先例古格を尊重するの風大に薄らげり。塵塚物語に、山名宗全が某大臣の時代後れの先例を云々せるを痛罵して、「凡ッ例と云は其時が例也、〇中略、若しゐて古來の例の文字を今沙汰せば、宗全ごときの匹夫、君に對して如ㇾ此同輩の談をのべ侍らんや、是はそも古來いづれの代の例ぞや、是則時なるべし」といひ、凡そ例といふ文字をば、向後は時といふ文字にかへて御心えあるべしと喝破せる逸話を載せたり。縱し事實として其眞僞を保すべからずとするも、時代思潮の激變を徵すべき好個の參考資料たるを失はず。されば「大和國民」の身分を以て和泉國守護を望める越智家榮を評して、「過分ノ所存」なりといへる大乘院尋尊も、階級制度の破壞に傾ける時代の趨勢は、これを否認する事能はずして、「近日不ㇾ見二士民侍之階級一之時節也」と慨言せるを見る。大乘院寺社雜事記文明二年八月五日條。戰國時代に至りて此風益〻甚だしく、身を賤隷より起して、一國一城の主たるは愚か、天下の關白とさへ成りおほせしものあり。兵農の二は殆んど其別なく、野伏《ノブシ》といひ、足輕といへる非武士の跋扈は、實に當代の一名物とも見るべかりしなり。然るに此時代の末期に於て、織豐二氏の努力が相待つて國內の統一を來たすに及び、斯る亂脈なる社會の產物は漸く厄介視せらるゝ事となれり。豐臣秀吉が、刀狩《カタナガリ》の名の下に、武士以外の所有せる刀脇差を收め、武士と他階級との別を正さんと試みたりしが如き、最も此種の新傾向を現實せるものなりと謂ふべし。江戸幕府は開府以來此方針を繼受して、極力社會組織の改造に努め、其結果として完全なる武家本位の階級的社會を現出せり。

古來階級的制度は行はれたりしも、其最も發達せること江戸時代に比すべきものなかるべし。此時代には各人の身分に種々の等級を附し、幕府のこれに與ふる待遇には、極めて複雑なる規定を設けて、これを格式と稱せり。而して此階級的組織は政治上に、社交上に、至大の勢力を有し、何者も其拘束を受けざるはなかりき。社會組織は實に此時代に於ける社會政策の骨子なり、源泉なり。故に余輩は次下に於て先づ幕府の各階級に對する政策の一斑を說かざるべからず。

三　武士

大名　武家本位の社會に於て、武士は當然社會の上級を占め、各種の特權を賦與せられたり。先づ將軍の直接統治下にありしものにつきて言はんか。彼三家三卿の藩屏たり宗族たりしものを除きて、大名、旗本、御家人《ゴケニン》の三者は其最も顯著なるものとす。大名とは一萬石以上の人にして、大別して外様《トザマ》、譜代の二となすべし。此稱は既に室町幕府の時に存せしが、其起源は鎌倉幕府の時、北條氏直轄の家人たる內方に對して、外様の稱を設けしに出づ。江戸幕府は其初め譜代の家臣にあらずして服屬せるものを外様大名といひて、譜代大名と別てり。其他越前家、連枝、國持、准國主、城主、領主等の別あり。是等の中には室町幕府の舊制を採りしもの多し。彼等は其封內に於ては、戰國時代の諸大名の如く、自法、國法又は家法の名に於て、法制の制定施行を許され、大體に於て幕府のそれと扞格せざる限りは、幕府もこれに干渉せんと試みざりしなり。されば本論の主として說かんと欲するは、彼等を除外せる旗本、御家人等なりとす。

旗本御家人　旗本、御家人は幕府の直轄に係り、當時の呼んで御直參《ヂキサン》といひしものなり。此意味に於ての御家人の稱は既に中古に存し、鎌倉室町の兩時代を通じて、汎く幕府直轄の士を意味せり。江戸幕府に至りても、其初世には猶ほ同一義に於て御家人の稱を用ゐ、大小名の御家人抔書せるもありしが、後、御家人の上に旗本なるものを認むる事となりてよりは、一般に一萬石以下、目見以上を旗本と稱し、御家人を目見以下に限り、二百六十石を其高祿としたりき。所謂目見以上以下は將軍に謁見すると否とを別つの目なるも、御家人なりとて、敢て謁見の榮を得られざりしにあらず。唯これ一種の格名のみ。林述齋衡嘗て吾妻鏡に、將軍譜代の臣を御家人といふを見て、其旗本に當れるを思ひ、目見以下を御家人とするの失當を辨ぜしも、これ時世の變なり。目見以上の上には布衣《ホイ》の格あり、諸大夫《ショダイブ》の格あり。これより以上、四品、侍從、少將、中將、參議、中納言、大納言に昇るを得たりしが、公家諸法度は儼然武家の官位を公家當官の外に置いて朝官と別にし、幕府は一々其家格に依りてこれを擧奏し、其授受を愼重にせり。

一萬石以上の領地はこれを領分といひ、一萬石以下、目見以上には知行、目見以下には給知といへり。其他切米《キリマイ》あり、扶持あり。大名、旗本、御家人は幕府の爲め大小の官職に任ぜらるべく、其中には老中、寺社奉行等の如く、各自の持高を以て勤務する事、鎌倉幕府の守護の如くなりしもあり、又持高以外、在職中に限りて役知、役料、役金を給はりしもあり。さりとて彼等は皆悉く官職を奉ぜるにあらず。其非役のものは、旗本にあつては三千石以上を寄合と稱せり。寄合の中、交代寄合と稱するものは、其身分格式全く大名に準じ、常に其采地にありて、隔年一回參覲交代を行ふ。三千石に滿たざるも、布衣以上の役人にして非役となれるは、亦寄合と稱する事を得たり。世にこれを呼んで役寄合といへり。次に旗本御家人の三千石未滿のものは通じて小普請《コブシン》と稱し、其中旗本には支配といひ、御家人には組といひてこれを別てり。旗本にも御家人にも、譜代と譜代ならざるものとあり。而して御家人はこれを分つて譜代、二半場《ニハンバ》、抱席の三となすべく、抱席は一代の奉公に止まりて、其の職を世々にするを得ざるも、譜代はこれを其相續者に讓りて小普請に編せらるべく、二半場は小普請入を許されざりしも、目付支配無役の名の下に、これと同一の特典を得べかりしなり、而かも抱席より二半場に入り、二半場より譜代に列する事は不可能にあらざりき。又一般御家人にありても、目見以上の相當官を勤めしものは、一代若しくは子孫まで、旗本の身分を取得すべかりしなり。これに反して、御家人の子弟若し旗本其他の家臣となれば、御家人の稱號はこれを棄てざるを得ざりき。何となれば、御家人の榮稱は、將軍直轄の士にして始めてこれを冒すべきものたりしを以てなり。

陪臣浪人　大名、旗本、御家人以外にも、猶ほ武士の階級に屬するもの二あり。一は是等武士の家臣にして、御定書等に所謂武家の家來なるもの、一は此くの如き主家を有せざるものにして卽ち浪人なり。鎌倉幕府以降、御家人以外の侍に與へし非御家人の稱は、恰も以上の二者に相當す。然るに武家の家來は、各武士の本分を以て其主家に臣事するものにして、彼等の主家に忠實なるは、間接に又幕府の利益となる場合多かりしなり。故に幕府は其身分の高下を問はずして、これに相當の待遇を與ふるを躊躇せざりき。彼非御家人が啻に御家人相當の待遇を享け得ざりしのみならず、苟くも御家人の利益に反するものは、其正當の權利をさへ蹂躪せらるゝ事多かりし比にてはあらざりしなり。然らば則ち浪人は如何。浪人の稱は既に中古に見え、人民の籍帳を脱して浮浪の徒となれるものをいひ、朝廷は百方其防遏を圖られたりしが、籍帳の制も次第に行はれざるに至りてこれを奈何ともすべからず。爾來鎌倉時代に至る迄、間〻浪人を招致して開拓に從事せしむる事の見えし外、浪人に關して言ふべきものなし。戰國時代に至りて、國際間の競爭激烈を極めしより、諸大名の興廢常なく、侍の浪人を輩出せる事、前後此時代程盛んなるはなかりき。當時の政治狀態にありては、諸大名の彼等に對する多少の危惧はこれを免れざりしも、其兵を強くし國を富まさんとするに急なりしは、諸大名をして競うて適材を其部下に誘致し、これを適所に置いて、各自の才能を發揮せしめんと希はしむるの風を生じ、浪人に取りては最も得意なる黄金時代を現出せり。然れども彼等は飽迄も革命の寵兒にして、平和の天使にはあらざりき。太平無事の日、永く不遇の歎をなさんよりは、寧ろ革命の機運に乘じ、自家の技倆を試みて擢用を求め、若し機熟せざれば、自《ミ》ら進んで平地に風波を起さん事をも辭せざりしなり。治平を望むに切なりし幕府が、恰も目前に一大敵國を控へたるの思をなして、一意これを壓迫し排斥して至らざるところなく、これを以て其專制政策の一大要訣としたりしは、餘儀なき次第なり。幕末の奇傑矢部駿河守定謙が、川路左衞門尉聖謨の微祿より身を起して、譜代の家臣なきに苦しむとの述懷に對して、天下の諸浪人は皆拙者等の家來と心得、其内より選出さんには、いくらも豪傑は出づべく候といひて、階級制度の漸く破綻を生ぜんとする當時にあり乍らも、猶ほ賢明なる僚友をして、其襟度の豁如たるに敬服せしめたりしは、浪人なるものゝ概して如何に毛嫌ひせられつゝありしかをトせられん。此間二三の例外として見るべきものは、幕府が浪人の儒者にして學問所を開ける菅野彥次郎に邸宅を與へ、山田朝右衞門に死刑囚に對する刀劍の試用卽ち所謂御様御用《オタメシゴヨウ》を命じ、落合十郎左衞門を馬醫として採用せるが如きものあり。彼等は其職務上、或は上官の指揮を仰ぐ事あるべきも、浪人の身分に於ては、均しく江戸町奉行の管轄に屬し、其支配を受けつゝありしなり。

旗本御家人に對する政策　此くの如く武士の階級には尊卑の差、貴賤の別あるを免れざりしも、旗本御家人は將軍の直參として其中樞を形作り、中にも譜代は其寄《ヨセ》最も重く、將軍家齊の如きは嘗て彼等に對して、御譜代風儀の儀者、表向之手本なりと訓示せし事あり。幕府は前時代の舊制を參酌して、軍隊的組織の下に彼等の節制を保たしめ、婚姻、相續、養子緣組等皆一定の法規を以てこれを拘束せり。彼等が同一階級にあり乍ら、浪人、陪臣等との婚姻緣組を許されざりしが如き其一例なり。彼等は又其日常の出行にも、必ず雙刀を佩き容儀を正し、身分に應じて一定の從者を伴ひ、或は乘輿、或は徒歩、各其制規に從はしめられ、若しこれに違犯して、漫に略式を用ゐれば、直に處分を受くべかりき。彼等が限りある收入を以て社會の進運に伴ひ、闕乏と鬪ひつゝ、上級社會の體面を維持せん事は、儉約を恪守するの外、他に良策あるべくも思はれず。故に武家諸法度を始め、儉約の奬勵に關する法令は彼等の前に雨下し、常に奢侈を戒め勤儉を勸め、部下を養うて軍須に供へん事を諭されたり。彼等は浪人を除く外、一朝有事の日、馬前の討死を心懸けざるべからず。故に又平生節義を重んじ、武勇を尙び、苟くも卑怯破廉恥の行爲あるを許さず。其事に當りて臆したるものゝ如き、單に道德上の非難を受くるに止まらずして、刑事上の制裁を加へられたり。提封百萬の大名も、匹夫の足輕も、其侍たる身分に於て何等の差別ある事なし。故に是等の武士的道德と法律とは、彼等のすべてに通じて一様に其遵守を强要せられ、微賤なる御家人の、同僚の喧嘩を見棄てゝ逃走せる爲め、帶刀いたし候身分に不似合とて、大小取上、江戸拂の刑に處せられしものあり。周章狼狽の餘、父を殺せる仇を取逃せりとて、遠島に處せられしものあり、浪人さへも刼臆の行爲ありしものは、これに準じて秋毫も假借するところなかりしなり。御仕置例類集茶表紙後集四十三、四十六。

四　神主僧侶

社寺の保護　此時代に於ては、武士に次で平民以上の待遇を受け居たりしものを神主及び僧侶となす。寺社當時の稱呼に從ふは古來信仰上の關係よりして、朝廷幕府等より種々の特典に預かり居りしが、江戸幕府も大體に於て其舊制を準用し、寺社の境內、領地等に朱印を與へて所謂御朱印地となし、然らざるも除地として諸役を蠲免し、神領寺領の賣買質入を禁じ、或程度迄は寺社領內の自治を許し、寺法の獨立を認むる等、特別の保護を與ふるに躊躇せず。從つて神主僧侶の如きも各相當の禮遇を受け、歲首の賀節に幕府に參賀する事の如き、猶ほ今の神佛敎派宗派の管長の參朝に於けると一般なりしものあり。然れども宗敎にもあれ、道德にもあれ、漫に奇を出し新を衒うて、人心に動搖を與ふるが如きものに向つては、斷じて其布敎傳播を許さず。彼切支丹宗門はいはずもあれ、日蓮宗の別派たる三鳥派、不受不施派等、皆此點に於て禁止の嚴命を受けたり。斯くて幕府は切支丹宗門等の所謂邪宗門を禁遏せんとするの結果、寺院に向つて檀那、門前、召抱等に對する宗門改と、すべての取締とに任ずべき義務を負擔せしめたりしより、寺院は幕府の民政上、二大要項の一たる宗門人別改の事を遂行すべき唯一の機關たるに至り、神職及び其相續人にして吉田家より神葬の免許を受けたりしものか、若しくは幕府の特許を得て自葬を營むものゝ外は、何人たりとも宗門寺又菩提寺ともいふの證明即ち寺請《テラウケ》を受けて、宗門人別帳に登錄せられざるべからざりしなり。是に於て寺院は頓に其勢力を加へ、檀那の號は却て寺院の上に冠せらるゝに至りぬ。此くの如く幕府は一面重大なる負擔を寺院に科すると共に、他面には又人民の信仰心に迄干涉して佛敎に歸依せしめ、檀那の離旦には或制限を附し、若しくは絕對に許可せざるの方針を執り、其僧侶は寺院の格式、身分の等級に依つて、相當の待遇を享けしむる事とせり。神主は概して兩部習合の慣行に依り、僧侶の下風に立つを免れざりしが、彼等は大抵京都なる吉田、白河兩家の管轄に屬し、其奉祀する神社及び自己の位階の如きも、其執奏を經てこれを賜はり、無位のものと雖ども、前時代以來の慣例に任せて兩家の許狀を得、各種の裝束を着け呼名《ヨビナ》を稱せり。而して此許狀の有無は、幕府の評定所を始め、其他の奉行所に於ける座席の等級、即ち座階の標準となりしものなり。

五　百姓町人

百姓の地位　江戸時代に於て、最大多數を占めたりし平民階級は百姓及び町人の二とす。これを武士階級に比するに、其間眞に霄壤の差ありと謂ふべく、彼等の斥けて土百姓と呼び、素町人と嘲りしはいはずもあれ、當代有數の農政學者にして、猶ほ且つ中古の奴婢を以てこれに擬せしものあるを思へば、農政座右・其社會上の地位も亦推測するに難からざるべし。されど幕府の此二者に對する政策は自《オ》ら異れるものあり。今先づ百姓より觀察して、次に町人に及ぼさん。

農は國の本なりとの思想は、我國の古代より行はれ、公家武家の政治、皆農政を以て一般民政中の最も重要なるものとなすに一致せり。江戸幕府が前代の社會狀態に鑒みて新たに階級的制度を確立し、兵農の別を明かにせしより以降、彼武士は食はねど高楊枝といへる多くの高等遊民を生じたりしと共に、極めて少數の除外例を措きて、農業に從事すべきは、所謂百姓なる農民の一階級に限らるゝ事となれり。加ふるに幕府も亦租稅の大部分を占むべき年貢を土地の收益に取りし爲め、百姓の負擔の輕からざるに搗てゝ加へて、道路の修築、橋梁の架設、宿驛の遞送等に至る迄、彼等を勞する事頗る多く、百姓は殆んど國民の生產、國家の經濟を其雙肩に擔つて立てるの概あり。是を以て當代に於ける重農論者の中には、彼等に深厚なる同情を寄せて、農夫織婦は國の根なり、士と商工とは國の葉なりと說き、そが天職の却て武士町人以上に優越せるを喝破せるもありき。頼山陽新策正本。これを彼等の或者が中古の賤民に比せると、何ぞ懸隔の太甚しきや。而かもこれ只學者几上の觀察に過ぎず。幕府の政局に當れるもの、果して如何に彼等を遇したりしとするぞ。

米穀本位の經濟主義　此時代に於て主要の土地はこれを本田畠といひ、專ら國內の人口を養ふべき米穀の耕地に充てられたり。幕初喫煙の風漸く國民間に盛んならんとしたりし時より、幕府は屢〻禁煙の令を申ね、一方に於て喫煙者及び煙草販賣人を處分すると共に、他方には賞を懸けて其告發を奬勵せり。飲酒に至りても其度を過すを禁じ、若し酩酊して罪を犯せるものあらば、酒を與へしものも亦咎あり、其釀造販賣等につきても、或年は全國若しくは地方を限りて釀造を禁じ、或年は又造石の高を減じ、酒商の數を限りて、新たに願出づるものあるもこれを許さず。「酒商賣仕候もの連々減候樣に可レ仕候事」といふに至れり。元祿九年八月十七日觸。而して喫煙の禁につきては、慶安二年二月廿六日、幕府が諸國の私領及び御料に與へし諭告中、「たば粉のみ申間敷候、是は食にも不レ成、結局以來煩に成ものに候、其上隙もかけ、物も入、火の用心も惡候、萬事に損成ものに候事」といひ、飲酒の禁につきては、元祿九年八月十七日の觸《フレ》中、「酒に醉、心ならず不屆仕もの粗有レ之候、兼而より大酒仕候儀停止候得共、彌以酒給《タベ》候儀、人々相愼可レ申事」といひ、竝びに國民の衞生上風敎上の顧慮よりせるは言ふ迄もなき事乍ら、其主たる目的は、寧ろ此くの如き贅澤品の製造の爲めに、本穀を値うべき貴重の耕地を狹め、若しくは米穀を費して、穀價の騰貴を來さん事を恐れたりしに依るなり。此故に禁煙の令行はれざるを見るや、幕府は更に煙草を植うべき土地を限定し、新たに山野の荒地を墾開してこれを植うるを許したりしも、絕對に本田畠に於てするを禁じ、時としては又新田畠に作るをさへ停めたりし事あり。啻に煙草といはず、木綿を植ゑ、菜種を播き、甘蔗を作る事迄も禁止せし事あるなり。次に米穀を原料とするものも亦酒に止まらず。或年は豆腐の製造を禁じ、又或年は饂飩、切麥、素麵、饅頭、南蠻菓子、蕎麥切等の販賣をも許さゞりし事あるを見る。これ當時の經濟學者の、如何に錢貨を積むも、米穀なくば如何にせんといへる米穀本位の經濟主義に基き、「五穀に宜しき地を費し、衣食の助にならざるものを作る」を、國民經濟上寧ろ危險の徵候ありと信じたりしに依るなり。正德三年四月令。凶年程斯る禁令の雨下し勵行せられたりしは亦これを證す。

小農の保護　此くの如き貴重なる土地の耕作と米穀の收穫とは、これを百姓の勤勉に竢たざるべからず。

就中其直接に勞役に服すべきは、當時の小百姓といひ、小前の百姓といへる小農なり。されば幕府は彼等に對する干渉保護を以て農政上の要訣と看做し、彼等をして其身分を忘れず、年中土芥と親しみ、薄利に甘んぜしむる事に向つて殆んど其全力を傾注せり。彼等の衣服は一般に布木綿に限られ、名主、庄屋、其他苗字帶刀の特許を得たりし程のものにして、始めて絹紬の着用を許せるも、縮緬はこれを禁じ、其色合も紫、紅梅に染むるを停め、髮は藁を以て束ね、雨具は簑笠のみを用ゐしめ、名主、庄屋と雖ども乘物を許さず。百姓にして油元結を用ゐ、傘合羽を著くるものあれば、身分不相應の咎を受くべし。食物は一般に麁食を強ひられ、「雜穀を用ひ、米たべ候はぬ樣」との禁令さへ發せられし事あり。家屋の構造も亦其分に應ぜしめ、時としては在來の邸宅以外に、新たにこれを建つるを禁ぜし事あり。檢地の際高請《タカウケ》せる百姓を除くの外は、新たに門、塀、庇を設くるを許さゞりき。明和元年六月令。

衣食住につきての禁欲主義の强制は、更に彼等の娯樂遊戯に及ぼされ、其勞を厭ひ逸を貪る誘惑たるを恐れて、在方《ザイカタ》に於ける芝居、相撲、歌舞伎、淨瑠璃、其他の遊藝の興行を禁じ、藝人及び興行人の出入滯留を許さず。遊女の如きも、宿場に限りてこれを置かしめたり。而して百姓の他郷に出稼するは、土地の荒蕪を誘致し、種々の誘惑物に接觸せしむる等、其結果甚だ憂ふべきものありとし、田畠の耕作其他に支障を來たさゞるものに限り、一定の年限を定めてこれを許し、安永六年五月觸、江戸の宿屋に向つて、彼等の訴訟用を帶び出府せるものを永く滯留せしめ、金錢を浪費せしむるを禁ずるに至れり。然るに百姓の出稼を餘儀なくせるは、種々の事情より窮乏に瀕して、土著の困難を感ぜしめたるに依る事多かりしより、幕府は小農の耕種に堪へざる事情あるものに對しては、五人組其他村中のものをしてこれに勞力を假し、耕植の機を失はざらしめ、寛永二十年三月、田畠の永代賣、及びこれに類する一切の契約を禁止して、富豪兼併の害を絶たんとしたりしが、其質地は期限後債務を辨償せざるが爲めに訴へらるれば、金額に應じて五六十日若しくは七八十日の猶豫を命じ、猶ほ辨償せざれば、更に延期を許さずして流地とするの例なりしかど、斯くては猶ほ兼併の弊を免れずして、往々田地の町人の手に歸する事となり、永代賣禁止の精神に乖るを以て、享保六年十二月、更に質田地を流地となさゞる事と定めたり。

斯くて一方に土地の兼併を防ぐと共に、他方には又名主の高二十石以内、百姓の高十石、土地一町以内を所有するものに向つて、田畠の分割相續を禁じ、これに違背せる遺言を無效と看做して、家資の分散より延いて百姓の窮乏に陷るなからん事を期せり。是等の法制は以て有無相通ずる經濟上、自然の理法を打破すべくも思はれず。されば田畠永代賣の如き、其禁令は年を經て殆んど空文に歸し、且つこれを取締るべき良法をも見出さゞりしより、將軍吉宗の御定書を編纂するに當り、委員大岡忠相等これが廢止意見を具申したりしが、吉宗は「賣買御免に成候而は、不身上之百姓、當分德用に目を附、猥に田畑賣放候樣に可ニ相成一哉、其上此度之御定に成候得者、賣主咎も輕く成、（〇從來所拂なりしを六月過料に改めしをいふ、）且又是非差詰り候時は、今迄之通質地に差入候得者、差支も無レ之候間、先今迄之通に可ニ差置一事」との指令を與へて猶ほ禁止の法文を存せしめたり。（科條類典。）立法者の苦衷想ひ見るべからずや。

幕府の百姓觀　是等の施設は其形迹につきて考ふれば、親切懇到、慈母の赤子を視るが如く、幕府の當路者自身も、所謂御世話の行届けるものとして自讃せる事乍ら、果して多數農民より豫期の感謝を贏ち得たりしや否やは別問題なり。彼慶安二年の達に、「朝おきを致し、朝草を苅、晝は田畑耕作にかゝり、晩には繩をない、たはらをあみ、何にてもそれ〲の仕事無二油斷一可レ仕事」といひて、夙夜の勞働を奬め乍ら、これに向つて慰安の方法を講ずるを吝み、甚だしきに至つては、「酒茶を買のみ申間敷候、妻子同前之事」といひて、極端なる節慾を勸め、「みめかたちよき女房なり共、夫の事をおろかに存、大茶をのみ、物まいり遊山すきする女房を離別すべし」とて、最愛なる妻の離婚をさへ奬勵せんとするの語氣をもらせり。百姓の粒々辛苦に成れる米を、其常食とするを喜ばざる爲政者は、彼等が年貢として上納すべき米の精選を命じ、上納に先だつて債主に償ひ、若しくは他郷に出すを禁じて曰く、「年貢さへすまし候得者、百姓程心易きものは無レ之」云々と。眞にこれ問ふに落ちず語るに落つるもの、其百姓を以て年貢を納付し、米穀を供給すべき一種の器械視したりし事、換言すれば土地に附屬する生産力と看做したりし事、掩はんとして掩ふべからざるなり。

幕府の町人觀　次に町人は商工業者に通じてこれを稱せるも、二者を區別する場合には、又職人、町人ともいへり。されど幕府は一概にこれを劣視して軒輊するところなく、百姓を視る事赤子の如くにし、若しくはせんと裝へる爲政者は、町人を繼子扱にして憚らざる事多かりき。彼等は武士を始め百姓其他の階級に對し、日常生活上必需品の供給等、すべての便宜を供すべき範圍内に於て、これが營業を許可せられ居りしものにして、苟くも其行爲が是等の社會、就中武士に向つて不利益と認められし場合には、干渉の鐵鎚忽ち下つて、或は營業方法を變更せしめ、或は全く其停止を嚴命し、これに依つて當業者の蒙るべき損害の如何は、殆んど眼中に置かざるの觀なかりしにあらず。特に彼等の多くは武士の最も賤劣視せる金錢に親しむものなりしより、町人としいへば、常に不正の利を射つゝあるものと聯想せられ、營業それ自體が既に一種の罪惡なるかの如くに解せられつゝありし事なれば、幕府がこれに向つて公然其營業を許すは、自ら稱して非常の恩惠とするところにてありしなり。天保十二年、水野忠邦の執政中に中止せられし諸問屋諸株は、嘉永元年に至りて復舊せられしが、同四年三月、幕府は當業者に向つて、「深く太平之御仁德を奉レ仰、銘々之渡世永續致し、御城下に安住致し候冥加之程を相辨、四民幕方辨利之程を厚心懸、實直に產業を營候樣可レ致、此上若心得違、一己之利德に迷ひ、申渡を不二相用一者於レ有レ之は、召捕遂二吟味一、嚴重御仕置申付、時宜に寄家業取揚候」云々と言渡せり。幕府の觀るところは、町人が武士の如く祖先の勳功も、彼等自身の奉公もなく、又百姓の如く四時不斷の艱苦も嘗めずして、只管牙籌を取り錙銖の利を爭ふは、其勞其逸固とより同日の談にあらず。故に誠心誠意四民の便利を圖りて、「難レ有御國恩」に酬ゆるが當然なりといふに外ならざりしなり。

生活程度向上の阻止　斯る見地より產み出だされし幕府の對町人策如何と顧みるに、幕府は又百姓に對すると同じく、町人及び其家族等の衣食住に向つても種々の干渉を加へ、幕府より多少の手當を支給せられ居りし御用達町人、卽ち所謂御扶持人は帶刀を始め特殊の恩典に浴し得たりしも、一般の町人は旅行、火災の時を除くの外帶刀を許されず。櫛笄より草履雪踏に至る迄、一定の制限を設け、如何なる場合にも絹布の著用を禁ぜられ、これに違犯せる者は、市中巡邏の町與力、同心、或はこれを捕へて獄に投じ、或は其衣類を剝ぎ取るに至れり。而して其商品の如きも、日用必需品より瑣々たる玩具に至る迄、種々の制限を附せられ、苟くも奢侈姪靡の風を挑發し助長するの嫌あるものは勿論、從來有觸れたるもの丶外、新意を出だして時好に投ぜんと企てしもの丶如きは、亦其製造販賣を許されず。野菜類の如きも、一定の季節に先だつて發賣するは、徒らに需用者の嗜好心を誘發して、物價の騰貴を助くるの虞ありと認め、重もなる野菜類の發賣時期を定めてこれを告示したりし事あり。貞享三年、元祿六年。其他商品の沽價を定めて其勵行を監視し、大豆の相場が下落せるにも拘らず、豆腐の市價を改めずとて、其値下を嚴命するに至れり。寳永三年。職人の如きも常に一定の賃銀に服せしめ、暴風雨、大火災等の後には、特に令を發して勞銀の値上を防ぐを例とせり。而して職業に對する監督方針も亦これに同じく、寛政七年には新たに婦女子の髮結を業とするものを生じ、子女に向つて奢侈の風を移すの嫌ありとして、他の正業に轉ぜん事を諭せり。天保十一年復此令を申ねたり。

これを要するに、幕府は人民の生活程度の向上を以て、他日の凋弊を招くものとして、これを喜ばざると共に、一方に於ては彼等の奢侈に流るゝを防ぎ、他方には物價の低廉に赴くを圖りて、彼等の生活の簡易質實ならん事を期し、これと密接の關係を有する町人を利用して、斯る人爲的消極政策の實施と取締とを圓滑ならしめんとしたりしものなり。而して此大目的の前には、町人の損得も顧みるところにあらず。幕府が享保度に金銀出入《デイリ》、卽ち金錢の貸借に關する一切の訴訟を當事者間の和解に委して、これを受理せざりしが如き、寛政度に弃捐の令を發して、旗本、札差間の貸借を無效に歸せしめ、天保度に金錢貸借の法定利率に違へるを無效としたりしが如き、皆此方針より割出されたり。幕府は又屢々儉約令を發して、社會の奢侈的行爲を戒飭したりしが、これが影響を蒙る事最も痛切なりしも、亦町人に過ぎたるはなかりき。

商習慣の尊重　されど此大目的に抵觸し扞格せざる限りに於て、幕府は町人間に存在する幾多の慣習を尊重し、相當の保護を與ふる事をも敢て躊躇するものにはあらざりき。彼等町人の中には、江戸幕府の創立者たりし家康の時、若しくは其以前より、或種の特許を受けて同業者間の取締に任ぜしものあり、然らざるも概して座商の風を存し、組合を設けて同業者の團體を組織せるものあり。幕府は彼等に下すべき命令の傳達其他一般の取締例せば出版書籍の取締を版木屋に、贓品其他紛失品の取締を質屋に命ぜしが如きにつきて、これを利用するを得策と認め、從來既に存在せるものに向つて認可を與ふると共に、未だ其設けなかりしものには新たに組合を組織せしめ、總代質屋の肝煎職人の月行事等の役員を定めて、團體員の行動につきて連帶責任を負擔せしめ、これと同時に或程度迄は仲間組合の自治を許し、或は同業者の員數即ち株式を定めて、新たに加入せんとするものあるもこれを許さず、或は其專業を認めて、百方他の侵害を免れしめ、苟くも利害關係の及ぶべきものは、他の請願あるも、先づ當業者の意向を聽きて、然る後に指令を與ふるを例とせしが如き、頗る其平素の專制政策と相類せざりしものあり。

然るにこれが爲め又往々種々の弊害を生じ、或は自法と稱して仲間間の制裁を濫用し、新たに仲間に加はらんとするものより「禮金」「振舞」を貪り、これに違背せるものを仲間外《ハヅ》れとなすが如き事あり、或は共同買占に依りて工賃若しくは物價を騰貴せしめ、利益を壟斷せんとせる事あり、町人の自治に放任せんとする幕府も屢〻其態度を變じて、彼等の申合、寄合を禁ずるの已むを得ざるに至れり。明暦三年、天和四年。天保十二年有名なる水野忠邦の改革に、此種の問屋仲間及び組合の稱を廢し、冥加金の上納を停めて、何人も自由に營業するを許したりしは、彼等の自由競爭に委して物價の下落を期せんとせるものに外ならず。後、事豫期の如くならずして、種々の弊害を釀しゝ爲め、嘉永元年更に其復舊を命じたりしが、從來の如く株式の交付をなさずして、新たに開業せんとするものは、これを妨げざる事としたりしが如き、亦豫め如上の情弊を匡救せんとするの意に出でたりしを見るべし。

町人の負擔　勢ひ此くの如くなれば、幕府は町人に向つて多くの租税を課せず、否、此輩より其利益の上《ウハ》前《マヘ》を刎ぬるが如き行爲を屑しとせざりしなり。故に幕府創立以前の狀態を繼續して、此輩より相當の金品を納めしめ、若しくは定時又は臨時の役務に就かしめし事あり。これを稱して國役銀、役金、若しくは國役ともいへり。古來我國の商估は皇室若しくは監督官司に對して一定の課役を負擔し、これに依りて其營業の安全、專賣の保障等を得來りしが、此舊慣は又江戸幕府と當業者との間にも存し、其商業を以てこれと密接の關係を有せる幕府の內廷、又は當路官司の公用を辨じ、若しくはこれに准ずべき金品を納めしむる事とせり。彼等の營業税を徵して一般財政の收入に充つるが如きは、少くも當初の精神にてはなかりしなり。卽ち關八州鍛冶職の國役銀は、これを以て細工方奧向の用に供せんとするものにして、同硎屋の國役は凡そ一年一人役の割合を以て、國役硎なる名稱の下に、幕府の刀劍等を研ぐものなり。而して此に最も注意すべきは、是等の徵收賦課が、幕府より强制的に命令すといはんより、寧ろ町人より進んで御用を務めんとするものなりし事是なり。彼等は幕府の許可を得て其營業を持續するを異數の「國恩」「冥利」となし、其報恩として有形の物品、若しくは無形の勞役を獻納せん事を願出で、幕府の認可を受けんとするものなれば、是等の租税もこれを稱して「冥加金」とはいへるなり。冥加金一に運上ともいへり。

幕府は既に租税の最要部を農民に負擔せしめたりしを以て、其他の雜收入には左迄重きを置かず、これが數額の如きも、從來の慣例に從ひ、當業者の總代、肝煎等に命を傳へて徵收せしめたりしのみ、其徵收の方法如何は幕府の干涉するところにあらず。當時に於ける徵税手續の如何に簡單なりしかは、殆んど意想の外に出でたり。而かも總代、肝煎等の同業者より徵收するものは、往々小資本の營業者をして負擔に苦しましめし事あり、又其負擔額丈はこれを其商品に割當てしより、勢ひ物價の騰貴を來たすを免れず。此二點は竝びに幕府の政策の精神にあらざるを以て、幕府は特に此種の冥加金を廢せし事あり。文化六年六月十組問屋の冥加金に關する令。文化六年六月、十組問屋の請願を容れて、更に冥加金の上納を許したりしも、其年額千五百兩は民間に通用し難き切金、輕目金を以て納付せしめたり。されば天保十二年、問屋、仲間、組合を全廢するに當りても、これと同時に多額なる冥加金を擧げて免除する事としたりしなり。

課税の加重　以上は幕府が町人に對する政策の精神なり。然るに後世に至りては、執行の任に當れる吏員にして往々これを沒却し、故らに彼等に苦痛を與へ迫害を加へて憚らざるものなかりしにあらず。彼等の國役として幕府に役使せられたりしは、もと報恩の意に出でたれば、其報酬は僅に實費を償ふるに過ぎざりしなるべし。然るに物價の著しく騰貴せる後世に至る迄も、大抵これを改めず、縱ひ當業者の歎願を容れて、多少の增額を許せりとするも、未だ實費の幾分にだも當らざりしものあり。此制度の破綻は到る處に暴露せられ、悲慘の狀況各方面に演出せられたり。彼江戶魚市場の冥加たりし「納魚御用」は、日々幕府の膳所に需用する魚類を、一定の價格を以て買上げらるゝ事なるが、其價格は後に至りて時價の千百分の一に過ぎざる事となれるより、納屋掛といへる吏員の市場に臨むを見れば、當業者は競うて魚類を隱匿するに務め、吏員は又檢擧糺察至らざるところなく、これが爲めに當業者の蒙れる損害の頗る巨額に上りしは、他の商估の上に出でたりといふ。日本橋魚市場沿革紀要。而して此種の弊害の中、其影響の最も廣く且つ大なりしは、各街道に於ける「御定賃錢」のそれに比すべきものなからん。當時沿道の人民殊に百姓の困弊を極めたりしは、主として此一事に基因せりといふも敢て誣言にあらざるべし。

然るに幕府が其財政の匱乏を告ぐるに當りては、自《ミ》ら當初の精神を持續するに堪へず、用達町人等の富豪に向つて、臆面もなく巨額の「御用金」を賦課するに至れり。天保十四年七月、幕府が是等の町人に獻金を强ひんとするに當り、彼等が諸大名に比して安逸を貪るの仁政に依るを說きて、「此度之御用金者、新政之御德意を奉レ助事に而、如レ此明時に逢ひ、一際之御奉公いたし、永世御記錄に家名著候はゞ、子孫迄も聞傳、自淳美を尙び、驕惰之所行相愼、家業彌盛に可二相成一」云々と口達せしが如き、如何に其辭柄に窮したりしかを見るべからずや。幕末內外多難、國費貲はざるに至りしより、江戶市中の如きも、地借より店借に至る迄、金額の多少に拘らずして此種の獻金を强ひんとし、町人に對する幕府の政策これが爲めに一變せり。安政元年五月申渡。而かも幕府は彼百姓に於けると一般、小資本の商人、卽ち小前の町人に向つては、猶ほ相當の保護を與へて、其營業を圓滑ならしめん事を忘れざりき。天保四年正月申渡。

無宿　武士に浪人ありしが如く、百姓町人にも亦一定の家業なくして浮浪の徒となれるものあり。これを稱して無宿といへり。無宿を生ぜし動機は固より一にして足らじ。或は遊蕩にして資財を蕩盡せしもあらん。或は懶惰にして家業を厭忌し、他郷に流離せるもあらん。刑辟に觸れて追放處分を受け、刑餘鄕黨に擯斥せられて浮浪の群に投ぜしもあれば、又父兄親族より勘當、久離に遭うて帳外となり、人別帳より除斥せられしもあらん。其情實の憐むべかりしと惡むべかりしとを問はず、既に隣保の交際を絕ち、人別帳を脫して、何等の檢束もなかりしもの共なれば、動もすれば不良の徒に伍して不善をなし、社會に害毒を流さゞれば已まざらんとす。故に幕府は彼浪人に對せるが如く、敢て其平和の攪亂につきて杞憂を抱けるにあらざりしも、彼等が窮餘、放火、竊盜等の罪惡を犯して、良民を惱すに至らん事を恐れたりしなり。幕府は既に百姓町人特に百姓に向つて其土著を獎勵し、各其業を樂み其土に安んぜしめんとせるも、此理想の到底充分に現實せられ得べきにあらざるを看取し、消極的に、將た積極的に、種々の方法を設けて、これが弊害を杜絕し防遏するに努めたり。卽ち略〻浪人に對すると同じく、住所の不明なるものはこれを止宿せしむるを禁じ、其無宿は見るに從つて奉行所に捕致せしめんとせるあり。安永七年四月令。又屢〻無宿の狩込、片附を實行し、犯罪の有無を問はずしてこれを拘留し、其生國を糺して、御料は代官に、私領は領主に引渡すも、引受人なきに於てはこれを非人の手下《テカ》となせるあり、寶永六年二月、溜預《タメアヅケ》となせるあり、伊豆諸島に送れるあり、又佐渡に送りて銀山の水替人足となせるあり。安永七年四月。安永九年、幕府が江戸深川に無宿養育所なるものを設けて、彼等を收容する事とせしは、今の養育院の起源とも看做されん。然るに寛政元年幕府は更に人足寄場《ヨセバ》なるものを佃島に設け、火附盜賊改一に加役方ともいへりの下に、江戸市中の無宿にして入墨、敲に相當する微罪を犯せるか、然らざるも引取人なき者を一時此に收容して、各種の技藝を授け勞役に服せしめ、同時に常陸上郷にも寄場を置きて、關東地方の無宿を收容し、荒地の開墾に從事せしめたり。後、萬延二年三月には更にこれを箱館に設けて、人足寄場其他江戸市中の無宿等を移し、蝦夷地の開拓に使役せんとの議さへありき。

無宿防止の方針　幕府の刑法に於て追放刑は士民に通じて適用せられ、罪の輕重に從つて所拂、江戸拂、江戸十里四方追放、輕追放、中追放、重追放等あり。私領に於ても亦領分拂、村拂等あり。刑の執行中は何れも一定の地域內に立入るを許さゞりし事にて、これを「構」と稱せり。然るに斯くの如く人民をして其居住地を離れしむるは、縱ひ犯罪の爲めなるにもせよ、幕府の土著を奬勵して無宿を防止せんとするの方針と枘鑿相容れざるものなり。されば將軍吉宗の時、既に追放刑の適用を制限せん事を試みし事あるも、當時未だこれに代ふべき適當の方法を案出するに及ばざりしと、適用の便を感ずる場合もなきにあらざりしとに依り、其制定に係る御定書には、依然としてこれを採用し居たりしが、後、是等の無宿を佐渡に遣はし、又寄場を始むるに及んで、私領に於ても亦此方法に依るべきを令し、管內に島あるところは島に送り、これなきところは寄場を設けて無宿の徒を收容せしめたり。而して其目的は或期間內良民と隔離せしめ、一定の規律の下に勞役に服せしめて、彼等の放浪的慣習を脫し、改悛を促さんとせるものにして、就中人足寄場の如きは、各種の工作に從事せしめて相當の賃銀を支給し、其出でゝ正業に就かんとするものゝ爲めには便宜を與へてこれを奬勵せり。

幕府は又地方の百姓等の江戸に來れるものに向つては取締を嚴にし、奉公人の如きも、身元の保證につきては煩瑣なる規定と嚴重なる制裁とを設けたり。而して無宿の旅費に窮して歸鄕し得ざるものに向つては、特に旅中の手當を給し、甚だしきは罪あるものも本刑より一等を減じて、速に正業に復せしめん事を圖るに至れり。天保十三年十一月令。これを要するに、遊食の民をして悉く其業を得せしむるは、幕府法制の精神にてありしなり。

六　えた

えた非人の取締　江戸時代に於て、あらゆる榮譽と特典とを享けて、社會の上流に立ちし武士的階級より視たらんには、百姓町人も奴婢の一種と看做されつらん。されど彼等は良民の一階級にして、決して賤民視すべきにあらず、其正しく奴婢に相當すべきはえた、非人の階級にてありしなり。

えた非人の中、前者は長吏小頭《コガシラ》に屬し、後者は非人頭に屬せるも、竝びにえた頭たる彈左衞門の支配を受けたり。故に長吏小頭及び非人頭にはこれを手下といひ、えた頭には支配と呼べり。彼等の犯罪にして遠島刑以上に該當するものは幕府これを處斷するも、遠島刑以下の犯人はこれを彈左衞門に引渡して、幕府の公認を經たるえた仕置、卽ちえた刑法に依つて處罰せしめたり。寛政十二年八月、彈左衞門の幕府に提出せる報告書に據れば、其管轄に屬せる賤民の戶數左の如し。

一貳百三拾貳軒

是者私園内に罷在候手下ども家數に御座候、

内

一七　軒　　手代竝書役之もの

一六拾軒　　役人

一百六拾五軒　　平之もの

一五千四百三拾貳軒

是者　武藏　上州　野州　常州　下總　上總　房州　相州　甲州　豆州　奥州　駿州

右拾貳ヶ國に罷在候長吏共家數に御座候。○内譯略す　（南撰要類集）

えた非人身分の異同　今えた非人につきて身分上の異點を指摘すれば、えたのすべてが歴史的賤民たりしに反して、非人には往々良民が種々の事情より其籍を降されて、此賤民階級に編せられしものありたり。例せば姉妹、伯母、姪の近親と私通せるものゝ如き、三笠附の句拾、取退《トリノキ》無盡の札賣の如き、幕府の刑法に於て皆非人手下の刑に處せられしなり。御定書下卷。其他さしたる犯罪なきも、非人手下とせられしものには、余の前節に擧げし無宿の引取人なきものゝ如きあり。又是等の强制的處分に出でしものゝ外、本人より進んで非人手下たらんことを希望するものあれば、彈左衞門は相當の手續を經て許可するを例としたりき。法曹後鑑。然るに犯罪に依りて非人手下に處せられしものは、赦に遭へば其罪を免ぜらるべく、然らざるものも其親族等の請願に依りては、良民に復籍するを得ざりしにあらず。これを稱して素人に引立つるといひ、又非人の足洗ともいへり。原則としては拾箇年間非人たりしものは、復歸を許さゞるの例規なりしが、親族等の請願ある場合は特にこれを許せる事あり。されど彼等が非人と結婚せるも、復歸の際にはこれと倶にするを許されず。而して其生れながらに非人たりしもの丶如きは、一般のえたと共に斷じて良人たるを得ざりしなり。寛政元年八月彈左衛門より差出候書附〇書付留。

更に職業上につきてえた非人の異點を擧ぐれば、非人は一切の商行爲を禁ぜられて、唯乞食を業とするを許されたり。これを稱して物貰渡世若しくは物貰稼といへり。されば彼等は士民を問はず、慶弔あれば、必ず行いて心附を求むるを例とせしが、幕府は其强請がましき行爲に出でざりし限りこれを默認せり。其他神社佛閣等の境内に於て衆庶の前に遊藝を演じ、町村に於て勸進をなし施物を求むるが如きは、皆彼等の獨占に歸せるなり。えたに至つては然らず。彼等は常に竹皮の笠、草履、同裏附、燈心、破魔弓箭等の製作を業とし、幕府の保護を受けて其專賣を許されたり。されば是等のえた非人を統轄すべきえた頭彈左衛門は、幕府に對する義務として、部下の非人及びえたを率ゐて、或は無宿、非人の狩込を行ひ、或は犯人の護送、警固、及び刑の執行の任に當り、非人頭は又品川、淺草の兩溜に未決囚及び病者を收容するを任としたりしなり。

非人は皆各小屋頭の抱として、非人頭の手下たらざるべからざりしが、彼等の中にも亦自《オ》ら無宿あり。これを野非人《ノビニン》と呼び、非人頭常にこれを檢擧して、彈左衛門の指揮の下に適當の處分を行ふべかりき。天保十三年十二月、水野忠邦の老中たりし日に、幕府は淺草溜の背面に始めて無宿非人寄場を設け、江戸市中に徘徊せる無宿非人は盲目其他の不具者を除き、皆此に收容して工作をなさしめたり。

えた、非人は全く平人即ち良民と交はることを得ず。其これと交はるは、唯彼等の身分を隱蔽する事に依つて得たりしのみ。非人の女子を遊女とせば、本人、父母、雇主、證人皆罪あり。知らずして妻となせるものは、身元を糺さゞりし廉を以て處罰せられたり。彼等は常に其住所を特定の一區劃に限られて、良民と雜居するを許されず。非人の如きは、其住宅即ち居小屋には天井を張り、障子襖を置く事を得ず。享保の初め將軍吉宗は先手頭山川忠義の議を用ゐて、非人の髻を束ぬるを禁じ、一見して良民と識別するを得せしめたり。有德院御實紀附錄。

えた非人の類似者　江戸時代には其身分の百姓町人及びえた非人の兩階級の中間にありしものあり、又百姓町人とえた非人とに跨れるもありたり。例せば乞胸《ゴフムネ》なる者の如き、其家業は寺社の境內等に於て藝能を演じ、觀覽料を徵する者にして、非人に類似するも、身分は町人なるを以て、家業につきては非人頭たる車善七の支配を受け乍ら、身分につきては町役人に屬したりしが如し。當時河原乞食の異名を有せる役者即ち俳優の如きも、其職業の一般に賤劣視せられし爲め、幕府は所謂平人、素人と身分上の差別を認め、其住宅も別に一區域を設けて市街に雜居するを許さゞりしなり。天保十二年十二月堺町葺屋町芝居取拂之儀に付書付。而してえた非人に類するものは、特に地方に於て、夙、茶筅等種々の名稱を以て存在し、身分上多少の等差あるを免れざりしかど、餘りに繁瑣にわたるを以て、此にはこれを槩說せざるべし。

七　階級間の法制的關係

武士と農商業　江戸時代の社會は此くの如き階級的組織を以て成り、各階級間には分業行はれ居りて、直接間接に幕府の保護監督を受け居たり。幕府にして既に斯る階級制度の存立を認めたる以上、勢ひ相互間の交渉關係につきての規定なかるべからず。余はこれより進んで此方面の觀察に移り、階級制度の維持につきて、幕府苦心の跡を訪はんとす。

江戸時代に於ては、武士が自《ミ》ら土地を耕種して百姓の行爲を學ぶ事は、原則として許さゞしなり。されど武士にして土地を所有し、平時は土著して屯田の狀をなし乍ら、一朝有事の際、武器を取りて戰場に臨むは我古來の慣習にして、前代に於て特に然りしなり。されば此時代には其遺物ともいふべき鄕士なるもの所在にこれあり。下總小金、安房峯岡の牧士の如き、八王子千人同心、甲賀士の如き、何れも皆特殊の歷史を有する、武士にして百姓を兼ねしものにて、田畑を所有し、他百姓と同一の組合に加入して村役を負擔し乍ら、代官若しくは領主より給金扶持、合力米を受けて、譜代御家人に等しき待遇を受けつゝあり。此くの如く一人にして武士と百姓との兩者の身分を併有せる結果、時と場合とに應じて自《オ》ら其待遇を異にしたりしを見る。

然れども町人の商行爲は、武士の最も賤劣視せるところなれば、武士と町人との間は、常に嚴肅を保つて些の混淆を許さず、これに違へるものは破廉耻漢を以て目せられ、嚴罰立ところに下るを免れざりき。武家屋敷と町屋とは、市區の編制に於て既に別區劃をなし、武士の邸宅を商人に貸與するが如きは法の禁ずるところなり。將軍家光嘗て親しく江戸市中を巡檢して、徒士、同心の邸前に竹木を置き、又は棚を張りて賣買せるものあるを見てこれを糺さしめ、其町人に邸宅を貸して商業を營ましめしものなる事を知りて、竝びに追放に處せし事あり。人見私記寛永十八年四月十九日及び正保四年五月六日の條。其後此制稍〻弛みしかば、元祿八年十二月、幕府更に武士屋敷に於ける町屋を禁じ、日を期してこれを撤せしめたり。

武士の刑罰　階級制度の社會にありては、人民各其身分の輕重に依りて刑の適用を異にせらる。江戸時代に於ても、武士は社會の上級なれば、輕微なる犯罪と雖ども、必ず愼重なる審理を經て上裁を仰ぐを要したり。而して刑の適用に至りては、引廻の如き、火罪の如き、其執行を公示すべき性質のものは、體面上これを避けたりしかど、竊盜、博奕等の犯罪に向つては、或は侍の身分に有之間敷仕形といひ、或は武士道に有間敷惡事といひて、百姓町人に於けるよりは、一等若しくは數等の重きに依つて處罰するを例とせり。これ其實踐躬行、社會の儀表たるべき士流にあり得べからざる破廉恥的行爲は、其罪寧ろ平民よりも惡むべしとせるに外ならず。さりとて其犯罪を豫想して、これを幕府の法律に載せ置く事の如きは、寧ろ將軍の御威光に關すと思考せられたれば、有數の裁判官以外、一般に祕密を保たれたりし幕府の刑法御定書に於てすら、其規定は概ね一般平民の場合に限られて武士に及ばず。唯武家の家來の名に於てのみ其制裁を設くるを見るなり。所謂武家の家來には、徒士以上と足輕中間との別こそありつれ、微賤のものは百姓町人の中より採用して、一時これを雇使せる雇侍もありき。而かも幕府は彼等に向つて一般武士と同一の待遇を與ふる事を辭せず。御定書第七十一條に、「足輕體侯共、輕き町人百姓之身として法外の雜言等、不屆之仕形、不レ得レ止事ニ切殺候もの、吟味之上無レ紛においては無レ構」とあり。百姓町人の無禮に對しては、足輕すら猶ほ所謂切捨御免の特典を與へられしを見るべし。故に犯罪の場合も亦一般武士に准じて、百姓町人よりは重きに從つて處斷せられ、假令月雇、日雇たりとも、雇用中の犯罪に對しては、抱の侍と同一の制裁を受けざるを得ざりき。

浪人の地位　浪人の如きも亦其武士たるの身分上、大體に於て如上の法制に拘束せらるゝを免れざりしなり。幕府は浪人が町人の後見たるは、帶刀の身分に應はしからずとして、これを許さゞるの方針を取れり。（文政十年六月吟味方の回答〇諸事留。）又明和六年六月安永二年三月の際、幕府は浪人が合力を強請して、地方の百姓を苦しむるものありと聞き、「苗字帶刀いたし候ものえは、一錢之合力も致間敷」と令して、これを各村落の入口若しくは村役人の邸前に揭示せしめ、且つ所在のえた非人及び乞胸頭をして、此種の浪人を逮捕し告發せしむることゝしたりしが如き、所謂物貰渡世が非人、乞胸輩の事にして、苟くも苗字を有し佩刀をなせるものゝ敢てすべき事ならずとせるに依るなり。

神主僧侶の刑罰　次に神主、僧侶は言ふ迄もなく、道德堅固にして社會を敎化するに足るものならざるべからず。殊に僧侶の如きは比較的に最も多く人民に直接し、且つ人別帳の關係より、俗界に偉大の勢力と感化とを有したれば、其德操の如何は風敎上多大の影響を及ぼすを免れず。故に彼等の身分にあるまじき不正行爲ありたる時は、法廷に於て先づ其袈裟を脱がしめし事、猶ほ武士の佩刀を奪ふが如くにせり。就中一寺の仕職たるものにして破廉恥罪を犯せるものに向つては、平民に比して其罪を重くせる事、亦武士の如くなりき。幕府は一向宗の如き、其敎義に於て妻帶を許せるものを除くの外、女犯《ニヨボン》の一事につきて嚴に戒律を守らしめ、犯せるものは嚴罰に處せるのみならず、他の犯罪と異なりて、如何に歳月を經過せるもこれを赦さざる事とせり。此性慾抑壓を主とせる刑法の實際に行はれ難かりしは、當時の識者をして凡天下に難レ制は博奕と女犯僧なるべしといはしめし程乍ら、幕府が敢て檢擧の手を弛べんとせざりしは、畢竟俗人と甄別して宗敎家の本分を盡さしめんとせるものに外ならじ。

百姓の苗字帶刀　苗字帶刀は武士の特典にして、特に後者は其標的とする所なりしかば、幕府が通例百姓に向つてこれを許さゞりしは言ふ迄もあらず。されど百姓の孝行、名主の精勤、及び貧民の救助、其他奇特の行爲ありたるものは、名主相當のもの田地を所有するか、然らざるも僕婢を使用する程のものは、特に苗字帶刀を許し、其卑賤にして從來脇差を帶する事をも許されざりしものは、脇差のみを許せり。其中苗字は子孫に至る迄これを稱せしむるも、刀脇差は一代を限りてこれを許すを例とせり。享保五年七月〇憲敎類典。百姓の侍奉公をなせるもの丶如きも、歸農後引續き帶刀をなすを得ず。百姓にして鷹捉飼場、野廻役等、幕府の公務を帶びしもの丶如きも、其執務中に限りてのみ百姓以上の待遇を享くべかりしなり。されば領主地頭の苗字帶刀を許せる百姓に向つても、幕府は敢て直に同一の待遇を與へんとはせず、仔細に授與の事情を調査して、然る後其「侍分」とすべきか、將た「百姓竝《ナミ》」とすべきかを決定せり。座階。幕府は又百姓が武藝の師範たる浪人を居村に駐めて武技を學び、互にこれを習ふを禁ぜし事あり。これ其農業を妨げ、身分を忘るゝを戒むるものにして、亦武士的階級と混化せざらしむるの意に外ならざりしなり。

百姓にして神主たる者　江戸時代に於ては、百姓にして往々白川、吉田兩家の許狀を得、神主たりしものあり。彼等はこれと同時に呼名《ヨビナ》及び一定の裝束の著用を許されたれば、一人にして百姓名と神主名との兩名を有せし事、例せば百姓としての彌右衞門の、神主としては倉持美濃たりしが如し。其結果、彼等が犯罪の場合に於ても、幕府は身分上の關係より、一百姓として處分する事能はずして、往々白川家若しくは吉田家との交涉を要するに至り、啻に其煩勞に堪へざりしのみならず、延いて階級制度の根柢を危ふくするに至るなきを保せず。故に幕府のこれに對する方針は寧ろ禁止に傾き、百姓が其身分を離れずして神主の許狀を受くるは、假令領主地頭の許可を得たりしものにもせよ、難㆓相成㆒筋としてこれを認めず、唯一百姓として取扱へるのみ。時としては百姓の身分不相當として處罰せる事さへありしなり。されど又絕對的に禁絕せんとするものにあらず。其新たに許可を願出づるものにありては、家督を相續人に讓りて、一代を限り神主の許狀を得んとするもの、他に故障なき場合にのみこれを許すべく、又從來既に神主たりしものは、他の百姓と一般、村民の義務たる村用を負擔し、宗門改をも受け、百姓の身分を離れざるものに限りてこれを許すを方針とせり。

町人の苗字帶刀　町人も亦原則としては苗字帶刀を許されざりしかど、多少の除外例ありし事、亦百姓に同じかりき。朱座、銀座の年寄、其他幕府の扶持を受け公務を帶びたる町人、卽ち所謂御扶持人を始め、町年寄、御用達町人の類には將軍の謁見をさへ許されし者あり。然らざるも苗字を冐し大小を佩ぶべき特許を得て、普通の町人以上の待遇を受けつゝありしものも少からず。而して彼等の中にも公務を行ふの際に於てのみ、斯る特典の行使を許されたりし事、例せば三傳馬所役人が繼立方御用の時のみ苗字を稱するを得たりしが如き者ありき。然るに幕府は百姓に於けると同じく其授受を嚴にし、代官は勿論、地頭と雖ども猥に此特典を賦與するなからん事を令せり。享和元年七月十九日〇憲法類集。其他幕府は又百姓と共に、町人の墓碑の高さを四尺に限り、戒名に院號、居士號を附するを許さゞるの制をも設けたり。

町人盲僧の對朝臣關係　古來我商工業者の皇室、朝臣等に對して馴致せられし一種の服屬關係は、江戸時代に至りても依然として存續せるもの少からず。然るに公武の關係は、これあるが爲めに、施政の畫一を期せんとする幕府に種々の障礙を與へ、延いて其威嚴を失墜するに至るなきをも保せざりしなり。故に幕府は機會だにあれば、此種の舊關係を否認せんとし、縱ひこれを承認するとも、一定の制限を附せん事を試みたり。今一二の實例を擧げんに、勸修寺、仁和寺、大覺寺の三宮門跡は、古來永宣旨に依ると稱して、諸職人の爲め、受領、官名の呼名を擧奏するを掌れり。然るに幕府は寶永七年四月、早くも是等の職人の武藏守と稱するを改むべき令を發したりしが、明和三年十一月、更に彼等が呼名相續に要する一定の手續を經ずして、私に父祖の受領、官名を稱するを禁じ、消極的に其減少を圖れり。然るに其後幕府は三門跡の申請に依りて國名の呼名を復したるも、爾後三門跡に願出でしものは、速に幕府にも屆出でしむる事として、其手續を嚴にしたりき。又諸國の鑄物師中には、古來藏人所の小舍人たる眞繼氏に屬し、許狀を受けて營業せる者少からず。安永五年、眞繼氏は座法の紊亂を正すと稱して、其許狀を受けざる鑄物師の營業を停止せん事を幕府に求め、若し許可を得るに於ては、冥加として銅鐵鍋釜百器宛を幕府の膳所に納めんと申請せり。是に於て幕府は諸國に於ける鑄物師の由緒を糺しゝに、眞繼氏と何等の關係を有せざる當業者の中には、百餘年來幕府の許可を得て營業を繼續せるもあれば、延應元年以來實に五百三十餘年に及べるさへありとの事實を發見したりしより、假りに全國の鑄物師が眞繼氏の支配を受けたる事實ありとするも、そは遠き往古の事に屬し、爾來中絶して其何年以前にありしやも知れ難き程なれば、今更改めて全國の當業者を其配下に屬せしむべき謂れなく、且つ禁裏勤仕のものより冥加を納むべき筋にもあらずとて、斷然其申請を却けたり。又盲僧は從來青蓮院宮の管轄に屬し、彼等が僧官の授與に對して納むる金錢は、宮の收入の大部分を占め居れり。幕府も此事實を認めて、天明五年、無所屬の盲僧を宮の直轄に屬せしむる事に向つて承認を與へたりしが、これと同時に、其資格を限定して武家出身者となし、百姓町人の瞽者は座頭として鍼治、導引、琴、音曲等の技藝を業とし、檢校に屬すべく、又縱ひ盲僧の經典たる地神經を讀誦し、竈祓を行ふ等、盲僧の所作を學ぶ者にありても、從來檢校に屬し居りしものは、改めて宮の配下たるを許さず。且つ武家出身たりとも、自《ミ》ら盲僧とならずして鍼治、導引、音曲等を業とし、檢校の支配を受けんとせば其志望に任する事とせり。此規定は甚だしく宮家に不利益を與ふるものなりしより、宮家に於ては或は種姓の調査を困難なりといひ、或は種姓の別を立つるは出家道の瑕瑾なりといひ、或は又貧賤なる瞽者の生計難を來すといひて、百方愁訴せられたりしに、幕府はこれを辨駁して曰く、出家道に種姓の別なきは言ふ迄もなき事乍ら、若し宮、檢校の何れに屬するも、各人の任意なりとせんには、名聞を願ふ人情の常として皆宮の配下に趨り、檢校支配を受くるものなきに至るべく、檢校座中は爲めに衰廢を來さん。然るに宮の配下たらざるが爲めに生計難を訴ふるものありとせば、これ一身の生計の爲めに佛道に入るものにして、此輩を宮の配下に加へらるゝは御本望にもあるまじく、又佛道を汚すの端ともなりなんと。寛政元年二月〇諸宗傳來。檢校は座頭の官名にして、其中惣錄なる者は江戶本所に邸宅を有し、幕府の公認を受けて、關東に於ける座頭を總轄し、其犯罪は座法に依つて處斷するの特權を有せるものなり。如上の諸例證に徵するも、幕府の政策が自家の勢力圈を擴張して、公武の交涉を避けんとするの外、又階級制度保護の必要より割り出だされしものなる事爭ふべくもあらず。

各階級の利權保護　幕府は又同一の必要より各階級の利權を保護し、他の侵害を避くる事に向つて其力を假すと同時に、又各階級間に於て自衞上、積極的手段を取る事をも認許したりき。彼百姓町人と武士との關係の如きは、劣等なる階級に對して上流の榮譽と特典とを尊重し保護して、敢て僭越の行爲なからしめん事を主たる目的となしゝものなり。然れども百姓町人以下の階級に至つては、先づ彼等の生計問題より割出だせる利益の保護、及び他の迫害に對する防禦を以て主眼となさゞるべからず。幕府が武士の商行爲を禁ぜし事は既記を經たり。百姓に至りても、幕府は漁業、材木、薪炭の販賣、其他多年の兼業とせるものゝ外、新たに商業を營む事を許さず。これ其餘業にわたりて耕作を怠るべきと共に、町人の利益を侵害するに至るべきを以てなり。獨り商業といはず、幕府は又百姓が大工を學んで、家屋堂塔を建築せん事をも停止したりしなり。而して此に注意すべきは、是等の禁令が往々大工の棟梁側より發せられし故障に基因し、又其本職に差障るとの理由に依りたりし事これなり。享祕三年閏正月〇三祕集。

轉じて他の方面を觀察すれば、如上の方針はえた非人の階級にも均しく適用せられつゝありしを發見すべし。町人が其女子を以て女淨瑠璃を催し席料を取る者ありしを見て、幕府は其行爲の乞胸、非人に類するを諭して之を禁ぜし事あり。物貰を業とせる乞胸、非人の間には一種の勢力範圍あり、若し他の町人等の其中に混入して、これと類似の行爲をなせるものあれば、彼等は其立退を迫り、これに應ぜざれば、幕府に訴へ公力を借りて强制するに至れり。法曹後鑑。江戸に於ける非人頭が其部下を非人制道廻りとして日々市中を巡邏し、無宿、野非人等の逮捕に當らしめたりしは、一面幕府の無宿取締に利用せられしものなるが、他面には又彼等の自衞上、他の侵入を防止せんとせるものにてありき。これと同一の筆法は、幕府の江戸に於ける隱《カクシ》賣女《メイジヨ》の處分に依つて實現せられたり。幕府は常に新吉原の町民をして市中を巡察して此種の私娼を檢擧せしめ、三年間新吉原町に與へて公娼となさしめたり。御定書下卷に隱賣女は踊子と共に三ヶ年之内新吉原町にとらせ遣すとある者これなり。其後寛政五年二月、幕府は其新吉原町より檢擧せるか、然らざるも引取人なき者は、亦三年を限りて新吉原町に與ふる事とし、事實上御定書に一部の修正を加へたり。又破魔弓矢等の製作販賣はえたの獨占にして、他のこれに倣ふを許されざりしかば、百姓町人にして若しこれを製造し、若しくは販賣せん事を望むものあれば、えたに向つて相當の金錢を拂ひ、其同意を得るを例としたりき。

八　結論

階級制度の確立　之を要するに、江戸時代は社會の上下を通じて階級制度の確立せられし時代にして、政治、宗教、經濟、法律、風俗、人情等あらゆる方面に、其影響の及ばざる者とては殆んどこれなかりしなり。こは時世の然らしめしところなりとはいへ、又實に幕府の權威ある社會政策の成功なり。幕府は各階級が其衣食住より日常の業務に至る迄、一見識別し易き特異の色彩を有して、各其地位に安んじ、本分を守らん事を期せると共に、他の範疇を脱して利權を侵害せんとせる者に向つては、階級間の制裁を認め、且つ法律の規定に依つて之を禁遏するに務めたり。是に於てか自然の結果として、階級的專制の風は至るところに瀰漫し浸潤して、動かすべからざる者となりぬ。斯る政策と其實施の跡とにつきては、卑近なる「株」の一語最も能くこれを説明するを覺ゆ。此語は今日に於てこそ獨り商業者間に行はるゝのみなるも、江戸時代にはすべての社會に通じて用ゐられざるはなく、町人に株式あれば、百姓にも株式あり。天保の改革は其宿弊に堪へずとして、町人の株式廢止の英斷に出でしかど、美事失敗に終りて、數年の後は早くも其復舊を命じたり。百姓町人の株は猶ほ可なりとせん、武士の間にも亦此事ありしといはゞ、何人も奇異の思をなさんか。されど今は諧謔の意味を含めるお株の語が眞面目に公文書に載せられ、左樣然らばの切口上と共に、嚴めしき奉行等の口にも上りつゝありしは、當時の記録を觀、事情を知れる者の毫も怪しまざるところなり。乃ち當該奉行等の專當する事務は、これを彼等の株といひ、其記録は又株附の書類といへり。これ當代の官僚が自ら割據の風ありて互に其權限を墨守し、事輕重となく祕密を尊重して他の容喙を許さず、其官司に屬する記録の如きも、さながら一家の寶物の一子相傳に於けるが如く、奉行等の任に膺れるものゝみこれを傳領して他見を禁ぜし事、町人等の株式が利益を壟斷して、外間の一指をも染めざらしめんとせると一般なりしに依らずんばあらず。幕府の社會政策は一言以てこれを蔽へば、各階級に各一定の株を與へて、他をしてこれを取らせじとするを主眼としたりしのみ。

然るに時世の推移に伴ふ幕府の失勢は、家族制の破綻と相待つて、階級的制度に多大の變調を來し、百姓の商業を營み、町人の田畑を購へるは言はずもあれ、御家人株の賣買は、百姓町人をして士流に潛入するの機會を與へしと共に、武士の町人に混化するもの亦前後輩出し、堂々たる士人にして、窮乏の餘、膝を札差の番頭に屈して、其哀を請ふものあるに至つては、士商間株式の亂高下も亦甚だしからずとせんや。

余は既に江戸時代に於て、武家を本位とせる階級的社會を略叙して、幕府のこれに對する政策を研覈し、次に各階級間に於ける法制的關係を考査して、略〻其精神の存するところを尋繹し得たるを覺ゆ。進んで其政策の利弊を論じ、又其廢頽に赴ける趨勢を説くが如きは、更にこれを他日に期せんとす。

第二編　親族法

第七　古代親族法

第一章　總說

我國の家族制　坤輿の邦國多しと雖ども、家族制の行はるゝこと、我國の如く久しく且つ備はれるはあらじ。上下三千年、多少の盛衰沿革なきにあらずと雖ども、氏族を重んずるの精神は緜々として絶ゆることなく、治亂興廢、多くは此動機の左右するところなるを見る。故に親族の制度の如きも、自《オ》ら觀るべきものなきにあらず。

凡そ親族の組織は、國家の利害と密接の關係を有するものなり。苟くも親族關係の規定にして、二者の一致を闕かんには、假令其制善美を盡くすと雖ども、得て久しきを保つ能はざるのみならず、其實施は國家に弊竇を殘すものとす。我國は古來尤も氏族を重んじ、皇別あり神別あり、皇胤神孫相承けてこれを永世に傳へ、後、蕃別を生ずるに及び、外蕃の後も亦各承繼するところあり。而して氏には大小各氏上なるものありて氏人を隷屬し、氏族間に生ぜる諸事を處辨せり。是故に中古唐制に摸倣して親族法を定むるに至りても、亦大に重きを家族制に置きしなり。

五等親の制　夫れ祖先を同じくし血統を一にするものは、皆同族の好を通ずるに足れりと雖ども、既に數世を經、數代を重ぬるの後は、族類互に疎く、或は其人を見ざるもあり、其名を知らざるもありて、交情の冷かなる、殆んど路人と選ばざるに至るもの少しとせず。此くの如き遠親をも、家督の相續、財産の讓與等の事に干與するを得せしめんには、實際不便を感ずること甚だしからん。されば其慣習の如何は措いて論ぜず、苟くも法律によりて親族關係を規定するあらんとせば、其間大に斟酌するところなかるべからず。これ現今に於ても、獨逸の如き無限に血統の續くを親族とするものを除きては、東西諸國の血統の遠近によりて親等を置くに一致する所以なり。

我國中古の親等は、これを別つて五となす。卽ち左の如し。

一等親

父母　養父母　夫　子

二等親

祖父母　嫡母　繼母　伯叔父姑　兄弟　姉妹　夫の父母　妻妾　姪　孫　子の婦

三等親

曾祖父母　伯叔の婦　夫の姪　從父兄弟姉妹　異父兄弟姉妹　夫の祖父母　夫の伯叔姑　姪の婦

繼父　同居の夫の前の妻妾の子

四等親

高祖父母　從祖々父姑　從祖伯叔父姑　夫の兄弟姉妹　兄弟の妻妾　再從兄弟姉妹　外祖父母　舅　姨　兄弟の孫　從父兄弟の子　外甥　曾孫　孫の婦　妻妾の前の夫の子

五等親

妻妾の父母　姑の子　舅の子　姨の子　玄孫　外孫　女の聟

其中嫡母とは、庶子より父の嫡妻をいひ、繼母とは父の後妻をいふ。父の兄は伯父といひ、弟は叔父といふ、姑は其姉妹なり。兄弟の子相呼んで從父となす、長ぜるを從兄といひ、少きを從弟といふ。從祖々父姑とは祖父の兄弟姉妹にして、從祖伯叔父姑は從祖々父の子、卽ち父の從父兄弟姉妹なり。從祖伯叔父の子を再從兄弟といふ。舅は母の兄弟にして、姨は姉妹なり。

親族の性質　以上五等親の制は、血統の遠近によるの外、更に尊卑の等級を加味せるものなり。故に此中にありても尊長卑幼の別あり、重親あり輕親あり、父母、祖父母、伯父母は尊屬といひ、三等以上の親は近親といふ。而して當時未だ親族姻族の別なしと雖ども、其權利と義務とに於ては、父系と母系との間にも、亦厚薄異同あるを免れざりしなり。

（第一）凡そ親族は婚姻より生じ、親子より起る。先づ婚姻に就ていはんに、女を嫁せんとするに當りては、先づ祖父母、父母、伯叔父姑、兄弟、外祖父母に告知し、次に舅、從母、從父兄弟に及ぼすべく、若し舅、從母、從父兄弟の同居共財せざるか、又は以上の親なからんには、女の欲するところに任せて、婚主を定むることを得べきなり。（此事戸令に見ゆ。）而して其所謂祖父母父母等に付ては、古來一定の解釋なく、令義解はこれを以て主婚の爲めにいふものとし、令集解の或説は女の爲めにいふとなすも、余は斷じて後説に從ふものなり。これに關する考證は、婚姻の條下に詳かにすべし。且つ義解には、祖父母父母以下の親あらざる時、舅、從母等に及ぼすといへども、これも亦正鵠を失へるにあらざるなからんや。思ふに、これらは唯婚姻を告知するの順序を示せるものにして、必ずしも親族の有無に關することなからん。今此祖父母父母等の親等を考ふるに、婚姻の議に與ることを得べきは、其四等以上の親に限れり。而して離婚の際には、夫先づ其祖父母父母に告知し、若し祖父母父母なければ、夫の任意たるべく、又夫は自ら去狀を認め、尊屬近親と連署すべきものなれば、其父母、祖父母、伯父母及び三等以上の親家長たるもののみならんは各連署の資格ありと謂ふべし。

（第二）家督は實子これを相續すべきも、若し其相續すべきもののなきときは、四等以上の親にして、父子の年齡に相當せるものを養つて子となすことを許されたり。其中兄弟の子即ち二等親の養子となれるものは實子と同じく、父祖の蔭によりて嫡子の位に叙し、且つ其功封を傳へ、遺產分配に於ても嫡子と同一の得分を享くべし。

（第三）遺產の分配に際しては、妻妾諸子皆これに與ることを得べしと雖ども、其他の親族は然らず。唯財主死亡の後、一人の其遺產を相續すべきなく、戶口皆絕えたる時、若し五等以上の親あらば、其遺產家人奴婢田宅資財を調査して、財物は死者の佛事を營むに費し、家人奴婢は放して良人となすべきのみ。然れどもこれなほ死者の遺言なき場合に適用すべきものにして、若し其生前處分せるものゝ如きは、此限りにあらざるなり。喪葬令。

（第四）全戸にして失踪せるものあらば、三年の間は、同里に居住せる三等以上の親、五保と共に、其所有に係る土地を均分して佃食し、租調は代りて納むべし。戸内の家族の失踪せるは、六年の間同戸代つて納むべし。（戸令。）

（第五）五位以上には蔭位なるものあり。一位以下三位以上は蔭孫に及ぼすべく、四位以下五位以上は子に止まれり。（選叙令。）而して嫡庶によりて別あるは、遺産の分配に於けると一般なり。（選叙令、戸令。）

（第六）年八十歳以上及び篤疾者には、貴賤を問はず均しく侍一人を給ふ、九十歳以上は二人、百歳以上は五人なり。而して此侍たらん人は、先づ子孫を盡くし、子孫なくば近親を取る。但篤疾の小兒十歳以下三歳以上（三歳以上は義解に據る）にして二等以上の親族あるものは、侍を給ふの限りにあらざるなり。（戸令、〇職制律に曰く、凡そ祖父母父母老疾侍なく、親を委して官に之き、即ち妄りに年狀を増して、以て入侍を求むれば杖一百。）

（第七）親族の間は互に相輯睦すべく、縱ひ其犯罪あるを知るも、容隱するの義務ありて、却て告訴するものゝ爲めに制裁を設くる事各差あり。就中祖父母父母を告訴せるものゝ如きは絞に處せらる。其說に曰く、「父爲㆓子天㆒、有㆑隱無㆑犯、如有㆓違失㆒、理須㆓諫諍㆒、起㆑敬起㆑孝、無㆑令㆑陷㆑罪、若有㆑忘㆑情棄㆑禮而故告者絞」と。（鬪訟律の疏。）一般に道德と法律とを混同せし當時の法律にして此事あるは、獨り怪しむに足らざるなり。

然れども此に除外例あり。（一）八虐罪の中、謀反、（國家を顚覆せんことを謀りしもの、）謀大逆（山陵宮闕を毀たんと謀りしもの）及び謀叛（我國に背いて外國に投ぜんとしたるもの）の三事を犯せるものならんには、子孫これを訴ふるも罪なし。以上の犯罪は共に君國の大事に關し、不臣の所爲に屬せり。父子の親あるも、豈にこれを告げずして可ならんや。所謂大義滅親といふものこれを謂ふなり。(二)二等以下五等以上の親族にして、或は財物を侵奪し、或は其身を毆打するときは、訴へて處分を求むることを得。然れども父母に至りてはこれを奈何ともすべからず。例せば、其遺言は最後のものを有效とするを以て、幾度與奪に遇ふも、一辭の歎訴すら許されざるが如し。母は通例遺言するを得ざるものなり。而して此二等以下の親族にありても、以上の侵犯を受けしによるに非ざれば、告訴するを許されざるなり。鬪訟律。

(第八)親族間には又喪に服するの義務あり。卽ち父母及び夫の爲めには一年、祖父母、養父母に五箇月、曾祖父母、外祖父母、伯叔父姑、妻、兄弟姉妹、夫の父母、嫡子に三箇月、高祖父母、舅姨、嫡母、繼母、繼父、同居の異父の兄弟姉妹、衆子、養子もこれに同じ、嫡孫此に嫡子嫡孫とは衆子衆孫に對していへるものなりに一箇月、衆孫、從父兄弟姉妹、兄弟の子に七日なり。喪葬令、養子の事は同令の義解に據れり。

氏族制度の遺風　凡そ法律上親族と看做すべきものは、五等以上の親に限れり。故に喪葬令「身喪戶絕無親者」の義解に、「無親者、是別戶之內、並無㆓五等以上親㆒者也」とあり。五等親以下は縱令其祖先を同じくし氏姓を共にするも、法律上認めて親族となさず、權利も義務も共にこれあることなし。然れどもこれを我古來の歷史に考ふるに、氏族の制其行はるゝこと久しく、同族相憐み相助け、本宗其上にありて儼然一族に臨む。此風近世に至りてなほ存せり。況んや大化の改新、族制を變更して、大に舊狀を改めらるゝも、尊祖の風豈に一朝にして滅盡するを得んや。是故に天武天皇詔して、諸氏の氏人等に各氏上とすべきものを定めて屆出でしめられ、又其眷族多くあるは各〻氏上を定め、竝びに官司に屆け、然る後其狀を斟酌してこれを處分し、これに因つて官判を承けしめられたりき。日本書紀天武天皇十一年十二月壬戌詔。思ふに、氏族を重んずること我國の如きものにありては、動もすれば相續、婚姻、其他の諸事に就て紛爭を生じ易し。若し朝廷一々これを處理せられんとすれば、殆んど其煩に堪へざらん。幸にして氏上なるものあり、大氏小氏共に其處分に從ふ。これを存して氏族の間に斡旋するを得せしめば、社會の平安秩序を保つに於て、必ず大に稗補するところあるべきなり。これ天武天皇が一方に於ては、新たに八姓を作りて餘の百姓を統合し、爲めに氏制を變更せんことを務めたまへると共に、又氏上を保存して、治道に補あらしめんとしたまへる所以ならん。法律上、親族を或る親等迄制限するの必要ありとはいへ、此氏族の關係は血統の遠近、地位の尊卑によりて、斷絶若しくは保續すべきものにあらざることを記せざるべからず。完全なる親族法は、國風民俗に適應するものなることを知らば、氏族の關係豈に度外視すべけんや。熟〻令の制を按ずるに、又先聖の遺意を承けて、頗る心を此點に用ゐたるもの丶如し。八省の中、治部省なるものありて、人民の姓氏及び五位以上の相續婚姻等を掌り、其別司に大解部、四人、少解部六人あり、譜第の爭訟を窮問し、族姓の次第を定むるを職掌とせり。職員令、同義解。故に譜第の擾れざるは、其最とするところなり。考課令。此くの如く政府には人民の姓氏譜第に關する官司を置きてこれを掌らしめながら、なほ氏宗といふものを存せられたり。喪葬令の義解に、氏宗とは氏中の宗長を云ふとあり、即ち氏上なり。繼嗣令に「其氏宗者聽レ勅」とあり。集解に引ける古記に云ふ、「但氏上者聽レ勅、諸氏上者、必勅定給、不レ論ニ嫡庶一」と、即ち勅を以てこれを定めたまふものなり。これ氏宗に對する特典の一なり。令制、三位以下は墓を營むことを許されざるも、氏宗は別族の始祖と共に、特にこれを許されたり。喪葬令。これ其特典の二なり。此くの如く優遇せられたるもの果たして何事をかなすべき。令には其明文なしと雖ども、常に族類を監督し、事あるときはこれに干渉して相互の和睦を謀り、紛擾爭訟、以て官司を煩はすことなからしむるが如きは、蓋し其較著なるものならん。例せば相續の事の如き、繼嗣令及び戶令に見ゆるところは、大體の方針を定めて爭訟を防がんとするに過ぎずして、實際は嫡子若しくは此氏宗が法令の範圍內に於て、隨意に處分するの餘地を與へたるものなり。これらの事相續法に詳かにすべし。想ふに、朝廷は瑣々たる人民の私事に干涉するの、煩にして且つ效なきを知らざるにあらず、然れども其紛爭の極、決を仰ぐものあるに遭ひては、自らこれに處するの定則なかるべからず、是を以て一方に於ては、法令を制して、人民をして法とるところあるを知らしめ、これが爭訟を窮問するの官司を設けながら、一方に於ては、氏宗を置いて氏族の事を委し、爭を未發に防がしめんとせしものならん。然るに氏宗なるものは官吏の類にあらず、故に別に職掌あることなし。唯以上述ぶるが如き特典を設けて、これを優遇するに止めたるのみ。

氏宗は後に氏の長者といへり。類聚三代格に載するところの宇多天皇寛平三年九月十一日の太政官符に曰く、

應レ禁二制外國百姓奸入二京戶一事

右齊衡二年三月十三日格偁、延曆十九年十一月廿六日下二民部省一騰勅符偁、都鄙之民、賦役不レ同、附除之事、損益已異、今聞、外民挾レ奸、競貫二京畿一、非二唯增レ口貪レ田、實亦冒レ名假レ蔭、如不レ改レ轍、何絕二詐僞一、自今以後、一切禁斷者、如レ聞、外土之民、奸二附京畿一、多遁二課役一、無二懷土心一、右大臣宣、奉レ勅、宜下依二延曆符一嚴加中禁止上、但有二隱首色不レ獲レ已可レ附者一、氏中長者覆審加署申二所司一、所司申レ官、

待ニ報符一而後附レ帳者、年來外國百姓、或賄ニ小吏一而貫ニ京畿一、或賂ニ戸頭一而冐ニ氏姓一、卽是格制雖レ存ニ於前一、有司尙緩ニ於後一之所レ致也、左大臣宣、奉レ勅、宜ニ重下一レ符勤加ニ檢錄一、若戸主隱而爲レ人所レ告、有司忍而不レ勤ニ督察一、依レ法科處、不ニ曾寛宥一、

符中氏中長者といふもの、卽ち令の所謂氏宗に外ならず。而して此に留意すべきは、令文一二の氏宗に關することなきにあらざるも、唯これを定むるの制と、これに對する恩典とに過ぎずして、其權限職掌に及ばざりしが、此符文に於て、其一端を窺ひ知るを得たることこれなり。

以上論ずるが如くなるを以て、親等はこれを五等に限るも、全く氏族の關係を廢せるにあらず。氏宗は依然として諸氏の上にあり、公私の間に斡旋して族類の平和を保ちしなり。後世に至る迄、藤原氏、源氏等各長者あるは此遺風なり。親族の制に就ては、此他なほ辨ずべきことなきにあらざるも、これらは以下の各章に讓り、こゝには當時の法律中、親族に關するものを略說するに止むべし。

法律と道德との關係 當時の法律は、道德と混同せること甚だしきものなるが故に、方今唯道德の制裁を加ふるものにして、法律上の犯罪とするの類一にして足らず。而して親族の間殊に此事の多きを見るは獨り怪しむに足らざるなり。例せば祖父母、父母、夫等の喪を聞くを匿して擧哀せず、又は喪制未だ終らざるに服を釋いて吉に從ひ、哀を忘れ樂を作すが如き所爲は、道德上非難すべきこと勿論なりと雖ども、法律の制裁を加ふべきものにあらざることは、今日の法家の擧げて首肯するところならん。然れども當時の法律は、これらの所爲を以て罪を構成するものとなし、徒二年以下に處せしなり。此くの如くなれば、刑法の中親族

に係るものは、概ね本法の外、別に規定するところあり。一等以下五等以上の親等、及び尊卑長幼の別によりて、輕重其度を一にせずと雖ども、概してこれをいふときは、尊長は卑幼より重きものなれば、一朝これを侵すことあるも、本法より幾等を減ずるに拘らず、卑幼の尊長に於けるは、啻にこれを減ぜざるのみならず、往々一層の重きを加ふることあり。親族の財物を盗むものは凡人に幾等を減ず。試みに一事を擧げてこれを證せんに、凡そ人を殺さんと謀るものは徒二年に、已に傷けたるものは近流に、已に殺せるものは斬に處せらる。然るに祖父母、外祖父母、夫、夫の祖父母父母を殺さんと謀れるは皆斬し、嫡母、繼母、伯叔父姑、兄弟は遠流に、已に傷けたるは絞に、五等以上の尊長は徒三年に、已に傷けたるは中流に、已に殺せるは皆斬に處せらる。以て其他を類推すべし。而して此尊長卑幼の間にも、等親によりて輕重の別あり。概ね二等親は一等親より、三等親は二等親より、遞に幾等を減ずるを例とす。彼喪を聞き哀を擧げざるもの、父母、夫には徒二年、祖父母、外祖父母には徒一年、二等以下の尊長には各遞に二等を減じ、卑幼には各一等を減ずるが如し。重きを親族に置くこと此くの如きを以て、八虐八虐を犯すものは、常赦にも原さず、應議にも減ぜざるなりの中、惡逆（謂毆二及謀レ殺二祖父母父母一、殺二伯叔父姑、兄姉、外祖父母、夫、夫之父母一）、不道（謂殺下一家非二死罪一三人上、支二解人一、造二畜蠱毒一、厭魅、若毆二告及謀レ殺二伯叔父姑、兄姉、外祖父母、夫、夫之父母一、殺二四等以上尊長及妻一）、不孝（謂告二言詛詈祖父母父母一、及祖父母父母在、別レ籍異レ財、居二父母喪一身自嫁娶、若作レ樂釋レ服從レ吉、聞二祖父母父母喪一、匿不二擧哀一、詐稱二祖父母父母死一、奸二父祖妾一）、不義（謂殺二本主、本國守、見受業師一、吏卒殺二本部五位以上官長一、及聞二夫喪一匿不二擧哀一、若作レ樂釋レ服從レ吉、及改嫁）は、皆其事に關せざるはなく、謀反、謀大逆及び謀叛の如き、重きは父子、祖孫、兄弟、籍の同異を限らず皆緣坐し、輕きも父子に及ぼせり。（律疏殘篇律逸。）

第二章　戶主及び家族

古代の家族　戶主及び家族の事を說かんとせば、先づ戶の性質に付て一言せざるべからず。抑〻中古に於ける戶なるものは大に後世と同じからず。戶令の義解に曰く、「謂戶トハ一家爲二一戶一也」と。これに據るときは、戶はなほ家といはんが如く、敢て後世と異なれるものなきに似たり。然るにこれを當時の籍帳に考ふれば、一戶の內、祖父母、父母（妻、妾、）兄弟姉妹、妻妾、子孫等あるの外に、甥あり、甥の子あり、伯叔父母あり、從父兄弟姉妹あり、外祖父母あり、外孫あり。其他同黨（同族の事なり）といふものあり、寄人（寄口とも）といふものあり、奴あり婢あり。今日にありては、別に一家をなすべきものなるも、猶ほ一戶の內に同居するを見る。從つて其戶口も亦多く、中には五十、六十に及ぶものあり、其十、二十は常に見るところなりとす。令制、男女年六歲に達すれば口分田を給はり、其地は成るべく住居に接近するところを充てしむ。戶口の多きこと此くの如くにして、又口分田を給はらんには、一戶の田宅數里に跨らんことなきにしもあらざるべし。豈に驚くべきにあらずや。

然れども家族制の尤も能く行はれたる當時にありて、此事ありしは深く怪しむに足らざるなり。是時に當り、人民皆氏族の貴ぶべく、祖先の重んずべきを知り、同族の間常に親密なる交際をなして、互に祖先の遺業を因襲したりき。祖先以來卜居の地を離れて他邦に移り、これと同時に圓滿なる家庭の快樂を抛棄する事の如きは、決して彼等の忍ぶべきところにあらざりしなり。是を以て彼等は寧ろ家長の羈絆を受くるも、墳墓の地を離るゝを好まず、永く同族と一地に住して、以て氏族の繁盛を來たしゝなり。

戸籍の制　民俗既に此くの如し。是を以て古來列聖大御心を此に注がせたまひ、夙に戸籍を作りて、治國の樞要とせられたりき。大化の改新百制を更張せられしも、戸籍は實に其基本たりしなり。爾後歴代重きを此制に置かれざるはなく、大寶令に至りて尤も嚴正に就きぬ。

令制、六年毎に一たび戸籍を造り、里毎に卷をなし、總て三通を寫し、二通は太政官に、一通は國に留めしむ。太政官に至れるものは、先づ中務民部の二省に納め、後更に勘檢を加へて、若し其中增減隱沒の不同なるものあることを發見せば、國に下問し相當の處分をなすものとす。尤も此二省の中、專ら諸國戸口の名籍を掌るものは民部省にして、中務省にあらずと雖ども、これを御覽に擬するため、なほ其一を同省に納む。これ實に戸籍を重んずる所以なり。延喜民部省式に曰く、「凡籍書者國家重案」云々。其文武の官人及び僧侶の如きは別に名籍を造りて、兵部刑部の二省及び諸寮司に於て各管掌するところあり。此くの如くにして天下の人民を檢校し、これをして分に安んじ土を懷ひ、以て國民の義務を盡くさしむ。抑〻懶惰の民は常業に安んぜず、動もすれば他鄕に流宕して、課役を免れんことを規るものなり。若し其爲すところに任せんか、課賦の民は籍帳に脫し、徭夫少く國用給せざるに至らん。これ最も憂ふべきなり。而して戸籍は人民の貫屬を明かにし、良賤を分つべきものなるが故に、これをして能く其效果を全うせしめば、浮浪の民自《オ》ら其跡を絕ち、國富み用足りて、復課役の缺乏を訴へざるべし。天智天皇の九年に「造二戸籍一斷二盜賊與二浮浪一」と見ゆ。日本書紀。先皇用意のあるところ以て徵知すべきなり。

男女年齡に依る名稱　凡そ男女三歲以下を黃とし、十六歲以下を少とし、戶令に「非ニ成中男ニ」とある集解に、少子とあるを觀れば、十六歲以下を少子といひしと見えたり、二十歲以下を中とし、戶令「非ニ成中男ニ」の集解に古記を引きて、「非ニ成少丁ニ」云々とあり。古記は大寶令に付て出來たる古解釋書と見ゆれば、大寶令卽ち古令には、中男といはずして、少丁といへること知るべし。戶籍の大寶に成れるもの、中男の所に必ず少丁とあゝ所以も、これにて能く明らめらるゝなり、又男子二十一歲以上六十歲以下を正丁とし、六十一歲以上六十五歲以下を老丁とし、六十六歲以上は耆とす。正丁、老丁及び中男は各課役あり。然れども皇親及び八位以上の男年十六歲以下、竝びに蔭子、耆、癈疾、篤疾、妻妾女、家人奴婢はこれを免るゝことを得。而して民戶の中、此課丁あるはこれを課戶といひ、課丁なきは不課戶といふ。戶令。

東大寺に存する大寶二年の戶籍を檢するに、男女年齡に關する名稱稍〻令制と異るものあり。乃ち三歲以上は綠といひ、男にありては綠兒、女にありては綠女といふ、十六歲以下は小といひ、男に小子、女に小女、二十歲以下は少といふ。男に少丁、女に少女。二十一歲以上六十歲以下を正丁といふは、令制に同じ。女にありて正女といふ。六十一歲以上六十五歲以下は次丁といひ、女は次女、六十六歲以上は耆老といふ。女は耆女。奴婢の如きも亦此皆名稱を附せり。唯大寶二年のものと見ゆる豐前國戶籍斷簡に、陸拾貳歲の男を老夫とせるを始め、天平の計帳に老夫老女とあるもの、其年齡六十一、六十三、六十五等なるを觀れば、六十一歲以上六十五歲以下を、男にありては老夫といひ、女にありては老女といひしことのありしならんか。又因幡國戶籍斷簡因幡國印及び因幡倉印あるものに中男あり、貳拾壹歲なり。二十二歲なるに進丁とあり、名の頭に上と書せり。天平勝寶九歲四月の詔にて十八歲以上を中男と爲し、二十二歲以上を正丁とするに改められたれば、此戶籍は同年以後のものなること明かなり。而して養老令は同年五月を以て實施せられたるなり。

三等九等戸の制　中古民等を定むるに三等九等戸の制あり。三等はこれを上戸、中戸、下戸といひ、九等はこれを上々戸、上中戸、上下戸、中上戸、中々戸、中下戸、下上戸、下中戸、下々戸といへり。栗田博士嘗て上政戸中政戸下政戸考を敎育時論（明治廿七年八月廿五日發行）に掲げ、次いで星野博士又政戸考を草して史學雜誌（明治三十二年九月十日發行）に載せ、共に三等九等戸の事を論じたり。故に今卑見を述ぶると共に、併せて兩博士の所說に及ばんとす。

田令に據るに、毎戸園地を給し、上中下の品第に因りて桑漆を課殖すること各差あり。上戸には桑三百根、漆百根以上、中戸には桑二百根、漆七十根以上、下戸には桑百根、漆四十根以上これなり。而して此三等の品第の何を以て標準となすべきやは、令に明文なしと雖ども、令釋に「定二戸等第一、或稱二丁多少一、或以二人富貧一、賦役令義倉者、富賤爲レ品、（○九等戸の事をいふ、）此條多少爲レ級也」とありて、課丁の多少に因るをいひ、（義解に「凡戸上中下者、計二口多少一、臨時量定」とあるも同說なり。辨下に見ゆ、）東大寺文書に收むる美濃國大寶二年の戸籍に、上政戸、中政戸、下政戸とあるもの、亦其然るを證すべし。後、慶雲三年の格、上戸の上新たに大戸を置き、一戸の內、八丁以上を大戸となし、六丁を上戸、四丁を中戸、二丁を下戸となし、一丁は計ふる例にあらずとなせり。（田令集解。）是に於て三等の制は一級を増して四等となれるなり。

九等戸は賦役令に、「凡雇二役丁一者、本司預計二當年所レ作色目多少一申レ官、錄付二主計一、覆審支配、七月卅日以前奏訖、自二十月一日一至二二月卅日一內、均分上役、一番不レ得レ過二五十日一、若要月者不レ得レ過二卅日一、其人限外上

役、欲レ取レ直者聽、國司皆須下親知二貧富強弱一、因對二戸口一、卽二九等一定レ簿、預爲二次第一、依レ次赴上レ役」とあり。これに據れば、單に課丁雇役の次序を定むるが爲めにするものゝ如し。故に星野博士の政戸考にはこれを以て戸籍の九等（貧富に因つて定むるもの）に似て非なるものとせられたり。（其實明かに二者を混同し居らるゝとはいへ。）然れども令文中、一所に出でたるものを以て前後に通用するは、正丁の歳役にのみ代役を載せて、雜徭に省くの類にして、決して傍例に乏しからず。本條の如き亦これのみ。

九等戸認定の標準　試みに九等戸認定の標準を令文に求むるに三あり、貧富、强弱及び戸口これなり。貧富は一戸の資産に就ていひ、强弱は課丁の體格に就ていひ、戸口は課丁の多少に就ていふ。而してこれを定むるに當りては、國司皆親しく人民の財産を調査し、體格を點檢し、これを戸內課丁の數に對照して、各戸の等級を作り、簿帳（卽ち九等戸帳なり）を編成して、課丁の役に赴くもの、此次序に依らしむることゝなすなり。而して本文の次條に於ける一般の差科に關する規定を見れば、「凡差科先二富强一後二貧弱一、先二多丁一後二少丁一、其分番上役者、家有二兼丁一者要月、家貧單身者閑月」とありて、其集解には、擅興律の兵士を取るに、財均しくば强を取り、力均しくば富を取り、財力又敵すれば先づ多丁を取るとの文を引き、本條も亦宜しくこれに倣ふべしといへるものあり。これ明かに前條の適用を示したるものにして、九等戸の制、獨り課丁雇役の爲めにせざるは辨を俟たず。加之九等戸の令文に見えたるもの、これを外にしては、賦役令に義倉の税を九等の品第に因りて課するものあり、田令に畿內に於ける中々以上の戸に養牛を課するものあり、前者は卽ち「凡一位以下及百姓雜色人等、皆取二戸粟一、以爲二義倉一、上々戸二石、上中戸一石六斗、上下戸一石二斗、中上戸一石、中々戸八斗、中下戸六斗、下上戸四斗、下中戸二斗、下々戸一斗、若稻二斗、大麥一斗五升、小麥二斗、大豆二斗、小豆一斗、各當粟一斗、皆與田租同時收畢」とあるものにして、後者は卽ち「凡畿内置官田、大和攝津各卅町、河内山背各廿町、毎二町配牛一頭、其牛令一戸養一頭、謂中々以上戸」とあるものこれなり。或はいはん、これらは彼差科に於けると異り、貧富の外、復他を問ふの要なかるべしと。此くの如きは、當時課丁の重きを一家になせるを知らざるものと謂ふべし。大寶令の爲めに作られたる古記令釋亦同じが、彼中々戸以上に養牛を課するの文を釋きて、「注中々以上戸、謂計丁數定之、今行事三丁以上戸、家富堪養者充、雖多丁家貧者不充也」といへるは、明かに當時の九等戸が貧富の外に、課丁の多少をも參照するところありしを證するものなり。義倉の賦課獨り然らずとせんや。

更に集解に收めたる古註釋書を檢するに、九等戸の制を以て以上の諸條に亙るとなすは、殆んど異辭なきが如く、或者は「所以作九等、爲定差科次第及義倉之數也」と明言せり。而して其等級を作り簿帳を定むるを、計帳の時に於てすとなすもの多し。蓋し計帳は、國司が毎年一回部内を巡行して、所部の手實を責ふものなれば、親しく貧富强弱を知り、これを戸口に對照して、等級を定むるの便宜ありしに依るならん。令制、富者の爲めに當國郡人を雇ひ、若しくは家人を遣りて代役せしむるを許すも、其役に赴くに當りては、長官親しく自ら點檢して、劣弱なるものはこれを許さゞることゝす。これ體格の强弱を以て一要件とするに依り、正身點檢の已むを得ざるに出でしものなり。但これらの諸記中、課丁の多寡をも九等に作るとなすものあるは、偶〻令文の解釋を誤れるものにして、課丁の數は三等戸の制これを明かにすべく、九等戸にありては、唯認定の一材料として貧富強弱と對照するに過ぎざるを忘れたるなり。

是より先き天武天皇四年八月、人民の貧富に因りて上中下の等級を定め、其中戸以下に税稻を貸與するの制を設けられたり。日本書紀。然るに令制に至つては、啻に其等第のこれに比して繁多なるのみならず、認定の標準に於ても、貧富の外更に課丁の强弱を知り、これを其多寡に參照するの一層複雜なるものとなれるを見るなり。

義倉の賦課　大寶制令の後、慶雲三年二月拾六日の格を以て、義倉の稅を課するを中々以上の戸に限られたり。然れども東大寺文書に見ゆる義倉帳の斷簡に、天平二年、上々戸より下々戸に至る迄、粟を輸すこと見えたれば、慶雲の改制後舊に復せられしならん。東大寺文書には此他年月不詳安房國の義倉帳にも、中々戸以下、下々戸の輸粟を記せる者あり。政戸考にこれを引きて、二通共大寶制令を去ること遠からざれば、下々戸に至る迄、苟くも資力あるものは皆義倉に粟を輸さしめたりしを、慶雲二年三年の誤植なるべしに至り、中々戸以上となされしとあるは、年代の永遠前後升錯せり。延喜式には中々以上の戸に限れること下に說くが如し。

其後和銅六年二月十九日の格を以て、九等戸に於ける資財の率を定められ、百貫以上を上々戸となし、六十貫以上を上中に、四十貫以上を上下に、廿貫以上を中上に、十六貫以上を中々に、十二貫以上を中下に、八貫以上を下上に、四貫以上を下中に、二貫以上を下々戸になされ、靈龜元年五月十九日の格更に其率を下して、三十貫以上を上々に、廿五貫以上を上中に、廿貫以上を上下に、十五貫以上を中上に、十貫以上を中々に、六貫以上を中下に、三貫以上を下上に、二貫以上を下中に、一貫以上を下々になされ、尙ほ奴は一口を直六百文に、婢は一口を四百文に准ぜしめられたり。

是に於て九等の品第は專ら貲財の多寡に因り、復丁身の强弱多少を問はざることゝなれり。前に引ける田令の令釋が、桑漆の課殖に於ける三等戸の、課丁の多少を級となすをいふと共に、義倉に於ける九等戸の貧富を品となすをいへるは、全く此改制を承けたるに外ならず。然るを政戸考に此沿革を無視して、九等の定め貧富の一項に止まるとあるは、余の同意せざるところなり。賦役令に據れば、一位以下皆九等戸に作りて義倉に粟を輸さしむるが如し。然るにこれ唯義倉の爲め特に賦課するところにして、八位以上は其身の不課たるは勿論、父祖兄弟子孫の位蔭に因つて課役を免るゝものさへあり、これを通戸に混じて等級を定めんは容易の事にあらず。延喜主計式を檢するに、上々戸以下中々戸以上の輸穀數は令制の如くにして、別に一位に五石、二位に四石、三位に三石、四位に二石、（上々戸と同數なり、）内五位に一石、（中上戸と同數なり、）外五位に五斗（中々戸より少きこと三斗）の數を擧げたり。貲財の多寡を以て唯一の標準とせる時に於てすら、猶ほ位階に從つて多少あり。課丁の强弱多少を問ふの時にありては、益〻此特別法なかるべからず。而して令文これを具載せざるは、蓋し別式の規定に待つものならん。

令文戸口の意義　凡そ成丁は皆課役に應ずるの義務あるを以て、其增減は國家の經濟と密接の關係を有し、民政に、兵政に、一としてこれより打算せざるはあらず。されば國家は百方奬勵法を設けて其增益を圖り、五人以上の正丁を有する父は其課役を免じ、又課丁の增減を以て國郡司の考第を昇降する要件としたり。是を以て當時の法令往々丁口を呼ぶに、單に戸口を以てすることあり、釋義の書亦これに倣へるもの多し。考課令に、戸口の增益に因つて國郡司の考を進むる文あり。註して「增レ戸謂レ加二課丁一」といひ、延喜主計式、亦「凡諸國所レ申戸口增益、不レ得下以二不課一爲上レ功」といへり。田令桑漆課殖の條の義解に、戸の上中下は、口の多少を計へて、臨時に量定すといへるも、家口の中、丁男の獨り賦課に應ずるを知るものは、其課丁を意味せるを疑はざるべし。令釋には明かに丁と書せること前に引けるが如し。若し夫の賦役令の九等戸に於ける戸口の文は、課丁雇役の條下に見ゆるを以てするも、其課口の義たるは辨を竢たず。而して其條下に註せる義解、其他の諸註釋書に口といひ丁といふもの、亦其意を玩索すれば、一として同一義に出でざるはあらず。これを格文に求むるも、天平十九年六月一日の格に、「鄕內戸口緣レ有二多少一、所レ輸雜物數不レ等、官議二其平章一、損多益少、每二一戸一以二正丁五六丁、中男一人一爲レ率、則國鄕別課口二百八十、中男五十、擬爲二定數一、其田租者、每二一戸一以二三十束一爲レ限、不レ令二加減一、自今以後、永爲二恒例一」とあるが如き、其例一にして足らざるなり。然るを政戸考の戸口を說くに、悉く廣義の人口を以てし、前後の文理、同稱の義明かなるものに向つてすら、例せば賦役令九等戸の條下に於ける義解の文の如き、强ひて丁口と別異せしめ、辨難を加へらるゝは、以上の事實に對して遺憾なき能はざるなり。

課口の多寡 丁口には全輸あり、半輸あり、見輸あり、又見不輸あり。而して調に於て、次丁二人、中男四人は竝びに正丁一人に准ぜられ、賦役令集解に引ける古記に據れば、次丁、中男は調の副物をも輸せしめられしことあり、其率も亦正調の如くなりしならん、庸に於て次丁二人は亦一正丁に同じ。中男は收庸の例にあらざるも、雜徭に至つてはこれを免るゝこと能はず。次丁は亦正丁の半を減じ、中男は次丁の半を減ず。課丁增益の考課に於けるも、次丁二口、中男四口を以て各一丁の例に同じからしめたり。然れば戸の品第を定むるに當り、課口の多寡を計ふるには、亦必ず此率に因りしならん。これを美濃國大寶二年籍の三等戸に考ふるに、多少の疑を存すべきものなしとせざるも、兩博士の一致せられし寫手の誤書なりや否やは姑くこれを措き、大體に於ては能く此率に合するを認むるなり。

然れども丁口の多寡は必ずしも貧富に伴はず。而して令制、授田には貧しきを先きにし、差科には富めるを先きにす。且つ正税の如きも、貧富を量つてこれを出擧すれば、貧富の等級亦戸に於て缺くべからず。彼九等戸は貧富の外、課丁の强弱を知り、これを其人數に參照して作るといふも、丁口取用の法にして、若し擅興律の兵士に於けるが如しとせば、先づ重きを貧富に置くものなること明かなり。支那にありても、金の制、差科に遇ふときは、必ず版籍を按じて先づ富者に及ぼし、勢均しければ丁の多寡を以て甲乙を定めしものあり。又彼中々以上の戸に養牛を課するに就き、古記の記するところに據れば、三丁以上の戸、家富み養ふに堪へたるを以てこれに充つるとはいへ、若し家貧なれば、多丁と雖ども充てずといへり。亦以て丁口の多寡が貧富に如かざるを證すべし。これを要するに、富者は課丁の强弱と多寡とに拘らずして、課役に應ずるの餘裕あり。例せば正丁次丁は竝びに歳役あるも、富めるものは庸布を納め、或は當國郡人を雇ひ、或は又家人を遣りて代役せしめ、自ら役に赴くを免るゝが如し。所謂「富者税二其錢一、貧者役二其力一」なるものこれなり。然るに貧富の外、各人の體格を點檢し、更にこれを其人數と對照して、始めて品第を定むるが如きは、其必要の比較的に少きにも拘らず、頗る精密なる調査を要し、認定の業容易にあらず。これ其遂に第一の要件たる資産を以て宗となすに至れる所以ならんか。但し計帳には、課口の數は勿論、其體格に就ても多少の記するところあり、又京戸郷戸の課丁帳等あれば、丁身を本とせざることゝなりてより後も、當局者は其必要に應じ、課丁の强弱多寡を知りて、隨時處分するを得たりしなるべし。

唐の税戸の制　支那にありても、古來人の貧富に因り、三等若しくは九等の戸を立て、これに據つて輸租差役をなしゝことあり。唐の如きは、武德六年三月、天下の戸をして其資産を量り、三等を立てしめたりしが、九年三月に至り、未だ升降を盡くさずとて、更に九等となし税を收む、これを税戸といふ。其稱は上々戸より下々戸に至る迄、我れと異なることなし。但當初二年毎に一たび戸を定めしを、後三年毎に縣司注定し、州司これを覆して、籍に注し省に申することゝなせり。又計帳は毎年一たびこれを造り、戸籍は三年に一たびこれを造る、戸を定むるは中年（子卯午酉）に於てし、籍を造るは季年（丑辰未戌）に於てしたり。（唐書、杜氏通典、唐六典。）

三等九等戸を載する簿帳及び戸籍　我國にありては、三等戸に關する特別なる簿帳の規定なし。然れども延喜式に桑漆帳あり、諸國其朝集使に附してこれを省に申す。而して桑漆の數は、三等の品等に因つて異なれば、桑漆帳の中、亦必ず課殖に應ずべき戸數及び其增減等を記入せしなるべし。故に延喜主計式には、「凡桑漆帳率二戸數一有レ闕者、其帳令二殖塡一」といへるなり。九等戸に至つては、等第を作りて簿を定むること令に見え、又天平六年出雲國計會帳にも、鄕戸課丁帳、括出帳等と共に、九等戸帳一卷を大帳使に附して進上せしことと見えたり。（東大寺文書。）而してこれを戸籍に登錄するは、啻に其法制なきのみならず、豐前國大寶貳年の戸籍以下、傳へて今日に存するもの、皆これを載せずして、獨り美濃國大寶貳年籍にこれあるは異例と謂はざるを得ず。且つ此戸籍の三等戸を稱するに、上政戸、中政戸、下政戸を以てしたるが如きも、亦絕えて類例を見ざるところにして、自餘の體裁頗る他の戸籍と似ざるは、必ず其故なかるべからず。余を以てすれば、此戸籍は國司が唐制に摸擬して作爲せるものなるに似たり。字書に據るに、「政音征、賦也、通作レ征」といひ、又周禮「地官均人掌レ均二地政一」とある註にも、「政讀爲レ征、地政謂二地守地職之稅一也」といへり。然ればは政戶は卽ち稅戶の謂にして、戶の等級を戶籍に註するも、亦唐制に擬するなるべし。これ我法令の載せざるところと雖ども、敢て甚だしき失體にあらざるを以て、當時制度文物競つて唐國に摸倣するの際にして、此事ありしも獨り怪しむに足らざらんか。兩博士共初め此點に就て多少類似の疑念を抱かれたるに似たるも、深く推究せられずして、栗田博士はいと物遠しといひ、星野博士は證左なしといひて、竝びにこれを打消されたり。然るに政戶考の見解は全くこれに反し、政字に就ては、東大寺奴婢籍帳に、「治部省牒二大倭國金光明寺一、寺奴伊麻呂、年卌八、元島宮奴、右被二太政官去二月廿六日符一偁、大納言從二位藤原朝臣仲麻呂同日宣偁、奉レ勅、件伊麻呂免レ奴從レ良、郡便令レ爲二五十戶政一者、省宜二承知一、今錄二事狀一、故牒、天平勝寶二年三月三日」とあるもの、及び戶令集解の朱記に「凡戶內欲下析二出口一爲上レ戶者、非二成中男一、及寡妻妾者、竝不レ合レ析」との令文を解し、「不レ堪レ政故」といへるを引き、多田義俊及び本居宣長の說に據りて、「本邦のマツリコトなる語は、奉仕事《マツリゴト》の義にして、臣民の君命を奉はりて、各其職務を奉仕るを謂ふ」と說き、次に「政戶なる名稱は本邦固有の詞にして、讀てマツリコトべと爲し、奉上の務に服する民戶を謂へるならん」といはれたり。マツリゴトなる古語が奉仕の意義を有したるは事實なるも、これを以て直に、政戶なる文字の政の字義も、亦同一なりと斷ずべからざると共に、猶ほ幾多の證左を提供するにあらずんば、政戶考に所謂マツリゴトべなる語も、當時の通用語なりと謂ふを得ざるべし。且つ政戶考には、天平六年出雲國計會帳に九等戶帳あるを見て、「九等戶は後には別に帳簿を作りて上申せしに似たり」といはれしも、九等戶の別簿を作るは、令の規定に從へるものにして、戶籍に登錄する事こそ、法令にも將た他の戶籍にも見えざる一異例にはあるなれ。一國の戶籍に偶〻其名稱を見るとて、政戸は「本邦古來固有の常語」なりといはるゝは、大早計にあらざるなきか。否、少くとも「政戸の稱は上國にありと雖、東國西國には其稱なかりし歟」といはれしに對して、「自家撞着」にあらざるなきか。されば余は此有力なる一說を聞くも、未だ前の假定說を棄つること能はざるなり。

下々戸の資產　且つ政戸考に、下々戸を以て公民中の最も多數なる寒族となし、「樂歲には官稻を貸り、凶年には義倉の賑給を仰ぎ、僅に餓死を免るゝを得るのみ」とあるも、甚だ妥當ならざるを覺ゆ。九等戸は固と相應の資產あるものゝ間に等第を定むるものにして、其選に入りしものは、先づ差科に應ぜしめ、義倉の稅を課し又養牛を强ひらる。これに反して等外の貧戸に至つては、彼牛を養ふの代りに雜徭に使はるゝが如き場合を除き、比較的にこれをいへば賦役共に輕かりしなり。されば東大寺文書に收むる天平二年國郡不詳の義倉帳にも、輸粟の例にあらざる貧戸九百廿烟に對し、九等戸の數僅に九十九にして、其中下々戸は四十五あり、又安房國年月不詳の義倉帳にも前者の三百二十七戸に對し、後者は八十八にして、其中下々戸は六十九あり。以て窮貧の戸は九等の品第に入らざるもの、其大多數を占むるを見るべし。且つ稅稻の出擧は貧戸に限るを以て、相應の資財あるものは、これを貸る能はざりしこと辨を竢たず。されば下々戸は九等中に於て最も資力に乏しく、且つ戸數の多きを免れざるを以て、慶雲中義倉の粟を輸するを中々戸以上に止め、其負擔を輕くせしことありしも、後舊に復せしこと前文に見ゆるが如く、これを等外の貧戸に比すれば、猶ほ幾分の資產を有するのみならず、戸數も亦甚だ少かりしなり。然るに政戸考のこれを斥して、一般公民中最も多數に、且つ最も劣等なるものと看做されしは、或は疑ふ、九等の品第、悉く編戸の民を網羅せりとせられしにあらざるかを。

其他余の政戸考と所見を異にするもの、二三に止まらずと雖ども、事瑣砕に渉るを以て敢て絮説せず。其考案にして全く卑見と合するものは、唯三等戸の課丁の多寡に因るといふの一事を餘すのみ。これ古註釋書の共に明記するところにして、戸籍に就ては、栗田博士の首として指摘せられたるものに外ならざるなり。

五保の制　五戸を保といひ、保長一人を置き、同保の中相檢察して非違を造すことなからしむ。例へば遠客ありて止宿し、若しくは保内の人他行するときの如き、皆これを同保に告げ知らしむることゝす。

五の數を以て一組とすることは、遠く神代に始れり。日本書紀神代卷に、天照大神五部神を瓊々杵尊に賜ひて配侍せしめられ、(古事記に五伴緒といふ、)舊事記天神本紀にも、「五部造爲二伴領一、率二天物部一、天降供奉云々、天物部等二十五人、同帶二兵仗一、天降供奉」とあり。出雲風土記島根郡朝酌郷の條に、「熊野大神命詔、朝《アサ》御饌勘養《ミケノカムカヒ》、夕《ユフ》御饌勘養《ミケノカムカヒ》、五贄組《イツニヘノクミノ》之處定給《トメヘリ》、故言二朝酌《ト》一」といへる五贄組も、五組の神代にありしを證すべし。支那にもこれに類することあり、周禮天官、「設二其參一而傳二其伍一、注參謂二卿三人一、伍謂二大夫伍一」又左傳襄王三十年、「子産使二盧井有一レ伍、輿人誦レ之曰、取二我田疇一而伍レ之」とあり。

戸若し逃走せば、五保をして搜索せしめ、未だ還らざる間は、五保及び同里に居住せる三等以上の親をして、逃走者の地を均分佃食せしむ、但し租調は代つて納むるものとす。三年の間、求むるも獲ざるときは、逃走者を調より除き、其地は公に還すなり。(戸令。)

移居轉籍の事情　五十戸を里となし、里長一人を置きて戸口を檢校し、農桑を課殖し、非違を禁察し、賦役を催駈することを掌らしむ。京は坊毎に長一人を置き、四坊に同一人を置く。掌るところは略〻里長に同じ。戸令。里の上に郡あり、國あり、京には京職あり、以て民政を支配せり。此くの如くにして戸口を檢校し、人民をして各其土に安んじて、苟くも移ることなからしめんとするは、蓋し令の精神なり。然れども又事情の許すべきものに至りては、必ずしも其移居轉籍を禁ぜざりしなり。而して其事情は固とより種々あるべきも、今令及び歴代の國史に見ゆるところにありて其較著なるものを擧ぐれば左の如し。

(第一)狹き郷より寛なる郷に移らんとするもの　令制、男女各年六歳に達すれば口分田を賜ふ、男は二段、女は其三分の一を減ず。郷土に受くべき田悉く足れるは、これを寛郷といひ、足らざるは狹郷といふ。而して狹郷の田の足らざるところは、國内の寛郷にて受くる事を許せり。以上田令、○國内は田令義解。若し戸あり、從來狹郷に居れるもの、寛郷に遷らんことを願はゞ又これを許し、國境を出でずば、本郡に申牒して當國處分し、若し國境を出づれば、官に申して報を待ち、閑月に國郡其手續を行ひ、なし訖らば各官に申さしむ。蓋し前者は遷るといふも、均しく國内なるを以て、左迄手數を要せざるも、後者は管轄外の他國なれば、斯く鄭重に處分するものと見えたり。戸令。

(第二)關國に移らんとするもの　太宰府の部内及び三越、陸奥、石城、石背等の國は、國防上の必要より、成るべく多くの人をして居住せしめざるべからず。故に法令を設けて、人民の異動を制限せる中にも、關國は却て其移住を奬勵し、彼兩貫あるもの丶如きは、本國に從ひて定むる事なれど、これらの諸國は見住に從ひて定めしめ、戸令、又浮逃して絶貫したるもの、及び家人奴婢の放たれて良となり、若しくは良を訴へて免るゝを得たらんもの、本屬に還らんことを欲せば許すも、若し關國にあらば、所在に於て貫に附けしむるの制なりき。戸令義解。されば關國に居りて籍を移さんと請ふものはこれを許せり。續日本紀、聖武天皇神龜元年二月乙卯、「陸奥國鎭守軍卒等願下除二己本籍一、便貫二比部卒一、父母妻子共同中生業上、許レ之、」又同書、淳仁天皇天平寶字四年十月癸酉、「陸奥柵戸百姓等言、遠離二郷關一、傍無二親情一、吉凶不二相問一、緩急不二相救一、伏乞、本居父母兄弟妻子同貫二柵戸一、庶蒙二安堵一、許レ之」などいふこと見ゆ。

（第三）外官の任地に赴かんもの、父祖伯叔の類、及び其他の親屬は勿論、子弟の年二十一以上なるを隨ふことをも許さず。公式令、雜令、〇父祖伯叔は公式令義解に據る。これ蓋し其族類の任所に繁衍して、威福を恣にし、これが爲め百弊從つて生ぜんことを恐れたればならん。然るに外官往々其任所に於て婚をなし子を儲け、子孫の繁多を來すに至ることあり。三代實錄光孝天皇仁和元年九月二十一日、大和國添上郡百姓從七位上相模宿禰阿古麻呂以下三戸男女三十一人を河内國澁川郡に移隷することを載す。これ阿古麻呂等、其父正六位上相模宿禰仁麻呂は、本と大和國添上郡八島郷の人なるが、去る弘仁五年河内の大目に任じ、秩を罷むるの後、澁川郡邑智郷に居住し、連婚孳乳、子孫繁多なるを以て、本國の籍を除きて當土に貫附せんと乞へるを、詔して許されたるなり。此くの如きもの必ず當時に多かりしならん。

（第四）又功によりて特に居を改むるを許さるゝものあり。三代實錄、淸和天皇貞觀八年十一月四日、「勅、大炊大屬正六位上民伊美吉能津、救二應天門火一、頗立レ功遠、今請レ改レ居、誠合二優許一、仍改二本居山城國紀伊郡一、貫附右京三條二」と見ゆるが如きこれなり。

賦役令に「凡人在㆓狹鄕㆒樂㆑遷㆓就寬㆒、去㆓本居㆒路程十日以上復三年、五日以上復二年、二日以上復一年、一遷之後不㆑得㆓更移㆒」とあり。これ狹鄕より寬鄕に移るものに就ていふものなれど、他の許可を得て移居するものにも、亦これを適用して可なるにあらずや。なほ考ふべし。

浮宕增加課口減少の大勢　人民の移住轉籍を嚴にすること此くの如く、籍を京畿に移すものは、これを歷代の國史に載せたり。然るに百姓課役を遁れんが爲め、或は地方の民にして詐りて京畿に附き、或は京戶の百姓にして地方に浮宕すること絕えず。夫れ京畿は課丁の調諸國の半にして、庸は全くこれを免る。これ諸國の民の京戶に入らんと望む所以なり。唯京戶も全く賦課を免るゝにあらず。故に他國に浮宕して、これを避けんとするものあるなり。是に於て屢〻符を下してこれを制し、殊に氏長者及び戶主を戒飭せられたり。卽ち文德天皇齊衡二年三月十三日太政官符にありては、「右大臣(藤原良房)宣、奉㆑勅、宜㆘依㆓延曆十九年十一月廿六日格㆒嚴加㆗禁止㆖、有司許容不㆑糺、依㆑法科責、但隱首色不㆑獲㆑已有㆑可㆑附者、氏中長者覆㆑實加㆑署、申㆓所司㆒申㆑官、待㆑報而後附㆑帳」といひ、(類聚三代格、)宇多天皇寬平三年九月十一日の官符には、先づ以上の官符の文を載せて、「年來外國百姓、或賄㆓小吏㆒而貫㆓京畿㆒、或賂㆓戶頭㆒而冐㆓氏姓㆒、卽是格制雖㆑存㆓於前㆒、有司尙緩㆓於後㆒之所㆑致也、左大臣(源融)宣、奉㆑勅、宜㆔重下㆑符勤加㆓檢錄㆒、若戶主隱而爲㆑人所㆑告、有司忍而不㆑勤㆓督察㆒、依㆑法科處、不㆓曾寬宥㆒」といへるが如きこれなり。(全文は前に引けり。)且つ考課令に據るに、「凡國郡司撫育有㆑方、戶口增益者、各准㆓見戶㆒、爲㆓十分㆒論、加㆓一分㆒、國郡司(謂㆓掾及少領以上㆒)各進㆓考一等㆒、每㆑加㆓一分㆒進㆓一等㆒(增㆑戶謂㆑增㆓課丁㆒、率㆓一丁㆒同㆓一戶法㆒、每㆓次丁二口、中男四口、不課口六口㆒、各同㆓一丁例㆒、其有㆓破除㆒者、得㆓相折㆒之)、若撫養乖レ方、戸口減損者、各准二増戸法一、亦減二一分一降二一等一、毎レ減二一分一降二一等一（課及不課並准二上文一）」とありて、所部の内若し課丁を増すときは國郡司の考を進め、これに反して減ずるときはこれを降すの法あり。而して又同令に、「凡國郡以二戸口増益一應レ進レ考者、若是招慰（謂下不レ從二戸貫一而招慰得者上）、括出、隱首、走還者、得レ入二功限一、折生者不レ合、若戸口入レ逆、走失、犯レ罪配二流以上一、前帳虚注、及沒レ賊以致二減損一者、依二降レ考例一（沒レ賊非二人力所下制者非）」とありて、國郡司の課丁の増益を計りて、功をなすべき餘地を存し、なほ同令に「凡官人因下加二戸口一及勸中課田農上、并縁二餘功一進レ考者、於レ後事若不實、縱經二恩降一、其考皆從二追改一」とありて、彼等自《ミ》らの姦濫をなして、上を欺かんとするの弊を防げり。然るに後此事行はれず、國司等不課の男女を以て簿帳に編附し、功を貪らんとしたりしかば、清和天皇貞觀六年正月廿五日、五畿七道諸國に頒下して、不課口を以て戸口増益の功を計る事を禁ぜられたることありき。

是日頒二下五畿七道諸國一、不レ聽下以二不課口一計中戸口増益之功上、先レ是主計寮言、檢二案内一、諸國之功、唯據二令條一、以二不課六人一准二正丁一人一、承二前之例一行來尚矣、今疫死百姓無二國不一レ申、因レ玆課丁減除、貢賦數少、而國司等偏執二戸口増益一、以二不課男女一編二附簿帳一、或國一萬餘人、或國五千人、空有二増益之名一、曾無二一物之貢一、檢二之政途一、甚乖二公平一、請自今以後、以二不課人一不レ入二功口一、太政官處分、依レ請焉、（以上三代實錄、）

戸主嫡子及び尊卑長幼の別　同一氏族の上に氏上を要するが如く、一家の上には一日も戸主なかるべからず。戸主は一に戸頭といふ。（成形圖説に、延喜式の戸頭は五戸の頭なりといへるは、杜撰にして採るに足らず。）

戸令、凡造二計帳一、毎年六月卅日以前、京國官司責二所部手實一、（謂手實者戸頭所レ造之帳、其戸籍亦責二手實一也、）

類聚三代格寛平三年九月十一日官符、或賄二戸頭一而冒二氏姓一、

戸令に「凡戸主皆以二家長一爲レ之」とあり、家長とは一家の相續人をいふ。抑〻家督の相續は嫡子相續を原則とするも、時ありては嫡孫を以て相續人とすることあり、庶子を以てすることあり、又養子を以てすることあり。長幼の序に於ても、通例長子を先きにするも、時ありては、又弟を以て却て兄に先んぜしむることなしとせず。然るにこれらのもの、既に定められて相續人となりたらんには、父若しくは祖父、若しくは養親の死去せる場合に、均しく其後を承けて戸主となることを得べし。戸令家長の義解に「謂嫡子也、凡繼嗣之道、正嫡相承、雖レ有二伯叔一、是爲二傍親一、故以二嫡子一爲二戸主一也」とあり。此に所謂嫡子は即ち相續人の謂にして、庶子に對稱する嫡子の意にはあらず。凡そ法律の術語は、往々普通の用語と意義の廣狹等を異にするものあり。例せば一家といふは、通例戸籍を同じくするものに限れるも、法律には此他なほ二等親、外祖父母(四等親に屬す)の、籍を別にせるものをも認めて一家となす。

賊盜律、凡殺下一家非二死罪一三人上(同籍及二等親、外祖父母爲二一家一、卽殺雖二先後一、事應二同斷一、或應二合同斷一、而發有二先後一、皆是、奴婢家人非)、及支二解人一者(謂殺レ人而支解者)、皆斬、子徒三年、(同籍及二等親爲二一家一、謂不レ限二親疎一、二等親雖二別籍一亦是(前後略))

此くの如きもの二三に止まらず。されば嫡子の如きも、通常使用する庶子に對して稱する時の外、廣義にしては此に所謂相續人を汎稱し、狹義にしては特に嫡長子をいふ。卽ち一語能く三種の意義を有し、各特異の場合に使用せらるゝものなり。又法律上、親屬に尊卑長幼の別あり。尊屬とは伯叔祖父母、伯叔父母の類

をいひ、卑屬とは兄弟の子孫をいひ、長屬とは兄、嫂、姉、內外兄姉及び姉夫をいひ、幼屬とは弟妹、表弟妹をいふ。以上家禮儀節に據る。我國の古律にいふところも、亦これと大差なきが如し。中古に於ける戸は、大に後世に異なり、一家の中には、戸主の弟妹妻妾子孫、若しくは甥姪等の如き卑幼に屬するものゝ外、嫡母、庶母、伯叔父姑等の如き尊長あり。これらは道德上、當然戸主の尊敬を拂ふべきものなりと雖ども、家族としては他の卑屬幼屬と同じく、戸主の監督扶養を受くべきは論を竢たず。就中伯叔の如きは、父の兄弟にして尊屬なるも、傍親たるを免れざれば、決して望を家督に繫ぐべからざるものとす。故に戸令家長の集解に引ける釋にも、「若父死、母子見存者、以レ男爲レ之、又有二伯叔兄數人一、猶以二嫡子一爲二戸主一也、與下名例共犯條以二伯叔兄一爲二尊長一、又同居卑幼條尊長上異也」といへり。唯令文家長とあるは、普通に長者をいふと混同し易きを以て、義解に相續の法を說き、伯叔に及べるものにして、法文の錯誤を避けんとするの用意に外ならざるべし。

雜令家長の意義　然れども此に一の注意すべきは、雜令に、「凡家長在、而子孫弟姪等不レ得下輙以二奴婢雜畜田宅及餘財物一、私自質擧及賣上、若不二相本問一、違而輙與及買者、依レ律科レ罪」とあるを、義解に其家長を釋きて、「謂祖父伯兄之屬、與二戸令嫡子爲二家長一、其義不レ同也」といへるものある事これなり。これに據れば、此に所謂家長は、卽ち一家の長者の義にして、戸令の戸主をいふものと異れるなり。翅に義解のみにあらず、戸令の集解に引ける一法家の如きも亦これに就て下の如くいへり、「穴云、家長謂嫡子也、無二嫡子一立二嫡孫一、以レ次立、皆依二繼嗣令一耳也、雜令家長在而子孫弟姪不レ得二私輙自專一、又律家人共犯、只坐二尊長等一者、各求二尊長一、但於二此條一、不レ要二尊長等一者、○刊本集解に「以下各求（中略）不要尊長」の十二字あれど、前文と重複し、衍文なること明かなるものなれば、今はこれを刪れり、彼此相異」と。これ亦戸令に所謂家長と、雜令にいふところと、其義を異にすといふものにあらずや。彼嫡子の如き、均しく令文の中に於て、三樣の異義を有するものある時は、此事亦必無を保すべからず。然れども若し令文を精讀し、且つこれを律文に參照すれば、義解及び集解に引ける說の、共に謬れるを發見するに難からざるなり。義解の說に據れば、雜令に所謂家長は祖父伯兄卽ち尊長なり。若し尊屬卑屬等の語にして、未だ當時に使用せられざりしならんには則ち止まん、尊長といひ卑幼といふ、共に法文に於て比々其跡を絕たざるを觀れば、此法律語を捨てゝ、却て錯誤に陷り易き家長の字を用ゐたるを怪しまざることを得ざるなり。更に賊盜律を檢するに、其中左の一條あり、

凡同居卑幼、將レ人盜二己家財物一者、以三私輙用二財物一論、加二二等、(謂共居子孫弟姪之類、將二外人一共盜二己家財物一者、案二戸婚律一同居卑幼私輙用レ財者、五端笞十、五端加二等、止二杖罪一百一、)

此註疏に引ける戸婚律の文(雜令の義解に「依律云々」とて引けるものこれなり)と、賊盜律とを對比せば、子孫の自《ミ》ら盜み、若しくは他人を以て盜ましむるは、卽ち己が一家の財物にして、特に祖父伯兄の謂にあらざること明かなり。而して一家の財物は、其奴婢雜畜たると、田宅及び其他の財物たるとに論なく、これを管理するものは、戸主卽ち家長を措きて他にあるべからず。彼子孫弟姪等一家に同居せるものは、其家の資財に係れるは勿論、縱ひ自身所有の財產と雖ども、皆戸主の所有し若しくは管理するを認むべきに、却て自《ミ》ら專らにし、戸主の承諾を得ずしてこれを使用するに至りては、其行爲犯罪を構成するに足るものあり、況んや故らに他人を以てこれを盜ましむるに於てをや。これ戸婚律及び賊盜律に於て、これが制裁を規定せる所以なり。雜令に「依レ律科レ罪」

といへるは、畢竟戸婚律の規定を指せるに外ならざれば、彼是照應して益〻令の精神を發揮し、其一家に同居する子孫弟姪等が、戸主の所有管理する一家の財産、詳しく言へば奴婢雜畜田宅及び餘の財物を質入貸與、若しくは賣渡せんとするに當り、必ず先づ戸主の承諾を得ざるべからずといふにある事疑ふべからず。此くの如くなれば、雜令に所謂家長も、戸令と同じく戸主の義にして、尊長の謂にあらざるを知るべく、從つて法文二者の間に、何等の錯誤をも生ぜざるべきなり。

分家の制　戸主の相續人を以てすべきは、上來記述せるが如し。然るに戸主には、一家を相續するものと、之を創立するものとあり。今中古の律令に就きて、家族の出でゝ一家を立つるものゝ規定を求むれば、戸令に「凡戸内欲㆘析㆓出口㆒爲㆖戸者、非㆓成中男㆒及寡妻妾者、並不㆑合㆑析、應㆑分者不㆑用㆓此令㆒」との一條あり。中男は十七歳以上二十歳以下のものなれば、所謂「非㆓成中男㆒」とは、十六歳以下の男子をいふ。寡妻妾とは讀んで字の如し。即ち十七歳未滿の男子及び寡婦妻と妾とを問はずは、其分家をなすに堪へたるものゝ外、別戸を許すべからずといふにあるなり。これ一は幼弱なると、一は婦人なるとによりて、共に家政を執るに堪へずとせしが爲めのみ。戸令凡戸内欲㆘析㆓出戸㆒爲㆖戸者云々條集解に、「朱云、謂不㆑堪㆑政故」といへる政は、即ち家政の謂なり。十七歳以上の男子は、これを中男といひて、課役をも負擔すれば、別戸となすも、其資格に缺くるところなかりき。唯十六歳以下に至りては、幼弱にして家政に堪ふべからず。又婦女子は、當時の法令に於て獨斷自專を許されざるものなれば、寡妻妾なりとて、これに別戸をなすを許すべきにあらず。これ其共に通常の場合に於て、分家を許されざりし所以なり。然れども又特別の場合なしとせざれば、令には「應㆑分者不㆑用㆓此令㆒」といひ、これを許すべき餘地を與へたりしな

り。但令文「應レ分者」といへるに就きて、義解には、

謂縱非二成中男一、及寡妻妾、然猶堪レ爲二戸主一者、亦合レ聽レ分也、

といひ、又集解にも、

釋云、有レ堪レ爲二戸主一者、縱非二成中男一及寡妻妾、而聽レ之耳、穴云、應レ分者不レ用二此令一、謂下少子寡妻堪レ爲二戸主一應レ分者上、古令見耳、

などいひて單に戸主たるに堪ふるものとの解釋を下せるより、往々錯誤を生ずるに至るを免れず。試みに寡婦に就きてこれをいはゞ、集解に「朱云、○中略但律有二女戸一者、戸内男皆死亡、無レ男時、自成二女戸一耳未明」とありて、女子朱は寡婦とは汎く婦女をさすとするが如し。此事次に述ぶべしの戸主たるを得べき場合を示せり。これ律にありといへる女戸の解釋とせば或は當らんも、令に寡婦の分家といへるものとは自《オ》ら別なり。何とならば、令に於ては、家族の出でゝ一家を創立すべき場合を規定せしものなればなり。又集解に「唐令云、上條以二子孫一繼レ絶者、謂レ爲二養子一也、分財條見二本令一耳」とあり。上文「以二子孫一」云々の事なく、前後接續せざるを以て、本文は他の攙入ならん事を疑ふも、前に少子の戸主たるべきことをいへば、或は其一例を擧げたるにあらざるか、換言すれば、少子といへども、養子となりて他家の廢絶せるを興すときは、戸主たるを得べしといふの意にあらざるか、果たして然らんには、これ亦當らず。説上に同じ。

祖父母父母存命中の分家　抑々令にいふところは、家族中の或るものをして別に一戸を立てしむるをいひ、一家を相續するをいふにあらず。然るに祖父母父母の存命中は、子孫たるもの戸籍を異にし財産を異に

するを得ず。祖父母父母にありても、戸籍を異にせしむるを得ざるは、戸婚律に「祖父母父母在、而子孫別㆑籍異㆑財者徒二年、若祖父母父母令㆑別㆑籍、及以㆓子孫㆒妄繼㆓人後㆒者、徒□（一カ）年」戸令義解及び法曹至要抄に據るとあるを以て知るべし。但法文中唯祖父母父母の子孫に異財を許す事に向つては、何等の制裁なきを以て、法曹至要抄にも「但云㆓別籍㆒、不㆑云㆑令㆓異財㆒者、明㆓其無㆒㆑罪也」といへるなり。然れば家族の出でゝ別戸をなすものありとも、祖父母父母の存命中にありては、唯其財産を異にしたるのみにて、戸籍はこれを本家と共にせざるを得ざりしなり。之を當時の戸籍の現存するものに徴するに、首に戸主及び其家族を擧げて、次に唯戸某と掲げ、以下其家族を列擧すること、猶ほ前者の如くせるもの往々これあり。其戸といへるものゝ身分を考ふるに、概ね戸主の兄弟、男、從父兄弟、外從父兄弟、從父兄弟の兄弟、甥及び伯叔父等なるが如し。これらはいづれも其家長なるべけれど、唯戸誰某とのみいひて、戸主といはざるは、必ず何等かの理由あるに依るならん。思ふに、彼戸令の規定に依りて、戸内別に一家をなし、家族と資財とを異にするも、尚ほ本家と戸籍を同じうし、其戸主を戴くもの、亦此中にありしならんか。然るに此制限は唯祖父母父母の存命中に於て免るべからざりしところなるも、彼等にして死すれば、子孫が籍を異にするの一事も、しかく絶對的になし得べからざりしにあらずして、服忌終れば、兄弟の戸を別つを妨げざりしなり。戸婚律。

女子の戸主たる場合　集解の一説の如きは、寡妻妾を以て婦女と同一視し、「朱云、寡妻妾、未㆑知、女者何若《イカン》、古記云、非㆓成少丁㆒、謂少丁以上合㆑析也、寡婦謂㆓婦女㆒耳、不㆔必待㆓五十以上㆒也」といへり。其五十以上を待たざるは固より然らんも、寡婦を以て汎く婦女の謂なりとするに至りては、妾も亦甚だしと謂はざるべからず。若し其説の如く、全く寡妻妾たると然らざるとを問はずとせんには、令文亦婦女といはずして、特に寡妻妾といふべき理なかるべし。況んや當時の法令は、明かにこれが反證を示すものあるに於てをや。夫れ婦女の未だ嫁せざるや其父に從ふべく、既に嫁すれば其夫に從ふべく、夫死すれば其子に從ふべきは、實に當時に於ける倫理の原則にして、又法律の原則たりしなり。是故に婦女は既に嫁すると未だ嫁せざるとを問はず、固く獨斷自專を禁ぜられ、夫の死去せる場合の如きは、嫡子と同じく尤も多く其遺産の分配に與かれるも、法律上、母子異財を許さゞれば、其財産は尙ほ嫡子其相續人たる場合に於てと共にし、常に其管理を受くるを甘んぜざるべからず。此くの如きもの豈に容易に別戸をなすを許されんや。唯特別の場合として見るべきは、集解の一説にいへる、律の女戸なるものなるも、これ戸内の男子皆死亡して、女子のみ存せしとき、女子を以て一戸をなすをいふものにして、令に見ゆる別戸にあらず。之を戸令の文に視るも、男子は中男以上固とより別戸の資格あるを以て「非二成中男一」といひ、婦女は通例全く此資格を缺けるが故に、特に寡妻妾といへるなり。

然らば則ち中男たらざるもの及び寡妻妾の、戸主たるに堪ふると否とは、何を以て之を定めしや、律令共に其明制を見ずといへども、令集解に「朱云、應レ分者不レ用二此令一、未レ知何色、答、雖下非二成中男一及寡妻妾上、爲二戸主一堪、檢二調戸口一、聽レ成二別戸一耳者、未レ明、〇未明の二字他の例によれば註にすべきか、古記云、注堪レ爲二別戸一、謂臨時准量耳」とあれば、初めより一定の標準ありしにあらずして、場合に臨み事情に應じて、これを處分せんとせしならん。

女子の養子　貞永式目第二十三條に、女子の養子をなすは、法意の許さゞる所なるも、源賴朝の時より、實子なき女子の所領を養子に讓與するは、一般の通法なるを以て之を許可すべしとあり。所謂法意とは、卽ち令の規定を指せるものにて、當時法家の輩、法令に其明文なきに據り、女子の養子を許可すべからざるものとせしなり。然れども縱ひ異例なりしにもせよ、女子は自ら戶主となりて財產を所有する事、男子の如くなるを許されたれば、其實子なき場合に、養子をしてこれを相續せしむるも、固とより妨なきところなり。況んや此事たる、賴朝以前といへども、盛んに行はれ居りしに於てをや。故に法家の說は到底迂遠の譏を免れざるに反して、貞永式目の法を設けて之を自由にせしは、尤も時宜を得たりしものと謂ふべきなり。

他人の養子となる者の別籍　祖父母父母の存生中は、子孫私に籍を別にし財を異にするを得ざるのみならず、祖父母父母と雖ども、子孫をして籍を別たしむべからざりしこと、前にこれを述べしが如し。然れども子孫をして他家の家督を相續せしむる場合は此限にあらず。戶令に子なきものに養子するを許し、「卽經《フレテ》二本屬一除《キ》附《ケヨ》」とあり。されば養子は本屬の戶籍を除きて、これを養家に入れざるべからず。父母死して一定の時期を過ぐれば籍を別にすると、固とより法律の許すところなるも、養子は或る條件の範圍內に於て、法律の既に認むるところなれば、父母にして苟くもこれに違反せざらん限は、其存生中に於て別籍するを妨げず。戶婚律に「若祖父母父母令ㇾ別ㇾ籍、及以二子孫一妄繼二人後一者、徒□年」とあるは、法令の定むるところに違反し、妄に子孫を以て他人の相續人とせるものに向って、制裁を加へんとするに過ぎず。而して此法文中「令二別籍一」と「妄繼二人後一」とを別揭するときは、兩者の間自《オ》ら別ありて、全く混同すべきにあらざることを知るべきなり。

戸主權と親權との消長　凡そ戸主は家口即ち家族の上に立ちて、一家を主宰するものなれば、其權力從つて强く、家口は常にこれに服從すべし。然るに時代を異にすると共に、其狀或は同じからざるものあり。何國を問はず、家族制の盛んなる時は、戸主權極めて强くして、後世所謂親權の如きものなかりき。此時代に於ける戸主權は、專ら戸口多くは父の爲めに設けられたるものにして、間接には家の爲め將た國の爲めになりたるも、決して子の爲めにせるものにあらず。家族制衰ふるに及び、戸主權も從つて弱く、戸主と雖ども、家族に對して絕對の權を有する能はざるに至り、次第に減削して、終には親權のみとなるべし。親權は親の利益の爲めにあらずして、專ら子を保護せんが爲めに設けたるなり。世の開化に進み、法律寬大なるに至らば、必ず此くの如くならざるべからざるなり。然れども此兩極端、卽ち戸主權のみありて親權なき時と、親權ありて戸主權なき時との間には、又親權も戸主權も竝び行はるゝ時代あるべし。我國に於ける古來戸主權及び親權の消長は、多少の例外なきにあらざれど、大體に於て尙ほ此理法の行はれたりしを見るべし。上古家長の權力强かりしは、旣に述べたるが如し。然らば中古に於ける戸主權は、果たして如何の狀をかなせる。

戸主權の一　戸主權の中尤も重きは、蓋し父祖の後を承け、自ら家口を率ゐて祭祀を掌るにあらん。繼嗣令に曰く、

凡定二五位以上嫡子一者、陳二牒治部一、驗レ實申レ官、其嫡子有二罪疾一（罪謂下荒二耽於酒一及餘罪戾、將來不レ任二器用一者上、疾謂二廢疾一）、不レ任レ承レ重者、申二牒所司一、驗レ實聽二更立一、

「承レ重」とは、義解に「謂繼レ父承レ祭、々事尤重、故云レ承レ重」とあり、又集解の釋にも、「繼レ父承レ祭者也、

祭事尤重」とある如く、（集解に引ける古記に云く、「承レ重謂説祖父之蔭承繼也」とありて、父祖の蔭を承くる事とする如くなるは信じ難き説なり、）祖先の祭を承くるの謂なり。相續人にして罪疾あらんには、戸主となりても、能く此任務を盡くし難きを以て、以上の規定あるなり。（この事はなほ後に至りいふべし。）勿論家族は皆祖先の祭事に與かることを得べしと雖ども、戸主は祖先の後を相續するものにして、且つ一家の主宰なれば、自《ミ》ら主としてこれを祭らざるべからず。而して此一事は又戸主の最も重きをなすところなり。

戸主權の二（身上權は看護權と懲戒權とより成る。）次に戸主は家口の身體を管理するの權あり。今日の法律語に身上權といふものこれなり。律に據るに、祖父母父母は子孫をして籍を別にせしむる事を許さず、若し子孫の爲すところに任せ、又は自《ミ》ら勸めて籍を別にせしめたらんには、徒一年に處せらる。故に自《ミ》ら其事を愼むべきは論なく、假令子孫にしてこれをなさんとするも、戸主權を用ゐて、これを差止めざるべからざるなり。其他子孫をして妄りに人の後を繼がしむることも亦同じ。然れども是れ祖父母父母に就ていふのみ、其他の戸主（たとへば戸口の兄弟の如き）に適用すべきに非ず。然らば更に一般の戸主に就ていはんに、令制、毎年六月三十日以前に計帳を造り、六年毎に戸籍を造る。而してこれ皆戸主が造れる手實（手帳といはんが如し）を基礎として編製するものなり。凡そ帳籍は新たに戸に附くもの、合すべきもの、分つべきもの、轉貫、移居、隱首、括出等、種々の事情に從つて手續を異にし、頗る煩雜を極むるものなり。戸主は能くこれらの手續に熟練し、手實を造るに當りては、自《ミ》ら責任を負ふのみならず、家口の法令に違反せる場合にも、法律の制裁を甘受せざるを得ざりしなり。戸婚律に曰く、

脱戸者、家長徒三年、脱口及増二減年状一、以免二課役一者、一口徒一年、二口加二一等一、罪止二徒三年一、漏二无課役口一者、六口為二一口一、罪止二徒一年半一、即不レ漏二六口一、杖六十、

寛平三年九月十一日の太政官符にも亦いへることあり。

年來外國百姓、或賄二小吏一而貫二京畿一、或賂二戸頭一而冒二氏姓一、即是格制（○格制とは此官符の前文に見えたる齊衡二年三月十三日の格をいふ）雖レ存二於前一、有司尚緩二於後一之所レ致也、左大臣（○源融）宣、奉レ勅、宜三重下レ符勤加二檢錄一、若戸主隱而爲レ人所レ告、有司忍而不レ勤二督察一、依レ法科處、不二曾寛宥一、（○全文前に引けり、）

これ皆戸主の責任を明かにするものにあらずや。責任の存するところは、則ち權利の伏するところなり。戸主なるもの、これに依りて家口の身體を羈束し、敢て自ら專らにするを得ざらしむべし。又法令には明制なきも、家口の敎命を用ゐざる場合に於ては、直接に間接に、これに向つて懲戒處分することをも得たりしならん。例せば嫡子の罪疾ありて更へ立てんとするときの如き、五位以上は所司に申牒するの手續を要したるにもせよ、家長の任意に存廢するに任せたりしならん。

戸主權の三　次に戸主は又家口の財產、其他總べて一家に屬する財產を管理するの權あり。相續法中財產の相續に就て述ぶる如く、當時は財產分割制なりしを以て、家口と雖ども、戸主と同じく田宅資財を所有することを得たりき。然れども祖父母父母の存命中、子孫財を異にするは、籍を別にすると共に、法律の禁ずるところなり。但し祖父母父母にして特別の事情あるが爲め、これを許せるものに至りては、別に制裁なきも、既に籍を別にする能はず、共に一家に居るときは、決して其管理を脱する能はざるなり。此に一例あ

り、戸令妻家所得不レ在二分限一の條「釋云、妻家稱レ妻者、是兄弟之妻也、縦有レ婦隨レ夫之日、將二奴婢牛馬幷財物等一、專從二夫家一、夫婦同レ財、故婦物爲二夫物一、夫亦有レ父、々子同レ財、因轉爲二舅物一」云々。他家より嫁せる子の婦すら此くの如し。況んや子孫の財産に於てをや。啻に父子の同財すべきのみならず、法に於て母子亦異財すべからず。故に父死し母子其遺産を分配せる後も、彼等は其財産を共通にし、相續人即ち戸主の管理を受くべきなり。父母の死せし後は、兄弟は固とより別籍異財することを得れば、これに向つては戸主權を適用すべからざるも、苟くも一家に同居すれば、兄弟と雖ども、現に戸主たるものゝ管理を甘受すべきは論を竢たざるなり。雜令に曰く、「凡家長在、而子孫弟姪等不レ得下輙以二奴婢雜畜田宅及餘財物一私自質擧及賣上、若不二相本問一、違而輙與及買者、依レ律科レ罪」と。豈に翅に子孫弟姪のみなりといはんや。從父兄弟、伯叔父さへも亦皆然りしなり。而して共一旦財を異にせるものも、再び實家に復歸するが如きことあらば、たとへば女子の離縁せられて歸家せしものゝ如き、更に戸主の管理に歸すべし。其他家に屬する特別の財産の如きは、戸主にして始めてこれを所有することを得べく、決して他の諸子の競望を容れざりしなり。

戸主權の制限　是を以て戸主は一家の主宰として祖先の祭祀を掌り、家口の身體及び財産を管理するものなり。然れども共に絶對的の權力あるにあらず。例せば其子を以て他人の養子とすることを得るも、養子の規定以外に於て、若し妄りに他人の後を相續せしむれば徒一年に處せらる。戸主權の旺盛なる時代にありては、戸主は家族に對して生殺の權を有し、無上の裁判權を行ふを得たれども、我中古の法制は決してこれを認めず。主人は其物品と同視せらるゝ奴婢だに、官司に請はずしては、これを殺すことを得ざりき。況んや

家口に於てをや。鬪訟律に據れば、

子孫違ニ犯敎令一、而祖父母父母毆殺者徒一年半、以レ刃殺者徒二年、故殺者各加ニ一等一、卽養父母殺者、又加ニ一等一、過失殺者各勿レ論、○以上法曹至要抄に引く、

とあり。されば其罪を問はざるは、唯過失を以て殺せるときのみ。假令子孫にして祖父母父母の敎令に違犯すとも、これを殺すことを許さゞるなり。特に養父母にありて一等を加へたりしは、法曹至要抄に「養父母者爲ニ情疎易ニ遺故、加ニ一等ニ可レ科レ罪也」とある如く、其情實子よりも疎くして、殺戮を行ひ易きが爲めに、一等を加重せしものなれば、子の利益を保護するものと謂ふべし。啻に子孫を殺すを得ざるのみならず、賣買の權も亦これなかりしなり。賊盜律に曰く、

凡賣ニ二等卑幼及兄弟孫外孫一爲ニ奴婢一者、徒二年半、二等卑幼、謂弟妹若兄弟之子者、子孫者徒一年、卽和賣者各減ニ一等一、其賣ニ餘親一者、各從ニ凡人和略法一、

凡知ニ略和誘和同一相賣、及略ニ和ニ誘奴婢一而買レ之者、各減ニ賣者罪一等一、知ニ祖父母父母之賣ニ子孫一買者、各加ニ賣者罪一等一、

これらは特に戸主の爲めに設けられしにあらざれども、推して以て戸主と家族との關係を知るべきなり。律令の文中、戸主の權利に關する規定を求むれば、概ね右の如くなるべし。これを上古以來家族制の尤も盛んに行はれたりし世に於ける戸主權に視るに、頗る制限せられたるものと謂ふべきなり。

戸主が尊長屬親としての權利 然るに當時の親族法に於ては、尊長卑幼を以て親族を區別し、尊長は充分

の權利を以て卑幼に臨むを得たると共に、卑幼はこれに向つて服從せざるを得ざりしなり。一家の戶主たるもの、適〻家族の卑幼なることなきにあらざるも、概してこれをいふときは、尊屬伯叔祖父母、伯叔父母の類若しくは長屬兄の類なりとす。されば戶主は右に規定する權利の外、なほ此尊屬親たり若しくは長屬親たるの權をも有すべし。唯彼れにありては專ら戶主の爲めに設けられたると、此れは偏く尊長に通じて有すべき權利なるとの差あり。從つてこれを行ふに方りても、後者は假令戶主なるにもせよ尊屬たり長屬たるが故にするものにして、前者の專ら戶主として行ふものとは自《オ》ら異れり。

婚姻の場合に就てこれをいはんに、女子が婚姻をなさんとするには、其祖父母、父母、伯叔父姑、兄弟、外祖父母、及び舅、從母、從父兄弟の承諾を得ざるべからず。

戶令に曰く、「凡嫁レ女、皆先由《フレヨ》二祖父母、父母、伯叔父姑、兄弟、外祖父母一、次及二舅、從母、從父兄弟一、若舅、從母、從父兄弟不二同居共財一、及無二此親一者、並任二女所一レ欲爲二婚主一」と。義解に「祖父母父母者、皆主婚之祖父母父母也、言女之父母受二其禮辭一、必先由二祖父母父母等一也」とあるは誤れり。宜しく集解に載せたる跡の說に、「由二祖父母父母等一、謂レ由二女之祖父母以下一也」といへるに從ふべし。集解には此他にも女の祖父母等なりといへる說を載せ、令御抄にも「謂二女之祖父母父母一也」といへり。

又次及といふことを、義解に「言依二上文一、先當レ由二祖父母等一、故曰二次及一也」といへるも非なり。但し此見解を生ぜしは、行文の誤解に依ることなり、そは集解に載せたる釋に、「祖父母等不レ在、及二由此親一、故云二次及一、何者、縱使《モシ》與二祖父母一共一時應レ由《フル》者、何煩二次及之文一耶」とあるにて知らるべし。集解に載せたるは、此釋の外跡も皆義解の說に同じ。

然れども令の文に先由といひ、次及といへるは、他に理由のあることなり。抑〻祖父母父母等と舅從母等とは、一は重親なると、一は輕親なるとの差あり。集解の中に「問、上諸親雖レ由、皆悉不二由盡一者何、答、科二違令一耳、但由二重親一不レ由二輕親一无レ罪者未レ明、文志何（三字不明）」是故に祖父母等は假令同居共財せざるも、これに由れざるべからずと雖ども、舅從母等に至りては、此二條件を具へずば、親なきものと同じく、女子の意に任せて婚主を定むるを得たりしなり。これ祖父母父母等に向つては、先づ告げて其承諾を求め、然る後舅從母等に及ぼす所以なり。されば女子にして祖父母父母等の親悉くあらしむるも、舅從母等の親同居共財せるものあらば、其人々に向つても同意を得るの手續を盡さゞるべからざるものとす。なほ詳しくは婚姻法に讓らん。

これらの親族を稱して所由の親といふ。戸令に曰く、「凡嫁レ女弃レ妻、不レ由二所由一、皆不レ成レ婚、不レ成レ弃」と。故に結婚、離婚、竝びにこれに由れざるべからざりしなり。然るに此諸親は皆協議に與るものなるも、其中一人を定めてこれを婚主となし、縁組の成立に就て責任を負はしめたり。戸婚律に曰く、

〔凡〕嫁娶違レ律、祖父母父母、外祖父母主婚者、獨坐二主婚一、若二此下恐脱二等字一尊長主婚者、主婚爲レ首、男女爲レ從、餘親主婚者、事由レ女爲レ從、事由二男女一爲レ首、主婚爲レ從、事由二主婚一爲レ首、男女不レ坐、

と。これに據れば、祖父母父母外祖父母の主婚たるもの丶如きは、子孫の嫁娶に就て絶對的責任を負ひ、二等尊長に至りても、自《ミ》ら主となり、子孫は從となる。其主婚に由ると、子孫に由るとの如きは、問ふところにあらざるなり。是故に主婚は子孫の嫁娶に當りて充分の權利をも有し、子孫をしてこれに服從せざるを得ざらしむ、而して婚主は概ね家長卽ち戸主を以てすべければ、これをも戸主權の一に數へて敢て不可なから

ん。標註令義解校本に曰く、「皆主婚之祖父母父母也、この義解謬也、主婚は女の祖父にまれ父兄にまれ家長をいふ。其家長より諸親に由り及ぶなり。されば祖父母父母以下、みな女の祖父母父母舅從母などをいふ也。故に跡云、謂由二女之祖父母以下一也、また釋云、令三媒人直請二女許一者、先申二祖父母父母一」」

戸主權を行ふ能はざる場合　然るに戸主にして戸主權を行ふ能はざる場合もこれなきにあらず。乃ち（一）其幼少なるとき、（二）罪疾あるとき、及び（三）逃走せるときこれなり。（一）令には別に戸主の年齢に關する規定なしと雖ども、戸令に、一家の中より口を出して別戸せしめんに、成れる中男にあらずば析ぐべからずといふことあり。この事詳しく前文に述べたり。これに據るときは、通例十七歳未滿のものは、別戸の戸主となるを許さゞるなり。然れども戸主の死去せる時は、相續人なほ幼少なりとも戸主たることを得べし。唯戸主の權に至りては、自《ミ》ら行ふこと能はざるが故に、何人かこれに代るものなくんば不可なり。集解に引ける釋に云く、「父死、母子見存者、以レ男爲○之脱カ者爲レ是也、問、定二嫡子一不レ見二年限一、若嫡妻長子幼少不レ任レ仕、處分何《イカン》、釋答、下條云、非二成中男一、及寡妻妾不レ可レ析者、若不レ堪者、宜量以レ堪レ事人一爲二戸主一耳、母男二人、男不レ任者、亦母任耳、今說而立二嫡子一爲二戸主一、但有二相代行レ事人一耳、少不レ安可レ求、問、嫡子○不脱カ堪レ任二戸主一者立替哉、答、以レ母爲二戸主一者、於二立替一有二何妨一哉、但以二庶子長一爲二戸主一者、不レ得二立替一歟可レ求、○中略朱《キ》云、戸主皆以二家長一爲レ之、謂於レ立二戸主一不レ限二年多少一、或說、年少不レ堪戸○主脱カ改レ之問（間カ）、權立二別人一非也、古記云、問、有二嫡子一幼若《ナラバ》、若《イカ》爲二處分一、答、嫡子幼弱者、猶爲レ以レ母耳」と。（以下文意不明）これらの諸說の中、父死して嫡子の幼少なるとき、事に堪えたらんものを以て戸主となすべしとの說は、令に規定なきところなれば論ずる迄もなし。母を以て戸主となすとの說に至りては、寡妻妾の別戸の戸主たるを許さゞる規定に視ても、其通說にあらざること知らるべし。

但し母には尊屬親たるの權あれば、其子の幼少なる間は、代つて戸主權を行ひて、其成年に達するを待つといふにあらば、其說は能く法理に合せるものと謂つて可ならん。(二)次に罪疾あるときも、戸主權を行ふを得ざるべし。繼嗣令に曰く、

○前略四位以下唯立二嫡子一(謂二庶人以上一、其八位以上嫡子、未レ叙身亡、及有二罪疾一者、更聽二立替一)、

凡定二五位以上嫡子一者、陳二牒治部一、驗レ實申レ官、其嫡子有二罪疾一(罪謂下荒二耽於酒一及餘罪戻、將來不レ任二器用一者上、疾謂二癈疾一)、不レ任レ承レ重者、申二牒所司一、驗レ實聽二更立一、

と。此に所謂罪戻に就ては、相續法中家督の相續に於て辨ずるが如く、唯其一端を擧げたるものにて、輕重何如に論なく、苟くも將來器用に任へずと認定すべくんば、以て廢嫡の理由となすに足れるなり。されば彼白痴廢疾癲狂廢疾の如き、自己の意志を表する能はざるものも、相續人たるを止めて不可なし。從つて此輩の戸主たらん場合にも、自ら戸主權を行ふ能はざれば、法律に依りてこれを更へ立つるか、否らざれば他の尊屬親たとへば母の如き等に於て代表せずんばあるべからざるなり。(三)次には戸主の逃走せる場合なり。戸令に曰く、

凡戸逃走者、令二五保追訪一、三周不レ獲除レ帳、其地還レ公、未レ還之間、五保及三等以上親、均分佃食、租調代輸(三等以上親、謂二同里居住者一)、戸內口逃者、同戸代輸、六年不レ獲、亦除レ帳、地准二上法一、

と。即ち戸逃走せば三周、口逃走せば六年にして計帳を除くことにて、これを三周六年之法とはいふなり。今若し戸主にして逃走せんか、既に六年を過ぎて除帳せらるれば、死者と同じきを以て、戸主を更へ立つること論なしと雖ども、此六年間は何人が代りて戸主權を行ふべきや。これ亦令に明制なきところなれど、思ふ

に、既に相續人と定まれるものか、若しくは前にもいへる尊屬親長屬親も亦然り等に於て、戸主の權を行ふこととなるべし。

致仕と隱居の比較　戸主が戸主權を行ふこと能はざる場合は、略〻右に述べたるが如し。然るに此他に於て、戸主の地位を去ると共に家長權を失ふこと、恰も後世の隱居の如きものありしや否や、此事前條に關聯するを以て、少しく討究するところあるべし。熟〻律令の文を考ふるに、嫡子の更立に關する規定はあるも、一旦戸主となれる後、其地位を去り、若しくは去らしむるの制なし。後世隱居と稱するは、官にあるもの其職を辭すると共に、家督を子孫に讓りて退隱するが如きをいふなり。令に於ても、致仕免役の事を規定せざるにあらず。乃ち選叙令に「凡官人年七十以上聽二致仕一、謂主典以上、即雜任亦准レ此也、五位以上上表、謂郡司五位亦同也、六位以下申二牒官一奏聞、謂此爲二奏任一立レ文、即判任以下者官省處分、其外官者申二牒國一、々即依二牒狀一申レ官也」とあり、軍防令に「在レ軍者年滿二六十一免二軍役一、謂此因二簡點次一乃免二其軍役一、其校尉以下年六十以上、及身弱若長病者亦皆因二簡點次一合二放出一之、雖レ未レ滿二六十一、身弱長病不レ堪二軍役一者、亦聽二簡出一」とあり、又「凡兵衛略○中其年六十以上、皆免二兵衛一、謂考校之日乃放免也、即雖レ未レ滿二六十一、若有下尫弱長病不レ堪二宿衛一及任中郡司上者、謂長病者不レ可三必滿二日限一、量レ狀不レ堪二宿衛一者即解也、郡司者主帳以上也、本府錄レ狀、幷身送二兵部一、檢覆知レ實、奏聞放出、謂兵部奏聞也」とあり、又「凡帳內資人、痊疾應レ免レ仕者、謂不レ堪二執事一者皆是、不二必廢疾以上一也、皆申二式部一、勘驗知レ實聽レ替、謂未レ滿二六年一者還二本貫一、已滿者留レ省也、」とあるが如き、一は老たると、一は病めるとに依りて、其職を罷め役を免ぜらるゝものなり。然るにこれ唯致仕のみ、免役のみ。法令は此他致仕免役者の進退に就て、何事をも規定せざるを忘るべからず。されば老いて繁雜なる公務に服する能はざらんには致仕するも可なりと雖ども、これと同時に家長の地位迄去るにはあらざるなり。これを彼戸主權の廢止と共に相續の開くる隱居制に比するに、自《オ》ら別種のものたること辨を竢たずして知るべし。抑〻戸主權の盛んなる時代に隱居なし、隱居の行はるゝは、必ず戸主權の漸く衰へて、尊屬親たるの權、若しくは親權の發達せし時に於てす。これを我國の古史に考ふるに、亦着々徵すべきものあり。先づ皇位の繼承に就ていはんに、上古は先帝崩御の後に至り、皇太子始めて大統を繼がせらるゝを法とし、未だ嘗て在世の時皇位を讓らせ給ふが如きことなかりき。廿六代繼體天皇に至り、位を皇太子安閑天皇に讓りて卽日崩御せられしより、始めて讓位の例を啓かれたり。然れども當時は尙ほ特別の事情あるにあらざれば、容易に是事なかりしを、聖武天皇壯年にて讓位を行はせられ、自《ミ》らは太上天皇にて御《オハ》しゝより永く流例となり、歷代五十八帝の多き、讓位の儀あるに至りぬ。而して聖武天皇以來、太上天皇は固とより政務に關かり給はざりしも、後三條天皇院政の端を啓かせられ、白河天皇より後は、壯年にして位を幼主に讓り、院中に居まして政事を親らしたまふこと專ら行はれたり。此狀は人臣に於ても異なることなく、上古にありては、家長の死後にあらざれば、嫡子の其家を相續することなかりしも、世を經て漸く退隱の俗をなし、終には入道相國に實力ありて、子孫の太政大臣たるものゝ如きは員に備はるに過ぎざること、恰も院政に於ける上皇若しくは法皇と天皇との關係に似たるものあるに至れり。此風俗を馴致せし重もなる原因は、佛教の影響と一種政略上の關係とに歸せざるを得ざるべし。殊に武家時代にありては、軍役に服するを武士の最大要務とし、戰時と平時とを問はず、一は軍功に酬い、一は後日の用をなさしめん爲め、常に祿を與へてこれを養ふものなり。故に身體羸弱若しくは老衰して其軍役に堪へざるものは、自《ミ》ら引退して壯丁に讓りしものなきにあらずと雖ども、寧ろ安逸を貪るの手段となせるもの多かりしなり。

中古初期隱居俗の行はれし範圍　然れども中古の法令は啻にこれを認め居らざるのみならず、制法の當時は尙ほ未だ一般に行はれざりしなり。そは前に引ける軍防令の文に、軍に在るもの年六十に滿つれば軍役を免ず、未だ六十に滿たずと雖ども、身弱く長病にして軍役に堪へずば、亦簡出するを聽せとありて、六十歳以上に達せるは、軍役を免かるゝこととなるも、六十五歳迄卽ち老丁次丁ともいふたる間は、なほ國民一般の課役に應ずるの義務あり、況んや其六十歳に滿たざるものをや。且つ七十歳にして致仕を許すも、是年に達すれば、何人と雖ども骸骨を請はざるべからずといふにあらず。其官職に依り必ず其人を要し、若しくは老者と雖どもこれに堪へ得べくば、固とより勤續するを妨げざりしなり。そは兎もあれ角もあれ、前にもいへる如く、致仕免役と同時に戶主の地位を去るべき事、新たに相續の開くること、其他財產に屬する權を失ふこと等に關しては、法令の上に何等の規定もなきこととなるが、實際に於ても是事の一般に行はれざりしは、當時の戶籍の現に存するものに就て略〻これを明らむるを得ん。試みに其一二を擧げんに、御野國加毛郡半布里大寶二年の戶籍、中政戶秦人部都彌の戶口に於て、下〻戶主都彌は實に年八十五の耆老にして、嫡子馬手は年五十八なるも尙ほ戶主たり。中政戶秦人古都の戶口にては、下〻戶主古都、年八十六、耆老、嫡子金弓、年五十、正丁曾孫に赤麻呂年七小子ありあり。中政戶秦人多麻の戶口には、下中戶主多麻、年八十、耆老、嫡子小須、年四十五、正丁あり。其他七十歳以上のものにして戶主たるも少からざるなり。況んや六十歳をや、況んや五十歳をや。而して此に尤も注目すべきは、戶主の母にして籍に載れるもの多きも、父に至りては、殆んど全くこれなしと謂つて可なるの一事なりとす。

以上述ぶるところを以て、中古の法令に隱居制、若しくはこれに類似せるものゝなかりしことをば證明せられ得べしと信ず。これ戸主の權が縱し昔日の如くならずとするも、尙ほ一般に盛んなりしに依ると謂はざるべからず。當時一戸といふものゝ中には、戸主の兄弟あり子孫あり、親あるもあり、伯叔父母あるもあり、戸主を輔けて家事を理する其人なきを憂へず。且つ社會の狀況も、武家時代に於けるが如く、老人病者の戸主たり難き事情あるにあらざりしなり。故に幼年の戸主に向つて、後世の如き後見人を置くの制なかりしと共に、老年者の隱居を許すの規定もなかりき。これを當時の戸籍に徵するに、一支廢といふが如き不具者にして尙ほ戸主たるものさへあるなり。

法令に規定はなしと雖ども、隱居に類せることの漸く實際に行はるゝに至りしは事實なり。彼肢體の不具なるは尙ほ可なりとするも、瘋顚白痴若しくは罪人の戸主權を行ふに堪へざるものに至りては、自《ミ》ら其地位を退くか、否らざれば代りて其權を行ふものなくんば不可なり。戸令は既に嫡子の罪疾あるものに向つて立て替ふることを許せり。而して其理由は、重きを承くるに任へずといふにあり。されば嫡子たる間に罪疾あるは、これに依りて他の嫡子を立つるを得べきも、立てられて戸主となれる後、罪惡を犯し疾病に罹りて、重きをなすに堪へざらば如何。是時に至らば、戸主たるもの更に其地位を嫡子に讓りて退くこともあるべく、法令も事情に依りてはこれを認めんこと、猶ほ嫡子の場合に於けるが如くならん。

戸主の扶養義務　戸主は家族に比して最も多くの財産を所有し、且つ家族の所有に屬するものをも保管するの權あること既に述べたるが如し。令制、遺産分配の法あるも、これ固と財産の遺言なき時に適用するものに過ぎずして、財主が存命中は任意に處分することを妨げざりしなり。されば戸主は一家の主宰者たるを以て必ず多くの財産を襲領すべしと雖ども、家族に至りては極めて僅少の分配に預り、若しくは秋毫の受くるところなきものもあらん。これ戸主が其家族に向つて常に保護養育の義務ある所以なり。戸令集解其姑姉妹在レ室者各減二男子之半一條に「一云、女子无二分法一、故嫡子養耳、夫在被レ出還來亦同」といへり。この説は令に女子の分法なきところより揣摩せしものなるも、相續人が遺産の分配を受けざる家族を養育することをいへるは當れり。而して戸主が養育の責あるものは、獨りこの女子に止まれるにはあらざるなり。

家族の權利思想の萌芽　然れども當時決して權利といひ義務といへる思想ありしにあらず、從つて法律上これらの語を用ゐたることなし。唯法律に規定するところに、可能的の事と不可能的の事とあり、可能的の事は以て權利と認むべく、又不可能的の事は以て義務あるを察知すべきのみ。概してこれをいふときは、戸主若しくは尊屬親の爲めに規定するところは權利のみにして、家族若しくは卑屬親の爲めにするところは義務のみなるが如きも、仔細にこれを檢すれば、必ずしも然らざるものあり、少くとも戸主が可能的の事にも制限あり、家族が不可能的の事にも變則あるを見ば、當時既に家族制に於ける戸主の壟斷を脫して、權利思想の萌芽を認むるを得ん。

律に據れば、親族は假令其罪を犯すを知るも、謀叛、謀反、謀大逆の三事を除くの外は、相隱すも罪なく、若しくは凡人に幾等を減ずるの法あり、若しこれに反して訴訟すれば、尊長に係ると卑幼に係るとを問はず、制裁を加へられん。其中祖父母父母を告訴せるものは最も重く、處するに絞刑を以てす。然れば財産分配の場合に於て、祖父母父母が初め幾分の財産を其子孫に割與し、後又意に任せて幾回か與奪することありたりとせんにも、子孫は唯々として命これ聽くの外なけん。是に於て父祖の讓狀は、最後のものを以て有効と見做さゞるを得ざるに至るなり。裁判至要抄、祖父母父母讓可レ用ニ後狀一事の條に曰く、「案レ之、祖父母父母敎命、死生不レ變、然則數度雖ニ改易一、以ニ最後之狀一可ニ受領一、依レ無ニ告言理訴之道一也、凡子孫雖ニ私蓄レ財、偏可レ任ニ祖父母父母意一也」と。同書處ニ分有夫女子一財不ニ悔還一事の條に又曰く、「按レ之、女子適ニ夫家一後、所ニ讓與一之財物、可レ爲ニ夫之進止一、婦同財、以レ夫爲レ主之故也」云々と。乃ち一家の戶主たるものは、子孫の財產を管理すると共に、妻の財產をも自ら主として保管するをいふなり。然れども祖父母父母の許すところとなれば、子孫は財を異にするを得、又妻は夫と共產するも、其財產は全く夫の所有に歸すべきものにあらざれば、夫の死去せし時、遺產を分配するに當りては、これを區別して混合せざらしめたり。故に戶主たるものこれを費消せんとせば、必ずや彼等の合意を得るを要すべし。唯祖父母父母に對しては、裁判至要抄既にこれを明示せるが如く、全く告言理訴の道なきが故に、不法の處分もこれに屈從すべしと雖ども、其他の親族に至りては然らず。鬪訟律に曰く、

告ニ二等尊長、外祖父母、夫、夫之祖父母一、雖レ得レ實徒一年、其告事重者、減ニ所レ告罪一等一、所レ犯雖レ不レ合レ論、告レ之者猶坐、卽非ニ相容隱一、被レ告者論如レ律、若告ニ謀反逆叛一者、各不レ坐、其相侵犯、自理訴者聽、下條準レ此、

と。其疏に曰く、（其相侵犯自理訴者聽の條下、）

謂二等以下五等以上、或侵二奪財物一、或敲二打其身一之類、得二自理訴一、非レ縁二侵犯一、不レ得二別告一餘事一、

と。然れば此二等尊長、外祖父母、夫、夫の祖父母にありては、財物を侵奪せられ、若しくは其身を敲打せられんに、卑幼なりとも理訴して其罪を請ふを得たりしなり。況んや二等以下の親たるに於てをや。儀制令に據るに、夫は一等親なりと雖ども、前に述べたる如く、財産を侵奪せらるゝ如きことあらんに、妻はこれを法廷に訴へ出づるを得ん。裁判至要抄（處二分外孫一財不二悔還一事條）に又曰く、「按レ之、外祖父母侵二奪財物一之時、既聽二理訴一、仍讓二女子之子一之財、輙不二悔還一、但未二異財一者可二悔還一之」と。これ亦外祖父母に向つては理訴するを得るを以て、この說あるなり。律疏には法文に相侵犯すとあるを「侵二奪財物一、或敲二打其身一」と解けり。然るに親族を賣りて奴婢となすは、其略賣と和賣とに論なく各罰あり、賣らるゝものは固とよりこれを拒むことを得。乃ちこれを法廷に訴へて侵害を免るゝは、寧ろ彼等の務むべきところなりとす。故に其身を敲打せらるることのみならず、略賣せらるゝが如きも、亦侵犯の中に含蓄すと謂はざるべからざるなり。

家族の戸主侍養義務　然るに家族たるものは、飽くも戸主の指揮監督を受くるの義務あれば、常にこれに向つて恭順禮を盡くさゞるべからず。戸令に據るに、年八十に達せるもの及び篤疾に罹れるには、皆貴賤を問はず、侍といふもの一人を給ふ。其割合九十歲に二人、百歲に五人なり、有官无官に限らず、先づ其子より取り、子なくば孫（曾孫も同じ）に及ぼす。若し子孫共になくば近親に、近親もなくば白丁に取ることを許せり。而して侍となるには皆徭役を免じ、專心侍養の事に從はしめらる。名例律に據れば、祖父母父母老疾侍なき

に、親を委して赴任するものは免所居官に處せらるべく、又闘訟律によれば、子孫敎令に違犯し、及び供養闕くるあらば、徒二年に處せらるべし。乃ち戸主年八十に達すれば、家族たるもの侍養の義務あること明かなり。

凡そ一家を組織する戸主家族の中、家族は其家に生れたるものゝ外、他より縁組によりて入籍せしものをも含むなり。然るに賊盜律に「同籍及二等親、外祖父母爲二一家一」とあり。外祖父母は四等親なり。これに據れば、同籍にてなき二等親及び外祖父母をも一家といふと見えたれど、同籍と同居とは自《オ》ら別なり。思ふに、これらは籍を異にするも、共に一家に同居せるをいふものにして、決して外祖父母及び二等親ならば、他方に別居せるもの迄、一家といふの意にはあらざらん。

戸主にして死去し、若しくは失踪の爲め絶貫となりて相續人なき時は、其家は絶ゆるものとす。戸令、喪葬令。

戸主權の衰勢　以上記述せしところにより、戸主權の漸く制限せられしと共に、家族が享有すべき權利、及びこれを主張すべき手段あるを認むることを得るならんと信ず。然れども所謂戸主權としてこそ然かく大ならざれ、尊屬親たるの權利は尙ほ頗る盛んなりきと謂ふべし。而して尊屬權といふものゝ中には、所謂親權をも含蓄せり。當時翅に法律の規定にこれを見るのみならず、實際に於ても親權は漸く戸主權を凌駕し、殊に中古紀の中頃より、前文にも述べたる如く、親權の盛んなるに伴ひて生ずべき隱居制も行はれて、上古以來の家族制爲めに一變するに至れり。

第三章　婚姻

第一節　婚姻の成立

第一欵　婚姻の條件

實質上の條件　令の規定に據れば、婚姻の成立に要する實質上の條件左の如し

第一　年齢

男十五歳女十三歳以上　男年十五、女年十三に達せざれば、婚姻を許さず。

戸令、凡男年十五、女年十三以上、聽二婚嫁一、

戸令集解、釋云、此越王勾踐之下令、欲レ不レ令三人民蕃息乖二於禮義一、古記穴記幷无レ別、

令抄、政事要略云、周禮云、武帝建德三年春正月癸酉詔、自今以後、男年十五、女年十三、爰及二鰥寡一、所在軍民以レ時嫁娶、務從二節儉一、勿下爲二財幣一稽留上也、毛詩正義云、禮曰、廿曰二弱冠一、又曰レ冠、成人之道、成人乃可レ爲二人父一矣、喪服傳曰、十九至二十六一爲二長殤一、禮子殤父、明男廿爲二初娶之端一、又禮記曰、女子十五許嫁而笄、以二十五一爲二成人一、許嫁不レ爲レ殤、明十五爲二初婚之端一矣、禮記曰、丈夫冠而不レ爲レ殤、婦人笄而不レ爲レ殤、愚案、司馬溫公家禮昏禮云、男子年十六至二三十一、女子年十四至二二十一、司馬公曰、古者男三十而娶、女二十而嫁、今令文男年十五、女年十三以上聽二昏嫁一、今爲二此說一、所下以參二古今之道一、酌二禮令之中一、順二天地之理一、全中人情之儀上也、又太素經云、男子二八而腎脈盛、天癸至、

女子二七而任脈通、月水以レ時下、然則男年十五、女年十三以上聽二婚嫁一者、始二于宋武之詔一、而唐宋所二同循用一也、司馬公參二古今之道一、酌二禮令之中一、而定二家禮一、並用二禮與レ令之文一耳、太素經說有二一年之差一、男年十六、女年十四、天癸任脈始通、宜二嫁娶一之理也、

我國は概して氣候溫暖にして、早婚の風行はれ易きところあり。然れども男女共以上の年齡に達せざれば身體の發育これに適せず。故に婚姻の年齡に關する令の規定は、固より支那の舊制を酌量せし所あらんも、亦身體發育の自然法に則れるものならん。

第二　配偶者なきこと

重婚の禁　律令共に夫が妻の外、妾を蓄ふることを認めたりと雖ども、既に妻あるもの重婚をなし、夫あるもの亦他に嫁するが如きは、竝びに律の禁ずるところにてありしなり。即ち戸婚律の逸文 律逸に據る、以下これに傚へ に曰く、

有レ妻更娶者、徒一年、女家杖一百、□離レ之、 万葉集十八、○按、唐律云、女家減二一等一、若欺妄而娶者、徒一年半、女家不レ坐、各離レ之、

私娶二人妻一及嫁レ之者、徒一年半、妾減二一等一、各離レ之、即夫自嫁者亦同、仍各離レ之、 法曹至要抄、○又按、賊盜律賣二卑幼一條疏云、有レ夫自嫁者依レ律兩離レ之、

當時法律は既に妻妾の別を明かにして、一夫一妻の制を執りたれば、重婚の無效にして不成立となるは、當然の結果なりとす。唯妾は其人數に一定の制なきを以て、夫のこれを娶るは、其意に任すべきも、既に夫あるもの丶他に嫁するが如きは、法律に於て明かにこれを禁ぜり。

第三　親族の承諾

女家の承諾を要すべき親族　女が婚姻をなすには、必ず一定の親族の承諾を受くるを要せり。戸令に曰く、

凡嫁レ女、皆先由二祖父母、父母、伯叔父姑、兄弟、外祖父母一、次及二舅、從母、從父兄弟一、若舅、從母、從父兄弟不二同居共財一、及無二此親一者、並任二女所一レ欲爲二婚主一、

卽ち婚姻の事を女の祖父母以下從父兄弟迄に告知して其承諾を求む。其中祖父母以下外祖父母迄と、舅從母以下從父兄弟迄とは、自《オ》ら輕重ありて、後者は其女と同居共財せるものにあらずば、別に其承諾を要せず。若し祖父母、父母、伯叔父姑、兄弟、外祖父母、及び同居共財せる舅、從母、從父兄弟なからんには、女の任意に婚姻するを得るも、なほ婚主を立つるを要せり。唯其人は女の欲するところに從ふのみ。

婚主は固より家長卽ち戸主を以てしたるならん。然るに令義解及び集解には、祖父母以下の諸說に就て、一は婚主よりいふとし、一は女よりいふとせり。義解は卽ち前說にして、「祖父母父母者、皆主婚之祖父母父母也、言二女之父母受二其禮辭一、必先由二祖父母父母等一也」といひ、集解に引ける令釋も、「釋云、祖父母父母、婚主之祖父母父母也」といへり。然れども同書に引ける令釋の後記 「古記无レ別」といへば、これ亦古記の說なるなり を始め、跡、朱、穴の說皆後說なりとす。卽ち左の如し。

一云、凡女嫁者、亦待二祖父母父母及諸親之命一、假令媒人直詣二女許一者、先申二祖父母父母一、故戸婚律云、違レ律爲レ婚、事依二男女一者、男女爲レ首、主婚爲レ從、事若依二主婚一者、主婚爲レ首、男女爲レ從、又下文

无此親者、幷任女所欲爲婚主者、卽是女行事也、一云以下古記无別、跡云、嫁女、謂凡廣嫁婦女之心耳、由祖父母父母等、謂由女之祖父母以下也、朱云、〇中略、先由祖父母等、謂女之祖父母等也、夫之祖不云也、〇夫以下の事下に辨ずべし、穴云、〇中略、令釋初說〇祖父母父母婚主之祖父母父母也とあるを斥せり不當也、何者、條終云、若舅從母等不同居共財、及无此親者、並任女所欲爲婚主者、然則明女行事、非婚主之祖父母等也、

此他令抄にも「謂女之祖父母父母也」とあり。

事理の上よりいはんも、將た行文の上よりいはんも、祖父母以下は皆女の祖父母、父母、舅、從母等ならざるべからざるは明かなり。故に令義解及び令釋の前說は誤謬と斷ずべし。次に義解集解二書の一致せる誤解は、舅、從母、從父兄弟に告ぐるを以て、祖父母以下外祖父母迄の諸親なきときに於てすといふことこれなり。義解に曰く、「言依上文、先當由祖父母等、若並無此親者、乃及舅從母等、故曰次及也」と。釋に曰く、「祖父母等不在、及由此親、故云次及、何者、縱使與祖父母共、一時應由者、何煩次及之文耶」と。跡曰く、「次及、謂上親〇祖父母以下を云ふ无及《クハ》由舅以下耳」と。此意味頗る晦冥なり。何とならば、所謂上親と雖ども、祖父母等のなきものは、これに告ぐる能はざれば、存命の親にのみ告ぐること必ずしも舅從母等に限るべからざればなり。標註令義解校本にも、義解の誤を辨じて曰く、「由と及ぶとおのづから字義同じからず、もし祖父母等の无き方にていはゞ、猶上文の如く次由舅從母云々と有べし、されば嫁女の事を、祖父母以下從父兄弟までに及ぼしてかたらふなり」といへるは、言未だ盡くさゞると

ころあるも、當れりと謂ふべし。扨釋に「縱使《ヨシ》與二祖父母一共、一時應レ由者、何煩二次及之文一耶」といへるは一理なしとせず。然れども法文に此く書き別けたるは、舅從母等の諸親は、祖父母父母等に比し輕重の差ありて、同居共財の二條件を具ふるに非ずんば、其承諾を必要とせざる事なるに依り、これを書き下すの難きが爲めのみ。

法文に「嫁レ女」とあるは、跡もいへる如く、廣く婦女を嫁するの謂なりとせば、跡の說前に引けり、これら諸親の承諾を受くるを要することの、獨り妻のみに限らざるを知らん。故に「朱云、嫁レ女者、未レ知、妻妾同不《キヤナヤ》、答、妻妾並同者、何者、下條云、先姧而後娶爲二妻妾一、雖レ會レ赦、猶離故者〇下略」。穴も亦曰く、「嫁レ女者先爲レ妻也、案二下條一可レ知也、但妾亦准由二其親屬一耳」と。今日の思想より推さば、妾の嫁するに當り、妻と均しく親族の承諾を受くるが如きは、頗る奇異の感なきにあらざるも、法令の妾を公認する當時にありては、固とより怪しむに足らざりしなり。

男家に於ける親族の承諾　以上は女家に就ていふものなれど、男家にありても亦婚主を立て、親族の承諾を受くるを必要としたるが如し。何となれば、離婚の際、夫は其祖父母父母に告げ、尊屬近親は夫と共に其離緣狀に連署するの制あればなり。此事離婚の條下に說くべし。離婚にあたりて親族の承諾を必要とするもの、結婚をなす時、豈に一辭の告ぐるところなくして可ならんや。令は女家の文に讓りて、これを省略せしものならん。集解に引ける穴に曰く、「問、律云、事由二主婚一者、主婚爲レ首、男女不レ坐、未レ知、男家亦有二主婚一哉、答、依二下條一、與二尊長屬近親一同署者、然則男自由二己之祖父母一、次及二近親一耳、私案、无二近親一者、任二男所レ欲爲二婚主㆒也、餘習㆓令釋㆒也」と。此説從ふべし。

第四　姦通者と婚するを得ず

姦通者の婚姻の無效　婚姻は人生の大事なり、禮を以て交はるにあらざれば男女の道を正すを得ず。若し夫れ姦通は翅に道徳上劣視すべきものなるのみならず、社會の風紀を害すること實に大なり。是を以て法律はこれを嚴禁し、犯すものは刑に處す。

雜律 律逸に引ける 云、凡姦者徒一年、有㆑夫者徒二年、强者各加㆓一等㆒、僧尼令集解、法曹至要抄、金玉掌中抄、官戸、陵戸、家人姦㆓良人㆒者、各加㆓一等㆒、姦㆓官私婢㆒者、杖六十、姦㆓他人及官戸陵戸婦女㆒者、杖七十、僧尼令集解、姦㆓父祖妾㆒者、徒三年、妾減㆓一等㆒、金玉掌中抄、法曹至要抄、奴依㆓唐律㆒補姧㆓良人㆒者、徒二年半、法曹至要抄、○其家人及奴婢姧㆑主者絞、妾減㆓一等㆒、其奴及家人姧㆓主妾及主親㆒、妾亦減㆓一等㆒○金玉掌中抄、和姧、本條無㆓婦女罪名㆒者、與㆓男子㆒同、强者婦女不㆑坐、法曹至要抄、僧尼令集解、

戸令に曰く、「凡先姧後娶爲㆓妻妾㆒、雖㆑會㆑赦猶離㆑之」と。姧とは禮を以て交らざるものをいふ。義解に「謂不㆓以㆑禮交㆒爲㆑姧也」、釋に「蒼頡篇不㆓以㆑禮交㆒曰㆑姧」、假令媒人の媒酌に依るも、令に規定する親族の承諾を經ざる婚姻は、亦姧と見做すべし。

集解　朱云、問、雖㆑有㆓媒人相媒㆒、不㆑由㆓可㆑由親㆒者、猶名㆑姧何、答、然也、依㆓戸律㆒、雖㆑姧可㆑有㆓媒人㆒故者、

故に親族の承諾を得、正式の結婚をなせる後と雖ども、其以前に於て和合姧通したりし事の發覺せし時は、

亦本條の規定に依りて無效に歸すべきなり。

義解　假令初不レ由二主婚一、和合奸通、後由二祖父母等一、已聽二婚娶一、其後奸通事發者、縱會二非常赦一、猶亦離也、

集解　釋云、假令先不レ由二主婚一、和合奸通、後由二祖父母等一、立二主婚一已訖後、先奸通事發者、縱生二子孫一、猶離レ之耳、但常赦所レ不レ免悉赦除者不レ離、唐令猶離者非、同古記云、先奸後娶爲二妻妾一、雖レ會レ赦猶離レ之、謂先不レ由二主婚一、和合姧通、後由二祖父母父母一、立二主婚一、娶已（衍カ）許訖、雖レ生二長子孫一、事發者猶離レ之耳、但常赦所レ不レ免悉赦除者不レ離耳、

然るに此に一の疑問あり。令に據れば、結婚離婚共に一定の親族の承諾を受けざるは無效に歸するも、若し彼等にしてこれを知れるの後、三箇月を經るも、尙ほ其手續をなさゞる時は、更に既往に遡ることを許さゞるなり。

戸令　凡嫁レ女弃レ女、不レ由二所由一、皆不レ成レ婚、不レ成レ弃、所由後知、滿二三月一不レ理、皆不レ得二更論一、

されば親族の承諾を經ざるものも、此三箇月以後は問はざるや否やといふことこれなり。此疑問は「不レ由二所由一」の意味を誤解し、且つ公私の別を忘れたるより生ず。何となれば、法令の奸通を禁ずるは社會に對する制裁にして、親族の承諾と否とに關するものにあらざればなり。故によしや親族は之を默許するとせんも、國家の法令は決して假借せざるべし。不由所由の辨は「婚姻の無效及取消」にあり、參看すべし。唯赦に遭ふも離すの一事に就きては、或は非常の赦も尙ほ許さずとなすあり、義解集解に引ける跡、穴、或は常赦に免さゞるところも悉く赦除せらるれば、離婚せずと

なすあり。集解に引ける令釋、同古記。これらの事は離婚を說くの條に於て詳しくすることゝなし、此には唯結婚前姧通せしことなきものを、婚姻の一條件とするを記すに止めん。

第五　嫁娶は父母若しくは夫の喪制を終れる後に於てすべし

夫死亡後の改嫁　先づ改嫁に就ていはん。法令は改嫁せるものに向つて、前夫の遺産分配に預るを許さゞるも、絕體的に改嫁を禁ずることなし。上古以來民間の風俗を察するに、人の妻妾となれるもの、離婚の後直に他に嫁するは、固とより美事とせざりしならんも、若干の年月を經て改嫁するは、常理として毫も咎めざりしなり。孝德紀大化二年條。扠此前婚解消後、若干の時日の經過を規定するは、西洋諸國の法律に見るところにして、學者の說に據れば二原因ありとす。一は離婚後直に再婚を許さば混種の恐あるに依り、二は恰も夫の死若しくは離婚を待てるに似て、德義上非難すべきものあるに依るなり。此中第二の理由は寧ろ薄弱にして、第一の主因たるは掩ふべからず。何とならば、此制限は一般に女にのみありて男になきことゝ、又或る國の如きは、澳太利、分娩後にあらざれば改嫁を許さゞるも、專門家の證言及び其他の事情に依りて遺胎の徵なき事明かなれば、特に婚姻の許可を速にするの規定を設けたるものあればなり。然れども我國に於てはこれと異なりて、專ら道德上の觀念より來れるものなることを忘るべからず。抑ゝ夫の死後尙ほ其家にありて、舅姑に事へ遺孤を養ひて身を終るは、頗る美事に屬す。是を以て支那の如きは、古來王蠋の所謂「貞女不㆑更㆓二夫㆒」といふを以て婦德の原則となし、一たび往けば改めざるを婦人の義とせり。偶ゝ此義をなしゝものあらば、貞といひ烈といひ、或は禮を以て葬り、或は石に刻して傳へ、過褒苛賞殆んど至らざるところなし。我國の上古は、假令然かく矯飾の事なかりしにもせよ、道德の概念に於て、多少の一致するところありしは事實なるが如し。試みに國史の文に就て考へんに、孝德紀大化二年三月甲申の詔に、「〇前略復有二妻妾一、爲レ夫被レ放之日、經レ年之後、適レ他恒理、而此前夫三四年後、貪二求後夫財物一、爲二己利一者甚衆、〇中略、復有下亡レ夫婦一若經二十年及二十年一、適レ人爲レ婦、幷未レ嫁之女初適レ人時、於レ是妬二斯夫婦一、使二祓除一多〇下略」とあり。夫に離婚せられしものゝ再嫁するには年を經るの後といひ、夫を喪ひしものには十年二十年を經るといふ。夫の離婚するは其意志に出でゝ奈何ともすべからざれど、夫の死後はこれと異なり、妻の責任重く、哀傷度に越ゆべきは論を竢たず。彼前者に就て三四年の後といひ、後者に十年二十年を經るといふは、適〻此輕重の度合を表せるものなり。而してこれ皆上より令せずして、下自《ミ》ら行ふの一般慣習なりしことを知らば、再婚に關する古人の觀念は、辨せずして自《オ》ら明かならん。然るに支那と交通の開けてより制度文物一に彼に則らざるはなく、摸倣潤飾、風を移し俗を化するのこと、往々にしてこれあり。賦役令に曰く、「凡孝子順孫、義夫節婦、志行聞二於國郡一者、申二太政官一奏聞、表二其門閭一、同籍悉免二課役一、有二精誠通感一者、別加二優賞一」と。此門閭に表することの如きは、全く支那の制に取れるものにして、我國には曾てなかりしところとす。義解に「謂假如於二其門及里門一築レ堆立レ牓、題曰二孝子門若里一也」而して此中節婦の義解を見るに曰く、「衞共姜、楚白姫之類節婦也」とあり。衞の共姜は詩の序に、「柏舟共姜自誓也、衞世子共伯蚤死、其妻守レ義、父母欲二奪而嫁一レ之、誓而不レ許、故作二是詩一、以絕レ之」と見えたるもの、又楚の白姫は、列女傳に「楚白貞姫者、楚白勝之妻也、白公早死、其妻紡績不レ嫁、吳王聞二其美一、使下大夫操二金百鎰白璧一雙一以聘上焉、因以二輜軿三十乘一迎レ之、將三以爲二夫人一、夫人辭曰、白公無レ恙時、妾幸得下充二後宮一執中箕帚上、今白公不幸而死、妾願守二其墳墓一、以終二天年一、今王賜二金璧之聘、夫人之位一、非二愚妾之所一レ聞也、吳王賢二其守レ節而有一レ義、號曰二楚貞姬一」と見えたるものにして、共に夫の死後、寡居して改嫁せざるものなり。

なほ令文の精誠通感の義解に、「謂孟宗泣生二冬筍一、梁妻哭崩レ城之類、通感也」と見えたり。文中の梁妻は、令抄に「姜女夫杞良羌築二長城一、姜女送二寒衣一至二長城一、聞三夫死築二於城土中一、姜女尋レ城大哭、城崩見二夫骸骨一背歸矣、孟子十二告子下曰、華周杞梁之妻、善哭二其夫一、而變二國俗一、注云、杞梁杞殖也、二人齊大夫、死二於戎事一者、其妻哭レ之哀、城爲レ之崩、國俗化レ之、則效二其哭一」とあり。

中古の世、志を守り寡居して賞を受くるもの、國史に相次ぐ。今左に表出して其概を示さん。

和銅五年	家原音那 紀音那	賜二邑五十戸一	以二夫存之日一、相二勸爲レ國之道一、夫亡之後、固守二同墳之意一
同七年	四比信紗	旌二孝義一終身勿レ事	夫亡之後、積年守レ志、幷妾所生撫養無レ別、能事二舅姑一
神護景雲二年	高橋波自采女	表二門閭一復レ租終身	夫亡之後誓不レ改レ志、其父亦尋死、廬二于墓側一、每月齋食
同	額田部蘇提賣	復二田租一終身	寡居年久、且能散レ財濟レ衆
同	他田千世賣	賜二爵二級一	年二十五、喪レ夫守レ志、寡居五十餘年、
寶龜三年	眞玉主賣	賜二爵二級一免レ租終身	年十五、夫亡自誓遂不二改嫁一、供二給夫墓一卅餘年、一如二平生一(以上續日本紀)
——	難波部安良賣	免レ租	詣二父母墓一朝夕盡レ哀、夫死誓レ死守レ節(日本後紀)
承和中	三枝平麻呂妻	免レ租終身表二門閭一	夫死守レ節不レ移、居常齋食、奉二靈牀一如二平生一

同	刑部刀自咩	授レ位免レ租終身	夫死居レ喪、有レ禮、廬二于墓側一、累歳不レ渝（以上續日本後紀）
齊衡中	秦部正月滿妻	旌二門閭一復二其身一賜二爵二級一	夫亡後撫二養遺孤一、不レ肯二再醮一、常修二功德一以資二冥福一
同	和邇部廣刀自	賜二爵二級一	夫亡廬二於冢側一三十餘年、哀慕不レ渝（以上文德實錄）
貞觀中	早部氏成賣	叙位二階、免二戸內田租一、終身勿レ事表二門閭一	夫亡居レ喪有レ禮、日不二再食一、遂不二改醮一
同	守部秀刀自	叙二位二階一、免二戸內租一、以表二門閭一	夫死孀居、造佛寫經、永斷二葷血一、不レ事二織紝一、哀惋切至、（以上三代實錄）

國家が名譽と特典とを與へて、寡婦を奬勵すること此くの如し。されば夫の遺產を分配するに當りては、其分け前尤も多く、夫の父の遺產を分つ場合にも、若し夫の兄弟皆死して在らざれば、男子の有無を問はずして、均しく得分を受くることなりき。戸令、〇なほ財產制を説くの條下に詳しくすべし。夫れ然り、絕對的に改嫁を禁じて、これを罪惡視することはなかりしなり。

再嫁に關する唐制との比較　當時我模範となせし支那の法律は、實に再嫁を禁ずるを原則とせり。故唐律疏議に曰く、夫爲二婦天一、尙無二再醮一。唐の戸婚律に曰く、

諸夫喪服除而欲レ守レ志、非二女之祖父母父母一、而强嫁レ之者徒一年、期親嫁者減二二等一、各離レ之、女追二歸前家一、娶者不レ坐、

と。其疏議に曰く、

婦人夫喪服除、誓レ心守レ志、唯祖父母父母得二奪而嫁一レ之、非二女之祖父母父母一、謂大功以下、而輙强嫁レ之者、合二徒一年一、期親嫁者、謂伯叔父母姑、兄弟姉妹及姪、而强嫁之者減二二等一、杖九十、各離レ之、女追

歸二前家一娶者不レ坐、と。（參考）明律（戶律）には、「其夫喪服滿願レ守レ志、非二女之祖父母父母一而强嫁レ之者杖八十、期親强嫁者減二一等一、婦人不レ坐、追歸二前夫之家一聽二從守レ志、娶者亦不レ坐、追二還財禮一」とあり。立法の精神に於ては異なるところなきも、處刑の前者に比して稍ゝ輕きと、財禮を追還するの一事、彼れになくしてこれにあるとの差あり。夫の喪に居りて改嫁するは、法律の嚴に禁ずるところにして、これを犯せるものは處刑と離婚とを免れざりしが、此事後にいふべし、喪服已に滿つるも、務めて女の節義を全うせしめんとし、其意志を奪ふの權を祖父母父母にのみ限り、他人のこれを强ふるものは、假令女の親族と雖ども罰あり、女は前夫の家に復歸せしめて、其志を守るに任す。道德は二夫を更めざるを敎へ、法律は亦寡婦を保護し、兩々相待つて婦德を成就し倫理を維持せんとす、力めたりと謂ふべし。然るに我れにありては、法令共に此くの如き規定を設けず、其中律の現存するもの逸文にして、全斑を窺ふべからざるも、これを他の法文に參せば、敢て此事なきを推すに難からず。試みにいはんか、我國の法律は、結婚後と雖ども改嫁を許すことあり。戶令に曰く、「凡結婚已定、無レ故三月不レ成、及逃亡一月不レ還、若沒二落外蕃一一年不レ還、及犯二徒罪以上一、女家欲レ離者聽レ之、雖二已成一、其夫沒二落外蕃一、有レ子五年、無レ子三年不レ歸、及逃亡、有レ子三年、無レ子二年不レ出者、並聽二改嫁一」と。詳しくは離婚の條下に述ぶべし。又夫の死後、服除くの後は、改嫁を禁ずるの目なし。この事は後にいふべし。加ふるに結婚の際は、女の祖父母父母、伯叔父姑、兄弟、外祖父母より均しく承諾を受くるを必要とするも、其中祖父母父母に限りて、絕對的の權利を有せしむるが如きは、絕えてなきところとす。戶令に、夫の妻を離婚するに當り、先づ祖父母父母の承諾を得るを要し、若し祖父母父母なくば夫の意に任すとするも、これ尊屬を記して近親を省けるものにして、義解に「（前略）據二上條一、若無二尊屬一者、須レ由二近親一、而此條唯擧二祖父母父母一者、文之省畧也」とあるもの當れり。離婚の條參看すべし。以て其他を推測すべきなり。我國にては唯一の制裁として、父母及び夫の服中改嫁を禁ずるの一條を設けたるのみ。戶婚律の逸文にして、法曹至要抄に載するもの左の如し。

居㆓父母及夫喪㆒、而嫁娶者徒二年、離也、〇夫喪には此離也の二字なきも、前文に據りて補へり。式目抄謀叛人事の條に、又夫の死したる忌中にして改嫁するを不義とす、其咎徒三年とあるは蓋し誤れり。三年は唐律の規定なり、我律には幾分かこれより遞減せること、他の處刑に徵して知るべし。故に今法曹至要抄に從ふ、

喪葬令に據るに、父母及び夫の服紀は各一年なり。此一年の間は、男女共に嫁娶を禁ぜらる。唐の戸婚律には、妻妾に依りて罪の輕重を別ち、各離婚せしむ。其制頗る明詳にして、參照するの價値あるを以て、亦左に掲げん。

諸居㆓父母及夫喪㆒而嫁娶者、徒三年、妾減㆓三等㆒、各離㆑之、知而共爲㆓婚姻㆒者、各減㆓五等㆒、不㆑知者不㆑坐、若居㆓期喪㆒而嫁娶者、杖一百、卑幼減㆓二等㆒、妾不㆑坐、（疏議曰、父母之喪、終身憂戚、三年從㆑吉、自爲㆓達禮㆒、夫爲㆓婦天㆒、尙無㆓再醮㆒、若居㆓父母及夫之喪㆒、謂㆑在㆓二十七月內㆒、〇父母及び夫の喪服は斬衰三年なり、若男身娶㆑妻、而妻女出嫁者、各徒三年、妾減㆓三等㆒、若㆓男夫居㆑喪娶㆑妾、妻女作㆑妾嫁㆒人、妾既許㆓以㆑ト㆑姓爲㆒之、其情理賤也、禮數既別、得㆑罪故輕、各離㆑之、謂服內嫁娶妻妾並離、知而共爲㆓婚姻㆒者、謂壻父稱㆑婚、妻女稱㆑姻、二家相㆓知是終制之內㆒、故爲㆓婚姻㆒者、各減㆓罪五等㆒、得㆓杖一百㆒、娶㆑妾者合㆓杖七十㆒、不㆑知㆑情不㆑坐）、

父母又は夫の喪中の嫁娶　扨我律には八虐あり、其中父母の喪にありて、身《ミ》自ら嫁娶するは不孝にして、夫の喪に居りて改嫁するは不義なり。八虐を犯すものは、常赦にも原さず、應議にも減ぜざることなれば、其嫁娶は無效に歸すること知るべく、又律の疏に、不孝の條に、「其男夫居㆑喪〇父母の喪娶㆑妾、合㆑免㆓所㆑居一官㆒、女子

居レ喪爲レ妾、得レ減二妻罪二等一、並不レ入二不孝一」といひ、不義の條に、「夫者妻之天也、恩義既隆、聞レ喪即須二號慟一而有二匿レ哀不レ擧、居レ喪作レ樂、釋レ服從レ吉、改嫁忘レ憂、皆是背レ禮違レ義、故俱爲二八虐一、其改嫁爲レ妾者非」といへば、妻妾に依りて別あることも知らるべし。思ふに其文逸して今に傳はらざるのみ。

此他當時の法律には、祖父母父母の死罪を犯して囚禁中婚娶せるもの、夫の死罪を犯し囚禁中樂を爲せるもの、父母の喪にありて子を生めるもの、皆罪あり。以上は男のことなるも、女亦夫の死罪を犯して囚禁中樂をなせるものは罪なりしなり。其新たに父母若しくは夫を喪ひ、服中哀慟を表するを忘れて、人生の樂事たる嫁娶をなすものに向ひ、以上の制裁を加ふるは、誠に時宜に當れりと謂ふべし。是故に改嫁は夫の喪服を終れる後ならんことを要す。而して此時日の規定が單に夫の死後に關し、存生中離婚せられしものに適用せざるを見ても、彼歐洲諸國の法律に、混種を避くるが爲めに設けられたる時日の經過とは異なりて、専ら道德上の理由に基けること明かなり。若し夫の男の父母の喪に居りて婚娶するを禁ぜらるゝのみにして、妻の喪三月なりを問はざるは、男尊女卑の俗これを然らしむるものに外ならず。

第六　同色婚

古代賤民制　古來何れの處にか賤民なからん、唯彼等の中等級あり、彼抄略買收せられて奴隷となれるものは、生命財產を擧げて使役者の與奪に任じ、子孫も亦其羈絆を脱し得ざるものありと雖ども、世々賤業を執りて賤例に入れるものゝ如きは、平生多少の特權を賦與せられ、時ありて良人となるを得しものなきにあらず。古今東西文野の懸隔は、彼等の狀態をして千差萬別あらしめたり。我國の如きも、太古以來、人民自《オ》ら良賤の別あり、皇師に反抗し、敗れて捕虜となり(一)、犯罪の爲めに沒官せられ、若しくは身を以て自《ミ》ら贖ひ(二)、人の爲めに略賣せられ、若しくは身を債權者に入れ(三)、多年の恩誼、主從の關係を馴致し(四)、賤業を世々にし賤民に屬せるものゝ如き(五)、一般良人（百姓、平民又庶人といふ）は皆これと伍するを耻ぢたりき。

孝德天皇大化元年八月、始めて良賤男女の法を定められ、良人の結婚して生める子は其父に配し、奴婢の子は其母に配し、良人の男女奴婢と通じて生める子は、各奴婢に配することゝせられたり。これ其自然の結果、良賤（奴婢に就ていふ、以下これに倣へ）間の結婚を禁絶せんとするものに外ならず。良人を賣つて奴婢となさんことは、朝廷の許さゞるところなり。天武天皇四年五月、下野國飢ゑ、百姓子を賣らんと欲せしものあり、國司これを奏せしかど、朝廷許可を與へざりき。然れども民間往々子弟を賣買するものありて、其弊尙ほ絕えざりしかば、持統天皇五年三月、更に奴婢の法を定め、既往に溯りて、其效力の有無を規定せられたり。此法に據れば、父母の子を賣りしは、親權を重んじて其效を認むるも、兄の弟を賣り、又は債務を果さん爲め賤に沒せしものゝ如きは、すべて無效となしゝなり。尋で四月又勅して、氏祖の奴婢を免じて其籍を除きしものは、後日其眷族より再び我奴婢なりと訴告するを得ざらしめられたり。七年正月、又良賤の服制を定め、百姓は黃衣を、奴は皂衣を服せしむることゝなれり。これ亦奴婢をして一見良人と識別せしめんとするものなり。

然れども奴婢の外、賤例に入るものに向つては、法制尙ほ未だ具はらざるところありしが、律令撰定の時に及んで、唐制を經とし、舊慣を緯とし、新たに賤民を分つて、官戶、陵戶、家人、公私奴婢の五色となし、婚姻、出產、班田、課役、刑罰、服務の制等始めて定まれり。戶令に曰く、凡陵戸、官戸、家人、公私奴婢、皆當色爲レ婚、凡官戸、陵戸、家人、公私奴婢、與二良人一爲二夫妻一所レ生男女、不レ知レ情者從レ良、皆離レ之、其逃亡所レ生男女、皆從レ賤、

是故に良人と賤民とは、絶對的に婚を通ずることを許されず。令抄に曰く、「律云、人各有二耦色一、類須レ同、良賤既殊、何宜二配合一」と。情を知らずして夫妻となれるは、其子を良人となすも、婚姻は無效に歸せしむ。賤民亦同階級の間に婚をなさしむ、これを同色婚といふ。異色間に行へる婚姻の效力に至りては、法令に規定なしと雖ども、令義解にいふところは左の如し。

謂、凡此五色相當爲レ婚、卽異色相娶者、律無二罪名一、並當二違令一、既乖二本色一、亦合レ正之、若異色相娶所レ生男女、卽知レ情者、自合レ從レ重、其官戸、陵戸、家人、是此三色者、官戸爲レ輕、二色爲レ重、亦公賤爲レ輕、私賤爲レ重、但陵戸、家人相婚所レ生者、從レ母爲レ定也、

賤民制に關する諸家の說　所謂五色の賤に就ては、古來法學者の間に定說なきを以て、諸家の意見を首に掲げ、然る後比較論定するところあらんとす。

戸令集解凡陵戸官戸家人公私奴婢皆當色爲レ婚の條下に引ける釋に曰く、「當色爲レ婚、官戸家人相通嫁娶、是謂二當色一、公私賤奴婢亦同也」と。これに據らば、官戸と家人と同色にして、公奴婢と私奴婢とも亦同色なり（一）。「古記云、〇中略、其公私奴婢相二爲婚一者得也、一云、〇以下古記の說にあらず、後に引ける古記の說に徵して知るべし、官戸家人相二爲婚一、亦得也、所レ生者從レ母耳」といへる、皆これに同じ。義解に官戸を輕しとし、家人を重しとし、又公賤を輕しとし、私賤を重しとするに合は

ず。次に集解同前「一云、雜戶與二良人一爲レ婚聽、但陵戶不レ聽、若與二良人一爲二夫妻一、所レ生男女者、不レ限二知レ情不一レ知レ情、皆從二陵戶一、爲レ不レ在二奴婢一故、但與二家人奴婢一爲二夫妻一所レ生、與二良人一同」と。これに據らば、雜戶は良人と婚を通ずるを得るも、陵戶は然らず、若し良人と夫妻となりて子を生まば、他の情を知らざるは、輕きに從ふにも拘らず、獨り陵戶にありては、これを知ると否とに論なく、皆陵戶に從ふべし(二)。「朱云、問、雜戶與二陵戶一爲レ婚聽不、答、不レ聽、雜戶與二良人一聽レ婚故者、〇下略、穴云、雜戶與二良人一相通爲レ婚、所レ生男女、一如二良人一、假雜戶娶二良人一爲二妻妾一、良人娶二雜戶一爲二妻妾一也、與三自避二本業一爲レ異也、餘放(倣カ)二先私記一也」といへるはこれに同じ。戶令に陵戶良人と夫妻となり、生める男女、情を知らずば良に從ふとあるに合はず。賤者考本居内遠撰はこれに據りて賤民の階級を左の如く序述せり。

雜戶

雜戶は良民と婚を聽すとあれば、中にも輕し、職員令に其官につきたる某戶といふを合せていふ類なり、紙戶、百濟戶、樂戶、

官戶

官戶はじめにあげて輕しとし、家人陵戶を重しとす、官戶は官人良民罪に坐して沒官せるもの、又家人、奴婢、主人家の人を犯して生る子などなれば、良にやゝ差あるものなり、

家人

家人は官戶にくらぶれば重しとあり、されども集解釋に、「官戶家人相通嫁娶、是謂二當色一」とあれば、いたく違へりとは見えず、

官奴婢

集解釋に、前に引たる官戸家人の嫁娶を當色とある次に、「公奴婢亦同也」とあり、

私奴婢

義解に「公賤爲レ輕、私賤爲レ重」とあり、奴婢は家人より劣れる事は、前文に明白なり、されども集解に「問、配沒之日、奴婢爲ニ官奴婢一、家人者爲ニ官戸一歟、答、可レ然」とあるを見れば、必竟官戸と家人とは同色、官私奴婢も同色にて、差別なく、主人など中々に罪ありて、其身を沒官せらるれば、私より官に隷して、主人の罪かへりておのが幸なるが如し、たゞ官私の名目によりて、官に隷たる方をやゝ輕しとせられたるのみにて、必竟は官戸と家人と同色、公私奴婢も同色なり、

陵戸

陵戸と奴婢との上下輕重分明ならず、わかちがたきが如し、さる故は、家人と奴婢との別は、共に同じく人に仕ふる者なれども、家人は戸をなして別居す、奴婢は別居するもあれど、たゞ其身主人の衣食を仰ぐ者なり、是とひとしく官戸と官奴とも同じく、官戸は戸をなすを、官奴は官奴正に隷して群居するさまなり、さて陵戸は賤しくはあれども、戸をなして、必竟は雜戸の一種なれば、奴婢よりは勝れるが如し、かつ官に隷したる者なり、されども其司る職業穢らはしきによりて差別あり、そは前に引たる集解の文に、一云、雜戸與ニ良人一爲レ婚、但陵戸不レ聽、若與ニ良人一爲ニ夫妻一所レ生男女者、不レ限ニ知レ情不レ知レ情、皆爲ニ陵戸一とある文、いたく品降りたるさまなり、他は當色ならぬも、不レ知レ情從レ輕とありて、奴婢もかやうなるに、陵戸のみはあさらぬは、いと重しと見ゆれば、今奴婢より下に次第《ツキテ》たるなり、さ

れど其つゞきの一云とある文にては、又他と同じく不ㇾ知ㇾ情者從ㇾ輕とも見ゆれば、猶さだめがたきやうなれども、官奴婢は年六十六よりは官戸となり、年七十六にいたれば並放爲ㇾ良とみえたるに、陵戸にはさる事みえざるは、尙賤しきゝはみにやとおもはる、されど此官戸といふに、陵戸も共にこもれるにやともおもへど、本文のはじめにも、官戸、陵戸と別に並べ出せれば、こもれるにはあらず、さればかく順次をさだめたるなり、又はじめに官戸、家人、陵戸の三種をあげて、官戸爲ㇾ輕、二色爲ㇾ重とあるは、官戸はあるが中に輕くて、夫に對しては、家人、陵戸は重しといふにて、家人、陵戸は同等なりといふ義にはあらず、おもひ紛ふべからず、是は共に戸をなせる三種をあげたるにて、奴婢は戸をなさゞれば別として、次に奴婢は官を輕とし私を重しとたてたる文なり、さて又令の本文に、官戸、家人よりも陵戸を前に出せるはいかにといふに、前にもいふ如く、陵戸もおしなべていふ時は雜戸なり、されど陵墓を守りて職業の汚穢なるより、人も忌諱するは情なり、後世諸陵正に任ずる人なくなりたるにても察すべきなり、されば雜戸のうちなるを表に立て、はじめに記せるなり、○令の本文、其他賊盜律、雜律にも、官戸陵戸家人奴婢、又陵戸官戸家人奴婢と序次せるがあれば、本書にいふところは鑿說と謂ふべし、

賤民の種別　賤を別つて二種となすことを得べし。一は公に屬するものにして、一は私に屬するものなり。前者には官戸、陵戸及び公奴婢あり、後者には家人及び私奴婢あり。

一　公に屬するもの

一　官　戸

戶令に曰く、「凡官奴婢、年六十六以上、及廢疾、若被二配沒一令レ爲レ戶者、並爲二官戶一、至二年七十六以上一、並放爲レ良、(任所レ樂處附レ貫、反逆緣坐、八十以上、亦聽レ從レ良)」と。反逆緣坐とは、賊盜律に「凡謀反及大逆者皆斬、父子若家人資財田宅並沒官、年八十以上及篤疾者並免」とあるをいふ。此他沒官すべきものは、家人奴の主人及び主人の五等以上の親に通じて生める男女とす。戶令に曰く、「凡家人奴姧二主及主五等以上親一所レ生男女、各沒官」(義解に據るに姦とは和姦のことにして、强姦せるか、若しくは犯しゝ時互に其身分を知らざりしものは、共に良に從ふべきものなり)と。思ふに、此場合にありて、家人の子は官戶とし、奴の子は官奴婢とせらるゝことならん。乃ち官奴婢の年齡六十六以上、及び廢疾のもの(一)、謀反及び大逆の緣坐に依りて沒官せらるべき家族若しくは家人(二)、及び家人奴が主人若しくは其五等以上の親に通じて生める子(三)等は、正に官戶とせらるべきものなり。雜令に曰く、「凡犯レ罪被レ戮、其父子應二配沒一、不レ得レ配二禁內供奉及東宮所一駈使一」と。「禁內供奉」云々とは、義解に「謂供奉者內膳等之屬、其禁內駈使、及東宮供奉、亦不レ可二配使一」といへるが如く、假令其身は罪なきも、大罪を犯しゝものゝ家族なるが故に、特に法を設けてこれを禁ぜしならん。されど此禁內の供奉と東宮の駈使とを除きては、官奴婢と共に諸官に配使せられ、

雜令　凡官戶奴婢者、每レ旬放二休假一日一、父母喪者、給二假三十日一、產後十五日、其懷姙及有二三歲以下男女一者、並從二輕役一、

凡官戶奴婢充レ役者、本司明立二功課一案記、不レ得二虛費二公粮一、

凡官戶奴婢、三歲以上、每レ年給二衣服一、春布衫、袴、衫、裙各一具、冬布襖、袴、襦、裙各一具、皆隨二長短一

量給、

職員令宮内省内染司義解　謂、此司無二駈使丁一者、以二官奴婢一充、〇此は奴婢のみの事なれど玆に類收す、

宮内省官奴司これを管轄す。

職員令　宮内省官奴司、正一人、掌二官戸奴婢名籍及口分田事一、

戸令　凡官戸奴婢、毎年正月、本司色別各造二籍二通一、一通送二太政官一、一通留二本司一、有二工能一者、色別具注、

雜令　凡官戸奴婢死、所司檢校、年終惣申、

賊盜律に、「凡謀レ殺二詔使若本司本國守一、及吏卒謀レ殺二本部五位以上官長一者徒三年、（官戸、奴婢與二吏卒一同、餘條准レ此）謂官戸奴婢等毆二詈本司五位以上官長一、當條無二罪名一、並與二吏卒一同」とありて、官戸奴婢の官長に於けるは、吏卒の官長に於けると同法に據らしめたり。これ其均しく官長に服從すべきものなればなり。

戸令の文に「若被二配沒一令レ爲レ戸者」云々とある戸は、一戸の事にして、配沒せられしものゝ一戸をなすをいふが如くなれども、それにては「可レ爲レ戸者」などゝなくては聞こえず。故に集解に「令レ爲レ戸者、謂爲二官戸一者、不レ在下定二戸主戸口一之事上」といひ、又「未レ知、令レ爲レ戸之情何、答、猶レ言レ爲二官戸一也、更如二良人一、不レ定二作戸主戸口一也、本姓皆可二除取一者」といへるに從ひ、唯官戸となさしむるの義に解するを妥當なりとす。則ち法に據り沒官せられしものにして、官戸となさしむるは官戸とし、官奴婢となさしむるは亦官奴婢となさしむべきをいふなり。而して此官戸となすべきは良人と家人とにして、奴婢は官奴婢と

なすべきこと、本文に述べたるが如くならん。集解に引ける「跡云、家人令レ沒者、爲二官戸一、穴云、○中略、問、配沒之日、奴婢者爲二官奴婢一、家人者爲二官戸一歟、答、可レ然、但高年者隨レ文耳、師同レ之」と。從ふべし。

二　陵戸

上古以來、公民の罪あるものを沒して、神奴、陵戸となしゝ事あり。持統天皇五年十月詔して、先皇の陵戸は五戸以上を、自餘の功ありし王等には三戸を置くことゝし、陵戸の足らざる時は百姓を以て充て、其傜役を免じ、三年毎に交替せしめられたりしが、喪葬令に「凡先皇陵置二陵戸一令レ守、非二陵戸一令レ守者、十年一替」と規定せられしより、陵戸にあらざるものは、十年にして亦交替することゝなれり。但何人を以て陵戸に充てらるゝやは、法令に明文なきを以て詳かならず。唯「非二陵戸一令レ守者、十年一替」との文に據りて、其世襲にして改めざるものなることを明かにすべきのみ。

三　奴婢

官奴婢となるには、固より種々の原因あらんと雖ども、前に引ける戸令の文に、配沒せられて戸となさしめたらば官戸とせよとあるに據れば、其官戸となすに足らざるものは、官奴若しくは婢とせられしなるべく、武烈天皇八年三月、無辜の婦女を沒して官婢とせられしこと見えたり、反逆者の奴婢の如きは、此種類に屬するものならん。又奴が主人若しくは主人の五等以上の親に通じて生める子も、官奴婢とせらるべきこと、官戸の條下に說けるところに據りて推測するを得べし。元正天皇養老四年六月、漆部司令史丈部路忌寸石勝の男祖父麻呂等三人請うて官奴となり、父の罪を贖ひしに、翌月免じて良に從はしめられしことあり。此くの如きは固より有數の特例なり。

二　私に屬するもの

一　家人

部曲安間紀に氏奴とありの民、諸氏に隷屬して、私民の狀をなしゝもの多し。故に諸氏往々これを獻じて、朝用に充て、又其犯罪を贖へることありき。大化改新の時、收めて公民となさんとし、皇太子中大兄率先して其入部五百餘口を獻ぜられしかど、宿弊固より一朝にして改むべからず。天智天皇三年二月に至り、民部《カキベ》雄略天皇十七年三月、土師連吾笥諸國の私民部を進めて、贄土師部とせしことあり家部《ヤカベ》を定めて諸氏に給へり。其後天武天皇三年二月、詔して復これを廢せられしも行はれず。律令撰定の時、是等の私家の賤を認めて家人となせり。唐令には、我家人とある處に部曲とあり、天武紀にも民部家部を部曲と記せるを視て、其性質を察すべし。彼等は其遠祖に遡れば、主家と同族なるもあるべく、然らずして唯これに隷屬せるもあらん。雄略紀九年五月、釆女大海、其韓奴室、兄麻呂、弟麻呂、御倉、小倉、針六口を大伴室屋大連に贈りて恩を謝せし條に、「吉備ノ上道ノ蚊島田ノ邑ノ家人部《ヤカヒトラ》是也」とあるは、蓋し家人の號の國史に見えし初めなるべし。其奴婢の如く、主家の戸籍に載らざるは、彼等が戸をなして別居すればなり。

二　奴婢

奴婢は本來主家に使役せられしものと、代價を拂ひて買得せられしものとあらん。家人と共に、主家に臣從し、勞役に服すべきこと辨を竢たず。光仁天皇寶龜七年十一月、出羽の俘囚を參議以上に班ち賜ひ、賤とせられしことあり。

彼等は常に主家に同居し、財物と共に賣買讓與及び交易せらる。故に中古の戸籍を觀るに、戸主の外、妻子兄弟姉妹等の家族にして各奴婢を有し、奴婢又妻あり、子あり、孫ありて、一戸數十人を蓄ふるあり、例せば聖武紀「天平十七年九月丙子、中納言從三位巨勢朝臣奈氐麻呂等言、巨勢朝臣等久時所レ訴奴婢二百三人、今既停レ訴、請レ從レ良、許レ之」と見えたれば、巨勢氏の奴婢二百三人に及びしなり。九等戸の民等を定むるにも、賤を有するの多少を以てしたりしが、元正天皇養老元年十一月より、改めて一般財產を標準とすることゝはなりぬ。

官戸奴婢と家人奴婢 以上公私に屬する賤民の間には、自《オ》ら身分の輕重なき能はず。故にこれより少しく此點に就て討究するところあらん。

凡そ中古の法令に於て、賤民に關する規定程、參錯交雜せるは少し。これ古來法家の諸說紛然として聚訟の如くなる所以なり。然れども仔細にこれを窮討すれば、其中自《オ》ら章々として、條理の貫通するものあるを發見せん。田令に「凡官戸奴婢口分田與二良人一同、家人奴婢隨二鄉寬狹一並給二三分之一一」とあり。義解に口分田は不税田なりといひ、又寺の奴婢は給ふ限にあらずといへり。養老七年十一月より、奴婢の口分田は十二年以上のものに授けらるゝ事となれり。猶ほ寺の奴婢は、天平勝寶二年二月廿六日の官符に、「凡寺爾入訖奴婢者、以レ指毛指犯佐奴毛乃止云々」と見えたり。良人の口分田を給ふは、男は二段にして、女は三分の一を減ずる制なれば、官戸奴婢の家人奴婢に於けるは、猶ほ良人の男の女に於けるが如くなるべし。而して醫疾令には、「女醫取二官戸婢、年十五以上廿五以下、性識慧了者卅人一、別所安置、敎以二安胎產難、及創腫傷折、針灸之法一、皆案レ之口授、每月醫博士試、年終內藥司試、限二七年一成」とあり。されば官奴婢は、良人と同じく口分田を給ひ、官戸婢は女醫となるを得るも、家人奴婢に至りては前者は三分の一を給ふのみ、後者は全くこれを得べからず。其他官戸奴婢には、每旬一日の休暇あり、又父母の喪には三十日の暇を、產後には十五日の暇を給ひ、懷姙中と三歲以下の子ある間とは特に輕役に服せしめ、三歳以上のものには毎年衣服を給ふべし。 ● これらの點よりいはゞ、官戸奴婢は家人奴婢に優れるが如きも、これ一は官に仕へ、一は私に役せらるゝ境遇の異同より生ぜる差にして、未だ遽に身分の輕重を決すべからざるに似たり。例せば、今日にても、在官者は種々の特典禮遇あるも、これに依りて民間の人士に比して身分貴しとなすを得ざるが如し。

良人と家人奴婢　抑〻五種の賤は公私の所屬を異にし、且つ身分に輕重の差ありとはいへ、これを良人に對すれば、均しく賤民に屬するを以て、法律上同一の取扱を受くる事なきにあらず。例せば、良人の謀反大逆者が父子家人資財田宅竝びに沒官せられ、祖孫兄弟皆遠流せらるゝに拘らず、官戸、陵戸、家人、公私奴婢は唯其身を坐するが如き、賊盗律、又良人の人を殺して死に當れるもの、赦に會ひて免るれば移郷せらるべきも、陵戸、官戸、家人、奴婢公私を含むならんは移す限りにあらずとするが如き賊盗律これなり。然れども其異點亦頗る多し。今最も較著なるものよりこれを說かん。

家人奴婢は竝びに私家の賤にして、民部省の管掌するところなり。彼等は一様に橡《ツルバミ》墨衣《スミゾメ》義解に「俗云橡衣也、此條無二白袴一者、文之省略也」とありを着て、良人と別たれ、衣服令、○奴婢は公私に通じていふ、延喜彈正臺式には、「凡公私奴婢服、黃蒲陶淺紅赤練橡白、橡墨染、其裾靑赤絁布等色聽レ之、紫緋綠紺縹等不レ須二全色一、唯得二纐纈裁縫一」と規定したり、其主人及び家族に對して常に使役に服し、時ありては代りて歳役に出ださる。

賦役令　凡正丁歳役十日、○中略、若欲下雇二當國郡人一及遣二家人一代役上義解謂奴婢亦同者聽之、

三代實錄　貞觀五年九月廿五日、勘解由使廳請二一條一、其一日、神社帳准二官舍帳一、勘了之日、令レ移二式部省一、其二日、奴婢生益附レ帳之日、令レ注二父母名一、太政官處分、並依レ請、○委しくは類聚三代格に見えたり、

彼等若し逃亡せば、主人は狀を具して官司に屆出づべく、捕亡令、外蕃に沒落して還るを得ば、放《ユル》して良に從ひ、且つ三年の復を賜ふべし。賦役令。律に一家の中三人を殺さば不道となすも、家人奴婢はこれに與らず、賊盜律、主人これを過失殺するも論なし。鬪訟律。然るに彼等にして、苟くも其主人及び親族に對し、服從を破るが如き行爲あらしめば、峻刑立どころに下りて、秋毫も假借するところなし。則ち彼等若し主を殺さんと謀らば斬せられ、主を訴へ、過失殺若しくは奸せるものは絞せられ、主家の親族に於けるは各差あり、而して絕えて減贖の餘地を與へられざるなり。主人免して僧尼とならしめたるもの、後に犯罪の爲めに還俗せしめられ、然らざるも自《ミ》ら還俗せば、再び舊主に歸して家人若しくは奴婢たらしむ。僧尼令、〇義解には「官戶奴婢亦同」といへり。

家人と奴婢との比較　然れども兩者の間には自ら輕重あり、奴婢は田宅牛馬と同じく賣買せらるべきものなるも、家人に至りては然らず。

關市令　凡賣二奴婢一、皆經二本部官司一、取二保證一、立券付レ價（其馬牛唯責二保證一立二私券一）

田令　凡官人百姓並不レ得下將二田宅園地一捨施及賣易與上レ寺、義解奴婢牛馬等不レ在二禁限一

戶令　凡應レ分者、家人奴婢（氏賤不レ在二此限一）、田宅資財（其功田功封唯入二男女一）、惣計作レ法、

同集解凡應分者家人の條下　穴云、問、家人分法何、答、家人雖レ无二賣買一、暫家內而平價處分无レ妨耳、

賊盜律疏凡謀反及大逆者皆斬父子若家人資財田宅並沒官の條下　其家人不レ同二資財一、故特言レ之、奴婢各同二資財一、故不二別顯一、

賊盜律　凡以二私財物奴婢畜產之類一（餘條不二別顯二奴婢一者、與二畜產財物一同）謂反逆條中、稱二資財並沒官一、不レ顯二奴婢畜產一、又廐庫律驗二畜產一不レ以レ實者一笞廿、卽無下驗二奴婢一之文上、若驗不レ實者、亦同下驗二畜產一之法上、故云、餘條不二別顯奴婢一者、與二畜產財物一同、貿二易官物一者、計二其等一准レ盜論（官物賤亦如レ之）、

且つ父祖家人たらば、子孫も相承けて家人となり、主人に駈使せらるゝも、主人は其男女を擧げて駈使する事を得ず。

戸令　凡家人所レ生子孫、相承爲二家人一、皆任本主駈使、唯不レ得二盡レ頭駈使及賣買一、

奴婢に至りては、子孫相承けて奴婢たるは勿論、男女を問はず、悉く主人の使役に任ずるのみ。

戸令集解當色婚の條下　朱云、○中略、私奴婢等相婚生レ子者、入レ官乎、入レ私乎、若不レ論二公私一從レ母乎、何　答、然者、

故に人を略し若しくは略賣して、奴婢となせるは遠流なるも、家人となせるは徒三年のみ。賊盜律。家人を毆傷すれば、凡人に一等を減じ、奴婢は又一等を減ず。律逸に載する闘訟律に據る、本文は「□毆二傷□」家人一減二凡人一等一」とあり。缺字に至りては詳かにすべからざれば、姑く省略に從ふ。奴婢罪あり、其主人官司に請はずして殺さば杖八十、罪なきに殺さば杖一百、家人は各一等を加ふるなり。闘訟律。而して賣買の許されざる、官戸、陵戸、官奴婢、皆然りとなす。故に奴婢は官戸、陵戸よりも賤しく、又私奴婢は官奴婢よりも賤し。律逸に收むる雜律に、左の一條あり。

凡姦者徒一年、有レ夫者徒二年、强者各加二一等一、僧尼令集解、法曹至要抄、金玉掌中抄、官戸、陵戸、家人姦二良人一者、各加二一等一、姦二官私婢一者杖六十、姦二他人○家人か及官戸、陵戸婦女一者杖七十、僧尼令集解、

又捕亡令の「凡兩家奴婢俱逃亡、合生二男女一、並從レ母」とある義解に、「謂官私奴婢與二官戸家人一合生二男女一亦同」といひ、法曹至要抄にこれを引きて、「按レ之、於二奴婢一者、律比二畜產一、仍所レ生之子、皆可レ從レ母也」といへり。以て官私奴婢の官戸、陵戸、家人に比して、劣等なる一斑を窺ふべし。又彼等の逃亡せるもの

を捉へ獲ば、公私の別なく各賞あり。捕亡令。然るに均しく奴婢の身分にして、官奴婢は稍〻私奴婢より輕く、彼口分田の良人に同じく、年六十六以上及び廢疾者の官戸となり、婢の女醫となり得るの外、又賣易を禁ぜらる。前に引ける賊盗律の文に、「貿二易官物一者、計二其等一準レ盗論(官物賤亦如レ之)、計レ所レ利以レ盗論(其貿二易奴婢一、計レ贓重二於和誘一者、同二和誘法一)、假有以二私奴婢直布廿端一、貿二易官奴婢直布七十端一、即是計レ利五十端、合二加役流一、以三本條和二誘奴婢一、罪止二中流一、即於二此條貿易一不レ可二更重一、故云、同二和誘法一」とあり。此疏にいへるところは、適〻以て官奴婢の比較的に私奴婢に優れるを證するに足れり。是故に奴婢は賤民中最下等に位するものにして、他の三種に對すれば、公私を選ばざるも、同種族間にありては、官奴婢は稍〻私奴婢より輕しとす。

良人となる手續　更に彼等が賤を脫して良人となるの手續に就きて觀察せば、家人奴婢は(第一)主人の放免に依り、(第二)主人の戸絶えて遺言なきに依り、(第三)自《ミ》ら贖ひ、(第四)自《ミ》ら理訴して脫《マヌカ》るゝに依るも、概してこれをいはゞ、奴婢は先づ免されて家人となり、次に良人となるを以て、普通の順序とするが如し。

賊盗律疏家人奴婢謀レ殺二舊主一者罪亦同(舊主謂主放爲レ良者)の條下　其家人奴婢自贖免レ賤者、亦同二主放一、若轉賣及自理訴得レ脫、即同二凡人一、

戸令　凡放二家人奴婢一爲二良及家人一者、仍經二本屬一、申牒除附、

獄令　凡放レ賤爲二家人及官戸一、逃亡經二卅日一、並追充レ賤、

次に官戸奴婢に至りては、(第一)縁坐の本人なる反逆者の赦に會ひて免されたるに依り、(第二)其官戸年七十六以上に至れるに依り、(第三)恩典に浴して放されたるに依るも、これ亦多くの場合に於ては、私奴婢の家人に於けると一般、官奴婢は先づ官戸となりて、然る後良人となるべかりしなり。元正紀「養老四

年八月壬午、令下都下四十八寺一日一夜讀中藥師經上、免二官戸十一人一爲レ良、除二奴婢一十人一從二官戸一、爲レ救二右大臣○藤原不比等病一也」とあるが如きはこれなり。然れども又同紀「養老七年十二月丁酉、放二官婢花一從レ良、賜二高市姓一」聖武紀「天平十六年二月丙午、放二官奴婢六十人一從レ良」とあるが如き事もなしとせざりき。

此他、官戸、家人、公私奴婢に通じて、良人となるべき特別の場合あり。抄略に遭ひて一旦外蕃に沒落しながら、自ら脱して還る事を得たりしものこれなり。戸令。

これに因つて觀れば、官戸の比較的に官奴婢に優れるは、猶ほ家人の私奴婢に於けるが如し。而して官戸は免されて直に良人となるの資格ある事、家人に同じと雖ども、此は官司に屬すると、良人の配沒せられしもの多き事等とに依りて、比較上又家人に優れる事、猶ほ官奴婢の私奴婢に於けるが如きなり。

陵戸の地位　官戸、家人、公私奴婢の品位は上來述べしところによりて概見すべし。然らば餘すところの陵戸は如何。前述の如く、何人を以て陵戸に充つべきやは、法令の明文を缺くと雖ども、蓋し多くは良人の配沒せられて賤となれるならん。其居常山陵を守るは、官戸の諸官に配使せらるゝと撰を異にせざるが如くなるも、此れは職業汚穢に近くして人の厭ふところなれば、其地位自《オ》ら彼れの下にあり。然れども官に隷するが爲め、雜戸、品部等と共に課役を免ぜらるゝの特典あり。これを家人公私奴婢に比して、身分の賤しからざるは、推知するに難からざるべし。抑〻陵戸が戸をなしながら一定の職業を世襲して奉仕するの状は、彼雜戸に同じくして、他の賤民の專ら驅使に就き勞役に從ふものに似ず。故に又特に免じて良人となすの制を置く事なし。これ敢て他の種族に劣るが爲めにはあらず、職業の性質これをして然らしむるのみ。賤者考に視て賤の極となすは誤れり。然るに禁忌の風は世を逐ひて益々甚だしく、彼土師氏すら、專ら凶儀に預かるは祖業の本意にあらずとて、請ひて其氏を改め、諸陵寮（令には司なりしが、天平元年より寮となれり）も後世頭の外はこれに任ぜざる事となれり。（職原抄。）特に陵戸は賤民として專ら此忌諱に觸れ、且つ子孫も其職を改めざるものなれば、一般社會よりは彌々賤惡せられて、啻に良人に伍せられざるのみならず、賤民中にありても、亦劣等の種族となるを避け得ざりき。されば彼等の多くは動もすれば其職責を忘れて、兆域の中に樵採し、譴を畏れて逃亡するあり。加ふるに、中世以降、皇室式微、歷代の山陵悉く荒墟となり、所在の傳說を擧げて不明に歸せしむるの甚だしきあり。是に至りては、陵戸の如きも、恣に此汚職を去りて他の賤民に轉じ、若しくは良人に混じて、僅に良家《リヤウケ》といひ夙《シユク》といへるに、其面影を傳ふるのみ。

賤民の等級　以上列擧せしところに依りて、賤民の性質等級は略々これを明かにするを得べし。飜つて義解の文を按ずれば、同書には先づ賤の種族を五色となし、其中、官戸、陵戸、家人の三色にありては、官戸を輕しとなし、餘の二色を重しとなし、又公私奴婢の二色にありては、公の賤を輕しとなし、私の賤を重しとなせるなり。（此に所謂輕重は、身分の輕重といふと、正反對なる事を忘るべからず。）唯陵戸、家人の二色に就ては輕重をいはずと雖ども、「陵戸家人相婚所レ生者、從レ母爲レ定也」（全文は前に引けり）といへば、此點に於て兩者の同等なるべき事、固より論なし。又公私奴婢は餘の三色に伍せざる程にて、其階級、陵戸、家人の下にあるは推して知るべきなり。

然らば義解は官戸を第一とし、陵戸、家人を第二とし、官奴婢を第三とし、私奴婢を第四とするものにして、所謂五色の區分と撞着するを免れず。然るに陵戸、家人の同等なるは、唯兩者間に行はれたる不正婚の結果に過ぎざれば、此一事に依りて、全く等級の別なしとすべきにあらず。且つ異色相娶るものあらば、これを違令に處し、又其婚姻を取消さしむべしといへば、少くとも別種のものたるは明かなり。故に余は法を按じて、陵戸の身分を家人奴婢よりも重しとなせり。思ふに、陵戸は公賤の輕きもの、家人は私賤の重きものにして、身分の懸隔亦甚だしからざれば、法令は不正婚の際に同等の處分をなすも、若し一般の場合に於て身分の輕重如何を問はゞ、官戸の家人より、官奴婢の私奴婢より重きが如く、陵戸も亦家人の上にありしならん。

若し又集解の第一説の如く、官戸は家人と、官奴婢は私奴婢と同色にして、共に婚を通じ得べしとせば、令にこれが規定を見ざるの理なし。然るに陵戸以下皆當色婚をなすべしとするの外、絶えて其制を設けず、何を以てこれを知らん。故に集解に引ける古記にも、「問、官戸家人相交接得不、答、不レ得、若所レ生男女者、知レ情者從レ重、不レ知レ情者從レ輕、其官戸至二七十六以上一、放爲レ良故、但官戸家人與二公私奴婢一爲二夫妻一所レ生者、知レ情者從レ賤（重カ）、不レ知レ情者亦從レ輕」といへるなり。猶ほ同書にも「其公私奴婢、相二爲婚一者得也」といへり。次に集解の第二説に、陵戸の良人と夫妻となりて生める子は、情を知ると否とを問はずして、陵戸に從ふべしとあるも、全く令の規定に反せり。何となれば、令には、陵戸の情を知らずして、良人と夫妻となれるものゝ子は、官戸、家人、公私奴婢と同じく、良に從ふとありて、情を知れるものゝ賤に從ふべきは辯を竢たざればなり。されば集解に引ける一書の說にも、「一云、良人所レ生男女者、從レ父爲レ姓、陵戸所レ生男女者、從二父母一（本書此條下に重複の文ありて、それには「從レ父從レ母」とあり、）皆與二奴婢一同、卽知、陵戸與二良人一爲二夫妻一、所レ生男女者、知レ情者從レ重、不レ知レ情者從レ輕、凡諸條非二當色一爲レ婚、所レ生男女者、知レ情者從レ重、不レ知レ情者從レ輕、此說（〇令義解の說なり）爲レ長」といへり。此點に就ては、陵戸敢て他の賤民に異ならずと知るべし。

雜戸の身分　此に尙ほ一の討究を要するものあり、何ぞや、集解の說（第二說）に、雜戸と良人と婚をなすを得といへる事これなり。雜戸に就ては、集解の說に見えたる外、同書（戸令凡無レ子者聽レ養下四等以上親於二昭穆一合者上の條下）に引ける律に、「雜戸養二良人一爲二子孫一、徒一年半、養二家人奴一爲二子孫一、徒一年」とありて、律逸は我戸婚律の逸文としてこれを引けり。此くの如く良人と相對せしむるを見れば、雜戸も亦一の賤民なるに似たり。故に賤者考には、これを官戸の上に置き、集解の說に據りて、雜戸は良人と婚を聽せば、賤民中の最も輕きものとせり。（其文前に引けり。）然るに又これを以て賤民にあらざる證となすものあり。品部雜戸考（史學會雜誌第十九號所載）に、我國の雜戸の賤民ならざる事は、戸令に載せたる陵戸、官戸、家人、公私奴婢の列に加へず、令の集解に、良人と婚をなすを聽されたる文あるを以て知るべしといへるが如きこれなり。是故に雜戸の身分を決するは、賤民制の研究にありて、須要の問題と謂はざるを得ず。

法令に雜戸といへるは、樂戸の伎樂を以て雅樂寮（治部省）に屬する、船戸の舟檝を以て主船司（兵部省）に、酒戸の釀酒を以て造酒司（宮內省）に屬するが如きものこれなり。彼等は各一定の藝業を世襲して官司に隷屬し、子孫敢て改むる事なし。而して陵戸と同じく課役を免ぜられ、

賦役令　凡舍人、史生、伴部、使部、兵衞、衞士、仕丁、防人、帳內、資人、事力、驛長、烽長及內外初位長上、勳位八等以上、雜戸、陵戸、品部、徒人在レ役、並免二課役一、

戸籍は亦陵戸と均しく二通を太政官に送り、一通を國に留め、更に一通を寫して、各本司に（陵戸は諸陵司に、雜戸は其所屬の寮司に）送らしめらる。

戸令　凡戸籍六年一造、〇中略、里別爲レ卷、惣寫ニ三通一、〇中略、二通申ニ送太政官一、一通留レ國、（其雜戸陵戸籍、則更寫ニ一通一、各送ニ本司一、）

流を犯すも配所に送らず、決杖して留住役に服せしむる事、亦陵戸に同じく、

名例律　凡雜戸、陵戸犯レ流者、近流決杖一百、一等加ニ三十一、留住倶役三年（犯ニ加役流一者役四年）、犯レ徒者准下無ニ兼丁一例上加杖還依ニ本色一、

人を殺して死罪に當りながら、赦に會ひて免さるゝも移郷せざる事、陵戸、官戸、家人、奴婢に同じ。

賊盜律　凡殺レ人應レ死、會レ赦免者移郷、若群黨共殺、止移ニ下手者及頭首之人一、若死家無ニ父子祖孫伯叔兄弟一、或充ニ他國一雜戸及陵戸官戸家人奴婢、若婦人有レ犯、或殺ニ他主家人奴婢一、並不レ在ニ移限一、（家人奴婢自相殺者亦同）、違者徒一年、

此くの如く、一方に於ては賤民と同一の規定あり、他方には良人と相對的の法文あり。雜戸に擬するに賤民を以てするもの一理なしとせず。加ふるに、我法令の準據せし唐の雜戸は、唐六典（刑部都官郎中の條）に「凡反逆相坐、沒ニ其家一爲ニ官奴婢一、一免爲ニ番戸一、再免爲ニ雜戸一、三免爲ニ良人一、皆因ニ赦宥所レ及則免レ之」といひ、故唐律疏議に「雜戸者、謂前代以來配ニ隷諸司一、職掌課役不レ同ニ百姓一、依レ令老免進丁依ニ百姓例一、各於ニ本司一上下」といひて、全く賤民なれば、官戸奴婢と共に、良人に向つて婚姻又は養子縁組をなす事を許されず。

唐戸婚律　諸雜戸不レ得下與ニ良人一爲上レ婚、違者杖一百、官戸娶ニ良人女一者亦如レ之、良人娶ニ官戸女一者

加㆓二等㆒、即奴婢私嫁㆑女、與㆓良人㆒爲㆓妻妾㆒者、準㆑盜論、知㆑情娶者與同罪、各還㆓正之㆒、

諸養㆓雜戶男㆒爲㆓子孫㆒者、徒一年半、養㆑女杖一百、官戶各加㆓一等㆒、與者亦如㆑之、若養㆓部曲及奴㆒爲㆓子孫㆒者杖一百、各還㆓正之㆒、

これ亦我雜戶を賤民視せしむる一因たらずんばあらざるなり。然るに我雜戶は本と良人の雜務技藝に工みなるを諸氏に隷して公役に服せしめたるにて、其後自《オ》ら私民の狀をなすに至りしもの多かりしを、大化の改新に收めて公民となし、更に官司に隷屬して所在に置き、公役に供せしものなり。此中には後世の新置に係るもあるべしと雖ども、子孫其職を世々にし、敢て移らざるの狀は一なりとす。但世業の家必ずしも良工を出ださゞるを以て、雜戶其人を得ざれば、白丁に取りて、これに充てらるゝ事ありき。されば營繕令に「凡白丁有㆘解㆓雜巧作㆒者㆖、毎㆑年計帳之次、國司簡試、附㆑帳申㆑省」とあり、職員令宮內省木工寮工部の義解にも、「不㆑限㆓雜色白丁㆒、取㆑知㆓工者㆒充、即得考之色」とあり。抑〻我國工藝の發達せる、古來妙工名匠に乏しからず。而して雄略天皇の木工猪名部眞根の妙技を惜んで、特に其罪を赦し給へる、崇峻天皇の鞍作鳥の秀工を嘉して、位に敍し田を給へる、其他藝業の徒、皇室の優恤を受けし事蹟も亦頗る多し。然れども雜戶の中には、自《オ》ら前代に配沒せられし馬飼、鳥養等の子孫も交りたるべく、且つ彼等は小技を以て官司に衣㆑食し、部曲の號を稱するのみにて、姓を冒すを許されず、子孫は必ず祖業を繼承して、各公役に供するの義務あるものなれば、其品位も從つて賤しく、有姓の人はこれと伍するを耻ぢ、續日本紀「天平十六年二月丙午、免㆓天下馬飼雜戶人等㆒、因勅曰、汝等今負姓人之所㆑耻也」云々、終に法律に於て、良賤以外、雜戶の一階級を置く事となりしなり。是に於て彼等は良賤間の一種族と

なり、兩者の孰れにも屬せざるも、賤民よりは寧ろ良人に近しと謂はざるべからず。何となれば、彼等は其性質に於て正しく良人たるも、賤民たるべき資格なきもの多きに居ればなり。故に法文に往々後者と同一の規定あるも、仔細に考覈すれば、兩者の間自ら甄《オ》別するところあるを知るに足らん。

唐の雜戶と官戶とは、故唐律疏議に「雜戶配二隷諸司一、不下與二良人一同上類、〇中略、官戶亦隷二諸司一、不レ屬二州縣一」といひて、竝びに諸司に配隷すれど、前者は州縣に屬し、後者は此事なきの差あり。我國に於ても亦これに均しく官戶は諸司に駈使するのみなりと雖ども、雜戶は居住地にありて公役に供するを得たりしなり。從つて前者の名籍は、官奴婢と共に、官奴司の掌るところなれど、後者は所在の國に於てこれを取扱へり。陵戶も諸國に戶をなし公役に供する事、雜戶と其狀を一にすれば、戶籍の制を始め、留住役、免課役の事全く雜戶に同じく、又赦に會ひ移鄕を免されざるは、陵戶、官戶、家人、奴婢に同じき事、既に述べたるが如し。然るに賦役令に、一位以下及び百姓雜色人等、戶每に粟を取つて義倉とするの制あり。義解に據るに、所謂雜色人とは品部及び雜戶等に限りて、陵戶は良人のこれに充てられたるもの丶外、義倉に與らざる事とし、明かに二者の區別をなせり。（職原抄に藏人所の雜色を「良家之子補レ之」とある雜色は、こゝにいへると異なり、良家といふも家格の名にて、良人の意にはあらず、混視すべからず。）更に職員令を檢するに、雜戶は諸寮司の下に特記する事、例せば主船司の條に、

正一人（掌二公私舟檝及舟具事一）、佑一人、令史一人、使部六人、直丁一人、船戶、

とあるが如きも、他の賤民に至りては絕えて此事なく、陵戶は諸陵司の條、諸陵正の職掌を說ける中に、陵戶の名籍の事を掌ると見え、官戶奴婢も亦官奴正の職制に、官戶奴婢の名籍及び口分田の事を掌るとあるの

み。均しく官司に役使せられながら此別あれば、雜戶の賤民と同類ならざる事、推して知るべく、且つ彼移鄉を許されざるは、賤民と異ならざるが如きも、雜戶にありては、特に「充ニ他國一雜戶」といへば、被害者の所在地にあるものは、他の良人と同じく、移鄉せしめらるゝ事にて、其實良人と同一の規定に歸するなり。

この事の見えたる賊盜律の文に、「充ニ他國一雜戶及陵戶、官戶、家人、奴婢」とありて、雜戶と陵戶以下の賤民とを及の字にて區別せる事翫味すべし。雜令に「凡皇親及五位以上不レ得下遣ニ帳內資人及家人奴婢等一定ニ市肆一興販上」とあるも此例なるべし。

若し雜戶にして賤民なりとせば、同色婚の條に官戶、陵戶等と同一の規定なかるべからずと雖ども、同條には、所謂五色の賤民を列擧せるのみにて、雜戶の事なく、これが爲め、法家の間に、良人と婚を通ずるを許すとの說あるに至りしなり。然れども此說たる、集解に引ける法家の所記に見ゆるのみにて、法家は唯彼五色の中に雜戶のあらざるより、說を立てたるに過ぎず、律令共に明文あるにあらざれば、其論據は極めて薄弱なりと謂ふべし。況んやこれを否定すべき法文の存するあるに於てをや。抑〻余が前に引きし戶令集解に、「雜戶養ニ良人一爲ニ子孫一、徒一年半、養ニ家人奴一爲ニ子孫一、徒一年」とあるものは、其中家人の語あるに據るも、我戶婚律の逸文たる事疑を容れず。既に雜戶と良人との養子緣組に向つて、制裁を設くる此くの如しとせば、兩者の間に婚姻の許され得べき限にあらざるは、最も覩易きの理にあらずや。これ雜戶の良人にあらざるが爲めにて、彼等も亦恩免を蒙るにあらずば、平民となる事能はざりしなり。

これを要するに、雜戶は固と賤民にあらずと雖ども、亦良人と類を同じうせず。故に賤民同色婚の令文に漏れたるも、律には明かに良人及び賤民との通婚を罰する條を設けたるなり。然るに彼等の多くは本と良人と同一の身分を享くべきものなれば、其待遇賤民に類するを見て快しとせず。律令撰定の後、屢〻訴へて雜戸の號を改めん事を請ひ、朝廷も亦彼等が負姓人の耻づるところなるを思ひて、公戸に編し爵位を賜ふ事あり。唯其世業に至りては、改姓を蒙れる後も、尙ほこれを督勵して子孫に傳習せしめ、再び卑品に降るを避けしめられたりき。

上來敍述するところに依りて、略〻良賤の別、賤民の制を知り、これと共に又集解に於ける二說の妄謬を悟るに足らん。若し夫の賤者考、品部雜戸考等の誤れるは、本文の所說に讓りて復贅せず。これより飜つて聊同色婚の制を述べん。

同色婚制の實施　同色婚とは、身分の同等なるもの丶間に婚姻を限るをいふ。卽ち良人は良人と婚を通じ、雜戸は雜戸と婚を通ずるなり。これと均しく、賤民にありても其階級に從ひ、官戸は官戸と婚し、陵戸は陵戸と婚をなすべし。（他はこれに倣ふ。）若しこれを犯して異色相娶らば、律に罪名なきを以て、竝びに違令の罪に當て、笞五十を課すると共に、（雜律、）婚姻をして無效に歸せしめ、（戸令義解、）其生める子は、情を知らずば身分の重きに從ひ、情を知れるは輕きに從はしむる事とし、以て法を犯すを防げり。（戸令義解及び集解に引ける一說。）

戸令に「凡官戸、陵戸、家人、公私奴婢、與㆓良人㆒爲㆓夫妻㆒、所㆑生男女、不㆑知㆑情者從㆑良、皆離㆑之、其逃亡所㆑生男女、皆從㆑賤」とあり。所謂逃亡して生むとは、情を知りて通ぜしものをいへば、良賤間に行はれし不正婚は、情を知らずば其子身分の重き方（卽ち良人）に行き、情を知れるは輕き方（卽ち賤）に行くべき事知らる。賤民の各階級間に行はれたる不正婚に就ては、義解に「若異色相娶所㆑生男女、卽知㆑情者自合㆑從㆑重（○重きとは賤しきをいふ、身分の重きにあらず）」といひ、又集解に引ける一說にも、「凡諸條非㆓當色㆒爲㆑婚、所㆑生男女者、知㆑情從㆑重、不ㇾ知ㇾ情從ㇾ輕、此說爲ㇾ長」といへば、これ亦良賤間に於けると同じきなり。然るに捕亡令「凡兩家奴婢倶逃亡、合ㇾ生ニ男女一、並從ㇾ母」の義解に、「官私奴婢與ニ官戸家人一合生男女亦同」といへるは、此法と撞着するものにして、其妄辨ぜざるも自《オ》ら明かならん。

續日本紀「光仁天皇寶龜四年六月乙巳朔、丙午、常陸國鹿島神賤一百五人、自ニ神護景雲元年一立ㇾ制、安ニ置一處一、不ㇾ許ニ與ㇾ良婚姻一、至ㇾ是依ニ舊居住一、更不ニ移動一、其同類相婚、一依ニ前例一」とあるは、卽ち神賤の同色婚なり。賤民の階級制に伴へる同色婚の實施も、果して此くの如くなるを得たりしや。抑〻賤民の階級は、法令に明文なし。是を以て法家各見るところを異にし、或は官戸と家人と、公奴婢と私奴婢と同色にして、共に婚をなし得べしといひ、(以上集解に引ける令釋の說なり。官戸家人婚をなし得るは、集解の一說にもありて、生める子は母に從ふといへり。又公私奴婢婚を得との事は、古記の說も同じ、)或は官戸は家人と婚するを得ず、相通じて生める男女は、情を知れるは重きに、知らざるは輕きに從ふといふ。(集解に引ける古記の說。)其他陵戸良人に通じて生める男女は、情を知ると知らざるとを問はず、陵戸に從ふとなすもあれば、(集解の一說、)又情を知れるは重きに、知らざるは輕きに從ふとなすもあり、(集解の一說、)或は又陵戸官戸に通じて生める男女は、官戸に從ふといひ、(集解の或說、)或は母に從ふといふ。(集解の一說。)雜戸に就ては、良人と婚をなすを許すとなし、(集解の一說、朱說及び穴說、)生めるところの男女は、一に良人の如しといへり。(集解の穴說。)これを余が考定せし階級制度に參せば、其不合理なる事明かなるも、而かも各法家の所記、法令制定の日に後るゝ、甚だ遠からざるを知らば、(中には養老令前に成れるさへあり、)少くとも法文以外に於て、左の二事實を推測するに難からざるべし。

第一　賤民の階級制は實際に勵行せられざりし事、

第二　雜戸と良人と、及び公奴婢と私奴婢とは、實際に婚をなし得たりし事、

前者は法令に明文なく、諸家の説雜出するにて推すべく、後者は他の點に異りて、諸説の一致するにて知られん。法令の規定は前に述べし如くなるも、實際には行はれ難く、空しく虛設となり了せるなり。これ其明制を缺くに依るとはいへ、又所謂五色の間には、通婚を禁ずる程の懸隔なかりしものあればならん。是を以て慣行の勢力は終に法令を壓して、次の如き變更を來すの已むを得ざるに至りぬ。

續日本紀　桓武天皇延曆八年五月己未、太政官奏言、謹按ニ令條一、良賤通レ婚、明立ニ禁制一、而天下士女及冠蓋子弟等、或貪ニ艷色一而奸レ婢、或挾ニ淫奔一而通レ奴、遂使下氏族之胤、沒爲ニ賤隷一、公民之後、變作中奴婢上、不レ革ニ其弊一、何導ニ迷方一、臣等所レ望、自今以後、婢之通レ良、良之嫁レ奴、所レ生之子、並聽レ從レ良、其寺社之賤、如有ニ此類一、亦准ニ上例一、放爲ニ良人一、伏望布ニ此寬恩一、拯ニ彼泥滓一、臣等愚管不ニ敢不一レ奏、伏聽ニ天裁一、奏可之、

これに據れば、良人の奴婢に通じて生める男女は、皆良人となるを得るものにして、事實に於て兩者の婚姻を是認するに同じく、實に非常の寬典と謂ふべきなり。良賤の間すら猶ほ且つ此くの如し。況んや賤民間に於てをや。加之歷朝佛法の流行に伴ひて、放生供養の盛んなる、彼佛者すら、戒器にあらずとして、出家受戒を許さゞりし奴婢の類も、屢〻恩典に浴する事を得て、或は勳爵を賜はり、或は良に從はしめられ、天平勝寶二年二月廿六日、奴婢二百人を金光明寺に寄する官符には、「其年至ニ六十六已上及廢疾者一、准ニ官奴婢一、依レ令施行、雖レ非ニ高年一、立性恪勤、駈使無レ違、衆僧矜情、欲レ從レ良者、依レ願令レ免」と制せられ、淳和天皇の

時には、沒官奴二百三十三人、婢二百七十七人を雄勝柵に配使して良人とせられし事あり。又私人にして其奴婢を免し良に從はしめしは、戸籍を改めて其家族とせるもありき。故に世の變遷と共に、他の賤民は或は良人に混じ、或は雜戸に交りて、賤民としいへば、奴婢の一階級なるの狀をなしゝに、其奴婢すら逃亡して兩貫あるもの、又は踪跡を晦すものゝ多かりし事、戸籍、計帳等に見ゆるが如くなれば、これに伴へる同色婚の規定も、亦空文に歸するを免れざりしなり。

支那にありても、賤民制の結果略〻これに類するものあり。唐律に於て、賤民に雜戸、官戸、(以上官司に屬す、)部曲、客女及び奴婢の階級ありしもの、明律には單に奴婢を殘せるのみ。賤民制の研究を事とするもの、比較參照せば益を得る事多からん。

第七　皇族間及び皇族人臣間の婚姻は官許を得るを要す

繼嗣令に曰く、

凡王娶㆓親王㆒、臣娶㆓五世王㆒者聽、唯五世王、不㆑得㆑娶㆓親王㆒、

と。親王とは皇兄弟、皇子及び女帝の子をいふ。(繼嗣令、〇同令義解に、女帝の子とは、四世以上に嫁して生めるものに限るとなす。これ五世王は親王を娶るを得ざればなり。)此他は單に王といふ。五世王より以下は均しく王と稱するも、皇親の限りにあらざれば、親王を娶るを得ず、人臣に嫁するを許さる。然るに年を歷て此制稍〻弛み、桓武天皇延曆十二年九月丙戌に至り詔して曰く、

見任大臣《ノ》、良家子孫《ノ》、許㆑娶㆓三世以下㆒、但藤原氏者累代相承、攝政不㆑絕、以此論云、不㆑可㆓同等《コス》㆒、殊可㆑聽㆑娶《ルチ》㆓二世以下㆒者《テヘリ》、(日本紀略、)

卽ち令に五世以下の皇族を娶るの制は、見任の大臣、良家の子孫に限り、三世以下を許すこと丶なり、且つ藤原氏は二世以下を娶るの特許をさへ得るに至りしなり。當時旣に此くの如し。爾來藤原氏累代執政の職に居りて、皇妃を其家に出だし、皇室と一家をなすに及んでは、此特許すら全く行はれざること丶なりぬ。

令に據れば、宮內省に正親司なるものあり、專ら皇親義解に二世以下四世以上をいふとありの名籍を掌るところなり。思ふに、皇族の婚姻の如きも、此司に預り知らしむべからん。婚姻は直ちに名籍に移動を來たするものなればなり。又治部卿の職掌に婚姻の事あり。義解に「謂五位以上嫡妻也、爲レ重ニ繼嗣一故、兼知ニ其生服一也」といへり。職員令。相續法に於て說くが如く、五位以上にありては、相續人を定むるとき、治部省に屆出づるを要す。繼嗣を正さんとせば、須らく婚姻を正しくすべし。故に其出自身分を究めて混亂を防がんとの意に出でたり。然れども五位以上の婚姻は、官司の認可を得べきの明文なし。これ違法の結婚に對しては、それ〳〵法律上の制裁あるを以て、此には唯これを屆出でしむるに止まるものなるべし。

親族間の婚姻に關する規定　以上列擧するところに依りて、略〻令に規定する實質上の條件を悉くせり。然るに我戶令は儼存するも、戶婚律に至りては、他の律篇と共に亡びて傳はらず。纔に令集解、政事要略、法曹至要抄及び令抄等に其文を抄出するあるのみ。これが母法とせる唐律に對照するも、頗る遺漏あるを察すべし。就中最も重要なるは、親族間の婚姻に關する規定なり。支那に於ては、周以後同姓相娶らずとの原則永く行はれ、歷代の法律皆これを規定せざるはなし。翅に法律のみならず、道德上亦之を戒め、同姓婚は實に違法亂倫の行爲と看做されたるなり。從つて外姻との婚姻も、場合に依りてはこれを許さゞることあり。唐の戸婚律に規定するところ左の如し。

諸同姓爲レ婚者、各徒二年、緦麻以上以レ姦論、若外姻有二服屬一、而尊卑共爲二婚姻一、及娶二同母異父姉妹、若妻前夫之女一者、（謂二妻所レ生者一、餘條稱二前夫之女一者準レ此、）亦各以レ姦論、其父母之姑舅、兩姨姉妹及姨、若堂姨母之姑、堂姑、己之堂姨、及再從姨、堂外甥女、女壻姉妹、並不レ得レ爲二婚姻一、違者各杖一百、並離レ之、

諸嘗爲二祖免親之妻一而嫁娶者、各杖一百、緦麻及舅甥妻、徒一年、小功以上以レ姦論、妾各減二二等一、並離レ之、

所謂同姓に就て故唐律疏議の解釋は左の如し。

疏議曰、同レ宗共レ姓、皆不レ得レ爲レ婚、違者各徒二年、然古者受レ姓命レ氏、因二彰德功一、邑居官爵、事非二一緒一、其有二祖宗遷易、年代浸遠、流レ源析レ本、罕二能推詳一、至レ如二魯衞文王之昭、凡蔣周公之胤一、初雖二同族一、後各分封、並傳二國姓一、以爲二宗本一、若與二姫姓一爲レ婚者、不レ在二禁例一、其有二聲同字別、音響不レ殊、男女辨レ姓、豈宜二仇匹一、若陽與レ楊之類、又如二近代以來殊蒙レ賜レ姓、譜牒仍在、昭穆可レ知、今姓之與二本枝一、並不レ合二共爲二婚媾一、其有二複姓之類、一字或同一、受レ氏既殊、元非二禁限一、若同姓緦麻以上爲レ婚者、各依二雜律姦條一科レ罪、

問曰、同姓爲レ婚、各徒二年、未レ知同姓爲レ妾、合レ得二何罪一、

答曰、買レ妾、不レ知二其姓一、則卜レ之取二決蓍龜一、本防二同姓一、同姓之人、即嘗同レ祖、爲レ妻爲レ妾、亂法不レ殊、戸令云、娶レ妾、仍立二婚契一、即驗二妻妾一、倶名爲レ婚、依二準禮令一得レ罪無レ別、

卽ち苟くも同一の祖先を戴き、又現に同一の姓を冒すものは、親疎に拘らず、婚を通ずるを禁じ、緦麻以上の親族と婚姻せば、姦通罪を以て問はる。其雜律に規定するところ左の如きものあり。

諸姦二緦麻以上親、及緦麻以上親之妻、若妻前夫之女、及同母異父姉妹一者徒三年、强者流三千里、折傷者絞、妾減二一等一、餘條姦レ妾準レ此、

諸姦二從祖々母姑、從祖伯叔母姑、從父姉妹、從母及兄弟妻、兄弟子妻一者流二千里、强者絞、

諸姦二父祖妾、謂會經レ有二父祖子一者、伯叔母姑、姉妹、子孫之婦、兄弟之女一者絞、卽姦二父祖所レ幸婢一、減二二等一、

然るを我戸令には、絕えて親族間の婚姻に關する規定を設けざるのみならず、戸婚律の逸文にも亦これあるを見ず。僅に雜律の逸文として、「姦二父祖妾一者徒三年、妾減二一等一」といふ文の、金玉掌中抄及び法曹至要抄に見ゆるのみ。これ全く法令の文なきに依るか、抑〻又逸して傳はらざるに依るか、余は斷然前者に與せんとす。我國は古來氏族を重んずるの餘、婚姻の如きも多く同族の間に行はれ、同母兄妹の間にこそ婚をなすを許さゞれ、それさへ事實としては行はれ居れり、異腹の婚姻は敢て怪しむに足らざりしなり。唯支那の道德思想を輸入し、尋で其制度法律を採用するに至りては、往々にして俗を移し風を變ふるのことあり。況んや彼れの貶して違法亂倫となすことに於てをや。然らば戸令の中、其規定なきの理なし。假令律文亡ぶといへども、法令實施の後、同姓間は勿論、親族の間にも、婚姻は專ら行はれたることなれば、國史に禁令若しくは加罰の記事なくんばあるべからず。然るを其兩つながらこれなきを以て觀れば、全く其制なきか、若しくはありても行はれざりしと看做さゞるを得じ。今夫れ唐の戸令には、子なきもの同宗の昭穆に相當するものを養ふを聽せり。

故唐律疏義に引ける戸令。然るに我戸令は同宗を狹義に取りて、限るに四等以上の親を以てしたりき。これとて實際には行はるべからざりしにもせよ、立法者が親族を重んずる國風に斟酌したるものなるは辯を要せず。前に引ける我雜律の逸文の如きも、「緦麻以上親之妻」とあるを、我れには「父祖妾」と改めあり。これに依つてこれを觀れば、同姓の婚姻を禁ずる事の如きは、我慣習と全く相容れざるを以て、始めより其規定なかるべきは愈〻明かなり。唯其尊卑混亂、人倫序を失ふは、必ずや禁止せられしところなるべく、これを他の規定に照らすも、尊屬親と卑屬親と婚姻をなすを許さゞるの一條は、必ず其設なかるべからず。律文散逸、未だ證とすべきものあるを見ざれば、姑らく記して後考を竢つ。

國司所部の女子を娶るの禁　此他令後の規定に係るものにして、又一の條件となすべきものあり。國司は所部の女子を娶るべからずといふことこれなり。即ち聖武天皇天平十六年十月十四日、勅してこれを禁ぜらる。

比年國司多娶二所部女子一爲二妻妾一、自今以後悉皆禁斷《セヨ》、國雖二隔越一、不レ得二輙娶一、若嫁二與《シヘタラン》郡司者一、解二却《セヨ》見任一、百姓者准下解二見任一罪上論レ之、但家妻聽《ヘ》二自將去一《テルコトチ》、類聚三代格、

國司は京師より遣され、一定の任期間在任して、轉任若しくは罷免となるものなれば、在任の間淸廉事を執らしめんが爲め、子弟公式令義解に子孫弟姪をいふ、父祖伯叔ノ類を稱せざるは、輕きを擧げて重きを明すの義なりとあり年二十一以上なるもの、公式令、其他親族賓客を隨へて赴任することをば許されず。雜令。○これは外任の官人一般に對しての規定なり。これ所在に於て田宅を占め威福を張り、引緣して惡をなすの虞あればなり。然れども自ら家妻を携ふることを禁ぜざりき。雜令の義解には「其家口者非レ在二禁限一也」とあり。唯任期僅に四

年、（後六年となり又四年に復す、）地方遠隔、交通不便等の事情に依りて、これを京師に留め置きたるも多かりしが如く、これらは其妻を携ふるものと共に、部內の婦女を娶りて妾となし、然らざるば妻として、自《オ》ら引緣請託の弊を釀しゝならん。是を以て嚴に郡司百姓を戒めて、其女を國司に與へざらしめたるも、未だ國司のこれを娶りしものに向つて制裁を設けざりしが、清和天皇貞觀十年六月二十八日に至り、これらも亦解任せしむることゝなれり。

太政官符

應下顯立二科條一令上懲二肅諸國司娶二部內女子一事

右撰格所起請偁、天平十六年十月十四日格偁、（中略、全文前に引けり、）者、今案二格旨一、嫁與《シヘラン》郡司殊處二重法一、躬娶國司不レ見二科責一、伏望不レ論二妻妾一、同解任者、（一本任の上見字あり、）中納言兼左近衞大將從三位藤原朝臣基經宣、奉レ勅、依レ請、

形式的條件　次に形式的條件ともいふべきは左の如し。

（第一）結婚には必ず媒人なかるべからず。これ令に明文なきも、戶令集解に引ける令釋一說に、

（凡嫁女の條下）一云、凡女嫁者、亦待二祖父母父母及諸親之命一、假令媒人直詣二女許一者、先申二祖父母父母一、（○下文に「一云以下古記无レ別」とあり、）

といひ、又或說に、

（同上）或云、問、嫁レ女者先由《レト》二祖父母一、誰人可レ由《カキル》、答、女ノ父母受二媒人口一轉經耳、

といひ、穴も、

同上　女謂《トハ》廣稱二男女一之意也、由謂《ルトハ》下有二媒人一由中女之祖父母等上也、令釋後記云、〇前に一云云々とある文をいふ、媒人詣二女許一者、女先申二祖父母父母一、

といへるなどにて知られたり。

故唐律疏議に戸婚律諸爲レ婚而女家妄冒者云々の條下曰く、「爲レ婚之法、必有二行媒一、男女嫡庶長幼、當時理有二契約一」

（第二）次に男家女家竝びに婚主を定む。婚主は既に前章に戸主權の一に數へしが如く、通例家長を以てこれに充つべきものとす。

戸令に據るに、祖父母父母以下、舅從母從父兄弟舅以下は同居共財せるものに限る迄の親族なきときは、女子の任意に婚主を立つるを得たりしなり。婚主の事、令に見えたるはこれに過ぎざれど、男家も亦婚主を立つるを要したること、女家に同じかりき。されば集解並任二女所一レ欲爲二婚主一の條下に引ける穴の說に、「問、律云、事由二主婚一者、主婚爲レ首、男女不レ坐、未レ知、男家亦有二主婚一哉、答、依二下條一、與二尊長屬近親一同署者、然則男自由二己之祖父母一〇此他父母、伯叔父姑、兄弟、外祖父母あり、次及二近親一耳、〇近親とは舅從母從父兄弟をいふ、私案、无二近親一者、任二男所一レ欲爲二婚主一也、餘習二令釋一也」といへり。此他下に引く我戸婚律の逸文に、「嫁娶違レ律、祖父母父母、外祖父母主婚者、獨坐二主婚一」とあるにても、婚主の嫁娶共に必要なることは明かなり。

抑〻媒人なるものは、皆自ら奬《ミ》むるところに向つて成立を欲するに急なるが爲め、醜を美とし貧を富とし、所謂媒人口を逞しうすること古今の常態なり。

徒然草にいへることあり、しのぶの浦の蜑の見るめも所せく云々の條、「世にありわぶる女の、にげなき老法師、あやしの吾妻人なりとも、にぎはゝしきにつきて、さそふ水あらばなどいふを、なか人なに方もにくきさまにいひなして、しられずしらぬ人をむかへもてきたらん、あいなさよ」と。されば之れに對しては、固より何等の責任をも負はしめずと雖ども、婚主に至りては然らず。彼等は將に結婚せんとする男女に對して充分監督の責を有し、これをして豫め違法に亙るを避けしめざるべからず。然らざれば事情に從ひて輕重の罰を加へらるゝを免れざりしなり。次に載するところは、戸令の集解に引くものにして、蓋し我戸婚律の逸文ならん。

嫁娶違律、祖父母父母、外祖父母主婚者、獨坐主婚（又事由主婚、主婚爲首、男女不坐とも）、若二等尊長主婚者、主婚爲首、男女爲從、餘親主婚者、事由主婚、主婚爲首、男女爲從、事由男女、男女爲首、主婚爲從、

主婚と結婚せんとする男女との關係は、これにて詳悉するを得べきなり。

（第三）次には男家より聘財を女家に贈ることなり。法曹至要抄に載する我戸婚律の逸文に曰く、

許嫁女、已〇受聘財、而輙悔者、笞五十、聘財謂一端以上、酒食非、諸許嫁女、已報婚書、及有私約、約謂先知夫身老幼疾殘養庶之類、而輙悔者杖六十、男家自悔者不坐、不追聘財、雖無許婚之書、但受聘財亦是、聘財無多少之限、酒食者非、以財物爲酒食者、亦同聘財、若更許他人者、杖一百、已成者徒一年半、後娶者知情減

と。卽ち聘財として布を女家に贈ることありしを知るべし。唐の戸婚律に據れば、

一等一、女追歸二前夫一、前夫不レ娶、還二聘財一、後夫婚如レ法、

とありて、これには婚書の事見えたり。婚書とは許婚の言を載せたる書にして、疏議に「許二嫁女一已報二婚書一者、謂男家致二書禮一請二女氏一、答書許訖」とあれば、双方より出せるものとす。然れども我律には始めより此規定なきが如し。戸令の結婚已に定まるといふ文の義解に、「謂已許レ婚訖《ヘタルチ云》也」といひ、又其集解に「穴云、問、結婚《トハ》何《イカン》、答、許嫁訖、是仍自二許訖日一始爲二三月一、若有二期約一者、依二期約日一始計也、但此文稱二許訖時一、爲二唐令云一レ爲レ婚故也、案於レ无二期約一爲レ説耳」といふ。竝びに此婚書の事に言及せるはあらざるなり。思ふに、これ亦簡易の國俗に通ぜざるものとして、我立法者に採用せられざりしものゝ一ならん。而して我れにありては、當時の慣習に從ひて、双方の婚約は媒人に依りてこれを結び、男家よりは聘財を女家に納れて、こゝに結婚の契約成るとしたりしなり。此他婚姻の儀式に就ては、一も法令に規定するものを見ず。これらの事は甚だしき弊害あらざる限り、各地の慣習に任するを穩當とすれば、當時も法律を以てこれを律するを避けたるならん。但婚約成れる後は夫妻同居すべし、若し故なくして三月迄に同居せず、若しくは逃亡して一月迄に歸來らずば、女家より離婚を請求するを得たり。

戸令義解に「此條稱二年月一者、皆計レ日也」とあれば、婚約成れるの日より計るものとす。又義解に「若夫婦在二同里一、而不二相往來一者、即比二無レ故三月不一レ成離也」とあるを、集解に引ける令釋には、「其男女同里不二相住一、相二比逃亡一、而有レ子三年、无レ子二年待耳」といひ、跡、穴、朱の三說皆これに同じ。則ち彼れは同居せざるに比するものなれば、三月の期を待つて女家より離婚を請求するを得べく、これは逃亡に比すれば、

一月を待つべきの差あり。其說の當否は婚姻の條に說かん。

其他皇族及び五位以上の嫡妻は、婚姻をなすと共に、屆出の手續を行ふを以て、一の條件と看做すべし。

第二欵　婚姻の無效及び取消

婚姻の無效　前條に列擧する諸條件を具へざる婚姻は、或は法律上全く效力なきものあり、或は時效に係り、一定の時期の後、成立するものあり。先づ其全く無效なるものより說かん。

(第一)父母の喪に居りながら自《ミ》ら嫁娶するは不孝なり。夫の喪に居りながら自《ミ》ら改嫁するは不義なり。八虐の一を犯せものは、常赦にも原《ユル》さず應議にも減せず。故に此種の婚姻の無效なるは怪しむに足らざるなり。戶婚律の逸文に曰く、

居二父母及夫喪一而嫁娶者、徒二年、離也、（法曹至要抄、）

(第二)妾を蓄ふることは法文の認むるところなれば、妻の外妾を娶るもこれを問はざりしかど、既に妻あるもの更に女を娶りて妻となすは、嚴にこれを禁じたり。若しこれを犯さば、其婚姻を無效とし、これを離婚せしむ。

戶婚律逸文　有レ妻、更娶者、徒一年、女家杖一百、〇離レ之、（萬葉集十八、）

(第三)姦通者と結婚するも亦嚴禁の一なり。是を以て妻と妾とを問はず、姧通したる後娶れるは、赦に會ふとも離婚すべきなり。

戶令　凡先姧後娶爲二妻妾一、雖レ會レ赦猶離レ之、

（第四）良人と賤民との婚姻は、法律上存在せざれば、全く效力なきものとす。

戸令　凡官戸、陵戸、家人、公私奴婢、與良人爲夫妻所生男女、不知情者從良、皆離之、其逃亡所生男女、皆從賤、

賤民中異色間の婚姻に就ては、法律上何等の規定するところなしと雖ども、戸令義解に據れば、これ亦無效となすべきものなり。

戸令（凡陵戸官戸家人公私奴婢皆當色爲婚の條下）義解（○前略）卽異色相娶者、律無罪名、並當違令、既乖本色、亦合正之、

（第五）掠奪若しくは賣買に依りたる不正の婚姻も、亦成立すべきにあらず。

賊盜律　凡略人略賣人（不和爲略、年十歲以下、雖和亦同略法）爲奴婢者遠流、爲家人者徒三年、爲妻妾子孫者徒二年半、未得各減四等（因而殺傷人者同强盜法）、和誘者各減一等、

同律（凡賣二等卑幼及兄弟孫外孫爲奴婢者徒二年半の條下）疏（○前略）若其賣妻妾爲婢、原情卽合離異、夫自嫁者、依律兩離之、賣之宛賤、何宜更合、

密に他人の妻妾と結婚し、若しくは夫自《ミ》らこれを嫁せしむるものは、亦竝びに無效にして、後者は前夫後夫共に離婚せしむるものとす。戸婚律の逸文に曰く、

私娶人妻及嫁之者徒一年半、妾減一等、各離之、卽夫自嫁者亦同、仍兩離之、（法曹至要抄）

又妻妾良賤の別を無視し、妻を以て妾とし、女家の婢を妻とするもの丶如きも無效なり。唯女家の婢を妾とするの一事は、二樣の場合に許されたり。

第一　子を生めるとき

第二　免されて良人となりたるとき

即ち戸婚律の逸文に、「以レ妻爲レ妾、以二女家婢一爲レ妻者、徒一年、各還二正之一、若女家婢有レ子、及經二放爲一レ良者、聽レ爲レ妾」法曹至要抄とあるものこれなり。

婚姻の取消　（第一）次に婚姻を取消し得べきは、親族の承諾缺けたる場合なりとす。戸令に曰く、「凡嫁レ女弃レ妾、不レ由二所由一、皆不レ成レ婚、不レ成レ弃、所由後知、滿二三月一不レ理、皆不レ得二更論一」と。所レ謂所由とは、「婚姻の條件」第三項「親族の承諾」に於て述べたる祖父母以下の諸親をいふ。これらの諸親の承諾を受けざる婚姻及び離婚は皆成立せず。但諸親にして婚姻又は離婚ありたることを知りし後三箇月を過ぐれば、無效訴權は消滅すべしといふにあり。

然るに此法文に就ては、他の規定と錯誤を來すべき點（一）、及び古代法家の誤解せし點（二）あれば、先づこれを辨じ置くべし。

（一）離婚の事は其條に讓りて、專ら婚姻に就ていはんに、承諾を與ふべき諸親に告げざる婚姻は、明かに法律上必要の條件を缺けるものにして、姦通と撰ぶ所なきなり。相姦者の婚姻は、假令承諾を與ふべき諸親の同意を得たるものにありても、事發はるれば無效に歸すること戸令に規定せり。婚姻の條件第四項參看、戸令集解に引ける古記に云ふ、「問、先奸後娶爲二妻妾一、所由後滿二三月一不レ理、若爲二處斷一、答、先奸者雖レ會レ赦猶離レ之、知滿二百年一不レ理、發事之時、猶合レ得レ論也、」況んや其承諾を缺けるものに於てをや。されば此種の婚姻に向つては、縱し無效訴權の親族になきにもせよ、法律は斷然これに離婚を命ずべし。此くの如くせば、取消權の有無は、婚姻の成否に何等の效力をも有せざるものとなるなり。これ必ず法文の錯誤にして、其眞意にはあらざらん。因つて思ふに、婚姻には行媒あり、男女兩家に周旋し、兩家は各婚主を立て、親族に告げて其承諾を得、然る後男家より聘財を女家に納れ、こゝに始めて大禮を擧ぐるものとす。婚主ありて婚姻を爲すもの、親族の承諾を缺かんには、假令自餘の條件を具へたりとも、其婚姻は成立すべからず。こゝに「不レ由二所由一」といふは、卽ち婚主を除きて、自餘の親族の承諾を受けざる場合ならん。婚主は概ね家長を以て充て、子女の婚姻に就ては、法律上重き責任あるものなり――承諾を與ふべき諸親の責任なきに拘らず――、其承諾せる婚姻は條件に缺くるところあるにもせよ、以て奸通と認むべからず。唯親族の承諾を缺けるは、不法に屬するが故に、此婚姻は無效なり。されば承諾を與ふべきもの、これに向つて無效訴權を行ふことを得るも、彼等にして若し此事情を知れる後、三箇月を過ぐるまで告訴せざるときは、暗に承諾を與へしものと看做し、取消權の消滅に歸すると共に、此婚姻も始めて成立するを得るなり。此くの如くすれば、他の規定と矛盾を來すことなきのみならず、法文單に「不レ由二所由一」の點を擧げたるよりいふも、此解釋は寧ろ穩當なるものと信ず。

(二)然るに古代の法家は、皆此點に注意を怠れるのみならず、法文の「不レ成レ婚不レ成レ弃」との解釋に至りてや概ね誤謬に陷れり。其意に謂へらく、三箇月以内に告訴するも、唯違令の罪を科するのみ、既に婚をなしゝものに離別せしめ、若しくは離婚せしものに復家せしむることある可からずと。

戸令義解 ○前略 縱三月内理《ニセハ》者、科二違令罪一、不レ可二更合離一也、

同集解釋　〇前略　若三月內理、科下不レ由二諸親一之罪上耳、更不二合離一之、

同跡　不レ成レ婚、不レ成レ弃、謂三月內有レ悔者、合レ科下不レ由二所由一之違法罪上耳、但不レ得レ離レ之、又令率也、

同朱　不レ成レ婚、不レ成レ弃者、未レ知、雖レ科レ罪、更不二離合一哉、答、然也、如二令釋一也、〇中略、又問、被レ稱二不レ成レ婚不レ成レ弃之間、夫妻一一死者、着服幷於二財物等一何、私案、猶同二眞夫一耳歟、何者、爲二更不二離合一也、於レ弃亦爲二他人一耳歟、

若し果たして然らんには、何ぞ違令の罪を科すといはずして、婚を成さず弃を成さずといふや。古代の法家も是に至りて辭窮せざるを得じ。何とならば、違令の罪を科すといふことの、婚弃を成さずと同意味に用ゐらるべき謂なければなり。乃ち或るものは辨じて曰く、

戸令集解穴　私案、不レ成レ婚、謂結婚已定、未レ成之間、是仍所由悔者不レ娶耳、弃亦如レ之、若已成弃《ナリスツル》者、无二離合之文一、只科二違令罪一也、此亦依二法例一、經二祖父母等一、而不レ經二兄姉等一者不レ坐也、嫁女條記見、又不レ得二更論一、

と。これに據らば、婚を成さずとは、結婚既に決するも未だ大禮を擧げざる間をいひ、此間に若し親族の承諾を缺けるあらば無效に歸するも、婚姻せし上は然らずといふにあり。此くの如きは殆んど辯難の價値だもあらざるなり。又曰く、

問、不レ成レ婚、謂凡嫁娶及弃之法、不レ由不レ得二婚弃一以不《イナヤ》、

と。これ至當の疑問なり。然るに答ふるところを聞けば曰く、

答、婚及弃訖者、但科二違令一、更不二離及還一也、三月不レ理、皆不レ得二更論一、謂不レ科二違令一是也、三月內發者、科レ罪不レ離也、

と、此くの如きのみ。唯これらの中にありて、古記の說獨り法意を得たるものに似たり。

古記云、所由後知、滿二三月一不レ理《トハ》、謂下不レ由二上條謂《ニフ》親《ニ》一娶弃上也《スルチ》(衍カ) 訖、已知二事狀《ヲハ》一、應レ離應(衍カ)レ不レ合、○娶れるは離し、弃てたるは合はすべしとの義ならん、判滿二三月一、後輙有レ悔者、不レ合二更論一、但三月內《ニ》悔《ウレイ》者聽《セ》、問、先姧後娶爲二妻妾一、所由後(知脫カ)滿二三月一不レ理、若爲《イカンカ》二處斷一、答、先姧者雖レ會レ赦猶離レ之、(後脫カ)知滿二百年一不レ理《サルモセ》、發事之時猶合レ得レ論也、

卽ち令に規定せる親族の承諾を受けざる婚姻及び離婚は、既にこれをなし終れる後たりとも、事情を知れば無效訴權を行ふことを得、但これを知りし後三箇月を過ぐれば、問ふべき限りにあらずとするにあり。然れどもこれを相姦者の婚姻と區別し、後者は所由の知りし後、百年たりと雖ども消滅せずといへば、法令の「不レ由二所由一」の婚姻を姦通と看做さゞることと論を竢たず。

これを要するに、親族の承諾を受けざる結婚は、婚姻の條件に缺くるところあるを以て、法律上成立すべからず。承諾を與ふべき親族の告訴に遭へば、無效に歸すること論なし。但此親族にして後に此事ありたるを知るも、三箇月を過ぐる迄默過すれば、暗に承諾せるものと看做し、更に其無效を請求する能はず。卽ちこれを有效とするにあらずして、取消權を拋棄するなり。

抑〻此條は、承諾權ある親族の承諾如何に依りて、婚姻離婚の成立するや否やを規定するのみ、違令の罪を科すると科せざるとは、問ふところにあらざるなり。古記の說、一も此事に及ばざるは、法意を得たりと謂

ふべし。然るを自餘の法家は曲解枉說、毫も要領を得ざるのみならず、却て此重要なる一事を不問に置かんとす。これ他なし、古記の成るは大寶制令の時を去る遠からざるが故に、能く立法者の眞意を寫すを得たりしも、後世の法家は深く法意を覈めずして、多くは現代の事情に依りて說をなすものなればなり。唯これに依りて此法文の當時に於ける效力如何をトすることを得ば、彼等が區々の見解も、吾人講法者に補益するところなしと謂ふべからず。

此他適齡ならざるものゝ結婚等に就ては、現存の法令中、特に制裁を設けたることなし。

（第二）法曹至要抄に載する戸婚律の逸文に、「爲レ婚而女家妄冒者杖一百、男家妄冒加二一等一」とあり。これを唐律に參するに、正に「諸爲レ婚、而女家妄冒者徒一年、男家妄冒者加二一等一、未レ成者依二本約一、已成者離レ之」とあるに當す。而して疏議にこれが解釋を下すを見れば則ち曰く、「爲レ婚之法、必有二行媒一、男女嫡庶長幼、當時理有二契約一、女家違レ約、妄冒者徒一年、男家妄冒者加二一等一、未レ成者依二本約一、謂レ依二初許一婚契約一、已成者離レ之、違レ約之中、理有二多種一、或以二尊卑一、或以二大小一之類皆是」と。これに據りて考ふるに、所謂妄りに冒すとは、身分の卑しきものを詐りて尊貴なりといひ、年齡の長ぜざるを妙齡なりといふの類なるべく、其罪の女家に輕くして男家に重きは、後者の婚娶に就て積極的なるに依るべし。已に成ると未だ成らざるとは、儀式を擧ぐると否とに依つて分る。其未だ成らざるは、許婚の際に結べる契約に依らしめ、已に成れるは離婚せしむ。彼の卑を詐つて尊といひ、長を幼といふが如きは、未だ成らずと雖ども、許婚の契約に依り難きを以て離婚せざるべからず。然れども幼を長といへるものは、契約の年齡に滿つるを待つて結婚するも可ならん。されば彼適齡ならざるもの丶婚姻も、未だ儀式を擧げざるときは、これを猶豫して契約の年齡に達するを待たしめ、然らざれば離婚せしむるの規定ありしか。

左に婚姻の無效若しくは取消に關する法律の、我れに逸して彼れに存するものを擧げて、聊か參考に資せんとす。

娶二逃亡婦女一爲二妻妾一、知レ情者與同罪、（戶令抄、）

諸娶二逃亡婦女一爲二妻妾一、知レ情者與同罪、至レ死者減二一等一離レ之、卽無レ夫、會レ恩免レ罪者不レ離、（唐戶婚律、）

監臨之官、娶二所レ監女一爲レ妻者、杖八十、（法曹至要抄、）

諸監臨之官、娶下所二監臨一女上爲レ妾者、杖一百、若爲二親屬一娶者亦如レ之、其在レ官非二監臨一者減二一等一、女家不レ坐、卽枉レ法娶二人妻妾及女一者、以レ姦論、加二二等一、（爲二親屬一娶者亦同、）行求者各減二二等一、各離レ之、（唐戶婚律、）

諸卑幼在レ外、尊長後爲定レ婚、而卑幼自娶レ妻、已成者婚如レ法、未レ成者從二尊長一、違者杖一百、（同、）

諸違レ律爲レ婚者、雖レ有二媒娉一而恐喝娶者加二本罪一等一、强娶者又加二一等一、被レ强者止依二未レ成法一、卽應レ爲レ婚、雖二已納聘一、期要未レ至而强娶、及期要至而女家故違者、各杖一百、（同、）

諸違レ律爲レ婚、當條稱二離レ之正一レ之者、雖レ會レ赦猶離レ之正レ之、定而未レ成亦是、娉財不レ追、女家妄冒者追還、（同、）

第二節　夫婦財產制

遺産分配法　女子に財産を分與するは、我國太古以來の慣習にして、其得分亦必ずしも男子より少からざるものありしが如く、女子は其財を齎らして出嫁せしなり。蘇我蝦夷大臣の祖母は物部弓削大連の妹にして、大臣が母の財に因り威を世に取りしが如き、其一例として見るべし。

令に規定せる遺産分配法には、適〻女子の得分に關する明文を缺けりと雖ども、比較研究して其庶子の半分なることを知るべし。(相續法養子條下に辨證す、參看すべし。)然るに女子の父未だ祖父の遺産分配に預らずして死去することあらん。戸令は此場合に適用すべき法を設けて曰く、

兄弟(○遺産を受くべき子をいふ)亡者、子承二父分一(養子亦同)、兄弟倶亡、則諸子均分、其姑姉妹在レ室者、各減二男子之半一(雖二已出嫁一、未レ經二分財一者亦同)、寡妻妾無レ男者、承二夫分一(女分同レ上)、

(一)遺産の分配を受くべき子の兄弟孰れか死去せる場合　此場合には、死去せるもの丶男子(諸家の説、「寡妻妾無レ男者承二夫分一」の文に據りて男子の事とせり。獨り釋には「稱レ子男女子」といへり。今取らず)父の得分を受け、遺言あればこれに依り、然らずば令の分配法に據りて、父の妻妾(父養子なるとき其妻妾も亦同じ、次の場合もこれに准ぜよ(戸令集解))及び諸子に割與すべし。

(二)遺産の分配を受くべき子の兄弟皆死去せる場合　此場合にありても、遺言あればこれに依ること勿論なれど、若しこれなき時は、令の分配法を用ゐずして、寡妻妾及び諸子の間に均分すべし。但死去せる兄弟の姉妹、竝びに子の姉妹は、男子の得分の半ばを與ふるものとす。

此くの如く、遺産を受くべき子の兄弟に就ては、各規定するところあるに拘らず、姉妹の子に關していふところなきは何ぞや。これ他なし、姉妹已に嫁すれば、其子は他家のものなるが故に、遺産の分配を其一身に止め、(未だ嫁せざると既に嫁せるものとを問はず、一たびは必ず父の遺産分配に預り得べし、)これを子に及ぼすことなきなり。然れどもこれ姉妹が父の遺産

分配に先だつて死去せる場合のみ。既に分配を終れば、其子、母の得分を受くるは、兄弟の子と撰ぶことなし。唯母の子には、父に於けるが如く、嫡庶を立つることなきを以て、其嫡子即ち實子に限り、妾は其子即ち庶子に限り、遺産を均分するものとす。

夫婦財産制　これより進んで夫婦の財産制を說かん。

令の規定に據れば、夫婦共産制にして、妻の齎らし〻財産は、其動産なると不動産なるとを問はず、夫と共通にすべく、又夫にして一家の戸主ならんには、其財産は夫の管理を受くべきものなりしなり。當時は又父子共産制なりしを以て、自《オ》ら又左の如き場合なしとせざりき。

釋戸令集解妻家所得不ㇾ在二分限一條に引ける云、假有ㇾ婦隨ㇾ夫之日、將二奴婢牛馬幷財産等一寄二從夫家一、夫婦同財、故婦物爲二夫物一、亦有ㇾ父、父子同財、因轉爲二舅物一、

然れども法律は或る場合に妻の財産の分離を認めたり。

（第一）戸令に父の遺産分配法を制して曰く、

妻家所得不ㇾ在二分限一、

と。令釋にこれが解釋を下して曰く、

稱ㇾ妻者是兄弟之妻也、假有ㇾ婦隨ㇾ夫之日、將二奴婢牛馬幷財物等一、寄二從夫家一、夫婦同財、故婦物爲二夫物一、亦有ㇾ父、父子同財、因轉爲二舅物一、夫之父母終亡之日、兄弟欲ㇾ別之時、出二兄弟之婦家函書一、陳二置殘物一、各與二其夫一、只均二分父母財物一、故云、妻家所得不ㇾ在二分限一、私同、

と。兄弟とは遺産を受くべき子の兄弟をいふ。其意、夫婦共産制に依りて、妻の財産は夫の所有物の如くなり、更に父子共産制に依りて、夫の父即ち舅の所有物の如くなれるを、舅死して遺産を分たんとするに當りては、これを他と分離して、分配に加へずといふにあり。これ亦一種の場合なるべきも、こゝにいふところは、唯死者の妻に屬する財産は、分配の限りにあらずとの意に外ならざらん。即ち妻の財産は夫の管理するところなるも、夫にして死すれば、これを其遺産より分離して配分せしめざるなり。（集解の妻家所得不レ在二分限一條に引ける古記、朱の說皆これなり。）

（第二）故に妻にして夫の遺産を受けし後、更に他に嫁して死去すれば、其遺産は前夫の子これを得べく、前夫の子なきときにあらざれば、後夫の所有に歸すべからず。（但し父子同財なれば、後父の存命中は其管理を受くべし。）

朱云、（戸令集解妻家所得不レ在二分限一條に引ける、）妻家所得不レ在二分限一、未レ知、妻亡者其財何《イカン》、答、妻之子得耳、未レ知、若夫得乎、答、无レ子者夫得耳、不レ還二妻之祖家一也、夫妻同財人故也、此爲下妻之子與二繼父一（○後夫を斥す）存時上所レ論也、

穴云、（戸令集解兄弟亡者子承二父分一條に引ける、）問、姑姉妹在レ室者、各減二男子半一、未レ知、母及女子并二人、女子嫁、受レ財從レ夫、母後嫁、與レ夫同居、母亡以後、何《イカニ》處分《スル》、答、所在之家、已是前夫家、今亡有二女子一、然女子全得耳、其後夫（○母の後夫をさす）是无レ親之日得耳、有二女子一者不レ合レ得也、爲レ无下復後夫與二前夫一共二得分一之法上故也、（今後夫時所業加物者與二其後夫一耳、）

戸令義解、（同上條、）又問、假令嫡妻有レ子、共承レ分之後、其母改嫁、即賚二己及子財一適二後夫家一、其後母亡、

所有財物須レ入ニ何人一、答、令有下妻承ニ夫財一之文上、而無下夫得ニ妻物一之法上、卽須レ與ニ其子一、不レ可レ入レ夫、

(第三)夫が妻を離婚するに當りても、其齎らしゝ財産の現在せるは、これを還さゞるべからず。

戸令　凡弃レ妻(中略)皆還ニ其所レ賚見在之財一、若將婢有レ子、亦還之、

義解に「謂自ニ妻家一將來之財物、妾亦同也」とあり。思ふに、以上の二項も亦皆妾に適用するを得ん。

妻の財産權　(一)夫の死去せし場合　夫にして死去せし時、遺言あればこれに依るも、然らざれば法定制に依りて、妻は嫡子と同じく其遺産の二分を受け、妾は女子と同じく庶子の得分(一分)の半ばを受くべし。但夫及び其兄弟皆舅の遺産分配に先だちて死去せる場合には、彼等の妻妾嫡庶子の間に(女子を除き)遺産を均分するの規定なり。されど通例母子異財をなさゞれば、得分を受けし後は其財産を共通にしたり。故に戸令に「若欲ニ同財共居一(中略)者不レ用ニ此令一」とありて、必ずしも此規定に依るを用ゐず。唯異腹の子とは財を分つべく、且つ特別の場合には寡妻妾の別戸をなすをも許せば、此法を設くるの必要ありしなり。(戸主及び家族參看。)

戸令　凡戸内欲下析ニ出口一爲上レ戸者、非ニ成中男一及寡妻妾者、並不レ合レ析、應レ分者不レ用ニ此令一、

(二)妻妾の改嫁せし場合　妻妾が夫の遺産を受くるは、夫の家にありて節を守るものならざるべからず。

戸令　寡妻妾無レ男者、承ニ父分一(謂下在ニ夫家一守レ志者上)、

遺産の分配に先だちて改嫁せしものは、これを受くるの權なし。

戸令義解、(有レ男无レ男等條下、)問、家長妻妾、服闋之後、未レ分之前、改嫁何如、答、文云ニ嫡母繼母各二分一、謂ニ家長

之妻、夫亡寡居者一也、若未レ分之前、改嫁適レ他者、不レ可レ得レ財、

然れども夫の服紀を終りて改嫁するは、法律の禁ぜざるところなれば、寡妻妾各其得分を受けし後に改嫁するも、これを還さしむべからず。又服紀中に改嫁すれば刑に處すれども、亡夫の存命中與へし財産は亦還さしむることなし。

古記戸令集解有レ男无レ男等條下に引ける云、問、夫存日處分已訖、服中改嫁、若爲《イカヽ》二處分一、答、依レ律科レ罪、物不レ可レ奪、

然るに「古記戸令集解謂在二夫家一守レ志者條下に引ける云、問、在二夫家一守レ志、无二他之心一、家人奴婢田宅財物、既費用後改適、若爲《イカヾ》二處分一、答、祖父母强嫁、並被二强姧一他、不レ合レ論、但雖レ被二强姧一、而後和同者、家人奴婢田宅可二追還一、財物○動産をさす不レ合也、一云、父母雖二强嫁一、猶可二追徵一、守レ志謂以二終身一爲レ限、問、家人奴婢立レ券賣買已訖、若爲《イカヾ》二追還一、答、可レ追二徵直一」との諸說の如きは、皆誤解と謂はざるを得ず。一說同上條下に引けるに開元令を引きて、改嫁前に費用せるものは問はずといへるに從ふべし。

一云、開元令云、若改適、其見在部曲奴婢田宅、不レ得二費用一、皆入二應レ分人均一、案二此令一、即知、未二改適一以前費用及賣買者、不レ合二追論一、

(三)夫の妻を離婚する場合　夫の離婚せらるゝ場合もこれに準ず。　此場合に妻家より齎らしゝ財産の現在せるを還すべきこと、前に述べたるが如し。

(四)妻妾の死去せし場合　夫の存命中妻の死去せし場合には、其遺産は夫尙ほこれを管理し、夫の死去せしとき、これを他の遺産と分離して實子の間に均分すべし。夫の後妻を娶りしとき、將た寡妻妾の改嫁せし

とき、竝びに此法を適用す。

令釋戸令集解兄弟亡者子承二父分一條下に引ける云、問、母並子等相二得父財一訖、而母率二數子等一嫁二往他處一、而母死而夫在、或夫亡而母在、未レ知、夫妻各有レ子、何處分、答、夫妻是同財、然母亡夫存者、其財可レ得レ夫、但妻之子等自二父家一持來物等、可レ與二其子等一、於レ夫亦如レ之、但夫妻共亡者、妻之子承二母之分一、所レ殘之物合レ與二夫之子等一、具如二上法一、跡記无レ別、○前項に引ける朱及び穴の說參看すべし、

然るに妻の死去せし後、遺產を其實家に還すことに就きて、諸家の說一ならず。

令釋戸令集解妻家所得不レ在二分限一條下に引ける云、問、妻家所得不レ在二分限一者、未レ知、夫妻共死、男女亦无レ有レ之、未レ知、妻家所得財物、誰人可レ得レ之、答、營二蒜功德一耳、私案、此時若有二妻祖一者、可レ還二妻祖一者、

古記同上條下に引ける云、妻家所得奴婢不レ在二分限一、還二於本宗一、謂自二妻父母家一將來《セルニ》婢有レ子、亦還、不レ入二夫家奴婢之例一、財物亦同、若有二妻子《ノ》一者子得、无レ子者還二本宗一耳、問、妻家所得奴婢者、父母既與歟、身生之間令レ仕歟、答、既與者不《フルナラハ》レ云レ此《カク》者、身生之間令レ仕耳、雖二已與一、而妻无レ子死者、猶還二本宗一耳、一云、身生之間令レ仕、更不レ合レ論之也、

これ夫も死し、相續すべき子も亦これなき時は、妻の實家に還すべしとなすものなり。

穴戸令集解兄弟亡者子承二父分一條下に引ける云、私案、母改嫁、分二取奴婢財物一、從二夫貫一已去二本家一、爲人自《ヨリハ》レ非下因二義絕一出上、无地還二見在財一之女天故、今說同レ之、又從レ夫之女子、於二夫家一死、所在財物不レ還二本宗一故也、博士說、尙還二本宗一也、爲レ劣、唐令妻死之後、妻以二奴婢一入二夫家一也、私凡嫁女與《ヘチ》二地家並財物一送《チ》也、夫家女死者、女

父母雖ㇾ欲ㇾ還ㇾ財不ㇾ許、故新令問答云、妻死夫存者、夫得、不ㇾ被ㇾ弃特(時カ)不ㇾ還者、又除下還二本宗一文上故、今案、夫妻俱死者不ㇾ反也、與二舅財一耳、

これ離婚の場合にあらざれば還すべからずとなすものなり。今二者に就て其當否を按ずるに、後說當を得たりとすべし。離婚の時、妻の財產を還すは、夫婦の關係を絕てばなり。死亡に至りては人生の免るべからざるところにして、これと事情を異にするのみならず、死後も其遺子あり、然らざるも尙ほ祀を絕たず。故に彼れにありては其財產を還すの明文あるも、此れは此事なし。喪葬令に據るに、身死し戶絕えて、相續すべき親族なきときは、遺產を以て功德を營盡するものとす。思ふに、妻死して相續すべきものなき場合には、亦此くの如くすべかりしならん。前說に引ける令釋に此說あり。然れども喪葬令にいふところは遺言のなかりし場合にして、死者の存命中に處分せる證據の明かなるものは、此規定に依るを用ゐざりき。されば遺言に依り妻の實家に還さんとするものゝ如きは、固とより禁ずるの限りにあらざりしなり。

第三節　離婚

離婚の原因　離婚に夫よりするものと、妻よりするものとあり。故に今先づ前者の原因を列擧し、次に其條件に及ぼさんとす。

夫れ法律と道德との別なきは、各國古代の通狀なり。我國古來離婚ありたれども、唯情に任せてこれを行ふのみ、固とより一定の制を設けたるにあらず。律令の撰定に及んで、始めて離婚の原因を定められたり。これを觀るに、一として支那の制に則らざるはなし。而して其起源は孔子家語にあり。

孔子曰、婦有二七出三不去一、七出者、不レ順二父母一者、無レ子者、淫僻者、嫉妬者、惡疾者、多二口舌一者、竊盜者、三不去者、謂有レ所レ娶無レ所レ歸、與二共三年之喪一、先二貧賤一後二富貴一、凡此聖人所下以順二男女之際一重上二婚姻之始一也、

と。これを道德主義とせば、敢て可ならざるにあらずと雖ども、法律とせんに不適當のものあるは、何人も首肯するところならん。則ち道德上の制裁に委すべきことを法律に規定せしなり。其行はれざるに終るも宜なり。

凡弃レ妻 〇諸說法文に妾をいはざるを、夫の任意に處分すべきものなれば、此規定に據らずとするもの多し。然れどもこれ所謂輕きを擧げて重きを明かにせるものにして、妾も亦此規定に據り情狀を酌量して、臨時に處分すべきものならん。戶令集釋義絕條に引ける古記の一說に、「妾比二賤隸一、所以不レ載二此間一、妾與レ妻同體、臨時量也」といへるに從ふべし、 須レ有二七出之狀一、一無レ子、二婬泆、三不レ事二舅姑一、四口舌、五盜竊、六妬忌、七惡疾、〇以下後に引くべし、

(第一)無子　子なくば婚姻の大目的たる子孫繁殖を望むべからず。魏曹植の棄婦篇にいへることあり、「〇上略 無レ子當二歸寧一、有レ子月經レ天、無レ子若二流星一、天月相終始、流星歿無レ精、棲遲失二所宜一、下與二瓦石一並、憂懷從レ中來 〇下略」と。其去らるゝも已むを得ずとせんか。然るに女子は通例或る特別の場合を除き一家の戶主たるを得ざるものなるを以て、これをして其家を繼がしめんには、必ず養子をなさゞるべからず。故に古記以下本文の子を男子と解し、女子あるも妻を去るべしといへり。

古記 集解無レ子の條下に引く、下これに倣へ 云、無レ子、謂有レ女亦同爲レ无レ子、得二養子一故、謂五十以上也、跡云、子者男子也、

朱云、无レ子者雖レ取二養子一、猶弃離耳、無二正子一故者、私案任二夫意一歟、

穴云、養子條、無レ子者、縱有二女子一爲レ無レ子、

義解、謂雖レ有二女子一、亦爲レ無レ子、更取二養子一故、

又子なしと認むる夫婦の年齡に就ても、古記以下集解の諸説互に異同あり。其當否は相續養子の條「養父母の年齡」に於て評論すべければ茲に贅せず。これを要するに、本條の如きは、離婚の原因となるものなるも、これを實行すると否とは、夫の意に任せたれば、必ずしも狹義に解釋するを要せざるべし。私案の「任二夫意一」といへるこそ實に適當の見解なれ。子を生むにも早出あり、將た晩出あり。

梁叔魚三十無レ子、欲レ出二其妻一、商瞿曰、吾年四十有二子五人一、恐子晩出耳、非二妻之過一矣、左傳、

年齡を以てこれを規定するは善法といふべからず。況んや全く其事なきに於てをや。

（第二）姪泆　　姦通なり。義解及び集解に引ける諸説、皆其姧し訖るをいふとなす。唯古記の一説に稍解釋を異にするものあり。

古記　淫泆、謂竊姧通已訖也、一云、不二必通訖一、於レ夫有二二心一而流宕、彼此交預二宴席一是、レソ

これ亦夫の意に任すべきものなれども、法律の解釋としては、余は前説を得たりとなす。

（第三）不レ事二舅姑一　　歐米諸國の如く、親子別居の俗あるところにては、必ずしも本條の規定を要せざらん。然れども東洋にありては、舅姑に事ふるを妻の要務となすを以て、苟くも其道を盡さゞれば、婦人の美德を缺き、一家の輯睦を破るべし。當時如何ばかり妻の舅姑に事ふるを重んじたるかは、夫を助けて其父母

の一年の喪（妻よりいへば舅姑にして、其服紀は三箇月とす）に服せしめたるを、三不去の一とするにても明かなり。故に此規定あるは怪しむに足らず。

（第四）口舌　詩大雅に「婦有二長舌一、維厲之階」といひ、多言は特に婦人の愼しむべきところとせり。古記に

口舌、謂惡言交通、彼此之中被二推問一、並至レ罪之類、

とあり。要するに、法律としては寧ろ滑稽に類するも、夫婦喧嘩の通常惡言に出づるよりすれば、本條の如きも古代法としては强ち非難を容るべからざるか。

（第五）盜竊　集解に引ける諸說の中、財物を得ざれば弃てずとの說なきにはあらず。

朱云、或云、依二賊盜律一、未レ得二盜名一、故不レ離者不レ收（取カ）、

穴云、私案、盜不レ得レ財非、（今案、是二行事一尙可レ弃耳、）又雖二夫物一將レ人盜者、比二眞盜一、何者、彼凡人爲二眞盜一故、

抑可レ請二正說一、古記盜者不レ得レ財亦同、

古記云、（〇中略、次に引くべし、）一云、不レ得レ財者、名不レ爲レ盜也、强盜不レ得レ財、亦不レ在二出之限一、此云未レ盡、

然れどもこれ實に少數にして、他は皆これに反對するものなり。

古記云、盜竊、謂盜二他人之物一、輙用二夫物一者非也、問、盜竊不レ得レ財、若爲處斷、答、竊盜不レ得レ財亦同、（〇下文は前に出だせり、）

跡云、盜不レ得レ財是也、

義解、謂雖レ不レ得レ財、亦同二盜例一也、（集解にこれを引きて「釋無レ別」といへば、令釋も義解と同じきなり。）

其他朱説の如きも亦然るが如く、穴も疑つて決せざるなり。此兩説の當否を知らんとするには、敢て多言を要せず、唯當時の法律が寧ろ重きを道德主義に置けりといふを以て足れりとすべし。

(第六)妬忌　集解の釋に、毛詩箋を引きて「以レ色曰レ妬、以レ行曰レ忌」といへり。夫れ男女嫉妬の情は天然なり、何人と雖どもこれなきはあらじ。特に一夫一婦の制に於ては、夫婦間嫉妬の權あり。然れども一夫多婦の俗にして行はるゝ間は、妻に向つて此性情を抑制するの必要あることを忘るべからず。則ち妻の嫉妬は、妾を娶りて子孫の繁殖を謀らんとするを妨げん、夫妻相反目して家内の和熟を缺かん。而して此俗の行はるゝは、必ず男尊女卑の時代なれば、妻の妬忌は必ず夫の情慾を滿たすの障礙となり、兩者の間常に感情の衝突を免れざらんとす。これ當時道德主義の一般に婦女の嫉妬を惡德と看做してこれを擯斥し、法律亦罪惡視して離婚の原因としたりし所以なり。古記に曰く、「妬忌、謂妾チ爲ニ憎嫌一也」と。嫉妬の原因專ら夫の妾にあるを知るべし。

(第七)惡疾　惡疾とは癩病をいふなり。戶令に於ては癩狂、二支廢、兩目盲の類と共に篤疾とせり。

摠戶令集解惡疾の條下に引く云、惡疾、唐稱ニ病レ癩者一、惡疾別名耳、

癩病は諸病の中にありても尤も厭忌すべく、且つ傳染症のものなれば、古記集解惡疾の條下に引くにも「若有ニ同親一者、便以ニ同親一充レ侍、若無者○此下無者の二字刊本にあるは衍字ならん不レ給レ侍、所ニ以人不レ欲レ近耳」とありて、これに限りては特別法を設けたりと見ゆ。

現存の令には此事見えず。唯年八十及び篤疾には偏く侍一人を給ひ、其人は子孫に取り、子孫なくば近

親に、近親なくば白丁に取ることの見ゆるのみ。或は古記は大寶の令の爲めに作られたるものなれば、養老の刊修に此くの如く改まりたるにはあらざるか。

此惡疾は傳染性なると共に、亦遺傳性を有すと稱せらる。然りと雖ども當時は主として其他に傳染するを恐れたるなり。

義解惡疾の條下　亦能注㆓染於傍人㆒、故不㆑可㆓與㆑人同㆒㆑床也、

されば令にはこれを以て離婚の一原因となすのみならず、前にいへる婬泆姦通及び義絶次にいふべしと共に、三不去あるものに向つても强制離婚をなすを許せり。

以上の七原因は、これを稱して七去といひ、其一あれば以て離婚をなすを得べし。此他猶ほ一の原因あり、これを義絶といふ。

（第八）義絶　戶令に曰く、

凡毆㆓妻○古記、朱、穴、皆夫の妾に於けるは義絶となさずとなす之祖父母父母㆒、及殺㆓妻外祖父母、伯叔父姑、兄弟姉妹㆒、若夫妻祖父母父母、外祖父母、伯叔父姑、兄弟姉妹自相殺、及妻毆㆓詈夫之祖父母父母㆒、殺㆓傷夫外祖父母、伯叔父姑、兄弟姉妹㆒、及欲㆑害㆑夫者、雖㆑會㆑赦、皆爲㆓義絶㆒、○夫にありては單に毆つといひ殺すといふのみなるを、妻には毆詈るといひ殺傷すといひ、又妻を害せんことを謀るを義絶とせずして、唯夫を害せんとするを義絶とす、兩者の輕重此くの如し、

これに據れば、妻が夫の祖父母父母を毆打罵詈し、夫の外祖父母、伯叔父姑、兄弟姉妹を殺傷し、夫を害せんとしたるもの、義解に、夫を害すとは、罪に陷れ、及び身を害せんとせしものにして、夫を毆てるは罪に陷るゝより輕きに依り、義絶に入れずとあり、及び夫の祖父母父母、外祖父母、伯

叔父姑、兄弟姉妹と、妻の祖父母以下と互に殺害せるものは皆義絶とす。而して其七去と異なる點は、彼れにありては離婚をなすを得るも、此れにありては必ず離婚せざるべからざることこれなり。彼毆打殺傷の罪は、固より法律の問ふところなれど、妻としてこれらの行爲あるは、惡德の尤も甚だしきものと謂はざるを得ず。故に姦通せる後、娶つて妻妾となせるものと共に、赦に會ふも離婚せざるべからず。赦とは常赦のみならず、非常の赦をもいふ。戶令集解義絶條下のに引ける朱は、「未レ知、常赦非常赦同不、答、同、無レ別」となし、穴も「此條赦、謂非常赦一同、與ニ上《ノ》先姧後娶《ルモノ》一同レ之」となせり。然るに彼姦通者に向つては、集解の諸說中或は常赦に免さゞるところも悉く赦除せらるれば、離婚を取消すべしとなすあり、「婚姻の條件」第四に出せり、參看すべし、法意を誤るものと謂ふべし。若し夫《カ》の夫妻の親族互に相殺せるものゝ如きは、假令妻に罪なしとするも、其關係を繼續すべきにあらざれば、これを義絶とするなり。

戶令義解義絶條に「其夫死之後、妻妾犯ニ此七出義絶一者、亦猶依ニ出例一也」とあり。これに據れば、夫の死亡せる後も、以上の諸原因あるときは、寡婦を離婚するを得たりしなり。

離婚原因の例外　此八原因の中、第一、第三、第四、第五及び第六に向つては例外あり、これを三不去といふ。戶令に曰く、

雖レ有ニ弃狀一、有ニ三不去一、一經レ持ニ舅姑之喪一、二娶時賤後貴、三有レ所レ受無レ所レ歸、

(一)經レ持ニ舅姑之喪一　凡そ人子の恨事は、其父母を喪へるより甚だしきはなし。是を以て職事官父母の喪に遭はゞ竝びに解官せられ、假寧令、一般に一年間の喪に服するものとす。喪葬令。服紀一年敢て短しといふべか

らず。而して能く謹愼靜肅、哀悼の實を擧ぐることを得ば、人子の義亦盡くせりと謂ふべし。然るに服喪の間は官を解かるゝは勿論、總ての行爲を愼しむべきを以て、自《オ》ら家事の曠廢を來たし、延いて生計の難きを訴へんとす。其これなきを得るは、實に內助の力に依るなり。妻の舅姑に於ける服紀は三月にして終る故に、自《ミ》ら夫に代りて內外の家事を整理し、これをして能く擧哀の誠を盡くさしむることを得ば、以て多とするに足れり。これその去らざる所以ならん。

(二)娶時賤後貴　法令に貴といふは五位以上のことなり。されば集解の古記にこれを解して、「娶時賤後貴、謂五位以上爲レ貴也」といへど、これ拘說なり。義解に曰く、「謂依レ律、稱レ貴者皆據二三位以上一、其五位以上、卽爲二通貴一、但此條曰レ貴者、直謂二娶時貧苦下賤、弁日官位可レ稱而已、不二必五位以上一也」と。集解の令釋以下其說皆同じ。

釋云、律內《ノ》稱レ貴、多據二三位以上一、及五位以上爲二通貴一、但此條稱レ貴、理必不レ然、何者、假令有二貧窮白丁一、欲レ塡二溝瀆一、賴二妻資給一、官二仕諸官一、若レ斯之徒、不レ稱二後貴一、此令本意塞而不レ通、隨レ事原レ情、於レ義允愜也、

穴云、貴說《ヘ》二令釋一訖、假白丁得二官仕之端一、貧夫得二給門一之類、

蓋し貧賤の間、夫と艱難を共にし憂苦を分ち、以て後榮を助成せしものなれば、假令多少の過失ありとするも、遽にこれを去らんは人情にあらず。然れども世間往々富榮に居りて其始めを忘れ、私情に任せて愛を移すものあり、當時法を設けて此輩を抑制したりしは、寧ろ至當の事に屬す。

故に貴といふも、法律語の五位以上を謂ふものにあらずして、唯前に貧賤なりしが、後に富貴となれりといふに過ぎず。令釋に妻の資給に依りて官に仕ふるを擧げて一例となせるも、妥當を缺きて誤解を招き易し。唐書に左の一話あり。

太宗謂二尉遲恭一曰、朕欲二以レ女妻一卿、何如、叩頭謝曰、臣妻雖二鄙陋一、相與共二貧賤一、臣雖二不學一、聞二古人富不レ易レ妻、此非二臣所一レ願也、帝乃止、

これ實に移して本條の解釋となすべし。古記の一說に「列集二布衣一之時妻、至二富榮一之時、不レ聽二離異一也」といへるもの、簡にして盡くせり。

(三)有レ所レ受無レ所レ歸　受くるところとは令釋に「謂二前主婚者一」とあり。妻にして離婚せらるれば、婚主これを引受くる筈なれど、婚主既に死去して復歸宗すべきもののなきに至ればこれを去らざるなり。但し婚姻の時承諾を與ふべき資格ある親族、卽ち所謂所由の親にして存在せるものあらば、假令婚主あらざるも歸するところなしとすべからず。故に古記に曰く、「有レ所レ受無レ所レ歸、謂娶時有二主婚一、去時無二主婚一也、問、娶レ妻之時、祖父母以下從父兄弟以上皆相知許訖、未レ知、至二出之時一、一親見在者、若爲《イカンカ》二處斷一、答、爲レ有レ所レ歸、合レ出、無レ疑也」と。令釋にも亦曰く、「所レ受謂二前主婚者一、所レ歸謂下後可二歸宗一者上、案、娶時祖父母以下從父兄弟以上皆由、若先由人一人有者、爲レ有レ所レ歸耳」（○先由人とは先に由るゝ人との謂にして、婚姻の當時承諾を受けたりし人々をいふなり。先由の親と混ずべからず）と。然るにこれらの親族皆無きものを離婚せば、其中或は居るに家なくして、食を路頭に乞ふが如き慘劇を演ぜざるにもあらざるべし。されば義解にも此輩に向つて離婚を許さゞる理由を説明して、「言不レ窮也」といへ

り。則ち妻の窮迫を憐んで、此法を設けしものなること知るべし。唐の顧況が棄妻の詞にいへることあり、「古人雖レ棄レ婦、棄婦有二歸處一、今日妾辭レ君、辭レ君欲二何去一、本家零落盡、慟哭來時路」と。

以上の三者は其一あるも離婚をなすべからず。然れども又例外あり。前に引ける戸令三不去の文の次に、

即犯二義絶、淫泆、惡疾一、不レ拘二此令一、

とあるものこれなり。此三つのものは最も惡くむべく、最も厭ふべく、道德上、生理上、共に同歡を許さゞるところなれば、法律も亦敢て情狀を酌量せざるなり。戸婚律の逸文に曰く、

妻無二七出及義絶之狀一而出レ之者徒一年、雖レ犯二七出一、有二三不去一而出レ之者杖八十、追還令レ復、若犯二惡疾及姦一者、不レ用二此律一、（法曹至要抄、令抄、）

犯二義絶一者離レ之、違者杖一百、（法曹至要抄、令抄、）

離婚の條件　以上の原因ありて妻を離婚せんには左の條件あり。

實質的條件　（第一）祖父母父母の承諾　戸令に曰く、

凡弃レ妻、先由二祖父母父母一、若無二祖父母父母一、夫得二自由一、

と。故に夫は先づ其尊屬なる祖父母父母の承諾を得ざるべからず。

集解（弃妻の條下）朱云、未レ知、誰祖父母父母、或云、夫之祖父母等者、以何所案、答、夫之祖也、

穴云、（○中略、）祖父母、謂男之祖父母也、

祖父母父母なければ、近親の承諾を必要とす。（此事次項に詳述せん。）尊屬近親共になくば、夫は始めて任意にこれを行

ふを得るなり。

形式的條件　（第二）夫の手書　戸令に曰く、

凡弃レ妻須レ有ニ七出之狀一、〇中略、前に收めたり、皆夫手書弃レ之、與ニ尊屬近親一同署、若不レ解レ書、畫レ指爲レ記、

と。「夫手書弃レ之」とは、古記に「謂夫自子細共ニ(告カ)七出之狀一記耳〇告、共、字形相似たるを以て誤り易し、刊本に共とあるもの、金澤本に告となり居ることあり、これも其例ならん」とありて、離婚の原因を記するをいふ。「尊屬近親」は、古記に「謂下條云、祖父母父母也、妻祖父母父母亦署也、若無ニ祖父母父母一者、伯叔姑兄弟等爲ニ近親一故也」とあるに據れば、尊屬なきとき、近親と連署するとの如くなるも、義解に「謂尊屬近親相須」とあるに據れば、二者共に連署を必要とするもの丶如し。其他「朱云、〇中略、問、尊屬近親幾事、答、一事也、尊屬之近親耳」との說もあれど、固とより取るに足らざれば、今以上の二つに就て考究せんに、前者は啻に古記を然りとするのみならず、跡の如きも「與ニ尊屬近親一同署トハ、謂依ニ下條一、〇下條とは「凡棄レ妻先由ニ祖父母父母一」云々」の文をいふ、下これに倣へ、由ニ夫祖父母父母一、若无ニ祖父母父母一者、亦〇この間刊本是字あれど、金澤本になし、故に削る、此條云、由ニ近親一故、合レ由ニ三等以上親一、若無ニ三等親一、亦依ニ下條一、夫得ニ自由一」といへり。而して殊に奇とすべきは、此に二者相須つといへる義解が、「凡弃レ妻先由云々」の條下に「據ニ上條一、〇即ち與に尊屬近親同署の文を斥す若無ニ尊屬一者、須レ由ニ近親一」といひて、殆んど自ら前說を取消したると同じき矛盾を來たせること是なり。されば義解に二者相須つとなせるは、適〻見解を誤れるものにして、近親の夫の手書に連署するは、尊屬親なきの時に限れるなり。既に其連署を必要とすれば、必ず先づ離婚に向ひて其承諾を受くるを要せしや明かなり。然るを令の文は「唯弃レ妻先由ニ祖父母父母一、若無ニ祖父母父母一、夫得ニ自由一」とあるのみにして、近親の事に及

ぼさず。これ其承諾を要せざるにあらずして、省略に從へるなり。故に義解に曰く、「據二上條一、若無二尊屬一者、須レ由二近親一、而此條唯擧二祖父母父母一者、文之省略也」と。尊屬とは祖父母父母をいひ、近親とは三等以上の親族をいふ。若し尊屬もなく、將た近親もなからんには、夫一人の記名を以て足れりとす。夫若し書を解せずば、人をして代つてこれを認めさせ、食指の指頭と三節とを姓名の傍に點署して記名に代ふべし。親族の連署するものも亦然り。

古記云、謂夫不レ解レ寫レ書、賃二他人一合レ作二牒狀一、年月日下、夫姓名注付、食指點署、但食指爲レ記法用、〇下略、

朱云、若不レ解レ書、指爲レ記、未レ知、爲二何人一云、若夫並親屬皆約文歟、

而して此離婚狀（牒狀又離狀といへり）には、男家のみならず、妻家の親族の如きも亦連署するを要せり。古記に「與二尊屬近親一同署、謂下條云、祖父母父母也、妻祖父母父母亦署也」といひ、令釋にも「妻之親屬也、（〇此説非なり、穴の「令（刊本今に作る、今金澤本に從ふ）釋、妻親屬者、爲二非說一也、令釋後云、得レ理」といへるに從ふべし、令釋の後云とは下に引く一云云云のことなり、）一云、下條由二祖父母父母一是、但妻祖父母亦署、（〇男家の祖父母父母の署する上に妻家のも亦同じく署するの意」）といひ、義解にも亦「男家女家親屬共署也」といへり。（穴は「未レ知、女之祖父母等俱署哉以不、答、有下令二由知一事上耳、但不レ見二共署一、可レ求」とて疑を缺けり。）これ全く戸籍に登録するの必要より生ぜしものなれば、これを里長に送り、帳籍を造るの日、國郡に知らしむるなり。古記に「其記文（〇離婚狀をいふ）送二里長一也」といひ、義解に「即將二手書一與二之里長一、造二帳籍一時、令レ知二國郡一」といひ、令釋にも「但以二手書一送二里長一、籍帳之時、告二國郡一知耳（〇古記にもこれと同文あり）」といひ、又穴も「手書進二官司一、以二計帳時一除弃耳」といへり。

此尊屬近親は更に廣義に看做すものあり。試みに集解の中より摘出せば左の如し。

朱云、下條〇凡弃レ妻先由二祖父母父母一云々の條下をいふ一端由二祖父母父母一者、舅從母〇婚姻の際に承諾を與ふる次及の親なり等亦可レ由者、未レ知、此親雖レ非二三等以上親一、〇舅從母は四等親なり、入二近親句一同署乎、何之、

穴云、〇中略、案二下條一、無二祖父母父母一、謂二一端生一レ文、近親共署故也、尊屬近親共無者、放（倣）二上條一、〇凡嫁女皆先由云云の條をいふ、舅、從母、從父兄弟、凡無二此親一及經喪之狀、悉放二上條一後定耳、（夫自由にするをいふならん、）今師説云、尊屬近親之中、皆有二舅從母等一耳、少乖二文義一也、

これ婚姻の時は、先づ祖父母父母、伯叔父姑、兄弟、外祖父母に由れ、次に舅、從母、從父兄弟に及ぼすことなるを、此には唯尊屬近親とのみあるに依り説をなせるものなり。尊屬は祖父母父母の事にして、近親は三等以上の親ならんには、先由の親に於て外祖父母、及び次及の親の總べては、離婚の議に與るを得ざるべし。婚姻に承諾を與ふる權あるもの、離婚になきの理あらざれば、令文に此事なきは、猶ほ祖父母父母のみを擧げて近親を略せると一般、省略に從へるものにして、彼等も皆此尊屬近親の語中に含蓄すべしと看做すものなり。然れどもこれ固とより確據あるの説にあらず。思ふに、離婚は妻に離別すべきの原因あるに依るものなれば、親族の承諾を要することは、寧ろ形式的に過ぎずして、其輕重決して婚姻の時の比にあらず。故に祖父母父母あれば、其承諾を受くるを以て足れりとし、然らざれば近親に告げ、其同意を得て連署せしむるに過ぎざりしならん。

妻より離婚を請求し得べき場合　離婚は左の場合に於て、又妻よりも請求することを得たり。

(第一)婚姻の儀式を擧げざる場合　戸令に曰く、

凡結婚已定、無レ故三月不レ成、及逃亡一月不レ還、若沒二落外蕃一一年不レ還、及犯二徒罪以上一、女家欲レ離者聽レ之、○下文は次に收む、

(一)「結婚已定」とは既に許嫁せるをいふ。「穴云、若有二期約一者、依二期約日一始計也」と。其意若し日を期して儀式を擧げんとの約あらば、當日より數ふべしといふにあり。「無レ故三月不レ成」とは、古記に「男夫無レ障者不レ來也」とあり、三月の間徒らに儀式を擧げざるをいふ。(二)「逃亡一月不レ還」とは、夫逃亡して、許嫁の日若しくは約束せる期日より、一月までに歸宅せざるをいふ。(三)「沒二落外蕃一一年不レ還」とは、古記に「沒二落外蕃一、謂被二抄略一及遭二逆風一流離之類、遣使者非《イハズ》、遣使限二終身一待耳」といへるが如し。但遣使に向つて、朱も「沒二落外蕃一、謂若被レ遣レ使不レ歸者、不レ限二年遠近一常待者」との說あれど、こは義解、令釋及び穴の歸るべき年より數へて一年とするの說に從ふべし。此三者の中、第二は夫に於て婚姻の意志なきこと明かなるものなれば、離婚を請求すべき時間も從つて最も短し。然るに外蕃に沒在し、自《ミ》ら脫して歸國せるものは、賤民と雖ども許されて良民とせらるゝ程なれば、其時間最も長しとす。此に年月と稱するは、皆日を以て數ふるなり。(四)「犯二徒罪以上一」とは、本犯の徒罪以上なるをいふ。過失及び疑罪は、或はこれに入るとなし、或はこれを問はずとなす。宜しく後者に從ふべし。

以上は、皆許嫁の後、未だ儀式を擧げざる場合なれば、離婚といはんよりは、寧ろ許嫁の解消といふを可とす。然るに許嫁は法律の效力を有するものなり。

（第二）婚姻の儀式を擧げたる場合　戸令に曰く、

〇前文は前項に收めたり　雖二已成一、其夫沒二落外蕃一、有レ子五年、無レ子三年不レ歸、及逃亡、有レ子三年、無レ子二年不レ出者、並聽二改嫁一、

（一）は外蕃に沒落せるもの、（二）は逃亡せるものなり。義解に「若夫婦在二同里一、而不二相往來一者、即比二無レ故三月不二成離也」といひ、釋に「其男女同里不二相住一、相二比逃亡一、而有レ子三年、無レ子二年待耳」といふ。跡、朱共にこれに同じ。　前者は婚姻の儀式を擧げざる場合の逃亡の法に准ずべしとなし、後者は婚姻後の法に據るべしとなすの差あり。然るに既に婚姻をなせば夫婦の義あり、又子あるもあるべし。許嫁の法に據るべからざること、辯を費さゞるも自《オ》ら明かならん。婚姻前と異なりて、夫の犯罪を離婚の原因となすの條を設けざるは、これ理の當然なり。然れども夫にして義絶を犯さば、啻に離婚を請求し得べきのみならず、法律はこれを強行せしむべし。（三）義絶令文は前に引けりとは、妻の祖父母父母を毆ち、妻の外祖父母、伯叔父姑、兄弟姉妹を殺し、若しくは夫妻の祖父母父母、外祖父母、伯叔父姑、兄弟姉妹互に相殺害するをいふ。

以上の場合は、各妻より許嫁の解消若しくは離婚を請求して許さるべきものなり。

離婚の無效及び取消　前に列擧せる七去及び義絶の原因なきか、又七出あるも三不去あるものを離婚せば、共に無效に歸す。戸婚律に據る、全文は前に引けり。又承諾を與ふべき親族に告げずして離婚せる場合には、これらの親族より取消を請求することを得、但し彼等にして其告げずして離婚せるを知れる後、滿三箇月以內に請求せざれば默許となること、結婚に於けるが如し。戸令に據る、全文は「婚姻の無效及び取消」に引けり。若し正當の離婚をなさずして嫁娶せば、重婚

の罪を免れざるなり。

離婚の效力　法令は妻に屬する財産の獨立を認む。故に離婚をなす時は、妻の齎らせる現在の財産は、これを還さゞるべならず。戸令に曰く、

凡弃レ妻、〇中略、皆還ニ其所レ賚見在之財一、若將婢有《キタル》レ子、亦還レ之、

と。此に婢の子をいひて奴をいはず。穴は曰く、「家女牛馬亦還也、或云、問、將婢有レ子者、奴子何、答、不レ還」と。然れども婢の子を還して、奴の子を還さゞるの理なければ、婢は唯一端を擧げたるに過ぎずして、二者共に異同あるなけん。

第四章　相續

第一節　總說

一夫多婦の俗　我國は太古以來一夫多婦の俗にして、男子は能く數人の婦を娶ることを得たりしかど、女子に至りては、常に貞操を守りて嫉妬の念を起さゞるを美德とせり。太古、大己貴命、嫡后須勢理毘賣命の妬忌甚だしきを憂へ、出雲より倭に上りてこれを避けんとしたまひし時、須勢理毘賣命歌を詠じて自ら悔《ミ》ゆるの情を述べ、以て其行を止めたまへり。其歌に曰く、

八千矛の神の命や、吾《アガ》大國主こそは男《ヲ》に坐《イマ》せば、打見る島のさき〳〵、かき見る磯のさきおちず、若草の妻もたせらめ、吾《ア》はもよ女《メ》にしあれば、汝《ナ》をきて男はなし、汝をきて夫《ツマ》はなし云々。

夫婦の關係はこれに依りて明かにすることを得べし。凡そ人口少き蒙昧の世に、一夫多妻制の行はるゝは、各國の常態なりと雖ども、我國に於て此習俗あるものは、必ずしも人口の乏しきに依りて然るにあらず。若し此一事に依れりとせば、人口繁殖の後は、此俗廢せられざるべからざるも、其實は然らずして、益々其行はるゝを見るは、他に原因の存せざるべからざるを知るべきなり。振古以來、族制を以て國を建て、血統を重んずること殊に甚だしきが故に、人々其後を嗣ぎて祖先の祭祀を承くるものなきの不幸に遭はんことを恐るゝの情、即ち此俗をなすに與つて大に力ありきと謂はざるべからず。族類の繁殖は勢力の强大となる故に、これを希望するの情よりせしものあらんも、これ亦族制を重んずるの結果といはざるべからず。此他單に情慾を充たすが爲めにするものあり、今日蓄妾の俗多くは皆是れなり。故に貴人の如きは最も多く婦女を娶る。當時の習俗、婦は概ね里家に居るを以て、所在に別居して互に相知らず。況んや其子の母を異にするものに於てをや。是を以て異母兄弟の婚を通ずるは、敢て禁ずるところにあらざりしなり。然るに多婦の中必ず一人の嫡妻あり、天皇の御嫡妻はこれをオホキサキと申し、次をキサキと申し、概してはミメと申したりき。古事記、日本書紀、萬葉集。而して諸妻の中にありて嫡妻最も重んぜられ、其生むところは、大抵他妻の子に先だつて父の後を承くるを例とす。女子は後世の如く劣視せられずと雖ども、自《オ》ら其分あり、繼嗣の事は專ら男子の任務なりしなり。

皇位の繼承　皇位の繼承に至りては、嫡庶の分殊に嚴正にして、嫡流の皇太子これを繼承したまふを法とす。古語に太子を日嗣之御子と稱するは此を以てなり。神武天皇崩御の後、手研耳命庶子を以て簒立を謀られ、應神天皇の立ちたまへる時、麛坂忍熊の二皇子庶兄を以て叛きたまひしも、共に人心を得ること能はず、忽ち其身を滅すに至れるもの、豈に故なしとせんや。唯時に長幼の序に從はざることあり、神武天皇の鵜草葺不合命の第四子末子を以て皇位に即きたまへるを始め、三子の中五瀬命は戰死せられ、稻氷命は妣國即ち海原に入られ御毛沼命は常世國に渡り坐したるも、なほ第三子若御氣沼命あり、綏靖、垂仁、成務、仁德、淸寧、顯宗等、長子にあらずして天皇となりたまひしもの其例多し。或は賢を撰んで然るものあり、或は單に愛情に依りて然るものあり。履中天皇、其次弟瑞齒別皇子の撥亂の功あるを賞し、皇子市邊《イチベ》押磐《オシハ》皇子を舍て、位を讓りたまひしより、始めて兄弟相承くることあり、これより後、父子繼承の外、更に此新例を啓かれたり。天照大神の女性におはしながら、六合に照臨せさせたまへることは姑くこれを措き、皇后若しくは皇女の大統を繼がせたまへるは、上古にこれなきところなり。神功皇后、應神天皇の生まれさせたまはざるに當りて政を攝せられ、飯豐靑尊、其弟億計王仁賢、弘計王顯宗の位を讓りて立たせたまはざるに當りて、朝に臨み制を稱せられたるが如き、皆非常の儀にして常典にあらず。推古天皇の卽位に及んで、始めて女帝の例を開き、爾來皇后皇女の大統を繼がせらるゝことなきにあらざるなり。甚だしきに至りては、繼體天皇の崩じたまへる時、嫡子少かりしを以て、庶長子を立てゝこれに先んぜしめられしことあり、これを安間天皇とす。早く崩じたまへるを以て、宣化天皇又其母弟を以て立たせらる。然れどもこれ實に已むを得ざるに處するの變例なり。故に宣化天皇の崩ぜらるゝや、繼體天皇の嫡子已に長じたまひしを以て、直ちに大統を承けさせられたり、欽明天皇これなり。

繼嗣法制定の必要　凡そ人情は古今に依りて同じからず、又人に依りて異れり。長子の如き、父母の爲めに愛せられざるにあらず、然るに季子却て愛を專らにすることあり。男子寵を受けざるにあらず、然るに女子獨り寵を私することあり。人爲の制裁力少き社會にありては、父母たるもの唯其情に任せて子女の運命を左右することを得、人情の人に依りて異なるを致すこと、是時より甚だしきはなし。野蠻未開の世にありて概ね此狀をなすは、此を以てのみ。人衆漸く加はり世事頻繁なるに及んで、人爲の制裁を加ふること已むを得ざるの勢となり、或る制限の下に、區々たる人情の發動を束縛することゝなれり。是に於てか、人情古今に依りて同じからざるの觀をなすなり。繼嗣の沿革を考ふるに亦此くの如し。

熟〻我上古に於ける繼嗣の狀態に依りて普通の傾向を考ふるに、概ね左の如きものあり。

一嫡出子を先きにして庶出子を後にす

一直系を先きにして傍親を後にす

一男子を先きにして女子を後にす

然れども變例も亦多く、往々常法を以て規すべからざるものあり。其時に當り、賢君其位にあらば事なきを得るも、不幸にして一朝其人を得ざらん乎、紛爭永く絕ゆべからず。古史を按ずるに、國家の變亂多く繼承の際に生ずるもの、獨り怪しむに足らざるなり。世次漸く移るに從ひ、一定の制を設くるの必要を生じ、遂に漢唐の制度を斟酌して、上は皇統より、下は庶人に至るまで、略〻定制を置くに至れり。以下大寶令に就て、先づ實子の制を考覈するところあらんとす。

第二節　實　子

第一欵　實子の種類

嫡子庶子の意義　令制、實子と認むるもの二、曰く嫡子、曰く庶子、嫡子とは正妻の子にして、庶子とは妾の子なり。

然るに令文嫡子といひ庶子といふもの、往々其義を一にせざるところあり。（嫡孫、庶孫亦同じ。）故に先づこれを辨識して、自《ミ》ら錯謬に陷ることを避けざるべからず。

(第一)は卽ち嫡妻の子を嫡子といひ、妾の子を庶子といふものにして、嫡庶相對する時は概ね此義なり。されば此場合に於ては、兄弟數子あるも、嫡出は竝びに嫡子と稱するを得べく、庶出は庶子と稱するを得べし。彼蔭位の制、（選敍令、）一位の嫡子は從五位下、庶子は正六位上といふが如き、此義に外ならず。（軍防令に內六位以下八位以上の嫡子云々といひ、又庶子といふも、亦以上の同義なり。）凡そ嫡子は繼嗣選敍の特權に於て多く庶子に優れるものあり。故に法律に於ても、此二者の區別を立てゝ、互に冒すことなからしむ。

(第二)は相續者を嫡子といふものにして、相續の場合に於ては多く此義に用ゐるなり。戶令に「凡戶主皆以ニ家長一爲ヨ之」とありて、家長の義解に「謂嫡子也」とあり。これ第一の場合に於ける如く、汎く嫡出の子を斥していへるにあらずして、單に相續者をいふものなり。而して相續者は嫡子の中より取るべきものなれども、時としては嫡孫を以てこれに充つることあり、庶子を以てすることあり、又他人の子を以てすることさへあり。これらも嫡子として相續者の地位に立つれば、則ち又嫡子と稱することを得べし。是を以て嫡子なるものは、第一の場合に於ける如く、必ずしも嫡出の子をのみいふものにあらざるなり。相續の事は頗る重し、故に五位以上は其嫡子を定めば、殊にこれを治部省に陳牒せしむ。治部省は又五位以上の嫡妻の婚姻をも掌る。其意相續を重んずるにあり。

職員令治部省の條、卿一人(掌ニ本姓、（謂猶ㇾ言ㇾ姓、其姓氏者爲ニ人根本一、故連言也、）繼嗣、（謂五位以上嫡子也、繼嗣令定ニ五位以上嫡子一者、陳ニ牒治部一是也、）婚姻ニ)、（謂五位以上嫡妻也、爲ㇾ重ニ

繼嗣一故、兼知二其生服一也、〇下略、

（第三）相續者たるべき嫡子、嫡孫、庶子、庶孫は、共に嫡出庶出の子孫中に於ける長子を意味するものなり。抑〻長子を立つるは相續の通情なり。故に特別の事情あるにあらざれば、これを措いて弟孫を立つるが如きことあるべからず。然れども疾病犯罪等の理由に依り間〻異例を行ふことあり。法律はこれを禁ぜず。

法家の誤解　令文中嫡子庶子の義を異にするものを求めば、以上三者の外に出でざるべし。然るに古來法家の間、互に解釋を同じうせざるものあり。試みに其二三を擧げてこれを辨ぜん。

（第一）父祖の蔭位に依りて出身することを得るもの、嫡子は嫡長子に、嫡孫は嫡子の長子に限れりとなすものあり。令集解選敍令（凡五位以上子出身者云々三位以上蔭及レ孫降二子一等一の條下）「釋云、問、嫡孫无レ嫡之日所レ得名歟、謂嫡孫降二嫡子一、何者、承レ祖與二父母一同故、庶孫降二庶子一、嫡孫之兄弟皆庶孫也、古記云、三位以上蔭及レ孫、降二子一等一、謂嫡孫嫡子一等、庶孫庶子一等、嫡孫謂二庶子之長子一、庶孫謂二嫡子之衆（〇子字脱するか）並庶子之子等一、一云、依レ禮、有二嫡子一者无二嫡孫一、皆爲二庶孫一也、嫡子長子以下、皆降二庶子一等一敍也、跡云、降二子一等一也、謂未レ得二嫡孫之名一者、降二庶子一等一合レ敍、但立二嫡孫一訖、降二嫡子一等一敍、但嫡孫同母弟等、皆降二庶子一等一合レ敍」と。これらの諸説は皆此點に就て一致するものなり。これに據れば、蔭位の制にいふところの嫡孫とは、嫡子の長子をいふものなり。されば嫡子も亦父の嫡長子ならざるべからざること論を竢たざるべし。（庶子庶孫これに倣へ。）而して嫡孫の同母弟は（古記に所謂嫡子の衆とは、嫡子の長子即ち嫡孫以外の諸子をいふものにして、嫡孫の同母弟といふと其義同じかるべし）庶子の子と共に庶孫といひ、蔭位も庶子に一等を降すものなり。されば又嫡子の同母弟も庶子といひて、嫡子に一等を降さるゝなるべし。これ果して法意を得たるものとなすべきか。選敍令の義解に、凡爲二人後一者云々の條下「謂若取二兄弟之子一者、須レ敍二嫡子位一、即養父於レ後生子《メラン》者、敍二庶子位一」云々とありて、嫡出の子も相續者とならざる時は、庶子の位に敍すること、前に揭ぐる解釋と其趣を同じくするが如きも然らず。蓋し此制は、嫡子なき時、養子をなして相續者と定めたる後に、生れたる嫡子の爲めに設けたるものにして、自《オ》ら一種の變例に屬す。平時に於ける蔭位の制と、固とより同一視すべからざるなり。然るに後に生れたる嫡子を庶子の位に敍するといふこと、少しく疑なき能はず。集解に「一云、正子後生者、亦得二嫡子一(位字脫歟)」とあり。されば異說もありと覺ゆ。假りに其解釋の如くならしむれば、庶子庶長子の事としての同母弟は果して何の位をか得べき、且つ嫡子の同母弟にして庶子といひ、嫡孫の同母弟にして庶孫といふべくんば、これ異常の事、令文中必ず其制を見ざるべからず。而して一辭の此に及ぶものなし。又以上の諸說は、相續者のみ蔭位ありとするもの丶如きも、其實決して然らず。賦役令に「凡三位以上父祖兄弟子孫、及五位以上父子、並免二課役一」とあり、戶令不課の事をいへる中に蔭子ありて、其義解に「謂五位以上子、其三位以上父祖兄弟、亦是不課、而特以レ子爲レ文者、據二其多者一也」とあるを以て觀るも、蔭位に敍せらるべきもの丶、嫡子嫡孫等に止まらずして、諸子諸孫三位以上に於ては皆然ることを認めん、故に集解選敍令凡授レ位者云々唯以レ蔭出身者皆限二年廿一以上一の條下「古記云、唯以レ蔭出身者、皆限二年廿一以上一、未レ知、若爲處分、答、五位四位子、三位以上子孫、並五世王子以上、年廿一以上、必敍レ位耳、○中略、跡云、五位以上子孫年廿一、必合二敍位一」といへり。

(第二)子列孫列の別に拘泥して、庶子の相續者となれるとき嫡子といふを得るにも拘らず、嫡孫はなほ其稱を改むべからずと說くもの多し。是に於て集解に、選敍令凡五位以上子出身者云々の條下「或云、問、文云、三位以上蔭及レ孫、降二子一等一、繼嗣令云、三位以上繼嗣者、皆嫡相承、若无二嫡子一、及有二罪疾一者、立二嫡孫一、无二嫡孫一者、立二庶孫以上一者、未レ知、立二庶孫一之日、同與二嫡孫之位一哉、答、可レ與耳、凡以二孫列一爲レ嫡、降二嫡子一等一、以二子列一爲レ嫡者、（○下の嫡之の間に入るべきか、）子與二嫡之位一、私案、於二庶子庶孫一者有レ益、於二嫡孫一者无レ益（在二穴記一）」といふが如き疑も起るなり。これ實に誤解の甚だしきものにして、義解すらこれを免るゝこと能はざりしなり。却て知らず、令の精神は、彼嫡孫の如き、庶子の如きも、一旦相續者に立てらるゝ時は、均しく嫡子となすべきものなることを。翅に嫡孫庶子等をのみ然りとなすにあらず、他人の子を收養して相續者となせる場合も亦同じ。これらの事は委しく相續及び養子の條に辨ずべきを以て、今此に贅せず。

（第三）嫡子を立つるに嫡長子を以てすべき事、令文以下、集解等にも歷々徵とすべきものあり。（令繼嗣令）に、嫡孫なければ、次を以て嫡子の同母弟を立つとあり。即ち長を先きにして次を後にせること疑を容れず。集解には、

朱云、若无二嫡子一、及有二罪疾一、立二嫡孫一者、未レ知、凡此文嫡妻長子之未レ得二嫡子之名一問（間カ）、身死並有二罪疾一歟、爲當得二嫡子之名一訖後事歟、又若无二嫡子《トハ》一者、從レ初專无二嫡妻之長子一歟、云々、

跡云、（○中略、）然則知、嫡妻長子未レ得二嫡子名一、而身死者、云々、（以上繼嗣令、）

古記云、子承二父《トハ》分一者、謂嫡子之長子、雖レ未レ得二嫡孫之名一、猶承二嫡子之分一、云々、（戶令、）

これらを觀るも、嫡子嫡孫の共に長子なることを明かにするに足らん。乃ち嫡を立つるに長を以てするは繼嗣の一大原則なり。（公羊傳に云ふ、「立レ嫡以レ長不レ以レ賢、立レ子以レ貴不レ以レ長、註嫡謂二嫡夫人之子一」云々。）東大寺正倉院文書大寶二年の戶籍共を見るに、嫡子

は皆長子なり。其中御野國加毛郡半布里下政戸神人牧夫戸廿三の中、下々戸主牧夫、年六十三、次丁、嫡子忍勝、年廿五、兵士、兄久比年卅一、兩目盲、篤疾とあり。これ其疾病に依りて相續を弟に讓りしものか。令制、戸主は家長を以て爲よとありて、義解に嫡子なりといへり。然るに戸籍中往々戸主の兄なるものあるを見る。中には廢疾御野國加毛郡半布里下上戸縣主族牛麻呂戸口の中、戸主兄安閇、戸主兄安都ありて、安都は一支廢疾とあるが如きに依れるが如きものあるも、否らざるは、恐らくは庶兄ならんか。戸令、戸主は皆家長を以て爲よの義解に、「凡繼嗣之道、正嫡相承、雖レ有ニ伯叔一、是爲ニ傍親一、故以ニ嫡子一爲ニ戸主一也」とあり。此伯は卽ち庶兄をいふに外ならず。此他にも事情に依り、必ずしも嫡長子を立つべからざることあり。故に嫡子を立つるの制あるなり。議者これを察せず、皇位及び藤原氏の繼承に變例の少からざるを看て、嫡子の必ずしも嫡長子を原則とするものにあらざるを說くものあり。皇位の如きは、固とより常規を以て律すべきにあらず。藤原氏に至りても、勢威の隆んなる、法律を左右すること難きにあらず。況んや令制の既に凌遲せし後なるをや。神皇正統記に、一條院の世、道長の諸兄に越えて家を繼ぎしことを述べ、「昔もいかなる故にか、昭宣公〇基經の三男にて貞信公、〇忠平、貞信公の二男にて師輔の大臣なられ、師輔の三男にて東三條の大臣、〇兼家、東三條の三男にてこの大臣、〇道長、皆父の立てたる嫡子ならで、自然に家を繼がれたり、祖神のはからせ給ひつる道にこそ侍りけめいづれも兄に越えて家を傳へらるべき故ありきと申すことのあれど、ことしげゝればしるさず」といへり。若し嫡長子の立つべき原則あるにあらずんば、これを特記して神慮に歸すること、此くの如くなるを要せんや。以上說くところに依り、相續の際、庶子の如きも其長を先きにすること類推すべきなり。故唐律戸婚律疏義に問答あり、「妻年五十以上無レ子、聽ニ立レ庶以レ長」といへり。令御抄に立庶を立嫡とせるは誤れり。

第二款　家督の相續

三位以上の相續　令制、嫡子相續を以て原則となす。然るに三位以上と四位以下とは、相續の法を異にするところあり、繼嗣令に曰く、

凡三位以上繼嗣者、皆嫡相承、若无二嫡子一、及有二罪疾一者、立二嫡孫一、謂其子與レ孫敍法各殊、即雖二嫡子已敍一、身死及有二罪疾一、猶亦得レ立二嫡孫一、若无二嫡孫一者、不レ可レ立二嫡子同母弟一、何者、爲二嫡子先既敍訖一故也、无二嫡孫一、以レ次立二嫡子同母弟一、无二母弟一立二庶子一、无二庶子一立二嫡孫同母弟一、无二母弟一立二庶孫一、四位以下、唯立二嫡子一、(謂二庶人以上一、其八位以上嫡子未レ敍身亡、及有二罪疾一者、更聽二立替一)、謂四位以下、其四位以下者不レ立二嫡孫一、若嫡子已敍、身死及罪疾者、不レ聽二更立一、不レ可三再敍二嫡子之位一故也、其氏宗者聽レ勅、

先づ三位以上より說かん。嫡子の相續は四位以下と異なるところなしと雖ども、嫡子の死亡し若しくは犯罪疾病に依りて、相續をなし難き場合には、嫡孫を立つることを得、嫡孫なくば次を以て嫡子の同母弟を、母弟なくば庶子を、庶子なくば嫡孫の同母弟を、母弟なくば庶孫を立つることを得とせり。所謂嫡子なしとは、固とより其人なきをいふにあらざること、其下文に於て嫡孫を立てよといふことあるを以て知るべし。即ち嫡子あるも、父の後を相續するに先だつて死去せしをいふものなり。令制、五位以上には蔭あり、其子の出身に當りて、直ちに相當の位に敍するを得、其中三位以上は蔭孫に及び、子に一等を降す。選敍令。今此にいふところは、即ち三位以上なり。選敍令に據るに、其子孫の出身を得ること左の如し。

一位の嫡子は從五位下、庶子は正六位上、二位の嫡子は正六位下、庶子及び三位の嫡子は從六位上、庶子は從六位下、孫は各子に一等を降す。

故に若し一位の嫡子ならんには、從五位下に敍して出身し、嫡孫ならんには正六位上なりとす。

嫡孫相續するも嫡子となさゞる說　繼嗣令集解に引ける釋に云く、凡三位以上繼嗣者云々立二嫡孫一の條、聽レ立二嫡孫一、謂以レ孫非レ爲二嫡子一、凡此家嫡若无者、更聽レ立レ嫡、若以二子列一爲レ嫡者、號爲二嫡子一、若以二孫列一爲レ嫡者、號爲二嫡孫一、嫡子父自牒二治部並本貫一、治部檢定申レ官也、貞答、○中略、又以二嫡孫一立レ嫡者、不レ云二嫡子一、正不レ限二嫡庶一、皆云二嫡孫一耳、又於二庶子一者、稱二嫡子一耳、又以レ孫立レ嫡之日、不レ敍二嫡子位一、依二上條一、蔭及レ孫敍耳、

これらの說に據るときは、嫡子の死去し、若しくは犯罪疾病に依りて、相續する能はざるとき、嫡孫を立つるも、嫡孫は尙ほ嫡孫にして、嫡子といふべからず。獨り嫡孫のみならず、庶孫の如き孫列にあるものは皆然り。其嫡子といふを得るものは、嫡子の同母弟及び庶子の如き、子列のものならざるべからず。是を以て嫡孫嫡子の後に立つも、嫡孫の位を得るのみにして、嫡子の位に敍せらるゝことはあらざるなり。故に義解にも、嫡子の後に嫡孫を立つべき理由を說いて曰く、子と孫とは敍法異なるを以て、嫡子旣に敍するの後、嫡孫を立つることあるも、嫡孫は嫡子と同位に敍せらるゝの憂なければ不可なし。然れども嫡孫なしとて、嫡子の同母弟を立つべからず、何となれば、嫡子の同母弟を立つれば、嫡子の位に敍せざるべからずと雖ども、嫡子は旣にこれに敍し終りたればなりと。前に引ける義解の文意を敷衍せり。又跡云く、

一位以下八位以上嫡子、得二嫡子位一、並得二出身一訖、有二罪疾一者、依レ文合二立替一、若立二嫡子一訖、其身死者、不レ得二更立一、謂未レ得二位並出身一、而雖二身死一、而不二更立一、○以上十五字意義明かならず、未だ位に敍せずして身死すれば、更に立つるを許すこと、下條に見ゆ、而して此文其事と合はざるに似たり、尙ほ考ふべし、但三位以上立二嫡孫一、若无二嫡孫一者、雖レ有二嫡子同母弟及庶孫等一、不二更立一、何故者、

有二罪疾一、是替二前人一立二後人一、然則前人非二嫡子一故、又立訖身死若レ此、又立レ嫡者、可レ云レ立二兩嫡子一故也、

其意蓋し嫡子位に敍せらるゝ後といへども、罪疾あればこれを立て替ふることを許すは、これ前の嫡子を廢して、後の人を嫡子と立つるものなれば妨なし。然るに此に一旦位に敍せられたる嫡子の死去せし後に立ちしものは、嫡孫にして嫡子にあらず。されば嫡孫なきとき、嫡子の同母弟の、嫡子として其後に立つべき筈はなきなり。若しこれをして嫡に立たしむれば、これ前後兩嫡子を立つるといふものにして、不條理の甚だしきことなれば、決して此事あるべからずといふにあらん。以上跡の説を敷衍せしなり。然るに以上列擧せるところの義解及び集解の説に從へば、下文「无二嫡孫一以レ次立二嫡子同母弟一」云々の場合は、嫡子の未だ位に敍せずして、身死せるときにあらざれば適應せざるべし。庶人の位に敍するは、年二十五よりすれども、獨り蔭子にありては、二十一よりすること、選敍令に見えたり、就て見るべし。故に跡云く、

无二母弟一者立二庶子一、貴謂母弟未レ得二嫡子名一其身死、故立二庶子一、然則知、嫡妻長子未レ得二嫡子名一而身死者、合レ立二母弟庶子等一也、

无二母弟一立二庶子一の條、

と。これらの説、果して解釋の當を得たるものなりや否や、乞ふ以下少しくこれを辨ぜん。

其批評　令の文「无二嫡子一及有二罪疾一」といふは、嫡子の死去するか、若しくは存在するも、犯罪疾病あるが爲めに相續するを得ざるをいふものにして、其嫡子の位に敍せられたると否とを問はざるなり。義解の如きは、「雖二嫡子已敍一、身死及有二罪疾一」云々といひて、其既に位に敍せられし後の場合をいへること、前に

引ける文を觀て知るべし。而して令制此場合には嫡孫を立てしむ、若し此場合にして嫡孫の立つべきものなからんか、嫡子の同母弟を立てしむ。其他庶子を立て、嫡孫の同母弟若しくは庶孫を立てしむるもの、亦皆此場合に於て立つべき人なきに依らざるはなし。此場合とは何ぞや、卽ち上の「无㆓嫡子㆒及有㆓罪疾㆒」の場合のみ、豈に他あらんや。然るに令義解及び集解の說に從へば、嫡孫の立つべきときは、嫡子旣に位に敍したる後にても可なれど、嫡子の同母弟、庶子等にありては然らずして、必ず其位に敍せざる前ならざるべからず。是に於てか、集解の或る說貴謂といふものの如きは、令に「无㆓嫡子㆒」とあるは、嫡子の名を得ずして身死せるをいふならんとするに至れり。抑〻三位以上と四位以下とに於て、相續法の同じからざるは、三位以上の殊に顯貴なるが故に、特典を設けてこれを保護するにあらずや。然るに其嫡孫を立て、若しくは嫡子の同母弟等を立つるもの、嫡子の位に敍せずして身死せるときに限れりとせんには、下文に所謂「其八位以上嫡子未㆑敍身亡、及有㆓罪疾㆒者、更聽㆓立替㆒」と、何の撰ぶところぞ。其說の妥當ならざること、辯を費さずして知るべきなり。熟〻これらの諸說の因つて以て誤謬を來せる所以のものを考ふるに二あり、一は再び嫡子の位を敍すべからずといへる原則にして、二は子列のものは嫡子と稱すべきも、孫列のものは嫡孫とすべしといへる原則なり。第一は普通の場合に於てせんには固とより然るべし。唯三位以上にありては、特別の寛典を施すものなれば、此原則に向つても變例を設けたるなり。令の註に「其八位以上嫡子、未㆑敍身亡」云々とあるは、上文を受けて四位以下八位以上をいふものたること明かなり。是故に此原則は四位以下八位以上に適用すべきも、三位以上に適用せず。第二は狹固の見にして、事實を失へり。故にこれを以て原則とすべからず。試みに思へ、四等以上の親屬、父子の年齡に適せるものならんには、嫡子としてこれを收養するを得るは、令の制するところにあらずや。四等以上の親屬にして、父子の年齡に適するもの丶中には、所謂孫列のものも亦これあるあり。これをも嫡子といはずして、なほ嫡孫とすべきか。集解に養子を子列に限るとするの說あり。後世の學者伊藤長胤の如き、近藤芳樹の如き、皆これが爲めに誤られ、却りて義解を誤れりとなす、惑へりといふべきなり。身は假令孫列なるも、既に嫡子として其地位に立つ以上は、これを嫡子なりといふも、何の不可かこれ有らん。されば嫡孫たると、嫡子の同母弟たると、庶子たると、庶孫たるとを問はず、苟しくも嫡子として立てられたらんものは、皆これを稱して嫡子といふべく、從つて孫列に屬するものといへども、亦嫡子の位に敍すべきなり。義解に、「不レ可三再敍二嫡子之位一」といふ原則を三位以上にも及ぼさんとして、嫡子と嫡孫と、敍法を異にすることをいへるは誤れり。

令抄、繼嗣令註「若无二嫡孫一者不レ可レ立二嫡子同母弟一」云々の條に、「愚案、此注與二下疏文一相違、此注者、嫡子敍位之後身死、有二罪疾一者、更不レ可レ立二同母弟一、已敍二嫡子位一也、疏文、无二嫡孫一以レ次立二嫡子同母弟一、此文者、嫡子未レ敍二位一之前身死、及有二罪疾一者、立下同母弟可レ敍レ位者上也」と。其謬論たるは、本文に辨ずるところにて明かなるべしと思へば、此に贅せず。

四位以下の相續　次に四位以下の相續法は、唯嫡子を立つるあるのみ。四位以下は庶人以上をいふ。然れども八位以上にありては、嫡子未だ位に敍せずして死亡し、若しくは存在するも、罪疾ありて相續に堪へずば、更に立て替ふることを許せり。夫れ蔭に依りて位に敍せらる丶は、五位以上の子三位以上の孫に限れり。六位以下八位以上は、年廿五に達して位に敍せられたるものをいふ。思ふに、令文制するところは、有位者に施すべきものをいへるなり。庶人無位のものにありては、固とより此第一の場合（未敍身亡をいふ）あるべきにあらざるも、第二の場合（有罪疾をいふ）は多くこれ有り。此場合に臨みて、一旦立てたる嫡子を立て替ふるは、彼有位者に於ける如く、固とより禁ぜざるところなりしならん。

夫れ此くの如く、三位以上にありては、嫡子既に敍するも、身死に若しくは罪疾あらば嫡孫を立て、嫡孫なくば嫡子の同母弟を立つる等の制を設けながら、四位以下には、唯嫡子を立つることゝしたるは何ぞや。これ再び嫡子の位に敍すべからざる原則あるに據るなり。故に未だ嫡子の位に敍せざる中ならんには、其死去、犯罪及び疾病は、共に認めて嫡子を立て替ふるの條件となせり。これ四位以下の三位以上と異なるところにして、位を重んずるの世、已むを得ざるの制度なりとす。

相續の上に於て、三位以上と四位以下とは、以上の差あり。然るに選敍の上に於ては、五位以上、蔭に依りて子孫の早く出身することを許すの制ありて、六位以下にこれなし。されば四位以下八位以上といふも、其間多少の區別なきこと能はざるべし。繼嗣令に左の文あり。

凡定二五位以上嫡子一者、陳二牒治部一、驗レ實申レ官、其嫡子有二罪疾一（罪謂荒二耽於酒一、及餘罪戾、將來不レ任二器用一者、疾謂二癈疾一）、不レ任レ承レ重者、申二牒所司一、檢レ實聽二更立一、

職員令を閲するに、五位以上の嫡子は治部省に於てこれを掌る。乃ち其嫡子を立つるに當りて、父これを治部省に陳牒し、省これを得て事實の調査を遂げ、更に太政官に申告するものと見えたり。而して官はこれを式部省に受付す。

令集解（凡定二五位以上嫡子一者云々の條下）又問、陳二牒治部一者、未レ知行事、答、治部受二家牒一、更造二解文一申レ官、官受二付式部一耳、

繼嗣令定五位以上嫡子條の疑義　以上引くところの令文は、唯五位以上の嫡子、官省の手續を經べきことをいへるものと觀ば可なるが如きも、仔細に其文意を翫索するときは、頗る了解に苦しむものなき能はず。乃ち此文の後半に於て、嫡子の罪疾ありて重きを承くるに任へざるものは、所司に申牒して、更に立つることを許すといふことこれなり。此間註文を載するも、これ罪疾の解釋のみ、重きを承くるといふことに就ては、義解に「謂繼レ父承レ祭、祭事尤重、故云レ承レ重」といひ、（釋云、繼レ父承レ祭者也、祭事尤重、）集解に引ける古記には、「承レ重、謂說《マヽ》祖父之蔭承《ヲ》繼也」といふも、其義に於て甚だ異ならず。唯「其嫡子有二罪疾一者（○中略）聽二更立一」といふに至つては、令文制するところと撞着するの嫌あり。三位以上にありては、嫡子其位に敍するも、罪疾あらば立て替ふることを許せど、四位以下には、未だ位に敍せざる中ならざれば不可なり。兩者此異同あるを、令文は單に五位以上の嫡子罪疾あらば、立て替ふることを許せといふを觀れば、已に位に敍せると、未だ敍せざるとを問はざるもの丶如くに聞ゆるを免れざるべし。若しこれに據らば、前に引ける令文は解すべからず、前の令文に據らば、此文意を得るに苦しむ。是に於て一說あり、集解に曰く、（四位以下唯立二嫡子一（謂庶人以上、其八位以上嫡子云々）の條下、）

此條云八位以上者、六位以下也、下條云有二罪疾一不レ任レ承レ重者、爲二一位以下五位以上一立レ文、然則五位以上、依二下條一、有二罪疾一者、不レ論二未レ敍已一、（○下文に據るに此間敍字を脫するか、）聽二立替一、若身死者准二上條一、未レ敍者亦聽レ替也、又此注及有二罪疾一者、不レ擇二未レ敍已敍一、得二立替一也、兩條別也、文可レ知レ之、

と。これに據るときは、前に引ける令文の註に「其八位以上嫡子」とあるは、四位以下八位以上にあらずして六位以下なりとすべく、又同註前文の次に「未レ敍身亡及有二罪疾一者」とある「有二罪疾一者」は、敍せると敍せざるとを問はざることゝすべし。此くの如くせんには、此《コヽ》の令文（即ち五位以上の嫡子罪疾あらば立て替ふるを許せといへる）一應解し易くなるが如きも、更に他の錯誤を生ずるを免れず。第一は法文上の錯誤なり。彼令文、本文に「四位以下唯立二嫡子一」とありて、これを承くるに註文「謂庶人以上、其八位以上嫡子」云々とあれば、四位以下八位以上の嫡子をいふものならざるべからず。何を以て六位以下八位以上と解すべけん。又「嫡子未レ敍身亡及有二罪疾一者」といふものも、「身亡」と「有二罪疾一」とは、「未レ敍」を承けしものなるは疑を容れず。豈に「身亡」のみ「未レ敍」を承けて、下文「有二罪疾一者」これを承けざるの理あらんや。第二は原則の錯誤なり。若し未だ嫡子の位に敍すると否とを問はず、立て替ふるを得るものとせば、再び嫡子の位に敍すべからずといへる原則を蹂躙せざるべからざること、理の昭々たるものにあらずや。尤も集解に、（同前の條下、）

或云、今師云、注稱二其八位以上一者、且可レ讀二一位以下一、又云、及有二罪疾一者、此亦爲レ未《ルモノ、》レ敍生《ゼル》文《ナリ》、然則八位以上一位以下、立二替嫡子一一同也、

とあれど、これ一位以下三位以上の相續法に於て、嫡子なく若しくは罪疾あらば、嫡孫等を立て替ふるを許せるは、嫡子の未だ位に敍せざると否とを問はざるものなるを、未だ位に敍せざる中の事と誤解せるに依りて生ぜる迷ひなること、前文旣に辨明せし如くなるを以て、更に疑ふべからず。苟くも此二錯誤を避くべからざる解釋は、これを强解といふべし。其從ふべからざるや論なきのみ。

其解決　然らば如何に解せば可なる。余を以てこれを觀るに、此令文「凡定二五位以上嫡子一者云々、其嫡子有二罪疾一」云々とありて、五位以上の嫡子なることを知るべきも、已に位に敍せると、未だ敍せざるとを明かにせず。又令文多くは身亡すると罪疾あるとの二つの場合を制したるに、此にありては單に罪疾ある場合をのみいひて、死亡の場合をいはず。抑〻此二者は法文を讀むものをして、轉〻錯誤を生ぜしむる所以なり。然るに熟〻令文の前後を照らし視るに、前に「凡三位以上繼嗣者」云々の文ありて、三位以上と四位以下との相續に異同あることをいひ、相續の法これにて盡くせり。而して後に「凡定二五位以上嫡子一者」云々の文あり。これ唯五位以上は嫡子を定むるに當りて、官省の手續を經べきことを示したるのみ、相續の法を制するものにあらざるなり。故に其後半も「申二牒所司一、驗レ實聽二更立一」といへること其主眼にして、「嫡子有二罪疾一聽二更立一」とは客なり。固より三位以上と四位以下とは、相續法の同じからざるものあるも、此は汎く五位以上をいふものなるが故に、「有二罪疾一」といふを以て、嫡子を立て替ふべき他の場合を類推せしめたるものなり。集解（凡定二五位以上嫡子一者云々申二牒所司一驗レ實聽二更立一の條下）に引ける朱の説は、能く此意を得たるものに似たり、曰く、

朱云、嫡子有二罪疾一、不レ任レ承レ重者、申二牒所司一、驗レ實聽二更立一者、未レ知、既敍位、未二敍位一、同《キヤ》不《イナヤ》、凡此條與二上條一（○上條とは凡三位以下繼嗣云々の條をいふものなるべし）何《ゾ》別《タン》、又問、其嫡子有二罪疾一者、聽二更立一者、未レ知、一端生文歟、爲《メニモ》二當身死《セル》者一亦約レ之哉、答、又同、

然らば卽ち四位以下にありては、嫡子位に敍して死亡し、若しくは罪疾あらば何如。法文を解するもの、多くは是時を以て其家の絕ゆるに至るとするが如し。然れども余を以てすれば、これ甚だ大早計の見たるを

免れざるなり。凡そ庶人の位に敍せらるゝは廿五歳よりし、蔭子は廿一歳よりす。而して婚姻は十五歳よりすることを得るものなれば、嫡子の如き未だ位に敍せられざるも、尙ほ子あることを得ん。況んや其位に敍せる後なるに於てをや。されば戸籍の當時になれるものを閲するに、父歲五十、六十に至りて七十歳に達せるもあり尙ほ戸主たるときは、嫡子も亦二十、三十に達するものあるは、敢て珍とするに足らざるなり。中には父八十以上にして戸主たり、嫡子五十以上に達するあり。此くの如きものにありては、多く一人二人の子あり。中には三人にも及ぶものあり。彼嫡子の位に敍せる後、死亡若しくは罪疾あるも、立て替ふることを許さゞるは嫡子のみ、嫡孫を以て嗣となすことの如きは、毫も禁ずるところにあらざるなり。抑〻令に定むるところの相續法は、專ら敍位を主とせるものなり。三位以上嫡子なきとき嫡孫を立て、嫡孫なきとき嫡子の同母弟を立て、同母弟なきとき庶子を立つるが如きは、皆嫡子の位に敍するを得べし。辨上にあり。四位以下にありては然らず、嫡子の位に敍すべきもの、唯嫡子あるのみ、故に曰く、「四位以下、唯立二嫡子一」と。然るに一家の斷絕は人情の忍びざるところなり、況んや氏族を貴ぶ當時に於てをや。されば嫡子位に敍して死亡し、又は罪疾ありて、更に相續者を立てざるべからざるに當り、新たに立つるもの、嫡子の位に敍すること能はざるを知るも、これをなさずして、一家の斷絕に就くに愈れること萬〻なるを以て、苟くも法律の許さん限り、繼嗣の絕えざるを謀るは、人情の免れざるところなるべし。是時に當りて、若し嫡孫あらんか、これを立てゝ嗣となすは、啻に法律の禁ぜざるところなるのみならず、又嫡孫承祖の原則にも合へり。故に嫡子位に敍せる後、更に嗣を立てざるべからざる場合ありとせば、先づ嫡子の生める子を以てするも、亦可ならずとせんや。翅に嫡孫のみにあらざるなり、四等以上の親屬にして、昭穆に合へるものならんには、亦皆可なり。戸令に謂はずや、「凡無レ子者、聽レ養下四等以上親於二昭穆一合者上」と。所謂「無レ子」とは人の後を承けしむべき子なきをいふ。其固より一子なきも子なきなり、初めこれありて後に死せしも亦子なきなり、現にこれあるも、法律上、相續者たる資格を缺けるもの、亦子なしといふを妨げざるなり。豈に其嫡子の既に位に敍せると未だ敍せざるとを問はんや。繼嗣令の義解に、「其四位以下者、不レ立二嫡孫一、若嫡子已敍、身死及罪疾者、不レ聽二更立一、不レ可三再敍二嫡子之位一故也」といへり。これに據るときは、一家斷絕の說をなすもの、必ずしも排斥すべからざるに似たり。然れども義解は其三位以上の繼嗣を解けるところに於て、先づ第一着を誤れること、上に辨じたるが如し。故に此解釋にありても、亦正に論理の誤謬に陷れるを見ず。三位以上は嫡子なく及び罪疾あらば、嫡孫を立つべし。義解にこれを釋して曰く、「其子與レ孫、敍法各殊、即雖二嫡子已敍一、身死及有二罪疾一、猶亦得レ立二嫡孫一」と。これ嫡子と嫡孫と、其敍法を異にし、嫡子敍せるの後、更に嫡孫を立つるとも、再び嫡子の位に敍するを要せざれば、不可なしとするものにあらずや。縱ひ法意を誤解せるものなるにもせよ。然るに是に至りては、四位以下の嫡子、既に敍せるの後、身死し及び罪疾あらば、再び嫡子の位を敍すべからざるが故に、更に立つるを許さずといへり。夫れ四位以下は蔭孫に及ばず、嫡子位に敍せる後、嫡孫を立つるも、再び嫡子の位を敍することなきなり。其他四位五位の蔭あるものにありて、嫡子の同母兄弟及び姪の養はれて子となれるものを除きては、四等以上の親屬、一として嫡子と同位に敍せらるべきものなし。義解の說、要領を得ざること此くの如し。繼嗣令本文に「四位以下唯立二嫡子一」と見え、又註文に「其八位以上嫡子、未レ敍身亡、及有二罪疾一者、更聽二立替一」と見えたるは皆敍位を主とせるものなり。故に嫡子の相續者となるものは勿論、新たにこれに代りて立てられたるものも、亦嫡子の位に敍せらるべきなり。然れども人の後たるもの、必ず嫡子の位に敍せらるべき資格なかるべからざるの理なければ、此資格あるものを立つると否とは、おのづから別問題に屬せり。義解は此別を無視し、四位以下にありては、若し嫡子已に敍して身死に、及び罪疾あらば、何人をも更に立つることを聽さずとなす。これを誤解といはずして、將た何とか評せんや。

四位五位の嫡子を立替ふる場合　是を以て、四位以下にありて、相續せしむべき嫡子なきときは、嫡孫を始めとして、四等以上の親屬の昭穆に合へるものを立て丶、其後を繼がしむべし。唯四位五位の蔭位あるもの、先きに嫡子ありて已に位に敍したらんには、嫡子の同母兄弟及び姪を立つべからず。何とならば、これらは皆嫡子と同等の蔭位に敍せらるべきものなるを以て、再び嫡子の位を敍すべからずといへる原則に違反すればなり。（然れども特に嫡子の位に敍せずして嗣とならんとせば、これを禁ずることなからんか。）三位以上にありては、相續の法大に四位以下と異なり、頗る寛典を設けたれども、嫡子、嫡孫、嫡子の同母弟、庶子、嫡孫の同母弟及び庶孫をして、悉くこれなからしめば、其結果は、四位以下の嫡子已に敍して身死し、及び罪疾あると正に同じからん。故に是時に當りても、四等以上の親屬より相續人たるべきものを立て丶嫡子となすべし。而して此場合にありては、庶子の同母弟及び姪を除くの外、嫡子の位に敍せらるべからず。縱ひ此くの如くするも、四等親以上に相續人たる資格あるものなからんか、是に於て始めて一家斷絕の不幸を免れざるに至らんのみ。我國俗古來族制を重んず、是故に子孫の祖先に對する不孝は、一家の廢滅よりも甚だしきなし。若し唯本宗を重んずるの一事を以て論ぜんには、四等以下の親屬より嫡子を立てゝ祀を承けしむるも不可なきに似たり。然れども我國は族制を重んずると同時に、亦血統をも貴ぶ。子なきとき養子を許すは、祖先の祭祀を絕たざらんが爲めなり。然るにこれを四等以上の親、昭穆に合へるものに限るは、其血統を亂さゞらんが爲めなり。此二樣の精神を存して、以て法を制せんと欲せば、勢ひ以上の令制の如くならざるべからざるなり。

令義解の價値　義解の相續法を解くところは、往々其要領を得ざること、上に述べたるが如しと雖ども、四位以下、嫡子已に敍して身死に及び罪疾あらば、再び嫡子の位を敍すべからざるを以て、更に立つることを聽さずといふの一事は、必ずしも法意を得ずとせず。何となれば、これ嫡子の已に其位に敍せる後、再び同位に敍すべきものを以て嫡子に立つべからずとするに止まればなり。唯「其四位以下者、不レ立ニ嫡孫一」といふに至りて、つひに自家撞着たるを免れざるのみ。集解に載するところの諸說も、亦義解と同一の錯誤に陷れるものなきにあらずと雖ども、（繼嗣令四位以下唯立ニ嫡子一云々の條下、）

讚云、雖レ不レ得ニ出身一、爲ニ身承一レ家、更立レ嫡如ニ庶人一也、問、八位无レ子、但有レ孫、未レ知、得ニ出身一以《イナヤ》不、答、依レ文、不レ可レ然、但欲ニ養子一聽、抑合禮家也、

といふを觀れば、嫡子の位に敍して出身することを得ざるも、單に家を承けしめんが爲め、孫を始め、相續人たる資格あるものを養ひて嫡子に立つるは、敢て禁ずるところにあらざるを知るべし。是に於て益〻前說の誣ふべからざるを覺ゆ。

以上相續に關する考證は、專ら令文に據り、傍ら集解に載するところの諸說を參取せるものなり。令義解

に至りては、其解釋概ね要領を得ざるを以て、唯辨難の資となすに過ぎず。令行はれてより、諸家各解釋を異にし、動もすれば判決の統一を闕けり。是に於て其義を一定するの必要を生じ、遂に此書を撰ぶに至れり。序文にいふあり、「〇前略猶慮法令製作、文約旨廣、先儒訓註、案據非レ一、或專守二家素一、或固拘二偏見一、不レ肯レ由二一孔之中一、爭欲レ出二二門之表一、遂至二同聽之獄生死相半、連案之斷出入異一レ科、念二此辨正一、深切二神襟一、爰使下臣等集二數家之雜說一、擧中一法之定準上、臣謹與二參議從三位行刑部卿兼信濃守臣南淵朝臣弘貞〇以下十一人の列名あれど今略す等一、輒應二明詔一、辯論執議、陳家古壁之文、探而無レ遺、于氏高門之法、訪而必盡、其善者從レ之、不二以レ人棄一レ言、其迂者略レ諸、不二以レ名取一レ實、一加一減、悉依二法曹之舊云一、乃筆乃削、非二是臣等之新情一、猶有二五叙難一レ名、兩壁易一レ似、必稟二皇明一、長質二疑滯一」云々と。故に此書は令に對する欽定の解釋書なりと謂はざるべからざるなり。然れども其成るや天長十年にして、大寳令の制作に後るゝこと百三十二年、養老令に後るゝこと又百十五年なり。大寳令は大寳元年、養老令は養老二年に成れり。此百餘年の間は、法令ありと雖ども、一定の釋義なく、法家は門戶を守りて互に其說を鬪はせり。義解は其後に出でゝ諸種の論說を參取するの便を得たりと雖ども、年曆の久しき、訛謬の說通行して、爲めに立法の精神を失へるものなきを保せず。苟くも其初めに溯りて、法意の存するところを明らめんと欲せば、當時の史書及び集解に散見するところの解釋等を參考し、傍ら我法令の因つて基くところの唐律をも推覈して、必ずしも後出の義解に準據せざるを要す。唯天長十年以後は、法令の適用必ず義解に據りて定むべきを以て、假令其矛盾誤謬の明かなるを知るも、此書の說くところに重きを置かざるを得ざるべし。これ學者の意を致すべきところならん。

女子の相續權　相續の順序は略〻上に述べたるが如し。これを要するに、嫡相承くるを相續の原則とするが故に、嫡子は常に庶子に先んじ、且つ嫡庶共に長子を先きにして、次を以て他に及ぼすを例としたりしなり。唯女子に至りては全く相續の權なし。故に假令男子の相續の資格あるものなき時に當りて、女子ありとするも、これを子なしとして、養子することを得。既に養子を以て相續人と定むれば、後に子を生むも、嫡子の位に敍するを得ざるなり。選敍令義解。

官司の監督　五位以上の位階を有するものは、特にこれを重んずるを以て、其嫡子を定め立つるや、これを治部省に屆出でしむ。治部省はこれを得て事實を調査し、家牒に添ふるに解文を以てして、太政官に申達するなり。治部省の事實を調査するは、民部省に備ふる戸籍に據るならん。戸令集解（凡定ニ五位以上嫡子一者云々の條上）、「但其勘レ籍事者、就ニ民部一勘耳」云々。集解凡定ニ五位以上嫡子一云々條下に曰く、「又問、陳ニ牒治部一者、未レ知行事、答、治部受ニ家牒一、更造ニ解文一申レ官、官受ニ付式部一耳」と。これに據れば、太政官は更に嫡子を定むるの家牒を式部省に送附することゝ見えたり。これ此省の掌れる考課選敍等の事に密接の關係を有すればならん。令抄に曰く、「嫡庶出身敍位各殊、故立レ嫡」と。

職員令に據るに、治部省は又五位以上の婚姻をも掌る。義解に曰く、「謂五位以上嫡妻也、爲レ重ニ繼嗣一故、兼知ニ其生服一也」と。其相續を重んずるが故に、婚姻をも監督するの必要を見るに至りしなり。集解（同上の條下）、「問、定ニ郡司五位以上嫡子一、亦陳ニ牒治部一哉、答、申ニ牒國一耳、」

父の死亡と相續人　相續人を定むるは父なり。然るに父若しこれを定めずして死せば、何如にかすべき。集解繼嗣令凡三位以上繼嗣者云々立ニ嫡孫一の條下に曰く、「又父未レ立レ嫡亡者、官依ニ法令一立レ嫡」云々。又同凡定ニ五位以上嫡子一者云々申ニ牒所司一驗レ實聽ニ更立一の條下曰く、「又父不レ定二嫡子一而身死者、後得二追立一」。一は明かに官の法令に據りて相續人を立つることをいひ、一は單に後追立つるを得といふのみにて、何人がこれを立つべきをいはず。想ふに、父死するも母あらんには、其意志に依りて相續人を定むることとなるべし。

廢嫡の理由　此くの如くにして一旦嫡子を立つるも、又これを廢することを得べし。繼嗣令に據るに、廢嫡の理由凡そ二あり、犯罪、疾病これなり。其文に曰く、

其嫡子有二罪疾一（罪謂下荒二耽於酒一、及餘罪戾《アリテ》、將來不レ任二器用一者上、疾謂二廢疾一）、不レ任レ承レ重者、申二牒所司一、驗レ實聽二更立一。

此令文は五位以上の嫡子に向つて設けたるものなれど、六位以下庶人に至るまで、均しくこれを適用することを得べし。唯彼れにありては所司に願出づると、此にありては此手續をなさゞるとの相違あるのみ。偖註文に罪を解して、酒に荒耽し、及び餘の罪戾ありて、將來に器用に任へざるものといへり。過酒は固とより道德上の罪にして、其結果は往々法律を犯すの所爲に陷ることあるも、過酒其事は未だ決して法律上の罪を構成するに足らざるなり。然るに今これを以て罪となせるは、少しく奇異の感なきにあらず。又餘の罪戾とあるを義解に解して、「謂犯二徒以上罪一、若數有二僣犯一、量レ情不レ任二器用一者、雖レ不レ至レ法、亦是也」といへり。これに就ては、集解に引くところ一二の異說あり。釋には「罪徒以上也、（○中略）案、唐令雖レ不レ至レ徒、數有二犯失一是」といひ、義解と仝く同じ。想ふに、義解は唐令に據りて義を解きしものならん。然るに「古記云、及餘罪戾者、謂官人《ヘ》除名、免官、免所居官、官當等是《レヅ》、白丁《ハ》八虐及徒罪以上是《レヅ》、過失及疑罪者非也」と。

其說甚だ精密なり。又「穴云、罪謂、或云ニ笞以上一、或云ニ徒以上一也」云々と。一は笞以上となし、一は徒以上となす。益〻一定の標準なきを觀るべし。其他集解に「又唐令云、罪者病疾之罪、非ニ刑罰之罪一、詐僞律對策云、數犯ニ罪戻一、將來不レ任ニ器用一、以ニ對策一爲レ長、又跡云、或道ニ避罪戻一之類」これらに據りて考ふるに、此に所謂罪とは、必ずしも法律上の罪となるものをのみいへるにあらずして、道德上非難を加ふべき惡行をも含むものなり。而してこれらの罪狀は、其輕重何如に論なく、苟くも將來器用に任へずと認定すべくんば、以て廢嫡の一理由となすに足らん。所謂徒以上の如きは、唯其一端を擧げたるのみ。必ずしもこれに拘泥すべきにあらざるなり。前に引ける穴の說に、或云ニ笞以上一或云ニ徒以上一也の條下、「但今所レ定、好酒尙《スラ》爲レ罪、然則尙量レ心、不レ任ニ器用一、以爲レ罪耳、假景迹好レ盜、縱不レ得レ財、豈得レ爲レ任ニ器用一、或徒以上无ニ公坐之類一爲レ責耶、宜ニ量レ情定一耳」この下に「又唐令云、罪者」云々の文あり、前に引きたりと、これ尤も穩當の說なるが如し。又疾とは廢疾をいふといへり。戶令に據るに、廢疾とは癡、瘂、侏儒、腰脊折れ、一支廢せる如きものをいふ。集解に曰く、「或云、問、疾謂ニ廢疾一者、未レ知、殘疾兩耳聾等、尙不レ任ニ器用一、此等如何、答、大例除ニ廢疾一之外、殘疾尙立ニ嫡子一、但臨時斟酌、不レ任替耳」と。想ふに、これ尙ほ其一端を擧げたるものにして、器用に任へずば、必ずしも廢疾にのみ限れるにあらざらん。正倉院文書、御野國加毛郡半布里大寶貳年戶籍、上政戶縣主族牛麻呂の戶口に、戶主兄安都年五十四、枝廢、廢疾、一あり、同豐前國戶籍斷簡、○續修正倉院文書目錄に曰く、「年號郡里並不詳、據ニ仲津郡丁里戶籍一考レ之、蓋大寶二年編制也」、戶主丁勝刀牟年陸拾肆歲の子を列記せし中に、男丁勝卷手年參拾肆歲、正丁、嫡子、男丁勝根手年肆拾貳歲、廢疾、嫡兄あり。これ一は戶主の兄、一は嫡子の兄なるも、共に廢疾なるを以て、戶主となり若しくは嫡子に立つことを得ざるなり。又同御野國本簀郡栗栖太里大寶貳年戶籍、五保下政戶麻績部小知の戶口に、嫡子身都、年卅三、兵士、兄麻事年卅九、次丁、一足折、殘疾あり、一足折は卽ち一支廢せるものにして廢疾なり。これ廢疾と殘疾とを兼ぬるを以て、兄長にてありながら嫡子に立ち得ざるものなり。以上は廢疾の例なれども、篤疾にして嫡子となる能はざるが如きものあり。御野國加毛郡半布里大寶貳年戸籍、下政戸神人牧夫の戸口に、嫡子忍勝、年廿五、兵士、兄久比、年卅一、兩目盲、篤疾これなり。然るに他にありては、均しく篤疾なるも、嫡子たるもあり、同上同國郡里同年の戸籍、中政戸縣主萬得の戸口に嫡子安麻呂（年十四、二目盲、小子）あり、甚だしきに至りては、廢疾にして猶ほ且つ戸主たるあり。同國郡里同年戸籍、五保中政戸縣主族安多戸口、下々戸主安多（年六十五、一枝廢、廢疾）、同中政戸神人波手戸口、下々戸主波手（年五十六、一枝廢、廢疾）。其殘疾にして戸主たり嫡子たるものは、甚だ少からざるなり。これらを視て法令の適用を曉るべし。重きを承くるに任へずとは、義解に「謂繼ㇾ父承ㇾ祭、祭事尤重、故云ㇾ承ㇾ重」といへり。集解に引ける釋はこれに同じ。釋云、繼ㇾ父承ㇾ祭者也、祭事尤重。古記に至りては、少しく解釋を異にせり、「古記云、承ㇾ重、謂說祖父之蔭承繼也」と。五位以上の子孫は、父祖の蔭に依りて出身すべきものなれば、能くこの重任を承くるを謂つて「承ㇾ重」となすなり。然るに蔭位に敍せらるゝは、嫡子に限れるにあらず。此事上に辨ぜり。故に此說は未だ盡くさゞるところあり。思ふに、所謂「承ㇾ重」とは、卽ち相續の謂なり。家督を襲いで先祖の祭を繼ぎ、蔭位に敍し遺產を受くるが如き皆これなり。然るに其中にても祭事は最も重んずべきものなれば、卽ちこれを謂ふとするも、固より妨なし。要は唯將來に戸主として器用に任ふべきや否やと顧みるのみ。而して令文以上二個の理由、動もすれば明制を缺くが如きものあるは、蓋し父の取捨に任せ、法律を以て干涉することを避けたるならん。

右の外、逃走卽ち失踪も亦廢嫡の一理由となるならんか。戸令に曰く、「戸內口逃者、同戸代輸セ、六年不

ㇾ獲、亦除ㇾ帳、地准《ゼヨ》ニ上法一」と。これ逃走後は其地の租調を同戶にて代り輸し、六年後に至りても尙ほ求め得ずんば、計帳を除き、地は公に還すべしといふにあり。此くの如きは、嫡子と定れるものと雖ども、これを廢して固より不可なからん。

第三款　財產の相續

分配すべき財產の種類　令制、財產の贈與は父の遺言に據るを原則とす。然れども何等の遺言をもなさずして死亡せるもの丶爲めには、遺產分配の法を制してこれに據らしめたり。今其梗槩を敍述せんとするに先だち、略〻分配すべき財產の性質を說かん。

戶令に曰く、「凡應ㇾ分者、家人、奴婢(氏賤不ㇾ在ニ此限一)、田宅資財(其功田功封唯入ニ男女一)、惣計作ㇾ法」云々と。

(一)家人　家人は奴婢の如く賤しからず。故に又賣買すべきものにあらざるなり。然れども分配の際には假りに價を立て、財物の法に據りて處分せしむ。集解(家人の下)「穴云、　、家人分法何《イカン》、答、家人雖ㇾ无ニ賣買一、暫家內而平ㇾ價處分无ㇾ妨耳、新令問答云、家人等皆混合、准ㇾ價作ㇾ分也」と。

(二)奴婢　奴婢に至りては、固とより牛馬と等しく賣買するものなれば、價に準じてこれを分つべきなり。(雜律に「買ニ奴婢牛馬一」云々)

(三)田宅　園地の如きも亦此中にあらん。夫れ田には公田、私田の別あり。田令の義解に、(凡公私田荒廢云々の條下)「謂位田、賜田及口分田、墾田等類、是爲ニ私田一、自餘者皆爲ニ公田一也」と見えたり。想ふに、職に依りて給ふところの職田も亦私田といふべからん。職田、位田は、田令の義解に、凡應レ給二職田位田一人の條下、「其職田、位田、得二職位一則授、去者則收、皆不レ待二班田年一也」とあり。されば田令にも「凡應レ給二位田一、未レ請及未レ足《定イ》而身亡者、子孫不レ合二追請一」となす。固とより子孫に分つべきものにあらざるなり。賜田の如きは、別勅を以て人に賜ふものにして、其狀況自《オ》ら一ならず。口分田に至りては、集解に引くところの法家の說二樣に分れ、一は分配すべしとなし、一は然らずとなす。

穴云、問、口分田何《イカン》、答、父母之口分田、亦放二財物一處分作レ分耳、（前說）

師說云、口分不レ入二此文一、（後說）

然るに口分田なるものは、もと其身に給へるものなれば、死亡の後は、これを返納すべきこと論を竢たざるなり。唯田令に據るに、「即身死二王事一者、謂戰場身死、是爲レ死二王事一其地傳レ子謂若無レ子者、雖レ有二親屬同居一、不レ在二給限一也」とあり。其地とは、即ち前文に「其身分之地」とあるものにして、口分田をいへり。されば此くの如きものは、これを其子に傳ふるを許せり。然らざるも同令に、「若以二身死一應レ退《カヘス》田者、毎レ至二班年一、即從二收授一」とあり。田は六年毎に一たび班つべきものなれば、口分田を受けしもの、此間に死亡すとも、これを收めらるゝことは、班年に於てせらるべし。故に其死亡班年の前にあらんには、假りに其收獲を分つて、諸子等に與ふることあらんも知るべからず。而して墾田は、田令に「其官人於二所部界內一、有二空閑地一、願レ佃者、任二聽營種一、替解之日還レ公」とあり、義解「謂官人者國司《チ云》、若以二土人一任二爲國司並郡司一、及百姓等營種者、即永爲二私田一」といへば、土着の官人及び百姓は永久にこれを私田となさしめられたるなり。

按ずるに、大寶の制は必ずしも此くの如くならざりしならん。續日本紀、元正紀、「養老七年四月辛亥、太政官奏、頃者百姓漸多、田地窄狹、望請勸ニ課天下一、開ニ闢田疇一、其有下新造ニ溝池一營ニ開墾一者上、不レ限ニ多少一、給傳ニ三世一、若逐ニ舊溝池一、給ニ其一身一、奏可之」とあり。當時若し永久私田となすを許すの制ありたらんには、一言改正の事に及ばざるを得ざるなり。然るに絶えて此事あるなく、且つ同書聖武紀天平十五年五月乙丑に、「詔曰、如レ聞、墾田依ニ養老七年格一、限滿之後、依レ例收授、由レ是農夫怠倦、開地復荒、自今以後、任爲ニ私財一、無レ論ニ三世一身一、咸悉永年莫レ取、其親王一品及一位五百町、二品及二位四百町、三品四品及三位三百町、四位二百町、五位百町、六位已下八位已上五十町、初位已下至ニ于庶人一十町」とあるを以て觀れば、其永年收むるなきに至れるは、天平十五年の後にあるべし。されば義解は當時の狀を以て直に令文を解釋せるものゝみ。

此くの如くなれば、私田の中、賜田、口分田、墾田は、縱令或る條件を附すとはいへ、遺產として分ち得べきものなり。其他にても園地、宅地の如きは、これを遺產となすを妨げじ。宅とは舍宅なり、倉屋の如きこれに附屬せる諸種の建物をも含蓄せり。

(四)資財　資財とは上にいはざる諸種の動產をいふ。

氏賤及び功田功封　以上列擧するところのものは、令に遺產として分配を許せるものなれど、此中又變例のなきにしもあらず。先づ

(一)家人奴婢は、令に「氏賤不レ在ニ此限一」とあり、集解に引ける「釋云、其氏賤者不レ入ニ財物之例一、氏

宗〇令抄家に作る人奴婢者、轉入二氏宗之家一耳、或云、〇中略、故此氏賤不レ入二均分之限一、則充二氏宗之家一耳」とあるを以て、氏に屬する賤民は遺産として分配することを許さず、これを其氏宗の家に入れざるを得ざりしなり。氏宗とは繼嗣令に「氏宗聽レ勅」とあるところのものにして、諸氏皆勅許を得てこれを定めたり。次に

(二)功田、功封は戸令に「唯入二男女一」とあり。令抄にこれを辨じて曰く、「愚案、此二色者、父其身所レ得、非二父祖所レ傳之田宅資財之類一、故唯入二男女一而已」と。然るに田令に「凡功田、大功世々不レ絶、上功傳二三世一、中功傳二二世一、下功傳レ子」とあり、又祿令に「凡五位以上以レ功食レ封者、其身亡者、大功減レ半傳二三世一、上功減二三分之一一傳二二世一、中功減二四分之三一傳レ子、下功不レ傳」とありて、各數等の差あり。所謂父の身に得しところもなきにあらざれど、父祖の傳ふるところも亦これあり。如何ぞこの事を以て他と別つべけんや。田令を按ずるに、「凡應レ給二功田一、若父祖未レ請及未レ足而身亡者、給二子孫一」といへり。想ふに功封の如きも亦然らん。而してこれを傳ふべき子孫は、必ず實子若しくはこれと同一の資格あるものならざるべからず。續日本紀、文武紀、大寶二年七月太政官の處分に、「〇前略、又功臣封應レ傳レ子、若無レ子者勿レ傳、但養二兄弟子一爲レ子者聽レ傳、其傳レ封之人、亦無レ子、聽下更立二養子一而轉中授之上、其計二世葉一、一同二正子一、但以二嫡孫一爲レ繼、不レ得レ傳レ封」といへるは、功封の必ず實子に傳ふべきものなることを示せるのみなれど、功田の如きも亦これに同じきこと、更に論を竢たざるなり。世とは父子相承くるをいふ。されば子これを受けざるに、孫若しくは他人に傳ふるの理あるべからず。これ子なきものは、假令嫡孫を相續者とするも、封を傳ふるを得ずとする所以なり。唯兄弟の子を養つて子とせるものにのみ特にこれを許せるは、所謂兄弟の子は猶ほ子の

如しといへるに據るのみ。而して此子といひ孫といふものは、必ずしも男子にのみ限れるにあらずして、女子も亦これに與ふることを得たりしなり。田令「功田〇中略下功傳レ子」の義解に、「謂男女同也」といひ、又祿令「以レ功食レ封者、其身亡者〇中略中功減二四分之三一傳レ子」の義解にも、「謂男女同」といへり。田令集解（功田云々下功傳レ子の條下）「釋云、稱レ子者男女同云々、穴云、稱レ子男女同云々、朱云、（中略）稱レ子者、男女養子並同者」とありて、其說皆同じ。唯「古記云、下功傳レ子、謂女子不レ入二子之例一也、今行事、女子亦傳」とあるに據る時は、大寶の古制、或は女子を以て子の中に入れざりしものか。後世刋修を經、若しくは解釋を異にしたるが爲め、令文の古意を失せるに至れるものなきに非ず。下にいふ男女均分の如き此類ならん。戸令に「其功田功封唯入二男女一」といへるは、卽ち「男女同」といふと其義を一にして、男子女子共にこれを受くべきものなること明かなり。然るに義解に「謂不レ依二財物之法一、男女嫡庶並皆均分也」といひ、集解に引ける諸家の說、概ねこれに同じきは甚だ疑ふべし。

戸令集解（唯入二男女一の條下）　跡云、功田封戸、不レ別二嫡庶子一、合二均分一、爲二師說一也、〇中略穴云、兄弟均分、未レ知、功田封戸園地等何、答、皆與二財物一同分耳、或云、男女嫡庶同分无二差別一、師同レ之、

田令集解（凡功田云々の條下）　釋云、師說云、父死以後、所レ有兄弟、不レ論二嫡庶一、依レ法均分耳、〇中略跡曰、此田不レ論二嫡庶男女一、皆爲二均分一、

何とならば、令文中未だ嘗て一條の均分の事を制せしものあらざればなり。彼田令、祿令の義解に「男女同」といへるは、撰者の意或は均分にあらんも知るべからざれども、これを令文に子とあるを解して、男子女子共に同じく功田功封を受くべきものなりといへるのみにて、敢て分法に關せずとするも不可なることなけん。而して戸令の註文に「唯入二男女一」といへるものに至りては、二者の單に子にのみ傳ふべきことを示せる外、何等の意味あるにあらざるなり。令文殊に此事を註せる所以のものは他なし、一般の財産は、これ

を財主の妻妾に分ち、又は其子の死せし時、孫に與ふる如き事あるを以て、以上の二者をこれらのものと甄別するの必要あればなり。是故に集解にも、「朱云、功田功封不レ及二妻妾一之理、田令祿令見文也」といひ、又「問、功田功封唯入二男女一者、未レ知、兄弟亡者、其子不レ承二父分一哉、〇中略、答、非二功主之男女一故也、〇中略、答、非二財主男女一者不レ與耳」云々、〇以上戸令、「朱云、問、下功傳レ子者、兄弟分得、然後兄死者、其分何人可レ得、答、遺弟等可レ得也、兄之子不レ可レ得也、稱レ傳レ子之故者、稱レ子者男女養子並同者」〇以上田令といへり。これを要するに、「唯入二男女一」といへる四字の中、唯の一字最も主眼にして、男女はこれを子と改め、「唯入レ子」といふと異なるところなきなり。いかんぞ此中均分の意ありといはんや。されば集解の中、既にこれを疑ふものあり、「新令釋云、功田功封入二男女一、未レ知、作二男女嫡庶一而處分《スルヤ》、或不レ說二別嫡庶一均分《スルヤ》何《イカン》、答、然也、不レ別二嫡庶男女一者、而未レ明二其理一何、或云、案二此文一、作二嫡庶一可レ分者何、先云、師說、功田功封入二男女一者、凡財主死之後、未レ分レ財前死《ニセル》子之子者、猶可レ得二父之分一、但財主之前死《ニセル》子之子者、不レ可レ得二功田功封一者、未レ明」、〇以上戸令、「跡曰、此田不レ論二嫡庶男女一、皆爲二均分一、貞此方ハ令ノ時ノ事カ可レシ求ム者何ゝ」〇以上田令の如し。一般の遺產分配法に據るべしといふものあり、「穴云、兄弟均分、未レ知、功田、封戶、園地等何、答、皆與二財物一同分耳」〇戶令の如し。男一分、女半分といふものあり、「穴云、稱《スルハ》レ子男女同、但男一分、女半分耳、其父之兄弟均分佃食、而父死者、女子全得二父分一、爲二父兄弟一時、均二分子一故、不レ減レ半也今師云、不レ同二此說一、同二均分之說一」〇以上田令の如し。又功田功封を以て遺言をなし得べしといふものあり、「〇上略又以二功田功封一得レ作二遺言一哉、答、〇中略、父功田限レ世、遺言无レ妨〇下略」〇以上戸令、又「於二功田等一聽レ作二遺言一哉、答、〇中略、唯應レ得二遺言一也」〇以上田令の如し。これらに據りて考ふるに、令義解以下均分説を唱ふるものは、註文四字の中、唯の字に重きを置かず、「入ニ男女ニ」とあるを見て、直に男女分を同じうすとせしに依るならん。而して其實は一般の分配法に據りて、これを男女の實子、若しくはこれと同等の資格ある養子に與ふべく、又財主存生の日、遺言して任意に贈與するを許すこととなりしと思はる。

これを要するに、功田功封の二色は、これを其身に受くるものゝ外、或は子に傳へ、或は二世三世に傳へ、功田の中にても大功の如きは、永世収めざるものあり。されど皆父子繼承するのみにて、他の財産の如く、財主の妻妾若しくは他人兄弟の子を養つて子となせるものゝ外に與ふることを許さず。其順位に至りても、子を超えて孫に傳ふることを得ず。唯集解の或説に據るときは、財主の死せし後、未だ遺産を分配せざる前に死せし子の子は、父の分既に定まれるものなれば、猶ほこれを受くることを得といへり。財主に先だちて死せる子の子は、これを得べきにあらず。此事は田令の集解に見ゆるところなり。これ或は事實ならんか。而してこれを傳ふべきものも世數に限りあれば、功田の世々絶えざるものを除き、單に子に傳ふべきものは、其後兄弟姉妹の一人死するも、其子に行かずして、兄弟姉妹に行き、若し兄弟姉妹及びこれを受くべき資格あるものを缺くときは、公に還さしむ。其他二世三世に傳ふべきものも、世の絶えしときは亦此くの如し。女子に至りては、他に嫁して子を生むも、其子は他姓なれば、固とより二者を傳ふべきにあらざるなり。而して父祖の功田及び功封を受けたる子孫の中、若し犯罪に依りて其分を沒收せらるゝことあるも、他のこれに闕せざるものに迄及ぼすことなかりき。以上田令の本文及び其義解、集解に據りて文をなせり。

按ずるに、功田功封は他の財産と異なり、一定の時期に達せし後、これを公に還すべきものなれば、其繼承を正すこと最も嚴密ならざるべからず。然るに若しこれを男女諸子に分つことゝせんか、功に依りてこれを得たるものは一人なるも、其子に至りては幾多に分割せられ、久しき後には一世の女子あり、二世三世の男子あり、死亡犯罪の場合は、或はこれを他の兄弟姉妹に傳ふべく、或はこれを官に沒收すべく、事情百出、混亂紛糾、公私共に其煩に堪へざらんとす。且つ功田の如きは、これを傳ふるに、何等の條件をも附することなきも、功封に至りては、或は減半し、或は三分の二、四分の三を減じて、三世、二世若しくは其子に傳ふるなり。若しこれを受くるの人多く、時を經ること亦久しからんには、誰れか其分配を煩はしからずとせん。是に於てか、嫡子相續の疑あり。夫れ嫡子をしてこれを受けしむることゝせば、絕えて以上の煩累を生ぜざるのみならず、令文に於ても、亦適應せずと謂ふべからず。彼田令及び祿令の義解に「男女同」といひ、戶令の註文に「入二男女一」とあるは、一見これと撞着するの嫌あれども、前者は單に子といふことの解釋にして、功田に於ける下功、功封に於ける中功は、共に男女の子に分つべきも、二世三世に傳ふべきものに至りては、功主の相續者のみ受くることゝし、功田功封には數等の差ありて一樣ならずと雖ども、其中單に子に傳ふべきものは、他の二世三世に傳ふるものゝ單位となることなれば、戶令の註文にありては「其功田功封唯入二男女一」と記して、これらのものも亦嫡子若しくはこれと同等の資格を有するものにのみ入るべきことを類推せしめたりとせば、大に不可なきが如し。然れどもこれつひに强解たることを免れず。歷史法令の文、皆功田功封の子孫に傳ふべきことをいふも、一として男女嫡庶を別ちしものあらざるなり。若し果して功主の相續者のみこれを受くべくんば、子に傳ふべきものに限りて、男女に入るゝの理なからん。況んや集解に引けるところの古記にも、既に分配の事をいへるものあるに於てをや。其分與轉授の際には頗る煩雜に亙るが如きも、概ね父の遺言に據りて任意に處分せしものなるべく、又父の死去せし後は、其嫡子又は氏宗の、法令に定むるところを方針として處分するあり。官に於ては、大體の方針を定めて、爭亂を防がるゝ迄にて、固より此くの如き私事に干渉せんことを好むものにあらざれば、概ね氏宗等の爲すところに任せられしなるべく、犯罪に依りて功田功封を沒收するが如きことは極めて希なるものなれば、彼令文を實施するに當りても、甚だ困難を感ぜざること、蓋し意想の外にあらん。戸令集解應分條田宅の下に「一云、封戸依二嫡子一也」といへるは、縱ひこれを諸子に分つも、嫡子に依りて管理せられ、適宜に處分せらるゝことをいへるものなるべし。

遺産の分配法　遺産として分配することを得べきものは、略〻上に述べたるが如し。故に以下少しく實子の分配法を説かん。

戸令の遺産分配に關する制定は左の如し。

嫡母繼母及嫡子各二分（妾同二女子之分一）、庶子一分、妻家所得不レ在二分限一、兄弟亡者、子承二父分一（養子亦同）、兄弟俱亡、則諸子均分、其姑姉妹在レ室者、各減二男子之半一（雖二已出嫁一、未レ經二分財一者亦同）、寡妻妾無レ男者承二夫分一（女分同レ上、若夫兄弟皆亡、各同二一子之分一、有レ男無レ男等、謂下在二夫家一守レ志者上）、

これ實に財産分割制なり。されば家督の相續は嫡長子先きとし、他の諸子はこれに與らるを常とす

れども、財産相續にありては、各幾分の分配を受け、家督相續者の如きも、唯一部分の財産を得るのみ。然るに分配の法に至りては、父の遺産を處分すること、母の遺産と同じからざるものあるを以て、先づ前者を說き、然る後後者に及ぼさん。

（一）父の遺産　嫡子は其二分を得、庶子は一分を得ること、令文に見ゆるが如し。唯女子に至りては、註文に「妾同ニ女子之分一」とあるのみにして、明文を缺けりと雖ども、戸令集解（其姑姉妹在レ室者各減ニ男子之半一の條下）に引ける古記に、「問、女子无ニ分法一、若爲、答、大例女子既從レ夫去、出嫁之日、裝束不レ輕、又弃レ妻條、皆還ニ所レ賚見在財一之時、卽是與ニ父母財一也、所以ニ更不レ分論（マヽ）、然則夫（未カ）ニ出嫁一在レ室女、不レ合レ无レ分、宜レ依ニ新選一與ニ男子之半一以充中嫁裝上、出嫁還來、更不レ合レ分也」とあるに從ひて、半分を與ふべきに似たり。（此事は養子の條に委しく考證せり。）

法曹至要抄に「假令父遺財有ニ布七十五端一、嫡母廿端、繼母廿端、嫡子廿端、庶子十端、女子五端、以レ之爲ニ分得之法一」とあり。（裁判至要抄はこれに從ふ。）其中嫡母とは、庶子より父の嫡妻をいひ、繼母とは、前妻の子より父の後妻をいふものにして、同時に兩立すべからざるものなるを、共に分配を得るが如くせしは誤れり。

若し男子の中、先づ死して分配の時に遭はざるものあらば、嫡子の子は嫡子の得分を承け、庶子の子は庶子の得分を承くべし。但し女子の子は此限にあらず。

令文「兄弟亡者、子承ニ父分一」とあり。義解に「稱レ子者、男子也」といひ、又集解には「釋云、（〇中略、）稱レ子男女子於レ今（〇令カ）不レ合也、何者、下文无レ男者妻妾承ニ夫分一故、但无ニ男並妻妾一者、女子得ニ父分一耳歟何之」といへり。集解の註文に「下文」云々とあるは、令に「寡妻妾無レ男者承ニ夫分一」を斥し、「子承ニ父分一」といふもの、若し男女子の事ならんには、本文亦「寡妻妾無ニ男女子一者」云々とあるべきに、唯「無レ男者」云々とあるは、合はずといふにあるなり。子とは男子をいふものなること、蓋し義解の如くならん。然るに義解に、又「問、文云二子承二父分一、未レ知、若有二父之妻妾一者何如、答、子承二父分一之後、更依二上文一爲レ分、但於レ法、母子無二異財之理一、即分得之後、各當二同財一」といひて、男子の父の得分を承けたる後、更に規定の分配法に依りて父の妻妾に分つべきが如く、女子にも亦これに依りて半分を分たざるべからざらん。從つて寡妻妾男なきの故を以て夫の得分を承くるも、若し女子あらば亦此くの如くすべきなり。

既に承けたる後、若し父の妻妾又は女子あらんには、以上の分配法に依りて、更にこれを分たんことを要す。

若し又男子皆死して分配の時に遭はずば、其諸子は嫡子の子なると庶子の子なるとを論ぜず、祖父の遺產を均分して、各其一を承くべし。例せば兄の子一人、弟の子十人あらんには、總べてを十一人分となして各一分を得るが如し。唯嫡庶子及び諸孫の姉妹にして未だ嫁せざるもの、及び已に嫁すと雖ども未だ分配に與らざるものは、各男子の半分を得るものとす。卽ち嫡庶子の姉妹は嫡庶子の半を、諸孫の姉妹は諸孫の半を減じて其得分となすなり。

(二)母の遺產　令制、女子が財產を所有するの權あることを認む。而して其一旦出で嫁するに當りては、夫婦の間、財を共にすべしといへども、夫の死せし後は、其財產を夫の遺產より分離して、分配の數に加へざることを得。令に「妻家所得不レ在二分限一」とあるもの、卽ちこれなり。

法曹至要抄に曰く、「按レ之、假令嫡繼妻等從二妻之祖家一賫來、與レ夫同レ財、夫死後分二遺財一之日、如レ元可二還與一也、准二分法一不レ可二併計一」と。裁判至要抄にも「案レ之、妻妾自二己父母之家一賫來、與レ夫同レ財、夫死後分二遺財一之日、妻妾如レ元可二返取一、混二于夫財一、不レ可二配分一」といへり。然るに集解に引ける「釋云、稱レ妻者是兄弟之妻也、假有レ婦隨レ夫之日、將二奴婢牛馬並財物等一、寄二從夫家一、夫婦同レ財、故婦物爲二夫物一、夫○令抄に據り補ふ亦有レ父、父子同財、因轉爲二舅物一、夫之父母終亡之日、兄弟欲レ別之時、出二兄弟之婦家凾書一、陳二置殘物一、各與二其夫一、只均二分父母財物一、故云、妻家所得不レ在二分限一私同」といへり。令文「妻家所得」云々は、父の遺產を處分する中にありて、「兄弟」云々の文未だ見えざるところなれば、妻と稱するを兄弟の妻なりとするは、當を得ずといへども、若し此にいふが如き場合ありとせば、これを處分すること此くの如くならんか。故に收錄す。

既にして死すれば、其財は嫡庶男女の別なく、諸子に均分するものとす。これ父の遺產と分配の法を異にする要項なり。例せば十人の子あり、其母十端の布を遺して死せんには、男女嫡庶を論ぜず、各一端を得べきが如し。妻にして若し子なからんには、夫其遺產を得べく、夫妻共に死するも、夫家の財產となりて、妻の實家に還さゞるなり。集解に、妻の實家より持參せる奴婢は、父母が唯其存生の間仕へしめんとするのみ。既に與ふといへども、子なくして死すれば、實家に還すべしといへる說を載せたり。然るに氏の賤なるものは、遺產として家人奴婢を子に分つことを得ず。これを得るは氏ノ宗のみ。故に奴婢を父母の家より賫らせるものは、氏宗の女なるべきこと、辯を竢たずして明かなり。既に此特權を有す、これを實家に還すの必要なし。故に集解にも、亦妻の子のあらば、子これを得とせり。子にしてこれを得ば、これ其家の財產たるなり。而して子なきとき、なほ其實家に還さゞるべからずとするは、盖し不通の論ならん。故に取らず。義解に曰く、「又問、假令嫡妻有レ子、共承レ分之後、其母改嫁、卽賫二己及子財一、適二後夫家一、其後母亡、所レ有財物、須レ入二何人一、答、令有下妻承二夫財一之文上、而無下夫得二妻物一之法上、卽須レ與二其子一、不レ可レ入レ夫、其於レ母者、無二嫡庶之名一、分二其財物一者、當レ從二均分之法一也」と。

又集解兄弟亡者子承二父分一の條下に引ける釋に云く、「問、母並子等相得二父財一訖、而母率二數子等一嫁往二他處一、而母死夫在、或夫亡而母在、未レ知、夫妻各有レ子、何處分、答、夫妻是同レ財、然母亡夫存者、其財可レ得レ夫、但妻之子等、自二父家一持來物等、可レ與二其子等一、於レ夫亦如レ之、但夫妻共亡者、妻之子承二母之分一、所レ殘之物、合レ與二夫之子等一、具如二上法一跡記无レ別」と。二者共に同一の場合を說くものなるを以て、併せ考へて大に法律の適用を曉るに足るものあり。抑々夫婦の間は其財產を共にするも、夫これを管理するを以て、妻先づ死すとも、別に其遺產を分配することなく、夫も亦死するに及んで、其子父母の遺產を別ち、父の遺產は法に據りてこれを妻妾若しあらば及び諸子に分ち、母の遺產は諸子に均分するを常としたるが如し。前に引ける釋の文に、「母亡夫存者、其財可レ得レ夫、○中略。夫妻共亡者、妻之子承二母之分一、所レ殘之物、合レ與二夫之子等一」云々といへるが如き、以て觀るべし。

僧尼及び奴婢の遺產　右の外なほ遺產を均分すべき場合二あり、一は僧尼の遺產にして、一は家人奴婢の遺產なり。

(一)僧尼の遺產　夫れ僧尼は固く戒律を守らざるべからず。故に若し婦女を近づけ又は男夫に見ゆれば、必ず苦使せらるべく、又私に園宅財物を蓄ふれば沒官せらるべし。僧尼令及び其義解に據る。然れども此法を犯し、私に嫁娶して子を生み、財を蓄へて死するときは、自《オ》ら遺產處分の法なかるべからず。義解に曰く、「又問、僧尼嫁娶生レ子、亦既私有二財物一、既僧尼身死、若爲處分、答、僧尼嫁娶、及私畜二財物一、並是破二戒律一犯二憲章一、其若在二生日一、卽國有二恒典一、然而僧尼其身既死、雖二是違一レ法、亦有二妻子一、卽所レ有財物、當レ與二其妻子一、但於二僧尼一、既无二嫡庶一、至二其分財一、須レ依二均法一」と。乃ち嫡妻、繼妻、嫡庶、男女の別なく、其妻子に均分すべきなり。

(二)家人奴婢の遺産　前に引ける義解の下文に、「其家人奴婢、身死有二財物一、其子孫應レ分者、亦准二此法一也」〇此法といふは所謂均法なりとあるを觀れば、家人奴婢の遺産も亦均分の法に據ること、僧尼の遺産に於けるが如くすべしと見ゆ。

遺産相續權の喪失　然るに以上說き來れる一般の法にて相續權あるものも、或る場合にこれを失ふことなきにあらず。

(一)僧尼　僧尼令に曰く、「凡僧尼不レ得下私畜二園宅財物一、及興販出息上」と、義解に曰く、「凡僧尼犯二此法一者、其物皆沒官也」と。僧尼の園宅財物に於ける、既に此くの如きものあり。されば父母死すとも、其子女の出家せるものゝ如きは、固より田宅資財の分配に預るべきにあらず。唯僧尼令の義解にも、其尋常に須ゐるところ、及び身に緣れる資用の類は、禁ずる限にあらずといへば、若し遺産の中に佛具衣鉢の類ありて、分與せんことは妨なからん。法曹至要抄、裁判至要抄。〇法曹至要抄に「自餘財物不レ可レ與レ之」とあり。然るを裁判至要抄には「但父母存日於二讓與一者、强可レ無レ妨」といへど疑ふべし。

(二)不孝の子　法曹至要抄に曰く、「鬪訟律云、子孫違二犯敎令一、及供養有レ闕者、徒二年、說者云、不孝之子、不レ可レ預レ財者、按レ之、至二于不孝之男女一、不レ預二父母之遺財一矣」と。裁判至要抄には「案レ之、不孝之子不レ可レ預二父母未レ分之財一也」といへり。我古律に於て不孝と認むるもの凡そ十一種あり。(一)告二祖父母父母一、(二)詛二祖父母父母一、(三)詈二祖父母父母一、(四)祖父母父母在別レ籍、(五)祖父母父母在異レ財、(六)居二父母喪一嫁娶、(七)居二父母喪一作レ樂、(八)居二父母喪一釋レ服從レ吉、（九）匿二祖父母父母喪一、（十）詐稱二祖父母父母死一、（十一）姧二父祖妾一これなり。八虐罪の一に數へられ、其罪甚だ輕からず。重きは絞せられ、輕きも徒一年に處せらる。

(三)繼子　戸令集解 應分條若夫兄弟皆亡云々の條下 に云く、「又繼父之財、諸子得レ分以不《イナヤ》、私案、繼父不レ同二嫡母一、以二同居一僅入二親例一、至二財物一不レ同二親父之例財一、前夫之子不レ得レ分一」と。裁判至要抄にもこれを引けり。これに據るときは、繼子は繼父の財に預る能はざるなり。

(四)養子　令抄に云く、「養子亦同、兄弟之養子也、允亮云、養子不レ與二本生父母財一」云々と。凡そ養子をなすは、子なき時、家を繼がしめん爲めなれば、一たび收養せられて他人の家を繼ぐときは、これと同時に、正嫡子と同一の資格を有するに至るべし。故に實家に於ける父母の遺産に與らざること、本文にいふところの如くならんか。然るに女子は他に出で嫁するも、なほ分配に與ること前に見えたり。養子の事は養子の條に詳しくすべし。

遺言に據る遺産分配　遺産分配に關する規定は略〻此くの如し。然るにこれ皆何等の遺言をもなさずして死去せる財主の遺産に適用すべきものなれば、財主が生前に其財産を處分するは、必ずしも此規定に據るを要せざるなり。されば戸令に遺産の分配法を定めたる終りに、「亡人存日處分證據灼然者、不レ用二此令一」とあり。なほ集解に引ける釋に據れば、「釋云、凡此條與二喪葬令云一各《フトコロ》異、然依二理相通一可レ用、縱牒不レ入レ司、而遺言分明、可レ依二遺言一」といひ、喪葬令には、「若亡人存日處分證驗分明者、不レ用二此令一」とあり、義解に「謂證驗不二相須一也、言雖レ無二證人一、而亡人署記、足レ應二驗據一、及雖二署記不一レ在、而證人分明者、並不レ用二此令一」といへり。即ち財主の遺言狀及び證人の中、いづれかこれあるを要す。而して此遺言は生前幾回も改むることを得べく、其最後になせるを效力ありとす。當時の法律にては、同居若しくは三等以上の親、及び外祖父母、外孫、孫の婦、若しくは夫の兄弟及び兄弟の妻、及び家人奴婢は、證人となりても事實の隱蔽を許したり。名例律。而して祖父母父母、二等尊長、外祖父母、五等以上の卑幼等を告訴するものは、假令實を得るも皆罰あり。就中祖父母父母を告訴せるものゝ如きは絞罪なりとす。闘訟律。これらの事は、後世唯德義の制裁あるのみなるも、道德法律の分化行はれざる時にありては、蓋し至當の制なりと謂はざるべからず。子の父に對して訴權なきこと此くの如し。故に前後屢〻遺言を改めらるゝも、奈何ともすべからず。而してこれ翅に生前のみにあらざるなり、其遺言は父の死後にも、堅く遵守すべき義務あり。闘訟律に「子孫違二犯敎令一、及供養有レ闕者、徒二年」とあり、又「告二祖父母父母一者絞」とあり。法曹至要抄にこれを引きて、「按レ之、父母敎令、死生不レ變、承而可二周旋一、豈敢可二違犯一哉、然則數度雖二改易一、以二最後狀一可二受領一、依レ無二告言理訴之道一也」といへり。裁判至要抄これに同じ。且つ子孫は祖父母父母の許を得ずして財を異にするを得ず。されば假令私に財を蓄ふるも、祖父母父母は意に任せて處分することを得たるならん。裁判至要抄、祖父母父母讓可レ用二後狀一事の案文に、「凡子孫雖二私蓄一レ財、偏可レ任二祖父母父母意一也」とあるに據る。然るに戸婚律に「祖父母父母在、而子孫別レ籍異レ財者、徒二年、若祖父母父母令レ別レ籍者、徒一年、子孫不レ坐」とありて、其疏に「但云レ別レ籍、不レ云レ令レ異レ財者、明二其無一レ罪也」〇法曹至要抄に引くところに據るといへる如く、祖父母父母の子孫をして財を異にせしむるものには制裁なきを觀れば、子孫が彼等の許を得て、財産を別にするは妨なかりしなり。既に財産を異にせば、所有の權子孫にあり、以て妻子に讓るべく、又他人に與ふべし。女子の如きは、出で嫁すれば、其財産は夫の管理するところとなり、死後は其子若しくは夫に歸す。されば祖父母父母輙くこれを取返すことを得ざるなり。

此に一例あり、例へば父の生前一子に財産を與へて、餘子に與へざりしものありとせば、死後何如に處分すべき。集解に引ける應分條證據灼然者不レ用二此令一の條下「朱云、問、父存日、一子與レ財、餘子不レ與レ財、父亡後可三處二分財物一、未レ知、先得シ子ノ分、後日入二財物之例一、作二分法一不、答、計入可レ作、何者、餘者更不二追取一、但其分少者、加與故也」と。裁判至要抄（父遺財支配事）にも、「若財主存日、有二分與財一、今准二此法一有二不足一者、併計可二滿與一也、若有レ餘者、更不レ可二析取一」といへり。これに據るときは、父が生前一子に與へたるものも、遺産の中に計へ入れ、分配の規定に據りて、若し得分の割合に不足せば、新たに增加してこれに滿たしむるも、餘りありとて析き取ることをなすべからず。これ其一旦讓與して、子の所有に歸したるものなればなり。

以上は專ら父の遺言に就ていへるものなり。母に至りては、或は遺言すべしとなすあり、或は然らずとするあり。集解應分條嫡母繼母の條下に引ける「讚博士云、嫡母繼母不レ得二遺言一、今說依レ此、問、嫡繼母得二處分遺言等一哉、答、與二親母一相似者、明任二處分一耳、今說不レ依レ之、但於二己正子一得二左右一也、但於二他妻之子及傍妾等一不レ合《スベカラ》」と。これらに據るときは、元來嫡母繼母は遺言するを得ずして、其遺產は唯諸子に均分すべきものなれど、己が正子實子といふにのみ、遺言に依りて任意に分與することを得るものとなすが如し。これ甚だ妥當の說ならんか。

戶令に遺產分配の法を設けたる後、財主の生前遺言せるものゝ外、同財共居せんと欲するものも、此令を用ゐざれとあり。十六歲以下の男子及び寡妻妾は、固と別戶することを許されざるを以て、多くは一戶の內に同居し、各財産を有するも、これを共通にし、家長即ち戸主の管理を受くるものなり。戸令義解に云ふ、「但於レ法母子無二異財之理一即分得之後、各當二同財一」といへり。若し祖父母父母の生前に、子孫たるもの私に籍を別にし財を異にせば、徒二年に處せられ、祖父母父母籍を別にせしむれば、又徒一年に處せらる。此場合には子孫は坐せず。然れども彼別戸すべからざるものにても、戸主となるに堪へたらんは、禁ずる限りにあらず。父母貫を異にするものゝ如き、其子或は父に從ひ、或は母に從ふ、況んや異母兄弟の如きは、必ずしも同居せざるに於てをや。是に於て彼等の間に財産を分つの必要あり、これ祖父母父母の、子孫をして財産を異にせしむるに法律の制裁なき所以なり。籍を別にせしむるものも正當の理由あり、正當の手續を經由せるものは、固とより問ふところにあらざりしならん。集解應分條證據灼然者不レ用二此令一の條下に曰く、「問、父亡母在、分不、答、同母者不レ異レ財、故不レ可レ分、若有二異母兄弟一應レ分、雖二嫡母一亦應レ分也」と。嫡母とは、妾の子より父の嫡妻をいへるなり。庶子が嫡子に立てる時、父の嫡妻を嫡母といふ。

遺産相續人のなき場合 然るに若し財主死して、一人も遺産を受くべきものなからんには、これを如何にすべき。喪葬令に曰く、「凡身喪戸絶無レ親者、所レ有家人奴婢及宅資、四隣五保共爲二檢校一、財物營二盡功德一、其家人奴婢者放爲二良人一、若亡人存日、處分證驗分明者、不レ用二此令一」と、義解に此を釋きて、「謂戸絶者、戸口皆悉絶盡也、無レ親者、是別戸之內、並無二五等以上親一者也、即雖レ有レ親、而非二戸令分財色一者、不レ可二得分一、使三其營二盡功德一、不レ付二四隣五保一也」といへり。五保とは、戸令に「凡戸皆五家相保」とあるものこれなり。裁判至要抄にも喪葬令の文を引きて、「按レ之、除二子孫一之外、雖レ有二伯叔並兄弟等一、皆是不レ在二得分之親一、仍不レ可二分預一、雖レ然伯叔已下、相共惣二計亡者財物一、宜レ營二盡功德一、但財主存日處分畢者勿レ論」といへり。法曹至要抄に記するところも概ねこれに同じ。令制を推考するに、氏に屬する賤民は、此場合にも、放して良人となさずして、これを其氏ノ宗に入るべかりしならん。なほ集解應分條妻家所得不レ在二分限一の條下に、「問、妻家所得、不レ在二分限一者、未レ知、夫妻共死、男女亦无レ有レ之、未レ知、妻家所得財物、誰人可レ得レ之、答、營二盡功德一耳、私案、此時若有二妻祖一者、可レ還二妻祖一者」といへり。抑〻妻家の財産に就ては、或は子なくば其本宗即ち妻の實家に還すべしといひ、或は夫家に歸すべしといひ、其說一定せざるが如きも、余は既に法文を推覈して、其夫家に入るべきものにして、本宗に還すの不適法なることを辨明せり。故に妻の夫家にて死したる後、一人の其遺產を相續すべきなき場合に於ても、喪葬令の規定に據りて、功德を營盡するの資となすべきものなるを信じ、斷じて私案の說を排せんとす。

第貳節　養子

養子制の起源　凡そ家族制の行はるゝ邦國にありて、最も重きを置かるゝところのもの、繼嗣に過ぎたるはなし。是時に當り、若し一子の此重きを承くべきものなからんか、祖先以來の系統はこれを絕たざるべからず、家業はこれを廢せざるべからず、而して當時最も重しとせるところの祭祀の事も、これを行ふものなきに至らんとす。此くの如きは豈に能く人情の忍ぶところならんや。是に於て近親の子を收養して其子となすの必要を生ずるなり。我國は族制を以て國を立て、血統を貴び、祭事を重んずること、遂に他邦に超えたり。是故に養子の事亦遠く太古に始まるが如し。謹んで古典を按ずるに、日本書紀神代卷に曰く、「是時天照大神勅《シテ》曰《ク》、原《ヌレバ》二其物根一則《チ》八《ヤ》坂瓊《サカニ》之《ノ》五《イ》百《ホ》箇《ツ》御統《ミスマル》者《ハ》、是《レ》吾《ガ》物也、故《ニ》彼五男神《ハ》悉是《レ》吾兒《ト》、乃取而子養《ス》焉」と、其一書に曰く、「日神與二素戔嗚尊一隔《テ》二天安河《ヲ》一、而相對《シテ》乃立二誓約一曰《ク》、汝若不レ有二姧賊之心一者、汝所《カノ》レ生子、必男矣《ナラン》、如《シ》生レ男者、予以爲《シテ》レ子而令《メン》レ治二天原一也、〇中略、其素戔嗚尊所《ノ》レ生之兒、皆已《ニ》男矣《ナリ》、故《ニ》日神方《サニ》知三素戔嗚尊元有《ルヿヲ》二赤心一、便《チ》取ニ其六男一、以《チ》爲ニ日神之子一、使レ治ニ天原一」と。これ實に皇統の因つて出づるところにして、固より容易に議すべきものにあらずと雖ども、天祖の皇弟素戔嗚尊の五男を養つて子としたまへること、頗る徵とすべきに似たり。素戔嗚尊の當時我國を稱して「吾兒所御之國《カノシラス》」とのたまへるもの、故なしとせんや。（日本書紀神代巻一書に曰く「素戔嗚尊曰、韓鄕之島、是有ニ金銀一、若使吾兒所御之國、不レ有ニ浮寶一者、未ニ是佳一也。」）思ふに、兄弟の子は血統甚だ近く、年齡亦相當するが故に、これを取つて子となすに於ては、情誼の厚きこと、殆んど實子と撰ぶことなし。是を以て禮にも「兄弟之子猶《ハホ》レ子也《ノ》、蓋引《テ》而進《ム》レ之《チ》」といへり。天祖の皇姪を視たまふこと、なほ實子の如くしたまひしは、亦此義に外ならざるべき歟。（跡部良顯の日本養子說にも、これを以て我國養子の始めなりとし、且つ說をなして曰く、「天位をつぎたまひ、また御血統をつぎ玉ふべき物根を尋玉ひて、五男神を御養子となし玉ふて、忍穗耳命は天位をつぎ玉ひ、殘り四神は御助となり玉ふ」といへり。古人既に此見あり、獨り余が私言にあらざるなり。）されば上古は後世の如く諸般の明制あるにあらざりしも、其血族の年齡相當せるものを養つて子となすのことはありしならん。又高橋氏文に載せたる景行天皇の宣命にも、養子に關することあり。天皇磐鹿六雁命《イハカムツカリノ》の薨ぜしを悲しませたまひ、宣命使を遣はして宣へる中に、

然今思食須所波《シカアレドイマオモホシメストコロハ》、十一月乃新嘗乃祭毛《シモツキノニヒナヘノマツリモ》、膳職乃御膳乃事毛《カシハデツカサノミケノコトモ》、六雁命乃勞始成流所奈利《ムツカリノミコトノイタヅキソメナセルトコロナリ》、是以《コヽヲモテ》六雁ノ命乃御魂乎《ノミタマヲ》、膳職爾伊波比奉天《ニイハヒマツリテ》、春秋乃永世乃神財止仕奉志迷牟《ハルアキノナガキヨノカミタカラトツカヘマツラシメム》、子孫等乎波長世乃《ウミノコラヲバナガキヨノ》膳職乃長止毛《ノヲサトモ》、上總國乃《カミツフサノクニノ》長止毛、淡國乃《アハノクニノ》長止毛定天《サダメテ》、餘氏波萬介太麻波天《ホカノウヂハマケタマハデ》、乎佐女太麻波牟《ヲサメタマハム》、若之《モシ》膳臣等乃《カシハデノオミドモノ》不ニ繼在一《ツギアラザランニハ》、朕加王子等《アガミコタチ》乎志天《ヲシテ》、他氏乃人等乎相交天波亂良志女之《ホカノウヂノヒトドモヲアヒマジヘテハミダラシメジ》、和加佐乃國波《ワカサノクニハ》、六雁命爾永久子孫等可遠世乃國家止爲止定天《ノニナガクウミノコラガトホキヨノクニイヘトナセトサダメテ》、授介賜《サヅケタマヒ》天支《テキ》、云々

六雁命は孝元天皇の皇子大彦命の子なり、（皇胤紹運錄）景行天皇に於ける、固より近親といふにあらざるも、

是時實に皇子をして其後を繼がしめらるゝにあらず、且つ血統遠きも亦均しく皇別なるを以て、此優詔ありしならん。然るに養子の制の稍〻具はるに至りしは、律令選定の後にあり。されば今先づ養老の令と律の逸文とに據りて、審かに其制を考へ、左の數項に分つてこれを略說すべし。若し夫れ養子に關する古來法家の所說は、更に第二欵に於て批評を試むるところあらんとす。

第一欵　律令の養子制

第一　養子をなすべき場合

相續人の順位　令制、子なき場合養子をなすことを許す。（戶令）。子とは相續人たるべき男子をいふ。而して女子は通例一家の戶主たることを得ざるものなれば、其有無は共に繼嗣に關することなし。「雖レ有ニ女子一、亦爲レ無レ子」云々（令義解）、「朱云、無レ子、謂雖レ有ニ女子一、尙無レ子可レ云也」云々（令集解）。凡そ繼嗣の法、四位以下は唯嫡子を立つるも、三位以上にありては嫡子なく、若しくは有るも、罪疾あるときは嫡孫を立て、嫡孫なくば、次を以て嫡子の同母弟を、母弟なくば庶子を、庶子なくば嫡孫の同母弟を、母弟なくば庶孫を立つることを得べし。（繼嗣令）。故にこれらの嫡子たるべきもの、全く曠缺せる時の外、養子をなすべからざること論を竢たず。「穴云、（中略）撿ニ私案一、無レ子謂ニ專無ニ子孫一、是縱無レ子有レ孫、依ニ繼嗣令一耳、不レ可ニ養子一也」云々（集解）、〇なほ集解に、「子得度すれば蔭なきが故に、子なしとなすといへり。要するに、令制養子をなすべき場合は、相續すべき男子なきときにあり。

第二　養親に關する條件

親等と年齡との制限　戶令に曰く、「凡無レ子者、聽ト養ニ四等以上親於ニ昭穆一合者上」と。其義解に曰く、「謂昭者明也、爲レ父故曰レ明也、穆者敬也、子宜レ敬レ父也、凡取ニ養子一者、年齡須ニ相適一、何者、下條云、男年十五聽レ婚、既定二夫婦一、理當レ有レ子、然則十五者、則於二卅者一有レ爲レ子之道一、年卅者、則於二廿五者一有レ爲レ父之端一、擧二其一隅一、餘從可レ知也」と。是を以て養親と養子とは、其年齡に於て少くとも十五歳以上の差あらんことを要す。假令四等以上の親たりと雖ども、年齡相當せざるものは養子となすを得ざるなり。

婦女は前に述べたる如く、通例一家の戶主たるを得ざるものなり。故に又養子の事あるべからず。貞永式目「女人養子事」の條に、「右如二法意一者、雖レ不レ許レ之」云々とあるを以てこれを知るべし。（「女人養子事、右如二法意一者雖レ不レ許レ之、右大將家御時以來至二于當世一、無二其子一之女人等讓二與所領於養子一事、不易之法、不レ可二勝計一、加之都鄙之例、先蹤惟多、評議之處、尤足二信用一歟」（貞永式目）。）に引ける戶令の文の如きも、養父の年齡をいつて養母に及ばざるは是を以てなり。

第三　養子に關する條件

親等と年齡との制限　養子の性質既に述ぶるが如くなるを以て、これを撰ぶには、必ず血族の中に於てせざるべからず。若し然らずして、異姓の子を收養せんか、何を以て其目的を達することを得んや。故に唐の戶令にありては、子なきものに聽すに、同宗の昭穆に相當せるを養ふことを以てし、異姓の男を養へば必ず罰あり。（故唐律疏義に引ける戶令。）我令の制の如きも、養子は必ず養父の四等以上の親に取らざるべからずとせり。而して此四等以上の血族にして、養子たるべき資格あるものは左の如し。

兄弟　姪　孫　（以上二等親）

從兄弟　異父の從父兄弟　同居する前の妻妾の子　（以上三等親）

再從兄弟　兄弟の孫　從父兄弟の子　外甥　曾孫　（以上四等親）

然るに假令四等以上の親族なるも、其年齢養父と十五歳以上の差あるにあらざれば、これを許すの限にあらず。是を以て血族年齢の二條件共に具はれるものにして、始めて養子たることを得べきなり。

其除外例　此に一の特例あり、遺棄の小兒三歳以下なるものは、異姓と雖ども、收養して養父の姓に從はしむるを得ることこれなり。律逸、集解、續日本紀、日本後紀、○續日本後紀及び日本後紀の文は第五項に引くべし。これ恩愛の情、實子に異ならざるを以てならん。唐律亦此制あり。然れどもこれより先、崇神天皇の十年に、大彦命北征の時、兎田の炭坂に到りて、偶孩子の啼を聞き、求めてこれを養ひ、長ずるに及んで、取つて己が子となし、得彦宿禰と號せしことあれば、必ずしも法を彼れに取りしものにあらざらん。新撰姓氏錄。○なほ日本書紀及び姓氏錄に、雄略天皇螺贏に命じて國内の蠶を聚めしめたまひしを、螺贏誤つて嬰兒を聚めて奉りしかば、天皇大に咲はせたまひて、姓を少子部連と賜ひ、嬰兒を賜ひて養はしめられたること見ゆ。其他養女の如きは、異姓を養ふも、これを問はざるなり。法曹至要抄に引ける戶婚律。

第四　養子の無效及び離緣

養子の無效　法曹至要抄に引ける名例律彆匿の條の註に曰く、「違法養子之類、須㆓改正㆒」と。名例律は亡びて傳はらずと雖ども、此逸文に據りて考ふるに、違法の養子は無效に歸するを以て、更正せざるべからざりしが如し。然れどもこれを養ふもの單に慈惠の目的に出でたらんには、固より禁ずるところにあらざりしならん。「凡鰥寡孤獨貧窮老疾不㆑能㆓自存㆒者、令㆓近親㆒收養、若無㆓近親㆒、付㆓坊里㆒安䘏」云々（戶令）。唯其違法に係るを以て、養子の號を得べからざるのみ。法曹至要抄「違法養子爲㆓養父母㆒無㆓服假㆒事」の條に曰く、「按㆑之、兄弟並從父兄弟之子、年齒相適、又遺棄之小兒年三歳以下、及養女子之外者可㆓收養㆒也、除㆑之外不㆑聽㆓收養㆒、縱違而雖㆓乳育㆒、不㆑得㆓養子之號㆒、仍不㆑可㆑有㆓服假㆒矣」

養子の離緣　以上は養子が適法の條件を具へざるが爲めに、全然無效に歸すべき場合なりとす。然るに適法の養子も、これを離緣すべき場合なきにあらず。繼嗣令の集解に、「問、養子得㆑陰後、身死並有㆓罪疾㆒者、合二立替一、前人位並出身事、爲レ非レ子故、合二追還一、人不レ堪レ爲二養子一故也」とあり。罪疾とは本文の註に、「罪謂下荒二躭於酒一、及餘罪戻、將來不上レ任二器用一者上、疾謂二癈疾一」と見ゆるが如し。されば養子にして此罪疾あるものは、これを廢して更に立て替ふることを得べきなり。若し夫れ義絶を犯せるところのもの、これを出すは辯を竢たざるなり。妻の祖父母、父母を毆ち、妻の外祖父母、伯叔父、姑兄弟姉妹を殺すが如きは、これを義絶となす(戸令)。

違法養子の制裁　又違法の養子をなせるものには、法律上の制裁あり。今律の逸文に據りてこれを列擧せん。

(第一)異姓の男を養ひしものは徒一年に、これを與へしものは笞五十に處せらる。これ四等以上の親族を養ふべき法律に違背すればなり。然れども養女と遺棄の小兒年三歲以下なるものとは、異姓と雖ども收養することを聽せり。法曹至要抄に引ける戸婚律に曰く、「即養二異姓男一者、徒一年、(異姓之男、本非二族類一、違レ法收養、以レ故徒一年、養女者不レ坐也)、與者笞五十、其遺棄小兒年三歲以下、雖二異姓一、聽三收養即從二其姓一」と。これを唐の戸婚律に比するに、其文全く同じ。而して註文「異姓之男」云々は、唐律疏義の文に據れるものなり。○なほ同書及び戸令集解に引くところの戸婚律の文に曰く、「若祖父母父母令二別籍一、及以二子孫一妄繼二人後一者、徒□年、(按ずるに□は一字を塡むべき歟)」。

(第二)雜戸にして良人を養つて子孫となせるは徒一年半に、家人奴を養つて子孫となせるは徒一年に處せらる。令制、身分の異同を正すこと甚だ嚴しく、陵戸、官戸、家人公私の奴婢は各當色に婚をなさしめ、異色相娶ることを許さず。身分の異なれる養子を禁ずること此くの如きは、固とより其處なり。「凡陵戸、官戸、家人、公私奴婢、皆當色爲レ婚、(謂凡此五色、相當爲レ婚、即異色相娶者、律無二罪名一、並當二違令一、既乖二本色一、亦合レ正レ之、若異色相娶所レ生男女、即知レ情者、自合レ從レ重、其官戸、陵戸、家人、是此三色者、官戸爲レ輕、二色爲レ重、亦公賤爲レ輕、私賤爲レ重、但陵戸、家人相婚所レ生者、從レ母爲レ定也)」(戸令義解)。

第五　養子の權利義務

養子の出身　養子は子なき時他人の子を取つて實子に准ずるものなれば、其效力の重き、殆んど實子と異ならず。即ち他人の子も、一たび養はれて嫡子となるときは、養父の姓に從ひ、養父母を一等親とすべし。（儀制令。）且つ令制、五位以上には各蔭あり、子孫これに籍りて出身することを得。（凡五位以上出身者、一位嫡子從五位下、庶子正六位上、二位嫡子正六位下、庶子及三位嫡子從六位上、庶子從六位下、正四位嫡子正七位下、庶子及從四位嫡子從七位上、庶子從七位下、正五位嫡子正八位下、庶子及從五位嫡子從八位上、庶子從八位下、三位以上、蔭及レ孫、降二子一等一（外位蔭准二內位一）、其五位以上、帶二勳位高一者、即依二當勳階一同二官位蔭一、四位降二一等一、五位降二二等一（選敍令）。）續日本紀に文武天皇大寶二年七月戊戌太政官處分を載せて曰く、「功臣封應レ傳レ子、若無レ子者勿レ傳、但養二兄弟子一爲レ子者聽レ傳、其傳レ封之人亦無レ子、聽下更立二養子一而轉中授之上、其計二世葉一、一同正子一、但以二嫡孫一爲レ繼、不レ得レ傳レ封、又五位以上子依レ蔭出身、以二兄弟子一爲二養子一、聽レ敍レ位、其以二嫡孫一爲レ繼不レ得也」云々と。選敍令の義解にも亦曰く、「若取二兄弟之子一者、須レ敍二嫡子位一、即養父於レ後生二子者、敍二庶子位一、其六位以下者、養子既得レ敍二嫡子位一、其子亦不レ可二出身一也」と。是故に若し兄弟の子を取らば、實子と同じく、父祖の蔭に籍りて嫡子の位に敍し、且つ其功封を傳ふべし。養父後に子を生むも、庶子の位に敍す。唯其六位以下は、庶子に蔭なきを以て、養子にして一旦嫡子の位に敍することを得ば、其子は亦出身すべからざるのみ。

以上述ぶるところの如きは、兄弟の子にして始めてこれを得べきものにして、四等親以上の養子悉く皆然るにあらず。故に選敍令にも、「凡爲二人後一者、非二兄弟之子一、不レ得二出身一」といへり。然るにこれ唯他人の子にして、人の後を繼ぐもの、兄弟の子にあらざれば、父祖の蔭に籍りて嫡子の位に敍することを得ざるの謂にして、全く出身を得ずといふにあらざるなり。凡そ出身には、父祖の蔭に依ると、貢擧に依るとの二途あるを以て、假令彼れに據ること能はずとするも、此れに據らば、其出身を求むること敢て難しとすべからず。而して兄弟の子の、一般養子中にありて、獨り以上の特權を有する所以のものは、前文既にこれを詳かにせるを以て、復た此に贅せず。

養子の遺產得分 されば養子は其出身に際して、少しく實子と異なるところあるも、其他の權利は全く實子に均しとす。令制遺產分配の法は左の如し。

凡應レ分者、家人、奴婢（氏賤不レ在二此限一）、田宅、資財（其功田功封、唯入二男女一）、惣計作レ法、嫡母、繼母及嫡子各二分（妾同二女子之分一）、庶子一分、妻家所得不レ在二分限一、兄弟亡者、子承二父分一（養子亦同）、兄弟俱亡、則諸子均分、其姑姉妹在レ室者、各減二男子之半一（雖二已出嫁一、未レ經二分財一者、亦同）、寡妻妾無レ男者承二夫分一、（女分同レ上、若夫兄弟皆亡、各同二一子之分一、有レ男無レ男等、謂下在二夫家一守レ志者上）、若欲二同財共居一、及亡人存日處分、證據灼然者、不レ用二此令一、

此に所謂養子は兄弟の養子なり。卽ち父の遺產を受くべき子の兄弟、何れか死去せるとき、其養子は實子と同じく、養父の分を得べきをいふなり。本文財主の養子はこれを載せざるも、養子はもと子なきときに於てするものなれば、財主の死去せるとき、養子の其遺財を得ること實子の如くすべきは、理の當然なるを以てならん。令文繼母の義解に、養母の分法をいへるを觀て、これを知るべし。令文財主死去の時の外、子の兄弟共に亡せる時にも、養子の事をいはざるは、皆省略に從へるのみ。戶令「養子亦同」の集解に、「朱云、養子亦同、未レ知、兄弟之養子、若財主之養子歟、私案、兄弟之養子歟、何者、於二財主一者、有不レ可レ娶二養子一也、无レ子者、養子自可レ得レ財故者何」とあり。文意通じ難きところなきにしもあらざれど、思ふに、上に說くが如くなるべし。荷田在滿も亦「其財主養子、自從二嫡庶之法一无レ疑、故上文不レ云レ之」といへり。而して嫡子二分の集解に曰く、「但嫡子父前死亡矣、父以二庶子一立二嫡子一

者、見在嫡子與二二分一耳、但前死亡嫡子之子爲二庶子之分一耳」と。これ庶子を嫡子に立てし場合をいふものなれど、父の養子を以て嫡子に立てたるときも、其分法はこれと異なることなからん。殊に彼兄弟の子を以て嫡子の位に敍したるもの、後に子を生むも、庶子の位に敍するを觀れば、遺産分配の際に於ても、庶子と同じく一分を享有すべきこと、殆んど疑を容れざるに似たり。これを要するに、遺産分配の法に於て、養子は正に嫡子と同一の權利を有するものなり。（令御抄、戸令の「養子亦同」の文を釋くの條に曰く、「允亮云、養子不レ與二本生父母財一」云々と。これ理の當に然るべきところなり。）

又遺棄の小兒年三歳以下は、異姓と雖ども、收養して其姓に從ふことを聽すこと、前項に記するが如し。此事令文に所見なきも、令集解、法曹至要抄及び文保記に散見するところにして、戸婚律の逸文と看做すべきものなり。續日本紀、孝謙天皇天平勝寶八年十二月乙未の條に、「先レ是有二恩勅一、收二集京中孤兒一、而給二衣糧一養レ之、至レ是男九人、女一人成レ人、因賜二葛木連姓一、編二附紫微少忠從五位上葛木連戸主之戸一、以成二親子之道一矣」と見え、又日本後紀、桓武天皇延暦十八年二月乙未、和氣朝臣清麻呂の薨を記す條にも、「姉廣虫及二笄年一、許二嫁從五位下葛木宿禰戸主一云々、寳字八年、大保惠美忍勝反逆伏レ誅云々、亂止之後、民苦二飢疫一、弃二子草間一、遣レ人收養、得二八十三兒一、同名二養子一、賜二葛木首一」云々と見ゆるが如き、共に以上の律文の能く當世に行はれたることを證して餘りあり。而して戸令の集解に、「穴云、未レ知、遺弃小兒卽從二其姓一、及死罪婦人産子、近親等養爲レ子等何、答、已養爲レ子、並是養子得分无レ妨、但非二兄弟子一故、不レ得二出身一耳」とあれば、此くの如きもの亦遺産の分配に與ること、他の養子と異なるなきを知るべし。

養子の義務　養子既に嫡子と同一の權利を有す。故に又同一の義務を負擔せざるべからざるなり。賊盜律に據るに、「凡緣坐、〇中略、其出養入道者、並不㆓追坐㆒（出養者、從㆓所養㆒坐）」とあり。されば一旦出でゝ他人に養はるゝものは、假令實家に罪人を出すも、追坐せらるゝことなきに拘らず、養家の爲めには、實子と同じく、緣坐の刑に服するを免れず。其他推して知るべきなり。唯養子の養父母に於ける、養父母の養子に於けるは、互に一等親なるも、固と本生にあらざるが故に、服紀は實子の父母の爲めに一年なるを、養子は養父母に五月、父母の實子に三月なるを、養父母は養子に一月なるの差あり。喪葬令。〇法曹至要抄には、違法養子の養父母の爲めに服假なきことを說けり。又鬪訟律に據るに、「若子孫違㆓犯敎令㆒、而祖父母毆殺者、徒一年半、以㆑刃殺者、徒二年、故殺者各加㆓一等㆒、即養父母殺者、又加㆓一等㆒、過失殺者各勿㆑論」とあり。養父母の養子を殺せるものは、實子を殺せるより其罪重し。而して養祖父母は共に等親に入らざるなり。儀制令。養子と異なるの點概ね此くの如し。

第二欵　養子に關する諸說

諸說の錯亂　大寶制令の後、法家各其文に據りて義を釋き、群言紛亂、取捨相反して同じからざるものあり。人或はこれを以て法令の能く當世に行はれざりし證となせど、必ずしも然るにあらざるなり。夫れ法令の文は簡約を貴ぶ、其奧旨を綴つて編に著はすは、釋義の書に讓らざるべからず。而して律はもとより註疏ありしが如くなるも、令に至りては、大寶元年新令の撰定始めて成りてより、其撰に預れるもの及び明法博士等をして、これを朝廷、諸道に講ぜしめられたることありしのみにて、未だ義疏の撰あらざりしかば、法家各私記を作りて、或は諸生に講じ、或は獄を斷じ、年代彌〻遠くして彌〻區々の解釋をなすに至りしなり。續日本紀、令義解、令集解。〇續日本紀、文武天皇大寶二年七月乙未、始講㆑律と見えたり。是を以て天長年中勅して令義解を撰ばしめらる。其序に曰く、「法令製作、文約旨廣、先儒訓註、案據非ㇾ一、或專守二家素一、或固拘二偏見一、不ㇾ肯ㇾ由二一孔之中一、爭欲ㇾ出二二門之表一、遂至二同聽之獄生死相半、連案之斷出入異一ㇾ科、念二此辨正一、深切二神襟一、爰使下臣等集二數家之雜說一、擧中一法之定準上」と。以て當時の事情を察すべきなり。これより後、法令の解釋を試みるもの未だ全く絕えず。王綱紐を解きてよりは、明法の學も從つて衰へ、法家すらなほ專ら家記に據るのみにて、本法を究むることを務めず。是故に其書往々法意を誤解し、若しくは新たに蛇足を添へ、左牴右牾、吾人をして轉た續貂の歎あらしむるものあり。然るにこれらの諸說も由つて來ること久しく、後の學者亦其謬を承けて改めざるときは、遂に虛妄の眞を亂すに至らんとす。されば今令集解以下法家の著述に就て、特に養子に關する諸說を擧げ、略〻辨正をなすこと左の如し。

第一　昭穆の字義

集解の諸說　凡そ四等以上の親族にして、養父の年齡と十五歲以上の差あるものは、養つて子となすを得ること、戶令及び義解の文に據りて明かなり。然るに集解に載するところの諸說は、昭穆の字義に就て、義解と其解釋を異にするもの多し。（義解の解釋は第一款第二項に收めたり。）卽ち戶令集解に曰く、

四等以上、謂兄弟之子及從父兄弟子也、其兄弟之孫者當二孫列一、爲ㇾ不ㇾ合也、

穆謂弟孫者不ㇾ入也、

問、於二曾玄孫一何《イカン》、答、不ㇾ合二昭穆一之故、不ㇾ聽ㇾ養、

古記云、問、昭穆若爲《イカンカスル》二分析一、答、伯叔是也、穆謂二子列一、兄弟子、從父兄弟子是也、以二年十五以上長《スルチ》一

合レ爲レ父、不レ然者雖二伯叔一不レ合也、然今時人多以三己親弟從父弟等一爲二養子一、此或（惑カ）深何甚哉、

と。其意昭穆を父子の列となし、弟孫の如きは、共にこれに入らざれば、養子たるべき資格なしとするにあり。後世の學者亦此說を執りて、義解を謬れりとせり。伊藤長胤曰く、

胤按、昭穆合者、註誤也、己爲レ昭則子爲レ穆、己爲レ穆則子爲レ昭、養子者當下養二與レ子同行者一以爲上レ子、兄弟之子、及從兄弟、再從兄弟之子、皆可也、己之弟、如《モシクハ》父之弟、年少二於我一者、皆不レ可レ爲レ子、是亂《セハ》二昭穆一也、

と。近藤芳樹の標註令義解校本にも、亦以上の說を引きて曰く、

これに從べし、寛元四年葉黃記に集解を引て云、父昭子穆也、无レ子謂三專无二子孫一、是四等以上、謂二兄弟之子及從父兄弟子一也、儀制令云、姪爲二二等一、從父兄弟子爲二四等一、また古記云、穆謂二子列一、兄弟子、從父兄弟子是也、かく長胤と同說の舊くあるを以て、義解の誤を知るべし、

（山田以文も輩行に關する說あれど、異事なきを以て略す。なほ輩行の事は、長胤の釋親考に附せる輩行說に詳かなり。）

漢書に於ける昭穆の意義 今其何れが當れるやを知らんと欲せば、先づ昭穆の字義を繹ねざるべからず。昭穆の二字は始めて禮に見え、もと廟の東に居ると、西に居ると、主の南に向ふと、北に向ふとを以て、名を得たるなり。論語皇侃疏に曰く、

列二諸主一在二太祖廟堂一、太祖之主在二西壁一東向《ニヒ》、太祖之子爲レ昭、在二太祖之東一而南向《ニヒ》、太祖之孫爲レ穆、對二太祖之子一而北向《ニヒ》、以レ次東陳《ニス》、在レ北曰レ昭、在レ南曰レ穆、所レ謂父昭子穆也、昭者明也、爲レ父故爲

レ明也、穆者敬也、子宜レ敬父也云々、と。是故に父はこれを昭といひ、子はこれを穆といへり。禮記。唯前代或は弟の兄の後を繼ぎしものに向つても、亦昭穆の列を移せしことありしを以て、漢書には人の後たるを以て子とし、議者これに據るものあれど、春秋既に弟を兄の後となさず、子を父の孫となさゞれば、後世多くこれに法とりて、弟孫の如きは、竝びに昭穆たるを得ざることゝせり。然れども後の法令の文に此二字を用ゐたるは、皆父昭子穆の文に據りて、單に父子の義に取れるものにして、苟くも尊卑長幼、父子の道をなすに堪へたらんものは、弟孫と雖ども、これを養つて其後を繼がしむるを妨げざるが如し。唐の戸令故唐律疏義に引く及び大明會典に載するところは、共にこれを明すに足れり。則ち左の如し。

無レ子者、聽レ養下同宗於二昭穆一相當者上、以上唐の戸令、

凡無レ子者、許レ令二同姓昭穆相當之姪チシテ承繼一、先儘シ二同父周親チ一、次及二大功小功緦麻ニ一、如倶モシ無レバ、方許下擇二同宗及遠房一爲中嗣、若立レ嗣之後、却生二親子一、其家產與二原立子一均分シクツ、不レ許下乞二養異姓シテ一爲レ嗣、以亂中宗族上、立二同姓一者、亦不レ得二尊卑失一レ序、以亂二昭穆一、以上大明會典、

若し昭穆といふを以て、父子の行列とせんには、特に同宗若しくは同姓といふの要なく、又姪は皆子列に屬するものなれば、昭穆相當といふをも待たざるべし。且つ弟孫の如き、これを養ふを違法とせば、律に其制裁なかるべからずと雖ども、一として此條を設けたるを見ざるなり。而して前に引ける大明會典に、「立二同姓一者、亦不レ得二尊卑失一レ序以亂二昭穆一」とあると、大明律に「若立レ嗣、雖レ係二同宗一、而尊卑失レ序者、罪

亦如レ之、〇前文に「其乞二養異姓義子一以亂二宗族一者杖六十」とあるをいふ、其子亦歸シレ宗ニ、改二立應レ繼之人一」といへるとを比照せば、滋々尊卑序を失ふといふと、昭穆を亂すといふと、其義に於て甚だ異ならざるを知らん。

令制の昭穆の意義 我國には固とより廟制の漢土に比すべきものあるにあらざれば、令に昭穆の二字を用ゐること、妥當を缺けりと雖ども、當時專ら李唐の成典に則とりしかば、唯其義を採りて文を改めざりしなり。然るに彼れにありては、廣く同宗に取ることゝしたるを、我れにありては、これを四等以上の親に限れるが故に、若し議者の言ふが如く、必ず父子の輩行を正さんとせば、其養子たるを得るもの甚だ少なし。彼集解に引ける所の古記の如き、專ら大寶令の爲めに撰ばれて、養老令の撰定に先だつこと明かなるものに於てすら、猶ほ且つ「今時人多以二己親弟從父弟等一爲二養子一」全文は前に引けりといへるのみならず、律令撰定の前後、此事の國史に見えたるも少しとはせざるなり。然るに律にこれを罰するの條なく、國史にも絶えてこれを禁ぜしことを見ざれば、法令の廢れて行はれざりしにあらずして、法意實に此にあらざりしに因ると斷定せざるべからず。然れば義解に、前に引ける所の論語皇侃疏、「昭者明也」以下の文を取りて、「凡取二養子一、年齒須二相適一、何者、下條云、男年十五聽レ婚、既定二夫婦一、理當レ有レ子、然則年十五者、於レ卅者有レ爲レ子之道一、年卅者、則於二廿五一者有レ爲レ父之端一、擧二其一隅一、餘從可レ知」と解き、又集解に引ける釋にも、これが全文を載せて、「凡養子者、取レ少《ルチ》二十五年《キチ》一爲レ定《スト》、何者、下文云、男年十五聽レ婚、然則十五始見下爲二人父一之端上、其養子者、爲二嫡子一聽下出身並得中嫡子位上」と釋き、共に年齡の父たり子たるに相當するものを養ふべしといへるは、未だ全く其意を盡くせりとすべからざらんも、これを彼諸説に比すれば、頗る當を得たりと謂ふべきなり。夫れ令文「無レ子」といふは、相續者たるべき男子なきの謂なり。縱ひ初めこれありたらんも、夭折したるが如き、亦子なきなり。例せば四位以下八位以上三位以上は嫡子の位に敍すると否とに論なく、嫡子を更に立つることを得るもにありて、其子未だ嫡子の位に敍せずして死去せりとせんか、其位に敍せらるゝは、年廿一蔭子若しくは二十五に達せし後にありと雖ども、婚姻は十五歳にしてこれを許さるゝを以て、當時既に子ありたるもあらん。これ所謂孫列に屬するものなれど、なほ養子たるの資格を有すべし。此他兄弟及び孫の列なるものも、上に述べたる昭穆の義に合へるは、養つて子とするを妨げざるなり。然るに昭を父列となし、子を子列となして、これより以外は悉く養子たるの資格を缺けりといふが如きは、蓋し一種の拘說にして、法令の本旨にあらざらん。故に今これを取らず。續日本紀、養老五年六月の詔に、「諸國軍衆（中略）冒二犯矢石一身死去者、父子並復二一年一、如無レ子者、昭穆相當鄕里者、議亦聽レ復レ之」と見えたるは、文意明瞭を缺けど、思ふに、これ死者にして子なきときは、同鄕里に居住する昭穆相當のものを選び、これをして其後を繼がしめて、一年を復するをいふならん。

第二　養父母の年齡

集解穴朱の說　養父の年齡の養子に長ずること、少くも十五歳以上ならざるべからざるは、前欵既にこれを明かにせり。然るに諸記此他に於て、養父母の年齡に規定あることをいふものあり。戶令集解に、「穴云、○中略、無レ子謂二妻年五十以上無二男子一也、縱有二女子一爲レ無レ子也、或云、夫年六十以上者、妻年少壯《ナルモ》取二養子一、爲レ不レ當也、爲二律令無一レ限故也、朱云、無レ子、謂雖レ有二女子一、尚無《シト》レ子可レ云也、又雖二妻年少一、夫六十一以上者、聽二養子一也、先二異論一耳、未レ明、雖レ無レ子、豈只十五《ニシテ》可レ取二養子一哉、但雖二夫少一、妻年五十以上《ナラヌ》者、亦取二養子一耳」と。これに依つて觀れば、養子を取るべき年齡は、（一）妻年五十以上にして男子なきときと、（二）夫年六十以上なるときと、及び（三）六十一以上なるときとの三說に分るゝが如し。殊に知らず、これらは皆令條に見えざるところなるのみならず、律令の明文は、却て往々これが反證を示すものあることを。令の規定に據るに、夫の妻を去るに七出の狀ありて、子なきを第一に置けり。養子を取るも、養父の子なきときに於てせば、集解に說けるところ果して實を得たらんには、此條に於て必ず夫妻の年齡に關する制限を設くべく、從つて養子を取るべき時期をも明かにすることを得べし。然るに毫も其事あるなく、義解に至りても、唯

　謂雖レ有二女子一、亦爲レ無レ子、更取二養子一故、

といへるのみ。獨り集解に穴の說を載せて、「穴云、无レ子、謂妻年五十以上《ナル》无《セ》レ子也、夫年限不レ見二令條一、縱《ヨシ》六十以上、更取二繼妻一耳」といへば、妻の年限は令條に見ゆるが如くなれど、決して然らざるなり。

　既に令文子なしといふこと、其妻幾年に及んで子なきをいふや明制なきときは、養子を取るべき養父母の年齡に制限なきは、固とより其處なり。思ふに、養子をなすの時期は、養父母の任意に定むるところにして、始めより一定の制限あるにあらず。されば子のなからんを慮りて養子を取るも、後或はこれを生むことあり。（子なしとて必ずしも妻を去るにあらず。）選敍令の義解に、「卽養父於レ後生《マン》子者、敍二庶子位一」（全文は第一款第五項に引り）とあるは、卽ち此場合に適用すべきものとす。夫れ此くの如く、既に養子をなしゝ後、幾人の子生るゝも、皆庶子の位に敍するの制あるときは、養父母の養子を取るべき年齡を定むるの必要も亦これなきにあらずや。

誤解の原因　然れどもこれらの說、必ず其由つて來るところなくんばあらず。律逸に收むるところの戶婚律に、戶令御抄を引いて曰く、「妻年五十以（脫上歟）レ無レ子、聽レ立レ嫡以レ長、卽是四十九以下無レ子、未レ合レ出レ之也」

と。依つて同書を檢するに、其戸令無子の條を釋するに至りて、左の文あり。

無子　戸婚律解云、妻年五十以上無レ子、聽二立レ嫡以レ長、卽四十九以下無レ子、未レ合レ出レ之也、

これに據れば、此文戸婚律の解なるものに取れるなり。而して我戸婚律に此事なきを以て觀れば、恐らくは唐律をいへるものならん。乃ち更に故唐律疏義を閲するに、卷十四戸婚律、「諸妻無二七出及義絶之狀一而出レ之者、徒一年半」云々の條下に於て、左の問答あり。

問曰、妻無レ子者聽レ出、未レ知、幾年無レ子、卽合レ出レ之、答曰、律云、妻年五十以上無レ子、聽二立レ庶以レ長、卽是四十九以下無レ子、未レ合レ出レ之、

比較參照して、令御抄の所謂戸婚律の解なるもの、卽ちこれなるを知るべく、又同書に「聽二立レ嫡以レ長」となし、律逸これに據れるも、嫡は庶の誤寫なるを知るべし。妻を出だすは、子なきに依るものなれば、嫡を立つるに長を以てすといふも其意を得ず。庶を立つるといひて、始めて文義の明晰なるを得るなり。庶とは妾の子をいふ。戸婚律に「卽嫡妻年五十以上無レ子者、得二立レ庶以レ長」とあるはこれなり。

以上論述するが如くなれば、我法家の間に、子なきが爲めに去らるゝ妻の年齡、及び養子を取るべき養父母の年齡等の說あるは、全く唐律を混視せしものなること明かなり。彼年齡の制既に三說に分れて、人をしてこれを撰ぶに苦しましむるが如き、適〻以て我法令に此事なかりしことを證するに足れり。邦俗もと寬簡を貴ぶが故に、當時律令の李唐に取れるもの甚だ多かりしに拘らず、此くの如き時宜に適せざるところは、これを省略して用ゐざりしも宜べなりと謂ふべし。後世稍〻これに類似せることの行はれたりしは、全國民事慣例類集中、唯信濃國水內郡に於て、年齡五十歲以上のものにあらざれば、養子の願を許さゞるを例とす

るの一事あるのみ。それすら病身或は事故あるものは、其事情を出願して養子することを得たりしなり。故に亦此説を取らず。

第三　養子の得分

法曹至要抄裁判至要抄の異説　凡そ養子に關する諸説の中にありて、誤解の甚だしきもの、其得分より大なるはなからん。令に據れば、養子をなすは、本と實子の相續せしむべきものなき時に於てするが故に、養子の遺産を分配する時に當りても、其得分全く嫡子に於けると同じきなり。（第一款第一項参看すべし。）然るに近古以來法を釋くもの、或は實子ある時收養せられたるは、女子に均しく庶子の半分を受くべしとなすものあり、爾來因襲して悛めず、今日に至りては殆ど定説となれり。抑〻此説たる、始めて法曹至要抄に見ゆ。同書處分條、養子承分事に曰く、「戸令應分條云、女子半分、養子亦同、案レ之、養子之法、無レ子之人、爲レ繼二家業一、所二收養一也、然者其養子可レ總二領養父之遺財一也、若有二嫡庶女子一之時收二養子一者、分レ財之日、同二于女子一、可レ與二庶子之半分一也矣」と。裁判至要抄、養子分法事にも亦曰く、「戸令云、女子半分、注云、養子亦同、選敍令爲二人後一者條義解云、其六位已下者養子、既得レ敍二嫡子位一、案レ之、養子之法、無レ子之人爲レ繼二家業一所二收養一也、然者養子等惣依レ可レ預二養父母之遺財一、養父養二數人一立二嫡庶一者、其未レ分財、任二嫡庶子一可レ得レ分也（若自レ元有二嫡庶女子一之時、收二養子一者、分レ財之日、同二于女子一、可レ與二庶子之半分一也）」と。法曹至要抄は崇德天皇の朝の人、明法博士坂上明兼の撰ぶところにして、裁判至要抄は土御門天皇承元元年、坂上明基の撰ぶところなり。此條裁判至要抄の文、全く法曹至要抄に據り、少しく其意を敷衍せしに過ぎざるは、兩者を比較して知るべきなり。法曹至要抄の文に、裁判至要抄にも註文にこれあり、嫡庶女子とあるは、嫡女子、庶女子をいふに似たれど、當時法令の文、女子に嫡庶を別つの制なきを以て、嫡子、庶子及び女子の事とせざるべからず。中古以來、計帳其他の文書に嫡女といふものあるは、妾女に對して嫡妻の女子をいふのみ。乃ち其意を推すに、養子なるものは、實子の相續者なきときに收養するものなるが故に、父の死せし時は、全く其遺産を受くべきこととなるも、若し嫡子、庶子、女子等の實子ある時に當りて、父これを收養したらんには、其遺財を分つの時、女子に同じく庶子の半分を受くべしといふにあるが如し。標註令義解校本に法曹至要抄の「若有二嫡庶女子一之時」云々の文を引いて、「家を繼する爲ならぬ養子は、かくの如く也」といへるは、嫡庶を嫡子、庶子と解けるなり。養子をなすべき場合は、既に第一款に述べたる如くなれば、嫡子あり、庶子あるの時、これを收養するは、令に所見なし。況んや同一の場合に於ける遺財分配の法を制することをや。然れども此に一の留意すべきは、以上の二書竝びに戶令の文に據りて按を立てたるものなることこれなり。さればば先づ此點に就て少しく討究するところなくんばあらず。

女子の得分男子の半分なる說　法曹至要抄にありては、「戶令應分條云、女子半分、養子亦同」とし、裁判至要抄には、「戶令云、女子半分、注云、養子亦同」とす。乃ち彼れにありては應分條といふこと多く、此れにありては「注云」といふこと多し。更に戶令應分條を觀れば、嫡母、繼母、嫡子、庶子等の分法あるも、女子に至りては何等の制定あることなく、「嫡母、繼母及嫡子各二分」の註に、「妾同二女子之分一」といひながら、其前後共にこれが分法を載せざるなり。但後文に「兄弟俱亡、則諸子均分《セヨ》、其姑姉妹在室者、各減《セヨ》二男子之半一（雖二已出嫁一、未レ經二分財一者亦同）、寡妻妾無レ男者、承二夫分一（女分同レ上）」とありて、女子の分は男子の半なることをいふも、これ父の遺財を受くべき子の、兄弟共に死して、其諸子均分するの場合に處するの法なり。されば單に男子といひて、嫡庶を別つことなし。若し兄弟共に現存せば、女子は幾干の分配に預るべきや、此文あるも、得て詳かにすべからざるなり。集解に古記を引いて、「一云、女子无㆓分法㆒、故嫡子養耳、夫在被㆑出還來亦同」とあるは、令文女子の分法なきに依りて起れる說なるも、既に妾の女子の分に同じきことを載せたるときは、別に一定の分法なくんば不可なり。此くの如く女子の分法其制なかるべからざるに、現存の令文これを載せず、却つて以上の二書に、戶令應分條の文なりといひて、明かに女子半分となすを觀れば、當初此明文ありしを、現存の令文偶〻これを脫せしやの疑なきにあらず。依つて集解を熟讀するに、其「姑姉妹在㆑室者、各減㆓男子之半㆒」の下に引ける古記に曰く、「問、女子无㆓分法㆒若爲《イカンカスル》、答、大例女子既從㆑夫去、出嫁之日、裝束不㆑輕、又弃㆑妻條皆還㆓所㆑賚《モタラシ》見在財《ニラン》㆒之時、即是與㆓父母財㆒也、所以更不㆑分論《マヽ》、然則夫(未カ)㆓出嫁㆒在㆑室女、不㆑合㆑无㆑分、宜㆘依㆓新選㆒與㆓男子之半㆒以充㆗嫁裝㆖、出嫁還《シ》來《ラズ》、更不㆑合㆑分也」と。又「兄弟亡者子承㆓父分㆒」の集解に、「讚云、物依㆑令與㆓一分㆒、依㆑格與㆓半分㆒、後案、爲㆑不㆑合㆑重㆓於姑姉妹㆒、故減㆑半、師不㆑依㆓此說㆒、何者、假令甲有㆓三男㆒、而一男身死、其死人有㆓十女㆒、今依㆓此說㆒、何者、只以㆓半分㆒將㆑與㆓十女㆒、其分甚少也、十女各將㆑與㆓半分㆒、太過文《マヽ》分也、其理不㆑通也、但就㆓今令㆒以㆓半分㆒與㆓十女㆒灼然矣」云々といふことも見えたり。此私記は、標註令義解校本開題に稻葉通邦の說を引いて、「古私記、古問答、これは大寶令につきて出來たる物也、○中略、又古記は本文もと異なれば、養老令には應ぜぬがち也、されば其同きは釋を記して、古記無㆑別と註せらる、其古記はもと古私記なり、故に穴記に此文を引るには古私記とあるを、集解の撰者は、是を古記とのみ記されたり」云々とある古私記にして、專ら大寶令の爲めに撰ばれたりと信ずべければ、大寶の制令、なほ女子の得分を載せざることを知るべし。讚は同じ說に、「穴記、跡記、讚記の類の私記は、義解につきて出來たるものなり、○中略、但その讚、跡、穴、伴等は皆氏なるべきを、亦其人悉くは思得られず、○中略、大方跡、穴、讚、額など皆承和前後の人なるべし」といへるに據るときは、義解に就て撰べる私記ならんか。當時養老令專ら行はれ、大寶令に對して此れを新令といひ、彼れを古令といへることなれば、文中「今令」といへるもの、卽ち養老令なるべく、古記の新選といへるも、亦これに同じかるべし。然らば大寶令に、何故にや女子の分法を載せざりしを、養老の刊修に依り、男子の半を與ふることゝなりしは、この二書の文を按じて明かにすることを得ん。法曹至要抄は女子半分といふことを、戶令の明文の如くに記すれども、同書はもと抄錄を主とするものなれば、必ずしも原書の成文を襲がず、意を以て文をなせること其例多し。此書處分條の初め「處分任二財主意一事」の條に、遺産分配の法を載するを觀れば、「戶令云、應レ分者、家人奴婢田宅資財、惣計作レ法、嫡母繼母及嫡子各二分、庶子一分、女子減二男子之半一」とあり。若し女子半分の明文ありたりとせば、何ぞ此くの如く記すべけんや。更に下文「諸子均分事」を觀れば、案文に於て「至二于女子之分一者、具見二于下條一矣」とありて、次に「姑得分事」と題し、「姑姉妹在レ室者、各減二男子之半一」の令文を擧げ、これが解釋を試みたり。乃ち知る、其所謂女子なるものは、姑姉妹の略文なることを。飜つて「父遺財支配事」の條を觀れば、戶令應分條の文を載せ、此には「庶子一分」の下「女子減二男子之半一」の文なくして、「兄弟亡者、子承二父分一、少姑姉妹存レ室者、各減二男子之半一」の文あり。これを以ても、女子云々の文は、姑姉妹云々の文より出でたるものなることを知るに足らん、「按レ之、假令父遺財有二布七十五端一、嫡母廿端、繼母廿端、○嫡母と繼母と二人あるにあらざること、前に說けるが如し。故に此條嫡母にも、繼母にも、遺財を分つ法に作れるは當らず。標註令義解校本に云く、「異母之男女所レ稱とは、妾の子、父の嫡妻を嫡母と云、前妻の子、父の後妻を繼母といふ、されば嫡母あれば繼母なし、繼母あれば嫡母なし、此條相並て載たるは嫡母にても繼母にても、同じ分法なるを知しめんとて也、法曹至要抄に、布七十二端の遺財を、嫡母にも繼母にも分つ法に作れるは非也」、嫡子廿端、庶子十端、女子五端、以」之爲二分得之法一」云々とありて、「各減二男子之半一」といふことを、彼嫡子に二分といひ、庶子に一分といふと均しく、女子に半分のことゝなせり。斯く考證し來る時は、法曹至要抄に「女子半分」といひ、若しくは「女子減二男子之半一」といへるものは、共に「姑姉妹在」室者、各減二男子之半一」といふ略文にして、令の明文に據れるにあらざること、毫も疑を容れざるなり。思ふに、令制、女子の分法なきを以て、法曹至要抄の記者、姑姉妹云々の文に據り、意を以て女子云々の文をなし、然るに標註令義解校本に、法曹至要抄に據り庶子一分の下、註として「女子減二男子之半一」の七字を補ひしは非なり、裁判至要抄これに從へるのみ。然るにこの二書のみならず、集解に引ける諸說に至りても、亦女子の得分は庶子の半分なるが如くに釋けり。抑ゝ女子の得分嫡子に均しからざるは論なし。さればこれを庶子に同じく一分なりとせんか、其下必ず「女子亦同」の明文あるべく、從つて「妾同二女子之分一」の文、嫡子の下にあらずして、此處になかるべからず。然るに竝びに其事なく、却て下文に至りて、兄弟倶に亡なば、姑姉妹の室にあるもの、諸子と共に財物の均分に預らずして、各男子の半を減じたるものを受くるの制あるときは、女子の得分を半分と看做さんこと、決して法意を誤れるものにあらざらん。然らば則ち法曹至要抄の如き、此點に就ては解釋其當を得たりと謂つて可なり。

東寺百合文書、承元二年四月三日、明法博士左衞門少尉中原章親等の勘狀に、戶令を引きて、「謹檢二戶令一云、應」分者、家人奴婢田宅資財、惣計作」法、嫡母繼母及嫡子各二分、庶子一分、女子半分、若亡人存日、處分證據灼然者、不」用二此令一」といへるも、全く法曹至要抄等の文に據れるにて、戶令の明文にあらざるは、兩書を比較して知るべし。

法曹至要抄の誤想　女子の得分既に此くの如し。法曹裁判二書の解說するところの養子の得分は則ち如何。これより進んで其當否を判定せざるべからず。法曹至要抄にありては、「養子亦同」の四字を直ちに「女子半分」といふことの下に置き、裁判至要抄にはこれを註に云ふとせり。令文の體、此くの如きは皆註となすを例とせば、裁判至要抄のいふところ、稍〻實を得るものゝ如し。抑〻女子半分の四字は、「姑姉妹在レ室者、各減ニ男子之半一」といふことの略文なるは、前文これを明かにせり。依つて戶令を觀るに、此文の下「雖ニ已出嫁一、未《ヘ》レ經《レ》ニ分財《ニ》一者亦同」の註あるも、「養子亦同」の文なく、却て上文「兄弟亡《シナバ》者、子承《ケヨ》ニ父分一」の註に此四字あるを見る。集解に至りてもまた然り。(標註令義解校本は集解を以て此四字を補へり。)而して集解は穴朱のこれに關して註釋を施せるを引くときは、頗る確實なるものと看做して可ならん。然らば假りに令義解及び令集解の戶令、共に「兄弟亡者」云々の註に「養子亦同」とあるを正とし、其「姑姉妹」云々の下になきは竝びに脫文とせんに、果して能く法理に合ふべきや否や。

戶令に據るに、父の遺產を受くべき子にして、兄弟孰れか死亡せるときは、其子各父の得分を受くるを得、假令其子なきも養子あらば、養父の得分を受くること、亦實子に同じ。これ財主の子、兄弟孰れか死亡せし時に於ける規定なるも、若し兄弟共に死亡せりとせば如何なるべき。養子の特權あること、既に上に述べたるが如し。然るに獨り此場合にのみ、諸子と共に遺財の均分に預ること能はず、却て諸子の半を得ること、女子の如くならんとは、實に解すべからざるにあらずや。奈何せん、「姑姉妹」云々の下、「養子亦同」の四字を置くときは、此くの如く解釋するの已むを得ざるに至ることを。是故に「兄弟亡者」云々の下なる「養子亦同」の文と、「姑姉妹」云々の下なる同文とは、法理上兩立すべからざるものなり。然らば義解及び集解の「養子亦同」といふを、「兄弟亡者」云々の註となしゝは、共に錯誤にして、此四字唯「姑姉妹」云々の下にあるべきものなりとせんか、苟くも養子の實子と同等の權利を享有すべき原則にして變ぜざる限り、萬々此違法の變例を法文中に觀るの理なし。されば如何なる場合に於ても、養子の所得女子に等しきことあるは、斷じて信ずべからざるなり。

假りに「姑姉妹」云々の下「養子亦同」の文ありとせんも、法曹至要抄の如くに解くべからず。試みに思へ、令制養子を收養することを許すは、子なき時に於てするのみ。故に既に養子あれば、則ち實子の嫡子となすべきものなきなり。養子を收養せる後、實子の生るゝことありとも、そは庶子に准ずること前項に見えたり。彼「兄弟亡者」云々の下「養子亦同」といふ文も、兄の養子は、其實子が承くる如く、養父の承くべき養祖父の遺財を承け、弟の養子も亦此くの如くするの意にして、兄弟共に實子なき場合に處するの法を設けたるに外ならず。假令「姑姉妹」云々の下「養子亦同」の文ありとせんも、此意に至りては毫も動かすべからざるなり。然るに法曹至要抄裁判至要抄の註文亦同じの「女子半分、養子亦同」の文を掲げて、これを解くを觀れば、則ち曰く、「若有二嫡庶女子一之時、收二養子一者、分レ財之日、同二于女子一、可レ與二庶子之半分一也矣」と。これ實に養子の原則を忘れたるものにして、令制の意を去る甚だ遠しと謂ふべし。抑々記者の此誤想を抱くに至れるもの、何に依りて然るか。試みに左の文に就て仔細にこれを檢せば、思半に過ぐるものあらん。

兄弟倶亡、則諸子均分、其姑姉妹在レ室者、各減二男子之半一（養子亦同）、〇四字法曹至要抄に據りて假に補之、乃ち記者は文中諸子といひ、姑姉妹といふものあるを視て、嫡子、庶子、女子、共に皆現存し、養子はこれらの外に收養せられしものなりと看做して、「若有二嫡庶女子一之時、收二養子一者」といふ一種の誤想を來し、これを子なき人の家業を繼がん爲め收養する養子の變則なるが如くに附會牽合せるものなり。夫れ此くの如く、自家揑造の法案に向つて、强ひて贅辯を試みたるに止まれば、其解釋、令の規定に闘せざるは勿論、所謂「女子半分、養子亦同」の文に向つても、亦均しく當を失せるものとなりしなり。

「兄弟亡者」云々の下なる「養子亦同」といふことの動かすべからざるは、前に述べたるが如し。若し下文にもこれを註すべくは、「兄弟倶亡、則諸子均分」の下に、此四字なかるべからず。何如んぞ「姑姉妹」云々の下にこれあるべけんや。依つて更に法曹至要抄の各條を閲するに、其書に引けるところの令の文、「兄弟亡者、子承二父分一」といふものゝ下、一として「養子亦同」の四字あるを見ず。思ふに、當時傳寫の際、「兄弟亡者」云々の下、此四字を註すべきを、誤つて「姑姉妹」云々の下に置きしものあるを觀、深く法理を究めず、唯文に據つて强ひて義を釋けるに過ぎざらん。余は未だ何等の時代に屬する法律習慣中にも、專らかゝる奇法の行はれしことあるを見ざるなり、然るに裁判至要抄以下これに據り、現今の學者にして猶ほ且つ其謬を承けて曉らざる據惑へりと謂ふべし。

丸山正彦氏說の批評　丸山正彦氏の養子の制（皇典講究所講演第卅七所載）には、高橋氏文の景行天皇の宣命を養子の始めとやいふべからんといひ、其後大寶の令制にはとて、戸令、選敍令、儀制令の文を引きたる中に、「戸令、女子分法注云、養子亦同」といふをも收め、前略「嫡子の地位にあらぬ養子は、財產分配の時には、女子の額に同じく、庶子の半額なり、これ實子と同じからざる處なり、故に令制にありては、養子の制度いまだ亂れず、秩序ありしを見るべし、其後鎌倉政府に至りて遂に一變したり、其徵は法曹至要抄養子分法の條に、養子の法は子なき人家業を繼しめむが爲に收養する處、養子は養父母の遺財分配を受くる權あること勿論なり、故に數人の養子ありて、嫡庶を定め置くときは、一般嫡庶の分法に同じと云へり、令に女子と同じき分法なりしも、やゝくづれて一般實子と同一の慣習となりけむ」云々といはれたれど、令にも法曹至要抄にも、此くの如きこと絶えてなし。「戸令分法注云」云々は、法曹至要抄、裁判至要抄の文を見て、令文とせられしものなるべく、又法曹至要抄とは裁判至要抄を思ひ誤れるならん。疎謬も亦甚だしからずや。本文引くところの外、儀制令の「凡五等親者」云々の文を引きたる後、「右の儀制令にみえたる四等親以上にして、年齡十五の差あり、親たり子たるに適ふものは、養子することを許し、嫡子なければ家名を繼承し、養父の蔭位等實子に異なることなし」といへるも疎漏なり。乃ち蔭あるものゝ養子の、正子と同じく出身するを得るは、兄弟の子に限れることを忘れたるなり。

萩野由之氏說の批評　萩野由之氏の中古の民法大要皇典講究所講演第九十二所載には、相續の事を略說せる後曰く、

父の財產を七千圓と假定すれば左の如し。妻家の所得は此限にあらず。

嫡母 繼母養母亦同	二分	二千圓
嫡子 繼嗣養子亦同	二分	二千圓
庶子	一分	一千圓
女子	減半	五百圓
姑 未嫁在室者	減半	五百圓

養子 非繼嗣者　減半　五百圓
妾　減半　五百圓

これ亦法曹至要抄の爲めに誤られたるものにして、令に此規定あるにはあらざるなり。

裁判至要抄の數人養子說　裁判至要抄には、「戶令云、女子半分、注云、養子亦同」といふの外、「選敍令爲二人後一者條義解云、其六位已下者、養子既得レ敍二嫡子位一」といふを掲げて曰く、人子なき時、數人を養つて嫡子となし庶子となさば、財を分つの日、嫡庶の法に據ることを得、然れども始めより嫡子、庶子、女子ありながら、養子を收養せば、女子と同じく、庶子の半分を與ふべしと。記者の意蓋し以爲らく、子なきとき嫡子として收養せられたるものは、嫡子の位を得、嫡子の得分に預ると同じく、庶子として收養せられしものは、亦庶子の得分に預ることを得ん、然れども始めより嫡子、庶子、女子あるものは、自《オ》ら別なりと。其「若自レ元有二嫡庶女子一之時」云々の文は、法曹至要抄を因襲せるものなれば、復これを說かず。（自元二字法曹になくして裁判にこれあり。）人の子なき時、數人を養ひて、其中嫡庶を立つることは、啻に令文に見えざるのみならず、後世の法律にも未だこれあるを觀ざるなり。況んや財產分配の日、嫡庶の法に據ることをや。然れども慣習の行はるゝに當りては、法文に定むるところの外、往々變例を生ぜざるにあらず。而して法律の制裁の及ばざる範圍內に於ては、これ默許するを常とす。凡そ嫡子として養子を收むるは、令制の許すところなれども、又此他に養子するを禁ずるの明文あることなし。是を以て相續養子の外數人を養ひて、これを其女に娶はせ、若しくは他人の女を娶らしむること、古へより其例多し。近くは全國民事慣例類集にも、前略「身代厚キ者ハ、數子ヲ養ヒ、或ハ相續人トナシ、或ハ分家スル等、戶主ノ見込次第ナリ」といひ、且つ諸國に此例あることを記せり。裁判至要抄は則ち此場合に處するの法を示せるものなりとせんか。然るに當時此事ありとするも、これもと法文以外の慣例のみ。此區々たる慣例にして、法律に規定するが如き、一定の制ありたりとするは、信じ難きことなり。思ふに、此場合にありて、財産の配分は、所謂財主の見込次第なりしならんのみ、これ實に慣例の慣例たる所以なり。されば裁判至要抄の說くところも、能く令文を解釋し得たるものに非ざるは勿論、慣例として信憑し難きものあること此くの如し。抑〻記者は法文の誤解又は當時の慣例に依りて既に幾人たりとも、養子をなし得ることを信じ居るものなること、法曹至要抄にありて、前略「然者其養子可レ總二領養父之遺財一也、若」云々とて、徹頭徹尾、養子を一人と看做したるを、此には「然者養子等惣依レ可レ預二養父母之遺財一、養父養二數人一立二嫡庶一者」云々といへるを見て、これを知るべし。然る後令の文を按じ、法曹至要抄の說に據りて、私にこれを處するの法を立てたるものなれば、唯記者胸中の空文にして、法律慣例共にこれに適合せざるものあるも、獨り怪しむに足らず。豈にこれを引きて、當時此制ありし證とすべけんや。

第八　中古の親族法と唐制との比較

親族法の制定　律令格式は啻に其形式上に於てのみならず、其内容に於ても、猶ほ支那法を繼受せる點、甚だ少しとせざりしなり。試みに律令の二者に就きて觀察せんに、令の如きは律に異なりて、數回の修正を經たれば、我舊慣を採用せし點も多く、然らざるも換骨脱胎の妙を極めし條欵少からずして、これを其母法に比すれば、多少これが面目を革めしところなきにあらずと雖ども、猶ほ往々支那法の精神を誤解し、取捨折衷宜しきを失ひしものあり。甚だしきに至りては、其法文中、律のそれの如く、全く唐令の文を踏襲せしものさへ見出し得るなり。

然るに何れの邦國にもせよ、其親屬關係は古來幾多の變遷沿革を經て發達せるものなるを以て、立法者が國家の須要に應ぜんが爲め、國風民情を異にせる外國法を摸倣し、若しくは採用して、自國の法律を編纂せんとするに當りても、必ず多少の斟酌を加ふるところなき能はず。何となれば、是等の規定は人民日常の行爲を支配するものにして、其影響重大なるものなるに、立法者にして若しこれを輕視し、論理的に法文を案出するのみにて、敢て國民の舊慣に背戾するを顧みずんば、啻に法律の自然的發達を妨ぐべきのみならず、社會民情を攪亂して、其弊大に憂ふべきものあるべければなり。故に如何なる程度迄外國法を採用したるか、將た其舊慣を保持したるかを知るには、此親屬關係に關する規定を比較研究するを、最も捷徑なりとすべし。故にこれより親等、戸主及び家族、婚姻、相續の諸項に分ち、彼我法規の異同如何を概説せん。

一　親等

五等親制の比較　我令は其儀制令に於て五等親なるものを規定し、父母、養父母、夫、子を一等親となし、祖父母、嫡母、（庶子より見たる父の嫡妻、）繼母、（嫡子より見たる父の後妻、）伯叔父姑、兄弟姉妹、夫之父母、妻、妾、姪、孫、子ノ婦を二等親となし、曾祖父母、伯叔ノ婦、夫ノ姪、從父兄弟姉妹、異父兄弟姉妹、夫ノ祖父母、夫ノ伯叔姑、姪ノ婦、繼父、同居ノ夫ノ前ノ妻妾ノ子を三等親となし、以て妻妾の父母等の五等親に至るものとす。

然るに唐令に五等親と稱するは、皇族に限りたれば、（唐六典宗正寺條、）法曹至要抄にも儀制令の文を引きて、「五等親爲レ知二天皇御服親一所二注出一也」といへるを、我令にありては、これを天皇を始め奉り、汎く一般人民に適用せんとするものなり。唐には此他周以來の制に據つて、喪服に依りて親等を分つものあり。親と服との間に輕重なからしめんことを期し、これを以て名敎を維持するの一端に供せしより、古來これを重んじたり。（唐會要三七三八服紀、大唐開元禮一三二、凶禮五服制度、周制を觀るべきは五禮通考二五二凶禮、七喪禮。）其等級の如きも、斬衰、（三年、）齊衰、（三年、）大功、（九月、）小功、（五月、）緦麻（三月）の五等にして、これを五服といひ、一般人民の爲めにするものなれば、我所謂五等親なるものと相似たり。然れども我れにも亦服紀の爲めに設けたる親等の規定ありて、服紀は一年、五箇月、三箇月、一箇月、七日の五等に分たれ、これを喪葬令に掲げたり。此二者を比較するに、其間互に異同あり。例せば五等親中の一等に屬する父母、夫に向つては、服紀も最も長く一年乍ら、養父母には五箇月、子には、嫡子に三箇月、衆子（家督相續人以外の子）に一箇月あり。二等親たる嫡母、繼母には、亦唯一箇月あるのみ。然ればこれも亦我五等親と別種のものと謂はざるを得ず。

我五等親は法律上より親族の範圍を定めたるものなり。氏族の制度は古來より發達して、祖先を同じくし、血統を一にせるものは、同族の好を通ずるに足れりと雖ども、世代を重ぬるの後は、族類の間自ら榮枯盛衰を免れずして、往時同族なりしものも、久しきを經て、今は主從の如き關係を生ぜるもあるべく、甚だしきは交情の冷かなること、殆んど路人と撰ばざるものあるに至らん。故に其慣習の如何は姑くこれを措き、苟くも法律に於て親族關係を規定せんとするには、其間大に斟酌するところあるを要す。若し同氏同族なりとて、斯る遠親をも家族の相續、財產の讓與等に關與するを得せしめば、實際に不便を感ずること甚だ多かるべし。現今獨逸の如き、無限に血統の續くを親族とするものを除きては、東西諸國の法律が親等を設くるに一致するは、亦這般の事情に依るものなるに外ならず。

五等親も服紀に依れる親等と同じく、血統の遠近と尊卑の等級とを參酌して規定せしものなり。然れども服紀に依れるものは、先づ重きを血統の關係に置くの結果、法律上、養子は嫡出子と同一の身分を有し、養子と養親とは、恰も血族間に於けると均しき親族關係を生ずるを以て、五等親にありては、父母も養父母も、共に一等親とするに拘らず、服紀には父母には一箇年にして、養父母には五箇月なるが如きことあり。而かも尊卑の等級よりしては、又毫も血統の繼續することなきもの、即ち君天子本主に向つて、父母、夫と均しく、一箇年の最長忌に服することゝ定めたり。是等は二者其性質を異にするに依りて生ずる差異なり。されば今日よりこれを觀れば、親等の計算法は、概して立法者の感覺より割出せる人爲的のものにして、學理上より一定の條理に基くものと看做すべからずとはいへ、時の立法者がかゝる親等の制を設くるに至りしは、親族關係に就きての法律制定の必要を感ぜしに依りたること明かなり。

親族制の道德主義　當時の法律は、古代法の通態とて、道德に重きを置きたれば、親族關係を正すは、法律の主要部分たりし事、律の八虐中の半ばが、親族關係に關する犯罪を以て占められたる一事に徵するも明かなり。卽ち八虐罪の第四は惡逆にして、祖父母父母を毆打し、若しくは殺さんと謀りしの類、第五は不道にして、一家死罪に非ざるもの三人を殺し、四等以上の尊長を殺すの類、第七は不孝にして、祖父母父母を訴へ、若しくは呪詛罵詈するの類、第八は不義にして、夫の喪を聞き乍ら改嫁せし類なり。而して律の六議には、第一に議親あり、皇族の等親に限れりとはいへ、これに依りて上請して減輕を得べきものも、其親族に限れり。是に於てか法律上、是等親族の中には尊長卑幼の別あり。家禮儀節に據るに、尊屬とは伯叔祖父母、伯叔父母の類をいひ、卑屬とは兄弟の子孫をいひ、長屬とは兄、嫂、姉、内外兄姉及び姉夫をいひ、幼屬とは弟妹、表弟妹をいふ。我中古の律に於ても、重親あり、輕親あり、父母、祖父母、伯父母は尊屬といひ、三等以上の親は近親といひ、其間種々の規定を設けられたるを見るなり。

氏宗の承認　令には我特有の制とも見るべき氏宗を承認せり。卽ち氏宗を定むるに勅裁を仰がしめ、繼嗣令、又別祖卽ち別族の始祖と共に、特に墓を營むことを許されたり。喪葬令。此氏宗は喪葬令の義解に氏中の宗長を謂ふとあり。繼嗣令の集解に引ける古記には、明かにこれを氏上と記し、「諸氏上者必勅定給、不レ論二嫡庶一」といへり。卽ち上古以來の氏上なり。戸令に氏賤は他の家人奴婢と區別して、分配の限に非ずと規定せるは、氏宗に傳へしめん爲めなり。令には其選定及び死後の優遇に就きての規定を載せたるに過ぎざれども、後世氏女を貢するに當りてこれを選擇し、又氏女の官途に就きても推薦するところあり、大同元年十月十三日格、齊衡二年三月十三日の格に、隱首の已むを得ずして新たに籍に附すべきは、氏中の長者連署して屆出づるを要すとあるの類を以て推考すれば、法律に牴觸せざる限り、從來の舊慣を認めて、其氏中の取締に任ずるを許しゝものならんと思はる。而して氏姓に關する事物は治部省に於てこれを掌り、其被管に大少解部大四人少六人ありて、族姓上の訴訟を審問することゝせり。職員令、考課令。然れば親族關係以上、更に氏族間の舊慣を認めたるに似たりと雖ども、令の制定時代には、氏族の狀態は既に一變し、上古に於て氏中の實權を收めたりし氏上も、令には一も其職掌を載せずして、氏人に對する關係如何を知るに由なし。縱し舊慣に依りて多少の管掌するところありしにもせよ、法律に明文なき以上は、これを以て第三者に對抗するを得ず。氏上の婚姻、相續等に容喙するは、一定の親族に限られたれば、氏上の如きは、法律上何等の權能もなかりしなり。これ他なし、當時の氏族が上古の宇遲、加婆禰の如き政治上の勢力なく、從つて氏上なるものも、其名譽は兎に角、上古のそれの如き實力は、これを有せざりしに依るのみ。朝廷が治部省を設けて、氏族間の訴訟を審理するに供せんとするも、格別に其必要を感ぜず、遂には是等の訴訟も、普通の訴訟と同じく、刑部省の所管となりしなり。唯藤原氏のみは、政治上に、社交上に、其勢力は隆々として諸氏の上に出でたれば、其氏上たる藤氏長者は、氏院に別當以下を置き、氏人に對しては其進退を掌り、氏中の訴訟を審理し、領地をも左右するの權能あり。遂に橘氏の是定迄も、其進退するところとなりき。これ畢竟上古の氏上と殆んど同一の狀態にありしに依るに外ならざるなり。

二　戸主及び家族

唐の戸及び家族制　戸主と家族との關係を述べんとするには、先づ戸其者の性質を說かざるべからず。故に今先づ講述の順序として、唐制に據り略〻戸及び戸の內容を述べん。

戸は戸主及び戸口より成立ち、家長を以て戸主となす。戸は地方區劃の單位たり、唐にありては三家を以て保となし、四家を鄰となし、百戸を里となし、五里を鄕となし、縣は鄕を統べ、州は縣を統ぶ。每里々正一人を置きて戸口の調査、農桑の課殖、警察、收稅、徵發等の事を掌らしむ。（開元戸令。）男女の年齡に從ひ、これを五級に分つは、唐令、隋文帝の新令に則りしも、其年齡に至つては小異あり。卽ち隋の新令には、男女三歲以下を黃となし、四歲以上十歲以下を小となし、十一歲以上十七歲以下を中と爲し、十八歲以上五十九歲以下を丁となし、（後開皇三年軍人には二十一を丁となし、煬帝更に男子二十二とせり。而してこれ戸口の增殖に依るとす。戸口增殖すれば、給田も亦多からざるを得ざればなり。其制は後に述ぶべし、）六十歲以上を老となしたりしが、唐にては武德七年の令にて、黃と老とは隋の如く、小は四歲以上十五歲以下とし、中は十六歲以上二十歲以下とし、丁は二十一歲以上五十九歲以下とせり。此等級は戸籍計帳を造るに便するのみならず、國家が人民に土地を與へて、納稅其他の義務に服せしめ、若しくはこれを免除するにも、闕くべからざる制度にてありしなり。隋の文帝の令は後齊の制を採用せしが、北齊にては、男子十八歲より永業田二十畝を給ひて桑田となし、從つて租調を輸さしめ、二十歲より兵役あり、六十歲に達して力役を免じ、六十六歲より田地を返さしむると共に、免租せらるゝの制なりき。唯隋にては六十歲以上の老丁より課役を免ぜり。此永業田は一に世業田といひ、官吏人民に給はる墾田にして、隋唐竝びにこれあり。唐初高祖の武德七年、我推古三十二年、始めて給田の制を定め、十八歲以上の丁男に田一頃を給し、篤疾、廢疾には四十畝を給し、寡妻妾には三十畝を給す、若し戶主たらば更に二十畝を加へ給ふ。皆二十畝を永業田となし、其餘を口分田となす。凡そ田地を給するは農桑を課するを主たる目的とし、口分田にては穀作を課し、永業田には楡、桑、棗等、其地に適せる木を植う。人民の移鄕をなし、若しくは貧窮にして葬事を營み難きものは、特に永業田を賣ることを許し、又田地少くして給田の足らざる狹鄕より、田地の多くして給田に不足なき寬鄕に徙るものは、口分田を賣ることを許さる。然れども既に口分田を賣りしものは、復これを授けず。死者あれば、これを收めて田なきものに給す。文獻通考。是等の制は正しく我令の摸倣せるところなり。後世開元二十五年の制定に係る令に於ては、多少の變更あり。卽ち田廣さ一步、長さ二百四十步を畝となし、唐の一步は五尺にして、今の六尺一間より短く、一畝は今の約二百坪、百畝を頃となし、丁男には永業田二十畝、口分田八十畝を給ひ、中男も十八歲以上は丁男に准ず。老男、篤疾、廢疾には各口分田四十畝を、寡妻妾には口分田三十畝を給ふ。但し其永業田は通じて口分田の數に充つべき制なれば、口分田に不足なきものにはこれを給せず。又黃小中丁の男女、及び老男、篤疾、廢疾、寡妻妾にして戶主たるものには、特に永業田二十畝と口分田二十畝とを加へ給す。永業田は親王、官人、庶人に依りて數額に多少の差あり。然るに唐にては人民の身分を士農工商に分ち、最も工商を賤劣視したりしと、分業上の關係上とよりして、商工を業とせるものは、寬鄕にては各半を減じてこれを給ひ、狹鄕にては竝びに給せざることゝせり。此他別に園宅地を給ふことあり。其數は良賤に依つて差あり。良口は三口以下に一畝の割合にて、三口毎に一畝を累加す。賤口は五口に一畝の割合にて、五口毎に亦一畝を累加す。永業田は桑其他の有用なる植物の、各其土地に合ひたるを植うるものにして、皆これを其子孫に傳へ、口分田の如く收授することなし。然れども賣買、貸借、質入は、貧民の業を失ひ、富豪兼併の本となるべきを以て、共にこれを禁じ、犯すものは金錢は沒收し、土地は本主に返付す。唯人民の死後家貧しく葬事を營み難きもの、及び他郷に移住するものには、特に永業田を賣るを許し、官人の永業田を賣るは自由なり、又狹郷より寬郷に移住せんとする場合には、口分田を賣ることを許したり。住宅の類は、何時にても賣買は自由なり、而かもすべての賣買は、一定の方法に依りて屆出の手續をなさずば無效なり。

唐の納稅力役の制　次に納稅其他の義務は如何といふに、唐にては丁男を以て是等の義務を負擔すべきものとし、高祖の武德二年には、毎丁租二石、絹二疋、綿三兩を徵することゝしたりしが、同七年三月、更に租庸調の制を定め、毎丁年に粟二石文獻通考には三石を出さしめて租とし、郷土の產出に從ひて、綾、絹、絁二丈に綿三兩を出さしめて調とし、土地の狀況に依りて布を出すものには、綾絹絁に五分の一を加へ、其副物としては麻三斤を出さしむ、又毎丁歲役二十日を課し、若し出役せざるときは、これより日に三尺の割合にて布を納めしめて庸とす。事ありて役を加ふること十五日文獻通考には二十五日なれば其調を免じ、三十日なれば租調共に免ず。斯くて二十日の正役を加へて、五十日に過ぐることを得ず。丁男の課役に應ずる唯一の義務者たること此くの如くなれば、人民の丁に入るべき年限を延ばすは、老に入る年限を短縮する事と共に、人民に對する恩典となること言ふ迄もなし。故に中宗の神龍元年五月我慶雲二年に、韋皇后が上表に依りて、二十二歳を以て丁となし、五十八歳を以て老となし、役を免ずることゝなりしも、人民に媚を求めたるものとなし、同皇后即ち韋庶人の誅せられし後復舊せしが、元宗の天寶三載十二月には又十八歳以上を中男となし、二十三歳以上を丁とせしこともありき。廣徳元年（我天平寶字七年）には二十五を丁とし、五十五を老とせしこともありき。而して八十歳以上の老年及び篤疾には侍一人を給ひ、九十歳には二人、百歳には五人を給ふ。其人は子孫より取るを通則とし、子孫なきとき近親、近親なきとき白丁を充つ。若し家内の中男を充てんとするものあらば、亦これを許す。此侍丁は役を免じて、唯租調を出さしむ。家族の中是等の課役に應ずべきもの、即ち課口あるは課戸といひ、然らざるは不課戸といへり。皇族及び一定の品ある官人と其一定の親族、親流内九品以上官、○唐戸婚律疏議に引く賦役令に、文武職事官の三品以上、若しくは郡王の期親、及び同居の大功親、五品以上、及び國公の同居の期親は、竝びに課役を免ず、男子の年二十歳以下、老男、廢疾、妻妾、部曲、客女、部曲の女、奴婢は皆不課戸となす。而して是等の丁に入りて課役に應じ、老疾の爲めに課役を免れ、又は侍を給はるべきものは、縣令毎年親しく貌閲をなして定簿となす。一たび定めしものは、詐僞の疑あるものゝ外、更に貌閲を行ふことゝなし。高祖の武徳六年三月、人民の年齢に依りて六級を定むると同時に、毎戸の資産を調査して、三等の民等を定むることゝせしが、同九年三月、三等にては未だ昇降を盡くさずとて、更に九等に増し、高宗の永徽五年二月、二年に一回戸を定むることゝせるが、從來は三年造籍の年に一回なりしならんか、毎年一回計帳を造り、三年に一回戸籍を造ることゝし、州縣には五比六年を一比とす即ち三十年間のものを保存し、尙書省には三比即ち十八年間のものを保存して、他は次第にこれを除くものとす。

唐の戸籍制　戸籍の制は、開元年中に大に整頓を來せり。戸籍は三年に一回これを造るものにして、其材料は毎年毎戸の戸主より徵する手實と、これに據りて調製せし計帳とに採るなり。手實は戸に於ける丁口、田宅を具載せるものにして、計帳はこれを基礎として、租税の收入、徭役の賦課等を定むるものなり。而して戸籍を造るべき年の正月上旬、縣司が部內の手實、計帳を徵して州に赴き、一定の式に從つて戸籍を造り、毎郷一卷をなし、其縫《ツギメ》には皆某州某縣某年籍と註し、都合三通を寫し、三月三十日迄に一通は尙書省に送り、二通は州と縣とに留む。又造籍の年には、豫め戸の等級を定めて九等となし、これを戸籍に註す。

既に述べしが如く、戸主の手實は計帳、戸籍の基礎となり、其精確なると否とは、直に國家の收入にも影響を及ぼすことなれば、戸主の責任甚だ輕しとなさず。これ丁男等が一定の田を給せらるゝ外に、戸主となれば、更にこれを加給せられ、黃、小等の給田なきものに迄、一定の田地を給せらるゝ所以なり。故に脫戸とて、一戸悉く脫漏して籍に附かざるもの、脫口とて、戸內の口卽ち家族の脫漏せしものあるときは、竝びに戸主は刑事上の罪人とならざるべからず。而してこれ皆課役を免れんとするを主たる犯罪とすることなれば、均しく脫戸、脫口と稱するも、課役なき不課戸無課役口の脫漏は其刑輕し。又脫漏にあらざるも、或は故意に年齡を增減して老若しくは中小に入れ、或は病狀を欺りて廢疾、篤疾に入り、課役を免れ侍人を得るが如きは其刑重く、これに反して年齡を增減するの結果、課役を免るゝにあらずば、其刑輕し。而して戸內の受田を荒蕪に委したるか、戸內の課税を怠納せる場合にも、戸主は其責に任じて、刑事上の制裁を受けざるべからず。

唐の子孫同籍制度　祖父母父母の存生中は、子孫其許可を得ずして籍を別にし、財を異にすべからず。犯すものは徒三年に處せらる。これ父祖の存生中此くの如き行爲は、風敎に害ありと看做すに依れり。天寶元年正月の制に、父母の存生中別籍異居するものあるを同籍共居せしめ、風敎を敦くせんといひ、犯すものは法に準じて罪を科せんといへるは、正しく立法の精神を説明せるものなり。されば父母の死去せし後は、兄弟別籍するを得るも、而かも服紀を終へたる後に於てせざるべからざりしなり。然るに子孫に財產を異にせしむるは格別、籍を別たしむるの一事は、獨り風敎の爲めのみにこれを禁ずるものと看做すべからず。何とならば、財產を異にせしむるは、父祖の同意を與ふるを妨げざりしに拘らず、籍を別にする事に向つては、父祖其罪を免れざりしを以てなり。徒二年、子孫は坐せず。不正手段の事は下にも述ぶべし。思ふに、別籍を許せば、往々不正手段の行はれ易くして、取締上不便としたるにも依る事なるべし。

唐令戶令には又一戶の口を以て一戶を創立するを許す場合あり。卽ち「諸戶欲下析ニ出口一爲ㇾ戶、及首《トシテ》ニ附口一爲中戶者、非ニ成丁一、皆不ㇾ合ㇾ析、應ㇾ分者不ㇾ用ニ此令一」とあるものこれなり。これ一戶の戶口を分つて、別戶の戶主となすことにて、成丁に向つてはこれを許すことを規定せるなり。然れば其戶口に祖父母父母ありしときは、これを如何にすべき。そは言ふ迄もなく、祖父母父母の存生中は、別戶と共に財產の所有を許すも、別籍を許されざるなり。

唯戶口を以て他に嫁せしめ、若しくは養子となすべき場合には、一定の制限の下に、其他人の戶籍に入るを許しゝも、そは別欵に於てこれを詳かにすべし。

唐戶婚律疏議に、律文祖父母父母の下に、「曾高在亦同」との註を加へたり。曾高とはいふ迄もなく、祖父母の親たる曾祖父母、及び曾祖父母の親たる高祖父母なり。斯く高祖父母以下にして現存する以上は、縦し斯る場合は稀有なるにもせよ、子孫其同籍を强制せらるゝを以て、直系卑屬にては、曾孫、玄孫に至る迄も同一の籍に編せられ、傍系の卑屬も亦これに準ずべければ、一戶の戶口甚だ多數に上るものもこれあらん。前にも述べたるが如く、一定の品あるものは、本人はいふ迄もなく、其親族迄も國家の優遇に均霑して、租稅出役の義務を免るゝの制なりしを以て往々弊害を生ぜざりしにあらず。天寶元年正月、人民の內、戶高くして丁多く、規避をなすものありとて、これに處すべき方法を定められたり。此戶高くとは、戶の等第の高きをいふにあらずして、免租免役の特典を有せる戶をいふなり。戶にして此くの如き特典あれば、他の特典なきもの、種々の方法を以て其中に加入し、負擔の免除を圖るは、最も覩易き理にして、これが爲めに、是等の義務ある丁男の多くが其戶內に同居するといふ奇異なる現象を呈するに至るべし。是に於て斯る弊害を避けん爲め、二つの方面よりこれを匡濟せんとせり。第一は州縣をして仔細に調査せしめ、一家の中若し丁男五人以上ありし場合には其中の一人、十人あらば二人を出して、これに納稅其他の義務を負擔せしむることゝし、第二には、斯る不正手段の行はるゝは、固とより種々の方法にも依るべしと雖ども、其本籍を離れて他人の籍に入るには、父母の存生中、籍を別にするの反則手段に依るものも、必ず多かりしと看做さゞるべからず。故に此際前述の如き弊害を防止するの一手段として、此同籍制度を勵行し、父母の現存中は子孫をして同籍共居せしめ、これに違ひて別籍異居せるものは、法に準じて罪を科することゝしたりき。

以上を以て唐に於ける戶主及び家族の制を略述したり。猶ほ詳しくは唐六典、唐律疏議、通典、文獻通考、冊府元龜等の諸書に就いて研究すべし。これより進んで我律令の制と比較對照するところあらん。

我國の戸制　我國に於て、戸の制は既に大化の改新に定まり、大寶令の如きはこれを踏襲せるもの多く、其間損益するところありき。卽ち戸は戸主及び戸口より成り、家長を以て戸主となすこと、全く唐制に同じく、又戸を以て地方區劃の單位とせり。唯唐にありて三家を保とせしも、我れにありては隋の文帝の新令の如く五家を保とし、保長一人を置きて保內を監督し、戸口の異動あるときは、これを同保に告げて相知らしむることを掌り、而して唐には百戸を里とせしを、我れには五十戸を里となし、其上に郡を置き、大化には四十里以下三里以上に依つて大、中、小に別ちしが、大寶令には二里以上廿里以下に依りて大、上、中、下、小に別てり。廿里以下十六里以上を大郡とするが如き。後靈龜元年、里を改めて鄉とせり。出雲風土記。○大日本史食貨志に田制の里と混ずるを以て改めしならんといへり。

年齡等級の制　次に男女の年齡に依りて等級を定むることは、我令にもこれを採用したりしが、其等級の數、名稱及び年齡の制に就きて多少の異同あり。唐にありて五等とせしものは、我れにありては更に一等を加へて六等とし、三歲以下を黃としたることは唐制に同じきも、四歲以上十六歲以下を少唐にては小とし、十七歲以上二十歲以下を中とし、廿一歲以上六十歲以下を丁とし、六十一歲以上六十五歲以下を老とし、更に六十六歲以上を一等として、耆の名を附したるが如き、唐制と自《オ》ら異れるところあり。然るに大寶二年、養老五年以下の戸籍、計帳にして現存せるものを見るに、此等級年齡の制はこれに同じきも、獨り是等の名稱に至つては、多少の相違あり。卽ち黃は男子にありてはこれを綠兒綠子ともといひ、女子には綠女といひ、少は隋唐の如く、男子に小子といひ、女子に小女といひ、中は男子に少丁といひ、女子に少女といひ、丁は男子に正丁といひ、女子に正女、丁女といひ、老は男子に次丁といひ、女子に次女といひ、耆は男子に耆老といひ、女子に耆女といへり。其中次丁は、令に於ても老殘を竝びに次丁とすること見え、戸令、是等の戸籍にも老丁の外、殘疾のものをも次丁といへることなれば、令制に異ならず。間《マヽ》例外として見るべきは、年紀未詳なるも天平寶字元年以後のものと認むべき讃岐國戸籍の中に、三歳の女子を黄女としたるあり。男子は黄男といへるか。同籍に中女、同前常陸國戸籍にも中男、中女の見えたるあり。又大寶二年の筑前國の戸籍に、老夫、老女、老妻等の見えたるあり。同籍に十七歳以上廿歳以下の男子に少丁といひ乍ら、其女子に限りて次女といへるは、未だ何の故たるを詳かにせず。

然るに大寶令の註釋書たる古記を始め、令集解に收めたる註釋書に、少を小子、中男を少丁としたるが如きを以て見れば、大寶令の制亦然りしにあらざるか。否、天智天皇九年に庚午年籍あり、持統天皇の四年に諸國司に詔して、戸令に依つて戸籍を造らしむること見えたれば、大寶令以前の令制戸籍の制が、既に然りしにあらざるやを思はずんばあらず。

給田の制 次に給田の制は如何といふに、これも大化の改新の時、先に班田收授の法を定め、尋で白雉三年班田を終はれること國史に見えたれども、其方法の委曲、實施の範圍等に就きては、得て詳かにすべからず。大寶の令を定められしより後、始めて其制を徵すべし。即ち男女六歳に達すれば口分田を給す。男に二段、長さ三十歩、廣さ十二歩を一段とし、十段を一町とす、女は其三分の一を減じて一段百二十歩とす。官戸奴婢の口分田は良人と同じきも、家人奴婢は其三分の一を給す、唯寺の奴婢には之を給せず。これを唐制に比すれば、丁男に最も多くを給し、老男、篤疾、廢疾、寡妻妾に遞減し、小（五歳以下を除く）中（十七歳以下の）の男女を除外するが如き事もなく、又戸主に加給し、黄小中の男女にても、戸主となれば口分田を給するが如きこともなきなり。然れども易田とて、瘠地なるが爲め、隔年に耕耘すべきところは定額を倍給するの法といひ、口分田を給ふに、先づ其近地より給することゝいひ、（大化改新の詔にも見ゆ、）受田の足れるを寛郷とし、足らざるを狹郷とし、狹郷の田足らざるは、寛郷に遙受するを許したることゝいひ、其法文迄全く唐令を踏襲せり。唯所謂受田が口分田の外、永業田をも含むに至りては、彼我の間其意味に廣狹の差違を生ぜり。永業田の稱は、我令の採用せざるところなり。令制に據れば、田地に公田と私田とあり、官田、神田、寺田、營田、驛田等はこれを公田となし、口分田、賜田、位田、職分田、功田、墾田等は私田となす。此他に又園地あり。口分田以外の私田は、卽ち大體に於て唐の永業田に相當するも、精密に其性質を對照すれば、自《オ》ら異同なき能はず。例へば唐令（開元廿五年の）に、親王以下職事官の有品者に一定の田を給するを永業田といへるも、我令にありてはこれ位田なり。又爵を襲ぐものが、父祖の永業田を拓續するはこれ功田なり。今試みに彼れの令文を以て我れのそれに比較せんに、

［應レ給二位田一（田令）］其因二官爵一應レ得永業、未レ請及未レ足而身亡者、子孫不レ合二追請一也、

［凡應レ給二功田一］諸襲爵者、唯得レ承二父祖永業一、不レ合二別請一、若父祖未レ請、及未レ足而身亡者、減二始受一封者之半一給二共［給二子孫一（田令）］州縣縣界内所有部一、

とあるが如き、皆これを證するものなり。然れども位田は職分田と共に、官位に屬するものなれば、永業田の如く子孫に傳ふべきものにあらず。功田も勳功の大小に依り、大功は世々に傳ふるも、上功、（三世）、中功、

二世、下功子に傳ふは一定の制限あり。墾田に就きては、令に公田を開墾するものは六年にして官に還し、私田は三年にして主に還すべしとあれば、これも亦永業田と異なれり。後、養老七年人民繁殖して田地の乏しきを訴ふるに及び、荒地の開墾を奬勵せんが爲め、新たに池溝を鑿ちて田を闢けるものには、三世に傳へしめ、從來の池溝に因りしものには、其一身に給はることゝなりしも、續日本紀、令集解。斯く期限後還收することゝなりては、農夫耕種を怠りて再び荒廢に歸するより、天平十五年、是等の墾田はすべて私財となし、永く收めざることゝせり。續日本紀、類聚三代格、令集解。但其面積には制限ありて、一般人民の如きは十町を超ゆることを許さゞりしが、これより上下競つて墾田をなし、兼併盛んに行はれて、其弊に堪へざりしより、天平神護元年三月開墾を禁じ、當士の人民は一二町に限りて許しゝが行はれず、他の私田と共に、後世莊園の弊を馴致せり。園地に至りては、其性質永業田に類す。唐令には、開元令、園宅地は良口三口以下に一畝を給し、三口毎に一畝を加へ給するの制なりしが、我令にては、地の多少に從ひ、均しく戸口に給するものにして、これに桑漆を植ゑしむ。其數は戸の等級に從ひ上戸、中戸、下戸多少あり。園地は宅地と共に、一定の手續を經て賃貸をなし、及び賣買するを得べし。田令。然るに口分田其他の私田を賣買することに就きては、令に其規定を載せざるのみならず、律の逸文にも亦見るところなし。田令宅地の賣買手續の下の義解に、「略擧㆓宅地㆒田園皆同」とあれば、此條は田園を賣ることにも通渉するに似たれど、田の賃租、園の賃租及び賣買は、後條に別掲すれば、此條は成文の如く、宅地のみを規定せるものとなすべし。又田地を賣りて寺に與ふることは、同令が禁ずるところなるも、そは宅地、園地に通じて然りしなり。唯田令に、田を賃租するには、一年以内に於てすべきことを載せ、其集解に引ける戸婚律に、「凡過二年限一賃二租田一者、一段笞十、二段加二一等一、罪止二杖一百一、（謂職田、位田、賜田、及口分田者也、）地還二本主一、財沒不レ追、注云、功田不レ在二此限一」と見えたり。

私田の賃租賣買　されば此田は職田、位田、賜田及び口分田の如き私田なり。而して田令には、是等私田の賃租の一年に限ることを規定したる後、園地は自由に賃租賣買を許す文を載せたれば、是等の私田は、一定の期間内に於ける賃貸借を許すの外、賣買はこれを許さゞるものと見る方、普通の解釋なるべく、律には賣買に對する制裁を載せたるべきも、逸して傳はらざるものなるべし。然れども田令の私田の賃租年限を規定せる條下の集解に、私墾田（私治田とも）の永賣を許すべきことを說けり。天平十五年、此種の墾田を以て、永く私有となしたりし後は、所有者の處分を許しゝこと言ふ迄もなし。而して口分田の如きも、寬平八年の制にては、人民の口分田を賣買するは、皆國郡司に屆け、法に依つて劵を立て、徵租の日の驗となさしめ、違ふものは罪を科することとし、（三代格、）延喜式にも其賣買を公認せしものあり。卽ち主稅式に、國司より上るべき徵租の元帳たる青苗薄帳を載せ、其中に戸田中、賣口分田の高、所在、及び買人の姓名、竝びに買口分田のそれを錄すべきことを示せるものこれなり。故に唐令に規定せられたるが如き、特別に其賣買を許すべき場合これなかるべからず。唐令に口分田を賣買するを得るは、狹鄕より寬鄕に移住する場合なること、前に述べしが如し。我戸令には、此場合に移住を許すべき官司の手續を規定し乍ら、移住者の從來所有せる口分田を如何に處分すべきやに就きて、何等の明文を載せざるは、闕典なりと謂ふべし。

納稅力役の制　次に納稅力役の制に向つては、我令は全く唐の租庸調の制を採用し、唯其數額に多少の異同あり。而して此制も亦既に大化改新の時に略〻其緒に就き、人別調を戸別調に改めたり。大化二年正月、租庸調の法を定めし時、租は土地より、調は戸より徵す、即ち戸別調として一戸に布一丈二尺、仕丁はもと三十戸に一人とせしを、五十戸に一人を充て、庸も一戸に布一丈二尺、庸米は五斗なり。此制大寶に至つて大に定まれり。即ち令制にては、正丁の外、中男、次丁老丁と殘疾となり。次丁の中、老丁は全輸なれども、殘疾は調を輸して、徭役を免ずれば半輸なり。延喜式に老丁と中男との殘疾は全免すること見ゆ、即ち不課となるなりを以て是等の義務者となしたり。これを唐令に比すれば、中男の十七歲より既に此義務を負擔することゝいひ、老丁、殘疾の亦此義務を免れざることゝいひ、稍〻重きに似たり。而して先づ租は大化の制に、一段の獲稻七十二束より二束二把を徵することゝしたるを襲用し、一町には廿二束、調は正丁一人より絹絁八尺五寸、六丁にて匹を成し、廣さ二尺二寸、其他糸、綿、布、鐵、鹽等の雜物、何れも鄕土の產物を出さしめ、次丁は二人、中男は四人を以て正丁一人に准ず。別に調の副物として、染料等を定數に於て出さしむ。畿内の調は他の半額なり。

次に正丁の歲役は十日にして、これに出役せざるものよりは、日に布二尺六寸の割合にて庸布を出さしむ。三十日服役すれば、租調共に免ずること、唐令の如きも、正役と合せて四十日を過ぐるを得ず、其他の雜徭は六十日を過ぐるを得ず。次丁は二人を以て正丁の一人に對する割合にて、服役徵庸せしめらる。中男は收庸の限にあらざるも、雜徭は免るゝこと能はず。次丁は正丁の半を減じ、中男は次丁の半を減ず。我國にても唐の如く、八十歲以上及び篤疾には一人の侍を給ひ、九十歲に二人、百歲に五人を給ふ。侍は又子孫を取るを原則とし、子孫なくば近親に、近親なくば白丁を取り、又同家の中男を取ることを許し、戸令、侍丁に向つて徭役を免ずること、賦役令、唐制に同じ。此他別に桑漆を課植することあり、其數は戸の等第上中下に從つて多少あり。

戸籍の制　次に戸籍の制は、我令には課口あるを課戸といひ、これなきを不課戸といへり。不課口は皇親、義解に六世以上は不課、七世は調を出さしめ、徭を免ず。八世は白丁に准ず、八位以上の有位者、五位以上の有位者の子、三位以上の父祖兄弟、即ち位蔭あるものは略〻唐に類し、又唐には二十歳以下としたれど、我れには十七歳以上二十歳以下の中男にも課役あれば、十六歳以下の男子を不課口とし、唐には六十歳以上の老男をも不課口とせしを、我れにては六十歳以上六十五歳迄は課役あれば、六十六歳以上の耆老より不課口とし、其他廢疾、篤疾の病者、女子のすべてと賤民家人奴婢のすべてとを不課口となすは、亦略〻唐のそれに同じとす。毎年一回戸主をして手實を出さしめ計帳を造るは、唐制に同じきも、我れにありては、彼れの三年に一回戸籍を造るを、六年に一回とし、當年の十一月上旬より着手し、一定の式に依りて、延喜式には此造籍の式あり、翌年の五月卅日迄に調製せしむ。其法は里別に一巻とし、其縫《ツギメ》には某國某郡某里某年ノ籍と註し、都合三通を寫し、内二通は太政官に送り、民部省と中務省とに各一通を留め、一通は國に留む。此戸籍計帳を造る年には、國司親しく貌閲を行ひて、年齢、疾病の關係より將に課役に應ずべきもの、將た課役を免るべきもの、侍を給ふべきもの等を確め、これを當年の帳籍に註し、斯くして一たび確定せし後は、詐僞の疑ある場合の外、更に貌閲を行はざること、亦唐の如くす。其中戸籍は唐の州縣に於けるが如く、五比比年は六年を保存し、三十年以上は次第にこれを除くも、近江ノ大津ノ宮ノ庚午ノ年ノ籍のみは永く保存して臺帳となすことゝしたり。戸令。近江大津宮は天智天皇にして、庚午の年は其御即位九年に當る。天智紀に同年二月戸籍を造りて、盜賊と浮浪とを斷つとあるものこれなり。同天皇の元年所謂近江令の制定ありたれば、其令恐らくは戸令ならんの規定に據りて、同年に全國の戸籍を造らしめられしものと見えたり。大寶三年七月に「籍帳之設、國家大信、逐レ時變更、詐僞必起、宜下以二庚午年籍一爲レ定、更無中改易上」とありて、是時の戸籍を定簿となすなり。續日本紀。猶ほ聖武天皇神龜四年七月には、筑紫諸國の庚午の籍七百七十巻に官印を捺せること見え、弘仁十一年、常陸國に庚午の年籍なきを以て、民部省に就いて謄寫せしに、唯辛未の籍あるのみなりしといへり。辛未は天智天皇の十年にして、即ち庚午の翌年なり。されば庚午の年より戸籍の調製に着手せられしもの、辛未に至りて成りしなるべく、依て此籍を以て定簿となさんことを請ひて許されしことあり。類聚三代格。これに據るも、天智天皇の戸籍法の實施せられし範圍、近畿に止まらざりしを思ふべし。續日本紀、天平寶字八年七月、紀寺奴婢の訴に「有二僧綱所一庚午籍」を引きて論ぜるあり。

計帳を作ると同時に、國司は戸の等級を定めて三等及び九等となす。戸の等級は、天武天皇の時既に貧富に從つて上中下の三等に分ちたりしが、大寶令には課丁の多少に依つて上中下の三等となし、財產の多少、課丁の體格の强弱及び其員數を參酌して九等となす。上々戸、上中戸、上下戸、中上戸、中々戸、中下戸、下上戸、下中戸、下々戸これなり。其中此九等は貧富の程度に重きを置くものとす。而してこれ兵士を徵し、課丁を雇役し、養牛の頭數を課し、中々戸以上の戸、義倉の粟を徵するが如き場合に適用せらる。此戸の等級は每年一回計帳を作るの時に於てこれを定め、別に簿帳に登記するものなり。然れども唐令の如く、戸籍に記入する制はなきが、現存の戸籍を檢するに、美濃國大寶二年の戸籍に限りては、上政戸、中政戸、下政戸との三等の等級、及び九等の等級を戸の上に記入せり。これ頗る異例と看做すべし。戸の等級に就きては、栗田博士、星野博士の說あり、（教育時論、史學雜誌、）余も亦先に愚見を公にせしことあり。（史學雜誌第十編、本書古代親族法戶及び戶主の章に收む。）此戶籍の如きは、唐制に倣つて編製せしものと信ず。

次に我國の律は、前にも說きしが如く、唐の律を採れること多きものなれば、戶主をして戶籍編製の責任を負はしめ、戶籍に全戶若しくは家族を脫漏せる場合に、刑事上の制裁を加ふべき規定も、殆んど唐律と異なることなく、唯他の法規と同じく、多少其制裁を輕くせしものあるのみ。

子孫の同籍制度　我戶婚律に於ても、祖父母父母の現存中に、子孫が戶籍財產を別にするを許さず。犯すものは、唐律の徒三年たるを、我れに徒二年とす。而して其中財產を別つことは、祖父母父母の同意を與へたるは罪なしと雖ども、戶籍を別にするの一事は、祖父母父母のこれに同意を與ふるを許さず。犯すものは唐律の徒二年なるを、我れにありては徒一年に處す。（法曹至要抄。）

我戶令にも、一戶の戶口を分つて、一戶を創立せしむることを許すの規定あり。「凡戶內欲㆘析㆓出口㆒爲㆖戶者、非㆓成中男㆒、及寡妻妾者、並不㆑合㆑析、應㆑分者不㆑用㆓此令㆒」とあるものこれなり。これを唐令に比較するに、彼れにありて成丁とせるを、我れには成中男といひ、戶主となるべきものゝ年齡を制限すること稍ゝ寬なり。これ中男は課丁にして、正丁たるを待たずとも、戶をなすに堪ふるとなすに依るならん。然れども我れには、彼れになき寡妻妾を附加せるは、少しく異なるところなり。これ戶內の男子死して、寡妻妾のみとなれるときは、養子をなして相續せしむるは可なるも、別に一戶を創立せしむべからずとするならん。卽ち十六歲以下の男子及び寡妻妾は、通例別戶をなすべからざるものとし、其別戶の戶主たるに堪へたるものに限りて、これを許すは唐令と同じ。而かもこれ皆祖父母父母の死亡後にして、其存生中は財を分つも籍を別にするを許さゞれば、本家と同籍すべきこと明かなり。現存の戸籍に、戸主の家族以外に單に戸某と記して、其家長の下に家族を載せたるもの丶中には、此場合もなしとせざるべし。

年齢等級制の改正　以上は專ら大寶律令の規定なり。これを唐制と對照すれば、我摸倣斟酌の跡、歴々として徴すべし。是等の制は爾後多少の變更あり、年齢の等級の如きは、直に人民の賦役に關するものなれば、我國にても、支那の如く、恩恤の政を施きて、徭役を緩めん爲めに、これが改正を企てられしことあり。孝謙天皇の天平勝寶九歳即ち天平寶字元年に、皇太子を立てられし爲めに大赦を行はれ、猶ほ人民の成童のとき輕徭に入れられしものが、既冠の後、正役に當てられて勞苦に就くを愍れみ給ひ、先帝の御遺志を繼がれて、十八歳を中男とし、二十二歳を正丁として、令の年齢よりは、各一年を加へて、其課役に就く年を緩くせられたり。先帝とは聖武天皇の御事なれば、彼奴婢を放つて良となすが如き、佛敎の感化の法制に及ぼせる一影響として觀るべきなり。然るに其翌年七月、東海東山兩道の民、問民苦使に請願せしとて、同使より前令の改正は中男正丁に止まり、老丁、耆老はこれに脫したれば、更に其恩典に均霑せしめられんことを奏せしに、請ふところ理に當れり、須く憫矜すべしとて、自後六十を老丁とし、六十五を耆老とせられたり。續日本紀。而して租庸調は比年修正を加へて、人民の負擔を輕減せられしが、弘仁十一年には藤原氏が世々に勳勞ありしを嘉せられ、其子孫は五世に及ぶ迄も、課役を免除することゝせられたり。類聚三代格。此くの如く、國家の法制に除外例を設けて、權門に私するが如きことにては、到底其破綻を免るゝこと能はざるなり。

戸籍制の紊亂　朝廷は戸口の增減を以て國郡司考第の昇降を定められしが、國家收入の關係より、殊に課口の增殖を奬勵せられ、人民に對しても、天平寶字三年に、正丁の子五人ある父は課役を免じ、一人闕くるも猶ほ免除することゝせられたり。三代格、延喜式。然れども課役を忌避せんとするものは、種々の手段を廻らして法規を破るを辭せず。就中京都及び畿內の人民は、種々の徭役多き代りに庸を免じ、調は半ばを減ぜられ、他は布二丈六尺の制なるを一丈三尺、〇賦役令、少丁は庸の外、調をも免ぜらる。續日本紀養老元年十二月。されば地方の人民の中此減免を得んが爲めに、京戸に編入せるもの多きを致し、これが爲めに制定せられし禁令も少しとせざりき。前にも述べたりし如く、戸口の增加は國郡司の功となすの制なりしが、其中にも括出《カンガヘイダス》、隱首《カクレタルカアラハル》の二目あり。括出とは、官司が人民の戸籍計帳を脫し居れる浮浪の徒を調査して檢出するをいひ、隱首とは戸籍計帳に載らざる人民が來つて自首するをいふ。然るに地方の人民、課役減免の恩典に浴して、戸田を貪らんと欲し、隱首括出に託して、競うて京戸に編附せしかば、延曆十九年、國郡司の功より此二目を除くことゝし、大同元年、令制を復して戸籍に編附するを許しゝも、彼唐に於て行はれしが如き、名を冐して蔭を假るものは、法に據りて處分すべきことゝせられたり。類聚三代格。然るに其後隱首年毎に增加し、或は一嫗の戸主に十男の寄口あり、或は戸主は耆耄にして、群幼の新附するあり。平安朝時代のもの乍ら、延喜年間の阿波國戸籍には、耆老の戸主の下に、小子、女子のみを載せたるあり。これ皆戸田を貪るの輩なれば、天長五年、同元年以來の隱首は、これに田を授けざることゝせり。斯る姦手段は、啻に京戸に就きて見るべきのみならず、全國の人民其負擔を免れんとして、種々の方法を講じ、遂には自《ミ》ら奴婢となり僧尼となるに至るものあり。戸籍に於ても一男十女を載せたるあり、阿渡國延喜二年の戸籍の如き、全戸男子なきあり、一國の不課、課丁に十倍する程なれば、これに關する禁令屢〻出でしも、其弊殆んど防止すべからず、戸籍の制爲めに紊亂せり。

現存の戸籍　戸の狀況如何を知らんとするには、當時の戸籍の現存するものに就きて考究するに如くはなし。大寶二年に於ける美濃、筑前、豐前、豐後諸國の戸籍、及び養老五年の下總、陸奥、こは戸籍の別簿と認むべきものながら、常陸、讚岐、因幡等諸國の戸籍は、これに類似せる計帳と共に、現に御物として正倉院に藏せらる。前にも述べしが如く、戸籍は民部省の外、中務省にも其一通を留むべき制にして、後者はこれを御覽に供ふるものとす。今正倉院に藏せらるゝ御物は、思ふに、後者に屬するものが、三十年の保存期間を經過して、不用に歸せしものなるべきは、其紙背に必要文案の記入せられたるを以て知るべし。而かも今に於て中古の戸籍を徵するに足るは、此故紙の斷片に據るの外なきを思へば、其貴重の材料たるを失はざるなり。

戸籍は國家の重要書類に屬するを以て、これに用ゐる紙には、黃蘗を染めて堅厚なるを要し、西海道諸國のみ特に白紙を用ゐるを許せり。其他造籍に就きての細則は載せて延喜民部式にあり。

其令制との比較　現存の戸籍を令制に照らすに、互に異同あり。戸籍の繼目に、御野國山方郡三井田大寶貳年戸籍等の裏書あるは、里別に一卷をなせること知られたり。現存の戸籍中、美濃國のそれを除きては、其形式略〻一致し、戸主を首に出して、其母妻子これに次ぎ、更に他の家族に及ぼすに、美濃國のそれは、戸主の直系の親族、傍親を混じ、其男子を前に顯はし、女子は戸主の母を始め、皆男子の後に擧ぐ。唯其順序は、戸主の直系の家族を前にし、傍系のそれを後にするのみ。從つて同一戸主の子にして、男子は前に出づるも、女子は戸主の傍系の男子、及び其子孫の男子を擧げたる後に載せらるゝなり。其名稱の如きも、他は男女となすを、美濃國の戸籍は男子に子と書し、女子に兒若しくは女と書す。他は一戸の末若しくは別房別房の事は下に說くべしの末に、家族の數、及び課口不課口の統計を擧ぐるも、美濃は毎戸首にこれを出す。家族の統計と共に、一戸の受田の額を載するは、九州の戸籍のみにて、他にこれなし。各郡の末には各里の戸口課不課の統計を示し、里正の名を載すること、下總國戸籍にて知らる。美濃國の戸籍は亦これを毎郡の前に擧げたり。殊に美濃の戸籍の他と異なれるは、戸に上政戸、中政戸、下政戸の三等の等級、及び下上戸、下中戸、下々戸等の九等の等級を載せたることゝ五保を載せたることゝなり。此二事は竝びに今の令及び式に見えたる戸籍の形式になきところなり。三等及び九等の等級の事は、前に既に述べたり。五保は保長に限りて、これを載せたるに似たり。

すべての戸籍を通じて、年齡の等級に依れる名稱は、前にも說きしが如く、大寶令に於けると同じく、今の令と異なれり。多少の除外例はあるも。而かも戸籍制度の行はれしこと久しく、其範圍も亦廣きに拘らず、養老令の制定後に成れる戸籍に、猶ほ前令を改めざるを見れば、此種の改正の容易に行はれざるを知ると同時に、因襲の久しきを想ふべく、是等の名稱も或は大寶令以前の舊制たりしやの疑あること、既に記せるが如し。

一戸の家族數　是等の戸籍を觀れば、唯何人も看過すべからざる特異の點少なからざるを發見すべし。其中最も著しきは、一戸に居住する家族の數甚だ多きことこれなり。少きも十餘人、二十、三十の間に居るもの最も多く、稀には百二十四人に達せるものさへあり。筑前國島郡川邊里。是等の家族の中には、戸主の母、妻、妾、兄弟姉妹、妻妾の子孫等ある外に、兄弟の妻妾あり、甥あり、伯叔父母あり、從父兄弟姉妹あり、外祖父母あり、外孫あり、其他戸主及び家族の同黨同族といふもの、寄人寄口ともといふもの、別項といふものあり、又奴あり婢あり。一棟の中に斯く多數の家族を收容せしこと、思ひも寄らざることなれば、其數棟に分れ居たりしは、何人も想像し得べきが如く、當時の戸は實際數家族より成れるもの甚だ多かりしなり。戸令集解に收めたる古記に戸令の戸の解釋を下して、「一戸之內縱有二十家一、以レ戸爲レ限」といへり。此全戸卽ち所謂鄕戸に對する、戸內の別房卽ち房戸一に方戸に作るは其略なりにも、自《オ》らこれが家長たるべきものあり。下總國の戸籍の如きは、寄口、同黨と書するもの少き代りに、戸主の家族を載せ、統計を示せる後、更に戸某と別揭して、戸主との關係を註し、終りに其家族の統計を擧げたり。是等は戸內別に一家をなし、家族と財産とを異にするも、猶ほ同一の戸籍に入り、同一の戸主を戴きしなり。其人は戸主の兄弟、甥、伯父、從父兄弟、從父兄弟の男、母、妹、伯父、從父兄弟等とす。是等のものも家族なくして、別に房をなし居らずば、家口の中に編入すべし。而かも一戸の戸主たるべきものは、固とより一人あるのみにして、それ以外には縱ひ別房の家長たるにもせよ、法律上これを戸主と看做すことなく、家族卽ち家口の一員となすに過ぎず。唯別房より出でゝ公役に服するものありて、特に當房の課役雜徭を免除するも、其恩典を戸全體に及ぼさゞる事はありしなり。續日本紀「養老元年十一月甲辰、遣唐使水手以上、一房徭役咸免」とあり。延喜民部式に「諸國所レ貢脊力婦女免二其房徭一、並給二田二町一、以充二資粮一」とあるの類これなり。

戸主の權義　されば戸主は一人にして是等の數多の家族を管理すべきものなり。繼嗣令に「任レ承レ重」を嫡子卽ち家督相續人の要件とし、苟くも此資格に闕けたるものは廢嫡を許すの規定あり。專ら五位以上の嫡子に就きての規定ながら。義解の「承レ重」の解釋に、「謂繼レ父承レ祭、々事最重、故云レ承レ重」といへば、戸主は一家の家長として祖業を紹ぎ、祖先の祭祀に於ける主祭者たるを、其最も重要なる任務とし、家族は皆これに從つて祭事に預かることを得たりしなり。

又令に據れば、男女は一定の年齢に達すると共に、口分田を賜はり、納租の義務あり。戸籍を見るに、戸主の所有の外、戸主の母、妻、兄弟の所有に係る奴婢あり。其他奴婢以外の財産もこれあるべく、又其自餘の家族に屬するものもあらん。故に家族に財産を所有せるもののあるは疑を容れず。而して法令には、家長の存生中、同居の卑幼が任意に財産を處分するを許さゞれば、是等の中には、戸主の管理に歸するものも必ず多かりしなるべし。這般の事情は、亦これを戸籍に依りて一層明晰にするを得るなり。

現存の戸籍を通覧するに、一戸の家族中、戸主の母は多くこれを見るも、戸主の父に至つては、唯一の下總國戸籍中、戸主孔王部德麻呂（年卅三歲、廢疾）の家口に、父孔王部金（年六十歲、正丁）あるのみ。其他には父が年老い、其子相當の年齢に達するものあるも、依然として戸主たるもの比々皆是なり。一例を擧ぐれば、父が年八十歲の者老にして、子は七人（男三人、女四人）、孫十人（男四人女六人）を有し乍ら、年四十歲正丁の嫡子（これに子三人あり）に讓らずして、猶ほ戸主たるが如し。されば通例終身戸主たり、戸主の死去するにあらざれば、相續は開けざりしものと見て可なるべし。從つて一家に於て父たり祖父たりし戸主は、子孫の別籍を許すべからざると共に、又財産をも所有せしめざることを得。殊に家長（この家長は尊長を意味すとの說あるも採らず）の存生中、子孫弟姪等、其奴婢、雜畜、田宅、其他の財物を質入賣渡するを許さゞるは、雜令の規定なれば、一戸の家族の多數に向つて、戸主は其身體は勿論、財産をも管理すべきものなりしを知るべきなり。阿波國延喜二年の戸籍には、九十八歲の戸主の父あり。平安朝時代以後は、戸主の隱居益〻多きを加へしなるべし。

戸膨脹の原因　然らば此くの如き戸の狀態は、果たして本邦固有のものなりしや、將た唐制を摸倣せしに止まりしや如何といふに、唐代の戸籍の現存するもの絕えてこれなく、彼是對照するに由なしと雖ども、法制上より觀察すれば、彼祖父母父母の存生中、絕對に子孫の別籍を許さゞることゝいひ、祖父母父母の同意なくして、子孫の異財を許さゞることゝいひ、其他戸主をして家族の身體財產に關する責任を負擔せしむることゝいひ、戸をして此くの如き膨脹を來さしむるに、有力の素因となれる法規は、唐制に摸倣せるもの多きこと、既に述べしが如く、此點よりしては、決して固有のものと謂ふを得ず。然れども我戸の狀況は、當時の實況を寫し出せる戸籍に載せられ、且つ其地方の東西に渉れるを見れば、これに關する法制の徧く行はれたりしは明白なる事實なり。而して是等の事は、其性質として法律制度の能く强制し得べきにあらざるのみならず、法制の禁ぜざる範圍内に於て、猶ほ且つ別籍せざるもの多きが如き、其系統的關係の如何は姑く措くも、當時一般に行はれしところの慣習の、これをして然らしめたるもの多かりしに依らずんばあらず。而して此慣習は上古以來の家族制に基くことにて、其由來久しと謂ふべし。卽ち家族制の行はれし爲め、大小の氏族概ね所在に土着し、子孫繁殖するも、猶ほ同一の家長を戴き、同一の氏神を祭りて、同族の間極めて親密なる關係を保ち、婚姻の如きも同族間に相通じ、養子も近親より取れり。是を以て祖先以來卜居の地を離れて異鄕に移り、これと同時に、圓滿なる家庭の快樂を抛棄するが如きは、渠等の一般に忍ぶ能はざりしところにして、寧ろ家長の覊絆を受くるも、墳墓の地を去るを好まず。今日にありては、別に一家族をなすべきものにして、猶ほ一戸の内に同居し、戸口の增加に伴ひて、戸の膨脹を來すに至りしなり。故に斯る慣習は、國家の法制と相待つて、其實施を圓滑にし、戸をして此くの如き狀況を呈せしむるに與つて力ありしことゝ知るべし。現今にありても、舊習を改めざる地方に於ては、往々數家族の同居せるものあるを見受くるは、此遺風に外ならざるなり。本書第十二「家族制度の維持と崩壞」參照。

然れども此戸籍に載せられたる戸口は、盡く一家の中に同居せりとなすべからず。律の規定には同籍を强ふることあるも、同居に就きて言ふところなし。勿論同籍は同居をなすを普通の場合とするも、其實必ずしも然らざるものあり。今日にありても、同籍者は悉く同居者にあらずして、其中出でゝ他地方に寄留せるもあり、又全戸を擧げて本籍地を去りて、他地方に寄留せるものすらあるなり。中古とても亦絶えて此事なかりしにあらず。本書第十三「古代戸籍の研究」に實例を擧げて之を證明せり、參照すべし。

これを要するに、中古の法令は、唐制の精神を採用して、大體に於て人民の移動を制限せしも、これが實施を見るは、容易の業にあらずして、人民が法規を破るに種々の手段を以てせるは、彼我殆んど其制を一にせるところなり。故に戸籍面には法制上、一點の破綻を認め得られずとするも、これを以て複雜なる內部の事情を知ること難く、又これを知るに至つては、往々表面と實際との睽離するものあること、一二の場合に止まらざりしを發見すべきなり。

同財に對する道德的觀念　余は今本款を終るに臨み、一事の以て讀者の注意を惹くべきものあり。和氣清麿の姉廣虫 法均 が友情に富み姉弟財を同じくして、當時に稱せられしとの事これなり。日本後紀延曆十八年二月廿一日條。此二人は法制上、別籍異財をなすを妨げざるものなるに、財産を同じくしたりとて、世人に稱せられしといふを見れば、一般の道德的觀念は、猶ほ彼れに與みせずして、此れに與みせしを知ると共に、是等の家族制に於て常態とする事を、時人の特に友情に厚しとしてこれを賞せしは、適〻上古以來の家族制の漸く變態を來すに至れるを想ふべきなり。

三　婚　姻

本邦古代の夫婦關係　中古の律令は、又婚姻、離婚、及び夫婦の財產制度に就きて規定するところありこれを唐制と比較するに於ては、亦立法者の取捨の跡を徵すべし。特に婚姻に就きては、彼我の間大に其習を異にするものありて、未だ悉く彼法規を採用すべからざる事情なきにあらざりしかば、立法者の苦心從つて多かりしが如く、歷々として法文の上に顯はるゝを見るなり。而して其最も甚だしきは、法制上に於ける夫婦の關係なりとす。

我國は上古以來一夫多妻の俗行はれ、男子は一人にして數婦を娶り得たりしことにて、就中高貴の人程其數多かりしなり。天皇の皇后は「キサキ」と申し、君幸の義なりといふ、令制の如く、皇后、妃、夫人、嬪等の別なし。中古の皇后、中宮の如きも、殆んど同位のものたり。一般には「メ」といひ、「ツマ」は男女に通じていふ、又其前に娶れるを「コナミ」といひ、後に娶れるを「ウハナリ」といへるも、兩者の間には必ずしも貴賤尊卑の別ありしにあらず。これと同時に、我國には夫婦別居の俗行はれ、結婚の後も、夫は妻を其家に訪ふを例とせり。

此くの如く一夫多妻の行はれし間に立ちて、妻たるものは常に一夫に貞順を保ち、太古大國主神の嫡后須勢利姫の歌に、「八千矛の神のみことや、吾が大國主こそは、男《チ》にいませば、打見る島のさき〳〵、かきみる磯前おちず、若草の妻もたせらめ、吾《ア》はもよ女にしあれば、汝おきて男はなし、汝おきて夫《ツマ》はなし」云々とあり、又後漢書東夷傳に、「國多二女子一、大人皆四五妻、而其餘或兩或三、女人不レ婬不レ妬」と記したる程なりしは、一は此別居の慣習が、これをして然らしめたりと看做さゞるを得ず。加之當時にありて、同母兄妹間の婚姻をこそ不德視したれ、異母兄妹間にはこれを怪しまざりしは、族制上の關係にも依りしことなりとはいへ、又此別居の慣習に起因すること大なりしを認めざるべからざるなり。

支那法制の夫婦關係　然るに支那に於ては則ち如何。「妻者齊也」といひ、「一夫一婦、不刊之制」といひ、其道德上に將た法律上に、一夫多妻を認めざるは明かなり。此主義の下に立てる法律は重婚を認めず、唐戶婚律に據るに、妻あるもの更に妻を娶れば徒一年に處して離婚せしむ。然れども男子が妻の外に他の婦人に通ずることは行はれざりしにあらず。其法律に認められたりしものは妾あり媵《ヤウ》あり、就中妾は最も賤しく、賣買をもなすことを得たり。媵はこれに比すれば稍々優れるも、一二特別の規定唐鬪訟律に「媵犯レ妻減二妾一等一、妾犯レ媵加二凡人一等二」の規定を指すを除くの外、法律にては妾と同一視せられたり。而して其何れにもせよ、妻に對すれば其地位劣等に位し、法律上の待遇も自《オ》ら數籌を輸するものありしを免れず。

次に最も注意すべきは、同姓間の婚姻に關することこれなり。周以前には、支那にても同姓間の婚姻を禁ずることなかりしが、周以來同姓不相娶との原則永く行はれ、道德上、姓氏を同じくするもの丶間の婚姻を以て、倫常を亂るの甚だしきものと看做せるのみならず、歴代の法律も亦これを戒めて婚姻をなすを得ざらしめたり。支那に於ては三代以後姓氏別なく、或は官に因り、能く馬を養ふものを司馬となすの類、或は功に因り倉を掌りて功ありしを倉氏となすの類或は封土に因り、唐に封せられしを唐氏となすの類或は居地に因り、范邑に居るを范氏となすの類、これに姓を授け氏を命ずるものなり。唐律疏議釋文。始めに其祖先を同じくし姓氏を共にすれば、婚姻を通ずべからず。こは獨り妻のみならず、妾も亦然り。唯妾は或は賣買に依り、或は婢より取ることもありたれば、其始めを知り難き場合には、これを卜して同姓を避けたり。是に於てか又一層親密なる親族間の婚姻を制限すべき法規を設けたり。

前款に於て述べしが如く、緦麻とは、所謂五服中の最も疎遠なるものなり。然れども汎く同宗共姓間の通婚を許さゞる程なれば、此緦麻以上の親、即ち内外を通じて苟くも多少の服紀を有する親族間の婚姻を認めざるは言ふ迄もなく、法律は姦通罪を以てこれを論ずるなり。即ち同姓の婚姻をなせるものは、これを徒二年に處し、唐戸婚律、緦麻以上の親を姦せるものは、これを徒三年に處するなり。唐雜律。

我律令の妻妾に關する規定　これを以て前に略述せる我舊慣に比較すれば、頗る相違の點多きを發見すべし。當時の立法者如何に摸倣に長ぜりとも、根柢より異なれる法理を調和せしむること、蓋し容易の業にあらざるべし。故に取捨の間、往々其主義の扞格を來し、殆んど其精神の那邊にあるやを知るに難からしむるの點なしとせず。特に令は此點に於ても、我舊慣を斟酌せるところ比較的に多かりしに、律はこれに反して、概ね彼法文を蹈襲し、これが爲め互に牴牾乖違するに至らしめたり。今其較著なるものを擧げて、其對照を試みん。

中古の法令は、妻の外、妾を認め、兩者の間には、多くの場合に懸隔を設け、妾をして劣等のものたらしめたり。即ち重婚に對する我戶婚律の規定は、全く唐律のそれと同じく、萬葉集十八下兩妻例云、有ㇾ妻更娶者徒一年、女家杖一百、離ㇾ之、妻を妾となし、女家の婢を妻となすの處分、唐律徒二年を我れには徒一年の差あり、女家の婢子を產み、及び放ちて良となすを經しものに限りて妻となすを許すこと、竝びに唐律を採用せり。法曹至要抄。我國に於ても、良人の外、賤民の階級を認め、陵戶、官戶、家人、公私奴婢の五種は、各當色に婚をなさしめ、犯すものはこれを罰すると共に、其婚姻を取消さしむ。家人は即ち唐の部曲なり。雜戶は我れにもこれありと雖ども、良人と賤民との中間に位し、良人と婚をなすを妨げざりしなり。

次に令の妻妾に關する規定は如何といふに、令文中往々妻のみを擧げて、妾に及ばざるものあり。戶令に女を嫁するには、先づ一定の親族の承諾を要することを載せたるが、集解の諸家は、同令に先に姧通せる女子を娶れるものは、其妻たると妾たるとを問はず、赦に會ふもこれを取消さしむとの規定あるを以て、妻の外、女子を妾として他人に嫁せしむべき場合にも、同じく親族の承諾を要すべしとの解釋を取れり。集解朱穴の說。同令には又妻を離婚するに、唐令に倣ひて、七出無子、婬泆、不事舅姑、口舌、盜竊、妬忌、惡疾の條件あるべきこと、及び祖父母父母の同意を要すべきことを載せたり。法家の中、妾には此規定を准用せず、妾を離婚するは夫の自由なりとするものあるも、穴說、離婚の際に、妻が實家より持參せる財產を還すの一事に至つては、古記、釋は勿論、義解にすら妾にも同じくこれを准用すべしといへり。又同令に夫が妻の親族を毆殺せしものは、義絕とする規定あり。これに向つては、古記を始め、妾のそれに對する罪は義絕とならずといひ、或るものは、これ妾が卑色なるが爲めなりと明言せり。朱說。然れども妻が夫を害せんと謀り、若しくは夫の親族を毆詈殺傷せしものを義絶とするに就きては、妾の同一の犯罪にも適用すべしといひ、義解、本條に獨り妻を擧げたるは、所謂「擧レ輕明レ重」の義なりといへり。穴、朱の說。是等は何れも法家の一家言にして、其間主義の統一を缺くものありと雖ども、此くの如く法文に於て、明かに妻のみを擧げて、妾を載せざる場合に、解釋上往々これを妾に准用せんとし、其中妾に利益ある解釋を取らんとする傾向なきにあらざるを見るべし。而かもこれ法文の解釋として、果たして當を得たるものなりや否やは、自《オ》ら別問題にして、既に戸令義絶の條の義解に、「凡諸條稱レ妻者、繼妻亦同、但妾者非レ」といひて、法文に妻と稱するものは、妾に及ぼさゞるを明記せるを見るなり。釋穴亦同じ。

舊慣の參酌　前にも述べしが如く、法家の中、妾を卑色として、妻と同一の待遇を與ふることを許さゞるものあるは、主として文字上の解釋より來れるものにして、これが母法たる唐制よりすれば、妻妾の地位、固とより然らざるを得ず。但我慣習よりすれば、二者の間に此くの如き懸隔を設くるの不自然なること、亦前に辨ぜしが如し。故に令文に於ても、明かに妻妾の同位たるを認めしものあり、

姧通後の婚姻の場合に於て、其婚姻を取消すに、妻妾を問はざることは前に說けり。我創意に成れる五等親の制に於ても、妻妾は實に同一の待遇を受け、妻妾は二等親、其子に至る迄皆同位たり。服紀に至りても、妻妾に依りて何等の軒輕するところなし。而して此に注意すべきは、夫の遺產分配に於ける妻妾の得分これなり。此事たる宜しく後欵に述ぶべきも、便宜上此に略說するところあらん。

唐制に據れば、夫の死後、普通の財産を男子に分配するに當りて、妻の嫁資として齎らしゝものはこれを除外すべく、（唐戸婚律）、其食封はこれを分配すべき男子なきとき、分配を受くべき男子の寡妻、夫の得分を受くるなり。（唐六典）。大寶令及び養老令には、夫の遺産を分配するに當りて、妻の嫁資（大寶令には單に奴婢のみを擧ぐるも、古記には他の財産も同じといへり。而して大寶令は妻に子なきとき實家に還すも、養老令は其文を削れり）を除外すること、相續人に男子なきとき、寡妻が夫の分を受くべきことは、竝びに唐制に異ならず。（戸令應分の條集解古記）。唐制には妻の事を言つて妾に及ばず、大寶令も亦これに同じ。唐令にありては、妾のみならず、媵も亦夫の遺産を相續すべからざりしなり。（唐賊盜律疏議）。故に文に妾を載せざるは、全く除外するの意たること言ふ迄もなし。然るに大寶令はこれと異なり、其解釋書たる古記には、寡妻妾は竝びに其得分同一にして別なしとせり。これ亦法家の一解釋に止まりて、强ちに信を措くべからざるに似たれども、養老令に至り、寡妻の文を改めて、明かに寡妻妾となすを觀れば、古記の見解を以て大寶令の精神なりとするも、敢て不可なかるべし。但養老令には大寶令に據りて、相續人に男子なきときに於て、其寡妻妾が各夫の得分を受くべきことを規定し乍ら、被相續人の妾には新たに等級制を創め、被相續人の妻は、嫡子と同じく各二分を受くべきも、妾は女子と同一の得分を受くるに止まることを規定せり。而して女子の得分は半分のみ。（戸令應分條集解）。此蛇足を添へたるが爲めに、妾に對する法制の精神を不明瞭のものとならしめ、一條の中に於て、牴牾を生ずるを免れざらしめたり。而かも全く妾を相續より除外する唐令に比すれば、大に異なるところあり。

妻妾に對する古記の解釋　此妻妾に對する彼我立法の主義を異にするは、抑々何に基づくとなすか。そは多言を要せずとも、上來講じ來れるところに據りて察知せらるべし。卽ち我國に於ける一夫多婦の關係は、支那の妻妾の比にあらずして、其數婦は身分上、同等若しくは同等以上のものすらありたれば、これに向つて直に唐制を准用せんことは、事情の許さゞるものなしとせず。故に令に於ては多少の斟酌するところあり、縱ひ其法文には唐令を採用するも、當時の法家は、解釋の點に於て、往々我國情に適合せしめんとするの傾向ありしを見るなり。而して是等諸家の解釋中、最も能く這般の事情を說明せしものは、大寶令の註釋書たる古記なりとす。前にも述べしが如く、令の文中獨り妻を擧げて妾に及ばざるものに向つて、義解及び諸家が妾を除外すとの解釋を取れるに拘らず、古記に於ては、諸條に次妻と妾との明文なきは如何に處分すべきやとの問に答へて、「次妻與レ妻同、但妾者不レ載レ文、夫任レ意耳」といひ、更に一說を引きて、「本令妾比ニ賤隸一、所以不レ載、此間妾與レ妻同體、宜ニ臨時量一也」といへり。（戶令毆妻祖父母條集解。）次妻なる語は、猶ほ第二妻といはんが如し。後宮職員令に見えたる天子の妃二員をも、集解の諸家の中、朱、これを皇后の次妻といへるものあり。所謂次妻は「コナミ」に對する「ウハナリ」の換稱たるを以て、古記には妻に同じといへるなり。唯妾は支那にありては劣等のものなれば、古記にも妻と同一視するを躊躇すと雖ども、一說には猶ほ一歩を進めて、彼我名稱を同じくするに拘らず、其性質を異にするを說けり。其所謂本令とは唐令をいひ、此間とは我國といはんが如し。卽ち唐令には妾を賤視するを以て、これを令文に載せざるは、除外を意味すと雖ども、我國は妻妾同體にして別なければ、更に適當の解釋を取るべしといふにあるなり。是等の解釋は固とより我國情を酌量せるものにはあれど、若し妻の外、次妻なるものを認むるに於ては、律の重婚に關する規定は空文となるべく、妻妾を同一視すべしとせば、律令の多くの法文は、亦無意味とならざるを得ざるべし。

以上略述するところに據れば、我律令に於ては、唐制に據りて妻妾の制を設け、兩者の間に等差を附せんとする傾向なきにあらざりしかど、同時に又我國の妾とするものは、唐の如く賤色にあらずして、殆んど妻と同等のものなりしかば、其差別を無視して、妻妾同位を認めんとする傾向あり。此二つの異なる傾向ありしが爲めに、これに關する法規も、條理の井然たるを得る能はず、從つて法家の解釋を試みるものも、此異主義の間に彷徨して、自家の矛盾を悟らざるものありしは、深く怪しむに足らず、殊に令が兎に角我國情を斟酌するところありしに拘らず、律は全く唐律を採用せし爲め、律令の間に主義の衝突を避け得ざりしは、立法上の闕點と謂はざるを得ず。而して此くの如きは、畢竟當時の立法者が法律思想に幼稚なりしの致すところにして、獨り此一事に止まらざりしなり。

同姓婚親族婚に關する規定　然るに我律の規定に於ても、一の特別なる注意を拂ふべき事實あり。そは我律に於て、同姓婚若しくは親族婚に對する唐律の規定を採用せしや否やといふことこれなり。我戸令を檢するに、絕えてこれに關する規定を設けざるのみならず、戸婚律の逸文にも亦これあるを見ず。但我戸婚律は、律の他の諸篇と共に、亡びて傳はらず、僅に令集解、政事要略、法曹至要抄、令抄等に其逸文を發見するのみ。これを唐律に對照すれば、頗る遺漏あるを察すべし。故に全く法令の文なきに依るか、抑〻又逸して傳はらざるに依るか、疑問と謂はざるべからず。然れども我國は古來氏族血統を重んずるの餘り、婚姻の如きも、多く同族の間に行はれ、同母兄妹の婚姻をこそ不德視したれ、異母兄妹の婚姻は敢て怪しまざりしなり。唯支那の道徳思想を輸入し、尋で其制度法律を採用するに至りては、往々にして俗を移し風を變ふるの事あり、況んや彼れの貶して違法亂倫としたりしことなるに於てをや。然れども我宇遲、加婆爾の性質を知るものは、彼姓氏に相當する我宇遲、加婆爾の同一なるものゝ間に、婚姻を許さずといへるが如きことは、殆んど眞面目に講究するの價値なきを知らん。又有服者たる近親間の結婚も、其破倫の甚だしき或るものを除くの外は亦同じ。故に此くの如く絶對的に我慣習と相容れざる規定は、流石の立法者もこれを採用することなくして、始めより全く其制なかりしものと看做すを以て至當となすべし。

戸籍に見ゆる婚姻關係　更に中古の社會を觀れば、上古以來一夫多妻の俗は毫も改むるところなく、上流社會にありては、二人若しくは三人の正妻ありしもの珍らしからず。是等は一夫一婦の主義を取れる法制上、如何なる待遇を與へられたりしや、これ最も興味ある問題なり。現存の戸籍は何れも殘缺して全からず。且つ地方に偏し、上流社會を載せざるが如しと雖ども、試みにこれに就きて觀察せんに、婚姻に關する諸般の有益なる事實を發見すべし。

戸籍には妻の名稱あるは一人のみにて、他は妾と稱し、二人ありしもの多く、稀には三人ありしもあり。父の妻の嫡母たるに對して、これを庶母といへり。唯美濃國の戸籍に於て、國造族阿佐麻呂の家族を載せたる中には、妻國造族財賣、妾國造族紫賣の後に、嫡子黒麻呂の母國造族汗手賣あり。嫡子の母なれば、嫡妻たるべくして、妻と稱せず、又妾と稱せず、而かも其所生には、年纔に二歳なる緑女あれば、夫との關係絶えたりと見えず。故に其所謂次妻ならんかを疑ふ。年齢は妻の六十五なるに、此れは六十二にして、夫の五十七なるに比すれば、竝びに年長たり。唯妾及び夫の妹の次に載せたるは、未だ其何の故たるやを詳かにせず。妾は夫と宇遲、加婆爾を同じくせるあり、然らざるあり、妻も亦然り、又妻より年長なるもあり、年少なるもあり、渠等の中には自ら次《オ》妻に相當するものもこれありしならん。然るに是等の妻妾が皆籍を同じくすると共に同棲したりしやといふに、そは前にも述べしが如く、必ずしも然りしにあらずと思はるゝなり。戸令應分條集解に收むる釋に、妻なる語の解釋を下して、「妻謂未レ率二來夫家一、或雖レ未レ附レ籍、唯號レ妻而取者皆是」といひ、又同令結婚已定條集解の古記に、「無レ故三月不レ成」の語を解釋して、「男夫无レ障故《コトサラニ》不レ來也」といへり。これに據れば、當時夫が結婚後も妻の家に通ひしことは、夫の家に迎ふることゝ、竝びに行はれしを知るべし。されば夫と同籍するものも、必ずしも同居を意味せざるは明かなり。山背國愛宕郡雲上里計帳に、戸主の母が戸主の男女と共に筑紫にあることを載せたり。これも參考に資すべし。猶ほ釋に據れば、妻として娶れるものに、戸籍に載らざるものさへありしと見えたれども、婚姻をなせば夫の戸籍に入るべきこと言を竢たず。但其後も猶ほ實家の宇遲、加婆爾を改めず、夫のそれを冒すことなし。而して戸籍を見るに、妻妾の前夫の子を載せ、又戸主の姉妹等も、子と共に同籍するものあり。母子宇遲、加婆爾を異にするもの多きは、夫の死後、實家に歸りたるもあるべく、夫が初めより同籍せるもあるべしと雖ども、離婚に依れるも必ず多からん。此くの如き姉妹、一家に三人もあるものあり。これ當時結婚及び離婚に關する觀念の幼稚なりしに依るとはいへ、又法制に於ても、唐令に倣ひて、七出といへるが如き不條理なる條件を設けて、離婚を容易ならしめたるにも依らずんばあらず。

妻妾關係一變の傾向　此くの如くなれば、婚姻に關する法制は、社會に向つて甚だしき影響を及ぼすことなかりしに似たれども、夫婦間殊に妻妾の關係が漸く一變せんとするに多少の力を添へたりしを疑はず。乃ち既に妻妾の名を異にし妾の名が唐に於て賤隷たりしのみならず、我法制も妻と同一の待遇を與へざるものありとせば、縱ひ從來の慣習遽に改むる能はずして、社會には次妻の如きもの猶ほ行はれ居たりとするも、一般に兩者の地位に就きて、尊卑の觀念の發生を抑ふべくもあらず。且つ從來の慣習に於ても、「コナミ」と「ウハナリ」との間には、多少の等差なかりしにあらず、特に「キサキ」に「オホキサキ」ありしが如く、「メ」にも「ムカヒメ」ありて、此「ムカヒメ」は一般の「メ」に對して、稍〻優勝の地位を占め居たりと信ずべき理由もなしとせざれば、一夫多婦の慣習は、次第に一夫一婦の風に移らざるを得ず。殊に法制上より此くの如き氣運を促進せしめしものは、彼戸籍の制度よりも、寧ろ相續の制度に依るもの多かりしなり。

中古の令は妻妾の別を立つるの結果、其子にも同じく唐制に倣ひて、嫡子、非嫡子、繼嗣令に嫡子の同母弟とあるも、又筑前國戸籍に嫡子の次に嫡弟とあるもこれなり、庶子の別を設け、嫡妻の所出なると然らざるとに依りて、公にしては官途の出身上に、私にしては遺產の得分上に等差あり。殊に五位以上は蔭子に及び、律に通貴とするところなり。其中三位以上は蔭孫に及び、律に貴とせり。五位以上は、特に相續を重んずるが爲め、治部省に於て其嫡妻の身分を調査することを掌り、一般戸籍に於ても、亦妻たると、妾たると、母たると、庶母たるとを明かにし、妻の所生は嫡子といひ、嫡弟といひ、又嫡女といひ、妾の所生は妾子、若しくは妾男、妾女といひてこれを別てり。此點よりするも、一般に漸く妾を賤しむの風を助長して、遂に一夫多妻の俗は寧ろ一夫多婦の俗として行はれ、數婦の中一婦の獨り嫡妻の地位を占むるありて、妾の品位は次第に劣等のものとなり、容姿以外には其素生の何たるを問はざることゝなりて、所謂「腹は借りもの」との諺をさへ生ずるに至りしなり。此くの如き變則なる一夫一婦俗の行はれし武家時代にありてすら、猶ほ多妻の俗は全く其跡を絶つに至らざりしと見え、沙石集には、舊《モト》の妻を家に置き乍ら、更に新しき妻を迎へて同棲せる說話を載せたり。故に一方に於ては法制の影響を認むると共に、他方には又慣習の勢力を認めざる能はず。

四　相續

古代の相續慣習　婚姻の事たる、直接の影響を相續に及ぼすものなり。我婚姻に關する慣習が根本よりして唐と異なれるものありしとせば、相續の事亦然らざるを得ず。

試みに皇室の御事に就きて言はんか。上古はすべて皇后は皆「キサキ」といひし如く、「ヒツギノミコ」は必ずしも後世の如く御一人に限らず、或は二皇子あり、三皇子あり 神武天皇に神八井耳命と神渟名川耳命とあり、景行天皇に若帯日子命、倭建命、五百木之入日子命あり、應神天皇に大山守命、大鷦鷯命、菟道稚郞子あり 且つこれを定めらるゝに當りては、其所生の何人たるを問はず、又弟を以て却て兄に先だゝしめられたることもありき。彼應神天皇の崩御後、太子菟道稚郞子が弟を以て兄に先だつの理なしとて、大鷦鷯命に讓られしが如き、寧ろ支那より繼承せる道德觀念に依れるものと看て可なるべし。

太古伊弉諾、伊弉冉尊が天照大神に高天原を、素戔嗚尊に葦原中津國を、月讀尊に夜見國を分封せられしことあり。素戔嗚尊の横暴を極め給ひしは、此分配に慊焉たるところましく〵しに依るなり。又崇神天皇は長子なる豐城ノ尊に東國を治めしめ、活目尊 後の垂仁天皇 に皇位を繼がしめ給へり。是等の事實に據りて觀るも、皇位の相續以外に財産の分配ありしを徵すべし。而して一家を相續すべきものは、財産の相續分も、他子より多かりしこと略〻推知すべし。即ち後世に於ける家督の相續と財産の相續とは、既に此時に胚胎せしを見るなり。而して蘇我蝦夷大臣の母は物部弓削大連守屋の妹にして、蝦夷は母の財産に依り、其勢力を得たりしこと見えたれば、女子に財産を分與することも、古來の習慣なりしを知るに難からず。

唐の相續法　唐制にありては則ち如何。

（一）一家の相續人　即ち嫡子は嫡妻の長子ならざるべからず。嫡妻年五十以上にして子なきときに限りて、庶子を立て丶嫡子となすことを許す。これも亦長子ならざるべからず。若しこれに違へば、違法嫡子として徒一年に處せらる。唐戸婚律疏議。これ普通の相續法なり。

王公伯子男に至つては、少しくこれと異なり、若し嫡子なく、あるも罪疾あれば、嫡孫を立て、嫡孫なければ、次第に嫡子の同母弟を立て、母弟なければ庶子を立て、庶子なければ嫡孫の同母弟を立て、母弟なければ庶孫を立つ。曾玄以下もこれに准ず。是等のものなければ、戸絕として國を除かる。唐六典、唐名例律疏議、同戸婚律疏議。これ永徽封爵令の規定なるべし。

實子なきときは養子をなす、唐戸令に同宗の昭穆に合へるものを養ふべしとあるものこれなり。唐名例律疏議。彼婚姻に於て同姓婚を非認せしと異なり、一家を相續するは同宗同族にあらざれば能はずとするものなり。故に異姓の男子を養へるものは徒一年に、與ふるものも笞五十に處せらる。唯遺棄の小兒の年三歲以下のものに限りて、異姓と雖ども、其姓を改めて養子となすことを許されたり。唐戸婚律。

一家に相續すべき男子なきに於ては、女子ありと雖ども絶戶と看做さる。開元二十五年令の戶令に、子孫を出して絶家を相續せしむるには、年十八歲以上に達せるものならざるべからず。然れども若し繼ぐべき家に養母あれば、十七歲以下のものをも許すべしといへり。通典。思ふに、此規定は永徽令にも存せしならん。唐戶婚律に祖父母父母が妄りに子孫を以て他人の相續人となすものは、徒二年に處すとあるは、此くの如き違法養子をなせる責任者に對する處分なり。

(二)財產の相續人　次に遺產の相續法は如何といふに、唐にては人民の財產を別つて二種となす。一は普通の財產にして、これを詳言すれば、田宅及び財物なり。一は特別財產にして、卽ち食封なり。此二者は其性質を異にすると共に、分配法も亦同じからず。卽ち前者にありては均分制を採り、被相續人の遺產は兄弟に均分す。但し被相續人の妻が實家より齎らしゝ嫁資は、分配の限りにあらず。若し相續の開始以前に兄弟死去せるとき、其子各父の相續分を受く。唐戶婚律疏議。兄弟皆盡く死すれば、諸子に均分す。唐賊盜律疏議。然れども食封に至りては等級制を採り、これを被相續人の男子に分配するも、嫡子卽ち承嫡房の得分は、各庶子のそれに倍す。若し相續人にして相續開始以前に死去すれば、其男子は父と同順位に於て其相續分を受く。男子の外、姑、相續人の姉妹、姉妹相續人の男子の姉妹ありたるときは、男子は何人あるも相續財產の三分の二を、女子は何人あるも三分の一を受く。若し相續人に男子なくして寡妻あるときは、夫の相續分を受く。又寡妻の外、家に其女子あるときは、寡妻が得たる夫の得分の半分を與ふべし。女子の員數多きも、これに加ふることなし。食封の相續は、一家の相續人にあらざる以上は、玄孫に至る迄を限り、玄孫死去の後は、其子孫をして相續せしむるを許さず、一家の相續人に歸屬せしむ。（唐六典。）故に食封は遂に嫡子の有に歸するものなり。

父――承嫡房（二分）――男子（三分二）
　　└庶子（一分）――女子（三分一）

父（死）――子（死）――孫（死）――寡妻（夫分）――女子（母の半分）

此くの如く、財産の種類に依りて、分配法を異にすと雖ども、其何れもに通じて、男子が有利なる得分に預かるは一なり。卽ち普通財産に於ては全く男子に限られ、特別財産も男子は比較的に最も多くの相續分を取得すべし。絕家の場合に於ては、其財産を如何に處分すべきやといふに、部曲、奴婢、店宅、資財を以て死者の葬事を營み、功德を修せしむべき費用に充て、餘財あればこれを女子に與へ、女子なきときは、親等の近きものより次第に近親に與ふるなり。（喪葬令集解の古記に引ける紀氏傍通。）

次に注意すべきは、是等の分配制が絕對に效力を有するものなりや否やといふことこれなり。我戶令には應分條の末に於て、正當に分配を受くべきものが同財共居せんことを望むと、死者が生前に其財産を處分し、精確なる證據あるものは、此規定に依るを用ゐずとあり。又喪葬令の戶絕の條に於ても、死者が生前に處分せしものは、此規定に依らざること前者に同じ。唐令も戶絕の場合には其明文あれば、（前に引ける紀氏傍通、）戶令應分の條にも必ず此附則ありしことゝ推測せらる。然れば是等の規定の效力を有するは、得分に與かるべき資格あるものゝ、これに依つて分配を受くべきの意志を表示せしときと、死者の生前に處分せるか、遺言をなしゝかの事なき場合に限れりとするを以て穩當となすべし。但王公侯伯子男の一家の相續に關する法制は、前に述べし封爵令の規定に依るを要せしならん。

我律令の相續規定　次に我律令の相續に關する規定は如何といふに、此唐制を摸倣して我舊慣に從はざる點もあり、將た唐制を斟酌して幾分か我舊慣を採用せる點もあるなり。今又一家の相續人と財產の相續人とに分つてこれを說かん。

一　一家の相續人

五位以上有位者の相續　我令には繼嗣令の一編ありて、此種の相續人に關する規定を載せたり。唐令に於ける封爵令は、王公侯伯子男の相續に關する特別規定なるが、我繼嗣令にはこれを移して三位以上の有位者に適用し、更に四位以下一般の有位者と、庶人卽ち無位者との相續にも及ぼせり。此後段は最も注意を要する點なりとす。

繼嗣令に據れば、三位以上にして相續すべき嫡子なきか、若しくは嫡子あるも處刑を受け、又は疾病に罹りて相續し難きときは、嫡孫を立てしむ。嫡孫なきものは、相續の順位に從ひて嫡子の同母弟を立てしめ、母弟なくば庶子を立てしめ、庶子なくば嫡孫の同母弟を立てしめ、母弟なくば庶孫を立てしむ。而して四位以下は唯嫡子を立てしむるなり。三位以上と四位以下との間、此區別あるは、全く位蔭の制に依る。故に本條は必ず選敍令の位蔭に關する規定を參考せざるべからず。同令に據るに、五位以上は父の位蔭を其子孫若しくは子に及ぼすべく、子列にありてはこれを蔭子といひ、孫列にありては蔭孫といふ。其順位は左の如し。

	嫡子	庶子	嫡孫	庶孫
一位	從五位下	正六位上	正六位上	正六位下
二位	正六位下	從六位上	從六位上	從六位下
三位	從六位上	從六位下	從六位下	正七位上
四位 正	正七位下	從七位上		
四位 從	從七位上	從七位下		
五位 正	正八位下	從八位上		
五位 從	從八位上	從八位下		

今述べし繼嗣令の規定は、畢竟これに基づきて、有位者の位蔭に依りて、出身を得べき資格ある相續人を定むる法なり。三位以上は蔭孫に及ぶべきを以て、嫡子より庶孫に至る迄の順位を擧げ、四位五位は蔭子に及ぶに止まれるを以て、嫡子のみを擧げたり。嫡子一たび位蔭に依りて相當の位に敍せらるれば、其死去若しくは疾病犯罪の爲めに廢嫡を行ひて、他の嫡子を立つるも、再び同一の特典に預かることを得べからず。故に本條に嫡子の死せるをいふは、皆其未だ位蔭に依りて敍位せざる以前に限れるなり。故に若し此位蔭を受くべき資格ある相續人を闕くときは、彼唐令の王公侯伯子男の國を除かるゝが如く、一家斷絕に至るかといふに、決して然らずして、位蔭に預からざる嫡子以外の子を立て、四位以下に就きていふ、若しくは養子をなして、一家を相續せしむるを妨げざるなり。

然れば繼嗣令の位蔭ある有位者に關する部分は、出身の關係より相續人の順位を定めたるものに過ぎざるなり。故に其次條に於て、五位以上の嫡子を定むるには、治部省に願出づべきこと、其廢嫡を行ふにも、同省に願出づる等の手續を定めたり。これ言ふ迄もなく、五位以上は位蔭の特典を享有するを以て、恰も今日の華族の如く、相續人を定むるには、法規の下に相當の手續を要することゝなしたるなり。

六位以下庶人の相續　六位以下には位蔭なきも、六位以下八位以上の嫡子、年二十一以上にして現任なきときは、京國の官司に於て試驗の上、成績の上等なるを大舍人に、中等なるを兵衞に、下等なるを使部に採用することあり、軍防令これを位子と稱せり。繼嗣令の「四位以下唯立二嫡子一」といふの註に、「謂二庶人以上一、其八位以上嫡子、未レ敍身亡、及有二罪疾一者、更聽二立替一」とあり。四位五位の嫡子の位蔭を享くべきものは言ふを竢たず。六位以下八位以上は、其嫡子に准位蔭といふべきものありたれば、其立てし嫡子が敍位任官の後、更にこれを立つるも、同一の特典に預かるを得ざりしなり。然るに獨り怪しむべきは、其註に四位以下は庶人以上なりといへることこれなり。

位蔭を受くべき資格如何に依りて、相續人を定むるに於ては、前に述べしが如き規定を必要とすべきも、全く此特典に預からざる大初位、少初位の如き、最低度の位階を有せるもの、特に一般の庶人に向つて、これを適用すべきの理あるべからず。庶人は嫡子を立つるも、庶子を立つるも、將又嫡孫、庶孫を立つるも、何等の支障なかるべし。然るに庶人の如きも、亦唯嫡子を以て相續人と定むべしとの規定は、無意義にあらずや、これ疑ふべきの點なり。

我立法者が唐制を採用するに當りて、王公侯伯子男なる貴族に對する特別の規定を移して、我位蔭の特典を享有する貴族の相續に採用せし迄は、其體を失はざりしに、一轉して此出身上より定めたる特別の相續法を、汎く一般の平民に迄も適用し、普通の相續法たるが如くになせるは、甚だ失當の事と謂はざるを得ず。

唐制の採用 次に嫡子は唐制と同じく嫡妻の長子なり。繼嗣令にも、嫡子を擧げし後、嫡子の同母弟を擧げたり。若しこれに違ひて嫡子を立つれば、違法として徒一年に處せらるゝこと、亦唐律に同じ、法曹類林二百二十六。これ支那法の摸倣より出でたるものにして、決して我舊慣を重んぜしものといふべからず。

然れども實子なき場合に、一家を相續せしむべき養子の資格は、四等以上の親の昭穆に合へるものたるを要し、異姓養子をなすを許さゞるなり。これを犯しゝものゝ刑も、遺棄の小兒に限り、異姓と雖ども收養することを許す制も、全く唐律に同じ。これを唐制の汎く同宗より取るものに比すれば、縱し大體に於て其精神を同じくすとはいへ、親等の廣狹に於て大差あり。此點に就きては我立法者の大に國風に斟酌せし迹あるを認む。

子孫を出して絶家を相續せしむべきものゝ年齡に就きては、我令に何等の規定もこれなし。而して祖父母父母の、子孫をして妄りに他人の相續人となすを許さゞること、唐律の如くなるは、養子の資格を闕けるものをして、他家を相續せしむるが如き場合に適用すべきなり。

二　財産の相續人

大寶令の規定 財産の相續に就きては、大寶令の規定は、多少養老令のそれと同じからざるものあり。大寶令に於ては遺産を二種に分ち、一を宅及び家人奴婢となし、一を自餘の財産となす。其何れもに通じて、妻の嫁資はこれを除外し、子なきときは實家に歸屬せしむ。而して第一種の遺産は、當然一家の相續人たる嫡子に入るべきも、唯其奴婢等は、嫡子が父の遺言狀に從つて分配をなすを得たり。第二種の遺產はこれを平分し、一分は嫡子に入れ、一分は庶子卽ち嫡子以外の子に均分す。喪葬令戶絕條集解に引ける古記、及び戶令應分條集解に引ける古記。而して若し相續すべき嫡子若しくは庶子が、相續の開始以前に死去せし場合には、其子亦各父の相續分を取得す。然るに此等級制を取れる大寶令には、是等の相續すべき子が、相續の開始前に悉く死去せる場合には、遺產の全部を相續人の諸子に均分すること、猶ほ唐制の普通財產の分配に於けるが如くするは、立法上の主義に於て矛盾を避くべからず。戶令應分條に引ける古記。

嫡子を嫡妻の長子とせるが如きは、我舊慣にあらずとはいへ、一家の相續人たる嫡子に向つて、すべての財產を通じて、比較的最も多くの相續分を與ふる規定は、我舊慣を斟酌せるものにして、唐制と異なるところなり。而して唐にありては、妻は普通の遺產相續には全くこれを除外して、唯食封の相續に當りて、相續人に子なき場合にのみ、夫の相續分を受くることを許されたるを、大寶令には宅、家人、奴婢奴婢は夫の遺言あれば相續し得べしの當然嫡子に歸屬するものを除き、一般の財產に對しては、相續人が相續の開始以前に死去して、其相續分を相續すべき子なき場合に、其妻が夫の相續分を取得することを許せり。此妻は又妾にも准用すべきこと、竝びに前欵に述べしが如し。然れども被相續人等の妻妾、若しくは其子あるものに對する相續分は、女子に對するそれと共に、未だこれを認むるに至らざりしなり。

養老令の規定　養老令に於ては、大寶令の規定を修正せし點少からず。卽ち分配すべき遺產の種類に關する大寶令の規定を改め、妻の嫁資は實家に歸屬せしむべき規定はこれを削除し、唐制と同じく、唯夫の遺產より除外すべしといへるのみ。而して氏に屬する賤民以外は、すべての財產を擧げて、悉く分配し得べきものとしたり。此氏の賤民は、當然氏を相續すべき嫡子に歸屬すとなすなり。而して遺產の中、田宅資財、家人奴婢の分配には、普通の場合に於て等級制を採れり。これ唐制と全く相反し、大寶令とも同じからず。其分配法は次の如し。

（一）田宅資財家人奴婢　被相續人の遺產中、此種に屬するものは、被相續人の寡妻及び嫡子に各二分、庶子に一分、寡妾及び女子に各庶子の半分（庶子以下一人あるも數人あるも此割合とす）を相續せしむ。若し相續人中何れか相續の開始以前に死去せしときは、其嫡子父と同順位に於て、父の相續分を取得す。取得の後、更に此割合に從ひて、これを父の妻妾及び其兄弟姉妹に分配すべし。若し又相續人が相續の開始以前に悉く死去したるときは、各相續人の男子嫡庶を問はず、同一の割合を以て全遺產を均分す。此場合には、相續人の妻妾は男子の有無を問はず、其女子（姉妹）及び被相續人の女子（姑）と共に、各男子の半分を取得するなり。若し相續人の中死去して男子なきときは、其寡妻妾は同じく夫の順位に於て其相續分を取得す。夫に女子あるときは、母の取得せる遺產の中より、庶子の半分の割合を以て遺產を取得す。又相續人悉く死去して、其或るものに男子なきときは、相續人の寡妻妾は、諸子と同一の相續分を受け、女子あるときは、これに其半分を與ふ。これを圖に現せば左の如し。

（イ）父の遺產分取の場合（妻の嫁資は除く）

┌妻（嫡母繼母）……二分

父
- 妾……………半分
- 嫡子……………二分
- 庶子……………一分
- 女子……………半分（庶子の）

（ロ）相續人（男子）の中相續開始以前に死去せしものゝ場合

父—死嫡子—甲嫡子（養子）
- 妻……………二分
- 妾……………半分
- 甲嫡子……………二分
- 庶子……………一分
- 女子……………半分（庶子の）

（ハ）相續人（男子）悉く相續開始以前に死去せし場合

死嫡子
- 妻……………（同分）
- 妾……………（同分）
- 嫡子……………（同分）
- 庶子……………（同分）
- 女子……………半分（男子の）

父
- 死 庶子
  - 妻……………(同分)
  - 嫡子…………(同分)
  - 妾……………(同分)
  - 庶子…………(同分)
  - 女子…………半分(男子の)
- 姑 女子…………半分(男子の)

(ニ)相續人の中相續開始以前に死去して男子なきものゝ場合

父
- 死 嫡子—妻(嫡子相續分)
  - 女子…………半分(妻の得し相續分の)
  - 女子…………半分
- 庶子

(ホ)相續人相續開始以前に悉く死去して其或るものに男子なき場合

父
- 死 嫡子—妻(同分)—女子…………半分(男子の)
- 死 庶子—妾(同分)—女子…………半分(男子の)
- 死 庶子—嫡子(同分)

(二)功田功封　前述の遺產は、其分配法の極めて複雜なるに拘らず、功田功封に向つては、唯男女に入れとありて、義解及び集解に見えたる法家の多くが、男女の子に均分すとなすところなり。

大寶令と養老令との比較　今これを大寶令の分配法に比較するに、大寶令には、一家の相續人の相續すべきものを宅及び家人奴婢としたりしを、養老令には唯氏に屬する賤民に限りて、自餘の遺產はすべて分配すべしとなし、其分配法も大寶令にはこれを均分して、一分を嫡子に、一分を庶子に相續せしむることゝしたりしを、養老令には嫡子に二分、庶子に一分としたり。唯相續人の相續開始以前に死去せしとき、其子が父の相續分を受くべきこと、及び是等相續人の悉く死去せるとき、全遺產を諸子に均分すべきことは、全く大寶令と同じ。

然るに大寶令にありては、唯相續人が相續の開始以前に死去して、其相續分を相續すべき子なき場合にのみ、妻が夫の相續分を受くべきことを規定したりしが、養老令にては、被相續人の妻妾に向つて、明かに相續權を認めたり。但大寶令には、妻妾其得分に等差なきに似たりしも、養老令には、普通の場合に於て二者の間に區別を立て、被相續人の妻は嫡子と同じく二分を、妾は男子(庶子)の半分を取得することゝし、唯相續人の悉く相續開始以前に死去せしときは、妻は妾と同じく、全遺產を他の相續人の諸子と均分することゝしたり。

養老令は又大寶令にこれなき女子の相續權を認め、猶ほ養子の遺產相續も、實子に准ずべきことを規定せり。

唐制との比較　更にこれを唐制と比較するに、第一種の遺產、即ち田宅、資財、家人、奴婢の相續法は、普通の場合に於て、唐の特別財產たる食封の相續法を採り、嫡庶男女の間に等級を設けたりしが、相續人の死去せし場合に、其子の相續に關する規定は、全く唐の普通財產の相續法を採りたり。然るに唐の普通財產は均分制なるを以て、等級制を取れる我相續法を以て解釋すれば、相續人の死去せし場合に、其子が父の相續分を受くとの法文（兄弟亡者子承二父分一）は、文同じくして意異なれり。卽ち彼れにありては、相續人の相續分は兄弟同一の割合なれども、我れにありては、嫡庶の間に別あるを以て、相續人の子の取得すべき父の相續分は、亦自《オ》ら異ならざるを得ず。然れども文字上より解釋すれば、彼れには均分制と解釋せられ、我れには等級制と解釋せらるゝを以て、敢て支障なしと雖ども、後段に相續人の悉く死去せしとき、彼れにありては、其全相續分を相續人の諸子に均分すること、均分制に於て固より然るべきところなれど、我れには爲めに等級制を打破して、立法の根柢に於て免るべからざる矛盾を來せること、略〻前に述べしが如し。而してこは啻に嫡子と庶子との間にのみ止まらずして、妻と妾との間にも亦同じかりしなり。卽ち妻と妾とは、普通の場合に其相續分を異にせるに拘らず、相續人が相續の開始以前に悉く死去せし場合に限りては、妻も妾も均しく一子の相續分を受くることゝしたればなり。此くの如きは、我立法者が唐制を摸倣し採用するに當りて、用意の足らざりしを證するものなり。

功田功封の相續　次に功田功封の相續法に就きても、彼我法制の比較上、一言を要するものあり。戶令應分條に、家人、奴婢、田宅、資財の相續法を載するに當りて、「功田功封唯入二男女一」との註あるは、他の遺產と異にして男子女子以外には相續せしめざること、及び他の遺產の如く等級制に依らずして、嫡子庶子に均分することを意味するに似たれば、義解及び集解に收めたる法家の多くが、嫡庶男女を論ぜずして、均分するの解釋に傾けること前に述べしが如し。然れども何が故に功田功封に限りて、嫡庶を分つことなく、男女に均分すべきやに就きては說明を闕けり。故に集解の中にも、或るものは其理由を明かにせずとてこれを疑ひ、或るものは嫡庶に依りて分配すべしとさへいへるものあり。又單に文字上より解釋を下せば、「唯入㆓男女㆒」とあるは、他の遺產の如く、被相續人の妻妾に相續せしむることなく、將た相續人の死去せる場合にも、其子に相續せしむることなく、唯被相續人の男子女子に限りて相續せしむるの謂なれば、嫡庶を問はずして均分するの意味なく、被相續人の男子女子たる以上は、其間に嫡庶を分つて分配するも妨げざるに似たり。功田功封の相續法は、養老戶令の新定に係るを以て、大寶戶令の應分條に載せずと雖ども、功田功封に關する規定は、既に大寶令に存し、養老令にもこれに據れり。即ち功田は田令に、功の等第に從ひて、大功は永く子孫に傳へ、上功は三世に、中功は二世に、下功は子に傳ふることを規定し、又功封五位以上は祿令に、大功は半を減じて三世に傳へ、上功は三分の二を減じて二世に傳へ、中功は四分の三を減じて子に傳へ、下功は傳へざることを規定せり。而して兩條共に古記の解釋を收めたれば、其大寶令に存せしことを知るべし。唯大寶令にありては、女子の相續權を認めざるを以て、所謂子は男子を意味することゝせざるべからず。故に田令功田の條下の古記にも、「下功傳㆑子、謂女子不㆑入㆓子之例㆒也、今行事、女子亦傳」といひ、同令王事條の「身死㆓王事㆒者其地傳㆑子」の古記にも、「其地傳㆑子、謂口分田也、女子不㆑傳也、今行事、女子亦傳」といへり。集解に於ける法家及び義解が子と稱するは男女同じといへるは、養老令の規定に對する解釋にして、古記の當時女子にも傳ふること行はれたりといふは、即ち其規定の實施せられ居たるをいふものなり。されば功田功封を子に傳ふといふ規定は、大寶の田令及び祿令は、養老のそれと同文なるにも拘らず、亦其意味を異にせり。而かもこれを相續すべきものが子列に限られて、兄弟をも孫をも除外するものに至りては、互に相一致するところなり。大寶元年七月二十八日の太政官處分は、更に此關係を的確にせり。其文に曰く、功臣の封は子に傳へ、子なくば傳へず、但し兄弟の子を養子とせるものは、これに傳ふることを許す、封を傳へたるものに子なきときは、亦養子に傳ふることを許す、其世數を計ふることは、實子の如くす、但し嫡孫を相續人となすものは、封を傳ふることを得ずと。田令集解。○續日本紀にも見ゆ、延喜民部式にはこれを以て一條となせり。こゝに所謂子は男子に限れりとはいへ、又養老令の規定に准じて、男女子として見ることを得べし。即ち功田功封は、其實子たると、養子たるとを問はず、子列にあるものゝみ相續することを得べくして、一般の相續其他の親族關係には、庶子よりも重んぜられたる嫡孫さへも、其相續權を認められず。田令功田條釋。○相續人の相續開始以前に死去せるとき、其子功田功封に關する父の相續分を取得すべきや否やに就きては可否の二說あり、戶令應分條集解に見ゆ。然れども男女が嫡庶を論ぜず女子は固とより嫡庶を問はざるも均分すといふは、啻に法文上に見えざるところなるのみならず、少しく疑ふべきものあり。功田功封は世數の制限ありて、其永久に子孫に傳ふべきものを除きては、一定の期限を過ぐれば、これを官に還さゞるを得ず。*これ自ら他の私有財產と其性質を異にするところにして、其子に限りて相續せしむることゝせるも、亦これに依りてなり。從つて功田功封は、世數を限りて遺言をなすを妨げずとするも、戶令應分條集解穴、田令功田條集解同、女子の子、若しくは其夫の如きは、縱令世數に制限なきものと雖ども、これに相續せしむべからず。何となれば、女子は婚姻に依りて其姓氏を變ふることなしと雖ども、其子其夫は異姓たるが故なり。田令功田條釋、穴。故に女子死すれば、これを其兄弟に傳へ、兄弟なくば官に還すなり。（田令功田條集解穴、跡、朱。）これ集解の法家の說の一致するところなれども、其如何にして女子の相續分を兄弟に傳ふるやに就きては、別に說くところなし。功田功封は遺言をなして諸子に傳ふることあるも、要するにこれ一家の私事にして、官にありては唯功臣の相續人を以て當面の責任者となし、世數を計ふるも亦これに依るなり。然れば嫡家の相續人はすべて此特別財產の管理を擔任し、女子の死去せるが如き場合にも、一旦嫡家に還したる後、或は他の兄弟に授け、或は官に還す等の事をなしたるべきは、唐の食封の相續法に於て、嫡子以外の諸子が相續せるものは、一定の世數（三世）を超ゆれば、嫡子に歸屬するを以て推知すべし。若し果たして然りとせば、此嫡家と親密の關係ある功田功封の相續法に於て、功臣の相續人たる嫡子に、比較的多くの相續分を取得せしむること、恰も唐の食封のそれに似たるものあらんとの推測をも下し得られざるにあらず。故に集解の法家の中にも、他の田宅資財等の相續法に從ひて分配すべしといひ、（戶令應分條集解朱、穴、）又男子は一分、女子は半分との說もあり。（田令功田條集解穴。）戶令應分條の義解に、功田功封の相續は、他の財物の法に依らずして、男女嫡庶並びに皆均分すといへるは、法文の解釋としては、當を得たるものとすべからざるに似たり。我功田功封は稍ゝ彼食封に類するものたるに拘らず、（我食封は祿令に三位以上に限れり。）義解の解釋に從へば、彼れの等級制なるに反して、我れは均分制となり、相續の主義全く相反するものとなり了れり。これ恐らくは養老令立法者の精神にあらざるべきなり。

絕戶及び遺言處分の規定　唐制にては、一家を相續すべき男子なくば、女子ありと雖ども、絕戶と看做すこと前に述べしが如し。然れども我令にありては此事なく、戶口悉く絕え盡きたるにあらざれば、絕戶とは看做さゞるなり。此場合に於て、其遺産卽ち家人奴婢及び宅資を四鄰五保に附して調査せしめ、死者の功德を營ましむるは、全く唐制に依れるも、唐のそれの如く、餘財あれば女子に與へ、女子なくば近親に與ふるといふが如き規定は、固とよりこれあるべき筈なし。（喪葬令身喪戸絶條。）

以上の相續法は、被相續人の遺言處分なきときか、相續人の相續分の取得を望むときにのみ、これに依るべきものなること、養老令の明かに規定するところにして、大寶令も其戸令應分條には、明文はなかりしに似たれど、（戸令應分條集解の古記には、「問、亡者處分用不、答、證驗分明者、依二處分一耳」とありて明文なきに似たり、）喪葬令身喪戸絶條には、絶戸の場合に、死者生前の處分あれば、これに依るべきことを載せたれば、（同條集解の古記に見ゆ、）其精神亦これに外ならざるべく、唐制も此點に於ては、恐らく同一の規定ありしと思はるゝこと、前に述べしが如くなれば、我令はこれに依りしものなるべし。

戸籍に就きての觀察　更に戸籍の殘存せるものに就きてこれを觀察するに、嫡子と妾の子とはこれを區別し、嫡子の弟は嫡弟、姉妹は嫡女と書し、（筑前其他下總戸籍、）前妻若しくは妾の子をも先嫡男、（これに對して今嫡男もあり、）先妾女と號するもあり。（筑前其他筑紫戸籍。）嫡子といひ、戸主といひ、通例嫡妻の長子を以てし、往々嫡子の兄あるも、殘疾、廢疾、篤疾なるが爲め弟の嫡子たるもあり。是等の兄の中には庶兄もこれあるべし。戸主の兄正丁にてあり乍ら、弟の戸主たるものは少からざれど、此戸籍中に戸主の母といはずして、戸主の兄の母といふを載せたるを見れば、其母は戸主の父の前妻か妾か、恐らくは後者ならん。

財產として見るべきものは、戸籍に於ては唯奴婢あるのみ。戸主の奴婢もあれば、戸主の母、戸主の妻の奴婢もあり、戸主の弟、甥の奴婢もあり、戸主の弟にして奴婢を所有するは、父の遺産として讓與を受け乍ら、尙ほ兄と同居するものにして、これを以て家族が戸籍に載らざる他の財産をも所有したりしことを類推すべし。大寶二年筑前國の戸籍に、戸主の奴婢十口を載せたる後、戸主の母の奴婢、戸主の私奴婢を別錄せるもの見ゆ。前者は養老令の所謂氏賤にして、戸主の私有せるものと自ら別あるならん。

第九　親子關係を中心としての家族制度

緒論

本邦家族制度研究の必要　坤輿の邦國多しと雖ども、古來家族制の行はるゝこと、本邦の如く、久しく且つ備はれるはあらざるなり。其固有のものたると否とは姑くこれを措き、古來幾多の沿革を經つゝも、能く幾千年の命脈を保ち、今日猶ほ其餘風を存して、民法の規定上、其精神を尊重せしめたりしは、世界の歴史中實に稀有の事に屬ず。

本邦古來の歴史は、甚だしく外部の刺擊壓迫を受くること少かりし丈、外寇よりは寧ろ内亂の事實に富めり。而して内亂の多くは、家族若しくは氏族廣き意味に於ての家族間の紛爭、實にこれが動機たり、換言すれば、我上下三千載の歴史は、これを家族若しくは氏族の爭鬪史といふも、誣言にあらざるなり。而かも其家族は、如何なる制度の下に、如何なる組織を以て組成せられたりしやに就きては、從來未だ精緻なる考覈を經しものあるを見ず。これ余が敢て此研究を試みんとするに至りし所以なり。

家族の制は其範圍の廣き丈、種々の方面より研究することを得べし。本題に於ては、主として家族主宰者たる父母若しくは祖父母が、其子若しくは孫に及ぼすべき勢力を説き、朝廷、幕府及び領主が如何に其勢力を認め、若しくは抑制したりしかを明かにせんとす。蓋し父母は多くの場合に於て、家族の主宰者として家族制の中心たりしものなり。故に家族に對する其地位如何は、家族制の主要部なりと信じたればなり。

家族制度と親の地位　何れの邦國に於ても、家族制の盛んに行はれし時代には、親は家長として家族の中心となり、生きては子孫の尊敬を受け、死しては又其崇拜を受けたり。彼等は實に一家に於ける萬能の主宰にして、常に無限の權力を以て其子を監督するは勿論、生殺與奪一に其欲するところに從へり。羅馬の古代に於けるパトリア・ポテスタスの如きこれなり。然れども孝慈は人の至性なり、假令生殺の權彼等にありしにもせよ、何者の親か好んで此慘事を敢てせんや。且つ人智の發達は、啻に人子をして絕對的服從に平ならざらしむるのみならず、父母自身も亦矯激悲慘の事を忍ぶに堪へず、法律制度を設けて寛容の餘地を與ふると共に、自《ミ》ら甘んじて特權の幾部を放棄するに至れり。是に於て彼等が生殺の權は漸く條件的となり、身體の賣買、財產の與奪等、幾分か制限を受くることゝなりぬ。

然れども此種の諸權が全く彼等の手より奪ひ去らるゝの事は、家族制の破壞と其日を同じくせざるべからず。故に生殺賣買の權甚だしく抑制せらるゝの日に於ても、其子にして教命を用ゐざる時、彼等が一方に尊嚴を維持すると共に、他方に制裁を加ふるの法を講ぜしは、敢て怪しむに足らざるなり。

第一章　上古時代

相續及び婚姻　これを古史に攷ふるに、太古以來、家族間に於ける親子の關係は、寧ろ頗る親密にして、他邦に於けるが如き殺伐の事實に富まざるなり。此時代の古傳說、古記錄は、殆んど全く皇室に關する事蹟を以て滿たされたりと雖ども、これに據つて略〻一般を推知すべし。

先づ相續に就きていはんか。家督の相續と財產の相續とは自《オ》ら分化せり。而して家督の相續は嫡庶と長幼と男女とを問はざりしとはいへ、多くの場合に於ては、長子を措いて却て幼子に行きしが如し。メーン氏も說きしが如く、一夫多婦《ポリガマウスソサエチイ》の社會に於ける嫡子相續法は、其母の地位、寵愛の度、其他種々の事情に依りて變更せらるべきものたり。就中幼子は多くの場合に於て、父の愛尙ほ新たなる母の生むところなるのみならず、父は年老いて其成長の日を樂むこと能はず。加之少弟の中には、却て長兄より聰慧なるものを出だすの例なれば、此點よりするも、父の偏愛を繫ぎ得しものなしとせざるなり。應神紀に、大鷦鷯尊が天皇の長子と少子と孰れか優れるとの問に對へ奉りて、「長者經二寒暑一、既爲二成人一、更無レ悒矣、唯少子者未レ知二其成不一、是以少子甚憐レ之」といはれしは、天皇の菟道稚郎子を立てゝ太子となさんとの叡慮を迎合せられしものなりとはいへ、此一事は確に父の一弱點を指摘せられしものと謂ふべし。我古史が兄弟皇位の爭を以て殆んど每頁を埋めたるは、全くこれが爲めのみ。長子の中には、怨を啣むもの固とよりこれなきにあらざりしとはいへ、父の現存中は其意を順承して、敢て其不平を實にするが如き行爲に出でしもの殆んどこれなく、假令これあるも立どころに其處分を免れざりしなり。

次に婚姻に就きては、離合情に任すを例とせしとはいへ、木花開耶姫が瓊々杵尊の求婚に對して、父大山祇神に問はれんことを告げられしことあり。此一事を以て父の承諾を要件とせりとは認むべからざるも、少くとも父に問ふを以て婦德としたりしを見るべきなり。

子の殺害　家族に對する父の地位此くの如し。父は其子に向ひて、彼等の利益を與奪するの外、生殺の自由を得て、これを行使したりしや否や。所謂神代の古傳說には、伊弉諾尊が軻遇突智命《カグツチノ》を斬り給ひしことあり、又雄略紀（三年四月）には、湯人廬城部《ユエノイホキベノ》連武彦の父枳莒喩《キコユ》が、武彦の拷幡《ノ》皇女を汗し奉りしと聞き、禍の身に及ばんことを恐れて、これを殺しゝこと見えたり。然れども此くの如きは、寧ろ稀有なる場合なりと謂ふを憚らず。

子の放逐　日本書紀に伊弉諾尊の皇子素戔嗚尊の事を記して曰く、「此神有二勇悍以安忍一、且常以二哭泣一爲レ行、故令二國内人民多以夭折一、復使二青山變枯一、故其父母二神勅二素戔嗚尊一、汝甚無道、不レ可三以君二臨宇宙一、固當三遠二適之於根國一矣、遂逐レ之」と。これ豈に素戔嗚尊の無道にして、諸冊二尊の爲め永く放逐せられ給ひしをいふものならずや。

此事日本書紀の本文と一書の說と異なるところあり。古事記は日本書紀の一書第六項と同じ。唯彼れにありて素戔嗚尊は海原を、月讀尊は夜之食國を治め給ふことゝなるを、此れにありては、素戔嗚尊は天下を、月讀尊は滄海原を治め給へることゝなるなり。思ふに、諾冊二尊三子を分封し給ひしに、素戔嗚尊の獨り其國に就くを肯んぜず、留まつて暴行を恣にし給へる所以のものは、此御處分に慊焉たるところおはしゝが爲めにして、父母二神の赫怒遠くこれを根國に逐ひ給へるは、其敎命に背かれしが爲めならん。素尊の高天原に赴き給ふに當り、「山川悉く動き國土皆震ひ」、天照大神國を奪はんとする志あらんことを疑つて、これに備へ給へるが如き、其後大神の尊に誓つて、其五男神を養つて子となし、これに高天原を治めしめんとし、又大神の三女神は筑紫洲に降して、天孫を助け天孫に祭られ給ふことゝし給ひしが如き、隱約の中頗る此間の消息を窺ふに足るものあるに似たり。然るに事皇統に關するを以て、これを傳ふるもの、故らに其言を怪異にし婉曲にせしものならん。

思ふに、此類の事は又當時一般親子の間に行はれたりしならん。凡そ親は一家に於ける無限の責任を有して、其子を養育し監督するものなり。然るを子若し親の怒を買ひて放逐せらるゝ時は、これと同時に全く親の保護を失ひ、族外に孤立するに至るべし。家族制の世、公私の別なく、親に見放されしものは、又社會公衆に見放さるゝを免れざりき。これを死者の活かすべからざるに比すれば、稍〻勝るの觀ありとはいへ、或る意味に於ては、實に殺戮に次ぐの苦痛を人子に與へしならん。

姨捨山傳説の史的觀察　穗積博士は其著隱居論に於て、隱居の俗が食人俗、殺老俗、棄老俗の三變遷を經て生じたるものなるを説き、本邦に於ける棄老俗の傳説として、彼「おば捨山」の古事を引かれたり。博士はこれに依りて未だ古代本邦に棄老俗の有無を知るを得ずといはれたれども、世間往々これを以て史的事實と看做すものあり。若し延いて上古棄老の俗ありしものとせば、親の老衰後は、子の爲めに其勢力を奪はるゝことゝなるべきを以て、其家族に於ける地位も極めて薄弱たるを免れざるなり。

然れども飜つて考ふるに、彼姨捨山は無意義の一名稱にして、後人和歌に假託して此談柄を作れるのみ。姨捨山の一件は始めて古今和歌集に見ゆ。（同書雜部よみ人しらずとあり。）然るに大和物語、今昔物語に其事蹟を詳敍し、無名抄に至りては更に其趣を異にし、和歌の如きも彼れにありては甥の作とするも、此れは姨の詠ずるところとせり。袖中抄に辨じて曰く、「此姨捨てたるより後、此山を姨捨山とは可レ云也、扨後人此慰め難き心を取りても、又只彼月を眺めても、慰めかねべきと云歌をば可レ詠也、捨てたらん夜は、姨にても甥にても、姨捨山に照る月を見てとは不レ可レ詠歟、歌物語は由緣ばかりを書きては詮なければ、さもたよりある古歌を書加ふる常事なり、或は又新しき歌詠み加ふるも常事なり」と。此說は和歌の附會を辨難して遺憾なきも、姨を捨てし一事は尙ほ事實としてこれを認むるものなり。當時果たして棄老の俗ありしものとせば、遺棄の場亦至るところに多かりしならん。然るに獨り此一地方にのみ特殊の名稱と多恨の一件とを留むるのみなるは、適〻以て其稀有の事たりしを證すべきにあらずや。然れども人情の酷薄なるものあるは古今を撰ばず、今昔物語の記者旣に此小說に附加して、「然レバ今ノ妻ノ云ハム事ニ付テ、由无キ心ヲ不レ可レ發ス、今モ然ル事ハ有ヌベシ」と說き、今日にても稀にこれと類似の慘事を耳にすることなきにあらざるも、さりとてこれを彼棄老俗の遺風と看做さんは、餘りに大早計ならずや。

老人優遇の事實　且つ事實に徵するも、太古以來啻に棄老俗を見出さゞるのみならず、老人却て優遇せられしを見る。これ他なし、老人は常に家族の主位を占めしものなればなり。試みに中古に於ける戸籍の現存するものを査閲するに、年齢八十歳以上の耆老にして、五十歳以上の嫡子ありながら、尚ほ戸主たるものあり、其他七十歳以上にして戸主たるも少からず、甚だしきに至つては、一支廢といふが如き不具者にして戸主たるものさへあり。是等の事は法制の能く强制し得べきにあらざるのみならず、當時の實況を寫し出だせる戸籍に載せられ、且つ其地方の東西に渉りて存するを觀るも、此時代よりの習俗と看做して不可なかるべし。

致仕と相續　凡そ老衰疾病に依りて公務を廢するは、生理的原因に屬するを以て、東西古今に論なく汎く行はるゝところなり。我國固とより致仕あり、應神紀十三年九月條に收むる一書に、「日向諸縣君牛仕二于朝廷一、年既老耆之不レ能レ仕、仍致仕退二於本土一、則貢二上己女髮長媛一、○中略、使者至見、皆人也、唯以著二角鹿皮一爲二衣服一耳、問曰、誰人也、對曰、諸縣君牛、是年耆之雖二致仕一、不レ得レ忘レ朝、故以二己女髮長媛一而貢上矣」とあるが如き其一例なり。令制に至りては七十以上致仕を許し、選敍令、六十以上軍役を免すことゝせり。軍防令。然れどもこれと共に家長の地位を失つて、家族となれるが如きことありしにあらず。中古以來唐制に則りて致仕の制を立て、加ふるに佛敎の感化に依りて、支那風の致仕退隱漸く官人間に行はれたりしも、未だ遽に一般社會に影響を及ぼし、致仕後直に相續の開けしことあらざるなり。故に中古戸籍の現存するものに就きて見るも、戸主の母戸籍に載れるもの甚だ多きに拘らず、父に至つては、唯一の下總國戸籍中、戸主孔王部德麻呂年卅三歲廢疾の家口に、父孔王部金年六十歲正丁あるのみ。父の年齢八十歳に達し、七人の子、十人の孫を有し乍ら、四十歳にして三人の子ある嫡子に讓らずして、猶ほ戸主たりしものあり。これ豈に家長權の終生移らざるを證して餘りあるにあらずや。家長は多く家族の親なれば、親の勢力も亦決して其致仕に依りて失はるべきものにあらざりしこと明かなり。

これを要するに、彼致仕の後相續の開くる退隱の俗は、中古以後專ら支那の俗を移せるものにして、斷じて固有の俗にあらず。致仕退隱は固とよりこれありきと雖ども、職として老衰疾病に原因せり。彼太古建御名方《タケミナカタノ》神が建御雷神《タケミカヅチノ》に逐はれて科野國洲羽に至り、「除二此地一者、不レ行二他處一」と誓ひて隱れ給へるが如き、古事記、大巳貴神が天神の命に依りて、「吾所治顯露事者、皇孫當レ治、吾將退治二幽事一」と長く隱れ給へるが如き、彼後世隱居して家督を讓り、復た世事に關せざるを誓ひて其罪責を免れしものと一般、政治上の退隱とも稱すべきものにして、毫も所謂棄老の俗と相關せざるなり。

一夫多婦の俗　太古以來一夫にして數婦を娶るを得たりしかど、嫡妻は大抵一人に限られ、或は夫の庶妻を納るゝを拒み、或は夫と共に其子を處分し、嫡子を定むることを得て、必ずしも夫の頤使に任しゝものにあらず。然れども妻妾の身分夫の下にあるは家族制の常なり。太古既に婦言の男子に先だつを不祥とせるあり、又夫の多婦を娶るを男子の本分と歌へるあり。崇神天皇の時、大田々根子の勅問に對へ奉りて、「僕者大物主大神娶《ミアヒテ》二陶津耳《スヘツミミノ》命之女、活玉依毘賣一生子、名櫛御方《クシミカタノ》命之子飯肩巢見《イヒカタスミノ》命之子、建甕槌《タケミカヅチノ》命之子、僕《オノレ》意富《オホ》多《タ》々泥古《チコ》」といひしとあるを始め、圓珍系圖、鴨縣主系圖等の古系圖に就て見るも、皆男系を以て基とせしを證すべきなり。上古の家族に於ける父母の地位、これを以て類推すべし。

第二章　中古時代

中古法制の道德的傾向　上古の法制が甚だしく道德的傾向を有して、殆んど二者を區別せざるが如くなるは、東西諸國の揆を一にするところなり。支那法制に於て殊に其然るを觀る。從つて支那法制を母法とせる我中古の法制は全く其精神を採用して、後世にありては道德上の非難に止むべき所爲をも、法律上の犯罪を構成するものとなせるは怪しむに足らざるべし。

韓唐の交通開けてより、一方に於ては儒教の所說に依りて、人子の孝行を奬勵すると共に、一方には彼法制を斟酌して、家督財産の相續は勿論、婚姻に就きても先づ祖父母父母等の承諾を要することゝし、且つ不孝に對する制裁を設けたりき。今これを說くに先だちて、支那法制の沿革を略敍するは至當の順序なりとす。

支那法制の親子關係　支那の道德卽ち所謂聖賢の教にありては、孝を以て本となし、君國に盡くすも、立身を圖るも、一にこれに基かざるはなし。孟子に曰く「堯舜之道孝弟而已」と。親を敬し祖を尊ぶは無上の德行にして、これに背くは又至大の罪惡たり。孝經にこれあり、「子曰、五刑之屬三千、而罪莫レ大ニ於不孝一、要レ君者無レ上、非ニ聖人一者無レ法、非レ孝者無レ親、此大亂道也」と。故に周の八刑を制するや、不孝實に其首に置かれたり。周禮　北齊に至りて重罪十條を設け、惡逆を其五に、不道を其六に、不孝を其八に列し、十惡を犯せるものは、八議論贖の限りにあらずとせり。後周は五刑の屬二十五等あり、不孝の如きは其最も重しとせるところなり。其後隋の文帝の時、齊の制を採りて十惡の目を設け、惡逆を其四に、不道を其五に、不孝を其七に置き、これを犯せるものは、赦に會ふと雖ども、猶ほ除名することゝせり。唐以來多く此制を採りて、甚だしく損益するところなかりしなり。通典、唐律疏義。

十惡は必ずしも皆酷刑を以て處分すべきものにあらざりしとはいへ、其罪名敎に關するを以て最も重しとなし、苟くもこれを犯せるものは、刑罰の輕減に關する諸種の特典に浴することを得ずとせり。これ他の犯罪と大に其性質を異にする所以なり。

律の不孝罪　本邦にありては、唐制を斟酌して八虐の目を設け、これを犯せるものは常赦にも原さず、應議にも減ぜざること、十惡に同じくせり。其中祖父母父母を毆打し謀殺せるものは惡逆罪となし、殺さんと謀りて未だ遂げざりしものは不道罪となし、左の數罪を不孝罪となせり。

（第一）祖父母父母を告訴咒咀若しくは罵詈せしもの　凡そ同居者同居共產するものは籍の異同を論ぜず若しくは三等以上の親、及び外祖父母子孫の妻、夫の兄弟及び兄弟の妻は、假令犯罪あるを知るも法律上互に相隱すことを許せり。名例律。されば卑幼にして尊長を告訴するが如きは其罪輕からず、祖父母父母に至つて最も重く、主犯は處するに絞を以てし、從犯は流を以てす。これを不孝流といひ、子孫犯過失流過つて祖父母父母を殺しゝもの等と共に、赦に會ふと雖ども流す。名例律。唯謀反大逆の緣坐の罪、及び謀叛以上の不臣の罪に限り、告訴するも罪なし。鬪訟律。咒咀に輕重あり、其死を祈り疾病を求むるが如きは、謀殺罪に問ふを以て惡逆に入る、不孝に當るは愛媚を求めて厭咒するものにして、犯すものは徒三年とす。賊盜律。罵詈するものもこれに同じ。鬪訟律。

(第二)父祖母父母の存生中其承諾を得ずして戸籍若しくは財産を異にせしもの　唐天寶元年正月の制に、父母の存生中別籍異居するものは、同籍共居せしめて風教を敦くし、犯すものは法に准じて罪を科せんといへり。我律もこれを採用して、祖父母父母の存生中は子孫の別籍異財を許さず、これを犯すものは徒二年に處す。就中戸籍は其關するところ頗る重く、若し別籍を容易にすれば、往々租税課役の規避等の不正手段に供せられ易きを以て、婚姻縁組に依るものと闕國に依るものとの外は同籍を强制し、闕國に依るものは父母の何れかと同籍するを要したり、祖父母父母と雖ども、妄りに子孫を別籍せしむれば徒刑に處す、但財産を異にせしむるは問ふところにあらず。戸婚律。

(第三)父母の喪に居る間自ら婚姻し若しくは樂をなし忌服を釋くもの　令制、親等に於ては、父母、養父母、子は均しく一等親なるも、服紀は生父母に一年、十三箇月、養父母に五箇月なり。儀制令、喪葬令。此間子の婚姻をなすものは徒二年に處し、婚姻は無效となす。但し妾となり若しくは妾を娶るは不孝の科に入らず。戸婚律、名例律。又歌舞音樂をなすものは徒一年半、吉服を着くるものこれに同じ。職制律。

(第四)祖父母父母の喪を匿し若しくは死せりと詐れるもの　喪を知るも匿して擧哀せざるもの、父母にありては徒二年、祖父母にありては徒一年に處す。職制律。祖父母父母の存在中詐りて死せりと稱し、若しくは死去の後時日を經過して、始めて死せりと稱するものは、徒一年半に處す。詐僞律。

(第五)父祖の妾を姦せしもの　子孫父祖の妾を姦せるものは徒二年半に處す。雜律。此罪は唐律に內亂の科に入るゝものなり。

此他子孫の敎令に違犯せるもの、及び供養に闕くるところあるものは、徒二年に處し、年八十以上及び篤疾者は、特に子孫の不孝を告訴することを許せり。闘訟律。

相續婚姻の制度　父母が法律上の保護を得たりしこと此くの如し。然れども其子に對する權力は決して絕對的にあらざりしなり。我令は唐の封爵令を移して繼嗣令を作り、彼王公侯伯子男の相續に關する規定を我三位以上の有位者に適用し、更に四位以下一般の有位者と庶人卽ち無位者とに及ぼして、嫡子以下家督相續の順位を定め、五位以上は嫡子を定むるに治部省に屆出づるを要せり。若し此規定に違ひて嫡子を立つれば、違法として徒一年に處す。法曹類林。實子なき場合の養子は、四等以上の親の昭穆に合へるものたらんことを要し、遺棄の小兒を除くの外、異姓より收養することを許さず。

姪の養子となれるは、仕進の途に於ても、嫡子と同一の特典を享有せしめ、選敍令。養父、後に實子を設くるも、庶子の位に敍せしめ、六位以下は養子が嫡子の位に敍せる後は、實子の出身を許さず。選敍令義解。遺產の分配制に於ても、嫡子と同一の得分を受けしめたり。戸令。

父母が生前に遺產の處分をなし置かざりしものに向ひては、法定分配制を設けてこれに據らしめ、又嚴に子孫の別籍を禁じたり。

天武持統兩朝の人身賣買の禁　上古の親が子に向つて生殺の自由ありしとすれば、賣買の如きは、これをなし得たりしこと、多言を要せざるべし。然れども法制の制定を見るに及んで、是等の絕對的の權能はこれを制限するに傾けり。天武天皇五年五月、下野國司、部內の人民が凶年に遇ひて、子を賣らんとするものあることを奏せしに、朝廷これに許可を與へられざりき。其後持統天皇五年三月、人民の兄の爲めに賣られしものは良人となし、父母の爲めに賣られしものは賤民となさしめられたり。これ人身賣買の法禁はありながら、これを犯すもの絶えざりしを以て、既往の犯罪に對してのみ此規定を設けしものならん。而して其兄の爲めに賣られしを良人となすに拘らず、親の爲めに賣られしは、賤民を脱すること能はざりしは、猶ほ幾分か親の賣買に關する舊慣を認めたりしものと謂ふべし。然れどもこれ唯一時的規定たるを以て、固より常律を以て見るべからず。

子の殺害賣買に關する律の規定　律に據るに、生殺賣買の權共にこれを與へず、奴婢の罪あるものすら、官司に請はずして殺せる主人は處刑を免れず。鬪訟律。況んや祖父母父母の子孫に於けるをや。故に彼等は過失致死の外、如何なる理由を以てするも、子孫を殺せば罪に問はる。就中故殺最も重く、徒二年半に處す。其敎令に違犯せるものを毆打死に致せば徒一年半に、刄を以てせば徒二年に處す。養父母はすべて實父母に一等を加ふ。鬪訟律。これ實父母よりも比較的に其情薄くして、罪を犯し易きが爲めなり。法曹至要抄。

又祖父母父母の子孫を賣つて奴婢となすものは徒一年に、和賣するは各一等を減じて徒半年に、情を知つて買へるは、賣るものに罪一等を加へて徒一年半に處す。賊盜律。

親の子に對する制裁　然らば法令の制裁を受くべき不孝の子孫と、祖父母父母との關係は如何といふに、自然の結果として左の二事を數へん。

（第一）**家督相續を許さず**　家督相續に關する父母の權力は、令に於て制限を受けたりと雖ども、これ主として有位者に對する特別規定なりしなり。而して是等の嫡子も、犯罪、疾病、其他放蕩無頼にして相續の見込なき時は、所司に願出で、許可を得て立て替ふることを得たり。繼嗣令義解を參取す。此くの如き一定の規定なきものを除きては、家督の相續人は必ずしも嫡庶長幼を問はず、一旦これを立てし後も變更するを得たり。故に祖父母父母の敎令を違犯し、不孝の科に入るが如きものは、家督に立てざるは勿論、假令これを立つるの後に於ても、變更することを得べし。

(第二)財産の相續を許さず　既に家督の相續を許さずとせば、財産の相續を許さゞるは辯を竢たず。子孫は祖父母父母に向つて告言理訴の道なし。故に一旦財産の讓與に預れる後、幾度與奪せられたりとて、法理上奈何ともすべからず。況んや不孝の行爲ありしものに於てをや。故に法曹至要抄には、鬪訟律の「子孫違二犯敎令一、及供養有レ闕者徒二年」の文と、說者の「不孝之子不レ可レ預レ財」の說とに據りて、「至二不孝之男女、不レ預二父母之遺財一矣」といひ、又裁判至要抄には「不孝之子不レ可レ預二父母未レ分之財一也」といへり。但後者は聊か語弊なきにあらず。此文に據れば、不孝の子の相續すべからざるは、未處分の遺産のみにして、既に得分に預れる後は、復變更すべからざるの意味に解釋せらるればなり。

法制上放逐義絶の可否　以上は律令の規定に照らして明瞭なるも、此他上古に於けるが如き子孫の放逐、及び父子祖孫の義絶等の有無を討究するは無益の業にあらざるべし。

(一)戸籍上より論ず　大化の改新以來、戸籍を以て爲政の要具となし、上は皇族より下は奴婢に至る迄、皆戸籍の制あり。闕國に移住するものゝ如き除外例の外は、一般に土着を奬勵し、輒く其土を離れ、家を出でゝ戸籍を除附することを許さず。戸若しくは戸口の失踪せるものは、五保をして追訪せしめ、三年若しくは六年の後迄も尋ね得ざるに及んで、始めて帳を除く。就中祖父母父母の如きは、正當なる緣組の外、子孫に別籍せしむるを禁ぜられ居ることとなるに、若し養子の外子孫を放逐し、父子祖孫の義を絶たんとせば、勢ひ戸籍を除き、子孫をして浮浪の徒とならしめざるべからず。これ正しく戸籍を正し浮浪人なからしめんとする、政治上の方針とは相容れざるものなり。

(二)國民の權利義務より論ず　且つ彼等は家族としてこそ父祖に服從するの義務はあれ、一個人としては公務に就き兵役に服し、又課役に應ずるを要せり。有位者及び其家族等の理由に依りて特典あるものを除き。例せば八虐を犯して判決を受けしものは大赦に遭ふも除名せらる。これ官位を奪ひて課役に服せしめ、六年の後、位に敍することを許すものなり。然るに若し祖父母父母にして任意に彼等を放逐し得べしとせば、彼等は何處に課役に服し、將た公務に就くべきぞ。

(三)義絶の法理より論ず　令に於て、赦に遭ふも義絶となさしむべきは、夫が妻の祖父母父母を毆打し、妻の外祖父母、伯叔父姑、兄弟姉妹を殺し、若しくは夫妻の祖父母父母、外祖父母、伯叔父姑、兄弟姉妹自ら相殺し、又は妻が夫の祖父母父母を毆打罵詈し、夫の外祖父母、伯叔父姑、兄弟姉妹を殺傷し、夫を殺さんと謀りし場合に限れり。戸令。夫婦は自然の親族にあらざるを以て、離婚すれば其義を絶ち得べきも、親子に至つては然らず。故に名例律に「婦人犯レ夫及義絶者、得レ以二子蔭一雖レ出亦同」とありて、疏に「婦人犯レ夫、及與二夫家一義絶、並夫在被レ出、並得レ以二子蔭一者、爲二母子無二絶道一故」といへり。夫の家と義絶となり、又離婚せられし母に向つても母子の義は猶ほ絶たれざるなり。又法曹至要抄に不孝の子の服暇の事を說きて、「夫婦雖レ有二義絶之法一、父子可レ無二義絶之道一、仍不孝之子死去之時、父母並服親、最可レ有二服暇一之、又父母並服親死去之時、不孝之子同着レ服之條、不レ可レ有二其疑一矣」とあり。不孝に依りて服紀に等差なきこと、後世と異ならざりしなり。

(四)司法權より論ず　未開の世にありては、一般に私刑の行はれしを見るも、法律制度にして一たび制定せらるれば、刑罰權の濫用を許さゞることゝなるは世界の通態なり。我國にありても、上古は人民相互間の制裁行はれ、大化の改新に當り、姧民の口を祓除に藉りて財物を貪り、無辜の良民を惱ますを禁ぜられしことあり。朝廷律令を撰定せらるゝに及んでは、益々刑罰權の所在を明かにし、斷じて此不法の行爲に出づるを許さず、假令不孝の罪を犯せるものに向ひても、律令に規定せる制裁以外に於て、父祖の放逐を實行するが如きは、原則に於て許すべきことにあらざりしなり。

父母が一旦の怒に子を逐ふことは、中古と雖ども亦これあり。元明紀和銅七年十一月、大和添上郡人奈良許《コ》知《チ》麻呂の孝義を旌はさん爲め、終身事なからしめられし條に、「麻呂立性孝順、與レ人無レ怨、嘗被二後母讒一、不レ得レ入二父家一、絶無二怨色一、養彌篤」と見えたるが如き其一例なり。然れども以上論述するところに依りて、祖父母父母の子孫を放逐し義絶するの、不法の行爲たるは自《オ》ら明かならん。是故に縱ひ祖父母父母が情に任せてこれを行ふとも、法制上充分に懲戒の實を擧ぐべき餘地を存せざりしと觀るの外なし。

父母の地位　最後に父母の地位に就きて觀察せん。令制、寡妻妾の戶主たるに堪へしものと、家族中男子なきものとを除きては、女子の家督を相續することに關して何等の規定もなく、財産も夫婦同居するの間は夫これを保管し、夫戸主たらざれば、夫の父これを保管す。然れども子の婚姻に對しては、均しく父母の承諾を要することを認め、又妻の財産を所有することを認めたり。而して子の殺傷賣買に加ふる制裁は、祖父母父母の間、毫も輕重するところなかりしなり。

孝道の奬勵　戸令に據るに、國守は毎年部内を巡行し、不孝悌にして彝倫を亂り、法令に背くものあれば、これを處分すべく、孝悌忠信の譽れ高きものは、事狀を具してこれを進むべし。戸令義解。又賦役令に據れば、孝子順孫は奏聞して門閭に表旌し、同籍のもの皆課役を免ぜらる。これ全く唐制に則れるものなりとはいへ、實行の跡國史に昭々たれば、決して空文に止まらざりしなり。孝謙天皇天平寶字元年四月、勅して「古者治レ民安レ國、必以レ孝理、百行之本、莫レ先二於茲一」と宣ひ、家毎に孝經一本を藏して精讀せしめられ、續日本紀、清和天皇貞觀二年十月、又「哲王之訓、以レ孝爲レ基、夫子之言、窮レ性盡レ理、卽知、一卷孝經十八篇章、六籍之根源、百王之摸範也」とて、御註孝經を敎授して試業に充てしめられたり。三代實錄。此くの如く、一方に於ては不孝者に對する處分を嚴にすると共に、一方に於ては孝行を勸奬し、德敎法制の二者相待つて其宜しきを得んとすること、實に中古に於ける法制の精神なりと謂ふべし。

第三章　鎌倉時代

慣習上の父母の權力　凡そ法制の圓滑なる實施を觀るべきは、必ずや必要の原因ありて制定せられしものならざるべからず。若しこれに反して徒らに外國法を移さんか、其法文如何に完全にして周密なるも、社會の慣行法に壓せられて自ら空文徒法に歸せん、慣習は實に第二の法制なり。

中古の初め、唐制を斟酌して法令を作れるは、全く必要の原因なかりしにはあらざるも、摸倣の極、虛設に過ぎざりしもの亦多く、然らざるも國俗民情に背馳して、知らず知らず其效力を失へるもの鮮少にあらざりしなり。本邦に於ける親子關係の如きも、初めより殺伐の氣風こそなかりしなれ、親が家族に對する權力甚だ大なりし丈、法制上制限を受けたりとて、遽に太古以來の舊慣を改むべきにあらず。故に制裁の及ばざるところ、依然として其權力を行使せるものありしならん。況んや中古の末、政綱紐を解き、律令格式の效力を失へるもの多きと共に、慣習法に重きを置ける武家制度の實施を見たりしに於てをや。是を以て中古の後期に成れる記錄の中には、法制の認めざるところなるにも拘らず、往々父の子を放逐して、親子の義を絕つが如きことあり、此時代に至つては一般にこれを公認せり。今序を逐うてこれを考證せむ。

武斷政治の影響 中古の法制は、積極的に父母の勢力を子に加ふるの點に於て、種々制限を加へたり。其果たして實施せられたりしと否とは姑くこれを措き、鎌倉時代に至りては、武斷政治の通態として、親の權力も一層有力となり、家督及び財產の相續、皆意に任せてこれを處分したりき。

家督は通じて嫡子といひ、又家嫡とも惣領ともいへり。而して嫡子以外の諸子は、これを庶子といへり。故に嫡子必ずしも嫡出子にあらず、庶子必ずしも庶出子にあらず、兄にして庶子となれるものあり、（難太平記に「尾張の人々澁川などは兄なりしかども、皆庶子になりき」とあり、）弟にして嫡子となれるもあり。唯父母の撰定には、寧ろ武人としての才幹の有無、卽ち所謂器量の堪否に重きを置くの傾向を生じたりしは、全く時代の必要より來れるものと謂ふべし。

御家人制度と所領　此時代に於て、幕府の家人、卽ち所謂關東の御家人は、所領を有するを其要件とせり。何となれば、御家人役卽ち武家役は此所領に賦課するものにして、所領なくんば武家役に應ずべからざりしを以てなり。所領の有無は實に御家人、非御家人の岐るゝところなり。文永弘安の戰役を經て家人の困憊を來し、其貴重なる所領に離るゝものを生ぜしかば、幕府は此種の所領の賣買質入を解除して、其移動を防ぎしも及ばず、永仁元年、（武家年代記に據る、貞應弘安式目には弘安十年に作る、）曾祖父の時、下文を給はりし後、子孫所領を失ふと雖ども、殊に御家人たるを許すとの除外例を設けたりしが、これ決して御家人制度の精神にはあらざりしなり。

嫡子相續の傾向　此時代の嫡子卽ち惣領は、常に一家を代表して幕府の命令を庶子に傳へ、所領の分限に從つて年貢公事を割當て、（東寺百合文書北朝曆應四年九月日秦清兼重訴狀に「守二置文面一、御年貢御公事等、爲二惣領一致二支配沙汰一之條故實也」とあるはこれなり、）又事ある時は、庶子を率ゐて急に赴くものなれば、其任や重く且つ大なり。故に彼歐洲の中古封建制度《フユーダルシステム》の行はれしと共に、嫡子相續法（Primogeniture）の蔓延せると同一の傾向を生じたり。而して沙石集に載せたる左の一話は、此間の消息を窺ふに足らん。

丹後ノ國ニ、ナニガシトカヤ云フ俗アリケリ、名モ承リシガ、ワスレ侍ベリ、小名ナガラ家中マヅシカラズシテ、年タケテウセニケル、遺言ニ、處分ノ狀ハ、中陰スギテ、ヒラクベキヨシ、イヒヲキテケリ、子息其義ニテ開キ見ルニ、男女ノ子アマタ有ケルニ、嫡子ニハ宗トユヅリテ、次男ヨリ次第ニ、スコシヅヽ、減《ヘラ》シテ、ムラナクユヅリテケリ、嫡子申ケルハ、故殿ノ讓リノ上ハ、子細申ベキニアラネドモ、所存ノ旨イカデカ申ザルベキ、故殿ハ果報モサル事ニテ、ハカラヒモカシコクオハセシカバ、京鎌倉ノ宮仕公役ナドモ、カヒ〴〵シク沙汰セラレキ、コノ所領ヲカクアマタニ分テ、面々ニ安堵申、宮仕ハレンコト、ユヽシキ大事ナリ、身クルシク、人目見苦、サレバ一人ヲ面ニシテ、家ヲツガセテ、餘人ハ便宜ノ所ニ庵室作テ、入道ニナリテ念佛申テ、一期身ヤスク、後世モタノシクテ、スゴシタク侍ベリ、我身嫡子ニアタリテ侍ベレドモ、器量モナク、身ナガラ覺ユレバ、此中ニ一人エリテ、家ヲツガセ申タク侍レバ、各評定シテ、ハカラヒ給ベシトイフニ、可レ然トイフ弟ナシ、各モチヰ給ハズバ力ナシ、イカサマニモ某ハ入道ニナリ候ベシ、コノ中ニハ五郎殿ゾ器量ノ人ニテオハスル、サレバ家ヲツギ給ヘ、ヲノ〳〵ハ一向ソノ影ニテ、田作テ引入テ候ハント、マメヤカニ、ウチクドキイヘバ、餘人モ其義ニナリテ、ミナ遁世門ニテ有リト聞ユ、カシコキ心ナルベシ、

此一節が決して架空の小説にあらざるは、當時の譲狀を觀るものゝ首肯するところなるべし。

譲狀の形式及び效力　譲狀は一に處分狀ともいへり。其形式は一定せず、或は各通に嫡子以下の男女に與へ、或は一通に聯書す、後者は所謂總配分狀なり。被相續人の自筆に成れるあり、又他筆に成れるあり、病中傭書せしむれば、被相續人自らこれに署名押署し、平復の日更に自筆の譲狀を與ふるを例とせり。間〻被相續人の妻若しくは子女の連署せるものあるは、相共に其處分に服從して違背せざらしめんが爲めなり。然れども又全く其處分を祕密にして、被相續人の死後、五十日の後披見すべしと遺言せるもあり。其何れもに通じて、處分の效力を生ずるは、被相續人の死後に於てするを例とせり。寛喜二年二月廿日、小山朝政生西の

惣領嫡孫長村に與へし讓狀に、「生西一期之間可二進退知行一也、於二沒後一者、任二讓狀一、無二他妨一長村可レ令二領掌知行一」云々とあるは其一例なり。（小山文書。）

財産相續の大勢　家督財産の重んぜられしこと此くの如し。故に讓狀の起草に當りては、被相續人の用意周到にして、啻に子に對する處分のみならず、往々子の死亡後を豫想して、第二第三若しくは第四の相續人に就きて遺言せるものさへあり。これが順位は嫡子を第一となし、分限狹少なるものは、これを諸子に分配して、所領の減少を來すに於ては、宗家を弱くして、武家役に應ずるに堪へざらしむべしとなし、專ら嫡子一人に與へて、他の庶子は皆其扶養を受くると共に、力を協せて一家の勢力を扶植せしめんとせしもの少からず。（神官の如きは、神事を務め難しとて一子に讓れり、（香取文書）。）然らざるも嫡子は常に重もなる財産を獨占せしに拘らず、庶子以下の所謂得分の親なるものは、比較的に少許の分け前に預かるを例とし、又これを一期分に止めて、死後は惣領に歸せしめしあり。惣領の絶えたる時は庶子に付し、庶子の絶えたる時は惣領に付せしめて、異姓他人に讓與するを禁ぜしもあり。就中女子は出でゝ他の家族となれば、財産は從つて其子に傳へ、家產を他人に讓ると同一の結果に陷いるべきを以て、女子に讓れる財産は大抵一期分と定め、縱ひ一期中なりとも、宗家に對する義務を怠れる時は、惣領の任意に處分するを許せるもあり。甚だしきは子孫に遺命して、他人と共に女子に對する所領の讓與を禁ぜるもありしが、子孫に至り、「不レ背二彼素意一、限二一期一」といひて、其一部を女子に讓れるものありしを觀るも、此種の讓與が、女子の相續を禁止すると同一の精神に出でたりしを知るべきなり。（阿蘇文書建治元年十月十五日讓狀。）左に其一例を擧げん。

薩藩舊記
ゆつりわたす　いさく《伊作》のむすめ《女》のふん《分》
南江のてつくりの米拾石
さぬき《讃岐》のくしなし《櫛無》の中村四郎か給分
右ゆつりわたす所也、たゝし一こ《期》のゝち《後》は惣領にかへすへき狀如レ件、
元亨元年十月廿七日　たうき《道義》

他人養子の如きも、財産の分散削減の憂慮は、寧ろ女子に優るも讓らざりしなり。されば此時代には養子の制を擴張して、女子の子なきものが、遺産を其養子に讓與するを認めたりしとはいへ、一般に養子相續を忌み、甚だしきに至りては、斷じて養子に相續せしむべからずと遺言せるもありたり。

財産讓與に關する公武法制の異同　律令の學廢れてより以來、明法家のこれに對する解釋は、學問上に將た實際上に直に重きをなし、幕府の法律を制定するに當りても、これを參酌するの已むを得ざるに至れり。然れども武家法制の時代の必要に伴へる結果、根本主義の扞格を避くべからざりしなり。

父母の讓狀に就いては、明法家、戶婚律に「祖父母父母在、而子孫別籍異財者、徒二年」の規定はあるも、子孫に異財せしむることの罪とならざるを以て、「既異財後更追、是所謂不義、然則不還以允レ義」といひ、明法條々勘錄、法曹至要抄は又「處二分子孫一之物、子孫死後不レ返二領一事」といへる條に、「於下父母之令レ異レ財者上、受領之子孫、無レ有二其罪一、(一)又已異後不レ可二悔還一、(二)況子孫亡《シテ》有二妻子一者、妻子可二傳領一、父母更不レ可レ返二

領之一」といひて、父母が前に與へし讓狀、卽ち前狀を有效とすとの說をなせり。同書に又戶令の生前に處分せるものにして證據充分なるは、法定分配法に依るの限りにあらずといへる規定と、鬪訟律の子孫にして敎令に違犯せるは徒二年、祖父母父母を告訴せるは絞すとの規定とに依りて、父母の處分は最後の讓狀、卽ち後狀を有效とすといへるも、中古の法制は、原則として親子の財産を異にするを認めざりしを以て、此解釋は唯財産取得前に於ける讓狀の效力をいふに止まれり。

然るに貞永式目に於ては、財産を其子に讓與し、安堵の下文を受けし後にも、これを取戾して他の子に與ふるを認め、「(一)就二先判之讓一、雖レ給二安堵御下文一、其親悔二還之一、於レ讓二與他子息一者、任二後判之讓一、可レ有二御成敗一矣」といひ、彼法曹至要抄に、「夫婦雖レ有二義絕之法一、父子可レ無二義絕之道一」との見解を下せるにも拘らず、貞永式目に次の法文を設けて、父子の義絕するを認めたり。

父母所領配分時、雖レ非二義絕一、不レ讓二與成人子息一事、右其親以二成人之子一令二吹擧一之間、勵二勤厚之思一積二勞功一之處、或就二繼母之讒言一、或依二庶子之鍾愛一、其子雖レ不レ被二義絕一、忽漏二彼處分一、侘傺之條、非據之至也、仍割二今所レ立之嫡子分一、以二五分一一可レ宛二給無足之兄一也、但雖レ爲二少分一於二計宛一者、不レ論二嫡庶一、宜レ依二證跡一、抑雖レ爲二嫡子一、無二指奉公一、又於二不孝之輩一者、非二沙汰之限一矣、

又讓狀を得し子の死亡せるに向ひては、(二)「其子雖レ令二見存一、至レ令二悔返一者、有二何妨一哉、況子孫死去之後者、只可レ任二父祖之意一也」といへり。これ實に較著なる父母の權力の消長にあらずや。

女子に讓與せし財産の取戾　又裁判至要抄にありては、父母別籍せしむるも子孫の坐せざると、女子の嫁

して夫の籍に附くを禁ぜざるとに依りて、「女子適二夫家一後、所二讓與一之財物、可レ爲二夫之進止一、夫婦同財、以レ夫爲レ主之故也、仍父母更難二進退一、處二分有夫女子一之財、輙不二悔還一、但未二異財一者、可レ悔二還之一」といひしも、式目はこれに反して、「男女之號雖レ異、父母之恩惟同、爰法家之倫、雖レ有二申旨一、女子則憑下不二悔還一之文上、不レ可レ憚二不孝之罪業一、父母亦察レ及二敵對之論一、不レ可レ讓二所領於女子一歟、親子義絕之起也、既敎令違犯之基也、女子若有二向背之義一者、父母宜レ任二進退之意一、依レ之女子者爲レ全二讓狀一、竭二忠孝之節一、父母者爲レ施二撫育一、均二慈愛之恩一者歟」との規定を設けて、一旦女子に讓りし所領をも取戾すことを許し、從つて裁判至要抄に、外祖父母財產を侵奪すれば、外孫の告訴を許すとの規定に據り、（鬪訟律にあり）、女子が其子に、父母より得たる財產を讓りて異財せしめたるは、父母これを取戾すを得ずといへるも、新編追加（正應三、十一、九）には「讓二與外孫一之物財令二悔還一事、法家不レ許之歟、如二式目一者、讓二與女子一之所領、向背之時、可レ任二父母之意一之由被レ載レ之、然間和二與外孫一之物准レ之、可レ爲二外祖父母進退一之由雖二相存一、無下被二定下一旨上之間、輙難二是非一歟、然則且依二證文一、且隨二事體一、可レ有二斟酌一歟」との規定を設けて、場合に依りては取戾し得ることゝなしたり。貞永式目は又明法家の異說に關せずして「女人養子」を認め、女子にして子なきは、養子に財產を讓與するを許しゝかど、新編追加（弘安九、七、廿五）「鎭西御家人所領事」の條に、「異國警固不二落居一之程者、不レ可レ讓二女子一、無二男子一者、以二親類一爲二養子一、不レ可レ讓レ之」（○養子の下不の字衍歟、然るに前田本これに同じ、姑く存して疑を闕く）とあるは、縱ひ一地方に限れる一時的規定なりしにもせよ、幕府の政策上、女子の所領相續を好まざる傾向ありしを知るに足るべし。

公武法制の接近　此時代に於て、公家法制の解釋上看過すべからざる一轉進あり。乃ち明法家の律令に對する解釋が、從來に比して自由の傾向を生じ、次第に武家法制に接近し來れることこれなり。彼父母の前狀を有效とすとの說を排して、父母の絕對的權力を認め、父母が縱し數度其讓狀を變改すとも、「以二最後狀一可レ令二受領一」といひ、戶令に、四等以上の親、昭穆に合ふものを養子の條件としたりしに拘らず、家業を繼がしめんが爲めには、異姓と雖ども收養するを許すべしといふが如きことこれなり。明法條々勘錄。從つて明法家の寄人たる朝廷の記錄所の裁判の如きも、亦同一の傾向を生じ、或る規定の如きは、全く貞永式目のそれを准用するに至れり。此くの如くにして、最初武家法制に影響を與へたりし公家法制は、却て前者の影響を受けて、或る程度迄互に接觸を保つことゝなりしなり。

致仕免役の年齡　中古に於ける致仕隱居の外、此時代には、兵役に服する能力を喪へるもの、語を換へていはゞ、老人病者にして隱居の必要を生ぜざりしにあらず。中古にありても、文官は七十歲以上にして致仕するを許すも、軍人は將校と兵士とに論なく、六十に達すれば免役せられ、六十未滿のものにても、羸弱長病にして兵役に堪へざるは、同じくこれを免ぜられたり。武斷的傾向を有せる當時の社會が宗敎的觀念を加味して、退隱の風習を誘發せるは事實なり。然れども彼隱居論に於けるが如く、武家時代に至りて强迫的隱居の行はれたりとし、又五十前後に退隱の必要を生ぜりとするは事實にあらざるなり。如何に武家時代なればとて、矢石の間にのみ日を暮らせるものにあらざれば、武人をして髀肉の歎あらしめし日も亦鮮しとせず。加ふるに彼等の心身鍛錬に富める、伏波の勇ありしもの多きに居れば、彼出家遁世に託して公務を避けながら、尙ほ財產を所有せんとするが如きもの丶外、老年に及びしとて、俄に退隱の必要を見ず。況んや疾病老衰若しくは纎弱婦女子の輩にして、戰場に臨む能はざるもの丶爲めには、代官を出だすを許されたるに於てをや。されば武家にありては、公家の如く必ずしも出家に伴ふに致仕を以てせず、公家にありてさへ、出家後尙ほ政治上の實權を失はざるものありしとはいへ、入道の身を以て、壯者と伍して公務を執るを妨げざるなり。

七十歲以上老人の讓狀　是に於て、此時代には、瀕死危急の際に於ける讓與すら、被相續人の意志を確むべきものだにあれば、これを有效と認め、新加制式「雖レ爲二父祖之讓狀一、依レ事可レ有二用捨一事」の條には、「右或及二末期一、或受二重病一、无二本性一之時讓狀者、更不レ足二信用一、但雖レ爲二末期並重病一、在二手繼之證人一者、可レ有二擧用一乎」といへり。而して此時代の明法家も亦これと同一なる解釋を取りしは、明法條々勘錄「父母讓狀所勞危急之時文字不レ詳狀事」の條に、「右筆跡雖レ不レ相二似尋常之時一、於レ爲二財主自筆一者、猶可レ謂二灼然之讓狀一歟」といへるを以て知るべし。されば老人の讓與の如きも、其有效なるは辯を竢たざるところなり。然るに當時公武の訴訟に關する文書を見れば、往々七十以後、若しくは八十以後の讓與を以て無效なりとなし、法意亦然るが如くに言做すものあり。凡そ老人は屢〻其意志を飜して、迷惑を子孫に蒙らしむることなきにあらず。況んや其老耄に乘じてこれを誘惑するものあるに於てをや。然れども奈何せん、法律は最後の讓與を以て有效と認め、年齡に關する一の規定だもあらざりしことを。故に正安元年十二月廿日幕府御敎書には、被告上島入阿が原告たる妹宇治氏の提供せる祖父願西の讓狀を斥けて、「爲二七旬以後狀一之間、難レ被二許容一」といへるを、「不レ可レ依二年齡一」と言渡し、阿蘇文書、北朝貞治二年二月廿九日記錄所越訴沙汰に、原告たる東南院宮廳より提供せる越訴狀に、「八旬以後所存難レ容之趣」を載せたりしを、「不レ違儀一者、雖レ爲二百歲者所爲一、可レ被レ用之由、法意明文」との趣旨を以て越訴を棄却し、師守記、又同年五月、原告たる御々女の「八十有餘行事、非二御沙汰之限一之條、法意所レ定也」といへるに對して、同六月、被告賀茂氏女の「八十有餘行事被二指南一、傍例繁多也」と論駁せり。東寺百合文書。されど年齡に關する規定なくんば、斯る爭訴を停め難さを以て、幕府は爲めに七十歲以上の讓與も有效なりとの追加を發するに至れり。新編追加弘安七、五、廿七評、○新式目には正安二七七に作る「遺跡相論」の條に、「七拾已後讓事、不レ可レ有二其難一矣」とあり、建武以來追加に「七十以後讓狀可レ有二許容一哉否事、曆應、○正安二年十一七日のものなり、正安元年の訴訟の後なれば、其爲めに追加せしか、文中永正とあるは誤れり、引勘之處、令條之文不二分明一、然而於二祖父母父母讓一者、數度雖二改易一、已後狀可レ用之由、諸家輩所二勘來一也、更無二制禁一、七十以後讓輩、不レ可レ有二其難一之由、永正二十一七、被二定置一訖、然者旁無二異儀一哉」とあるはこれなり。穗積博士は隱居論に於て、弘安年間に至り、隱居年齡を七十歲に定めたりとて、此文を引證せられたるも、此追加は其標目の示すが如く、遺產の爭に於ける規定なれば、七十歲以上の老人の讓與も無效とせずとの意味にして、決して七十歲を以て隱居すべしと定めしにあらざるなり。

讓狀の効力を示す實例　今左に一二の例證を擧げて、いかばかり讓狀の效力あるかを知るに便せん。

沙石集

忠言有レ感事

同キ御代官ノ時、○北條泰時チイフ、鎭西ニ父ノ跡ヲ兄弟相論スルコトアリケリ、父貧クシテ所領ヲ賣ケルヲ、嫡子カシコキモノニテ、マヅシカラヌマヽニ、コレヲ買テ、還テ父ニシラセケリ、カヽリケル程ニ、イカナル仔細カアリケン、弟ニ跡ヲサナガラ讓ヌ、兄關東ニテ訴訟ス、弟召レテ對決ス、兄嫡子也、奉公アリ、申所道理アレドモ、弟讓文ヲ手ニ握リテ申上ハ、共ニ其イハレ《謂》アリ、成敗シガタシトテ、明法ノ家ヘ尋ネラル、法家ニ勘申テイハク、嫡ナリ奉公アリトイヘドモ、父スデニ弟ニ讓ヌ、仔細有ニコソ、奉公ハ他人ニトリテノ事ナリ、子トシテ奉公ハ至孝ノツトメナリ、弟ガ申處道理ナリ、仍弟安堵ノ下文給テ下リヌ、

豫章記

父通有〇河野如何被㆑思ケン、家督ヲ通治〇七男ニシテ末子ナリニ令㆑續ト云フ證判ヲシテ被㆑置ケルヲ、舍兄達各不審有テ、其實證ヲ尋ネ給ヒケル、通治ノ母儀ハ通久女也、通有逝去ノ後、出家シテ河野土居萬松院ヲ建御座ス、御名ヲバ道忍ト申、字ハ安古也、彼御讓狀、此大方殿ニ預被㆑置、是六人〇通忠、通茂、通種、通員、通爲、通里御母タル故ニ、不㆑可㆑有㆓私曲㆒、然者通治モ大方殿ニ有ル由ヲ被㆑申タリ、サレバ可㆑有㆓拜見㆒トテ、旁々誘引在テ、萬松院ヘ參リ給、此由被㆑申ケレバ、卽安古大姉件ノ證判被㆓取出㆒、各々御覽候ヘトテ被㆑見ケレバ、座上、通忠是ヲ請取、御覽有シヲ、此人大力强氣ノ人ナレバ、若モ引ヤ裂レントテ怪テ、通治末座ヨリ立給テ、袴ノ股立トリ、膝本ニ指寄《サシヨリ》、若傷ラバ卽勝負ヲ可㆑決之樣ナレバ、安古モ手ニ汗ヲ握御座ケル處ニ、通忠見了テ、疑モナキ亡父ノ手跡ナリトテ、柏谷殿ニ被㆑渡、其次ニハ皆穩便ニテ、慇懃ニ頂戴シテ領納有ケレバ、其ヨリ家督モ定リケリ、

父母の財産讓與に關する制限　然れども羅馬に於けるQuerela Inofficiosi Testamentiが不條理なる父の遺言に依りて相續を受くる能はざる子孫を保護したりしが如く、幕府も子の爲めに親の專制より生ずべき弊害に向つて保障を置かざりしにあらず。例せば、成長せる嫡子仕へて勤勞を積むも、其親或は繼母の讒を信じ、或は庶子の寵に溺れて、處分に漏れしむるが如きことあれば、幕府はこれに干涉して、嫡子の得分の五分の一を割きて此無足の兄に與へしめ、（貞永式目、）又子孫を閣きて他人に讓與するものゝ如きは、兄弟叔姪の近親及び遠類と雖ども、多年養子として收養せしものを除き、恩地と私領とに論なくこれを無效とせり。（新編追加文永十一、六、一評・）されば「親の物は子の物」との俚諺の行はれたりし鎌倉時代に於て、親の處分に洩れたる不幸なる子が祖父母父母を告訴するは、告言の罪として嚴にこれを禁じ、其言ふところ理あるも、敗訴に歸せしめたりしに拘らず、（新編追加延應二、五、十四評、寶治二、七、廿九評、）法制上の保護を求めんが爲め、家督財産を爭ふもの多かりしは、當時の訴訟關係の文書等これを證して餘りあり。（○沙石集には「末代ハ父子兄弟親類骨肉アタヲムスビ、タテヲツキ、問註對決シ、境ヲ論ジ處分ヲ諍事、年ニシタガヒテ、世ニオホク聞ユ」といへり。）徒然草に於て「身死して財殘る事は、智者のせざるところなり、よからぬ物貯へおきたるつたなく、よき物は心をとめけんとはかなし、こちたく多かる、ましてくちをし、我こそ得めなどいふ者どもありて、あとに爭ひたるさまあし、後は誰にとこゝろざす物あらば、生けらんうちにぞ讓るべき、朝夕なくてかなはざらん物こそあらめ、其外は何も持たでぞあらまほしき」と述懷したりしは、一種の厭世觀たるを免れずとはいへ、說くところ時弊に適中せり。

人身賣買の禁　これを要するに、此時代に於ては、家督財産の相續に關する父母の權力は、幾分の制限を免れざりしとはいへ、中古のそれに比すれば、多くの點に於て自由を與へられたり。但親が生殺賣買の權を有せざりしは中古と異ならず、新編追加、正應元年五月一日幕府の御敎書に、「人倫賣買事、禁制重レ之、而飢饉之比、或沽ニ却妻子眷屬一助ニ身命一、或容ニ置身於富德之家一、渡ニ世路一之間、就ニ寛宥之儀一、自然無沙汰之處、近年甲乙人等面々訴訟、有レ煩ニ于成敗一、所詮於ニ寛喜以後、延應元年四月以前事一者、訴論人共以京都之輩者、不レ能ニ武士口入一、至下關東御家人與ニ京都族一相論事上者、任下被レ定ニ置當家一之旨上、可レ被ニ下知一、凡自今以後、一向可レ被レ停ニ止賣買一之條、依レ仰執達如レ件」とあり。飢饉の歲には特にこれを默許したりと雖ども平年に復せば直に其禁を嚴にしたりしなり。

親の子に對する制裁　されば親の權力の旺盛なりし當時にありては、是等の外、別に子に對する相當の制裁なくんばあらず。是に於て不孝といひ、勘當といひ、將た義絕といふこと、一般社會に行はれて、法制上亦これを認むるに至れるなり。

第一　名稱

此事たる、初めは法制以外の慣習として行はれしものなれば、一定の名稱なかりしも、不孝、義絕及び勘當の三者を出でざるべし。

不孝の意義　今昔物語に幼兒盜レ瓜蒙ニ父不孝一語を載せたり。其文左の如し。

今昔□ノ□ト云フ者有ケリ、夏比吉キ瓜ヲ得タリケレバ、此レハ難レ有キ物ナレバ、夕サリ方返來テ、人許ヘ遣ラムト云テ、十菓計ヲ厨子ニ入レテ納メ置テ出ヅトテ云ク、努々、此ノ瓜不レ可レ取ズト云置テ出ヌル後ニ、七八歲許ナル男子ノ、厨子ヲ開テ瓜一菓ヲ取テ食テケリ、夕サリ方、祖《オヤ》〇親返テ厨子ヲ開テ瓜ヲ見ルニ一菓失ニケリ、然レバ又此ノ瓜一菓失ニケリ、此ハ誰ガ取タルゾト云ヘバ、家ノ者共、我レモ不レ取ズ、我モ不レ取ズト諍合タレバ、正シク此レハ此ノ家ノ人ノ爲態也、外ヨリ人來テ可レ取キニ非ズト云テ、半《ハシタ》无ク責問フ時ニ、上ニ仕ヒケル女ノ云ク、晝見候ツレバ、阿字丸コソ御厨子ヲ開テ、瓜一ツヲ取リ出テ食ツレト、祖此レヲ聞テ、此モ彼モ不レ云テ、其ノ町ニ住ケル長シキ人々ヲ數《アマタ》呼集メケリ、家ノ内ノ上下ノ男女、此レヲ見テ、此ハ何ノ故ニ此ハ呼給フニカ有ラムト、思ヒ合タル程ニ、郷ノ人共被レ呼テ皆來ヌ、其ノ時ニ父其ノ瓜取タル兒ヲ永ク不孝シテ、此ノ人々ノ判ヲ取ル也ケリ、然レバ判スル人共、此ハ何ナルコトゾト問ヘバ、只然思フ樣ノ侍ル也ト云テ、皆判ヲ取ツ、家ノ内ノ者共ハ、此ヲ見テ、此許《カクバカリ》ノ瓜一菓ニ依テ、子ヲ不孝シ可レ給キニ非ズ、糸物狂ハシキ事カナト云ヘドモ、外ノ人ハ何カハ可レ爲キ、母ハタ可レ云キニモ非ズ、極ク恨ミ云ケレドモ、父由无キ事ナ不云ソト云テ、耳ニモ不二聞入一レズシテ止ニケリ、其後年月ヲ經ル程ニ、此ノ被二不孝一タル兒、漸ク勢長シテ、元服ナドシ、世ノ中ニ有ケレドモ、父不孝シテ後、敢テ相見ル事无カリケリ、而ル間ダ、其冠者可レ然キ所ニ宮仕ヘシケル程ニ盜ミシテケリ、然レバ被レ捕テ被レ問ケルニ、然々ノ者ノ子也ト云ケレバ、檢非違使ノ別當ニ其ノ由ヲ申スニ、別當、慥ニ祖《オヤ》有ル者也、祖ニ付テ沙汰ヲ可レ致キ也ト有ケレバ、廳ノ下部共、此ノ冠者ヲ前ニ立テ、祖ノ家ニ行テ、此ノ由ヲ云テ、追捕セムト爲ルニ、祖ノ云ク、此レ更ニ己ガ子ニ非ズ、其ノ故ハ、此レヲ不孝シテ、敢テ不二相見一ズシテ、既ニ數十年ニ成ヌト云ヘドモ、廳ノ下部共不レ用ズシテ、恐喝嘷ケレバ、祖、若シ其逢此ノ事ヲ虚言ト思バ、速ニ此レヲ可レ見シト云テ、彼ノ在地判取タル文ヲ取出テ、下部共ニ見ス、亦彼ノ判シタル人共ヲ呼テ、此ノ旨ヲ云ヘバ、判シタル人共、正シク先年ニ然ル事有キト云ヘバ、下部一人返テ、検非違使ヲ以テ此ノ由ヲ申セバ、別當尤モ祖不知マジカナリト有ケレバ、下部共可レ云キ方无クテ、其ノ冠者ヲ具シテ返ヌ、犯シ隱レ无カリケレバ、獄ニ被レ禁ニケリ、但シ祖ハ更ニ事无クテ止ニケリ、然レバ其ノ時ニナム、然マデ不有マジト思ケル者共モ、極ク賢カリケル人カナト、祖ヲ讃メ喤ケル、然レバ祖ハ子ヲ愛スルコト譬ヒ无キ事ナレドモ、賢キ者ハ兼テ子ノ心ヲ知テ、此ク不孝ヲシテ、後ノ過ヲ不レ蒙ヌ也ケリ、此レヲ見聞ク人、此ノ祖ヲゾ極カリケル賢人カナトナム語リ傳ヘタルトヤ、

「父ノ不孝ヲ蒙ル」といひ、「兒ヲ不孝ス」といひ、又「不孝セラレタル兒」といふ。何れも用語の奇異にして、失當の甚だしきものなり。而かも當時通用して怪しまざりしは、民間日用の語を以て記せる記錄文書に徵して明かなり。

沙石集

依二和光之方便一止二妄念一事

上總國高瀧ト云所ノ地頭、熊野ヘ年詣デシケリ、只一人有ケルムスメ《女》ヲ、イツキカシツキテ、カツ《且》ハカレガタメトモ思ケレバ、相具シテゾ詣リケル、此ノムスメミメカタチ《容貌》ヨロシカリケルヲ、熊野ノ師ノ房ニ、ナニガシ《某》ノ阿闍梨トカヤイフ、ワカキ《若》僧有ケリ、京ノ者也ケリ、此ノムスメヲ見テ、心ニカケテ、イカニモ忍ガタク覺ケルマヽニ、我レ淨行ノ志シ有テ、靈社ニシテ佛法ヲ行ゼント思企ツ、カヽル惡緣ニアヒテ、妄念ヲサヘ《抑》ガタキ事、口惜ト思テ、本尊ニモ權現ニモ、此心ヤメ《止》給ヘト祈請シケレドモ、日ニ隨テハ、カノ《彼》面影タチソヒテワスレ《忘》ズ、何事モ覺ザリケレバ、忍ガタクシテ、心ノヤルカタト、負《オヒ》ウ

チカケテ、アクガレ《所在離》出デ、上總國ヘ下ケル、サテ鎌倉スギテ、ムツラ《六浦》ト云フ所ニテ、便船ヲマチテ、カ《上》ヅサ《總》ヘ越《コエン》トテ、濱ニウチフシテ、ヤスミ《休》ケル程ニ、アユミ《歩》ツカレ《疲》テ、ウチマドロミタル夢ニ見ケルハ、便船ヲエ《得》テ、カヅサノ地ヘワタリ、高瀧ヘ尋ユキテケレバ、主《アル》ジイデアヒテ、イカニシテ、クダリ《下》給タルトイフ、鎌倉ノ方ユカシクテ、修行ニマカリ出デ侍リツルガ、チカキ《近》ホド《程》ヽ承テ、御住居モ見奉ラントテ、マイリ《參》テ侍《ヘベル》ト云、サテサマ〴〵ニモテナシケリ、ヤガテ上ルベキ體《テイ》ニ申ケレバ、暫ク田舍ノ様モ見給ヘカシトテ、トヾメ《留》ケリ、本ヨリソノ心指《ザシ》ナレバ、トヾマリテ、トカク《兎角》ウカガヒ《覗》ヨリ《寄》テ、忍々カヨ《通》ヒケリ、互ノ心ザシアサカラ《淺》ズ、サル程ニ男子一人イデキヌ、父母是ヲキヽテ、大ニイカリ《怒》テ、ヤガテ不孝シタリケレバ、シノビ《忍》テユカリ《緣》有ケル人ノモト《許》ニカクレ《隱》ヰ《居》テ、年月ヲ送ルホドニ、タヾ一人《リ》ムスメナレバ、力ヲヨバ《及》ズトテユルシツ、コノ聟モワカキ者ノ、ミメカタチナダラカニ、尋常ノ者ナリケル上、サカサカシク、手迹ナンドモ、ナダラカナリケレバ、今ハ子ニコソシ奉ラメトテ、鎌倉ヘモ代官ニノボセ、物ノ沙汰ナンドモサカ〳〵シクシケリ、孫又カタチ誠ニ人々シク見エケレバ、カシツキモテナシケリ、子共モ兩三人イデキヌ、コノ子十三ト云ケル年、元服ノタメニ鎌倉ヘノボル、サマ〴〵ノ具足共用意シテ、船アマタシタテヽ、海ヲ渡ホドニ、風ハゲシク波タカキニ、コノ子フナバタニノゾミ《臨》テ、アヤ《過》マチニ海ヘ落入ヌ、アレ〳〵ト云ヘドモ、シヅミテ見エズ、ムネ《胸》ヒシゲ《拉》テ、アハテ《惶》サハグ《騒》ト思テ夢サメヌ、

田代文書

譲與　陸奥國岩瀬郡内矢田野村地頭職幷鎌倉比企谷屋地事

又四郎藤原貞行所

右村地頭職者、行敎重代相傳之所領也、而次郎敎藤、去應長元年閏六月十七日、背二行敎命一令二他行一之間、永令二不孝一之畢、爰依二長病危急一難二存命一之間、爲二又四郎貞行於嫡子一、彼村永代所二讓與一之也、無二他妨一可レ令二知行一之、仍爲二後日一讓狀如レ件、

元亨二年壬戌二月廿九日

藤　原　行　敎（花押）

小鹿島文書

ゆつりあたふ、しふえ《澁江》又二郎さへもんきんとき《公時》かところに、ひせん《肥前》のくに、なかしま《長島》のしやう、はな《花》しま《島》むらのうち、つねきよみやうのてんちやしきらの事

右のところは、公圓ちうたい《重代》さうてん《相傳》のしよりやう《所領》なり、しかるあいた、きんときちやくし《嫡子》たるあいた、ゆつるものなり、こゝにまこほうしはら《孫法師原》に、てんちやしき《田地屋敷》をさしわけて、ゆつる事ありといへとも、まこ四郎か公圓かめい《命》をそむく《背》あいた、くいかへし《悔還》て、きんときにゆつるところなり、ひたくちのねう《女》はう《房》に、やしきのつほ《坪》二たん、みなみのより、こけ《後家》あま御せんに、あふきた一たん二つゑ《杖》、いつれも〳〵いちこ《一期》のゝちは、きんときちきやう《知行》すへし、たゝし九郎かふん《分》はかりは、みらいさうてん《未來相傳》すへし、このうゑは、こきやく《沽却》のところも、ほんしゆ《本主》ちきやうすへき事あらん時は、きんとき一人ちきやうすへし、つき《次》にほんせうもん《本證文》は、まこ四郎かもと《許》に、あつけをく《預置》ところに、公圓そんしやう《存生》のときより、てきたい《敵對》のおも

ひをなして、おさへ《抑》とらんうゑは、まこ四郎かふん《分》ともに、なかく《永》ふけうせしむるところなり、きやう《向》こう《後》公圓かせうもん《證文》を、まこ四郎たいち《帯持》して、いかやうにき《(のカ)儀》をゆふとも、公圓ふけうせしむるうゑは、こさいく《罪科》はに申をこなふ《行》へきなり、こうせう《後證》のために、あんもん《案文》に一そく《族》の御はん《判》を申てたふ《給》うゑは、これを正もん《文》のおもひ《思》をなして、たやしき《田屋敷》のりつほ《里坪》は、せうもんにみゆる《見》ところなり、しさい《仔細》あるへからす、もんしよ《文書》の事、一そく《族》にさた申うゑは、しさいあるへからす、つき《次》におんしやう《恩賞》の事、きんとき《公時》くんちう《軍忠》をいたすうゑは、一かう《向》に公時かはからい《計》たるへし、いつれのこまこ《子孫》もいろう《綺》へからす、よて《仍》こうせう《後證》のために状如件、

貞和六年五月十八日　　沙彌公圓(花押)

これらは一家の外に放逐して、親子の義を絶つものなるも、此他單に叱責疎外するをいふに止まるものもなかりしにあらず。

太平記

三浦大和多合戰意見の事

〇前略 長崎二郎高重、久米河の合戰に組て討たりし敵の首二つ、切て落したりし敵の首十三、仲間下部に取持せて、鎧に立處の箭をも未だ抜かず、疵の口より流るゝ血に、白糸の鎧忽ちに火威に染成して、閑々と鎌倉殿の御屋形へ參り、中門に畏りたりければ、祖父の入道〇圓喜世にも嬉しげに打見て出迎ひ、自ら疵を吸、血を含んで、涙を流して申しけるは、古き諺に、子を見る事父に如かずといへども、我れ先

づ汝を以て、上の御用に立ち難き者なりと思て、常に不孝を加へし事、大なる誤りなり、汝今萬死を出で一生に遭ひ、堅きを碎きける振舞、陳平張良が難しとする處を究め得たり、相構へて今より後も、我が一大事と合戰して、父祖の名をも呈はし、守殿の御恩をも報じ申候へと、日來の庭訓を飜へして、只今の武勇を感じければ、高重頭を地に付て、兩眼に涙をぞ浮べける、○猶ほ同書に千種忠顯の事を敍して、「文字の道をこそ家業とも嗜まるべかりしに、弱冠の比より、我道にもあらぬ笠懸犬追物を好み、博奕婬亂を事とせられける間、父有忠卿父子の義を離れ、不孝の由にてぞ置れける」とあり。

不孝は色葉字類抄古本に「フケウ」とあり。孝の音「ケウ」なり、枕草紙に「孝ある人の子」、落窪物語に「親に孝じ」とある類、皆「ケウ」と讀むべし、景行紀に「おやにしたがはぬ事」と訓せり。當時一般に「フケウ」といへるは、文書に「フケウ」、「フケフ」、又「フキヤウ」と書し、或は又「不敎」とするものあるに據りて證すべし。此時代に成れる讓狀の末文に、「此狀を背かん子孫に於ては、不孝の仁として、罪科に申行ふべきなり」といふもの、殆んど千篇一律の狀をなすは、亦前にいへる不孝の意に外ならず。これ本と律の不孝に出で、不孝罪となすの意より轉じて動詞となり、不孝の行爲と看做して子孫を放逐し、義絕するを、「不孝す」とも「不孝を加ふる」ともいひ、子の方よりは「不孝を蒙る」といひしなり。明法條々勘錄に「近來世俗以二義絕一稱二不孝一歟」とあるはこれなり。源平盛衰記には素盞嗚尊の御事をも「不孝せられて雲州へぞ流されけり」と記せり。又必ずしも義絕せず、單に叱責疎外するに止むるものをも、斯くいへることあり。後世迄も親の不興を蒙るといふもの是にて、一般に「不興」の字を用ゐ、然らざるも「不興」の意味に用ゐられしも、太閤之式目に「蒙二不孝一徘二徊御近所一申事」とあるが如し、全く此不孝より轉化し來れることゝ知るべし。

不孝は勿論親より子に對するの處分なり。然るに子として母を不孝せりといふこと、古事談に見えたり。

賴義〇源與二御隨身兼武一ハ一腹也、母宮仕之者也、件女ヲ賴信愛シテ令レ產二賴義一云々、其後兼武ガ父、件ノ女ノモトナリケル半物ヲ愛ケルニ、其女〇賴信の妾ヲノレガ夫ヲ我ニアハセヨトテ、進ミテ密通之間、ウミタル也、賴義聞二此事一、心憂キ事也トテ、永ク母ヲ不孝シテ、ウセテ後モ、七騎之度乘タリケル大葦毛ガ忌日ヲバシケレドモ、母忌日ヲバセザリケリ、

縱ひ父の嫡妻ならざるにもせよ、將た素行の修まらざるにもせよ、其母を不孝すといふは、穩妥ならずといはんか。此くの如きは固とより除外例たるに相違なしとはいへ、不孝の語が單に親子の義絕を意味する通用語なりとせば、深く怪しむに足らざるべし。

勘當の意義　勘當は「かたう」ともいひ、勘事「かうじ」又は「かんじ」と共に、多く中古以降の普通文に慣用せり。此語唐書、全唐文、唐賈公彥周禮疏等に出づ。而して全唐文に收むる徐堅が論二刑獄一表唐書徐堅傳に據るに、則天武后天授三年の上表に係るに、これを說くこと最も詳かなり。故に其文を左に抄出すべし。

臣聞、上天之道、先レ春而後レ秋、聖人制レ法、外レ刑而內レ禮、故知、三辟之設、王者不レ得レ已而用レ之、今帝命惟新、六合光宅、遠無二異望一、邇無二異言一、亦宜下安二彼反側一示以中寬典上、臣竊見、神都諸部勘當所尋、有レ勅停レ勘、迄レ至レ於レ今、猶尙追攝、豈非下勘當使等、志希二僥倖一、執二斯刻薄一、以爲中己能上哉、長二姦濫之源一、傷二醇和之化一、伏願卽停レ之、臣又聞、書有二五聽一、慮レ失二情實一也、令著二三覆一、恐レ致二虛枉一也、比見、有レ勅勘二當反逆一、令二使者得一レ實便決、然人命至重、死不レ可レ生、儻萬分之中、有二一不一レ實、欲レ訴無レ路、懷レ枉誰明、飮レ恨吞レ聲、赤族從レ戮、豈不レ痛哉、此不レ足下以肅二姦逆一而明中典刑上、適所下以長二

威福二而生中疑懼上、臣望絶二此處分一、依レ法覆奏、則死者甘伏、知二泣レ辜之恩一、生人歡悅、見二詳レ刑之意一、勘當は推勘、勘檢の意味に用ゐ、亦當代に於ける慣用語たりしならん。然れども用語の雅馴ならざるが爲め、編史者意を以て其稱を改めしかば、唐書に見ゆるもの寥々として數ふべきなり。

本邦の支那文學を輸入するに及び、此語も從つて採用せられ、日本書紀以下の國史を始めとして、令格式、政事要略等の公文に用ゐられ、小右記、玉葉、吾妻鏡等の記錄、及び竹取物語、紫式部日記、保元物語、平家物語等の物語類にも見え、勘氣若しくは勘發と共意を同じくして、中古以來公私の慣用語となり居れり。其公文に用ゐたるは、意義に於て彼れと大差なしと雖ども、一般には叱責、義絶等、寧ろ勘當の結果を意味するものとなれり。其中紫式部日記に「中絶ゆとなけれど、おのづから数多かき絶ゆるも、すみ定まらずなりにたりとも思ひやりつゝ、音なひ來る人もかたらなどしつゝ、すべてはかなき事にふれても、あらぬ世に來たる心地ぞ、こゝにてもうちまさり物哀なりける」とあるは、寄せ付けざることにいへり。

勘當は罪狀の輕重に依りて其適用同じからず、又公武に依りても異なるところありき。例せば、勅勘を蒙れるは、概ね出仕を停められて籠居し、若しくは城外に出ださるゝを例とせり。源平盛衰記に見えたる明雲僧正の語に、「勅勘のものは日月の光にだにも當らずとこそ申せ」とあるは、これをいひしなり。然るに一たび將軍の勘當を蒙れば、刑戮立どころに至り、身首處を異にせざれば已まざるものありしが如し。源義經の賴朝の勘氣を蒙れる、梶原景時の賴家の勘當を蒙れる、皆これなり。吾妻鏡、明月記。文永元年二月十二日の式目追加に、「自今以後、有下蒙二御勘當一輩上之時、追討使蒙レ仰相向之外、無二左右一於二馳向輩一者、可レ被レ處二重科一之由、普可下令レ相二觸御家人等一給上」云々とあり。新編追加。勘當を蒙れるものは、啻に其身を滅ぼすのみならず、延いて縁者所從に及ぼせり。其峻酷なる、彼武后の時に於ける反逆の勘當と殆んど相撰ばざりしなり。勘當は不孝と異なり、其應用稍〻廣しと雖ども、親子の間にいふところにして、後者と同一の意味に用ゐられし場合亦頗る多し。試みに其一二を擧げん。

古事談

佛師定朝之弟子〇子なり覺助ヲバ儀絶シテ、家中ヘモ入ザリケリ、然而爲レ謁ニ於母一、定朝他行之隙ナドニハ、密々ニ來ケリ、肇朝〇定朝ノ事左近府陵王ノ面ヲ可ニ打進一之由依レ被ニ仰下一、至心打出テ、愛シテ藝居ノ前ナル柱ニ懸テ置タリケルヲ、父他行之隙ニ、覺助來タリケルニ、此ノ面ヲ取下テ見テ、穴心ウ、此定ニテ被レ進タラマシカバ、淺猿カラマシトテ、腰力ヲ拔、ムズ〳〵トケヅリ直シテ、如レ本懸レ柱、退歸了、肇朝歸來、見ニ此面一云、此白物來入リタリケリナ、不孝之者、雖ニ他行之間一、入居事奇怪事也、此陵王直作直テケリ、但カナシク被レ直ニケリトテ、令レ免ニ勘當一云々、

朽木文書

ゆつり《讓》わたす《渡》所りやう《領》の事〇中略

くたん《件》のところは、四郎ゑもんゆきつな《行綱》にゆつりたふ《讓給》へしといへとも、ちゝ四郎こゑん入たうのはからひをく所をもそむき、こと〳〵くふけうのものたるによりて、なかくかんたうし候ぬ、〇中略、永和三年十二月廿一日の下知狀には、此行綱を「依レ爲ニ不孝之質一」「被ニ義絶一」とあり。

あま《尼》めう《妙》こ《語》（花押）

しやう《正》をう《應》五ねん十月十四日

勘當は動詞として用ゐらるゝ時の外、勘當者よりこれを加ふといひ、被勘當者よりこれを蒙るといふこと、不孝に異ならず。源平盛衰記に、「はぢの名かく《播》に爪つい《費》ず、勘當かうぶる《蒙》にはり《針》せず」云々とあるは、これが爲めなり。

義絶の意義　不孝すといひ、勘當すといへるは、共に公私の通用語たりしに拘らず、其法律語となれるは義絶といふの一語のみ。律令に於て、義絶は夫妻の間に限られしも、一般には唯義を絶つの意に用ゐて、父子夫婦兄弟等の間にいふもの多かりき。前に引ける古事談を觀ば、不孝、勘當の二語が義絶と同意義に用ゐられたりしを知るに足らん。式目抄にこれを解して、「義絶とは中たがいを云、交は義を以て本とす、其斷絶するを義絶と云、令に云へる義絶と云は中たがう事にあらず」といひ、又「義絶とは中をたがうて父子の義をたつを云、左傳に絶二諸侯一と云ふ字の心也」といへるは當れり。貞永式目及び天龍寺文書に載する北朝觀應二年八月十六日の足利尊氏の書、亦不孝義絶を竝び擧げたり。

不孝、勘當の二者は、其處分輕重の差ありて一定せざりしと雖ども、義絶に至りては然らず。故に法制の如き明瞭の意義を要するものにありては、彼れを捨てゝ此れを取りしなり。

第二　原因

義絶の原因となるべきものは概ね左の如し。

（一）親の意思に乖るの行爲ありし場合　律に於て、不孝は人子が孝道を闕ける犯罪行爲の名なりしも、一般には子の言行親の意志に乖りし場合に、親がこれを處分するをいひ、必ずしも其孝不孝を問はざりしなり。義絶の如きも、式目抄の所謂「中たがひ」にして、子の行爲の善惡如何は寧ろ問題以外たり。故に假令不孝の行爲ありたりとせんも、これを義絶すると否とは、一に親の意志如何に存したりしなり。

永安兼祐が其子兼榮を不孝せし理由として、「ひこ二郎かねよし、もとよりふきやうのものにてあるうへ、これほとのいこくほうき《異國蜂起》の事に、〇弘安の元寇を指す、せいしん《成人》たりなから、ついにおやのともをせぬうへは、おやこのき《義》あるましく候、ふきやうし候ぬ」といへるが如き、士人に特有の場合として見るべし。

（二）子の犯罪を知り若しくは豫測せる場合　個人主義の法律にては、刑は罪人の一身に止むるを原則とすれど、中古の法律には、八虐の中、謀反、謀大逆に限りて縁坐の制あり、父子、祖孫、兄弟を始めとして、家人、資財、田宅に至る迄、或は沒官し或は配流す。賊盗律。而して父祖子孫の戮せられしものは、皆侍衞の官に任ずることを得ざりしなり。選敍令。茲に一の注意すべきは、これらの縁坐人の情を知らざるを要せしことにして、謀反、大逆を知るも告げざりしものは、絞刑に處せらるゝことこれなり。闘訟律。此時代に至りては、其武斷的なる傾向と犯罪豫防の精神との爲めに、縁坐の科は寧ろ多きを加へたり。今これに關する二三の規定を擧げん。

貞永式目

殺害刄傷罪科事付父子咎相互被レ懸否事

○前略 次或子或孫、於レ殺ニ害父祖之敵一、父祖縱雖レ不ニ相知一、可レ被レ處ニ其罪科一、爲レ散ニ父祖之憤一、忽遂ニ宿意一之故也、次其子若欲レ奪ニ人之所職一、若爲レ取ニ人之財寶一、雖レ企ニ殺害一、其父不レ知之由、在狀分明者、不レ可レ處ニ緣坐一、

依ニ夫罪科一妻女所領被ニ沒收一否事

右於ニ謀叛殺害、並山賊海賊夜討强盜等重科一者、可レ懸ニ夫咎一也、但依ニ當座之口論一、若及ニ刄傷殺害一者、不レ可レ懸レ之、

新編追加

謀叛之輩、爲レ宗親類兄弟者、不レ及ニ子細一、可レ被ニ召取一、其外京都雜掌國々代官所從等事者、雖レ不レ及ニ御沙汰一、委尋明隨ニ注申一、追可レ有ニ御計一之由、自ニ關東一所レ被ニ仰下一也、○中略

寶治元年六月廿二日　　相模守判

河內國守護代

牛馬盜人勾引人事 建長四、十、十四 倫長滿定奉行

右罪科是重、雖レ可レ令レ處ニ重科一、就ニ寬宥之儀一、可レ召ニ禁其身計一也、但所犯及ニ兩三度一者、妻子不レ可レ遁ニ其科一、次勾引人事、於ニ親子兄弟等一者、非ニ勾引之儀一、不レ可レ懸ニ其咎一焉、

但貞永式目「殺害刄傷罪科事」の條に、「或於ニ當座之諍論一、或依ニ遊宴之醉狂一、不慮之外、若犯ニ殺害一者、其身被レ行ニ死罪一、並被レ處ニ流刑一、雖レ被レ沒ニ收所帶一、其父其子不ニ相交一者、互不レ可レ懸レ之、次刄傷科事、同

可レ准之」といひ、「同時合戰罪過父子各別事」條に、「父者雖レ交二京方一、其子候二關東一、子雖レ交二京方一、其父候二關東一之輩、賞罰已異、科何混、又西國住人等、雖レ爲レ父、雖レ爲レ子、一人參二京方一者、住國之父子、不レ可レ遁二其咎一、雖レ不二同道一、依レ令二同意一也、但行程境遙、音信難レ通、共不レ知二子細一者、互難レ被レ處二罪科一歟」といひ、又新編追加盗賊贓物事嘉禎三、四、二十評に「已依二贓物之多少一、被レ定二罪科之輕重一畢、假令錢百文、若二百文以下輕罪者、以二一倍一令レ辨二償之一、可レ令レ安二堵其身一、三百文以上之重科者、縱雖レ行二一身科一、更莫レ及二三族之罪一者、於二親類妻子並所從等一、如レ元可レ令レ居二住本宅一也、次同宿所家主懸二罪科一否事、不レ知二其意一者、不レ及二家主罪科一之由、度々經二其沙汰一畢」といへる、皆親子の孰れか情を知らざるものに、縁坐を免れしむるの規定にして、法理上の一進歩と認むべきも、所謂「其父其子不二相交一者、互不レ可レ懸レ之」といひ、「其父不レ知之由、在狀分明者、不レ可レ處二縁坐一」といひ、「至二子不同意縁者親族一者、不レ可レ及レ致二煩費一」といふが如きは、一に司法官の認定に存することなれば、子孫の犯罪に對して、父祖の縁坐を免れざりしこと往々これあり。彼等にして若しこれを免れんと欲せば、互に相關知せざるの明證を擧げざるべからず。是を以て親が子の犯罪を知り、若しくはこれを豫測せる時は、親子の義を絕ちて、禍の身に及ばんことを防ぐに至れるなり。これ懲戒的なるよりも寧ろ自衞的なり。前揭今昔物語の記事は、必ずしも實事とせざれど、當時子の犯罪を豫測し、不孝に依りて未發に防がんとせしものありしは疑を容れず。祇園執行日記に、正平七年四月、京都祇園社權別當幸兼の子幸圓、父の住房に放火して不孝せられしことを載せたり。委しくは次下に說くべし。これ亦縁坐を避くるの意に外ならざりしなり。

(三)失踪　子の失踪するは、自《ミ》ら好んで親の管理を脱するものなれば、親たるもの亦これを保護するを要せず、且つ其管理の下にあればこそ犯罪を未發に防ぐことを得たれ、既に失踪せるものは、これを監督するの途なきが故に、何れの時か緣坐の奇禍を蒙るなからんを保せず。是を以て懲戒と自衞との二原因は、彼等をして情を不孝《フケウ》に忍びて義絶の安きに就かしめたり。前に收めし田代文書藤原行教の讓狀に、「次郎教藤、去應長元年閏六月十七日、背二行教命一、令二他行一之間、永令二不孝一之畢」とあるは其一例なり。

第三　義絶を行ひ得しもの

母の子に對する權力　此時代に義絶を行ひ得たりしもの丶、父母の兩者か若しくは其何れかを說明するに先だつて、先づ父母の子に對する權力は、絶對に同等なるを得たりしや否やを研究せん。

此時代の女子は、一般に父母の遺產の相續に就きて不利益なる地位にありしが、既に嫁して子を生めば、夫と同じく、任意に自己所有の財產を處分し得たりしは勿論、夫の死後、其未だ處分をなさゞりし遺產を、子に讓與することを得たりしは、建武二年六月十四日、比丘尼ゑんしんが亡夫の未處分地を嫡子に讓與せしにても知らるべく、又子の幼少なる間はこれが後見をなし、文書に連署せること、嘉曆二年九月二十日北條隨時の裁許狀に收めたる、同年八月十七日筑前國吉富名地頭詫磨一房丸及び其母藤原氏の連署狀の末文に、「爰一房丸幼稚之間、母堂藤原氏所レ加二判形一也」とあるにても知らるゝなり。（詫磨文書。）從つて子の其意に背戾するものありし時は、夫のなせる遺產の分配を取消すことをも得ざりしにあらず。當時父の讓狀に、自己の死後、母の命に背くべからざることを諭し、「母の心をたがへば、母のはからひとして、いづれの子孫にも分與ふべし」といへるが如き文意を見るは珍らしからぬことにて、斯る場合に母が夫の讓與を取消すは、決して違法の行爲にあらざりしなり。故に東金堂細々要記、（觀應二年四月十八日條）、大判事明政の勘狀に、「父處分母存日可二進退一事」の條ありて、「不ㇾ可ㇾ違二犯父母命一之由、本文載ㇾ前、仍父處分、母存日進退之條、其子更不ㇾ可ㇾ違二犯一、又母處分、存日進退同前也」といへり。

左に一二の實例を擧げてこれを證せん。

志賀文書

ふこのくに《豊後》大の丶庄のむら〳〵の事、ことの《故殿》○直能のゆいこんにまかせて、又二らうに、むねとゆつるへかりしかとも、さきたちぬるうへは、しんしやく《信寂》はうあに《房兄》丶てもあれは、そうをゆつるへけれとも、いたはりの物にてあるあひた、男女の子共に、めん〳〵にわかちゆつるところなり、たゝしあいつくへき子もなく、又上の御ためにも、ふちうの事あらん時は、たま〳〵やすとも《泰朝》○信寂房の子あまかとりわきふひんにおもふあひた、さやうのともからのあとをは申給てちきやうし、あまならひにことの丶けうやう《孝養》をもすへきなり、よてのちのために、しやうくたんのことし、

文永二年二月十三日　　　　深　妙（花押）

平岡文書

去渡　舍弟出雲貞孝

出雲國神魂號ニ伊弉冊伊弉諾一社領大庭田尻内田參町屋敷壹所幷大社領揖屋庄内平岡谷田伍町事　四至堺在ニ別紙一、

右名田屋敷、如レ載ニ亡父泰孝讓狀一者、五郎〇貞孝子息滿天二代可レ令ニ知行一之、其後者可レ付ニ惣領江一云々、雖レ然就ニ于母尼〇覺日御口入一、彼名田等限ニ永代一去與之畢、但無ニ男子一者、雖レ經ニ何代一、可レ被レ返ニ付惣領江一也、若又於レ令レ敵ニ對于惣領江一者、悔還之、可レ令レ知ニ行惣領一者也、惣領又寄ニ事左右一、不レ可ニ敵對一、次御公事役者、追ニ田數ニ隨ニ分限一、任ニ傍例一惣領江可レ有ニ其沙汰一也、仍爲ニ後證一去渡之狀如レ件、

元亨四年甲子八月廿七日

國造兼出雲孝時（花押）

然るに夫婦同居の間は共產制行はれ居りて、妻の財產も夫の管理を免れざりしのみならず、武斷的社會の習慣として、夫に屈從することを餘儀なくせられし場合多かりしなり。加ふるに、中古の法制は、夫の死後遺產の分配に先だつて改嫁せしものに、得分を受くるの權利を與へざるも、夫の服忌を終はりて再婚せば、其得分を還さしむることなかりしが、戶令、貞永式目にありては、絕對的に再婚を不貞の行爲と看做し、何時にても再婚せんとするものは、先づ亡夫より讓與せられし財產を其子に與ふるを要すとせり。故に妻が親としての權力を充分に行使するを得たりしは、夫の死後、寡居せる場合に限れりと見るの外なからん。

父母共に義絕の可能　義絕に就きては、貞永式目「讓ニ與所領於女子一後、依レ有ニ不和儀一其親悔返否事」の

條に、「女子則憑下不二悔返一之文上、不レ可レ憚二不孝之罪業一、父母亦察レ及二敵對之論一、不レ可レ讓二所領於女子一歟、親子義絶之起也」とあるを觀るも、父母の兩性がこれを行ひ得たりしこと明かなり。前に引ける沙石集に、「父母是ヲキヽテ大ニイカリテ、ヤガテ不孝シタリ」とあるが如き、又近藤文書德治三年三月十七日沙彌道盛の讓狀に、「次男彌三郎入道盛能法師者、有御副《マヽ》好二博奕一、其上構二謀書一、重々不忠不孝之間、道盛妙阿夫婦相共、永令レ儀二絶盛能法師一畢」とあるが如き、いづれも父母の合意になれるものなるが、此他父の死後遺命に背き、不孝のものなりとの廉を以て、母の勘當を蒙りしもの、前に引ける朽木文書に見えたり。然れども彼覺助が父の義絶するところとなりながら、尙ほ密に其家に出入して母に親しめるが如き、古事談、將た母の苦情を斥けて、瓜を盜める子を不孝をる父あるが如き、今昔物語、其他父の不孝といひ、父の勘當といふもの、母のそれよりも多かりしを觀るも、父が最も有力なる權利の行使者たりしことを知るに足らん。而して父母の外、祖父母も不孝を行ひ得たりしは、前に收めし太平記に、祖父にして不孝を加へしものあるを以て知るべきなり。

子の復歸　既に義絶をなすを得しものは、亦これを免すを得たりしなり。前に引ける沙石集に、「タヾ一人ムスメナレバ、カヲヨバズトテユルシツ」とあり、同古事談に「カナシク被レ直ニケリトテ令レ免二勘當一」云々とあり。事情は稍〻異なれるも、太平記に「日來の庭訓を飜へして只今の武勇を感じ」云々とあるが如き、其他吾妻鏡に、北條泰時が武田光蓮に、其子信忠の義絶を「優二泰時一早可レ被二免許一」といへりとあるが如きは、皆これなり。吾妻鏡は次項に其全文を出だすべし。而して父が子の義絶を免すに當りて、子より怠狀若しくは起請文を徵せしことあるが如し。北朝貞治六年、大外記中原師茂が其子師秀を義絶せし時、師秀人を介して陳謝せしかば、師茂は先非を悔いて起請文を出だすことを命じ、師秀これに從つて、起請文の用紙たる熊野牛王紙の裏に四箇條の誓詞を書し、家臣の連署を以て師茂に呈し、始めて義絶を免さるゝを得しは、其一例として見るべし。（師守記、中原氏系圖。）

第四　效力

義絶に對する親の責任　子の義絶に就きては、親は絶對的に責任を有して、敢て官司上官等の干渉を受けざりしなり。吾妻鏡仁治二年十二月廿七日條に、武田光蓮、其子信忠を義絶せしことを敍して曰く、

武田伊豆入道光蓮（〇信光）令レ義二絶次男信忠一（號二惡三郎一）之由、申二入御所（〇源頼經）並前武州御方一（〇北條泰時）先訖、於二公私一有二大功一之子息也、就二何過失一及二此儀一哉之由、前武州頻雖レ被二宥仰一、依二數箇條不可一上者、隨二嚴命一難レ令二免許一之旨申二切之一云々、而今日光蓮奉レ謁二前武州一之間、信忠伺二其便宜一令二推參一申云、信忠爲レ父有レ孝無レ怠、義絶故何事哉、先建暦年中、和田左衞門尉義盛謀叛之時、諸人以二防戰一雖レ爲レ事、怖二朝夷名三郎義秀武威一、或違二于彼發向之方一、或雖二見逢一遁二傍路一、以レ逢二義秀一爲二自之凶一、爰光蓮者奉レ尋二武州一、通二若宮大路東頬米町前一、向二由比浦方一、義秀者自二牛渡津橋一打二出同西頬一、指二御所方一馳參、各相二逢于妻手一番《ツカフ》、義秀見二光蓮一、頗合レ鐙進寄、光蓮暫者不レ懸レ目、只雖二降行一、已在二箭比之間一、聊向二轡於西一、取二直弓一、于レ時信忠忽爲レ相二代父命一、捨レ身馳二隔兩人中一之處、義秀雖レ取二太刀一、見二信忠無二一之體一、直加二感詞一、不レ及二闘戰一馳過訖、且是兼二知信忠武略一之故歟、次承久三年兵亂之時、向二京方要

害等一、毎レ敗二軍陣一、莫レ非二信忠之先登一、舍弟等雖レ相二伴之一、論二其功一、全不レ均二信忠之勞一、兩度事共以亭主所レ被二知食一也、然者於レ父者雖レ忘二哀憐一、爲レ上而爭無二御口入一哉云々、前武州閑被レ聞二食事始終一、及二御落涙一、仍殊被レ加二御詞一曰、所レ申皆有二子細一歟、優二泰時一早可レ被二免許一者、光蓮申云、奉レ重二御旨一之事雖二勿論一、限二此一事一者、枉欲レ蒙二御免一者、次對二信忠一云、汝之所レ申、悉非二虛言一、於二武略一者誠以神妙、凡云二父慈愛一、云二子至孝一、于レ今不レ能二忘却一、但心操不調窮訖、且憚二親疎之所レ思、令二義絕一之上、無レ據レ宥、須レ量二己之凶器一云々、前武州無二重仰一、信忠泣起レ座、觀者憐レ之云々、

執權の權威を以てするも、親子間の義絕に向つて、一家人の意志を曲ぐる能はざりしこと此くの如し。又花園院御記元亨二年十一月六日條に、日野俊光が其子資朝を義絕せしことを記され、「此日有レ仰、○後伏見上皇、前大納言俊光卿事、以二室家三品一仰レ之也、是資朝義絕間事也、委曲不レ可二記盡一、父子之間事、強雖レ不レ可レ及二口入一、又爭可二見放一乎、其上聊有二參差事一、又有二子細一之間所二仰合一也」と見ゆるに據れば、後伏見花園兩上皇の御態度も亦泰時のそれに類似し給ふところあるを拜すべし。要するに、此事たる、一家の私事なるを以て、威力の下にこれに干涉して、强ひて親の意志を枉げしむるが如きことなかりしなり。

これより更に財產上及び身分上に於ける義絕の效力を觀察せん。

一、財產上の效力　父母の爲めに義絕せられしものは、財產の讓與に預かるを得ざりしことと言ふを俟たず。吾妻鏡に建久元年七月、佐々木盛綱の子信實、工藤祐經を營中に傷けて出奔せし時、賴朝盛綱に命じて捕致せんとせしも、行方不明なりしより、永くこれを義絕して、「不レ可レ讓二與立針地一旨」を以て謝せしことと

を載せ、尊卑分脈にも京極宗綱の子祐信永仁五年九月廿日卒の下に、「不孝不レ充ニ父配分一」と見えたり。貞永式目には、父の遺産處分に對して嫡子を保護するの規定あるも、父母所領配分時、雖レ非ニ義絶一、不レ讓ニ與成人子息一事の條にして、全文は前に收めたり、其子は必ず父の爲めに義絶せられしことなきものたらんことを要せり。又同式目に於ては、彼父が全く遺產を嫡子に分配せざるを不當とはしたれ、少許にても得分を與へなば、兄弟の前後は父母の隨意にして、殊に嫡子たりとも、不孝の輩は問ふ限りにあらずとしたりしなり。而して式目抄に引くところの文永四年月日闕くの追加に曰く、

不孝子預ニ父母財一事

右雖レ行ニ不孝一、父不ニ義絶一者、猶可レ預ニ遺財一、服中不孝子、猶與レ財故也、又雖レ無ニ不孝之行一、令ニ義絶一者、不レ可レ預レ財歟、○法曹至要抄、不孝子死去、父母並服親着レ服、又父子並服親死去、不孝子可レ着レ服事の條參照。

明法條々勘錄、亦同一の場合に就きて論定して曰く、

一不孝子預ニ父母遺財一否事

右父母已令ニ不孝一之子、不レ可レ預ニ遺財一之條者勿論、父母雖レ不ニ義絶一、不孝子孫不レ可レ預ニ遺財一否事、如ニ律條一者、祖父母々々在、子孫就養無レ方、出告及面違者、並當ニ八虐一云々、代及ニ澆季一、守ニ此文一子孫頗希歟、父祖又不レ禁レ之哉、然者自雖レ侵ニ此等科一、爲ニ父母一不レ被ニ不孝一者、猶可レ預ニ遺財一乎、但依ニ所犯之輕重一被ニ准用一之條、合レ古便レ今者哉、

義絶と遺產分配　不孝の行爲は必ずしも義絶の原因とならず、而して親の不孝は、義絶を待つて始めて效力を生ぜしなり。故に義絶の有無を以て、子が遺產分配に預かると否とを決すべしとなすものなり。大友文

書に收めたる延應元年十二月九日の幕府の裁許狀に據るに、帆足家近は父道西の勘當を蒙りし後も尙ほ幕府に仕へ、道西通綱父子は、彼れが奉公の勞に依りて、承久三年京方たりし罪を免されたるに拘らず、道西終に彼れの勘當を免さゞりしかば、幕府は道西の死後、家近をして悉く母の遺領を相續せしむると共に、父の遺領は其五分の一を割いて家近に與へ、五分の四を弟通綱、廣道に分領せしめたり。これ全く父の前科と子の奉公とに依れる特別處分にして、固とより常規を以て律すべからざるなり。

義絶と讓狀の取消　既に財產を讓りし後にありても義絶をなすに於ては、前日の讓與はこれを取消すことを得たり。試みに二三の例を擧げてこれを證せん。建長二年九條道家の處分狀に、「先年受㆓重病㆒時、楚忽令㆑書㆓處分㆒、未㆑加㆓再治㆒、自然送㆓數年㆒、爰前關白〇二條良實有㆓不慮事㆒、大略如㆓違背㆒、向後之進退、推而可㆑量、家門之孤害、子孫之障、不㆑可㆓疑殆㆒、仍所㆑改㆓直先度之處分㆒也、偏守㆓此狀㆒、不㆑可㆓違犯㆒、於㆓彼狀㆒者、破却投㆓火中㆒既畢」とありて、尊卑分脈良實の下に「父子義絶」云々とあれば、義絶と共に、前日の讓與を取消したりしこと、明白なる事實にして、其處分狀には、啻に良實に與ふるところなかりしのみならず、「抑子孫中不㆑經㆓大位㆒、混㆓凡庶人㆒之時者、不㆑可㆓相傳㆒、可㆑附㆓家長者㆒、但於㆓前關白〇良實子孫㆒者、縱雖㆑有㆓其仁㆒、莫㆑交㆓此家領㆒」とありて、子孫に至る迄も、此遺產の讓與に預かるを許さゞりしなり。薩藩舊記に收めたる山田文書にも、これと同じきものあり。

讓渡嫡子諸三郎丸所

薩摩國谷山郡內、山田、上別府兩村地頭職以下事

右所領者、相ニ副亡父式部太郎忠實讓狀幷關東御下知以下證文等一、限ニ永代一讓ニ與諸三郎丸一畢、但上別府內、よこて、こまはしり、くきの丶以上三ヶ所四至堺各見ニ取帳面一者、次男かめ三郎丸にゆつりたふところ也、諸三郎無ニ男子一者、かめ三郎か子仁讓邊新、かめ三郎無ニ男子一者、諸三郎か子仁讓邊し、諸三郎幷かめ三郎兩人共、その子なくは、雖ニ女子一一門の中に令ニ相嫁一仁可レ令ニ相傳一也、若又兄弟共無ニ實子一は、一門の中に志あらん人を取養て、ゆつりたふ邊新、爰彥六事もとより不調の人たるうへ、對ニ于道慶一しかくの現ニ不忠一之間、永令ニ義絕一畢、迄ニ于彥六か子々孫々一、雖レ爲ニ段步一、道慶之跡を不レ可ニ給與一、於下令レ背ニ此旨一子共上者、道慶所領不レ可ニ知行一、仍爲ニ後日一、以ニ自筆一所レ書ニ與讓狀一如レ件、

正中貳年四月十九日　　沙彌道慶《山田宗久》（花押）

又吉川家譜にも左の讓狀あり。

ゆつりわたす、いわみ《石見》のくに、なかやす《永安》のへつふ《別府》、ならひにますた《益田》のしやう《莊》のうち《內》、すつみまさかしやうのくほうのちとうしき《地頭職》の事

右くたん《件》のちとうしきは、りやうかい《良海》ちうたい《重代》さうてんの所りやう《領》なり、しかるにけんむくわんねん《建武元年》二月十日、ちやくしまこ《嫡子孫》太郎つねさた《經貞》にわかちゆつる《分讓》といへとも、此所をせんねん《先年》、つねさたに、一ゑんにゆつりたふしやう《支證》、ならひに、てつきもんしよ《手繼文書》をとりこめ《取籠》て、いたさ《出》ゝるあいた、二つう《通》のゆつり狀〇建武元年二月十日の讓狀と其以前の讓狀とをいふ共にくひかへ《悔還》して、しなん二郎三郎つねかね《經兼》をちやくしとして、ゑいたい《永代》をかきりて、ゆつりたふところ也、まこ太郎つねさたにおいては、なかくふきやうの子たるへし、つねさたかも

つ所の二つうのゆつりしやうは、ほうく《故紙》たるへし、又つねさたかとりていたさゝる、てつきもんしをよは、くはう《公方》へ申て、とりかゑして、つねかねもつへきなり、よつてゆつり状くたんのことし、

ちやうわ《貞和》五ねん八月十五日　あまりやうかい《尼良海》

手繼文書とは代々の讓狀等にして、二通の讓狀と其輕重を異にし、後者の如く、本主の意志のみを以て取消すことを得ざりしものなれば、幕府に請うて取戾すべしとはいへるなり。此他前に引ける小鹿島文書の北朝貞和六年觀應元年五月十八日沙彌公圓の讓狀に、「ほんせうもん《本證文》は、まこ四郎かもとにあつけをくところに、公圓そんしやう《存生》のときより、てきたい《敵對》のおもひをなして、おさへとらんうゑは、まこ四郎かふんともに、なかくふけふせしむるところ也、きやうこう、公圓かせうもんを、まこ四郎たいち《帶持》して、いかやうに（のカ）きをゆふとも、公圓ふけうせしむるうゑは、さいくわに申をこなふへき也、こうせうのために、あんもんに一そくの御はんを申てたふうゑは、これを正もんのおもひをなして、たやしきのりつほ《里坪》は、せうもんにみゆるところ也、しさいあるへからす、もんしよの事、一そくにさた申うゑは、しさいあるへからす」とあるが如きも、義絕と共に、前日の讓狀を取消して、後狀を有效ならしめんとするものなり。此くの如くにして、一旦嫡子に讓與せしものを取戾して、更に孫若しくは甥に與へ、又他の養子に與ふるもの往々これあり。此時代に行はれし讓狀が、相續人の本主の意志に違背せる場合を假想して、「不孝の仁として所領を持つべからず」といひ、「ふけうのとがにをこなはるべし」といふが如き文意を載せたるは、皆此效力を意味するものと知られたり。

以上は唯實子にのみ止まらずして、養子の場合とても、不孝義絶（養子に向つて不理ともいへることは後に説くべし）を蒙れば、前日の讓與を取消されしこと、亦實子と區別なかりしなり。

二、身分上の效力　義絶は親の保護を喪失するの事實なり。故に親は財產の讓與に於けると一般、被義絶者に向つては家督相續を許さず、啻にこれを許さゞりしのみならず、家族たる身分をも奪ひて、家外に放逐するを例とせり。彼前項に收めし武田光蓮の子信忠も、武田系圖（系圖纂要所載）に據れば、義絶せられし後は、出でゝ紀伊國牟婁郡湯河莊に住すとあり。北朝貞治六年六月、大外記中原師茂が子師秀を義絶せし時にも、「同宿難儀之上者、可レ被レ出二他所一」と命ぜしことあり。（師守記、中原氏系圖。）東寺百合文書に收むる北朝永和元年八月日小林延家の目安に、延家の叔父明覺が其子孫一、孫犬丸を不孝せることを記して、「かれらふしぎのふるまいあるにより候て、明覺ふきやう仕候しにつき候て、他國仕候」といへり。今昔物語に「其後年月ヲ經ル程ニ、此ノ被二不孝一タル兒、漸ク勢長シテ元服ナドシ、世ノ中ニ有ケレドモ、父不孝シテ後、敢テ相見ル事无カリケリ」云々、廳ノ下部共、此ノ冠者ヲ前ニ立テ、祖ノ家ニ行テ、此ノ由ヲ云テ、追捕セムト爲ルニ」云々といひ、沙石集に「父母是ヲキヽテ大ニイカリテ、ヤガテ不孝シタリケレバ、シノビテユカリ有ケル人ノモトニカクレヰテ、年月ヲ送ル」云々といへるも、不孝せられし子の、放逐せられて家にあらざるを示せり。古事談に、佛師定朝が覺助を義絶して、家中に入れざりしことを載せて、「不孝之者、雖二他行之間一、入居事奇怪事也」といへるは、最も明晰に此關係を記述せるものなり。而して被義絶者の相續人たるを止め、新たに他の子を立てゝ相續人となし、これに家督を讓りしものあり。尊卑分脈、吉田經房の子定經の下に、「父卿（于レ時權大納言）義絶、以二孫資經一爲レ子、令レ讓二與家門ニ」云々とあるは其一例なり。

義絶と公權公務　然るに此に最も注意すべきは、此時代に於て、朝廷及び幕府が被義絶者の身分上公私の別を立て、義絶と公權公務との二者を分離して、敢て混同することなかりし事實なり。前項に收めし帆足家近は、父道西の爲めに勘當せられしも、尚ほ幕府に仕へて、承久三年道西通綱父子が京方をなしゝ時も、家近の奉公に依り特に其罪を免されたり。武田信忠は父光蓮の爲めに義絶せられし後も、建長二年三月一日、閑院殿造營役の一部を負擔したりしこと、吾妻鏡に見えたれば、家人としての公務は、毫も義絶の爲めに支障を受けざりしなり。而して九條道家は子二條良家を義絶せしも、其處分狀には、財產の讓與を取消し、及び子孫の相續を絕つべしといへるのみ。其中「於ニ前關白〇良實子孫ニ者、縱雖レ有ニ其仁一、莫レ交ニ此家領ニ」といふに至つては、最も明瞭に、被義絶者の子孫の、公務に就くものあるを認めしなり。故に被義絶者たる良實は、其後再び關白となり、子孫も亦榮達を得たり。新抄文永三年十二月五日以下。文永三年花山院通雅は父定雅の爲めに義絶せられしも、現官の儘依然として公務を執り居れり。日野資朝の如きも、父俊光の義絶に拘らず、後醍醐天皇の寵任を辱うせり。今昔物語の不孝せられし子も、「可レ然キ所ニ宮仕ヘス」とあれば、又仕進の途を妨げざりしを觀るべし。

花園院御記元亨三年九月晦日條に、「今日披ニ聞書一、〇除目の聞書なり、前大納言長通還ニ任正大納言一、父卿義絶之故被レ召レ職、今還任、若義絶之義悔返歟、不審」とあるを觀れば、義絶と共に其官を罷められしものも、絶えてなかりしにはあらざるに似たり。然るに公卿補任を檢するに、同年「前大納言正二位源長通、〇久我、九月廿八日還二任大納言一「年來父公義絶、今年五月依レ勅」とあり。長通は正和二年九月六日權大納言を辭せり、父は通雄にして、元亨三年五月二日太政大臣を辭せり。されば父の在任中は、子もこれを憚りて官を辭せし迄にて、決して公權剝奪の事實にあらず。故に父罷免と共に義絶を免ぜしめ、尋で還任をも得たりしなり。

此公私間の區別は、公武の間寧ろ公家に多く其實例を見たりしは、一般に家族專制の風武家の如く甚だしからざりし爲め、親に憚りて其地位を退くを餘儀なくせしめたりし事情も、自《オ》ら少かりしに依るならん。

羅馬古代の家族制に於て、親は其子に對して生殺賣買の權を有し、一家に於ける萬能の主宰たりしに拘らず、其子にして官吏となれば、却て父よりも昇進することを得たり。これ公私二權の萠芽にして、彼等が最も早く二者を識別せりとの榮譽を荷へる所以なり。假令其年代は甚だ後るゝにもせよ、我國の上古以來公務を罷めしものにして尙ほ家長たるの慣習あり、又既に私權の喪失を公權に及ぼさゞるの事實を觀るは、頗る趣味ある事にして、彼二者を混同せるもの多き中古の法制に比較すれば、顯著なる進歩と謂ふべく、江戶幕府時代のものとは、決して同日の談にあらず。學問制度等の比較的に不備なりし此時代の慣習法としては、これに向つて稱讚の辭を與ふるを躊躇せざるなり。

義絶の手續　親子の關係既に絶たるれば、親は子に對する監督權を放棄するを以て、子の行爲に就きては、當然公私共に責任を負はざるに至るべし。今昔物語の親が、不孝せる子を、己が子にあらずとて、緣坐を拒めるは、これを以てなり。然れども親子相關知せざるの「在狀」にして分明ならずんば、子の犯罪は、親の共謀と誣ひらるゝも、抗辯の辭なかるべし。故に親たるもの、義絶を行ふと共に、一方に於ては　文書を作製し、他の證明を求めて、後難を避けんとし、他方にては、これを公邊に屆出でたり。前項にいへる新抄の文に、「右府禪門○花山院定雅義二絶右大將一○同通雅之由、申二入仙洞一」云々とあり。吾妻鏡の文にも、「武田伊豆入道光蓮令レ義二絶次男信忠一號二惡三郎一之由、申二入御所並前武州御方一先訖」とあり、又入江文書文和二年十一月六日沙彌正曇田原直貞の讓狀にも、「今年二月、於二筑前國針摺原一、貞廣以下、子息氏貞等孫子多討死畢、直尚等雖二現存一、或義絶之子細達二上聞一、或現二不義一之間、不二親近一」とあるは、竝びに此手續をなしゝをいふなり。而して其今昔物語に見ゆるは、「其町ニ住メル長シキ人々ヲ呼集メ、兒ヲ不孝シテ此人々ノ判ヲ取ルナリ」。これ江戸時代に於ける五人組及び町村役人の連署と一般ならん。此文書を當時不孝狀又義絶狀といへり。不孝狀の事、祇園執行日記に見ゆ。正平七年四月、祇園權別當幸兼の子幸圓、父が住房を已れに讓らざるを怨み、火を放ちてこれを燒けり。同書同月十四日條に左の文あり。

先日放火人大輔房幸圓不孝之由、父幸兼出レ狀、可レ給二社家證判一之由申之間、律達期之上、猶有二放火企一之由風聞、其上自二公方一有二被レ召事一歟之間、不孝狀返レ之、不レ載二判形一、

尋で公圓捉へられ、鞫問實を得たり。是に於て幸兼益〻禍の身に及ばんことを恐れ、百方苦請、漸く證判の許可を得たりしこと、同書五月八日の條、左の記事に據りて知られたり。

彼放火人幸圓不孝之由、父幸兼法眼權別當和尙也一狀、先日出レ之間、不レ可レ然之由返二答之一、不二許容一處、昨日以二三法一頻申之間、彼不孝狀ニ今日加レ判了、案文在レ別、○案文見るところなし、

幸兼は其子を不孝して社家の證明を求めしなり。彼れはこれに依りて其緣坐を免れしならん。然るに此に一

の注意すべきは、此手續をなすの時期如何にあり。江戸時代に「内證に緣を切りたるは、表向きになれるとき、中立てに相成らず」とせると一般、地方凡例錄、當時にありても、前にいへる屆出の手續をなさゞりしものは無效に歸せざりしか、乃ち犯罪露顯の後に至りて義絶せるは無效とせざりしか。祇園執行日記の文に、證明拒絶の一理由として、律違期を數へたるは、不孝狀を出だすべき一定の時期に後れしをいふものなるに似たり。然れどもこれに關しては、法制上未だ何等の規定を發見せず、又一旦拒絶せしものも、後に證明を與へし事實に徵すれば、犯罪の發生以前に其手續を履行し置くを通規とするも、罪狀に依りては必ずしも然らざりしが如し。

不孝狀義絶狀不理狀の實例　不孝狀及び義絶狀は、其現存するものに就きて見るに、彼今昔物語の不孝狀に、町の重立てる人々の連署を取り、祇園執行日記の不孝狀の社家の證判を取れるが如く、家族、親戚又は在所の重立てる人々の連署を取れるもの多し。而して養子に對しては、別に不理狀の稱あり。令に、訴人官司の判決に服せずして上告せんとする時、官司よりこれを許すが爲め、判決文に添へて與ふるを不理狀といへど、公式令、これは全く其性質を異にし、養父が養子を義絶するに用ゐるものなり。併せ錄して參考に供す。

蒲生文書

義絶子息彌太郎、彌次郎、三郎男等事

右彼等或博奕或條々不調事等振舞候間、恐㆓自科㆒令㆓逐電㆒、行方をしらす、但於㆓彌太郎㆒者令㆓出家㆒、風早念佛堂來阿彌陀佛の許に居住云々、放埓之上者、員外之仁也、賴秀一期之後、若號㆓子息㆒、彼等賴秀之跡

ニ致ニ違亂一者、爲ニ不孝之仁一上者、一門中可レ被ニ罪科一者也、且爲ニ後證一申ニ請一門證判一者也、仍爲ニ後日一義絶之狀如レ件、

元亨四年二月二日

藤　原　頼　秀（花押）

野口三郎入道

沙　彌　道　意（花押）

藤　原　範　秀（花押）

日野彌二郎

藤　原　秀　賢（花押）

佐久良孫二郎入道

沙　彌　念　性（花押）

池源内左衛門入道

沙　彌　觀　智（花押）

室本藤内左衛門入道

沙　彌　寂　意（花押）

室本又次郎

藤　原　秀　通（花押）

佐久良兵衞入道
沙彌道西（花押）
上野田又太郎
藤原俊隆（花押）

雜筆要集

不理狀樣

立不理狀事

養子ム性ム丸

右丸、年來雖レ令二養育一、見二其心操一、甚以不理也、於二自今以後一者、永絕二祖子〇親子之義一、不レ可レ同二宿顏一者也、依爲二後日沙汰一、立二不理之狀一如レ件、以解、

年月日　　養父姓判

如二不理狀一者、尤有レ謂、依在地加二署判一之、　　姓判

姓判

貢上

藤原正友丸生年卅歲

年號ム月ム日

文中「在地加二署判一之」とあるは、卽ち同鄕者の連署證明にして、「貢上」云々とあるは、養子の籍を除きて原籍に返すものなるべし。又他人の證明を載せざるも、自《ミ》ら親子の義なきことを神明に誓へるものあり。

又續寶簡集

義絕子息大貳房事

右自レ元不レ相二隨親敎訓一之間、自二去年比一令二不孝一畢、若御不審相貽者、於二庄家一有二御尋一者、不レ可レ有二其隱一候、且於二三船ノ社頭一、以二與大職一令二申上一之間、以二事ノ次一山上御方ニ可二申入一之由、相存之處、剩彼惡行可二眞阿請申一之旨、被二仰下一候之條、令二愁歎一候、如二以前不孝一、自今以後、全不レ可レ有二親子之義一候、此條若構二申虛言一者、奉レ始二梵天帝釋四大天王一、殊大師明神、當庄鎭守三船八幡、惣日本國中大小諸神之神罰冥罰於、蒙二尼眞阿身上一、現世受二白癩黑癩之病患一、來世墮二无間地獄一、不レ可レ有二出期一、仍不孝之狀如レ件、

正應三年八月十日　　尼眞阿（花押）

左の文書の如きは、死後を慮りて、豫め不孝狀を認め置きしものにして、稍〻違例に屬すべきなり。

東寺百合文書

快秀逝去之後、若背二讓狀之旨一、讓二置快舜一（○快秀の長子）付仕坊並寺家之所職、快琳（○快舜の弟）萬一存二異儀一、成二共妨一者、可レ爲二不孝之悪息一者也、內々依レ有二風聞一、如レ此所レ書二置不孝之狀一如レ件、

應永四年丁丑八月廿三日　　　快秀判

第四章　戰國時代

家族制度の變遷　前時代の季世に至りては、朝廷幕府共に統治の實權を失ひ、豪族諸國に割據して、到るところ自治の政體を立てしを以て、法律慣習の如きも亦自ら區々ならざるを得ざりしなり。然れども若し此時代の國法に於ける共通の傾向を求むれば、彼等が生存問題より打算せる專制主義たるを知るに難からじ。彼等は皆其領土を以て生命となせるものなり。然るに生存競爭の甚だしき、弱者は常に强者の餌となり、强者も亦屢〻弱者の乘ずるところとなるを免れざりき。是に於て、外は合縱連衡の策を講ずると共に、內は國內の團結を固くし、時々刻々變に備ふるを忘れず。其結果あらゆる人事に干渉を試みて、自家の政策に順應せしめんとし、强壓拘束、至らざるところなかりしなり。家族制度の如きも亦其干渉に漏るゝことなく、前時代に於て放任せられしことも、是に至りて概ねこれが影響を受くることゝなれり。

國法上の親の保護　此時代に於ても、親に對しては子の從順を要求し、親の敵討は法律に於てこれを許し、親子間の爭は、子の敗に歸せしむるを原則としたり。吉川家法度に「親子間之儀、專ニ孝行一可レ敬之儀者不レ及レ申、縱親重々不義申候共、如ニ他人一敵對候之段不レ可レ然、此上相背候者、曲事ニ可ニ申付一候間、爲ニ一類一加ニ折檻一、行跡相嗜候之樣、扱可ニ沙汰一之事」といひ、又養子に向ひて、「繼父繼母〇養父母を指すに孝行之事專一也、令レ撫ニ育繼父母一、眞之父母より別而可レ致ニ孝養一、背ニ此旨一於ニ諍論不儀一者、曲事ニ可ニ申付一候間、兼而其心得肝要之事」といへるが如き、又下に收むる塵芥集に、「みやうだいもんだうの事、おやまかせたるべし」といひ、結城家法度に、「おやこいさかい、たゞ子の無理たるべく候、何もの成とも、子あしかれとまふものあるまじく候」といへるが如きこれなり。相續に就いても、吉川家法度の如きは、父母の讓狀が、師匠のそれと共に、後判を用ゐるべき理由として、「其子細者、一度雖二申定一、不レ屬二心中一儀候而於二悔返一者、前判所持候ても、對二師匠父母一ニ申分難レ成事歟」といひ、結城家法度には、「いかにかしらをふまゆる子成共、無道□かきり名代やぶるべきと見及候は、かねて其儀をありのまゝ致二披露一、何の子成共、名代持とをすべきにゆづるべし」といひて、親が相當の理由あれば、認可を經て嫡子を改め立つるを許したり。而して女子の婚姻に就きては、父母の承諾を要するも、塵芥集に「えんやく《縁約》さうろん《爭論》の事、一人はちゝ《父》につゐてこれをさだむ《定》、一人ははゝ《母》に付て申さだむるのうへ、もんたう《上問答》あり、ちゝ《父》に付て申さだむるかた《方》の、理うん《運》たるべきなり」とあるに據れば、父の承諾が母のそれよりも有效なるを認めたるものなり。

相續に對する領主の干渉　然るに此時代の國法は、概して甚だしく親の權力を制限し、家督を定むるには、實子たりとも主君の認可を得るを要し、若し其認可を經ずして、一人を以て兩家を相續せしめたるものゝ如きは、これを處分すべしと規定せるもあり。

長曾我部元親百箇條

一人之讓之事、實子たりといふ共、遂二上聞一、可レ爲二下知次第一、私讓堅停止之事、付、幼少名代、是又可レ遂二上聞一事、

一不レ得ニ上意一、二跡目一人して持候者、聞付次第可ニ成敗一事、

縱し親の任意處分を許すも、其嫡子を保護して、幼子の寵に耽り、繼母の讒を信じて、不當の讓與をなすものに干渉を加へんとせるあり。

塵芥集

一みやうだい《名代》もんだう《問答》の事、おやまかせたるべし、たゞし、ちやくし《嫡子》かう〳〵《孝行》の道をこたらず、ほうこう《奉公》の事も、年久しくつとめきたるといへども、あるいはいとけなき《幼》子をふかくいとをしみ、あるひはまゝはゝ《繼母》のざんげん《讒言》により、かの名跡を別人にわたすべきのよし申さば、おやこふくはい《腹背》のおこりを、あひたがひに尋さぐり、其子あやまりなくば、じぎ《時宜》により下知をくはふべきなり、他人の子をやしなひ、けいやくの事も、可レ爲ニ同然一なり、

結城家法度

一おやこいさかい、たゞ子の無理たるべく候、何もの成とも、子あしかれとまふものあるまじく候、乍レ去おやニふたつのあやまりあるべく候、かしらをふむ子をそばめ、わきの子を引たてべきかくご《覺悟》と、其身不忠しながら、子をもならべて、其しう《主》に不忠し候へといさむる儀、おやのひぶん《非分》たるべし、於ニ後々一も子の道理に可レ付□、(候カ)

殊に戰死せる子の後は、親の處分を待たずして、領主より其相續人を指定せんとせるあり。下に收むる大内家壁書明應四年八月日の外、結城家法度に於ける左の規定の如きこれなり。

一二親在世之内、幾度も其子共用にたち、うち死するのみにて候、それはおやの績あるべからず、こなたより名代はからい候べく候、其死候もの、男子を持ならば不ㇾ及二是非一、女子にて候共、其死候ものゝ子を本體として、□（いつカ）れの子成共申合候而、其跡つがせべし、子共多□（もち候とカ）て、其跡をけづり、殘之兄弟共たて候はん儀、以外の曲事たるべし、又其死候もの、男子女子にてもなく候、不ㇾ及ㇾ力、親のみはからいに可二相任一候、此儀たれもあやまられべからず、

父母の隱居領は、親子間に於て協定せしむるも、紛議を生ぜし時の爲めに法定分配制を設け、若しくは上裁を仰がしめんとせるもあり。

長曾我部元親百箇條

一親類中へ之別分之事、其父には分限十分一、母には廿分一、但父母一所に在ㇾ之者、父へ之以二別分一、あいともに可ㇾ令二堪忍一、隱居分給役之事者、堅固に可二相勤一、雖ㇾ然親子納得之上者、可ㇾ爲二各別一、或は兄弟或はおぢおい、或は同名へ之事は、其始末依二筋目一可二沙汰一事、

吉川家法度

一隱居領之事、有樣之外は、父子談合次第に候、申題目於ㇾ在ㇾ之者、任ㇾ理可二落着一之事、

養子の制度　諸國の領主は、地方割據の點よりして、部下が他領の士民を子として、所領所職を讓るを好まず、法制を設けて條件的にこれを制限し、若しくは絶對的に嚴禁せしものさへあり。實子を措きて、他人を其養子となすを禁じ、塵芥集、養父の生前に願ひ出でざりしは、其死後に至りて、生前の契約を以て申出づる

も、戰死者の後を除くの外は、無效として一家を斷絕に歸せしめしあり。

大内家壁書

養子被レ改二御法一之事、付、長祿四年御法以レ次記レ之、

諸人養子之事、養父存生之時、不レ達二上聞一仁者、於二御當家一、爲二先例之御定法一、至二養父沒後一者、縱乖約之次第、自然雖レ令二披露一、不レ可レ立二其養子一也、病死之跡同然也、然間雖レ爲二討死勤功之跡一、以二準據一令二斷絕一畢、因レ玆被レ加二御思惟一之處、自余之儀者、猶爲二御遠慮一、先不レ被レ仰二出是非一也、爰於二討死之跡事一者、不レ可レ準二常之篇一、尤不便所レ被二思召一也、所詮於二過去之儀一者、不レ及レ致二沙汰一、至二自今以後一者、討死跡事者、以二私儀一雖レ令二約諾一、爲二其支證明鏡一者、可レ被レ立二其養子一、被二仰出一者也、未レ及二養子沙汰一、至二若年輩事一者、其一家親類中撰二器量一、爲二上意一可レ被二仰付一也、此旨諸人爲二存知一壁書如レ件、

明應四年乙卯八月　日　沙彌奉正任

左衛門尉同武明

然るに他人養子と雖ども、一定の手續を經て、領主の證判を得しものなるに於ては、養父の死後實子ありとも、改め立つるを得ずとせるあり。

甲州法度

一他人養子之事、達二奏者一可レ申二請遺跡印判一、然而後父令二死去一者、縱雖レ有二實子一、不レ能二敍用一、但對二

繼母一爲二不孝一者可二悔還一、次恩地之外、田畠資財雜具等之儀、可レ任二亡父讓狀一、

政略的婚姻と其契約　此時代には、又國際間に婚姻政略の行はれしが如く、家族間にも政略的婚姻行はれ、これに關する契約書の現存するもの多し。乃ち養子緣組の際には、家女を離緣する場合に於ける財産の處分法を定め、婚姻の際には、離婚の場合に於ける女子の持參金の處分法を定めたるものこれなり。此事實は前時代に於て多く見懸けざるところにして、此時代以後に發現せる新現象と謂ふも不可なきに似たり。蓋し此時代には、持參金を目的とせる緣組及び婚姻の盛んに行はれしと、一般に信用の闕乏せるとに依りて、斯る契約の必要を感じたりしならん。されば吉川家法度の如きは、「養子之事、前方以二誓詞一堅申定已來、無二相違一可二分別一、但題目在レ之者、理非聞屆可二落着一候」といひて、養子契約の保障を設けたり。然れども養子も亦故なくして家女を離婚せば、家督の相續を許さゞらんとせるものあり。

結城家法度

一たれ人成共、男子をもたず、女子計もち候て、人の子を所望、又わが親類成共取たて、養子になし名代をつがするに、其女さにいらず候とてのきさり、別の女ををき、其名字名のり候はん事、一向□(にカ)ひぶん之儀たるべく候、女さにいらず候はゞ、養父の名字、其跡をすめり候て、女をのきさり、別の女をむかへ候はん儀は、一理すみたる儀にて候、可レ被二心得一候、

婚姻の認可　次に婚姻に就きては、侍の百石以上、若しくは馬乘以上の資格あるものは領主の認可を、馬乘以下は組頭の認可を要すとなし、百姓、町人、庄屋、年寄と雖ども、他領のものと婚姻緣組を通ずるに於

ては、相當の手續を經て伺出づべしとせるあり。

長曾我部元親百箇條

一侍分緣邊之事、百石限者、不レ得二上聞一申合儀、堅停止、付、上下緣者之儀、不レ寄二何時一、雙方納得於レ無レ之者、前後之論不レ可レ有レ之事、

吉川家法度

一緣邊之儀、馬乘已上之者可二相伺一候段は、此已前如二申付一候、馬上已下之者共、其組頭迄可レ申二理一候、此外百姓町人茂、或は庄屋年寄程之者も、從二他所一緣邊可二申合一與存候はゞ、鄕中は代官、町中は以二町奉行一可二相伺一事、

女子の地位 此時代に於ても、女子は養子と共に、財產の分散に便宜を與ふるものとして、戰死者の子の如き特別の場合の外は、一般にこれを排斥したりしが、就中女子の孱弱なる、到底殺伐の世に立つこと能はざりしを以て、政治上に將た社交上に、劣等の地位に甘んずるの已むを得ざるに至れり。從つて家族中に於ても男尊女卑の風一層甚だしく、女子の婚姻が父の承諾に依つて決せられ、母の法定隱居領が父のそれより半減せられしが如き、着々其法制上に實現せられたり。これより先き女子には「一期分」を限りて所領を讓ることありしも、是に於て全くこれを與ふるを止め、惣領の扶養を受くること、猶ほ他の庶子の如くならしむるに傾き、塵芥集には、「せんそ《先祖》のはんもんたう《判問答》の事、いまちぎやう《今知行》の人、廿一年過候者、あらため《改》さた《沙汰》にあたはざるなり、但によし《女子》ゆづりの地たらば、たとひおほく《多》のとし《歳》をふるといふとも、かきわけのもんごん《文書》

にしさい《仔細》なくば、そうりやう《惣領》へかへし付べきなり」とありて、女子に讓與せる土地に就いては、時效の如何を問はず、惣領に還付せしめたり。

親子間の縁坐の擴張　此時代には又武斷的制裁の結果として、縁坐の刑を適用するの場合も益々多く、長曾我部元親百箇條に、「父子中一人違二其意一時、依二其科其時之勤一、親子各別可レ爲二成敗一、但可レ依二題目一事」といへるは、寧ろ異例に屬し、親子同居せるものは、各一方の犯罪に就きて責任ありとなし、犯罪者にして失踪せば、其妻子親族を拘留處分するあり。然らざるも他國に脫走せるものは、親族主人を縁坐せしめ、甚だしきに至つては、其所在地に及ぼすあり。當時に於ては、固とよりさる必要ありたらんも、刑事法の發達より論ずれば、最も厭ふべき現象と謂はざるを得ず。

塵芥集

一たうぞく《盜賊》に付ておやこ《親子》のとが《咎》の事、おやのとがはこ《子》にかけべし、たゞしこ《子》たりとも、とをきさかい、だんかう《談合》なすべきやうなくば、これをかけべからず、同こ《子》のとが《咎》おやにかけべからず、たゞし日《一》とつ家に候はゞ、どうざい《同罪》たるべし、又時宜によるべき也、

甲州法度

一喧嘩之事、不レ及二是非一、可レ加二成敗一、但雖二取懸一、於下令二堪忍一輩上者、不レ可レ處二罪科一、然以二贔負偏頗一令二合力一族者、不レ論二是非一、可レ爲二同罪一、若不慮犯二殺害刄傷一者、妻子家內之事者、不レ可レ有二相違一、但犯科人令二逐電一者、縱雖レ爲二不慮之儀一、先召二置妻子當府一、可レ尋二子細一也、

長曾我部元親百箇條

一無レ故人を害科事、猶糺明之上を以、則可レ行二死罪一品可レ有二輕重一事、付、類親成敗之儀者、時々以二聞合一、分明可二沙汰一事、

一人を斬走科事、則はつつけにかけべし、其在所爲二地頭庄屋一、近所之もの即時追懸、搦捕可二言上一、搦捕儀不レ叶者、則可二相果一、若にげぬがし候者、在所可レ懸レ科、彼親類之儀、始末毛頭も於レ存者、可レ爲二同罪一、不レ存所於二分明一者、可レ有二其沙汰一、並同座二在レ之者、不レ及二其氣遣一者、可レ處二罪科一事、付、親類者可レ寄二遠近一哉事、

一狩山、普請場於二其外一、無體人を射科事、即時可二成敗一、若意趣遺恨於二在之儀一、其身行二死罪一、親類迄可レ懸レ科事、

一走者之事、其身者不レ及二是非一、類親までも可二成敗一、可レ走者仕舞、兼々可二相知一之間、其在所之者、又者傍輩聞立於二言上仕一者、一稜可二褒美一、若乍レ存不二申上一者、可レ爲二同罪一、付、普請材木出等之時罷出、奉行へ不二相屆一歸候者、知行可二召放一、直他國へ走候者、親類共可二成敗一、同被官共走候者、其主人三增倍之可レ懸レ科事、

領主の處分に對する服從　領主が家族制度の實權を收めたりしこと、既に此くの如し。一たび彼等の勘氣を蒙れば、其保護を離るゝと共に、家族の關係をも絕たしめられ、親子間と雖ども、此處分に向つて服從を强ひられたり。

大内家壁書

蒙ニ御勘氣一之仁御定法之事

被レ放ニ御家人一之輩（雖レ爲ニ暫時一可レ止ニ出仕一歟、被ニ仰出一之族以同前）事、被ニ殺害刃傷一、或遇ニ恥辱横難一、縱又雖レ有ニ如何體之子細一、既蒙ニ御勘氣一之上者、可レ爲ニ公界往來之準據一之間、其敵不レ可レ有ニ御罪科一之由、被レ定ニ御法一畢、光孝寺殿〇畠山德本管領職之御時、御成敗如レ斯、御分國中之仁、可レ守ニ此旨一之由、所レ被ニ仰出一壁書如レ件、

延德三年十一月十三日

御勘氣之仁不レ可レ有ニ方人一事

蒙ニ御勘氣一之族事、卽時可レ被レ追ニ放御分國中一也、然者古敵當敵、當堪之諍論配狂已下、雖レ爲ニ如何體之子細一、令レ殺ニ害彼御勘氣之仁一時、其討手並與類等不レ可レ行ニ其咎一之由、被ニ仰出一之上者、雖レ爲ニ親子兄弟從類一家緣者一、不レ可レ有ニ欝憤之沙汰一也、若猶含ニ意趣一、爲ニ御勘氣之仁方人一、有下及ニ訴訟一輩上者、可レ爲ニ御勘氣之仁同罪一之由、所レ被ニ仰下一也、此旨爲ニ諸人存知一、壁書如レ件、

明應四年乙卯八月　日　　沙彌奉正任

左衛門尉同武明

親の子に對する制裁　故に親は前代の如く、其子に向つて勘當義絶を行ひ得ざりしにあらず、これを行ふの效果も亦家督を廢し財産を與へずして家族より除外するものなりしとはいへ、國法上の干渉の下に、甚だしく其權力の行使を制限せられ拘束せられて、前時代の如き自由を得ざりしは、時代の變遷これをして然ら

しめたりしものと謂はざるを得ず。

顧みて社會の狀態を觀察するに、併呑攘奪は獨り國際間の通狀たるに止まらずして、一國を組織せる各家族にも及べり。故に滔々たる時勢の潮流は家族的專制の風を馴致し、一家を擧げて殆んど一小國たるの觀あらしめんとせり。彼等は或點迄互に融合調和するを得たりしも、もと嫉視爭奪の渦中にあるを以て、一日も其安を保つこと能はず、孜々として自家の基礎を固くし、他の侵害を絕たんことを努めて已まざりしなり。然らば何物か能く此希望を達し、必要に應ずべかりしものぞ。

彼等は唯一の家長集權あるを知れり。乃ちすべての特權を擧げて惣領の手に委し、彼等をして庶子を扶養せしむると共に、庶子の野心を鎭壓し、相率ゐて惣領の附隷たるに甘んぜしめんとしたりしなり。されば財產の讓與も、惣領に對する一子相續に傾きて、分配の制漸く行はれず。其結果、此時代に至りては遺言をなすの必要を減じ、讓狀の著しく減少を來せるは、實に較著なる事實なり。塵芥集の「そうりやう《惣領》より、そし《庶子》のふち《扶持》分として、所帶をかす事、いまよりのちは、たがいにせうもん《證文》をかきわたし、是をかすべし、右ふちをえるのともがら、かつうはしそく《子息》のごとく、かつうはらうどう《郎黨》のごとくたるべし、しかるに、そうりやうにたいしふぎ《不義》をなす事、まへのふちのはうおん《芳恩》をわするゝにゝたり《似》、仍ぎぜつ《義絶》のみぎり、くだんのしよたい《所帶》、本ぬし《主》のしそん、とりかへすにいたつては、そうりやうの儀まかせたるべし」といへるは、惣領を視ること親の如く君の如くすべしとなすものなり。故に子に對する制裁の如きも、親としてよりは、寧ろ惣領卽ち家長として行はれたり。

第五章　江戸時代

家族制度の根本主義　徳川氏は戰國の大勢に乘じて起りしものなり。慶元偃武の後も、天下の瘡痍未だ全く癒えたるにあらずして、封建割據の風依然として存し、各國自治の政尙ほ行はれたり。故に此時代の領主も、一歩國境を出づれば、敵地に入るの思をなし、交通を嚴にし、祕密を事とせるの狀は、前時代のそれと異なることなかりき。德川氏これを統べたりと雖ども、其初めに當りては、彼等の嚮背未だ測るべからず、而かも無限の干涉亦行ふべからざりしを以て、常に事變に備ふるの覺悟あるを要せり。されば室町幕府の季世に於けると一般なる時代の必要を感じ、其施治畫策するところ、多少の斟酌するところありしにもせよ、多くは舊章に率由せり。

家族の制度豈獨り然らざらんや。彼專制主義といひ、親子の緣坐といひ、皆着々として行はれ、就中養子制度の如きは最も嚴密を極めたり。

士流以上の相續婚姻制度　當時大小名乃至士人は幕府若しくは各自の主君より、相續婚姻に關せる種々の制限を受けざりしもの殆んど稀れなり。試みに普通の士人に就きていはんに、彼等は緣組相續共にこれを願ひ出づべく、蓄妾は夫の身分に對する多少の制限の外、これを公許せられしも、緣組願をなして正當に結婚せるものにあらざれば、妻となすことを許されず。（享保十八年四月二十七日書付〇享保日錄。）彼等は又其實子に就きて、任意に相續人を定むることを得たれども、嫡子を以て第一順位に、嫡孫を第二順位に置き、其病氣なる時は、醫師親類協議の上、「末々全快仕、家督相續、御奉公可二相勤一體無二御座一」との理由の下に、惣領除若しくは嫡孫除を願ひ、許可を得れば、更に次男惣領（次男病氣其他の事故あれば三男惣領）を願ひ出づるを例とせり。（日青記。）而して實子と雖ども「筋目違へる遺言」はすべて無效とせられたり。延享四年五月、幕府は母（家女にあらざるもの）の出奔して行方不明となれる時は、其子幼少にして情を知らずと雖ども、家督相續は勿論、他家の養子となすことをも許さゞるの規定を設けしが、寛延二年五月、母の繼母なりし時は、家督相續及び養子を許すことゝして、家女の場合の外、更に一の除外例を設け、其後寶暦九年十一月に至りて、全く此制限を撤去せり。（寶暦令典永鑑。）

子の地位　家督相續人は、父の隱居若しくは死去せざる間は、尚ほ部屋住として、一に其監督を受けざるべからず、而かも多少の切米扶持を受けて、公務に就くことを得たりしが、其他の諸子に至りては、養子となりて自家若しくは他家を相續するにあらざれば、終身自ら厄介として冷飯に甘んぜざるを得ざりしなり。腹は借りものといへる此時代にありても、妻妾共に子あれば、家督の相續は先づ妻の子に行くを原則とせしを以て、妾腹の男子あるものも、妻にして男子を生めば、前者を次男として届け置けるものあり。此場合に於て、次男年長なりとも、既に弟に立て置きしものなれば、兄の養子となすも苦しからずとせり。（寶暦三年十月定、〇寶暦令典永鑑。）

當時士流にありては、出生後十年以上も届出の手續をなさずして、必要を感ぜし時適宜に、而かも數人一時に、「出生之砌より虛弱に付、御届不レ仕候處、此節丈夫に罷成候に付、御届申上候」云々とて、届け出でしもありて、出生届の確實をば到底期すべからざりしなり。（例書雜纂。）

これを要するに、當時の士人は前時代の遺風を承けて、一般の場合には、殆んど家督の相續と財産の相續との二者を別つことなく、家督の相續者卽ち財産の相續者たりしなり。

他人養子の原則　他人養子は、すべて同姓の中相應のものなき場合に限るとの原則を執り、同姓の中養子に相當するもの、疾病其他の事故あれば、狀を具して願ひ出でしめたりしが、此場合にも、最も由緒の正しきものを撰ばしめ、筋目なき養子は跡式相續を許さず。又階級制度の結果として、身分の吟味殊に嚴密にして、苟くも貴賤の懸隔せるは勿論、各自分限の差異あるものは、これを避けしめたり。婚姻の場合亦然りとす。妾は此限にあらず。享保十八年四月、八日、幕府は旗下の士に向つて、陪臣浪人は旗下に親類あるものにあらざれば養子となすを得ずと令し、十月、七日、出願者の親類たるを要することゝ改め、妻の再從兄弟迄は願ひ出づることを得としたりしが、元文元年九月二十四日に至りて、旗下の士の相續人なきものは、養子を旗下の士の子より撰ばしめ、陪臣浪人の子は、姻戚に屬するものと雖ども養ふを許さゞることゝし、其理由として畢竟「御直參之次男三男等片付候爲に候」云々といへり。然るに其翌月、十日、又陪臣浪人の子も、出願者の再從兄弟迄を限りて養子となすを許し、享保日記、享保撰要類集、憲敎類典、後更に父方の親類に限ることゝせり。諸國要典。寶曆八年十一月、二十一日、又目見已上の士の、親類を除くの外、目見已下より他人養子をなすを禁じ、其親類は又再從兄弟迄を限りとせり。寶曆錄。

養子に對する保護　然れども一たび養子をなせるものは、非常の惡事若しくは疾病に依るにあらざれば、妄りに離緣をなすことを得ず、實子なきもの、養子を代ふること三回に及びしを、「不念之仕方」なりとして、重ねて養子をなすを許さず、戸主の死亡後、屋敷を沒收せしものあり。（享保十七年丹羽五左衞門支配松平小太夫の場合、○例書雜纂。）而して養子をなせる後は、實子生るゝもこれをして家督を相續せしめず。然れども實子あるものゝ養子をなすは、其子幼稚なるか病身なるか、將た養子の持參金を望むかに限り、而して是等の場合には「御奉公難レ成」との廉を以て、一旦惣領除を願ひ出でゝ許可を受け、然る後適當の時期に於て、實子を養子の相續人となすを例とせり。

末期養子と當分養子　死に臨みて養子を願ひ出づるものは、末期養子又は急養子といひて、幕府は絶對的にこれを許さゞりしを以て、子なきもの豫め相續人を定めずして死去せば、一家の斷絶を避くべからざりしなり。慶安四年（八月五日）此禁を弛べ、父五十歳以下なるに於ては、末期たりと雖ども、場合に依りてこれを許すことゝなし、（寛文三年諸士法度、）又寶永七年（四月十五日）更に五十歳以上のものにても、審理の上許すことゝせり。（武家諸法度。）

當時一般の士人が暇を賜はり、若しくは公用を以て遠國に出發するに當りて、若し男子なき時は、旅中の變に備へんが爲め、豫め養子を願ひ出づるを例とし、これを當分養子又は假養子といへり。此願書は必ず自筆を以て認むるを要したりしに、往々違式に流れしより、享和三年七月、幕府は令して其他筆を以てするを禁ぜり。（天保集成。）

部屋住居のものも亦養子をなすことを得たりと雖ども、此場合には必ず親より願ひ出づるを要したり。

親の隱居料　親は隱居の後は、當然其子の戸主たるものゝ扶養を受けたり。而して法令は戸主のこれに給すべき隱居料に就きて制限を設けしこと、前時代のそれに類せるものあり。正德二年四月二十三日の令の如き即ちこれなり。憲敎類典。

一隱居領之事、子たる者は、孝養之爲、何程もわかちたく可ㇾ存事候得ども、過分之事にて、御公役も勤り兼、且又家來之輩難儀にも及候樣に有ㇾ之候而者、不ㇾ可ㇾ然事に候之間、自今以後、大身小身によらず、其心得を以、隱居料請用可ㇾ有ㇾ之事、

士流以下の制度　士流以下にありても、長子を以て家督となすを例とせしが、財產はこれを諸子に分配して分家となせる場合、士流よりも多かりしなり。其中町人卽ち商工業者は其存生中讓狀を作成し、親類、名主、五人組、月行事、其違法にあらざるを認めし時は、これに立會ひて町年寄の帳簿に登記の手續をなす。遺言をなしたりしものに向つて此手續をなすを怠り、爲めに訴訟紛議を生ずるに至らば、親類、名主、五人組のものに過料を科す。被相續人にして若し頓死せば、親類町内の關係者立會ひて、相當の相續人を定むべし。寛文二年八月、慶安元年十二月、享保六年五月江戶町觸、明曆元年十一月二十六日京都町觸。〇憲敎類典。

跡式養子の裁判管轄　加判人ありて適法なる讓狀か、然らざるも本人の自筆にして、印章といひ文面といひ、共に疑ふべきものなきに於ては、これに從つて「跡式」の相續を命じ、これに關する訴訟は、努めて當事者の勸解に終らしめ、他領と交涉すべき事件は、評定所に出訴すべき規定なりしに拘らず、此跡式若しくは養子等に關する訴訟に限りて、所在の領主に專決せしむるを原則とし、其裁判の最も不當なるものに限りて評定所の裁判を仰ぐことを許せり。これ是等の訴訟が風敎に關すること至つて大なりしと共に、所在の領主の、實情に適應する判決を與ふるに、最も便宜の地位にありしとに依るなり。而かも「格別筋違」の遺言はこ

れを無效として、改めて「筋目之者」に與へしめたり。御定書下卷。

百姓の土地分配の制限　幕府は又小農保護の必要より、所有地の少き百姓卽ち農業者が諸子に土地を分配するを禁じ、名主相當の百姓は高貳拾石以上、其他は高拾石、地面壹町以上の所有者にあらずば、分配を許さゞることゝし、これに違へるものは其讓與を無效とし、改めて一人の嫡子に與へたり。貞享四年十一月、正德三年四月、享保六年七月書付、憲敎類典。○寛保元年六月二十五日、評定所が畑の分配に關する訴訟に對して與へたる申渡中、「○前略右出入及び候畑之儀、拾石より內之地面は不㆑致㆓分地㆒、無㆑據子細有㆑之節は、御代官に申立、任㆓差圖㆒候儀なるに、遺言之由ニ而、親類幷五人組之もの共致㆓相談㆒候而、太郎左衞門、○嫡子、彌兵衞兄弟に、三畝拾八步地面、內證ニ而分遣候ゟ事起り、元來致㆓分地㆒間敷地面に而、兄太郎左衞門一圓ニ可㆑致㆓所持㆒儀に付、今般彌兵衞致㆓病死㆒候上は、彌兵衞所持之分地面、向後太郎左衞門可㆑致㆓所持㆒者也」といへるは其適例なり。享保撰要類集。故に分限稍〻大なるものにあらざるよりは、容易に分地別家をなすことを得ず。「厄介人」は皆一家にありて耕耘に從事するか、然らずんば出でゝ相應の奉公をなさしめたり。享保七年十一月書付。

家督相續の裁判方針　裁判類聚に「跡式出入吟味心得之事」と題して收めたるものは、幕府の方針を窺ふべきを以て、左にこれを抄出せん。

一養子極置、實子出生といふ共、實子跡式不㆑繼㆑之、

一跡式不㆓極置㆒於㆓相果㆒者、血筋近きもの可㆓相續㆒候、

一重病之節一判之讓狀不用、

一跡式相續之惣領を差置、譯も無レ之に、外之悴に跡式相續與之遺狀者不法也、然共遺狀於二證成一者、有金者惣領之悴七分、外之悴三分、家財田畑者、家督之悴可レ爲二相續之一、

一當人相果、跡式遺狀も無レ之、親類共不埒之爭論於レ致者、公儀に跡式取二上之一、

明曆元年十月、十三日、幕府の江戸町中に布きし左の規定の如きは、大に貞永式目の精神と一致するを見る。

一讓二家財於惣領一、重而讓二與次男一〇貞永式目の庶子輩、雖レ致二兄訴訟一、父存命之內、依レ有二疎意一也、後判所持者可二(任脫カ)父意一、但就二繼母之讒言一、無二惣領不孝一、可レ分二遣家財一事、

孝行の奬勵　此くの如く、幕府が一方に於て、自家の政策に順應せしめんが爲め、干涉を家族制度の上に加へしと共に、他方に於ては、最も力を風敎に用ゐ、第五代將軍綱吉、天和二年三月廿二日、駿河國富士郡今泉村の農民五郎左衛門の「父母に孝を盡し、行跡宜敷、其上村中之助をなす」との廉を以て、永く九十石の田圃を賞與し、朱印を捺せる褒狀を與へしより、孝子の褒賞を受けしもの相次げり。享保五年七月の覺書は、孝子に對する幕府の特典を觀るに足るを以て、これを左に抄出せん。

憲敎類典

孝行

享保五庚子年

覺

一孝行之者　高持

但無高候共、下人をも召仕候程之者は、高持同前之事、

銀五枚　刀を帯し苗字を名乘らせ可レ申事、

無高獨身同樣之者

一同斷

銀貳拾枚

右之通御褒美可レ被レ下之、刀脇差ゆるし候儀者、高持之者、只今迄名主同樣のものには、刀苗字をゆるし可レ申候、唯今迄脇差帯候事不レ成程之者には、脇差計り差免可レ申候、尤刀脇差者一代限、名字者子孫迄名乘　せ可レ申候事、

一高持之內に而茂、厄介等茂多候者抔者、身上取續兼候子細を承屆、吟味之上、其持高によるも、年貢差免可レ申候事、

一實體成者、右同前に候事、

一百姓町人右同樣に候、但町人は刀指免候儀は無用に候事、

右百姓町人之內、勝候而孝行者、格別實體成者、他領迄も沙汰に及候ほどの者於レ有レ之者、遂二吟味一可二申聞一候、子細承屆候上、右書付之通、被二仰付一に而可レ有レ之候條、可レ被レ存二其趣一候、以上、

子七月

諸國の大小名等も、亦各幕府に倣ひて、孝子を其國內に出ださんことを欲し、優賞殊遇至らざるところなかりき。而してこれと同時に、不孝の行爲は嚴にこれを禁じ、寛文三年五月廿三日の發令に係る武家諸法度

には、「不孝之輩於レ有レ之者、可レ處ニ罪科一事」との一條を設け、犯せるものは、親の處分として親子の義絶をなすを妨げざりしなり。此くの如く奬勵と制裁との兩端を擧げて、風敎の維持を圖りし點に於ては、中古法制の精神と一致せるものありしなり。

親の子に對する制裁　抑ゝ此時代には、天下の土地、料所あり、領分あり、知行所あり、給知あり、一般政策に於ては固とより衝突を許さゞりしとはいへ、人情風俗の同じからざりし爲め、法制慣習等必ずしも相一致せず。而して幕府が直接に統治せざりしところに於ては、或程度迄其自治を認めたりし爲め、到るところ區々の發達を觀るの已むを得ざりしものあり。加ふるに階級的社會の常として、彼れに許すも此れに許さゞりしことあれば、人に依りても亦自《オ》ら輕重寬嚴を異にするを免れざりしなり。然れども勘當義絶の法制に至りては、此時代に於ける戸籍制度と密接の關係を有せし爲め、全國殆んど畫一を保つことを得たりき。

これが實行の範圍よりいへば、士流以上は其社會に於ける地位と智識の進度とに從ひ、此破裂を現ずること自《オ》ら少く、假令これあるも、其手續又比較的に簡單にして、各自其頭支配に屆け出で、頭支配よりは又各其上長官に屆け出づるを以て足れりとせり。今左に其一例を擧げん。

日靑記

享和元年酉十二月廿九日、御用番牧野備前守殿に進達、

小普請組　仙石彌兵衛

備前守殿組
悴久離御

仙石彌兵衞組
長由實子惣領
長　珉
酉年二十六

右長由儀、表坊主相勤候節、長珉儀、寛政四子年十二月十二日、見習御奉公被二仰付一、同九巳年二月三日、土圭之間方被二仰付一、御切米貳拾俵被二下置一、同年四月十七日、西丸土圭之間方被二仰付一、同十午年十月廿九日、西丸奥御奉公被二仰付一、相勤罷在候處、病氣ニ付、當酉三月、願之通御本丸表方ニ歸番被二仰付一、然ル處病氣彌相勝不レ申候ニ付、同五月十九日、願之通御奉公御免、右長珉儀、不行跡者ニ御座候間、長由初、家內之者共、度々異見等差加候得共、一向相用不レ申、末々難二見屆一御座候間、久離仕候段、長由申聞候、依レ之御屆申上候、以上、

酉十二月廿九日　　仙石彌兵衞

又身分の輕き徒士、扶持人等の義絕の手續に就きては、寶永元年五月十八日幕府の規定に、「親子兄弟其外親類義絕之斷、御徒又は支配有レ之輕き御扶持人、黑鍬、御小人之類、其者計罷越、番所帳面ニ付キ置度と申來候とも、其支配方ゟ斷無レ之、自分ニ而者帳面ニ付候儀不二罷成一旨可二申聞一事」とありて、是等のものも亦支配よりの證明を要すとせしを見る。然るに百姓町人――換言すれば平民――は勘當舊離等に就きて、比較的に多くの場合に富めるものなれば、余は以下に於て、これに關する法制と諸國の慣例とを編次して、以て

全豹を概見するに便せん。

第一　名稱

此時代に親子の義を絶つに用ゐられしは、勘當、舊離及び義絶の三語とす。俗間には、親兄弟を始め、汎く親類の緣を斷つにこれらの語を用ゐて、其間毫も甄別するところなきが如くなりしも、奉行所の官府語としては互に其意義を異にせり。

勘當の意義　勘當は地方凡例錄に、「親より子を、師匠より弟子を、不行跡ゆへ度々異見を加へても、更に相用ゐず、後々見屆け難きに付、親子師弟の緣を切り追出遣を云、兄姉より弟妹、伯父母より甥姪を緣を切を、下々にては勘當と云ども、親師匠の外は勘當とは云べからず、舊離なり、子、弟子にても、勘當を受ざる以前、自分より出奔したるを、先々にて惡事を爲すも計り難く、親子の緣を切度段を願ひ出るときは、勘當とは云はず、家出致したる後の事なれば、後難受ざる爲のみのことに付、舊離と伺ふべきことなり」とありて、親子及び子弟の關係に限れるが如きも、其實必ずしも然りしにあらず。兄姉其他伯叔父母等の尊屬親にして、同居厄介の卑屬親に對する場合も亦勘當といへり。（こゝに尊屬、卑屬といふは、令の尊長を區別せるものと異にして、單に目上のもの、目下のものとの義にいへり。）蓋し彼等は親族の關係に於てこそ兄姉若しくは伯叔父母なれ、家長としては、弟妹甥姪をも他の家族と同一視せざるを得ざりしならん。故に彼等は又親に代つて勘當するを許されしなり。

舊離の意義　舊離は一に久離に作り、これを行ふを舊離を切るといへり。其語亦古く信長記に載する、天正七年九月廿二日、織田信長其子信雄を詰責する書に、「實に於ニ其覺悟一者、親子之舊離不レ可ニ許容一候」とあり。此時代の官府語としては、文政十一年十二月、勘定奉行曾我豊後守の達書に據るに、二樣の意義を有せり。親兄弟其他親類より失踪者に向つて緣を切るもの其一なり。必ずしも失踪者ならざるも、親及び師匠以外の尊屬親より、別居せる卑屬親に向ひて緣を切るもの其二なり。裁斷類聚。然れども明暦元年十月十三日の幕府の江戸町中の定に據れば、此外汎く親子の緣を切るにも用ゐたり。勘要記の指令中、「欠落人行衛不ニ相知一尋之日限も相濟候後、願出候を舊離帳外と唱、當人罷在申渡候を勘當帳外と、奉行所にては相唱候事に候」といふものあるは、簡單に舊離帳外と勘當帳外との異同を指摘せるものとす。

此時代に於て、民間には、他人の間にても、不和の結果、交通を絕つことを稱して義絕といひしことありしも、官府語としては、親子を始め親類の關係に止まりしなり。

これを前々若しくは前時代と比較するに、勘當義絕の二語は、其意味の異なるを見ずと雖ども、彼不孝すといへる語は、此時代に於て既に業に其用を失ひて、親の不興を蒙るといふ慣用語となり、新たに法律語として舊離といへる一語を生ぜしなり。

地方に依れる解釋の相違　然るに慣習の久しき、地方に依りては、自《オ》ら他の解釋を取れるところもなかりしにあらず。

全國民事慣例類集

親ノ權久離勘當

○北陸道

○放蕩ノ子弟ヲ、親兄ノ權ニテ其家ヲ放逐スルヲ勘當ト稱ス、改心スレバ直ニ歸住セシム、官ヘ願出デ除籍スルヲ久離ト稱シ、何樣ノ事情アルトモ再ビ入籍セシメザル例ナリ、佐渡國雜太郡、

○南海道

○子弟不行跡ノコトアルトキ、父兄ノ權ニテ其家ヲ放逐スルヲ勘當ト唱ヘ、役場ヘ屆出デ宗門帳ニ張紙ス、官ヘ願出デ放逐スルヲ久離ト唱ヘ、官許ヲ得テ除帳スルコトナリ、他日改良ノ證狀ヲ差出ストキハ、赦免シテ入籍セシムル法ナリ、讃岐國那珂郡、

これに據る時は、勘當は唯子弟を家より放逐することにして、舊離は更に官許を得て除帳するをいふ。乃ち公私と寬嚴とに依りて、其稱を異にするものなり。

全國民事慣例類集

親ノ權久離勘當

○山陽道

○親ノ權ニテ、母親ニテハ近親一人以上ノ證人アルチ要ス、不行跡ノ子ヲ勘當センコトヲ申出レバ、役場ニテ檢査シ、相違ナキニ於テハ、官ヘ屆出デ除帳スル法ナリ、兄ヨリ弟ヲ勘當スルコト能ハズ、私ニ義絕シテ交際ヲ爲サヾルコトナリ、他日改良ノ旨申出レバ、官許シテ歸籍セシム、安藝國沼田郡、安藝郡、

これに據れば、兄弟は勘當の代りに義絕するなり。此他名稱の異れるものは、これを效力の條に詳かにせん。

第二　原因

勘當舊離は法律上其用を異にすると共に、原因も亦一なる能はざりき。試みに其二三を擧げんに、

(一)懲戒　家外に放逐して親の保護以外に立たしむるは、子をして十分の苦痛を感ぜしむるに足れり。帳外して浪人となし、非人の手下となすに至りては、終身懲役の宣告と殆んど撰ぶところなかりしなり。故に親の意志に乖れるものある時、これを懲戒せんが爲めに勘當するは、當時に於て最も普通の場合たりしなり。

(二)緣坐の豫防　子にして、親の勘當を待たずして自ら失踪せるものあり。これ親の干渉を厭ひて、其羈絆を脱せんとするか、若しくは犯罪の露顯を恐れて、蹤跡を晦まさんとするの徒に外ならじ。失踪既に一の犯罪たり。加ふるに彼等は親の監督を離れ、放蕩不羈、罪惡に陷り易し、これを不問に置かんには、何日か親の首に繩を付くることなきを保せざるべし。故に豫め緣坐を避けんが爲め義絶し、舊離するも、當時にありては亦必要の事たりしなり。

(三)家產蕩盡の豫防　子にして失踪はせざるも、身持放埓にして濫りに家產を消費し、一家の破滅を意とせざるものあり。これに向つて勘當帳外するは、第一項に於ける懲戒的なるよりは、寧ろ自衛的なりしものなり。

第三　勘當舊離を行ひ得しもの

親及び養親　由來勘當は親の特權にして、戶主の如きはこれに代りて行ふのみ。舊離は必ずしも然らざりしと雖ども、又親の權內にあり。故に苟くも親の下にあるものは、實子と養子とを問はず、勘當舊離するこ

とを得たり。類例祕錄に載する、「文政八年九月、曾我豐後守掛、伊奈半左衞門出、村方に養子二遣し、養父母相果、養家相續罷在候ものを、實父兄姉より願候ても、帳外には難二申付一筋可レ有レ之、右は勘當と計り爲レ願候方可レ有二御座一候哉」との伺に對して、「養子遣し、壹株式相續いたし候ものは、先方目上之親類並村役人等より、勘當舊離並帳外をも可二申立一筋にて」云々との指令あるは、養親も亦勘當舊離及び帳外を申請するを得たりしを明かにすべし。然れども既に出でゝ他の家族となれるものに向つては、義絶舊離をなし得しのみ。類例祕錄前文の次下に、「尤養家に右體之もの無レ之、定て難二捨置一ものにても、實家之もの共より、先方役人に及二懸合一、其時儀に隨ひ、舊離相願候はゞ格別、帳外之筋は、實家親類等より可二申立一筋には無レ之間、右之含を以、其節取計方可レ被二相伺一候」とあるはこれなり。

隱居せる親　親は隱居して家族となり居るも、場合に依りては、子たる戸主を勘當することを得たり。類例祕錄、文政八年九月曾我豐後守掛、伊奈半左衞門出の伺に、「勿論武家にては隱居之父母より家督之忰を勘當いたし候得ば、其家斷絶仕候得共、武家と違ひ、百姓之家督之忰勘當いたし候には不レ及候哉」とあるに對し、「書面之趣願出候はゞ、身持之次第等細に認取、其時々取計可レ被二相伺一候」との指令を下せるは、其意、後者が情に任せてこれを行ふの結果、所謂百姓株を潰すの多からんことを憂へて、命を待つて許否を決せしめんとするにあらん。其他親が女子の緣付先きに同居して、其扶養を受け居る中、女子の夫失踪するも、此場合に於て親は舊離帳外をなし得ざりしなり。地方凡例錄。

父母の地位　勘當舊離は父母共にこれを行ひ、父の亡き場合には、母これを行ひ得たりしも、前時代の遺風を承けたる男尊女卑の當時にありては、父は母の承諾如何に拘らずしてこれを斷行し、地方に依りては、母の子を勘當するものに限りて、近親一人以上の證人を要せしところあり。全國民事慣例類集に見ゆ、其文前に引けり。親以外には、兄姉伯叔父母等の勘當舊離、及び兄弟又は從兄弟間の舊離義絶等あるも、これらは家長若しくは尊屬親の事に屬するを以て、此にはこれを說かず。

然るに前に述べたる勘當舊離の原因にして消滅に歸し、子が其前非を悔い、復歸を求むると共に、親の意も亦釋けたる場合には、親たるもの直にこれを免して歸住せしむるを例とせり。

此くの如く親は子の勘當舊離及び歸住を許すを得たりと雖ども、私にこれを行へるものは、犯罪の緣坐、其他義務の負擔を避くること能はず。故に若しこれをして公然有效のものたらしめんとせば、手續上、親類、組合、町村役人等の合意を要せしなり。

第四　效力

戶籍の調製及び除籍　大化の改新以來、戶籍の編成を嚴にせりと雖ども、皇綱紐を解くと共に、其制も從つて弛廢し、鎌倉時代を經て遂に復行はれず、以て江戶幕府の時に及べり。是時に當りて、戶籍の制を嚴にするの動機突如として發せり。何ぞや、所謂切支丹宗門の禁これなり。幕府既に外敎の侵入を以て國家の蠹害と看做し、慶長十九年、一令の下にこれを禁ぜしより以來、百方遏絶の策を講じて止まず。而して最も有力なる豫防法として、宗門人別改の制を剏め、料所となく私領となく、將た大小名の封土となく、一般にこれを施行せしめたり。當時公認の宗門は佛敎の各派にして、士人は勿論、穢多非人に至る迄、悉くこれが擅那となり、當該寺院をして其證明をなさしめたり。これを稱して人別帳、一に宗門帳といへり。料所にありては、毎年四月九月の二回にこれを出ださしめ、私領は一定せざりしも、大抵九月に一回なりしといふ。而して七年毎に諸國人別改あり。即ち子午年の調なり。全國に通じて人別帳の改正を行ひ、これを幕府に上らしめしこと、猶ほ中古に於ける六年一造の制の如くなりしなり。

人別帳の制は當代に於ける唯一の戸籍にして、加ふるに特殊の目的を有せし爲め、これが調製には比較的に周到嚴密なる注意を加へたり。これに向つて五人組を利用せしが如き、用意の一端を窺ふに足らん。江戸幕府は民間に於ける五人組合の普及に務め、彼等の間に宗門帳及び五人組帳を作らしめて、組合人別の出入異動は勿論、孝行其他奇特の行爲ありたるものは、不孝其他不埒のものと共に、これを町村役人に屆出でしめ、町村役人には更に當該官に屆出でしめたり。而して彼等の懈怠より生ぜる總べての結果は、善意と惡意とを問はずして、其連帶責任を負擔せしめたりしなり。

失踪其他の理由に依りて人別帳を除かるゝは、即ち今日の除籍にして、これを帳外といひ、又帳除きといへり。武士にして帳外せらるれば浪人とならざるべからず、町人百姓にして帳外せらるれば、無宿となりて非人の手下たらざるべからざりしなり。

江戸町中の勘當舊離帳外手續　これより少しく勘當、舊離及び帳外の手續を説かん。

慶安三年十一月、十四日、幕府は江戸町民の舊離に向つて、左の規定を發布せり。撰要永久錄。

覺

一親に不孝仕、其上不届物とて、親子のきうりを切追出、御帳ニ付申候、就レ夫被ニ仰出一候、左様之者於レ有レ之者、御番所に召連可ニ罷出一候、籠舎被ニ仰付一、心直候ハヾ召歸し、其悴養育可レ仕事、

明暦元年十月、十三日、幕府は更に舊離の手續を發表せり。其文左の如し。御當家令條。

一不レ用ニ父母之制詞一、町々年寄五人組之異見不レ致ニ承知一者有レ之者、可ニ召列來一、先令ニ籠舍一、其上於レ不レ直ニ覺悟一者、親切ニ久離一可ニ追拂一、萬一對ニ于父母一存ニ遺恨一者、彼町中ゟ可ニ捕來一、町中引渡可レ行ニ死罪一事、

其後享保九年十二月、幕府は又江戸の町觸に於て、舊離勘當の手續に關する規定を發布せり。これに據れば、江戸に於ては、其家主たると借家人たるとを問はず、舊離勘當をなさんとするものは、家主――借家人は――五人組に告知し、親類中の重もなるものゝ連署を得て、各町の名主に屆出で、更に名主の連署を以て、家主――借家人は――五人組これに附添ひ、町奉行所に出頭して、一定の帳薄に登記の手續をなすを要せしなり。これを稱して番所帳面に附くといひ、又單に帳附ともいへり。寬保集成。寬政八年七月に至りて、江戸町中の舊離願に付、左の規定を設け、其出願を容易にせざらしめたり。天保集成。

町方ニ而久離願差出候もの共數多く候、親子兄弟之敎等等閑ニ而、多くは幼少之時分ゟ我儘ニ育、終には親兄弟等之手にも餘り候あふれ者ニ成、其時ニ至り久離帳外ニ成候得ば、多くハ眼前ニ無宿に成、飢渴にも及び、或ハ惡事を致し重刑に行はれ、又は乞食非人と成り、一族も恥辱を受候事ニ候間、久離帳外之事、人倫におゐて不レ安事に候條、一族ハ勿論、所役人等も精々心を附候て、子弟其外身代不レ持者

ども、邪路ニ不レ入様に、敎育を盡し可レ申候、其上ニも不レ得ニ止事一、不ニ久離一して難レ成ハ、一族並所役人迄も相揃訴出、可レ待ニ差圖一候、筋により不レ得ニ止事一バ、尤聞屆可レ遣候、

一是迄家出又は欠落もの、出先ニ而如何様之惡事可レ致哉難レ計由ニ而、久離帳外願候得共、此儀は猶更不ニ容易一候、兼而之儀ハ等閑ニ致し置、右之節ニ至り、後難を存じ、久離候類は不埒ニ候條、是亦吟味之上、聞屆可レ遣候、

一父母並一類共ニ、久離可レ致心底ハ無レ之處、所役人共後難を量り、一族江茂申勸、久離願はせ、不承知に候はゞ、家明可レ願旨申談候類ハ、所役人共心得違成筋ニ候、一族銘々は勿論、所役人等も一同其旨を存、猥ニハ久離之儀不ニ申出一、精々心を盡し可ニ申敎一候、實々不レ得ニ止事一分計り可ニ訴出一、左候ハゞ猶利害之申聞方も可レ有レ之候、尤糺之上、品ニ寄、久離も聞屆遣ニ而可レ有レ之事、

料所の勘當舊離帳外手續　料所に於て勘當をなして、番所帳面に記入を請はんとするものは、重立ちし親類、五人組、店借は家主、村役人の連署を以て代官に屆出で、代官は更に奉行所に願ひ出づべし。奉行所に於て吟味の上聞屆けらるれば、代官これを帳外するを得たり。失踪者ある時は、親類、組合、村役人に三十日間の搜索を命じ、此くの如くすること六回これを六切といふ百八十日にして、尙ほ踪跡を求め得ざれば、代官より處分を奉行所に請ひ、永久の搜索これを永尋といふを命ぜらる。此時町村より帳外を願ひ出づれば、代官聞屆けて搜索の義務を免じ、人別帳を除くなり。其手續は勘當と異なることなかりき。但これには多少の沿革ありしなり。

地方凡例錄

勘當の儀は、親より之を願ふ上は、不行跡の次第を委しく伺書に認に及ばず、平日不行跡にて、度々異見を差加へ候へども、取用ひ不レ申候間、勘當致度旨、親誰の外、親類、五人組、村役人一同願出、吟味の上、相違なきに付、相伺ふ趣に認むべし、勘當の儀、前々は村方の願を聞届け、相伺下知濟の上、帳外致し來りて、欠落者と違ひ、帳外書替は相渡さゞる處、安永元辰年より改り、勘當伺ひ附紙に、願の通り勘當聞届け、帳外相願候は、別段申聞べき旨に付、帳外を申渡し、帳外の届を奉行所へ差出せば、欠落者同様に書替相渡りたり、然る處天明二寅年八月、代官所武州埼玉郡増林村勘當願ありて、例の通相伺ひたる處、其節の附紙には、願之通り勘當聞届け、人別帳相除き候樣、申渡すべき旨の下知にて、例より違ひたる附紙に付、尚又其筋へ伺ひたる處、至て不埒者ゆへ、村方追拂ひ、人別帳を除き度存じ、親も勘當致すことに付、宗門帳を外す儀は勿論なれば、別段申聞候樣にとの下知は、道理に當らざる趣、今般評議の上、右の通り改めたる段、挨拶ありたるに付、其以後は帳外届は別段に致さず、勘當伺の文言に、勘當帳外相願候間、承わり屆候樣可レ仕哉の旨を伺ふことなり、〇中略、勘當舊離其外とも帳外者の儀は、代官承わり屆、帳外申渡し、其段勘定奉行へ相達すれば、奉行より町奉行へ使者を以て相屆け、町奉行所より書替とて、使者口上を書寫し相渡す、尤も年號月日計りにて、名印等なし、町奉行所の日記の寫しと見えたり、右書付を證文同樣に取置、若し後年に至て、帳外者歸村を願ふことあるときは、右の書替差出し、歸住申付る、若し書替のなき帳外者は、歸村伺ひ出來ざる大切なる書物なり、是に依て場所替、最寄替にて、村方を引渡すときには、右の書付も跡代官へ引渡す事なり、〇類例祕錄、文政八年九月、（曾我豐後守掛、伊奈半左衞門出）の伺に、「前々其子細有レ之、欠落候ても、三十日宛六切尋之上、永尋被二仰付一、舊離願出候はゞ、別段可レ被二申聞一旨被レ渡、其後尋は差免、帳外可二申付一旨、御差圖有レ之、御改革以後は手限にて帳外申付候」とあり、私領にても、頭支配ある面々は、帳外申付たる趣、頭支配へ相屆れば、頭支配より町奉行へ達し、書替を取置由なり、又諸侯方の分は、直に留守居の者書付にて、町奉行所へ持參り差出し、書替を取り置、歸住の節は前條と同然なり、

地方公裁錄

欠落勘當歸住等御改革之事

都て御料所百姓共、貧窮一ト通にて致二欠落一候ものにても、親類、組合、村役人等へ三十日限行衞尋申付、其段自分共公事方月番に相屆、六切相立不二尋出一候得ば、落着之儀可レ被二相伺一、差圖之趣申渡、尚又相屆、且欠落人歸住願、並身持不埒之儀親兄弟より勘當願も、前々より被二相伺一候上承屆、其旨都度々々相屆來候處、右之通にては、欠落之親類、組合、村役人等、支配所へ罷出候往返雜用も相掛、難義之至、且各役所手數も相懸候儀に付、此度伺之上、土井大炊頭殿依二御差圖一令二改革一、左之通、

貧窮にて欠落いたし候ものゝ行衞は、三十日限六切分、合百八十日限、最初より尋申付、三十日目每に村役人宅に寄合、互に尋之次第□（申カ）合、尚又無二油斷一相尋、右之通追々日延いたし、六切相尋候ても、不二尋出一候はゞ、其旨可二申立一旨申渡、落着之儀も、各手限にて尋申付置候もの共、不二尋出一段不埒に付、急度叱置、欠落人帳外に申付、尋差免、歸住願之儀も、糺之上、子細も無レ之候はゞ、一旦家出之不埒急度叱置、歸住申付、以來農業可二精出一旨申渡、勘當願も糺之上、實々無レ據分は承屆、右何れも每年十

二月中、不ㇾ洩様國郡村名相認、公事方月番に可ㇾ被ニ相屆一候、
但聊にても惡事有ㇾ之、逃去候ものは、是迄之通たるべし、〇中略、
文化九年五月

勘當は親の特權にして、其理由大抵一樣なれば、勘當願にこれを細說するを用ゐず。奉行所に於て聞屆けらるれば、直にこれを帳外し、舊離帳外に於けるが如く、帳外書替なるものを與へらるゝことなかりき。これ安永元年以前の制なり。其後勘當の許さるゝを待ちて、更に帳外を奉行所に屆出でしむることゝなり、舊離帳外と同じく帳外書替を交付せしが、幾ばくもなくして、天明二年勘當を許すと共に帳外を許すことゝなりてより、勘當願の文にも勘當帳外を願ふと記するに至れり。然るに文化九年より、貧窮の爲め失踪せるものゝ舊離帳外、及び一般の勘當願は一層簡易となり、從來の如く一々奉行所に願ひ出づることなく、代官に於て適宜にこれを處分し、每年十二月を期して、奉行所に屆出でしむることゝなせり。

家長以上の親の權力　舊離は勿論、勘當の如きも、家外に放逐せらるゝものなれば、子はこれと同時に家督及び財產の相續を拋擲せざるべからず。戶主すらも隱居せる親の勘當を蒙れば、一家の斷絕を免るゝこと能はず――これ多く士人に於て他に相續人なき場合なりしとはいへ――。加ふるに彼等にして帳外せらるれば、浪人となり無宿となりて、身を法律の保護以外に置かざるを得ざりしなり。

これを要するに、此時代に於ては、親の權力は家長のそれよりも重く、啻に子をして一家に於けるすべての利益を拋たしめたりしのみならず、延いて公權を失ひ、社會に齒ひせられざるに至らしめたり。これ實に

子に取りては無限の恨事にして、俗間或は地震、雷、火事と共に、親爺を最も恐ろしきものゝ一に數へたりしも、故なしとせざるなり。然れども其手續に關する規定は、親をして容易にかゝる非常處分に出でしめざりしなるべし。何とならば、彼等はこれが處分をなすに先だちて、親類、町村役人等の同意を得、町奉行、代官所の承認を得ざるべからざりしを以てなり。苟くも是等の手續を經由せるものにして、勘當若しくは帳外するは、獨り親の權力の作用に止まらずして、又法律上の制裁たり。其結果公私を混じ嚴峻を極むるの嫌ありしも、寧ろ怪しむに足らんや。

失踪せる子の捜索義務　親子の緣既に絕ゆれば、子にして犯罪あるも、親は其帳外者たるの故を以て、緣坐を免るゝことを得たり。然れども絕對的に無關係なりしといふにはあらず。若し子の罪狀重大ならんには、失踪せる子を捜索するの義務を負擔せしめられ、又勘當帳外の手續不充分なるものは、すべて無效とせられたり。

地方凡例錄

村方等にては、舊離さへ致せば、其者何程の惡事を仕出しても、難儀は掛らざることゝ心得居れども、一通りのことは、舊離帳外たる方へは掛らざれども、其者至て重科あるときは、假令舊離帳外致したる者にても、親類へ尋等を申付ることあり、左すれば舊離したりとも、其血筋は遁れ難く、斷然構ひなきことゝは云難し、村役人も帳外したるものゆへ、構わざると申儀は相成らず、併し咎を蒙る節、過料は手鎖となり、手鎖は屹度叱り置などにて、一等輕くは相成れども、役人とても一向構ひなしには相成ざる由なり、又無宿者召捕られ、僉議の上、誰領分誰知行所何村の産と名乘り、何村無宿となれば、其領主地頭へ引渡しになる、然る處右の者は何年以前領分拂申付、其筋奉行所へ相屆け、頭支配ある面々は頭支配へ相屆置候段申立、又欠落者にて帳外申付、其節相屆、書替所持致し居り候に付、受取難き旨申立、書替を差出せば、引渡しには相成らず、假令追放等致したる者にても、其節の屆なくては、右體の時、領分知行所追放、又は欠落帳外申付たる者の由申立ても、相立ざることとなり、

勘當舊離の時期　然るに犯罪若しくは其嫌疑ある子にして失踪し、永久の捜索を命ぜられ居る間は、勘當舊離をなすことを得ざりき。乃ち此輩に對しては、犯罪の以前か、若しくは裁判決定の以後に於てせざるべからざりしなり。

勘要記

奉行所より永尋に相成候者、人別帳ニ書載候儀、並其外之儀ニ付問答

一百姓並出家、社人、公事出入等引合有レ之候者出奔致、於ニ御奉行所一永尋被ニ仰付一者を、舊離、勘當、義絶等願之儀、當人を尋出、其件落着之上者格別、左も無レ之候ハヾ、久離等之願、不ニ取上一筋に御座候哉、

下ケ札　書面之通、永尋之者、舊離ハ難レ成筋に候、

全國民事慣例類集

親ノ權久離勘當

○東海道

○子弟ノ勘當ヲ官許スレバ、直ニ除籍シ、無宿者トナルコトナリ、但犯罪アル者ハ勘當スルコトヲ許サズ、官ノ裁判ヲ待ツコトナリ、前政府ノ末路ニ至ツテ、不身持ニ付テノ勘當モ許サヾルコト、ナレリ、

伊豆國田方郡、

失踪の事

○山陽道

○親類組合打寄、一應尋ノ上、年寄、大年寄ノ手ヲ經テ、町奉行ニ届出ヅ、町奉行ヨリ親類組合ヘ百日ノ尋ヲ申付ル、安政年間改正ニテ百八十日トナル、其日限ヲ經テ見當ラザルトキハ、再ビ届出デ除帳ス、尤犯罪逃亡者ナレバ、尙永尋ヲ申付ラル丶コトナリ、美作國西北條郡、

帳消の手續　勘當舊離せられしもの、其後悔悟の狀見ゆるに於ては、親はこれを許して帳消の手續に及ぶなり。前に言へる享保九年十二月の江戶町觸は、此場合に町奉行所に向つて、帳簿の取消を願出づべき手續を規定せり。卽ち初め帳簿に登記せし際の如く、名主は願書に連署し、家主――借家人は――五人組附添ひ町奉行所に出頭して帳簿の取消をなすべし。これを帳消といへり。初め登記の後、他町に轉居したりとも、前日の家主――借家人は――五人組猶ほこれに參加するを要せり。寬保集成。料所にありては、其法勘當舊離と同じく、親は親類、組合、村役人と共に、狀を具して子の歸住を願ひ出で、代官は其前過を叱し、將來を誡めて願意を聞届け、且つ證文を取り置くなり。其手續の沿革は勘當願等に同じ。

帳外帳消に對する幕府の方針　所謂帳外者は其人生存するも人別帳に載せざるを以て、自《オ》らこれが監督を嚴にし難きの事情あり、且つ濫りに除帳を許さば、戸籍の紊亂は免れんと欲するも得べからず。況んや勘當舊離は名敎上、決して好ましからざることなるに於てをや。勘要記に、親子不和にして分地別家を出願せしものゝ許否に付、松平越前守の問合に答へしものゝ中、「親子不和に付、分地致し分家に可二相成一」との願は、如何成筋に付、孝道に背不レ申樣、敎諭致可レ然筋と存候」といへり。故に幕府は勘當願の出づるも、審さに其事情を尋究し、萬已むを得ざるものにあらざれば許可せざる方針を執り、失踪者に向つて永久の捜索を命ずることの如きも、亦其手續を愼重にせり。此二者は帳外の原因にして、苟くもこれを許せば、帳外は必然の結果たればなり。文化九年、幕府舊離の手續を簡にせし時、「勿論欠落人尋方、聊相弛候譯には無レ之、畢竟村方難義を厭ひ遣候趣意に候條、萬一行衞尋方手輕に相成候樣、村方心得違いたし、欠落人相增候儀有レ之間敷事にも無レ之條、其段隨分心付、其外にも右之通仕來相改、如何之筋相聞候はゞ、早々可レ被二申聞一候」といひて、其緩漫に赴かんことを戒飭せり。帳外の手續然かく嚴密なりしに拘らず、歸住願は頗る簡易にして、其形式だに備へたらんには、直に許可せらるゝを例とせり。而して服忌に於ては、義絕の子と他の子との間に區別を置かず、唯義絕の嫡子は、其服忌末子に准ずるを異とするのみ。（貞享三年四月二十三日及び元祿六年十二月二十六日の服忌令。）

幕府の方針既に此くの如し。これを地方の慣習に視るも、親の命を用ゐざるものは、官に請ひて懲治するが如きことこそあれ、勘當除帳に至りては容易にこれを許すことなかりしなり。

勘當に關する諸國の慣習　地方の慣習に於ては、勘當に町勘當、村勘當なるものあり。町村役場限り届出で町役人若しくは村役人の職權にて其地を放逐せるものなり。山城愛宕郡、葛野郡、駿河安倍郡、有渡郡。盗罪の外は概ねこれを以て懲治せり。駿河安倍郡、有渡郡。又稼勘當なるものあり、親の命を用ゐざる子を他領に於ける親族に預けて、改悛の時を待つものなり。但馬出石郡、丹後加佐郡。是等は一種の勘當なるも、此他全く親の若しくは兄の勘當を認めざりしものあり。此くの如きものは重きを法律に置き、官に請うて懲治するか、伊勢安濃郡、若しくは法律上無效なる放逐を以て甘んぜり。伊豫宇和郡。假令勘當除帳を許すも、二回以上の前科あるものに限り、遠江敷治郡、官獄懲治の效なきものに限るが如く、美濃厚見郡、各務郡、方縣郡、終局の決斷を親の言に置かざるもの亦多かりき。而して其中或は全く除帳を許さずして、子の犯罪ありし場合には、除帳に准じ連累を免れしむるに止まれるところあり。三河渥美郡、相摸足柄郡、上野邑樂郡、丹波桑田郡、肥前彼杵郡。舊肥前佐賀領の如きは、親より不孝の子を勘當せんことを願ひ出づれば、徒罪に處して懲治せしめたり。然れども歸住の許可を得るは最も簡易にして、親の出願と共に直にこれを許されたり。稀れには除外例として、一たび舊離勘當せしものは、何等の事故あるも歸籍を許さゞるところもなかりしにあらず。相摸鎌倉郡、越前敦賀郡、佐渡雜太郡。

えた非人の場合　以上は百姓町人乃至武士に就きて――語を換へて言はゞ良民に就きて――いふところにして、えた非人――賤民――はすべてこれが例外たりしなり。彼等は「手下を離、素人に成、素性難ㇾ分」との故を以て帳外を許されず。地方公裁錄。えたの子不埒の所爲ある時は、これを彈左衛門に訴へ、彈左衛門はこれを糺問して、甲地のえたは乙地の非人手下に、乙地の非人は甲地の非人手下に命ぜるのみ。法曹後鑑。彼等にして失踪せば、所謂六切尋を命じ、然る後永尋となせり。地方公裁錄。これを要するに、彼等の間には勘當もなく舊離もなく、從つて帳外もあらざりしなり。

結論

各時代の概括的觀察　以上の研究結果に據れば、上古以來親子關係を中心としての家族制度は、一般に圓滿なる發達を經、二者の交情は概して親密にして、假令親の意に乖るも、擅に殺戮を加ふるが如きこと殆んどこれなく、其甚だしきに至りても親の保護を解いて家外に放逐し、徐ろに自悛を待つに過ぎざりしなり。然るに中古の法律は餘りに外國法の模倣に傾きて、往々親の權力を抑制し、この一事だにこれを認め居らざりし程なれば、習慣の勢力は法制以外更に不文の法制を作り、此種の行爲も實際に有效と看做すに至れり。鎌倉時代は最も慣習法の發達せる時代にして、一般の法制は自然的發達の傾向を有し、幾分か人權伸張の地をなせり。唯親の子に加ふる權力は、法制の保護を受けて一層確實となり、家督の相續は絕對に其自由を認められ、財產の相續に關する子の保護も、唯親の爲めに義絕せられざるものとの條件の下に行はれしのみ。苟くも親の怒に觸るれば、立どころに親子の緣を切られて、社會に孤立せざるべからず。而して此非常處分を受けしものゝ中には、固とより不孝の子歎願の餘地なきものもあるべしと雖ども、又親の威を弄し情に任せて、子の利益を蹂躪せしもあらむ。故に此時代には又親の處分を受けしものにても、尙ほ公務に就き得るの慣習を生じ、自《オ》ら公私二權の獨立を觀るに至れり。これを前後の時代の共に二者を混同して、私權の喪失を公權の喪失と甄別せざりしものに比すれば、此時代に於ける權利思想發達の一明徵と謂はざるを得ず。然るに室町幕府の季世より、自主的小國家の維持を圖るに急なるの餘り、諸國の領主百方干渉を家族制度に試みしを以て、家督財産の相續等一として親の自由を拘束せられざりしはなく、一家も亦各勢力保存の必要より、極端なる家長專制の風を馴致し、これに關する法制も自《オ》ら一變して、極めて不自然的となり、專制矯飾の事實に富むに至れり。江戸幕府の起るに當りて、巧みに此氣運を利用し、儒教をさへ緣飾して、一種の家族制度を大成し、其結果前時代に於ける諸種の干渉を繼受し乍ら、或る程度迄親の權力を保護して、子に向つて其服從を强ひ、彼士流以上の隱居が家督を勘當せし場合に、一家の斷絶を見しが如き、確に親の權力の戸主のそれ以上にありしことを示すものにして、前時代に類例を見ざるところなり。士流以下は家督財産の相續、其他婚姻等に就きて、親の自由を拘束せられしこと比較的に少く、士流以上の一子相續に傾けるに拘らず、諸子分配の行はるゝを見たりしが、獨り農民に向つては、土地の分割相續に就いて一定の制限を設けたり。幕府の中世以降太平打續きては、前時代の如き必要の原因殆んど消滅せしに拘らず、社會的惰力は上下をして甘んじて人權の抑壓を忍ばしめたり。

明治維新以來、各種の法制の改正と共に、親子關係も其面目を一新し、さしも久しく盛んに行はれたりし勘當、舊離、義絶、帳外等の事は、法制上全く其效力を失ふに至れり。これ主として戸籍法の改正が除籍を認めざるに至れると、刑法の改正が緣坐の制を廢せしとの二大原因に由らずんばあらざるなり。

第十　隱居制度論

緒言

穗積博士の隱居論　余の尊敬する穗積博士が隱居論なるパンフレットを公けにせられしは、去明治二十四年の事なりき。余は本邦法制史の研究上、隱居の起源沿革に就いても多少の考覈するところありしが、隱居論の所説は往々管見と相容れざるものあるより、既往に於て余が法制史の講義、講演、論文の中に屢〻これに論及したることあり。去明治四十一年日本百科大辭典第一卷の發刊に當りて、余は本邦に於ける隱居制度の沿革を執筆してこれを掲載せしが、其後段に於て余の隱居論と所見を異にする諸點を簡單に附加し置けり。固とより百科辭書の事とて紙數に限りありしかば、一々反證を擧げて詳論するが如き事は望まれざりしかど、隱居の研究に取つてのオーソリチーたる隱居論に對しては、後出の論文として、これ丈の敬意もこれを必要なりと思惟したりしに依るなり。然るに隱居論の出でゝより二十四年後の本年三月、其第二版は索引をも合すれば、前版に三倍する程の裒然たる大册となりて發行され、余も亦一部の惠贈を辱うせり。余は先づ本書の學界に貢獻すること多大なるべきを思ひて、衷心忻怡に勝へざるものなり。

然れども若し望蜀の言を許されんには、本書の第二版に向つて特殊の趣味と期待とを有せし余は、極めて僅少の場合の外、博士が依然として二十四年前の見解を支持せられ居るを見て、聊か失望せざる能はざるなり。多年隱居の研究に沒頭せられし博士にして斯くの如くなるは、其牢乎として拔くべからざる確信に基かるゝ事言ふまでもなし。余が本邦の法制史に精通せりとの博士の讚辭は固とより敢て當らざるところ、只主として法理學の見地より出發せらるゝ博士と、余との間には、立論の根據となるべき史料の輕重見解等の相違より、延いては我家族制の根本義に對する意見に就いて鴻溝を畫し、到底容易に一致點を見出だすこと能はざる地位にあるにあらざるかを疑ふものなり。

博士の論難　余の博士と所見を異にするは、本邦に於ける隱居の起源沿革に關する多くの論點を含むものなるも、博士は第二版隱居論の第一編隱居の起原第四章退隱俗、及び第四編隱居の年齡第二章第二期の隱居年齡に於てのみこれを引用せられ、特に隱居の年齡に就いては、其引用反駁述懷等に八ページ餘を費されたり。これ隱居の年齡が隱居期を畫するものにして、或意味に於て本研究の出發點なりと謂ふべく、本研究に取りて最も重要視せられたるが爲めならん。而して博士は余が其隱居論に於て論證せられたる隱居年齡を一言の下に否定せりとて、溫乎として玉の如き博士の平生に似ず、頗る嚴峻なる語氣を以て、「若し之を否定せんとならば、「選敍令」の規定の空文なりしことと、並に國史の記事の悉く虛僞なりしことを立證する責は其否定者にあり」、「若し之を否定せんとならば、反證提供の責任は其否定者にあり」と說破せられ、且つ最後に於て、

無證の斷案は權威者の言と雖も學問上の價値を有せず。『ローマ』法王が大地不動を宣言し、『ガレリオ』をして地動說の虛妄を宣誓せしめたる瞬間に於て、地球は法王の足下に於て轉回しつゝありしなり。『斷定に遲く、反省に速なる』(“Slowness to assert, readiness to reconsider) は『フランシス、ベーコン』の

言なり。我輩資性遲鈍、隱居年齡に關する考案に數星霜を費したるを以て、其斷案の遲かりしは自ら『ベーコン』に背かざりしを知る。庶幾くは虛心平氣、教を待つて速に反省する所あらん。

と滔々二百餘言、羅馬法王、ガレリオ、乃至フランシス・ベーコンを拉し來つて、無證の斷定の學問的價値なき所以を縷述せらる。卑見の引用批評に數ページの貴重の紙面を塞がれしを見てさへ感激に堪へざる余は、これに向つて殆んど言ふべきところを知らざるなり。「今や齡已に還曆に達し、日暮れ途遠きの感なき能はずと雖も、尚自ら省みて學界より退隱することを爲さず、敢て老駑に鞭ちて斯道を辿らんとす」と謙遜せらるゝ博士にして此大元氣を示さる。余輩後進、豈驥尾に附して啓蒙請益するところなかるべけんや。而かも眞理の探究に當つては些の感情々實を交ふるを許さず。これ余が僭越を顧みず、學界の元老たる博士の雅量に對して忌憚なく所見を披瀝し、重ねて高教を仰がんとする所以なり。

隱居制の起源

固有の意義　穗積博士は隱居論 第二版を指す以下之に倣へ 第四章退隱俗に於て、本邦隱居制度の起源を支那に發し、時代を逐うて變遷したることを說明せられたる後、これに關する從來の學說を批評し、其中或は「隱居の制は東洋固有の風習に基きしもの」と云ふ者ありとて、日本百科大辭典收錄拙稿の一節を引用せられ、「之を本邦特有の習俗と速斷するものに比すれば、稍〻當を得たるに近しと雖も、尚ほ未だ事實を盡さゞるの憾みなき能はず」とて、古代ギリシヤ其他の諸國、さては現今歐洲の中央なるドイツ國の農民間にありても、洽く隱居制度が行はれ居るとの事を指摘せられ、「是等の事例に依るも、歐洲各國に隱居の制無しとするの事實に違ふや論を俟たず」と結ばれたり。此親切なる示敎も余に取りて頗る意外の感なき能はず。何となれば、余は未だ嘗て歐洲に隱居の制なかりしといひしこともなければ、又然か信ずるものにもあらざればなり。思ふに、穗積博士は余が東洋固有の風習といひしを特有の風習との義に解して、此論難に及ばれしならん。固有の語には固より特有の意義も含まれざるにあらざれども、又本來存在すとの意義もこれあるなり。今試みに座右の「辭林」を取つてこれを閱するに、同書はこいう【固有】の語に對して、(一)もとよりあること、うまれつきてあること、(二)特別に所持して居ることゝの解釋を下せるを見る。余は只此第一義に於て固有の文字を使用したりしのみ。而してこゝに奇怪なるは、余が「穗積陳重博士は其著書隱居論に於て、〇中略、隱居年齡は中古に於て七十歲以上なりしを、武家の時代に短縮せられて五十歲となりきと說かれたれど、其實此事なし」といひし文を分解して、其實此事なしの語は、前半の中古に於て七十歲以上なりしをといふを承くるか、それとも後半の武家時代の五十歲となりたるを承くるかを考察されし程の細心なる用意に似ずして、博士が余の本邦に於ける隱居制が東洋固有の風習に基きしものなりといへるを、單に東洋特有の風習なりといひしかの如くに看做されて辯難せられ居ること是なり。隱居俗は古昔印度にも支那にも行はれたれども、本邦中古の隱居制の起源が支那にありとは、隱居論の觀察にあらずや。我隱居制が印度より渡來せりとの說すら、否定せらるゝ博士は、よもや古代希臘其他の歐洲諸國のそれに基きしものなりとはせらるまじ。況んや現今の獨逸農民間に行はれつゝある隱居制に於てをや。

致仕制の起源　斯くいへばとて、余は隱居の起源に就いて、隱居論の裏書をなさんとするものにあらず。本邦隱居の制度が起源を支那に發せりとの隱居論の論據は、本邦に於て大臣以下の致仕をなすの風習は、中古儒教の盛んに行はれて、支那の文物制度を模倣せる時に起りたるものにして、六國史、本朝文粹、本朝續文粹等に載する致仕者の年齡は、十中八九まで七十歲以上なれば、當時人臣の七十歲に至れば致仕するを恒例とせしもの〻如く、其准據と覺しき選敍令の「凡官人年七十以上聽㆓致仕㆒」の規定は、唐令を繼受したるものなるも、基くところは周禮の古制にありといふにあり。余は其單に國史に見えたるだけにても、日本書紀應神天皇十三年九月條に收めたる一書に、日向の諸縣君牛が朝廷に仕へて、老耄に及び仕ふること能はずとて、致仕して本國に退老せし記事も見ゆれば、老年致仕其事は必ずしも支那の法制や禮制に基きたるものと斷じ難きも、中古の令に於ける七十以上致仕の制は、唐令のそれを採用せるものとして、其支那古來の禮制に基くものなりといふに異議なし。而して公務を解く點に於て、當時の致仕が後世余の後世は江戸時代の隱居と相同じきを認むるものなるも、隱居論の如く、致仕を以て、戸主が家督を相續人に讓りて家族となるべき隱居に均しきものとなすの見解には、一致すること能はざるなり。

致仕の年齡　抑〻中古官吏の致仕には種々の動機ありたり。七十以上致仕の制に就いては、選敍令集解に引ける古記に、身才强幹にして時務に堪へたるもの〻、臨時に聽さゞることあるを除きて、七十歲に達せば必ず致仕を願出でしむと解せるも、そは誤解なるべく、令釋の七十必ず致仕せしむるの意ならんには、以上の二字の無意味となるべき點より、任意に願出でしむること〻解せるを穩當とすべし。されば七十に達して致仕を願出でざるも可なり、願出でたりともこれを聽許せざるも亦可なり、現に七十歳以上七十五歳、八十歳、八十四歳にして致仕せるものあれば、優詔してこれを聽されざりしもあり。五位以上にして致仕したるものは季祿は賜はらざれども、位に屬する位田、位封、位祿を賜はり、食封、職分田は現任者の半を賜はるなり。致仕を以て隱居と同一と看做せる隱居論には、七十にして致仕せるもの丶、續日本紀以下三代實錄に至る國史、及び都氏文集、本朝文粹、本朝續文粹に見えたるを列擧して、中古七十歳を隱居の適齡となせりとし、七十歳以上の致仕の例もなきにあらざれど、七十歳以下にして老を告げ職を辭せし例は極めて少く、偶〻これあるも篤疾の場合等に限るが如しといひ、寬仁元年源俊賢の五十九歳にして上表辭退せしを、本朝遯史に「俊賢年未二六旬一而致レ仕、頗知二止足一者乎」と評せるを見て、當時六十歳以下の致仕退隱の異數なりしを知るべしと見えたり。七十以上致仕の制ありし當時に於て、七十歳以上にして致仕せるもの丶記事を國史に見るは、固とより自明の理のみ。然れども同時に七十歳に達せずして、致仕と同じく官を辭せしもの丶ありし事は、隱居論の所謂宗敎的隱居、政事的隱居、生理的隱居に收錄せられたる事例に徵するも明かなり。是等の辭官者中には二十代三十代のものもありしが、相當の理由を具するものにして、辭官後も致仕と同一の待遇を受け得たりしもの丶外は、これを犧牲にするを忍ばざるべからず、これをしも忍びたらんには何時にても辭官をなし得たりしなり。隱居論には中古の隱居に賑恤を加ふることあるを見て、致仕者の隱居と看做し、「老衰事を執るに堪へざる者なるべし」との小中村博士の說を引用せられ居るも、こは致仕隱居の謂にてはあらざるべし。何となれば、致仕者には法定の恩給ありて、更に賑恤を加へらるべくも思はれざればなり。

七十未滿の致仕　七十は古來稀なりと稱せらる。中古如何に文官なりとて、此頽齡に及ぶまで勤續し得たりしものゝ多からざりしは理の覩易きところ、其史籍に登れるものゝ寥々として數ふべかりしは固とより怪しむに足らず。而して後世七十歳に滿たざるものゝ辭官もこれを致仕と稱せしは、其名稱を取りしのみなりといはんも、其實必ずしも然らずして、七十歳未滿の致仕も、法定の致仕と同一の待遇を與ふるに至りしを注意せざるべからず。長元八年中納言藤原兼隆の五十一歳にして辭退せし時は、致仕に准ぜられ、職封を減半して賜はりしことあり。公卿補任。而かもこれ准致仕たるを免れざりしが、隱居論にも引用され居る權大納言源俊賢は、寛仁三年十月、六十一歳にして辭表を上り致仕せるに、小右記同年十二月四日の條に據れば、「俊賢卿辭二退大納言一、而官符有二致仕由一、有二朝恩一也、年齡未レ及二致仕之刻一、後々人可レ爲レ例歟」とあり。高齡七十以上にして致仕せるものに比して、此種の致仕者の多かるべきは言ふを俟たず。これ致仕年齡を六十歳以上とする規定の、全く空文とならざるまでも、事實に於て修正せられたるを示すものにあらずや。假りに致仕卽ち隱居なりとするも、中古の隱居年齡を七十歳に置くは穩當にあらず。これを令制に徵するも、六十一歳以上六十五歳以下を老とし、六十六歳以上を耆とし、耆は課役を免除され、老の歳役は二人を以て正丁一人に當つべく、八十歳以上は侍一人を、九十歳は同二人を給はり、又六十歳に兵役を免除せらる。されば當時にありても、文官とはいへ、七十歳以上にあらざれば、致仕の特典を享くべからずとせるは、縱ひ外國法の模倣なりといへ、少しく酷に失せるが如し。其實施に當りて緩和さるゝに至りしは寧ろ當然なり。

致仕の隱居にあらざる理由一　然るに余は中古の致仕を以て後世の隱居と同一視せんとする隱居論の見解に反對するものなり。而して其反對理由の第一としては、由來本邦の家族制が戸主權よりは寧ろ親權に重きを置きしことを擧げざるべからず。有體にいへば、隱居論には戸主權に依つて立つところの一般家族制より本邦の隱居を觀察せられ、此種の事實に對しても、單に尊屬親を尊びしものなるべしといふの外、深き注意を拂はれ居らざるが爲め、本邦家族制の性質より、延いては隱居制の問題に就いて、卑見と相背馳するの已むを得ざるものあるが如し。これに就いては今こゝに詳說を避くべきも、神話傳說に依りても窺はるゝ如く、由來我家族制に於ては父母若しくは祖父母の子孫に對する威力は頗る盛んなりしなり。されば我中古の令が唐令を採用したりしに拘らず、戸主に對しては多少の斟酌するところありしなり。唐の大宗の武德七年に始めて給田の制を定め、十八歲以上の丁男に田一頃を給せしが、若し戸主たらば、更に二十畝を加給することゝせり。其後開元二十五年の制定に係る令に於ても、丁男には永業田二十畝、口分田八十畝を給ひ、黃小中丁の男女、及び老男、篤疾、癈疾、寡妻妾にして戸主たるものには、特に永業田二十畝と口分田二十畝とを加給することゝしたりき。然るに我中古令は口分田の制を採用しながら、男女六歲に達すれば、男に二段、女に一段百二十步の割合を以て平均に口分田を支給し、唐制の如く丁男に最も多くを給して、老男、篤疾、寡妻妾に遞減し、小五歲以下を除く中十七歲以下の男女を除外するが如きこともなく、特に注意すべきは、戸主に加給し、又黃、小、中の男女にして戸主たるものに口分田を給するの規定は、全部これを採用せざりしことと是なり。其他の法制に於ても、父母子孫に就いていふところ多きも、戸主に就いて特殊の制を見ること少し。

五位以上の貴族の嫡子家督相續人の罪疾ありて重きを承くるに堪へざるものあれば、所司に願出でゝ廢嫡することを得たりしが、繼嗣令義解は此「承重」を解して「繼ㇾ父承ㇾ祭、祭事尤重、故云ㇾ承ㇾ重」といへり。即ち戸主は父に繼いで祖父の祭事を掌るものとせるなり。而して三位以上の貴族の家督相續人は特別規定に據つて定むべきも、他は父の任意にして、財産の相續亦一に其遺言に據ることゝせられたり。故に戸主、家族の親たるか、又其親のなき後に於て、始めて遺憾なく一家の家政を主宰することを得たりしなり。戸主權の最も發達せる江戸時代に至りても、隱居の父は戸主を廢し、極端の場合には一家を斷絕せしむることをも得たりしなり。

同理由二　反對の第二の理由は、本邦の家族制に於て、戸主の地位の終生移らざるを原則としたりしこと是なり。これ第一の理由より推して當然の結果なりとすべし。前に引きたる日向の諸縣君牛は、致仕して本土に退老せし後も、其女髮長媛をして朝廷に出仕せしめたり。中古の制に據るも、氏女を推擧するは氏上の權なれば、諸縣君牛は致仕退隱の後も尙ほ家長たりしこと知るべし。致仕は只官吏辭官の一制度たるのみ。戸主退隱の年齡に就いては、未だ何等の制限あらざることを記せざるべからず。正倉院の御物なる大寶二年養老五年の諸國の戸籍を見れば、父の年齡八十歲に達し、七人の子、十人の孫を有しながら、年齡四十歲にして三人の子ある嫡子に相續せしめずして尙ほ戸主たるものあり。戸主の母の、家族として戸籍に載せられたるものは多きも、父に至つては唯一の下總國戸籍の中、戸主孔王部德麻呂年三十三歲、廢疾の家族に、父孔王部金年六十歲正丁あるに過ぎず。

同理由三　反對の第三の理由は、致仕せる後も概ね家居したるべしと思はるゝことと是なり。七十以上と以下とを問はず、辭官者が山林に隱れ或は佛門に歸依せしものありしは、國史に散見するところなり。而して其動機としては佛教の影響を始め、支那の德教や其隱逸の風等を移せることを數へざるべからず。當時支那道德思想の同化未だ行はれず、我國體に於て存立を許さゞる思想も、識者の事體を辨ぜずして模倣に急なりしもあり、忠臣不事二君との道德思想の實行の如きも、亦其一たらずんばあらず。弘仁十四年、中納言藤原三守は嵯峨上皇の御閑居に奉侍せんが爲めに、年三十九にして上表職を辭し、參議源定は承和七年淳和上皇の崩御に遭ひ、年二十六にして上表して職を辭せり。公卿補任。古今著聞集第十孝行恩愛に據れば、中納言顯基は後一條天皇の時寵任せられたれば、天皇崩御の後、「忠臣は二君に事へずとて、天台楞嚴院にのぼりて髮をおろしてけり」と見ゆ。三内口決に上代の隱居を說いて、「上代之時者、相二構山庄一、去二塵境一、不レ預二世間之事一、仍家督之人一切令二支配一者也、於二家領一者、以二分一一爲二隱居之活計分一、於二臨時之所分一者、所二家督一之人不レ可レ知也、隱遁之人者、雖レ爲二俗形一、優婆塞之道理也、於二庶事一非レ可レ染レ心候哉」といひ、兩親とも山庄に別宅して戶主の孝養を受けし例は中古に見ゆ。さり乍ら上代の隱居が悉く家督を讓りたる後、山莊を構へて別居せりとは認むべからず。隱居論にも引用され居るが如く、中古致仕者の辭表及び其詔報に、「返二就田家一」とか、「歸二骸舊里一、收二迹蓬廬一」とかいへる文句を存するも、其致仕隱居の文字を見て、直に山林に隱遁せるものと速了すべからず。何とならば、官權至上主義の支那にありては、家居して出仕せざるものをすべて隱居と稱したればなり。況んや山莊を構へて家族と別居するには、相當の經費を要し、多くの場合、實行の困難を伴ふべきに於てをや。

是に於てか單に出家隱遁の形式を採るのみにて、其實これに副はざるものを生ぜり。天皇は皇位を去り給ひし後、上皇若しくは法皇として事實上、萬機を總攬し給ひ、攝關は致仕出家後も大殿、太閤若しくは禪閤として當職の上に陰然其偉力を揮へり。藤原忠實が其子藤原忠通をして弟賴長に讓らしめんとせるも肯んぜざりしより、「氏長者我所レ讓、無レ有ニ勅宣一」といひて、强ひて忠通の藤原氏の氏長者を奪つて賴長に與へしは有名なる史實なり。平淸盛が入道相國として政權を掌握したりしは、亦人の知るところなり。一般社會にありても出家後尙ほ家長として家政を視るものあり、公家側には遉に此事なかりしも、武家側には入道の公務を執るをさへ普通とするに至れり。鎌倉幕府創立時代には問注所執事に三善善信あり、幕府の要職たる評定衆以下の奉行にて、出家入道者は決して少からざりしなり。碧山日錄寬正元年六月二十四日の條に京極持淸の出家を敍して、「吾俗雖ニ剃頭受戒一、不レ離ニ其家一、而皆預ニ公務一、以ニ國例一也、淸公○持淸を斥す又如レ此也」といへるは、室町時代の風俗なるが、これより寧ろ後出の書たる三內口決に、上代の隱居の一切の俗事に預らざりしとて、前記の記事あるは、是等の風習に對する一種のアイロニーと解せられざるにもあらざるべし。武家時代の事は次章に詳論せん。

これを要するに、中古の致仕制は官吏の辭官及び恩給に關する規定なり。其官を辭し又隱遁するものある點に於て後世の隱居に類するも、辭官者が戶主の地位を去るは、致仕の必然的結果にあらざれば、致仕卽ち隱居、致仕年齡卽ち隱居年齡と看做すは共に當らず。而して一般社會の隱居は、老衰疾病等の外は、印度、支那の宗教、道德、風俗等の影響に依るもの多かりしなり。

隱居の年齢

論難の要點　穗積博士は、余が「隱居年齢は中古に於て七十歳以上なりしを、武家時代に短縮せられて五十歳となりきと說かれたれど、其實此事なし」といへるに對して、中古法定隱居年齢の七十歳以上なりしを否定せんとならば、選敍令の規定の空文なること、國史に載せたる數多の實例の虛僞なることを立證するの責ありといはれたるも、更に余が「其實此事なし」といへるは此點にあらずして、武家時代に隱居年齢の五十歳以上に低下せりとの點にあるが如しと揣摩せられて、隱居年齢低下の六證を擧げられ、若しこれを否定せんとならば、亦是等の法令、學說、實例に對して反證を提供するの責あることを注意せられ、最後に武家時代の武士は老年に及んで自ら兵役に堪へざるものも、代官を出してこれに代らしむるを得たれば、必ずしも强壯健全なる相續人に傳ふるを要せざりしとする卑見に向つて、丁寧反覆反駁せらるゝところありたり。然れば博士の卑見に對する非難は分つて三段となすことを得べし。第一、中古に於て法定隱居年齢の七十歳以上となりしこと、第二、武家時代に於て隱居年齢の五十歳以上に低下せること、第三、同時代に於て老年者の爲めに代官を出すの制なかりしこと卽ち是なり。第一の點に就いては、七十歳以上の官吏にして致仕を願出づるものは許可すとの選敍令の規定の空文にあらざりしは、中古の國史に散見する同一の事實に徵して明かなり。余何を苦しんでこれを否定せんや。されど余は前章に說きしが如く、中古の致仕卽ち辭官を以て一般の隱居と全然同一なりと看做さるゝ博士の高見に反對するものにして、此點に向つて選敍令の規定の空文なることや、國史の記事の虛僞なることを立證する責ありとは思ひも寄らず。これ今に於て博士の諒とせらるゝところならん。故にこれより進んで第二、第三の點に就いて論究せんとす。

隱居制の沿革概要　されど先づ一應余の日本百科大辭典に載せたる隱居の沿革を左に揭げて、自家の立脚地を明かにせんとす。

隱居の制は、東洋固有の風習に基きしものにして、元來年齡若しくは其他の原因に因りて、公務を辭するを普通とし、此事既に支那の古代より行はれたり。周禮に「七十而致〻事」と在りて、年齡七十に達すれば致仕することを許し、本邦に在りても、中古、令を制定するに至り、七十致仕を許し、六十軍役を免じたり。然れどもこれと同時に、必ずしも戶主の地位を去つて家族となるにはあらず。又公務を辭すると共に、戶主の地位を家督相續人に讓りて退隱することは、周禮に「七十曰〻老而傳」とあるもの是なり。本邦古代に在りては、戶主退隱の年齡を限れることとなし。中古の戶籍の現存するものに就きて見るも、戶主の父を載せたるもの極めて稀なるのみならず、八十歲以上の耆老にして、五十歲以上の嫡子ありながら、なほ戶主たるものさへありて、戶主の地位は終身移らざるもの多かりしに似たり。然れども支那禮制の模倣と佛敎の厭世的觀念とは、生理上、政治上等の諸原因と相待ちて、隱遁出家の俗を馴致し、隱居と共に法名を稱し、佛家に歸依して、一切の世事に預らざるものを生ぜしめたり。大寶令の制に據れば、致仕するもの、五位以上は上表し、六位以下は官を經て奏聞するを要し、武家時代に至りても、老衰疾病に依り其所領所職を子孫に讓りて隱居せんとするものは、幕府に願ひ出でゝ許可を經んことを要せり。然るに往々老年に至らず、疾病に依らず、又許可を待たずして私に出家しながら、なほ其所領を知行するものあり。幕府はこれを以て不忠の行爲となし、仁治二年十一月十七日、左の規定を設けて此種の行爲を禁遏せり。

一不レ蒙二御免許一令二遁世一後、猶知二行所領一事、　仁治二、十一、十七、

右或及二老耄一、或依二病患一、以二所領所職一讓二與子孫一、給二身暇一令二遁世一者、普通之法也、而未レ及二老年一、無二指病惱一、不レ蒙二御免一、無二左右一令二出家一、猶知二行所領一事、甚自由之所行也、自今以後、如レ此之輩、處二于不忠之科一、可レ被レ召二所領一也、但兼日以二子孫並養子一爲二代官一、於レ致二奉公一者、不レ及二子細一歟、爲二遁世一假稱二養子一、至レ令二吹擧一者、不レ能二敍用一、兼又乍レ浴二關東之御恩一、居二住京都並他所一、不レ致二官仕一者、同以不レ可レ領二知其所一、抑本自祗二候京都一之輩、預二關東之御恩一者、非二沙汰之限一（御成敗式目追加）

此種の隱居には强制的のものあり、刑罰の意味に於て隱居を强制するものゝ如き是なり。戰國時代には隱居を以て謝罪の條件とせるものあり。江戶時代に於ても、大名、旗本等の罪ありしときは、隱居を命じて蟄居謹愼せしめ、罪狀に依りては、從來の領知高又は知行高の幾分を削りて相續人に與へたり。相續人は其讓り受けたる財產の幾分を割きて、奉養の義務を盡くさんことを要す。これを稱して隱居活計分、隱居分、堪忍分、隱居料又は隱居領といふ。長曾我部元親百箇條には此隱居分に關し、「親類中への

別分の事、其父には分限十分の一、母には廿分一、但父母一所に在レ之者、父への以二別分一、あひともに可レ令二堪忍一、隱居分給役之事者、堅固に可二相勤一、雖レ然親子納得之上者、可レ爲二各別一と規定せり。穗積陳重博士は其著書隱居論に於て、退隱俗が食人、殺老、棄老の沿革を經て進化したるものなることを說かれたれど、本邦に於ては未だ之を證明すべき理由を發見すること能はず。又中古の致仕を以て後世の隱居と同一視せられたれど、これたゞ一部社會の現象にして、一般には致仕と共に相續の開けし事實に乏し。又隱居年齡は中古に於て七十歲以上なりしを、武家時代に短縮せられて五十歲となりきと說かれたれど、其實此事なし。武士の兵役に從ふため、强壯健全なる相續人に傳ふる必要に依りたりとの一事も、適當の理由と認むべからず。當時の武士は老年に及んで自ら兵役に堪へざるものも、なほ其代官を出だして事に從はしむることを得て、何等の支障をも生ぜざりしを以てなり。故に武家時代に於ても老衰疾病を隱居の要件としたりしこと、中古のそれと一致したりしは博士の認めらるゝところの如し。天皇の禪讓は、もと政務を避けたまはんがためなりしかど、院政起りてよりは、却て政を院中に聽きたまはんがために上皇となり法皇となりたまへり。武家時代に於ても、老年の武士が入道法體の身を以て公務に鞅掌し居れるもの多く、幕府の法制も老人の戶主たるを妨げず、七十歲以上の老人の財產讓與もこれを有效と認めたり。後世一般に行はれしが如き隱居の俗は、戰時に於ける兵役の必要に基くものにあらずして、却て平和の時代に安逸を貪るの風に依りて助長せられしものと見るを至當とすべきに似たり。余の此言をなせるは、第一版隱居論に、封建時代武門の政權を執りてより、戶主として兵役に服すべき義務を有せる武士は、五六十歳に至りて膂力稍〻衰ふるに及べば、直に退隱するの必要を生じ、五十歳前後を普通隱居の適齡とするに至れりと見えたるに起因す。中古の隱居年齡が七十歳なりしとの前提に反對する余は、假りに武家時代に五十歳前後を隱居の適齡とする事實を見たりとも、直に以て隱居年齡の低下を認むるに躊躇せざる能はず。況んや中古より武家時代に移るに當つて、此くの如き變遷を伴へる事實の存在せざるに於てをや。

智識經驗を主とする文官に異りて、武士は體軀の强健を要するより、五六十歳に至りて退隱するの必要を生じたりとは、一應尤なる推理ながら、其實例として列擧せらるゝものを見れば、皆近世江戶幕府及び諸藩の法制實例に限られたり。江戶時代も亦武家時代の一期間なるに相違なきも、全時代を通じて尙ほ武家時代六百九十年の中、僅に二百六十年を占むるに過ぎず。而かも中古より此時代に至るには、中間に鎌倉時代あり、室町時代ありて、且つ年所を經ること亦最〻多しとせば、固とより此兩時代を閑却すべきにあらず。故に余は主として此時代の法制慣例が隱居論の推理に反對するものあるを指摘し、後世江戶時代に隱居論に見ゆるが如き事實の發生せるも、そは自《オ》ら別途の理由に基くべしとなせるなり。

然るに致仕年齡を以て隱居年齡なりとの見解を改められざる博士は、隱居論の第二版に於ても、亦武家時代に於ける隱居年齡低下說を固執せられ、鎌倉室町兩時代に關しては全く前版を踏襲せられたるも、江戶時代には二三の增補敷衍せらるゝところあり。唯前版に比して論旨の形式だけにても稍〻緩和されたりと思はるゝは、前版に「封建時代武門の政權を執るに及んでは、隱居の年齡大に低下し、五十歳前後を以て普通の適齢とするに至れり」と見えたるを、第二版には「武家時代に入りてより、隱居の年齢は漸く低下するの傾向を現はし、五十歳以上を以て普通の適齢と爲すに至りしが如し」とせられし一事これを證せずや。余は其動機の如何を問はずしてこれを喜ぶと共に、博士が百尺竿頭一歩を進めて論旨の改訂を行はれんことを望むものなり。

武士の奉公と體軀の强健　武家時代の武官は體軀の强健を要する爲め、五十歳以上に達して、膂力稍〻衰ふると共に戎事に服するに耐へずして、直ちに退隱するの必要を生じたれば、隱居年齢の低下は自然の勢なりとは隱居論の所説なるが、武家社會の複雜なる事情は、しかく單純なる推理を以て律し得べかりしや否や。博士は武家時代の隱居年齢低下の一證として、中古の令制に、致仕年齢原文は隱居年齢とあるも、今事實に照らしてこれを改むを七十歳以上としたる時すら、既に軍役に關しては六十歳以上免役の特別年齢を設け居ることを指摘せられたり。されど此令制は七十歳以上致仕の制と共に、支那法制の模倣に過ぎず。武家社會の事情に適應すべく編纂せられたる武家法制に向つては、必ずしも同一の歸趨に出でんことを望むべからざるのみならず、寧ろ特殊の事情の外、終生戸主たるべき固有法の維持を見たりしと思はるゝ理由あり。武官は文官に比して體力の强健を必要とするに相違なきも、平時武術の修養は老後に至るも氣力旺盛にして、體力亦これに伴ふもの多く、其膂力の衰ふるも、文官の如く速かならざるを保し難し。何ぞ五六十歳に及べば直ちに退隱するを要すべけん。且つや武官なりとて、日夕唯戎事に從ふものにあらず。政治上の實權幕府に歸してより、幕府の武士にして行政司法等の文官的吏務に當るべき幾多の人物を要したり。若しも體軀の强健を要するが故に、膂力稍〻衰へし武士の退隱を要すといひ得べくば、又一朝有事の日、多數の武士を要するが故に、輙く彼等の退隱を許さずともいひ得べし。現下歐洲の戰爭に於て見るが如く、我國に於ても戰爭の場合に七十歲以上、十五歲未滿の男子を除いて、全部の出征を强制せることあり。(例せば天正十五年北條氏の軍令の如き。)

武家時代武士の隱居　鎌倉時代より室町時代に通じて、武士の隱居が一般に老衰疾病の二原因に基くものとせられたりしは、仁治二年十一月十七日の追加に隱居の事を記して、「或及ニ老耄一、或依ニ病患一」云々といへるにても知らるべし。これ其職に勝へざるに至れる爲めなるは、博士の均しく認めらるゝところの如し。(隱居論生理的隱居の條。)されば特殊の事情あるものを除きては、一般に高齡に達し出家入道せる後も、尙ほ其職にあるを常とし、死に及ぶまで公務に鞅掌せるものさへ少からざりしが、彼等は勿論一家の家長にてありき。鎌倉幕府の創立以來要路に立ちしものだけにても、七十、八十に及んで尙ほ樞機に參畫し、戎事に服せるものは僂指に遑あらず。將軍の最高顧問官たりし評定衆の中には、七十歲前後の高齡者、某法師と稱する入道者を交ふるを見ん。

此くの如き社會現象はこれを公私兩方面より觀察せんことを要す。武士社會に於て父は其出仕と致仕とを問はず、遁世して世事を絕ちしものゝ外は、一般に一家の家政を主宰し、家督の選定、遺產の分配は皆任意にこれを決定し、特に後者の如き、假令分配額を決して其意志を表示するも、死後效力を生ずることゝし、寬喜二年二月二十日の小山朝政入道生西の嫡孫孫三郎長村への讓狀に、「生西一期之間可ニ進退知行一也、於ニ歿後一者、任ニ讓狀一無ニ他妨一、長村可レ令ニ領掌知行一」といへるが如きを例とし、それまでは幾回變更若しくは取消をなすとも、最後のもの卽ち所謂後判の讓を以て有效となし、幕府が御家人の申請を容れて安堵狀を交付し、財產の分配を承認せりとも、これを以て讓狀に對抗すべからずとせり。

七十以後の讓狀　貞永式目の追加中、「七十已後讓事、不レ可レ有ニ其難一矣」との一項あり。これ正安二年十一月七日鎌倉幕府の規定に係る。隱居論第一版は誤つて弘安七年五月原本此月を脫するも、今意を以て補ふ二十七日の評定と認めて第一期中古、卽ち武家時代以前に收め、「弘安年間に至り、隱居年齡を七十歲に定めたり」と解して、自ら武家時代隱居年齡低下說を裏切るの奇觀を呈したりしが、こは余が日本百科大辭典中に記述せしが如く、七十歲以上の老人の財產讓與も、これを有效と認めたりと解すべきなり。隱居論第二版はこれに顧みられしか、前記正安の追加の外に曆應の追加を引用して、「七十歲以後の讓狀の尙ほ有效なるを云へる條文なれども、其殊更に七十歲を指定せしは、我國中古以來、七十歲を以て致仕退隱の適齡とせしが故に、當時に於ても、この年齡を以て、武家の御家人等が其所領所職を子孫に讓りて、身の暇を給はるに適したる年期なりと思惟せしに由るものなるが如し」と改訂せられたり。果して然れば五十歲以上を隱居の適齡となせりとの武家時代に取りて、看過すべからざる一除外例とすべきに、前版の如く第一期の中古の隱居年齡中に併敍し、第二期の武家時代の隱居年齡に何等言及せらるゝことなきは何ぞや。然るにこは尙ほ前版の錯誤の蟬脫せられざるに依るものにして、當時の法文に七十已後讓といひ、七十以後讓狀といふは、主として財產の處分を意味し、所謂身の暇を給はると否とに關係せざれば、從つて隱居の年齡とは全く沒交涉たりしなり。蓋し遺產相續の制が最後の讓狀を有效とする爲め、遺言者の死亡せざる限り、幾度かこれを變更して受贈者に迷惑を與ふる場合なきにあらざりしかば、受贈者の中、或は七十歳以上の高齡者の意志表示は無效なりとして、其變更を拒むものありて、爭訟相次ぎ、幕府をして此追加を發するの已むを得ざるに至らしめたるなり。正安元年十二月廿日幕府の判決に於て、被告上島入阿が、原告なる妹宇治氏の提供せる祖父願西の讓狀を、「爲二七旬以後狀一之間、難レ被二許容一」といへるを排して、「不レ可レ依二年齡一」と申渡せるを見れば、其翌年幕府が此追加を發布せる理由も思ひ半ばに過ぐるものあるべし。されど他に「八十有餘行事、非二御沙汰之限一」など言ひ爭へるもありて、必ずしも七十歳以上と限れる譯にあらず。要はたゞ一々の場合に依りて、七十以後といひ、若しくは八十以後といへるのみ。これに據りて當時の武家社會が七十歳以上に達せるものを極老と看做しゝ事實を徵すべきも、そは和漢古今に共通の思想にして、獨り武家社會に止まれる事ならず、彼等は七十歳、八十歳に及ぶも、尚ほ引續き家長の地位に留まるを妨げざれば、亦決して隱居年齡と同一視すべきにあらざるなり。

御家人役の性質　次に御家人は必ず所領を所有するを要し、所領の高は京都大番以下あらゆる御家人義務の標準たりしなり。されば七八十歳の高齡者と雖ども、苟くも所領を有するものは、兵役其他の義務を負ふべく、婦人すらも所領あらば、これに要する義務を免るべからざりしなり。文永の元寇の後、幕府が大擧逆襲を企て、鎭西の御家人をして各所領の高、出征すべき人員、年齡、武器、乘馬等を屆出でしむるに當り、肥後國御家人井芹重秀法師西向はこれに應じて、建治二年閏三月七日それ〴〵具申するところありしが、其中自身が年八十五歳にして歩行に堪へざることを記し、嫡子越前房永秀、同子息彌五郎經秀、親類又二郎秀南、孫二郎高秀等をして、弓箭兵仗を帶し從卒を從へて忠勤を抽んでしむべきを設けり。これに據れば、西向は八十五の高齡に達して歩行困難なるも尙ほ家長たり、外征に從ふべき嫡子永秀は年六十五なり。又北山室地頭尼眞阿なるものは、女性の身たるを以て、子息三郎光重、聟久保二郎公保を以て、代つて幕府の召に應ぜしめたり。田中氏文書。或はこれを以て戰時特殊の場合、常規を以て律すべからずといはゞ、余は平時地方の女性にして大番勤仕の爲め在京せしものあるを引證せん。曆仁二年正月廿二日の六波羅の狀に「後家爲ニ大番役勤仕ニ令ニ在京ニ候」とあるもの是れなり。

仁治二年の追加法　然らば鎌倉室町兩時代に於て隱居年齡低下の實例如何と見るに、隱居論は鎌倉時代には仁治二年十一月十七日の追加を引證して、老年に至らずして隱居をなすの弊ありとし、室町時代には若年にして隱居するものさへありとて、將軍義政の三十七歲にして東山に隱居せるを其最も著しき例に引かれたり。これ隱居論の第一版に見えたるものにして、第二版に於ては何等新事實の增補を見ず、唯前版に、北條氏の時代に於ては、既に往々老年に至らずして隱居をなすの弊ありしもの丶如しとありしを、第二版に「隱居をなすの端緒を生じたるもの丶如く」と改められしを見るのみ。而かも老年に至らずして隱居をなせるものは既に中古にも存し、且つ將軍義政の隱居は一種の政事的隱居と認むべきものにして、其後も尙ほ幕府の政務を視たる事實あれば、武家時代に於て特に年齡の低下を生ぜし實例としては、餘りに貧弱なるの憾なき能はず。是に於て余は隱居論中屢〻引用せられたる仁治二年十一月十七日の追加に就いて論究するの必要を生じ來れり。

抑〻此追加は、幕府が御家人の致仕退隱に於ける不正行爲を取締らんが爲めに發布せるものにして、老耄若しくは病患に依りて、其所領所職を子孫に讓與すると共に、致仕退隱するは「普通之法」なるも、老年に及ばず、格別の病氣もなく、又許可をも待たずして、濫りに出家しながら、依然として所領を知行するは、不正の行爲なるが故に、自後「不忠」の罪に處して其所領を沒收すべし、但子孫及び養子を自己の代官として幕府に代勤せしめ來れるものは此限にあらざるも、出家の爲め俄に養子を屆け出づるものは、これを許さずといふにあり。

隱居論に從へば、此追加は、北條氏の時代より、既に老年に及ばずして隱居をなすの傾向を現はしゝ端緒を生じたりし支證たるなり。其傾向といひ端緒といふは、中古七十歳以上を隱居年齡とせりとの前提に基くものなれば不徹底の嫌あるを免れず。況んや此追加に見えたる出家遁世者は隱居と稱すべきものにあらざるをや。卽ち老衰にもあらず、疾病にもあらずして、任意に出家しながら、尙ほ其所領を相續人に讓らずして、舊の如く所有するもの、其隱居にあらざるや辯を竢たず。公家側にありては出家遁世は必ず致仕を伴ふ。こゝに出家遁世といへるは亦同じ。此時代にありて武士の出家は宗教的意味に於て素懷を遂ぐると稱せられ、病篤きに及んで行へるもありしかど、又然らざるもあり、主家の出家若しくは死去に殉する出家も亦多かりしなり。元久二年北條時政の六十八歳にして出家せし時は、「同時出家之輩不レ可二勝計一」と註され、同年宇都宮賴綱の出家せし時も、郎從六十餘人同時に出家し、嘉祿元年政子の薨ぜる時も「出家男女濟々焉」と見ゆ。當時の武士氣質に伴うて、君を怨むの一念より出家せる熊谷直實の如きもあれば、君に對して他意なきを陳謝せんが爲めに出家せる名越光時の如きもあり。職務の過失を恥ぢて出家せる荻野景繼、將軍の命を承けながら鹿を射洩らしゝとて出家せる下河邊行秀あり。出家して一族謀反の罪を謝せる三浦胤村の如きあり。是等の中には、固とより任意に出家せるもありたれど、御家人の出家は其統率を受くべき將軍の許可を要するや言ふまでもなし。建久四年八月、大庭景義、岡崎義實の出家せるは、何れも老年に及びし爲めなるが、「蒙二御免一」と吾妻鏡に註せり。貞應三年元仁元年六月、義時の病危篤に瀕して出家せるも、亦賴經の許可を仰ぎしなり。而して御家人の出家致仕に對する將軍の許可狀は次の如きものにてありき。

出家暇事、所勞危急云々、仍所レ有二御免一也、者依レ仰執達如レ件、

永仁四年八月二日　　陸奥守　花押

相模守　花押

小代馬次郎殿

老衰疾病に依りて御家人の義務を果たす能はざる爲め致仕するものが、同時に御家人義務の對象たる所領を相續人に讓りて退隱すべきは自明の理なり。若し然らずして舊の如く所領を所有したりとせんか、出家遁世は御家人義務忌避の一手段に供せりと看做すの外はあらず。殊に追加に說くが如く、致仕の理由を具せず手續をも履まずして出家せる上、尙ほ其所領を所有するものありとせば、將軍の恩給を受けながら、京都其他の地方に居住して幕府に出仕せざるものと共に、將軍の威嚴を損傷し、御家人制度を破壞し、延いて幕府の財源を攪亂するの責や重且つ大なり。此追加が「不レ蒙二御免許一令二遁世一後、猶知二行所領一事」と題せられ

たる外、吾妻鏡仁治二年十一月十七日の條に、此追加の摘要を載せて、「御家人等未ㇾ及二老耄一、無ㇾ病而不ㇾ蒙ㇾ免令二出家一、猶知二行所領一、又乍ㇾ浴二關東之御恩一居二住京都一事、自今以後可ㇾ被二停止一之由有二評定一」云々とあるを見るも、幕府が此立法に於て重きを置きし點の那邊にありしかをトすべきなり。

何れの世にか犯罪行爲なからん。一方に於て高齢に及び出家入道の後、死に至るまでも、尙ほ忠勤を續けて倦まざるもの多きと同時に、他方には亦此くの如き不心得者を出だしゝは已むを得ざるところなり。されど此病的現象ありたればとて、直に隱居年齢低下の傾向をトすべしといはゞ、そは餘りに大早計なりとせずや。此追加が出家の理由を具せざるものゝ一として、「未ㇾ及二老年一」を擧げたるは事實なれども、幕府の重きを置けるは、寧ろ所領を知行しながら御家人の義務を怠るの點にあり。さればこそ老年に及ばず疾病なきものと雖ども、代官をして代つて奉公を致さしめば可なりとしたりしなれ。此一事益々隱居論の此追加に對する觀察の薄弱なるを證明するに足れり。而して所謂代官の性質に就いても、亦余は根本的に博士と其所見を異にするものなり。

武家時代の代官制　穗積博士は武家時代の武士に代官の制ありしことを全然閑却せられて、五六十歳に達せば直に退隱の必要を生ぜりと論斷せられたれば、余は此くの如き武士も代官を出して事に從はしむるを得て、何等の支障を生ぜざりしことを指摘したりき。然るに隱居論第二版には、これに對して「是れ亦從來世人の一般に公認し學者の疑はざりし事實に違へるのみならず、第八編に掲ぐる細川博士の談話の趣旨とも符合せざるが如し」とてこれを排せられ、余の嘗て言及せしことなき江戸時代の代番制を案出せられて、代官と代番とは別物なりと、論證最も力められたるは意外の感なき能はず。余は江戸時代の代番制に就いても、多少の觀察を異にするものあれども、余の所謂代官はもとより代番を意味せず。其事亦本論と沒交涉なるを以て、論旨の錯綜を避けて、一切これを後日の論議に讓り、今は唯直接に本題に觸れたる論點のみに對して高敎を仰ぐことゝせん。

博士は余の代官說を評せられて曰く、「博士は、よもや前擧貞永式目追加の法令（仁治二年十一月十七日の追加）の但書に、「但兼日以二子孫並養子一爲二代官一、於レ致二奉公一者、不レ及二子細一歟」とあるに據られたるには非ざるべし、何となれば、此法文は博士も云はるゝ如く、當時往々老年に至らず、疾病に依らず、又許可を待たずして、私に出家しながら、なほ其所領を知行するものあり、幕府之を以て不忠の行爲となして、禁遏せんとしたるものなるを以て、老年の場合に代官を出したるを指すものに非ざるを以てなり」と。仁治二年の追加に見えたる代官は、寧ろ老年に及ばざるものゝ代官にして、余がこれに依つて代官說をなせるにあらざるは、まことに博士の推測に違はず。然れども既に鎌倉時代に代官なるものゝ存在を認められたる博士は、余の代官說に就いて江戸時代の代番制を聯想せらるゝに先きだち、今少しく鎌倉室町兩時代の代官制を考量せらるべかりしなり。隱居論にも引用せられ居る武家名目抄職名部には、「代官」の目を掲出して、鎌倉時代より江戸時代の初期に至る史料を收錄したる後、下の如き解釋を下せり。「代官といふは、今の世に名代といへる類にて、いにしへは何事にもあれ、人に代りて職務を攝するものをは、なべて代官といひしなり、（中頃名代といひしは、今いふ名跡の事にて、こゝにいへる名代とは少しくことなり、）されば主人もしくは嫡家總領家などに代りて事を沙汰するものをば、何れも代官といへり、中頃より所領の地をあづかり、年貢收納の事を司どるものをば、必ず代官とよぶことゝなりしも、其領主に代りて沙汰しものする故なり」と。文中、所領の代官と其他の代官との間、使用の年代に前後の別ありとなすは鑿說に近く、事實は兩者同時に行はれ居たりしとするを妥當とすべし。仁治二年の追加に見ゆる代官は、老年者の代官にあらずとはいへ、老人病者にあらざるものさへ、代官をして代勤せしめば、出家致仕の後、尙ほ其所領を知行するを許されたりとせば、より多く代官の必要を認めらるゝ老人病者のそれは、當然同一の許可を得べかりしにあらずや。何とならば、老人病者が代官を出だして自己の勤務に代らしむるは、當時に於て極めて普通の事なりしを以てなり。これに就いて「從來世人の一般に公認し學者の疑はざりし事實に違へる」と否とは、余の敢て關せざるところ、余は唯當時の事實を歸納して然かいふのみ。平時に於ける代官は別に擧證するまでもなく、前揭仁治二年の追加に子孫並養子を代官として奉公を致さしむることありしは、博士も認めらるゝところなるべく、戰時に於ても亦同じく田中氏文書の外、例せば毛利文書建武四年正月十六日吉川了禪の讓狀に、其孫親茂の子師親が了禪の代官として數箇度の軍忠を致せることを載せ、吉川文書觀應三年五月日吉川五郎入道仁心代堀四郎光重の軍忠狀に、「右仁心爲二老體病者一之間、爲二堀四郞光重代官一、去三月十八日攝津國馳二參瀨河宿一以來」云々と見えたるが如きもの、當時の軍忠狀、感狀等に疊見するなり。斯る例は老年病者のみならず、婦人幼者の場合にも存し、其代官は代つて出陣するものなれば、又陣代なる名稱を生じ、戰時の外、平時の代勤をも意味することゝなれり。淺草文庫本古文書に收めたる次の文書は其一例として見るべし。

其方親相拘候屋敷坊中、名田等無ニ異儀一相拘、若輩之間者、源五郎ニ爲レ致ニ陣代一、能々可レ致ニ奉公一者也、仍如レ件、

永祿十一年拾月十二日　　信　茂（印章花押）

中村與十郎殿

隱居年齡低下說論據の薄弱　仁治二年の追加は致仕者の所領を知行する場合なるが、致仕せずとも、代官を要する場合なかりしとせず。鎌倉時代以降、老年出家者の幕府の要路に膺り、公務を執りつゝありしもの多きは前に說きしが如し。當時老いて益々壯なりし伏波將軍亦尠しとせず、然れども老來行政事務に當りて倦まざるも、壯者と相伍して戰場に馳驅するを難んずるものに至つては、出陣の日のみ代官を出して、己れに代らしむるを妨げざりしなり、然らざるも自《ミ》らは守備に任じ、子弟をして代つて戰場に赴かしめしものあり。此くの如くなれば、一家の戶主たりし武士も、平時はもとより、戰時に於てすら、代理者を出だして其身に代らしめ、依然として戶主の地位に居り、其所領を知行することを得たりしなり。戶主として兵役の義務ありし武官が、膂力衰へて其職に堪へざる爲め、五十歲以上に達せば、直に退隱の必要を生ぜりとは、穗積博士が武家時代に於ける隱居年齡低下を高唱せらるゝ唯一の論據ならずや。而かも事實は、老年に及ぶも公務を視て倦むことを知らざる武官あり。當時代官の制一般に行はれて、體力のこれに堪へざる特殊の任務に就いてのみ、代理者を以て己れに代はらしむるを得、更にこれに加ふるに、幕府の官職を辭して家居するも、尙ほ戶主の地位に留まり、所領を知行して、これより生ずる義務は、同じく代官の制に依り、子弟親族

若しくは家臣に代勤せしむるを得たりといふに至つては、假りに五六十歳に及んで體力稍〻衰へたりとも、其事自《ミ》らは直に退隱を要するの理由とはならず、而して實際にも亦此くの如き事實の存在を認むるに由なきなり。

鎌倉室町の兩時代に於ても、家督財産を其子孫に讓りて退隱せる隱居あり。而して厭世、謝罪、政略、强迫等種々の動機ありたる中に、老來自《ミ》ら體力の衰耗を感じて退隱せるものありしは、余も亦これを認む。然れども當時家督を讓りし後、尙ほ家政を主宰せるものなきにあらざりしが、そは姑く考量の外に置くとするも、彼「雖二剃頭受戒一、不レ離二其家一、而皆預二公務一」を通例とせる此時代の出家を見て、直に隱居と看做し、老年の戸主が盛んに代理者を使用して其職務を行はしむる自由を有せし時代に、此種の代理者が僅に老年に達せざるものゝみの使用に限られたりとするが如き、隱居論の立論には服する能はざるなり。

江戸時代の隱居制度

江戸時代の法制　以上論究するが如くば、隱居論の所謂武家時代は、主として江戸時代を意味するものゝ如く、其隱居年齡低下の六證の多く江戸時代に關し、代官制に對する非難にも細川博士の談話江戸時代土佐藩に行はれたる煩代番名代勤に關するものを引證せられ居るが如き、益〻其然るを思はしむ。然るに均しく武家時代といふも、江戸時代は種々の點に於て前代と同一視すべからざる特徴を有せり。そも此時代は我國の暗黑時代とも稱すべき戰國時代に接續するを以て、幕府は多く其遺法に據りながら、尙ほ自家の政策に適應せしむべき各種の煩瑣なる法制を制定するに力めしが、慶元偃武以來、文恬武凞二百六十年、上下を擧げて遊惰に耽り安逸を貪るに至れるは、亦前代に其比を見ざるところなり。且つや諸國の大名は室町時代のそれの如くならずとも、尙ほ封内の自治を許されて、各藩制を布き、寛文の武家諸法度より江戶の法制を遵行すべきことを命ぜられたりとはいへ、細目に亙りては各藩區々の制令を施行しつゝありたり。これを法制史上より觀察すれば、此時代は武家時代中、他の時代に比して、前二代の相違よりも一層相異りたるものあるを以て、確かに一時期を劃すべきものなり。假りに大體の類似點よりこれを併敍すとも、隱居の如き特定の問題に關する精緻なる研究に當つては、均しく江戶時代といふも、或は時代の前後より、戰國時代の影響を受くるものと然らざるものとを論究し、或は武士の中公然隱居をなし得たりしものと得ざりしものとを識別し、例せば所謂抱場の士は隱居をなすを得ず、代番の制これに依りて起れり、各藩の藩制に至つては、更に其區々たる藩情に照らして、仔細に研覈するところあるを要するに、目下全國に亙りて其資料を得ること頗る困難の狀態にあり。然るに隱居論には江戶時代を他の武家時代と同一に取扱はれ居るのみならず、殆んど武家時代を代表せしめらるゝの觀あるは、研究上遺憾なき能はず。されど余は本章に於ては專ら江戶時代の法制の論議に止めんとす。

穗積博士の所說　此時代の隱居に就いて、穗積博士は隱居論第一版に「德川氏の時にあつて、幕府の老年隱居なるものは五十歲以上なりし」と極めて簡明に記述せられ、「各藩に至つては、五十歲を隱居年齡の最下限となせるもあれば、六十歲を適齡となせるもありて一樣ならざれども、これ亦五十歲以上となすもの最も多きに居るが如し」と斷ぜられ、「中古の如く七十歲を以て隱居適齡となせしの例は未だ聞くを得ず」と附加せられたるが、是等の記述に對しては、明治元年十一月二十八日堂上諸侯中下大夫への達、及び同三年閏十一月十七日の布告に、華士族五十歳より隱居願をなし得とあるを引證せられて、江戸時代に士族以上が通常五十歳を以て隱居年齡とせる例に倣ひたるものなりとの遡及的說明以外には、何等の根據をも示されざりしなり。然るに同書第二版は稍これに異りて、幕府の老年隱居に對しては、內藤耻叟翁の覺書、慶應三年九月二十六日幕府の達、德川十五代史中の諸侯の隱居實例を引用せられ、又各藩の隱居制に就いては、七十歳以上を隱居適齡とする會津藩制や、士族に隱居を許さゞりし土佐藩制ありしことをも認められたるは、其前版に異るところなり。而かも前者に對しては、舊會津藩士柴太一郎氏の「六十歳以上を以て成規とす」との答問書を引用せられ、後者に對しては、舊土佐藩士細川博士の、父五十歳に達すれば子を煩代番となし、同じく六十歳に達すれば、名代勤となすことありたれば、「實際隱居の如き者無きに非ず」との談話を引用せられて、此時代の武家の間に隱居が一般に行はれ居りしこと、七十歳以上とするものも六十歳に低下し、「概して武家が五十歳以上を以て隱居適齡と爲したるもの、最も多きに居りたるは普ねく人の知る所なり」と結ばれたり。而して博士は武家時代の隱居年齡低下に就いての卑見に對して、一より六に至る支證を列擧して反駁を加へられ、更に余の代官說をも非難せられ居ること前に說きしが如し。

史料の吟味　博士は曰く、「法令、學說、實例共に我輩の結論を支證すること此の如し。若し之を否定せんとならば、反證提供の責任は其否定者にあり」と。余輩亦史家として人一倍、事實に基かざる論斷の價値なきを知るもの、博士の立論にして果して十分の支證を備ふるものなりとせば、何を好んで無用の容喙を敢てすべけんや。無證の斷案の無價値なることを力說せらるゝ博士は、隱居論の第二版に於てこそ多少の支證を提供されたれ、卑見の動機となれる第一版には、幕府の隱居年齡の五十歲以上なることを一言の下に肯定され居るなり。同書の第二版に普ねく人の知るところなりといはれ居るを思へば、博士は一般周知の事實にして、說明の辭を要せずと看做されたるならんも、余の代官制に關する卑見を評して、從來世人の一般に公認し、學者の疑はざりし事實に違へりと評せられたるにも拘らず、余を以てすれば、的確なる根據を有すること、前章に說くが如し。世人の公認や學者の定說の尊重すべきは言ふ迄もなきことながら、悉くこれを信ずれば研究なきなり。博士は屢〻江戶時代に遭遇せる故老の說を引用し、又自ら記憶せらるゝところを例證とせらるゝも、是等の故老は纔に江戶時代の最末期に生存したりし人々のみ。博士の如きも當年紅顏の美少年なりしこと言ふまでもなかるべし。誰か其見聞を通して直に江戶全時代の史實を證明し得べしとせんや。明治初年の法規に、五十歲以上を隱居の出願年齡とせるものあるを見て、以て直に江戶時代二百六十年の隱居年齡を踏襲せるものなりと斷ぜらるゝ博士にしては、幕末に生存せる故老の言說を偏重せらるゝも、さる事ながら、余は博士の爲めにこれを危ぶまざること能はず。現に會津藩の七十歲以上を隱居年齡となすとの法制の明文あるに拘らず、舊同藩士柴氏の「六十歲以上を以て成規とす」の答問書の一節は、余も亦博士の如く、享保以後に於ける法文の修正若しくは隱居年齡の低下を思はざるにあらざれども、同時に尙ほ是等の故老　有勝なる、答問者の記憶の錯誤を考ふる餘地なきにしもあらずと思考するものなり。余は江戶時代に生れざりしを以て、博士の如く當年の記憶あらん筈なく、又故老に就いて聽くところ少きも、隱居論の說明に對しては疑議を挾むべきもの一にして足らざるなり。

幕府法制の隱居年齡　博士は第一期中古の隱居年齡は、選敍令の七十以上致仕の制に基きて七十歲以上と看做し、七十歲未滿の隱居は極めて少しといはれしが、第二期武家時代に至つては五十歲以上に低下して、七八十歲の例は亦少しとせらるゝなり。前者の隱居年齡に向つて卑見の一致し難き所以は復贅せず、後者の論議に就いて一種異樣の感を禁ぜざるは、編首の摘要及び本文中の或箇處には、隱居年齡を第一期に於ては七十歲、第二期に於ては五十歲と明記せられ居りながら、時として七十歲前後、五六十歲などゝ稍〻曖昧なる記述を見ること是なり。特に第二期に於て、「年齡已に五六十歲に及べば、直ちに退隱するの必要を生じたるものなり」と見ゆるが如き、頗る明晰を缺くの嫌なき能はず。若し六十歲を主とせば、第三期の隱居年齡六十歲との區別は無意味となるべし。思ふに、これ第一期の選敍令の如き法文の、江戶幕府に存せざりしに依るべし。隱居論第二版に至つて增補せられたる德川禁令考所收慶應三年九月二十六日の達に、「隱居料之儀、向後布衣以上御役二十ケ年以上相勤、年齡五十歲以上之ものえ者、悴勤不勤に不ㇾ拘、年々金百兩宛被ㇾ下候」云々との明文は、同書に引用されたる唯一の法文ながら、こは主として隱居料に關する規定にて、五十歲以上の外に勤務年限二十箇年以上の條件あり。「五十歲以上の者に隱居を許すに非ざれば此規定あるべき筈なし」との博士の言は、余も同感なれども、さりとて直に五十歲以上を老年隱居とせりとの結論に到達すべしとせらるゝは贊成し兼ぬる次第なり。何とならば、當時普通の隱居は老年の外、尙ほ疾病にも依りたることなればなり。博士が慶應三年の達を見て、「亦以て一證と爲すべきなり」といはれたるは、此時代に幕府が五十歳以上を隱居の適齡としたりし一證なりとの意なりとせば、余は更に博士に向つて、德川禁令考の慶應三年の達の直《スグ》前に收めたる、文久二年六月十八日の左の達を參照せられんことを望まんとす。

布衣以上以下御役人御番衆並御目見以下之もの共、老衰及び勤難二相成一ものは、御役御番等御免相願候ニ不レ及、乍レ勤隱居被二仰付一候ニ而可レ有レ之旨、先達而相觸候處、向後七拾歳以下ニ而も、立居等不自由之ものハ、乍レ勤不時隱居可レ被二仰付一候間、右之心得を以可レ被二相願一候、就而者布衣以下並御目見以下之面々、右ニ准じ相願候ハヾ、願之通隱居被二仰付一ニ而可レ有レ之候、尤隱居料之儀ハ、是迄之通り可レ被二相心得一候、

武家時代に於ても、一般の場合に老衰疾病が隱居の理由たりしこと、鎌倉時代よりして然りしは、余の前章に說きしところ、此點に於ては江戸時代も亦一致したりしは、正德二年閏二月の達に、「前々のごとくに一子を以て本家を相續せしめ、或は老後に及び、或は病身に至るといへ共、其家を讓るべきもの無故によりて、隱居の願も難レ申輩は其旨を言上すべし、別儀を以、公義へ勤仕御免あるべき事」と見えたるにても知らるべし。こは一子をして本家を相續せしめたる爲め、老後に及ぶも、隱居し兼ねしものに對する特別の恩典なるが、幕末文久元年三月二十八日に至つて、幕府は布衣以上の役人中、老衰に及んで隱居を望むも、當時の慣例に從ひ、所謂御役御免願を提出せば、直に隱居を許されずして、一旦寄合に編せらるべきを遺憾とし、これが爲め起居不如意なる老衰者も尙ほ其職に留まるものあれば、これに對して、自後御役御免の願出を要せず、在職の儘隱居を命ぜらるべきこととし、同年十一月十一日、更に此改正を布衣以下御番方及び御

目見以下のものに適用して、彼等は小普請入に及ばず、乍〻勤隱居仰付くべきを令せり。余が前文に引用したりし文久二年六月十八日の達は實にこれを承けたるものなり。然らば是等の諸法令に老後に及ぶといひ、老衰に及びといふは、果して何歲を指せるものなりやといふに、隱居論に從へば、正に五十歲以上たらざるべからざるも、前擧文久二年六月十八日の達には、「向後七十歲以下ニ而も立居等不自由之もの〻、乍〻勤不時隱居可〻被ニ仰付一候」と見えて、此達以前乍〻勤隱居の特典は七十歲以上の老衰者に限られたりしを、自後七十歲以下にても、起居不自由のものは其恩典に均霑すべく改正せられしものにて、博士が卑見反駁の一證として擧げられたる若林常閑の場合は、天明二年老衰の爲め其隱居願を聽屆けられたるものなるが、「七十歲迄茂相勤候」云々とあれば、是等を合せて、江戶幕府が幕末に至るまで、長き間、七十歲以上を老衰と看做し、老年隱居も亦これに准ぜしものなること極めて明白なり。博士は右常閑の隱居扶持を給はれる時、幕府が「年久敷七十歲迄茂相勤候事に付被〻下候間、一通之隱居之例に者不ニ相成一」云々と達せしを見て、「例外は通則を證するものなり」とて、「一通之隱居」の例が此七十歲以下にありたることを知るに足ると論ぜらるれど、是亦隱居の動機が、老衰以外にも存することを閑却せられたるのみ。江戶幕府は一般に七十歲以上を老年と看做して特別の詮議をなしつ〻ありき。例へば隱居論の養老の法制に引用せられたる、七十歲位より以上の鰥寡衰耗者を救恤の典に浴せしめんとしたるが如き、又七十歲以上の犯罪者に向つて特に敲刑を免除せんとしたりしが如き是なり。而かもこは七十歲の老健なるものは與らず、且つ元來不文法として此時代の通例なる當局の手加減に任せられたるものなれば、必ず七十歲に達せざるべからずといふにもあらざるべく、運用上多少の餘地はもとよりこれありしならん。さりながら五十歳を以て老年隱居の適齢とせりとは、余の寡聞なる未だ一もこれありしことを知らざるなり。博士は隱居論第二版に於て、德川十五代史の中、五十歳以上六十歳前後にして退隱せる諸侯の頗る多きことを指摘せられたれば、余は次の如き一例を擧げて博士の再考を煩さん。寛文十二年德川第四代家綱將軍の時、松平淺野安藝守の近年病氣の爲め御奉公難レ勤を理由として、隱居を願出でしに對して、四月十八日、將軍は大老酒井忠清をして「未レ滿二六十一ども、依レ爲二病者一、願の通り被二仰付一、領地悴彈正大弼へ被二下置一間、父子交替可二相勤一」と達せしめたり。即ち諸大名と雖ども、疾病にあらざれば、六十歳にも滿たざるものには、容易に隱居を許さゞるの精神なりしと見え、特に隱居を許せる後も、尙ほ全く其勤務を免ぜず、父子交替して出勤せよと命じたりしなり。是等の事實は、此時代の老年隱居が五十歳を其適齢とせりとの内藤恥叟翁の覺書や、隱居論の其裏書を根柢より搖撼せしむるものにあらずして何ぞや。

事玆に至つて、博士は唯縱ひ幕府の法意は此くの如くなりとするも、此時代には實際五十歳以上の隱居が大多數なりしといはるゝ外なかるべきか。余は未だこれに關して詳細の統計に接せずと雖ども、博士は既に當時の諸大名が七八十歳の高齢に至つて始めて退隱せる例ありしこと、幕府の諸役人も七十歳前後までも勤務せしものあることを認められたり。これを生理上の關係より見るも、七八十歳まで勤續するものは非常に少く、五十歳以上にて事故退隱するもの頗る多かるべきは當然の事にて、其事故は疾病其他種々の場合あるべく、これを以て單に老年に對する時代標準の低下と看做すは必ずしも當らず。

各藩法制の隱居年齡　各藩の法制は固とより一樣ならずと雖ども、管見の及ぶ限りにては、七十歲以上を老人と看做して、刑の輕減宥恕救恤をなすに殆んど相一致し、舊名古屋藩の六十歲以上を老人とするは異數の事に屬す。而して老年隱居に至つては、土佐藩の如くこれを許さゞるものを除きては、一般に老衰若しくは病氣を隱居願の要件としたりしなり。老衰に就いては其年齡を明記せしもの少きも、會津藩が七十歲以上を隱居の適齡と定めたりしは、亦此年齡を以て老年と看做せばなり。金澤藩の如きは、父七十歲に達して御番御免を許さるゝと共に、子の代番を願出でこれを許されたり。德川吉宗の紀伊にありし日、自《ミ》ら記せる政事鏡に、「家中之者隱居願は年五十以上より願出可レ申候、五十以下にても病身に候はゞ格別に候、此事如何となれば、年若にて致二家督一候ては、其勤の筋に寄、學文稽古難レ成、自然と懈怠候事故、兎角家督前諸藝出精可レ爲レ致也」と見えたるは、主として相續人の年齡、修養上の見地より、五十歲を隱居年齡の最下限とせるものなるが、こは自《オ》ら特殊の見解に屬し、少くとも當時の通論にはあらず。次下に詳論す。現に同藩の法制も老衰又は病氣にて其職に堪へざるを隱居の理由となし居るなり。南紀德川史職制第九參照。

五十歲を區劃とする理由　此時代の法制に於て、五十歲以上以下の語が屢〻用ゐられて、一般に彼七十以上の老年期に達せざるまでも、これに次ぐべき人生の一時期なるが如くに思料されたるは事實なり。其原因に就いては、余はこれを當時の武士に强き印象を與へたる相續法規の影響に歸せんとす。幕府は戰國時代の遺法を襲用して、實子なきものが生前嗣子を定めず、死に瀕し俄に養子を願出づるもこれを末期養子又は急養子といふ許さゞりしかば、これが犧牲となりて、大名以下の一家廢絕に歸せしもの尠しとせず。然るに慶安四年十二月十一日に至りて、幕府は稍〻其嚴制を弛べて、五十歳以内のものに限り、特に末期養子をなすを許すことゝ改めたり。これ五十歳未滿の男子は、實子の生れんことを慮りて養子を願出でざるもあるべく、强ちに怠慢視すべからずとなすに依るべし。而かも五十歳以上の男子の末期養子は、依然として一家斷絶の制裁を免れざりしに、天和三年七月二十五日、將軍綱吉の武家諸法度より、五十歳以上の末期養子も「吟味之上可レ定レ之」と改められ、益〻寬容の方針に傾けり。されど此後も五十歳以上の末期養子を願出でたるものに向つては、本人の旣に死亡せるにあらざるや否やを臨檢する爲めに、所謂判元見を行ひたるのみならず、享保元年二月二十六日の幕府の達に據れば、五十歳以上の急養子を許さゞるを「御代々之御制條」といひ、自《ミ》ら病を扶けて各自所屬の支配若しくは頭の宅に赴き、願書を手交するものは、五十歳以後急養子の例に准ぜずして許可するも、然らずして唯願書を提出せるは聽屆くる限にあらずとありて、未だ全く嚴制の跡を絶てるにあらず。同四年八月一日に至り、五十歳以上の急養子に判元見を行ふを止めたりしも、末期養子の禁制其者は江戶幕府一代儼として尙ほ存し、唯其運用上多少の餘地を存せられしのみ。故に此時代の武士は、五十歳に達して實子なくば速に養子をなして、成規の手續を了し置くを最も安全なりとし、幕府も懇ろにこれを諭し、五十歳以上のものゝ養子を失へば、「追而相應之養子爲二相願一可レ申段」、本人の頭支配より老中へ屆け置くを例とせり。既に養子をなし置くに於ては、强ちに退隱を要せずと雖ども、一層其安心を得んが爲め、自《ミ》ら隱居して家督を養子に讓らんとするものありしも亦當然の趨勢なり。五十歳以上の隱居は前記慶應三年の幕府の達にも見ゆ。されど少くとも大體に於て七十歳以上を老衰期と看做せる幕府の法制にては、これを老年隱居とは認めず、此場合、隱居願は恐らく又病氣を以て其理由としたりしならん。

更に各藩の法制を見るに、大抵五十歳に達して養子を願出づるを許し、五十歳未滿の出願を許さず。而して其生理上の理由に基くや言ふまでもなし。新發田藩に於ては、安永九年四月新令を頒ちしが、其取扱願書に、養子願の五十歳以上にてなすべき理由を說明して、「養子願之儀、五十歳以下ニては不二相成一候、五十歳以上ニ而も、其身丈夫にて出生も可レ有レ之樣子之者は、養子願見合可レ申事、附、五十歳以下ニても、病身ニ而出生も有レ之間敷候樣子之者、或ハ老人有レ之、養子不レ仕候而者、右老人不安心之者ハ、養子願其節之樣子ニ寄可レ致二沙汰一事」といへるは、まことに能く這般の消息をも窺ふべきなり。

養子制と隱居俗との關係　穗積博士は先きに由井正雪事件と德川幕府の養子法一編を帝國學士院に提出せられ、同院はこれを第一部論文集の一としてこれを發行せり。而して江戶幕府の末期養子許否の一事は、實に本論の中樞骨子なりと謂ふも不可なし。然るに幕府が五十歳を隱居年齡とせりとの博士の論證に當つて、此問題の嘗て顧慮せられし形跡を見ざるは奇と謂はざるべからず。博士は或は五十歳以上は養子緣組の動機とこそなれ、隱居と直接の關係なきを以て、おのづから別問題なりとせられたらんか。然り、直接隱居の動機たりとはいふべからざるにもせよ、間接には隱居の風を助長せることとなしとすべからず。幕府も諸藩も法制上、七十歳以上を老衰と看做すに一致せるは前に述べたるが如し。而かも生殖の可能力よりいへば、五十歳以上は一般的に老年といふを妨げず。余は現に一つの實例を有す、そは前記安永九年四月の新發田藩の新令に、「嫡孫無レ之、及二老年一候ても、本腹男子無レ之節は、妾腹之男子を嫡孫とすべき事」との一條を設けたりしを、同令取扱頭書に解釋を下して、「新令に及二老年一候而も本腹男子無レ之節は、妾腹之男子を嫡子とすべしと有レ之ハ、五十歳以上之事ニ候、乍レ去妻未年若ニも候はゞ、妾腹男子を嫡子に致儀見合可レ申事」といへり。一般の法制が七十歳以上を老人と看做せるにも拘らず、此場合は五十歳以上を老年といへるなり。これ博士の取つて以て好個の支證に備へらるべきものならずや。

是を以て余は主として前記相續法規の關係より五十歳以上の隱居の俗を助長し、太平久しきに及んで武士の遊惰安逸を貪るの風は、幕末、幕府が諸士の隱居を容易にせる前揭の諸法制と相待つて、益〻此種の隱居の增加を告げたりと認むるものなり。されどこはもとより隱居論の所謂老年隱居にもあらねば、又江戸時代全部を掩へる社會現象にもあらず。幕末の故老が五十歳以上を老年隱居なりと看做せるも、七十歳以上を隱居年齡とせる會津藩の規定が、實際に六十歳に低下せるも、姑く隱居論の解釋に從ひ、皆這般の事情に基くべく、又明治初年に華士族の隱居年齡を五十歳以上とせるは、此幕末の慣行を採用せるものなるべし。此斷案は同時に其理由に對しても亦隱居論と大逕庭を生ず。隱居論には五十歳以上の隱居年齡は啻に江戸時代のみならず、武家時代の共通制なりと斷定せらるゝが故に、共理由は戸主として兵役の義務を有し、體軀の强健を要する武官が、膂力の衰へて其職に堪へざるが爲めといふを以て一貫せられ居るなり。然るに幕末の武官に向つて此種の理由を適用せんことは、如何にしても不釣合なり。文久元年四月十日の幕府の達に、「御旗奉行、御槍奉行、御持弓頭、同筒頭、御先手頭、右は武事專要之御役柄に候處、御治世相續き候に付ては、平生勤向其外自然御用少の場所に付、及二老年一御用繁の場相勤續難二出來一者抔、格別之御憐恕ニて、右御役仰付られ候儀も有之候」云々とあるが如く、戰時須要なる武官も却て閑散の職となりて、老人の餘生を送るべき樂天地化したりしなり。「御先手は布衣のおやぢの捨てどころ」の落首は鑿ち得て妙なりと謂ふべし。彼等は膂力衰へたりとも、其職に堪へずとの自覺もなくして、永く尸祿に安んじ、幕府もこれを咎めざるのみか、寧ろ恩典視したりしなり。余が「先きに此種の隱居を目して、戰時に於ける兵役の必要に基くものにあらずして、却て平和の時代に安逸を貪るの風に依つて助長せられしものと見るを至當とすべきに似たり」といひしは、語りて盡くさゞるの嫌なきにあらずと雖ども、一面稍〻肯綮に中れるに近しと信ずるものなり。

余は以上を以て略〻余が論據を擧げ、同時に又博士の余に課せられたる反證提供の義務を果せりと信ず。余の研究をして幸ひに大過なからしめば、其全編有益の研究を含むに拘らず、隱居論の日本に關する部分には、博士の再考を望むべきもの多々あるもの丶如し。然れども卑見にして誤ありとせば、余はもとより高敎を待つてこれを改むるに吝かなるものにあらざるなり。

第十一　家族制度の維持と崩壞

――丹後國由良川沿岸部落の家族制の研究――

家族制度の現狀の觀察　日本の過去に於ける家族制度の研究は歷史上重要の地位を占めると同時に、其現在と將來とに亙つてこれを維持すべきや將た崩壞に委すべきやは、又極めて重大なる社會問題の一つである。而して後者に對しては史學、社會學、倫理學、法學等の見地から種々の論議も鬪はされたが、却て現在の家族制度其物に就いての明確なる知識、精緻なる觀察が一般に闕けて居るのは、聊か物足らぬ感がないではない。殊に地方僻陬の地に於ては、今尙ほ過渡期の狀態を存して居るところが多く、中には生きたる歷史事實の展開と看做すべきものさへあつて、此種の硏究に取つては見遁すべからざる有益の資料も、徒らに閑却されて居るのは惜しいものである。本年一月、余が京都府下丹後國加佐郡有路下村字二個の杉下一家の懇請に應じて、同家祖先の遺蹟と其家風とを調査せんが爲め、一行三名にて十六七の兩日同地へ出張した時にも、亦轉此感を深くしたのである。

杉下一家　有路下村は福地山から北の方四里、近く大江山を望んで、由良川の沿岸と其東方高地との間に挾まれた平地である。此邊の部落は一帶に谷と谷とで結びつけられて居るが、土地の人は此谷の事を「ダン」と呼んで居る。こゝの谷は卽ち大門寺谷である。此谷を見下す山容秀麗なる小山は城山といはれる。杉下一家の傳說に據ると、此山は祖先の城址で、子孫が其麓に繁殖して杉下の苗字を名乘つたものである。されば此邊の部落はもと杉下一家の外なかつたのを、何時の頃からか、荒井、佐藤の苗字を名乘るものが入り込んで來た。それでも杉下一家は今尙ほ此大門寺谷に十五戶、桐原谷等に十戶ある外に、小字田中には、それから分れた杉之下といふが更に十戶あつて、他に比類のない大家族である。

さりながら此一家には何とて古い記錄が傳はつて居らぬ爲め、其家の起りが何時であつて、祖先の何人であるかも今は明確を闕いて居る。明治二十七年十二月二十日の屆出には、城山の城主石古修理大夫、杉下權之助忠光、川口八郎光信、杉下二郎左衞門義信の名が列記されて居つて、川口光信の男杉下義信を杉下一家の先祖としてあるが、最近では又一色修理亮義正といふが祖先に擬せられて、天正十八年に戰死を遂げたといはれ、城山の巓に新たに其碑が建てられた。城山には一丸、二丸墟と稱するところがあつて、頂上に約方二十間ばかりの平地があるが、其中程に八幡の小祠と隣り合つて、小やかな石が祖先の墓として古來一家の人々の尊崇を集めて居る。

室町時代に一色氏は當國の守護であつたから、此城山の城主も其一族であつて、源氏の祖神たる八幡を祀つて居たものであらうと思はれぬでもないが、傳說以外には何更據がない。城山から程近い奧の谷で、今から十年程前に、唐宋元の錢で滿たされた杉の丸い箱の發掘された外には、何一つ城山の時代を徵すべき遺物とてはない。

杉下株　此同一の祖先から分れた一家を呼んで「株」といつて居る。杉下株は以前は十七戶しかなかつたが、明治二十七年十二月二十日の屆出には、分家二十四戶の中一家が絕戶となつて現在二十三戶と註される。今日では杉下一家二十五戶の外に、家をなさぬ同居の戶主が四人あるといふから、都合二十九戶ある筈である。人口は現在杉下株だけで百十七人、杉之下の四十四人を合せると百六十一人となる。其總本家は杉下治郎左衞門で、其後始めて分れたのが藤左衞門、彥右衞門、兵八、助左衞門、源兵衞、治郎左衞門であつたが、長い間に別家から別家を生じて、現在斯樣に多數に上つたと傳へられる。今二十九戶の本家別家を表にあらはせば次の如くなる。

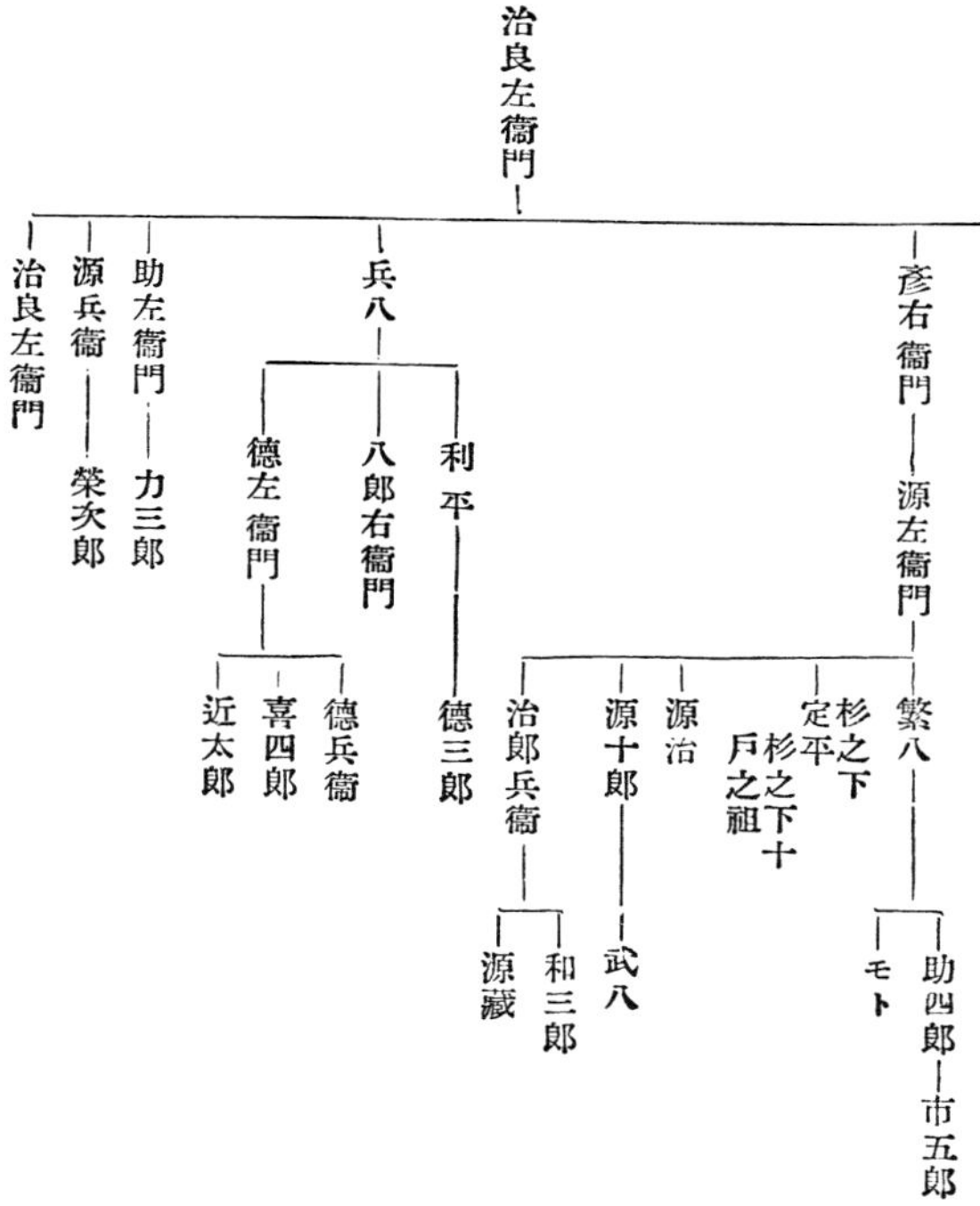

こゝに見える人名は本家若しくは別家の祖先の名で、現在の戸主の名ではない。されば現在も祖名を其儘承け繼いで居るものもあれば、又別の名を名乘つて居るのもある。現に總本家たる治良左衞門家の當主は治良吉といつて居る。別家の中には稀に創立者の現存して居るのもある。明治三十年に別家した力三郎は其一人である。

本家は「オモヤ」ともいひ、又「ホンヤ」ともいふ。別家にも本家があるから、治良左衛門の家を是等と區別する爲め、特に大本家といつて居る。本家から分れて出でた家は、常に別家、分家といふ代りに「インキヨ」といふ。老後家督を讓つて別宅する隱居かと思へば、さうでなく、是等は通例樂隱居といはれるが、年若い次三男などに別家をさすことは、たゞ「インキヨ」と申すのである。柳田國男氏は最初父が二三男を伴れて隱居したからであらうといはれた。極めて稀には又新宅するともいふ。

本家の歴史が知られぬが如く、別家の歴史も亦不明である。たゞこゝに杉之下の別家ばかりは文祿年中の事と傳へられて居る。杉下から出でた別家が杉下を稱するは當然の事であるが、當時定平なるもの、こゝから程遠からぬ田中のさる家に養子となつて、杉下の名字を名乘りたいと申入れた時、株ではこれを拒んで、「之」の一字を加へ、杉之下といふ名字を許したと傳へられて居る。其子孫も今は分れて十戸となつて居るのである。

別家の財産　老人が所謂樂隱居をなす時は、通例本家から「茶の代」と稱する隱居料を貰つて別宅するが、死後は本家に戻ることになつて居る。然るに一般の「インキヨ」卽ち別家の場合では、これに多少の財産を分與するを例とする。其高はもとより一定して居らぬが、多くの場合、家長の愛情が別家さすものゝ上にあるから、田地とすれば高は少くとも美田を遣はす傾きがある。一方に本家と違つて交際費が少しで足りる爲め、心掛だによくば産を作るには却て都合が宜しい。現に地價の千圓餘りもあつて、株內での第一の資產家といはれる武八の如きも、別家後今は三代目であるが、初代が船行と稱する由良川の運輸業に骨身を惜まず努力して資産を増殖したのである。

本家と別家　本家と別家との關係は極めて親密なものであつて、萬事に扶け合つて行くことにして居る。戸主の妻の實家や其兄弟姉妹の養子縁組先との間柄も、此本家、別家のそれには遠く及ばぬ。別家の家事上協議を要することがあつても、本家の戸主の來ない間は會議を始めぬ。本家の戸主が別家に行けば、別家の戸主と同等以上の待遇を受ける。これはもとより此地方に限つたことではないが、何れの家も圍爐裏を中心として座席の順位が定められる。正面の床に近い方を横座といひ、其反對の側を木尻といふ。入口に向つた方を鍋座といひ、又其反對の側を向座といふ。これを圖にあらはせば次の如くになる。

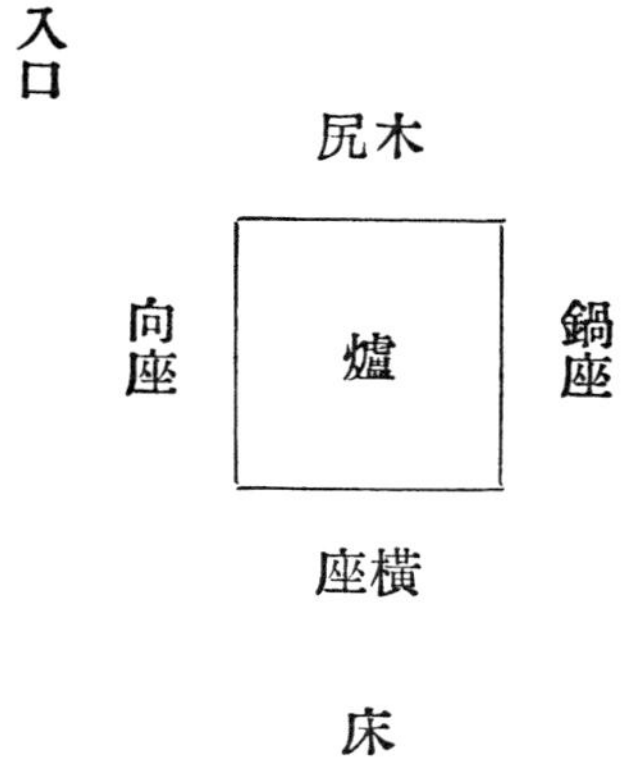

横座とは床の横の意味であらうか、座中第一の高座で、其處に坐るは、家族でいへば一家の戸主と其嫡子とである。戸主の兄弟から從兄弟又は他人の賓客などは其向座に坐らされる。鍋座とは鍋などを置くから名づけたものであらうが、其處は婦人の座席としてある。木尻は爐に投ずる木を其處から差入れる爲めの名で

あらうが、其處は最も末座で、嫁の實家の家族などが、厄介ものを差上げて相濟まぬといふ心から、小さくなつてかしこまるところである。

今も此座次は嚴重に守られる。殊に特別の位置をあらはした横座には、其人でなければ着席が出來ぬものと定められて居る。「猫とあはうは横座に廻る」といふ此地方の諺を聞いても、其行儀作法の正しさが偲ばれる。然るに本家の戶主は別家に行けば、此横座に座を占めて、みづから司會者となり何かと指揮をするのである。これを臺所持をするといふ。

別家の挨拶　始めて別家をしたものは、每年一回の先祖祭の日、一家への披露をする。其時別家の戶主は末座にすべり出で、恭しく別家の挨拶を述べ、將來の厚誼を望むのであるが、貧富の別なく、一樣に酒一升を持參するの定めとなつて居る。但別家はしても、未だ租稅を納むる資力のないものは、一年若しくは二年の間、此披露をせずに過ごすこともある。又一家の中に戶主始め家族が死に絕えるか、若しくは他地方に出でゝ一人も留らぬ場合には、屋敷ばかりは殘すやうにして、位牌も一家中に預り置き、他日名跡相續人の出づるか、又は本人の歸鄕するを待つ例である。

一家の交際　本家と別家との間柄程、一家の交は親密でない。大本家と其別家以外の一家との關係も亦同樣である。婚姻の場合の如きも、本家、近親の外一家に披露をすることはなく、たゞ谷內として其谷全體に挨拶をなすだけである。而かも年に二回は一家の戶主が殘らず一堂に集まつて來る。其一回は氏神の祭禮の日である。氏神は城山の頂上の八幡宮である。祭禮は八月十五日(大陰曆)を以て行はれ、放生會と申して居る。

其前日の朝、一家の戸主が殘らず登山して掃除をなし、晝から大本家に集つて酒宴を濟すのである。今一回は先祖祭で、これを先祖講と申して居る。其時日は一定せぬが、大抵舊暦の十二月農暇の節を以て執行ふことになつて居る。先祖講を營む家は一家中交代に勤めるので、當日籤を抽き當てたものに定める。此事は文久の頃から申合せたやうで、それまでは不規則に行はれて居たらしい。

先祖講　先祖講の日は大本家を首席として、家柄の古いもの程上席に着く例である。こゝ二十年程前までは座次の論がやかましく、彼是議論も起つたが、今では互に讓り合ふことゝなつた。當日は酒宴の間に一家の懇親を結ぶが主要の目的である。新たに別家をしたものゝ、こゝで披露をすることは前に說いた。先祖講の起りは何時の頃とも明かでないが、今殘つて居る記錄では、文政十三年（天保元年）の先祖講の費用を書いた一册の横綴の帳面より古いものはない。此年々の入用帳と籤とを納れた箱は、氏神祭の時の入用帳を入れたものと共に、土地の人は「オトボンサン」と呼ぶ。記錄が殖えて箱から溢れるやうになると、故紙として捨てたといふから、古いものは傳はらぬと見える。籤の中に「おやと」と書いたのが一本ある。酒の一巡廻つたところで、一同のどよめく間に抽籤が始まるのであるが、此當りの籤を抽き當てたものは恐悦の餘り、其箱を持歸るや神棚に燈明をあげてお祭りをする。

城山に就ての紛爭　城山はもと杉下一家の所有であつた。其頃では親持と申して居つて、表面は治良左衞門、彦右衞門の兩持となつて居たものゝ、それは名義だけに過ぎなかつたのである。彦右衞門は治良左衞門の初めの別家であるが、兩人は兄弟の間柄でもあつたものか。然るに幕末の際に此城山の所有に就いて、杉下、荒井兩家の間に紛爭を生じた。登山の道は是迄とても杉下一家の軒下を通るところがあつて、荒井一家の人も言葉をかけて通行したものであるが、其時更に此道を横斷して上に廊下をしつらへた爲め、通行が以前よりも稍困難となつた。荒井一家はこれを見て不滿に思ひ、時の庄屋が荒井一家から出でたものであつたから、三十六人の組頭を語らつて、杉下一家が祖先の城跡といふ確たる證左もなきに、此山を我物顏に振舞ふを不條理として訴へ出でた。杉下一家も爭つて見たものゝ、古來の傳説の外には反證ともなるべき記錄もなければ、口きゝもなかつた爲め、遂に荒井一家の勝訴となつて、僅に頂上の地面を殘したゞけで、地は皆村有地となつて仕舞つた。其後明治十一年以來落地となつて居たのを、同じく二十七年十二月二十日村有にせられたいと願出でた書類があるが、現今は村の共有地となつて居る。杉下、荒井の兩家は、今日では互に相融和して些の隔意がないと聞いて居るが、此城山の大部分を失つたことに向つては、杉下一家の人々の綿々たる怨は今尚ほ盡きぬことであらう。去る一月十六日、雪の積つた城山を竹杖を突きながら、一家の人々と共に魚貫して頂上に登りつめた余は、其處に建てられた新しい豐碑を仰いで見、落ち行く日に影の薄らぐ一家の家々を俯して見る間に、無限の感慨を禁めあへなかつたのである。

調査の興味　以上は余が滯在二日の間、一家の故老を叩いて聞き得た梗概である。大學院學生文學士西田直二郎氏が此一行に加はつて、余の爲に始終筆記の勞を執られたことを謝する。其中にはもとより聞誤もないとはせぬが、大體に於て大差がないものとしてこれを考へるに、啻に家族制の史的研究に取つて種々の興味ある材料を供するばかりでなく、其將來をトする上には面白い暗示を見出だすことが出來るやうである。

此種の家族狀態は獨り杉下一家に限られた譯ではない。試みに當村及び其附近に求めても、赤松株の八戸、時井株の七戸、荒井株の十四戸、大槻株の十六七戸、井田株の約二十戸といふが如きものがあつて、所謂先祖講も各自に修せられて居るのである。さりながら杉下一家は數に於て最も多く、傳說にも富んで居るから、それらの代表的なものとして取扱ふに不足はあるまい。

此一家の起源は全く明確を闕いて居る。近年まで慘害を逞しうした由良川の氾濫や戰國の兵火で、さなきだに乏しき記錄は一掃せられて仕舞つたらしい。言語事物のすべてが近世的色彩を有つて居るは是非ない事共である。これを地勢から察するに、由良川の沿岸は昔程其氾濫に任せられたもので、其高地にはもとより多數の人の棲息を許さなかつた。此地方が洪水の慘禍から免れるやうになつたのは眞に最近の事である。昔から居住民の繁殖の度が遲緩であるからといつて、其經過が淺いと斷ずる譯に行かぬのみか、寧ろ意外に古い淵源があらうかとも思はれぬでもない。

舊制度の遺風　株といふ語を聞いて、直に上古の加娑爾株根と解する國學者もあるを聯想する程の好奇心を有たぬ余も、近世的な語の裏面に潛んだ古代の家族制の面影を認めるには躊躇せぬ。多數の家族が一人の家長の下に、同じ家に雜居して居た昔を尋ぬる途はなくとも、尙ほ大本家を指して「オモヤ」といつて居る語の端に、名殘は偲ばれるやうである。祖先の遺跡とする城山は、一家持乃至兩持の以前に、一家中の宗家たる大本家持の時代のあつたことは親持の名でも知られる。先祖祭とても必ずもとは大本家で行はれたことであらう。由來家族制は家長專制である。一家の戶主が常に家庭の首座を占めること、本家の戶主が別家に臨む權力の盛んであることなどを見るにつけても、遡つて往古家長の威力を思ひ浮べることが出來る。家族制の行はれるところは、又男尊女卑の風を伴ふものであつて、甚だしきに至ると、妻を夫の奴隷扱にもした。此地方では女子の勞働は男子に讓らぬに拘らず、これを賤めて、些の差出口を許さぬばかりか、其實家の家族さへ末座に坐らせて怪しまぬことは前にも述べた。又嫡子は生れながらにして家長と同座に坐らせられ、同居の叔父や伯母より上位を占めることも、嫡子を偏重するの風である。一家にあつては、家筋の古くてよいもの程社交上の地位も高く、上座に坐るの特權を有したのも亦當然の事であつた。

別家新立の制限　人智の進んだ今日ですら、此地方の生産力は餘り豐かでないから、昔は猶更の事であらう。斯る事情の下に、無制限に別家を許すは困難でなければならぬ。それに就いて思合はされるは、文祿の頃田中に養子に行つた定平が、杉下の名字を許されなかつたといふ傳説である。此傳説に於て、養家の名字を襲ふべき養子が實家の名字を望んだといふは、如何にも疑はしいから、恐らく別家の場合を誤り傳へたものであらう。果して然れば其杉下の名字を許す代りに、新たに杉之下の名字を與へたのは、當時別家の新立に對して、何等かの制限の設けられてあつた爲めとしか思はれぬ。たゞそれが文祿の事であつたといふ確證にはまだ接せぬのである。

別家の禁の弛んだのは餘り古いことゝは思はれぬ。治良左衞門から始めて分れた六戸が、何日の頃か十七戸となつたといはれるが、これを記錄に徵すると、明治二十七年十二月二十日の屆書には、義信より當代に至る分家二十四戸、内一家絕戸、現存二十三戸とあるに、同じく三十三年の先祖講の入用帳には、一家の戸主二十五名が記され、モトは明治十年に、力三郎は三十年に別家をした、今は更に增して二十九戸となつて居るのである。

本家の衰微　斯く無制限に別家を許す結果は、おのづから本家の衰微を來たすを免れぬ。土地にはもとより限りがある。多くの場合、本家は其宅地の一部を割いて別家の新宅を構へさせ、又其所有田畠の幾分をも分與するの例であるから、別家が多ければ多いだけ其土地は削られ、資産は減らされるの外はあるまい。今は大本家が一番貧乏であるとは、當主の謙遜でもあらうが、其處に眞理もあるやうである。一家の宗家たる大本家も、今は一年僅に二囘の總寄合に首席に坐る外には、一統に對して何等の威力を有せぬ。他株の人が入込んで來て、一部落一家の誇を失つたのは既に江戸時代に見える。さなきだに耕地も山林も少く、蠶業の外、漁獵の利とて多くもあらぬ此一家では、自然に財産の均衡が取れて、さしたる富豪もなく、又極貧者もないやうにした。稀れには地價の千圓以上を有するものもないではないが、先づ其二百圓位を平均額とするらしい。

家族制の弛廢　土地は僻陬で、交通の機關は尙ほ備らぬとはいへ、昔ながらの舟楫の便や、馬車人車が福知山や舞鶴宮津の地方の都會に接近の機會を與へて、此方面からする文明の風には比較的感染し易い地位にある。一家の人で今は他部落の地を買ふものもないではないが、部落の土地は又往々他部落の人手に渡ることも少くはない。近年積立金の制は始められたもの丶、貧困者に對する共濟互助の途が未だ充分でない爲めか、他地方に出稼するものも少しはあるやうになつた。部落に踏止つて居る一家の人々の間には、家族的專制の色彩が次第に消え去ると共に、いつしか共和的色彩が目に立つて見え出したのである。例へば先祖祭に就いても、二十年前まで爭はれた座次の、今は互讓に依つて決せられ、講席を營む家が抽籤にて廻り持となり、此席でする別家の披露が貧富の差別なく酒一升の持參で濟むことなど、其最も顯著なるものと謂はねばならぬ。これ此一大家族の統制に何等の拘束も制限もなく、土地の狀況と積年の隋力とに依つて、自然に或意味の平產主義が行はれる自然の結果であらう。今後人々の增殖と外界殊に都會の誘惑を加へる曉には、更に一層の變化を受くべき運命を有するを覺悟せねばなるまい。

杉下一家の覺醒はこゝに萠された。祖先の顯彰や家風の發揮は皆此動機に基づいて居るのである。地方の習俗として此一家も從來家族の墓を邸內に立つる風があつたが、近く共同墓地の設けが出來て、此弊風を矯むるに力めて居る。然るに今は專ら一家共同の祖先の影響を以て其團結の鞏固を圖らんとして居る。一家を壓する權力を失つた大本家も、三十九戶百六十口の宗家と崇められて、社交上には尙ほ優越の地位を保ち、冥々の裡に其團結の中心勢力となつて居ることは爭はれぬ。一家の努力が此家族制の維持に成功するか、それとも崩壞に終らせるかは、未來の問題であるといはどいへ、此傳說に生きて人情敦厚風俗質朴なる一家の人々と親しく談笑した余は、滿腔の同情を捧げて其前途を祝福せずには居られないのである。

本書は『法制史の研究』(1919年2月15日刊)を復刊したものです. なお復刊に際し上下巻の2分冊としました.

■岩波オンデマンドブックス■

法制史の研究 上

1919年 2月15日 第1刷発行
1973年 5月10日 第7刷発行
2015年 5月12日 オンデマンド版発行

著 者 三浦周行《みうらひろゆき》

発行者 岡本 厚

発行所 株式会社 岩波書店
〒101-8002 東京都千代田区一ツ橋2-5-5
電話案内 03-5210-4000
http://www.iwanami.co.jp/

印刷/製本・法令印刷

ISBN 978-4-00-730182-7 Printed in Japan